잔존하는 이미지:
바르부르크의 미술사와 유령의 시간

L'image survivante. Histoire de l'art et temps des fantômes selon Aby Warburg

잔존하는 이미지:
바르부르크의 미술사와 유령의 시간

L'image survivante. Histoire de l'art et temps des fantômes selon Aby Warburg

조르주 디디-위베르만 | 김병선 옮김

NOUVELLE VAGUE

8

L'IMAGE SURVIVANTE
HISTOIRE DE L'ART ET TEMPS DES FANTÔMES selon ABY WARBURG
© 2002 by LES ÉDITIONS DE MINUIT

Korean translation copyright © Saemulgyul Publishing House
This Korean edition is published by agreement with LES ÉDITIONS DE MINUIT
through BC Agency

옮긴이 김병선
연세대학교 신문방송학과를 졸업하고 같은 대학교 대학원에서 석사와 박사학위를 받았다. 2004년부터 현재까지 계명대학교 언론영상학과 교수로 재직 중이다. 2015년 가을부터 시애틀의 워싱턴대학교에서 방문학자로 연구했으며, 현재 계간 『언론과 사회』 편집위원으로 활동 중이다. 미디어 철학과 이미지 연구가 주요 연구 분야이다. 미디어 진화론에 관한 논문으로 2012년 한국언론학회 우수논문상을 수상했다. 주요 논문으로 「거울, 자화상, 셀피: 자기-이미지 제작을 통한 자기인식의 이론적 계보」, 「낯선 타인의 죽음 이미지 앞에서」 등이 있으며, 저서로는 『미디어 철학과 역사』(2017), 『이미지와 기억: 이미지 개념의 철학사』(2018), 역서로는 Joshua Meyrowitz의 『장소감의 상실 I, II(No Sense of Place)』(2018) 등이 있다.

잔존하는 이미지:
바르부르크의 미술사와 유령의 시간

저자 | 조르주 디디-위베르만 Georges Didi-Huberman
옮긴이 | 김병선
펴낸이 | 조형준
펴낸곳 | 새물결
1판 인쇄 | 2022년 5월 6일
1판 발행 | 2022년 5월 28일
등록 | 서울 제15-52호(1989.11.9)
주소 | 서울시 강남구 학동로 335 10층(다른타워 빌딩)
전화 | (편집부) 02-3141-8696 (영업부) 02-3141-8697
이메일 | saemulgyul@gmail.com
ISBN 978-89-5559-440-9

이 책의 저작권은 새물결에 있습니다.
신저작권법에 의해 보호를 받는 저작물이므로 무단 전재와 복제를 금합니다.

일러두기

1. 이 책의 각주는 모두 옮긴이 주이고, 각각의 주에서 밝혀놓았듯이 『전집』 편집자의 주를 많이 참조했습니다.
2. 단행본이나 학술지, 잡지는 『 』로, 논문과 시, 단편소설은 「 」로 표시했습니다.

차례

옮긴이 서문 **9**

1부 유령으로서의 이미지: 형태의 잔존과 시간의 불순성 **19**

01 미술은 죽는다, 미술은 부활한다: 역사는 다시 시작된다
(바사리부터 빙켈만까지) **21**

02 바르부르크, 우리의 유령 **43**

03 잔존하는 형태: 역사가 열린다 **55**

04 잔존 또는 시간의 인류학: 타일러와 함께 바르부르크를 **77**

05 진화의 운명, 이시성異時性의 상태 **89**

06 르네상스와 시간의 불순성: 부르크하르트와 함께
바르부르크를 **103**

07 살아남은 나머지: 잔존은 역사를 시대착오로 만든다 **117**

08 잔존의 퇴마의식: 곰브리치와 파노프스키 **127**

09 역사적 생명: 형태, 힘, 시간의 무의식 **141**

2부 파토스로서의 이미지: 균열선과 강렬함의 형성 157

01 운동하는 시간의 지진 계측학 159

02 타임라인: 역사학자는 심연의 가장자리를 따라 걷는다 171

03 문화의 비극: 니체와 함께 바르부르크를 191

04 생성의 조형성과 역사 속의 균열들 207

05 역량기록 또는 반시간성의 주기 225

06 잔존하는 운동의 장과 매개체: 파토스형성 253

07 원시적 형성을 찾아서 269

08 기억되고, 치환되고, 전도된 몸짓: 다윈과 함께 바르부르크를 295

09 강렬함의 안무: 님프, 욕망, 내적 갈등 323

3부 징후로서의 이미지: 움직이는 화석과 기억의 몽타주 353

01 징후의 관점: 바르부르크로부터 프로이트를 향해 355

02 괴물의 변증법 또는 모델로서의 뒤틀림 369

03 이미지도 무의지적 기억으로부터 고통 받는다 397

04 소용돌이, 반복, 억압 및 사후성 407

05 표준 화석 또는 매장된 시간의 춤 433

06 빈스방거와 함께 바르부르크를: 광기 속의 구성물들 465

07 동감 또는 육화에 의한 지식 501

08 감정이입에서 상징으로: 비셔, 칼라일, 비뇰리 531

09 징후적 힘과 상징형식: 카시러와 함께 바르부르크를? 553

10 몽타주 므네모시네: 도판, 폭죽불꽃, 세부, 간격 577

11 진주조개잡이 어부의 후기 643

감사의 말과 서지 노트 655
그림목록 659
참고문헌 663
저자의 출판 저술 목록(출판 연도순) 727
미주 731

옮긴이 서문

 2002년에 미뉘 출판사에서 출간된 이 책은 아비 바르부르크(1866~1929년)의 삶과 저술 전반을 본격적으로 다루고 있는 연구서이다. 아직까지 국내에는 잘 알려지지 않은 바르부르크는, 저자 디디-위베르만이 밝히고 있듯이, 서양 미술사와 문화사, 이미지 연구 분야의 감춰진 아버지이자 유령이다. 회화 속 인물의 정체와 모티브가 의미하는 바 그리고 그런 도상의 전통을 탐구하는 '도상해석학iconology'의 창시자로 알려져 있지만 그의 연구 전통을 이어받았다고 자처하는 후계자들은 그의 정신착란 시기 전후에 걸친 여러 미출간 기록과 문헌을 철저하게 숨겨왔다. 이 때문에 그는 마치 18세기 중엽에 빙켈만Johann Joachim Winckelmann이 본격화한 미술사를 보다 정교한 실증주의적 방법으로 분석한 미술사 분석 방법론의 창시자 또는 정신적 문제로 은둔할 수밖에 없던 유대인 출신의 부유한 인문학자 정도로만 알려졌다.
 그러나 본서는 이 정신착란 시기를 바르부르크 사유의 핵심적인 시기로 본다. 저자는 바르부르크의 미출간 서한과 일기, 메모 등을 통해 복잡하게 얽혀 있는 사유의 맥락을 드러내면서 그의 학문적 유산이 왜곡된 채 확산된 과정을 논의하고 있다. 이 책은 바르부르크에 대해 이야기하고 있지만 사실상 그를 중심으로 연결되는 미술사학자들과 역사학자들, 인류학자들, 철학자들, 진화학자들, 정신분석학자들의 정신사적 연결고리를 탐색한다. 그들이 논의한 시간, 기억, 상징에 대한 여러 개념을 통해 이 책은 20세기 서양 정신사의 토양이 된 사유 전체를 폭넓게 그리고 색다르게 펼쳐낸다. 나아가 서양 정신사에서 합리적 힘과 비합리적 힘 간의 오랜 긴장을 근원적으로 드러냄으로써 지금까지 문화와 역사 영역에서 우리가 당연시해온 여러 사유를 쉽게 단순화시키기 어려운 훨씬 복잡한 문제로 재구성한다.

저자는 박사학위논문 『히스테리의 발명: 샤르코와 살페트리에르의 사진도상학 Invention de L'hysterie: Charcot et L'iconographie photographique de la Salpetriere』(1982년)부터 이 책의 사전 연구라고 스스로 밝힌 저서 『시간 앞에서: 미술사의 이미지와 시대착오 Devant Le Temps: Histoire de l'art et Anachronisme des Images』(2000년)에 이르기까지 오랫동안 다듬어온 그의 사유 전체를 관통하는 근본원리를 본서에서 구축하고 있다. 그것은 바로 이미지를 제대로 이해하기 위해서는 기존의 미술사를 벗어나야 한다는 것, 단순히 미술의 도상을 판독하는 일을 넘어서야 한다는 것이다. 따라서 이 책의 논의는 '이미지는 어디서 오는가'라는 질문에 대해 우리가 지금까지 일반적으로 알고 있다고 믿었던 모든 것과는 전혀 다른 이야기를 들려준다.

이미지는 어디서 오는가? 어떤 이미지, 예를 들어 어떤 미술작품 앞에서 우리가 하는 일을 잠시 떠올려보자. 미술작품 앞에서 우리는 그것이 무엇을 의미하는지, 이 작품이 나에게 무엇을 이야기해주는지를 찾는다. 작품 옆에 붙은 제목을 통해서나 작품이 지시하는 대상의 식별을 통해 의미가 만족스럽게 파악되고 나면, 그림은 곧 글로 변환된다. 그런 과정을 통해 우리는 미술작품을 해독하거나 해석하고, 이해했다고 받아들인다. 그런데 그러면 끝나는 것일까? 그렇다면 의미가 해독된 이미지 앞에 우리를 멈춰 세우는 힘은 어디서 오는 것일까? 또 정반대로 무엇을 표현한 것인지 도무지 감도 잡히지 않은 현대 미술작품 앞에서 우리가 서성거리게 되는 이유는 무엇일까? 이미지는 도대체 어디서 온 것일까? 다시 어디서 만나게 될까?

이 책의 논의는 몇 가지 사실로 독자들에게 놀라움을 안겨준다. 우선 이 두꺼운 책을 통해 바르부르크라는 신비로운 인물을 둘러싼 세계가 그가 살던 시대 거의 전체와 연결된 겹겹의 네트워크로 펼쳐지고 있는 사실에 놀란다. 우리는 인류학자 타일러, 철학자 니체, 역사학자 부르크하르트, 진화학자 다윈, 정신분석학자 프로이트와 빈스방거가 바르부르크와 정신적인 고리로 긴밀하게 연결되어 있음을 알게 된다. 또한 19세기 말과 20세기 초에 펼쳐진 바르부르크의 사유가 뒤얽힘, 구분 불가능성, 파편성, 탈중심성, 양가성 등 극히 현재적 사유를 거의 완전하게 드러내면서 오늘날의 이미지 연구와 밀접하게 관련되어 있는 사실도 놀랍다. 마침내 이 책은 전통적인 미술사를 궤도 이탈시켜 현대의 철학적 사유의 맥락에 새롭게 배치시킨다.

이 책은 크게 '유령으로서의 이미지', '파토스로서의 이미지', '징후로서의 이미지'라는 3부로 구성되어 있다. 1부 '유령으로서의 이미지'에서는 잔존Nachleben, survial, survivance 개념이 핵심적으로 논의된다. 기존의 미술사를 불확실하고 더욱 혼란스럽게 만들기 위해 미술사에서 언급되어서는 안 되는 도상해석학의 유령, 바르부르크를 불러낸 저자는 우리에게 익숙한 시간 개념에 의문을 던진다. 인류학자 타일러에게서 찾아낸 인류학적·진화론적 잔존 개념을 통해 바르부르크는 우리의 시간이 과거, 현재, 미래 등 서로 다른 여러 시간으로 뒤섞인 상태가 되었음을 밝힌다. 그 결과 인과성과 연대기적 역사 흐름이 뒤엉키게 되었고, 이런 불순한 시간 모델 속에서 미술사와 역사는 본질적으로 시대에 맞지 않는 시대착오적 성격을 가질 수밖에 없게 된다. 하지만 그런 시간 모델을 미술사에 도입한 바르부르크는 그의 학문적 후계자를 자처하는 파노프스키Erwin Panofsky와 곰브리치Ernst Gombrich 등에 의해 마치 악령처럼 퇴마되었다.

저자의 비판은 이 지점에서 출발한다. 이어 2부 '파토스로서의 이미지'에서는 그렇다면 이런 시대착오적 미술사와 역사에 무엇이 잔존하는지를 들여다본다. 그것은 다름 아닌 파토스Pathos로, 역사 자체를 균열시키고 지속적으로 흔들어 뒤바꾸는 힘이다. 저자는 파토스에 대한 바르부르크의 사유를 동시대의 니체를 통해 그리고 파토스의 조형적 형성을 다윈을 통해 체계적으로 논의한다.

마지막 3부 '징후로서의 이미지'는 이 책의 가장 핵심적인 내용이 펼쳐지는 부분으로, 그런 잔존과 파토스가 결국은 프로이트적 징후의 관점에서 새롭게 파악될 수 있다고 본다. 이를 위해 지금까지 감추어졌던 바르부르크의 정신착란 시기, 즉 크로이츠링엔의 벨뷰 정신병 요양소에서 현상학적 정신분석학자 빈스방거와 보낸 시간을 그간 공개되지 않은 다양한 자료를 통해 꼼꼼하게 검토한다. 결론적으로 이 책에서 저자는 이미지에 대한 그런 복잡하고 다층적인 접근을 통해서만 이미지의 역설적 삶을 조금이나마 그려내고, 잔존이라는 '시간의 무의식'에 대한 진정한 질문을 제기할 수 있다고 주장한다.

바르부르크에 대한 논의가 사실상 이 책 전체를 차지하지만 이상하게도 1부 1장에서 그의 이름은 전혀 등장하지 않는다. 기존의 미술사에 대한 비판을 바탕으로 새로운 이론적 방법론을 제기하는 「서문」에서 미술사 분야의 전문가가 아니면 익숙하지 않을 바사리Giorgio Vasari나 빙켈만 등으로 이어지는 논의가 자칫 책 전체에 대한 인상을 지루하게 만들 수도 있을 것이다. 따라서 저자가 왜 그런 방식으로 논의를 시작하게 되었는지를 짧게나마 설명하는 것이, 뒤이어지는 흥미로운 논의를 독자들이 보다 쉽게 받아들이게 하는 데 도움이 될 것 같다.

저자는 리옹대학교에서 철학과 미술사를 전공했지만 파리의 사회과학고등연구원EHESS으로 소속을 옮겨 박사학위를 받았다. 여러 사정이 있었겠지만 그가 쓰려던 박사학위논문 『히스테리의 발명』이 리옹대학교에서 이른바 전통적인 미술사 분야로 간주되기 어렵다는 평가를 받은 것도 어쩌면 중요한 이유 중 하나였을 것이다. 미술사적 맥락 속에 자신의 논의를 배치시키는 동시에 그로부터 주류 미술사의 담론 전체를 전복시키고 싶었기 때문이었을까? 저자는 이 책의 서문 격인 첫 장에서 전체적 논의 맥락과는 다소 동떨어진, 전통 미술사에 대한 비판을 개진한다. 책의 다른 부분에서와는 달리 다소 난삽한 이 논의의 핵심은, 요컨대 빙켈만적 미술사, 즉 연대기와 학적 체계를 갖추고, 이데아적 구조를 미술의 본질로 삼는 미술사가 아닌 전혀 다른 미술사가 필요하다는, 아니 그런 미술사만 가능하다는 것이다. 다시 말해 연대기적이지 않으며, 끊임없이 회귀하고, 잔존하며, 어떤 완결된 분류 체계에도 들어맞지 않는 이미지의 역사, 이미지를 기억하기 위한 시간이 존재함을 도입부에서 제시하려고 했던 것이다.

바사리와 빙켈만으로부터 이어져 온 전통적 미술사에 저자가 던지는 질문은, 사실상 스피노자, 베르그손을 거쳐 들뢰즈와 아감벤에 이르는 현대의 철학적 사유가 던지는 인식론적 질문과 동일한 맥락에 놓여 있다. 그것은 바로 이데아(주의)적 미술사, 또는 더 근본적으로는 미술사를 둘러싼 플라톤(주의)적 사유방식을 어떻게 벗어날 수 있는가에 관한 것이다. 빙켈만의 논의에서 미술의 학적 체계Lehrgebäude 또는 '미술의 본질 das Wesen der Kunst'이란, 결코 경험으로는 인식할 수 없고, 오직 '순수이성'으로 상기할 수밖에 없는 플라톤적 이데아idée에 가깝다. 이 때문에 그는 원형이 아니라 모방을 통해 이미 사라져버린 고대를 기억하는 것만이 미술의 본질에 다가가는 유일한 길이라고 파악했던 것이다.

본문에서 다시 논의되겠지만 그의 유명한 인용문 '**우리가 위대해지는, 아니 가능하다면 모방적이지 않을 수 있는 유일한 방법은 고대인을 모방하는 일**'이라는, 매우 유명하지만 모호한 말은 그가 미술의 본질을 이데아적으로 사유했다는 관점에서 보면 훨씬 더 이해하기 쉽다. 즉 플라톤이 『소피스테스Sophistes』에서 다루었듯이, 이데아의 가시적 형상인 에이도스eidos를 모방한 에이돌론eidolon의 위계화된 복제들은 복제가 거듭될수록 이데아에서 점점 더 멀어진다. 즉 복제가 에이콘eikon에서 판타즈마phantasma로 갈수록 이데아와의 유사성이 줄어드는 환상적 환영에 가까워지기 때문에, 가능하면 이데아에 근접한 형상에 머물러 있는 것만이 상실한 이데아를 상기해 본질에 다가설 수 있는 방법이라는 것이다. 만약 이런 위계화된 플라톤적 세계를 '미술의 본질'로 받아들인다면 우리는 현재를 모방하는 것보다 고대를 모방함으로써만 이데아, 미술의 본질에 더 가깝게 다가갈 수 있게 된다. 1부 1장의 빙켈만과 미술사에 관한 논의는 이런 관점에서 더 잘 이해할 수 있다. 이어지는 바르부르크의 논의는 그와는 전혀 다른 미술사, 즉 뒤엉킨 이미지가 그 자체로 잔존하는 시대착오적 미술사를 탐색하는 과정임을 알게 될 것이다.

그렇다면 저자는 왜 지금 이 시대에 바르부르크를 잔존시키려고 하는 것일까? 왜 감춰졌던 도상해석학의 이 미친 아버지를 다시 무덤에서 불러내 유령의 모습 그대로, 뒤얽히고 모호한 이미지 그대로 지금 여기에 출몰시키는 것일까? 이 책이 드러내려는 것은 결국 새롭게 확립된 미술사나 역사, 체계적인 미학적 원리와는 전혀 거리가 멀다. 그것은, 말하자면, 우리에게 익숙하고 선호되는 이성적, 체계적, 종합적, 완결적, 합리적, 과학적인 세계는 언제나 격정적, 파토스적, 분열적, 징후적, 악마적, 미완적, 광기적 세계와 겹쳐 있다는 사실이다. 오늘날 우리를 둘러싼 이미지는 바로 그런 뒤엉킨 분열성을 일상 속에서 드러내고 있다. 이 책은 그런 복잡성에 접근하는 사유를 언어가 아니라 이미지를 통해 새롭게 시작하려는 거대한 지도책, 즉 '아틀라스'라고 할 수 있다. 이 책에서 우리는 니체와 부르크하르트, 프로이트를 통과하면서 구축된 새로운 바르부르크가 벤야민, 들뢰즈, 아감벤 등의 현대적 사유와 만나는 지점을 매우 흥미진진하게 탐색할 수 있을 것이다.

2018년에 옮긴이는 이미지 개념의 철학사적 변천을 다룬 『이미지와 기억: 이미지 개념의 철학사』(새물결)에서 바르부르크와 저자의 이미지 개념을 논한 적이 있다. 이 책에서 중요한 참고문헌으로 인용한 본서의 번역을 새물결 출판사의 조형준 주간이 먼저 제안해주었고, 이후 프랑스어판과 영어판을 번갈아 참조하며 번역에 몰두했다. 익숙하지 않던 논의와 어렴풋이만 알고 있던 학적 담론들이 서로 부딪히며 새로운 성좌를 구축해나간 기록을 한글로 옮기는 번역 작업은 힘들지만 흥미로운 경험이었다. 가능하면 원서의 내용에 손실 없이 좀 더 읽기 쉽게 문장을 만들고자 노력은 했지만 번역된 내용에는 여전히 부족함이 많다. 독일어로 사유한 100년 전의 학자에 대한 현대의 프랑스 학자의 연구서를 한국어로 번역하기 위해서는 복잡한 개념의 계보를 추적해야만 했다. 번역하는 과정에서 옮긴이에게 생소하거나 추가적인 설명이 필요하다고 판단되는 부분에서는 과감히 각주로 설명을 추가했다. 후속 연구를 위해 원전의 제목과 개념의 원어 표기 등도 가능한 한 남겨두고, 인용문도 원전을 찾아서 다시 확인하고자 했다. 이런 부가적인 부분이 자연스런 책읽기에 방해가 된다면 너그럽게 이해해주시길 바란다. 번역을 제안하고 난삽한 1부 1장을 전면적으로 살펴봐 준 탁월한 번역자 조형준 주간께 감사드린다. 긴 원고를 깔끔한 책으로 편집해준 담당 편집자에게도 감사드린다. 전염병의 창궐로 예상치 못한 긴 칩거 기간 동안 이 복잡한 책의 내용을 정리하는 데 도움을 준 동료이자 아내 권현주, 힘든 수험 생활을 이제 막 벗어난 딸 시연에게 깊은 사랑과 감사를 전한다.

2021년 12월
김병선

"그대의 아버지는 다섯 길 바닷물 속에.
그의 뼈는 산호로 변하고,
눈은 진주가 되었다.
몸뚱이는 하나도 퇴색하지 않고
바다 속에서 변화를 겪어
값지고 신기한 물건이 되었다. …… "
— 셰익스피어, 에어리얼의 노래, 『템페스트 *The Tempest*』 1막 2장

"고대의 영향으로부터.
이 이야기는 마술적이다.
말하자면
어른을 위한 유령 이야기."
— 바르부르크, 『므네모시네. 기본 개념, II』(1929년 7월 2일), 3페이지

1
유령으로서의 이미지:
형태의 잔존과 시간의 불순성

L'image survivante. Histoire de l'art et temps des fantômes selon Aby Warburg

01

미술은 죽는다, 미술은 부활한다:
역사는 다시 시작된다
(바사리부터 빙켈만까지)

미술사Kunstgeschichte 또는 그런 이름으로 통용되는 유형의 담론은 정말 **하루아침에 '태어났을까'** 하고 질문할 수 있을 것이다. 최소한 미술사의 '탄생일'로 간주될 만한 특정한 순간은 없으며, 시간적 연속성 속에서 식별 가능한 한순간에 태어나지는 않았다고 말해두자. 77년에 대大플리니우스가 『박물지[자연사]*Naturalis Historia*』에 헌정한 서한 뒤에는, 잘 알려진 대로, 그리스 역사학 전통 전체가 이미 뚜렷이 드러나 있었다.[1] 또한 1550년에 '최초의 미술사가'로 불리는 바사리가 『르네상스 미술가 평전』[원제: 가장 탁월한 화가, 조각가 및 건축가의 생애*Le vite de' più eccellenti pittori, scultori, e architettori*]에 바친 헌사 뒤에도 피렌체 같은 도시의 명사 uomini illustri를 위한 연대기와 송덕문의 전통 전체가 뚜렷한 모습으로 잔재를 드러내고 있었다.[2]

위험을 무릅쓰고 이렇게 말해보자. (미술을 둘러싼) 역사적 담론discours historique은 결코 '태어난 적이 없으며', 그런 역사적 담론은 언제나 다시 시작된다고.* 또 다음과 같은 사실을 확인하자. 미술사 또는 그런 이름으로 불리는 분과학문은 **매번 다시 시작된다**는 사실을 말이다. 미술사의 탐구 대상 자체가 이미 죽었으며 …… 다시 부활하고 있는 것으로 경험될 때마다 그런 일이 일어나는 것처럼 보인다. 바사리가 본인의 역사적·미학적 기획 전체를, 고대미술은 죽었다는 관찰 위에 정초한 16세기에 일어난 일이 바로 그것이었다. 바사리는 책의「머리말proemio」에서 시간의 탐욕성voracità del tempo에 대해 쓴 다음, 중세를 그런 망각 과정의 대죄인으로 지적한다. 하지만 잘 알려진 대로 이 죽음은 '구원받았다.' 대략 조토Giotto di Bondone부터 시작되어 기억remémoration 또는 부활résurrection 과정의 위대한 천재로 인정받은 미켈란젤로에게서 절정을 이룬 부흥rinàscita의 오랜 운동을 통해 기적적으로 구원받거나 속죄된 것이다.3 바로 이로부터, 즉 그 자체가 애도 상태에서 출현한 르네상스로부터 미술사라고 부를 만한 무엇인가가 등장할 수 있던 것 같다.4 (〈그림 1〉)

(물론 몇 가지 본질적 차이가 있지만) 2세기 후에 모든 것이 또다시 시작된다. '인본주의'의 르네상스가 아니라 '신고전주의'의 복원이라는

• 여기서 '역사적 담론'이란, 푸코가 1976년 1월 28일의 콜레주 드 프랑스 강의에서 말한 것과 같은 의미이다. 그것은 '역사학자들의 담론, 역사를 말하는 관습'이다. 다시 말해 역사적 사실 자체가 아니라 역사적 사실을 바라보는 수많은 관점을 둘러싼 담론을 말한다. 예를 들면 이 강의에서 푸코는 로마와 중세의 역사적 담론에는 주권강화라는 의례적 기능이 있었으며, 16세기부터 17세기 초에 나타난 새로운 역사적 담론은 종족투쟁의 담론이었음을 지적한다. 이런 주권과 종족투쟁의 역사적 담론 간의 충돌 과정에서 17세기의 영국과 19세기의 프랑스와 유럽의 혁명적 담론이 새롭게 등장한다. 그리고 다시 종족투쟁이라는 옛 담론이 혁명적 담론에 대한 대안으로 변용되면서 20세기에 나치즘이나 소비에트와 같은 새로운 국가 인종주의적 담론이 생성되었다는 것이다. 그것이 역사를 담론적 변천으로 보는 푸코의 시선이다. 그러므로 여기서 결코 태어난 적이 없으며, 언제나 다시 시작되는 미술사의 '역사적 담론'이란, 끊임없이 다시 발굴되어 부활하는 미술작품과 미술가, 미술작품의 제작을 둘러싼 다양한 관점과 이야기를 의미한다.

〈그림 1〉 조르조 바사리, 『르네상스 미술가 평전』 2판의 권두 삽화(피렌체, 1568년), 목판화(세부).

맥락에서 빙켈만이 현대적 의미에서 '역사'라고 부를 만한 **미술사를 발명한 것이다.**(〈그림 2〉) 이 경우 미술사는 계몽주의 시대에 출현했는데, 그것은 곧 (무엇보다 먼저 헤겔주의와 함께 시작되는) 거대 체제의 시대 그리고 실증과학의 시대 — 푸코는 이 시대에서 유사성analogy과 연속성succession이라는 두 가지 병렬적인 인식론적 원리가 작동하는 것으로 본다 — 로 이어진다. 다시 말해 현상이 유사성에 따라 체계적으로 파악되고, 다시 이 유사성은 "유사성에서 유사성으로 이어지는 연속성의 고정된 형태"[5]로 해석된다는 것이다. 불행히도 푸코가 논하지 않은 빙켈만은 문화와 미의 영역에서 (지금은 진정한 그리고 이미 '과학적인') **역사** 시

〈그림 2〉 빙켈만, 『고대미술사』, 2권 권두 삽화(드레스덴, 1764년).

대의 미술에 관한 사유에서 생겨난 인식론적 변화를 대변한다.6

여기서 검토되는 역사는 대플리니우스나 바사리 유형의 단순한 연대기를 뛰어넘는다는 의미로 이미 '근대적'이자 '과학적'이다. 이 역사는 보다 근본적인 무언가를 목표로 삼는데, 컹시Quatremère de Quincy는 빙켈만 추도사에서 정확히 그것을 **시간에 대한 분석**이라고 부르고 있다.

학자 빙켈만은 이 연구에 진정한 관찰 정신을 최초로 가져다주었습니다. 그는 처음으로 고대 문명을 분해하고, 시대, 민족, 학파, 양식 그리고 양식의 뉘앙스를 분석하려고 했습니다. 그는 이 미지의 땅에 맨 먼저 길을 내고 표지판을 그렸습니다. 처음으로 다양한 시기를 분류함으로써 기념물의 역사를 더 가깝게 만들었고, 기념물을 서로 비교해 신뢰할 만한 특징, 비평의 원리, 여러 오류를 수정할 방법론을 발견했으며, 거대한 진실을 찾아낼 준비를 마쳤습니다. 그리고 결국 분석에서 종합으로 전환해 파편더미에 불과한 것에서 하나의 몸체corps를 만들어내는 데 성공했습니다.7

이 이미지는 중요하다. 즉 '파편더미'는 이탈리아와 그리스의 땅 위와 땅 아래에 계속 흩어져 있었지만 1764년에 빙켈만이 하나의 저서를, 위대한『고대미술사Geschichte der Kunst des Alterthums』를 출판하면서 컹시가 표현한 대로 그렇게 흩어진 것 전체로부터 '하나의 몸체'를 만들어 냈던 것이다. 그것은 대상들의 유기적 결합, 미술 양식과 각 양식의 생물학적 기능, 즉 진화 법칙의 결합에 필적하는 해부학과 생리학이라는 의미에서의 몸체이다. 또한 지식의 자료집corpus, 원리들의 기관organon, 실제로는 '하나의 몸체처럼 체계화된 교리'라는 의미에서의 몸체이다. 그리하여 그는 무엇보다 먼저 골동품 애호가의 단순한 **호기심**을 넘어서는 **역사적 방법론** 비슷한 것을 구성함으로써 미술사를 최초로 발명했다.8 이제 미술사학자는 더 이상 작품을 수집하고 감탄하는 데만 그칠 수 없게 되었다. 컹시 말대로 분석하고 분해하고 관찰과 비평 능력을 연습하며, 분류하고 한데 모아 비교함으로써 모든 **유사성**에 **연속성**의 법칙을 부여할 '신뢰할 만한 특징'을 찾으며 '분석에서 종합으로 전환'해야만 했던 것이다. 그것이 미술사가 '몸체', 방법론적 지식, 진정한 '시간에 대한 분석'으로 구성되는 방식이었다.

대다수 평론가는 이 구성 방식의 방법론적이고, 심지어 교리적 측면에 예민했다. 빙켈만은 자기가 발견한 것보다는 만들어 낸 것을 통해 미술사를 수립했다.『그리스 미술 모방론Gedanken über die Nachahmung der griechischen Werke』(1756년)의 '미학적 비평가'인 그가『고대미술사』(1764년)의 '역사학자' 빙켈만으로 단순히 계승되었다고 보는 것은 충분하지 않다.9 왜냐하면 계몽주의의 '미학적 위기'가 빙켈만이 고고학의 기본 자료를 수집하는 방식에까지도 틀림없이 영향을 미쳤기 때문이다.10

이 저서의 주석을 읽다 보면 우리는 한편으로는 미술사의 창시자이지만 다른 한편으로는 미학적 **교리**의 열렬한 주창자처럼 보이는 빙켈만의 모순된 모습에서 이론적 불편함도 함께 느낀다. 그런 모순된 모습이 "너무나 분명하다"11고 단순하게 말할 수는 없다. 그보다는 오히려 구성적이라고 말해야 한다. 포츠Alex Potts가 입증한 대로, 빙켈만의 『고대미술사』는 역사적 위치가 계속해서 '영원한' 공리로 구성되고, 그 대가로 일반 개념은 그 자체의 역사화로 전복되는 일련의 모순을 통해서만 시각예술에 관한 지식의 현대적 관점을 확립할 수 있었다.12 하지만 그런 모순이 진행 중인 이 역사적 기획의 정당성을 무너뜨리지는 않는다. 이 역사적 기획은 실증주의자나 순진한 역사학자만 믿을 만한 것으로, 그들은 역사가 오직 그 자체에 고유한 연구 대상으로부터만 전제를 가져온다고 상상한다. 일련의 모순은 문자 그대로 이 역사적 기획의 토대가 된다.

그렇게 구성된 모순을 어떻게 이해해야 할까? 빙켈만의 작업 속에서 상이한 '명료함intelligibilité의 수준'을 분리하는 일은 불충분하면서도 불가능해 보인다. 수준들이 너무 달라 결국 한 항은 미학적 교리인 탈시간적 규범이고, 다른 항은 역사적 실천인 '시간에 대한 분석'이라는, 지극히 대립되는 양극성을 이룰 것이기 때문이다. 수준의 그런 분리가 문자 그대로 파악되면 '미술사'라는 표현 자체를 아예 이해할 수 없게 만들어 버리고 말 것이다. 적어도 우리는 미술사라는 표현의 현저하게 문제적인 성격을 느낄 수 있다. 미술사를 쓸 수 있으려면 어떤 미술적 개념을 받아들여야 할까? 또 미술작품에 적용하려면 어떤 역사적 개념을 받아들여야 할까? 이 문제가 어려운 이유는, 모든 것이 뒤얽혀 있으며, 한 가지 요소에 대한 입장이 다른 모든 요소에 대한 입장과 관련되어 있기 때문이다. 단지 자연발생적이고 실제로 생각해낸 것이 아니더라도 역사철학 없이 그리고 특정한 **시간** 모델의 선택 없이 미술사는 존재하지 않는다. 이는 미술철학과 특정한 **미학** 모델의 선택 없이 미술사가 존재하지 않는 것과 마찬가지이다. 빙켈만에게서 이 두 유형의 모델이 어떻게 함께 협력해서 작용하는지를 알아보아야만 한다. 아마 그로써 『고대미술사』의 「서문」 끝에 놓인 헌사 — "이 미술사를 미술과 시간에게 바친다"13 — 를 보다 잘 이해할 수 있을 것이다. 이 헌사의 동어반복적 성격은 독자에게 미스터리로 남아 있다.

책은 종종 망자에게 헌정된다. 책의 첫머리에서 그는 『고대미술사』를 고대미술에게 헌정했다. 그가 보기에 고대미술은 오래전에 죽었기 때문이다. 마찬가지로 그는 책을 시간에게 헌정했다. 그가 보기에 역사학자는 지나간 것, 죽은 것의 시간 속을 걷는 사람이기 때문이다. 그럼 이 책의 반대편 끝, 즉 고대미술이 우리에게 기억되고, (정신적 의미에서) 이야기 형태로 재구성된 몇백 페이지 뒤에서는 무슨 일이 일어날까? 우리는 돌이킬 수 없는 상실감과 끔찍한 낌새에 대한 우울과 갑갑함 같은 것을 느낀다. 미술사가 방금 전해준 이야기는 그저 유령 같은 환영의 결과로, 그런 느낌 또는 상실감 자체가 우리를 쉽게 속이고 있는 것은 아닐까?

미술의 파멸을 성찰하면서 나는 고향 땅의 역사를 쓰면서 폐허가 된 그 땅의 모습을 그리라고 강요받은 사람과 같은 불쾌감을 느꼈다. 아직도 나는 눈이 닿는 한 고대 작품의 운명을 추적할 수밖에 없다. 다시 만날 희망도 없이 사랑하는 이를 태운 배를 눈물 고인 눈으로 바라보며 바닷가에 붙박인 연인은, 환상 속에서, 떠나가는 배의 먼 돛에서 사랑하는 이의 이미지das Bild des Geliebten를 여전히 보고 있다고 믿는다. 어떻게 보면 이 연인처럼 우리에게도 욕망하는 대상에 대한 희미한 윤곽Schattenriss …… unserer Wünsche 만이 남아 있을 뿐이다. 하지만 그런 상실은 우리의 열망을 더 크게 불러일으키며, 따라서 원형을 소유하고 있다면 우리는 원형Urbilder보다 더 주의 깊게 복제Kopien를 연구한다. 특히 이 점에서 우리는 종종 유령Gespenster의 존재를 확신하고, 아무것도 없는 곳에서Wo nichts ist 무언가를 본다고 상상하는 사람들과 매우 흡사해진다.14

무시무시한 페이지. — 아름답고 시적인 이 페이지는 무시무시하면서도 급진적이다. 만약 미술사가 이 페이지에서 다시 시작된다면 그것은 쇠퇴하고, 사라지고, 파묻힌 대상을 위한 것이라고 정의될 것이다. 따라서 고대미술, 즉 절대적 아름다움의 미술은 최초의 이 현대적 역사학자에게서 "절대 부재absence catégorique"15로 빛난다. 적어도 빙켈만 생각에 그리스인들은 자기 미술의 '생생한' 역사를 만들어 낸 적이 없다. 그리스 미술사는 대상이 죽은 것으로 간주되는 순간에야 비로소 시작되어, 처음으로 필요성을 드러냈다. 따라서 그런 역사는 애도 작업인 동시에 상실한 것을 위한 희망 없는 초혼招魂으로 경험될 것이다(『고대미술사』는 고대미술을 위한 애도 작업이다). 이 점을 즉시 강조해보자. 즉 그가 말하는 유령들은 아직 살아 있는 힘으로는 결코 '불러 모으거나convoqués', '불러들일invoqués' 수 없다. 오로지 과거의 힘으로만 '불러낼évoqués'* 수

* 라틴어로 voc는 목소리를 뜻하는 어간으로, 라틴어 voco는 부르다, 호소하다는 의미를 갖는다. 그에 따라 con(함께)+voc(부르다)는 불러 모으다, 소집하다는 뜻으로, in(안으로)+voc(부르다)는 불러들이다, 기원하다, 인용하다는 뜻으로 e(밖으로)+voc(부르다)는 불러내다, 환기시키다, 나아가 초혼招魂, 강신降神이라는 뜻으로 사용된다. 고대의 미술작품을 통해 지금은 이미 죽고 없는 유령을 부르는 일은 현재의 살아 있는 힘으로 현재 속으로

있을 뿐이다. 유령들은 존재나 현존의 '무無', 아무것도 없음nichts ist에 해당될 것이다. 유령들은 우리의 착시, 우리가 애도하는 살아 있던 시간을 나타낼 뿐이다. 유령의 존재(허깨비에 불과할지라도), 잔존, 귀환은 그렇게 단순하게 검토될 수는 없다.

따라서 그런 사람이 근대적 역사학자가 될 것이다. 그는 과거를 불러내고, 그것의 결정적 상실을 슬퍼한다. 이 근대적 역사학자는 더 이상 유령을 믿지 않는다(머지않아 19세기가 지나면 '사실'만 믿게 될 것이다). 빙켈만은 비관주의자로, 종종 몰락 또는 쇠퇴를 의미하는 *Untergang*이라는 단어를 사용한다. 실제로 그의 기획 전체는 **위대함과 쇠퇴**라는 시간 모델을 따라 조직된 것처럼 보인다.16 의문의 여지없이 그의 기획은 18세기를 특징지은 "역사적 비관주의"17의 맥락 속에 놓여야 한다. 또 미학 영역에서 그의 사유가 '미술의 퇴폐', 심지어 고대 걸작들의 잇따른 파괴와 관련된 "혁명적인 예술과 문화의 파괴vandalisme"18에 대한 향수어린 무수한 글에 영감을 준 사실에도 주목해야 한다. **위대함과 쇠퇴**라는 시간 모델은 너무나 강력해, 가령 브록하우스 백과사전Brockhaus Enzyklopädie*에서 볼 수 있듯 그것은 미술사를 정의하는 기본 틀을 오래전부터 제공해왔다. 즉 "미술사는 미술의 기원, 발전, 위대함과 쇠퇴를 표상한다."19 그것은 빙켈만의 정의와 다르지 않다.

합리적인 미술사의 목적은 미술의 기원Ursprung으로 돌아가, 완전해질 때

불러 모으거나 불러들일 수는 없으며, 오직 과거의 힘으로만 불러낼 수 있을 뿐이라는 말은 이 맥락에서 이해할 수 있다.
* 세계에서 가장 오랜 역사를 가진 독일어 백과사전. 1796~1808년에 콘베르자치온스-렉시콘Konversations-lexikon이라는 이름으로 처음 6권이 간행되었다. 1966년에 브록하우스 백과사전Brockhaus Enzyklopädie으로 이름을 바꾸었다.

까지 진보Wachstum와 변화Veränderung를 따라가며, 사라질 때까지 쇠퇴 Untergang와 몰락Fall을 보여주는 것이다.20

이 시간 도식을 주의 깊게 살펴보면 그것이 두 가지 유형의 이론적 모델과 관련되어 있음을 알 수 있다. 첫 번째는 자연적 모델modèle naturel 로, 보다 정확하게는 생물학적 모델이다. 빙켈만의 정의에서 진보Wachstum는 식물이나 동물의 '성장'으로 이해해야 한다. 그리고 변화Veränderung는 모든 '돌연변이' 개념에 내포된 생기론적 함의를 지닌다. 따라서 그가 미술사라는 용어로 의미하는 바는 **자연사**와 기본적으로 멀지 않다. 물론 그가 대플리니우스의 『박물지』를 읽은 것은 잘 알려져 있다. 뿐만 아니라 그는 크뤼거J. G. Krüger의 생리학 논문과 알렌John Allen의 의료 매뉴얼을 읽었듯이 뷔퐁Georges-Louis Leclerc Buffon의 『박물지*Histoire naturelle*』도 읽었다. 그리고 1763년 12월자 편지에서 볼 수 있듯 언젠가 '미술 연구'에서 "자연 연구"21로 옮겨가길 원했다. 이 모든 것으로부터 그는 계몽주의 인식론의 전형적인 분류 문제뿐만 아니라 진보와 쇠퇴, 출생과 타락, 생과 죽음 간에 펼쳐진 생체표현적biomorphique 증거의 시간 도식과도 관련된 역사학 개념들을 끌어냈다.

그런 이론적 구성의 또 다른 얼굴은 더 잘 알려져 있다. 그것은 이데아적 모델modèle idéal, 더 구체적으로는 형이상학적 모델이다. 따라서 이 모델은 대상의 '절대 부재'와 매우 잘 부합했다. 아리스토텔레스가 솔론이 했다고 전하는 유명한 말(본질to ti ên einaï)을 생각해보자.* 그것은 우

---

* 아리스토텔레스가 『형이상학』에서 논하는 그리스어 to ti ên einaï를 말 그대로 해석하면 '그것이었던 것what it was to be'이다. 아리스토텔레스는 '각 사물이 자체로kath'hauto, 무엇이라고 일컬어진다면 바로 자체로 그것이었던 것to ti ên einaï이다'라고 말한다. 대상

리가 진실, 더 낮게는 "사물의 본질quiddité"22이라고 말하고 싶은 어떤 것을 이미 죽었다고 가정한다. 이 의미에서 고대미술의 소멸이 자체의 궁극적 '본질'을 이야기할 수 있는 역사적 담론을 정초했다고 말할 수 있을 것이다. 따라서 빙켈만이 구상한 미술사는 서술, 분류, 연대 추정으로 만족하지 않는다. 컹시는 '분석에서 종합으로'라는 단순한 역행적 움직임이라고 말했지만 빙켈만 본인은 철학적 관점에서 자기 입장을 급진화시켰다. 즉 미술사die Geschichte der Kunst는 미술의 본질das Wesen der Kunst을 명확히 드러낼 수 있는 방식으로 쓰여져야만 한다는 것이다.

> 내가 쓰려는 고대미술사는 각 시대에 일어난 격변들의 단순한 연대기적 서술이 아니다. 나는 역사Geschichte라는 용어를 그리스어에서 사용된 보다 확장된 의미로 사용한다. 그리고 미술의 학적 체계Lehrgebäude를 정확히 제시하려는 것이 나의 의도이다. …… 보다 엄격한 의미의 미술사는 주로 그리스와 로마에서 서로 다른 시대 상황을 경험한 운명의 역사이다. 하지만 이 책에서 나는 주로 '미술의 본질das Wesen der Kunst'에 대해 논할 것을 제안했다.23

이 인용문을 읽어보면 흔히 말하듯 빙켈만이 구상한 미술의 역사성이 "어떤 타협으로부터, 즉 역사가 규범의 내부 또는 가장자리에서 하나의 장을 찾을 수 있게 해주는 타협으로부터"24 발생한다는 말은 정확한 사실이 아님을 알 수 있을 것이다. 그런 식으로 말하면 역사적 담론 자체를 지나치게 신뢰하는 것이 된다. 그것은 역사가 스스로의 고유한 영역

이 자체로 무엇인지를 말하는 진술 속에서 드러나는 것이 각자의 본질이라는 것이다

을 떠날 때만, '자연적인' 철학적 중립성에 저항할 때만, 간단히 말해 순수하고 단순하게 관찰된 사실 앞에서 '자연적인' 겸손함을 배신할 때만 규범적이 된다고 상정하는 것이다. 하지만 그것은 서사 자체, 심지어 역사학자가 보존할 만한 가치가 있다고 여기는 현상에 대한 극히 단순한 묘사나 언급에도 규범이 내재함을 무시하는 것이다. 말할 필요도 없이 역사적 서사는 항상 서사 대상의 '본질'에 관한 이론적 규범에 의해 선행되며, 조건 지어진다. 따라서 미술사는 자기의 서사를 위한 '올바른 대상', 즉 '아름다운 대상' ― 그것의 결합이 결국 미술의 본질 같은 것을 구성한다 ― 을 규정하는 **미학적 규범**에 의해 조건 지어진다.

그러므로 빙켈만 본인이 자기가 쓰는 역사가 철학적·교리적 의미에서 '학적 체계Lehrgebäude'의 지위를 가진다고 주장한 것은 근거가 있는 것이었다. 정도 차는 있지만 그의 기획은 몽테스키외, 비코Giovanni Battista Vico, 기번Edward Gibbon, 콩디약Etienne Bonnot de Condillac의 기획과 공명共鳴했다.25 더구나 빙켈만적 역사의 그런 지위는 18세기에 분명하게 인정되었다. 헤르더Johann Gottfried Herder는 빙켈만이 '일반성, 즉 미의 본질과 관련된 분석'이라는 거의 플라톤적인 기획으로 "그처럼 거대하고 진실 되며 영원한 학적 체계를 가장 확실하게 제안했다"26고 쓰고 있다. 역사성을 깊이 고민한 사상가인 헤르더는 이어 이렇게 질문한다.

그것이 역사의 목적인가? 미술사의 목적인가? 다른 가능한 형태의 역사는 없는가?

하지만 그는 플리니우스, 파우사니아스*, 필로스트레이트**의 **역사학적 수집**을 넘어 이론적으로 확립된 미술사의 필요성을 기꺼이 인정했다. 따

라서 헤르더는 그것을, 빙켈만을 따라, **역사적 체계**라고 불렀다.27

헤르더는 또한 그것을 "이데아적 구성물ideal construction"28이라고 불렀다. 여기서 이데아***라는 말은 최상급의 형이상학적 원리인 미의 이데아 그리고 고대의 위대한 미술가들이 구현할 수 있던 '미술의 본질'이 조화를 이루도록 하기 위해 구상된 것이라는 의미로 이해되었다. 물론 '이데아적 아름다움'은 신고전주의 미학 일반만큼이나 빙켈만의 역사 체계 전체의 기점基點을 이룬다.29 그것은 본질을, 따라서 규범을 제공한다. 미술사는 그저 이 이데아적 아름다움의 발전과 쇠퇴의 역사일 뿐이다. 그것은 마치 미학적 사유가 오랫동안 이데아주의의 철학적 흐름에 속해 있었음을 확인시켜주는 것 같다.30

이데아라는 용어는 본질(여기서는 미술의 본질)이 **모델**임을 암시한다. 그것은 고전적 미의 '정언명령'에 따라 **획득되어야 할** 모델이다. 하지만 그 자체로는 **획득 불가능한** 모델로 제시된다. 빙켈만이 '미술의 본질Von dem Wesentlichen der Kunst'에 대해 본격적으로 논하는 장이, 실제로는 대신 그리스 조각상들의 이데아적 아름다움을 기억하기 위해 우리가 정신적으로 염두에 두어야 하는 우회적 수단들에 할애되고 있는 점은 매우 의미심장하다.

---

* *Παυσανίας*(약 110~180년경). 그리스의 지리학자이자 박물학자로 『그리스 안내*Ελλάδος περιήγησις*』를 썼다.
** Lucius Flavius Philostratus(약 170/172~247/250년경). 로마제국 시대의 그리스 소피스트로 『타이아나의 아폴로니우스의 생애*Vita Apollonii*』, 『소피스트들의 생애*Βίοι Σοφιστών*』, 『영웅들*Heroicus*』, 『체육학*Γυμναστικός*』 등을 쓴 작가로 알려져 있다.
*** 이 책에서 idée, idéal은 맥락에 따라 이데아, 이데아적 등으로 번역했다. 특히 「서문」에서 저자가 제기한 이데아 중심의 미술사 혹은 더 근본적으로 미술사를 둘러싼 플라톤주의적 사유방식에 대한 비판을 좀 더 뚜렷하게 부각시키기 위해서이다

이 책의 1장은 이후의 내용에 대한 서론에 불과하기 때문에 그런 예비적 고찰 후에 나는 미술의 본질 자체로 넘어갈 것이다. …… 실제로 나는 올림픽 스타디움에 서 있는 내 모습을 상상한다. 그곳에서 나는 주로 무수한 영웅적인 젊은이들의 조각상 그리고 승자의 모습이 새겨진 청동으로 된 쌍두마차와 사두마차 그리고 또 다른 경이로운 미술작품을 보고 있는 것 같다. 실제로 상상은 몇 차례나 나를 그런 몽상으로 이끌었다. 몽상 속에서 나는 나 자신을 그들 운동선수들과 연결시켰다. …… 그러나 나는 엘리스Elis*로의 그런 상상적 도주가 단지 시적 공상이 아니라 대상에 대한 사실적 응시contemplation로 간주되기를 바란다. 그러면 마치 고대인들이 언급한 조각상과 이미지를 내가 실제로 존재하는 것으로 상상하는 듯 그런 허구는 일종의 현실성을 얻게 될 것이다.31

위의 말은 매우 이상하다. 이데아적이라는 것은 빙켈만 말대로 하자면 '대상에 대한 사실적 응시'를 수단으로 해서 이해되고 인식되지, '실재하는 대상에 대한 응시'를 수단으로 해서 이해되거나 인식되지는 않는다. 실재하는 대상은 사라져버렸으며, 이후 모방품에 의해 대체되었다. 이데아적이던 시점을 벗어난 때를 찾으려는 정신의 매개만 남을 뿐이다. 한편 그런 매개 중 가장 필수적인 것(텍스트의 재구성과 이데아의 복원)이 **미술사**라고 불릴 것이다. 이데아에 봉사하며, 화신avatar들의 서사, 즉 미술의 규범 — 여성의 몸, 우아한 휘장 등으로 그려지는 '아름다운 자연',

---

* 고대 올림픽이 열린 고대 그리스 도시로, 현재 그리스의 펠로폰네소스반도 서부의 일리아현 Νομός Ηλείας에 해당한다. 제1회 고대 올림픽은 기원전 776년에 엘리스의 올림피아에서 개최된 것으로 알려져 있다.

'고귀한 윤곽', "정신적 원형"32이 그것이다 ― 과 관련된 위대함 및 쇠퇴의 순간의 서사로 제시되는 미술사가 바로 그것이다.『고대미술사』는 분명히 10년 전에『그리스 미술 모방론』에서 제시된 미학으로 되돌아가자는 지속적 호소로 이루어져 있다.

그리고 여기, 고대적 아름다움의 죽음을 슬퍼하며 그 대상에 대한 애도에 빠진 우리 미술사의 발명가가 있다. 여기 '체계의 정신esprit de système'을 지닌 미술애호가, 유령을 믿지 않으며 역설적으로 자기의 서사(또는 그가 믿은 대로 하자면 자기의 과학)의 부재하는 ― 그가 신뢰성을 부여하지 않을 수 없는 ― 대상을 오래된 그리스어와 라틴어 묘사를 바탕으로 마치 '존재하는 것처럼' 제시하는 우리의 역사학자가 있다. 마침내 여기 다음과 같은 '미술의 본질'로 우리를 강타하고 있는 그가 있다. 즉 고대 그리스인들에게는 알려지지 않았던 ― 그는 그렇게 상정한다 ― '성병과 그로 인한 구루병' 같은 악에 대한 공포를 표현한『그리스 미술 모방론』의 놀라운 문장 속에서 '신체의 어떤 변형'도 절대적으로 거부하며 "좋은 취향der gute Geschmack"33을 원칙적으로 칭찬하고 있는 그가 말이다. 그리고 그런 악들이 모종의 막연한 공통된 병리학으로 연결되어 있었듯이, 마찬가지로 빙켈만은 파토스, 즉 신체를 왜곡해 영혼의 위대함과 고귀함을 특징짓는 고요함이라는 이데아를 망치는 영혼의 질병에 대한 거부를 다음과 같이 철저하게 표현한다.

신체 상태는 보다 고요할수록 영혼의 진정한 특징을 그만큼 더 잘 묘사할 수 있다. 어떤 위치에 있건 그런 고요함으로부터 너무 많이 벗어나면 영혼은 가장 본질적인 상태에 있는 것이 아니라 동요하고 압박받는 상태에 있게 된다. 영혼이 보다 수월하게 인식될 수 있는 것은 격렬한 열정의 상태 속에서

이겠지만 영혼이 보다 위대하고 고결한 것은 조화와 고요함의 상태 속에 있을 때이다.34

『모방론』에서 일반 공리로 제시된 것이 『미술론』에서는 그리스 미술이라는 특수한 영역에 적용될 것이다. '~해야 한다'(규범의 관점)라고 말하는 대신 빙켈만은 이제 그리스인들이 '익숙해졌다'라고 쓰는 것으로 만족한다. 물론 그런 관점은 '역사적'이다. 하지만 그것은 그 속에서 표현되는 것, 또는 이렇게 말해야 한다면, 그 속에서 드러나는 것과 동일한 본질이다.

어떤 의미에서든 표현은 얼굴과 몸짓의 특징을 바꾸고, 그 결과 미를 구성하는 형태를 변형시킨다. 변화가 클수록 미에는 더 불리하다. 그에 따라 인물에게 고요한 태도를 부여하는 것이 미술의 기본 원칙 중의 하나로 관찰되곤 했다. 왜냐하면 플라톤에 따르면 영혼의 휴식은 즐거움과 고통의 중간 상태로 여겨지기 때문이다. 동일한 이유로 고요함은 바다에서처럼 미에 가장 적합한 상태이다. 경험이 보여주듯, 가장 아름다운 사람은 매너와 품행이 조용하다. …… 게다가 마치 물이 잔잔하고 고요할 때만 강바닥이나 호수 바닥을 볼 수 있듯이, 사람과 동물 모두가 고요함과 휴식 상태에서 자기의 진정한 본질과 특징을 탐구하고 발견할 수 있다. 따라서 미술가도 오직 고요함 속에서만 미술의 본질das Wesen der Kunst을 표현할 수 있는 것이다.35

* * *

내가 보기에는 이 「서문」으로 『고대미술사』와 그 유산으로 대표되는 사유의 순간에서 현저히 문제가 되는 본질을 파악하기에 충분하다. 하나의 체계는 수립되었지만 완성에 이르는 데는 지속적으로 실패하고 말았다. 즉 모든 명제나 이론적 해법을 단언할 때마다 즉각 모순이 뒤따랐던 것이다. 따라서 빙켈만은 미술사를 단순한 취향판단과 대비시키지만 미학적 규범이 그의 역사적 서사의 매 단계를 알려준다. 그는 역사란 과거의 '잔해'를 합리적으로 객관화시키는 것이라고 주장하지만 '나는 올림픽 스타디움에 서 있는 내 모습을 상상한다'에서처럼 강력한 주관적 요소가 끊임없이 그의 학문적 글쓰기를 안내하고 있다. 그가 주창하는 미술사는 본질과 생성 사이를 끊임없이 진동한다. 거기서 역사적 과거는 발견되는 것만큼 발명된다.

이런 증거로 무엇을 해야 할까? 이미 컹시 이래 오늘날까지 빙켈만이 현대적 의미의 미술사를 발명했다고 말해져 왔다. 거기에 또 다른 모순은 없을까? 이미지 사회학자, 도상해석학자, 전자현미경을 사용하는 고고학자, 분광 분석에 익숙한 박물관 큐레이터. — 그들은 아직도 그런 철학적 문제에 신경을 쓸까? '과학적' 분과학문으로서의 미술사의 위상은 너무나 확고하게 굳어져 있어서 그런 사유의 세계에 우리가 어떤 유산을 빚지고 있는지는 더 이상 명확하지 않다. 하지만 우리가 상속받은 유산을 우리는 종종 무시한다. 이 『고대미술사』는 어떤 문제의 매듭을 우리에게 계속해서 제공하는가?

그것은 삼중의 매듭, 빙켈만의 저서 제목 자체가 유도하고 부여하고 있는 세 번 묶여진 매듭이다. 첫 번째는 **역사**의 매듭(역사를 어떻게 구성할 수 있고, 어떻게 쓸 수 있을까?)이고, 두 번째는 **미술**의 매듭(어떻게 구별하고 관찰할 수 있을까?)이며, 마지막은 고대의 매듭(어떻게 기억하고 복구할 수 있을까?)이다. 물론 빙켈만의 '체계'는 엄격한 의미에서 철학적이지 않으며, 따라서 변증법적 구성물과 같은 어떤 것으로 간주될 수는 없다. 하지만 매듭의 세 고리를 하나로 묶어주는 결정적 개념, 단어가 존재한다. 그것은 일종의 마법의 단어로, 모든 모순을 해결하거나 또는 오히려 모른 척 지나칠 수 있도록 해준다. '모방Nachahmung'이 바로 그것이다. 이 말은 빙켈만적 체계의 핵심적 요체를 이룬다. 덕분에 모든 차이가 한데 연결되고, 모든 심연이 교차될 수 있는 경첩이자 쐐기인 것이다.

앞서 인용한 저서의 결론36에서 빙켈만은 깊은 심연gouffre을 열어 놓은 것 같다. 그것은 고대미술의 상실을 '욕망하는 대상'의 회귀 불가능성과 연결시키는 우울한 심연, 애도와 욕망Wunsch을 분리시키는 심연, 그리스 조각의 '원형Urbilder'과 로마의 '복제Kopien'를 분리시키는 심연이다. 하지만 저서의 다른 곳에서 — 물론 『모방론』으로 시작하지만 — **모방**은 그런 심연을 가로지르는 다리를 놓는다. 신고전주의 미술가들이 실천한 고대의 모방은 애도를 넘어 욕망을 다시 불붙일 수 있었다. 그것이 **이데아**, 다시 말해 '미술의 본질'이 시간을 가로질러 모종의 방식으로 되살아날 수 있게 해주는, 원형과 복제 간의 연결고리를 만들어 냈던 것이다. 모방 덕분에 포츠가 표현한 대로 그리스 미술의 '절대 부재'는 르네상스를 가능하게, 심지어 "강력히 현존"37할 수 있게 해주었다.

왜냐하면 그것은 정말로 현존의 문제이자 현재의 문제이기 때문이다. 모방하는 현재의 시간은 "잃어버린 원형을 되살려냈으며"38, 그리하여 생생한, 현재적 현존을 원형에게 회복시켜 주었다. 그것이 가능했던 유일한 이유는 모방하는 대상이, 단순한 대상이 아니라 이데아 그 자체이기 때문이다. 빙켈만적 역사의 우울한 측면이 그리스 미술을 도달할 수 없는 애도 대상으로 만들었지만("말하자면 우리에게는 욕망하는 대상에 대한 희미한 윤곽만 남아 있다"39) 빙켈만적 역사의 — 감히 이렇게 말해도 될지 모르지만 — 광적인 측면은 그리스 미술을 **파악할 수 있는** 이데아, 즉 '미술의 본질'이라는 정언명령 그리고 **고대인의** 모방을 통해서만 가능해지는 어떤 것으로 만들어 낸다. 물론 모방은 매우 역설적 개념이다. 그러나 빙켈만이 다음과 같은 저 유명한 피루엣[특히 발레에서 한쪽 발로 서서 빠르게 도는 것]을 할 수 있도록 허용해준 것이 바로 그런 역설이었다.

> 우리가 위대해지는 아니 가능하다면 모방적이지 않을 수 있는 유일한 방법은 고대인을 모방하는 것이다.40

그런 곡예는 상당한 것이었으며, 결과 역시 마찬가지였다. 결과는 틀 자체, 기획 전체의 시간적 구조에 영향을 미쳤다. 왜냐하면 그가 구축한 미술사는 결국 **변화**Veränderung라는 **자연적 시간**을 **미술의 본질**Wesen der Kunst이라는 **이데아적 시간** 위에 겹쳐놓는 것으로 끝나기 때문이다. 그런 식으로 그는 '삶과 죽음' 그리고 '위대함과 쇠퇴'라는 도식을 '르네상스' 또는 '신고전주의'의 복원이라는 지적 프로젝트와 공존하도록 만들 수 있었다. 우리는 그런 업적의 핵심적 요소를 강조해야 한다. 즉 **모방**은 그와 같은 **르네상스**renaissance가 오직 **이데아**만 모방하도록 허용했던 것이다. 여기서 어떻게 재구성되었지만 계속 이어져 온 바사리적 이데아주의의 근본적인 세 가지 "마법의 단어"41를 인식하지 못할 수 있을까? **이데아적** 시간 위에 겹쳐놓은 **자연적 시간** 속에서 인본주의적 모방 개념의 바로 저 양면성을 만드는 것이 무엇인지 어떻게 인식하지 못할 수 있을까? 게다가 모방할 수 없는 고대에 대한 **현대적 모방**이, 빙켈만이 보기에도 그토록 똑같은 (주로 라파엘로에 의한) 고대의 르네상스적 모방으로 대표되는 중간 단계 없이도 가능했을까?

뒤엉킨 해법으로 인해 풀기 어려웠던 매듭이 이제 명확한 해법을 갖고 제대로 묶인, 세 개의 고리로 된 매듭이 된다. 고대라는 매듭은 풀려서 **이데아**라는 개념을 구성한다. **미술**이라는 매듭은 풀려서 **모방**이라는 개념을 구성한다. 역사라는 매듭은 풀려서 르네상스라는 개념을 구성한다. 바사리의 인본주의적 역사가 이미 그렇게 구축된 바 있었으며, 빙켈만의 신고전주의적 역사는 그렇게 다시 시작된다. 하지만 헤르더의 질문을 다시 떠올려보자.

그것이 역사의 목적인가? 미술사의 목적인가? 다른 가능한 형태의 역사는 없는가?42

그리고 미술사학자들 사이에서 만장일치로 주장되는 빙켈만의 유산과 관련해 이 질문의 현재적 쟁점을 분명히 해두자. 우선 '시간에 대한 분석'을 검토해보자. '삶과 죽음'도, '위대함과 쇠퇴'도, 심지어는 역사학자들이 고유한 목적을 위해 끊임없이 가치를 변형시키는 이데아적 르네상스도 아닌 이미지의 시간은 없었을까? 보다 최근 작품으로 오래된 작품을 모방Nachahmung함을 전제하는 전송transmission 모델을 따르지 않는, 유령을 위한 시간, 이미지의 회귀, '잔존Nachleben'은 없었을까? 앞서와 같은 미술사나 그런 서사가 제공하지 않는, 이미지를 기억하기 위한 시간(억압된 것과 그것의 영원한 회귀의 모호한 게임)은 없었을까? 또 미술 그 자체와 관련해 생각해보자. 18세기에 확립된 분류를 벗어난 이미지의 '몸체'는 없었을까? 빙켈만이 상정하는 파토스의 거부 그리고 '**이데아의 모방**'이 요구하는 것과는 전혀 다른 종류의 유사성은 없었을까? 미술 이미지의 역사에 **징후를 위한 시간**은 없었을까? 이 역사는 정말로 하루아

침에 '태어났을까?'

02

바르부르크,
우리의 유령

빙켈만이 기념비적인 『고대미술사』를 집필하고 나서 한 세기 반이 지난 후 바르부르크는 드레스덴이 아니라 함부르크에서 아주 작은 소책자(실제로는 5장 반 페이지 분량의 강의 요약문) 「뒤러와 이탈리아 고대 Dürer und die italienische Antike」43를 출간한다. 이 소책자의 표지 이미지는 바사리의 책 표지(〈그림 1〉)에 나온 기독교의 부활 같은 이미지가 아니며, 빙켈만의 책 표지(〈그림 2〉)에 나온 올림피아 신의 영광 같은 이미지도 아니다. 대신 극도의 육체적 강렬함의 순간에 멈춰진, 격정적이고 폭력적인 장면 속에 찢겨진 인간의 이미지이다.(〈그림 3〉)

역사, 미술, 고대에 대한 사유의 순간들 간의 비대칭은 매우 급진적으로 보인다. 바사리의 저서에 등장하는 한 인물의 '생애'보다 더 짧은 글에서, 바르부르크의 모든 저술이 그러하듯(출간된 그의 저술 전체는 『고대미술사』 한 권보다 적다), 그는 바사리와 빙켈만의 미술사가 채택한 인식론적 모델을 은밀하게 분해하고 해체시킨다. 그에 따라 결과적으로 오늘날

〈그림 3〉 뒤러, 〈오르페우스의 죽음〉, 1494년, 종이에 그린 잉크화. 함부르크, 쿤스트할레 Kunsthalle, 〈바르부르크연구소〉 사진.

에도 여전히 미술사가 시작점으로 여기는 것을 해체시키게 된다.

바르부르크는 '삶과 죽음', '위대함과 쇠퇴'의 순환이라는 자연적 모델을 비자연적·상징적 모델로 단호하게 대체시킨다. 이 모델은 시간 단위가 더 이상 생물학적 단계에 따라 만들어지지 않고 대신 지층, 혼종적 덩어리, 리좀, 독특한 복잡성으로, 종종 예상치 못한 회귀와 항상 좌절되는 목표로 표현되는 역사의 **문화적 모델**이다. 그는 '르네상스', '좋은 모방', 고대의 '고요한 아름다움'이라는 이데아적 모델을 역사의 **유령적 모델**modèle phantomal이라고 부를 만한 것으로 대체시킨다. 이 모델에서는 시간 단위가 지식의 학문적 전파를 따라 형성되지 않으며, 대신 출몰, 잔존, 잔류물, 형태의 영구적 회귀로 표현된다. 다시 말해 지식을 구성하지 않는 개념, 사유되지 않는 개념, 시간의 무의식적 양상으로 표현되는 것이다. 마지막 분석에서 내가 이야기할 유령적 모델은 다시 말해 **정신적 모델**modèle psychique인데, 정신적 관점이 이데아의 관점으로 회귀하지 않고 이론적으로 분해될 수도 있다는 의미에서 그렇다. 그렇게 본다면 형태의 생성과 변화가 긴장을 불러일으키는 일련의 과정을 통해 분석되어야만 하는 이 모델을 **징후적 모델**modèle symptomal이라고 부를 수도 있을 것이다. 가령 정체성을 향한 욕망과 변형의 제약 간, 순수화와 혼종화 간, 정상과 병리 간, 질서와 혼돈 간, 명백한 특징과 사유되지 않은 특징 간의 긴장이 그런 것이다. 틀림없이 나는 이 모든 것을 매우 갑작스럽고 응축된 방식으로 주장할 것이다. 우리는 그런 작업가설을 구성하기 위해 계속해서 처음부터 다시 시작해야 한다. 하지만 즉시 이렇게 말할 필요가 있다. 즉 그를 통해 미술과 역사를 사유하는 일은 결정적 전환점을 맞이했다. 또 그 이후 더 이상 예전 방식으로 이미지 앞에 서거나 시간 앞에 설 수 없다.* 그럼에도 불구하고 누구나 예상하듯이, 체계적 재건이라

• 여기서는 각각 저자의 저서 『이미지 앞에서: 미술사의 종말을 묻는 질문들Devant l'image, questions posées aux fins d'une histoire de l'art』(1990년)과 『시간 앞에서: 미술

는 의미에서 미술사가 그와 함께 다시 '시작'되지는 않는다. 하지만 그와 함께 시작된 미술사는 스스로에 대해 끊임없이 걱정한다. **미술사는 불확실해지고 혼란스러워졌다**. 다시 말해 (벤야민의 교훈을 떠올린다면) 그것은 원형에 더 가깝게 다가섰다. 그의 미술사는 완벽한 시작, 빈 서판과는 완전히 상반되는 것이다. 그보다는 학문의 강에 놓인 소용돌이에 더 가깝다. 사물의 흐름은 굴절되며, 실제로는 근본적으로 변화하는 참상의 순간에 더 가깝다.

얼마나 근본적으로 변했는지를 판단하는 것은 오늘날에도 쉽지 않다. 다른 글에서 나는 학문의 역사와 현재적 상태 모두에서 이 정도 규모의 변화에 대한 인식을 방해하는 어떤 긴장감의 특징을 찾아내려고 시도해 본 적이 있다.44 여기에 다음과 같은 끈질긴 인상을 더해보자. 즉 그는 우리의 강박관념hantise이다. 그는 우리에게 유령처럼 출몰한다. 미술사에서 그는 우리 집에 사는 악령dybbuk이다. 강박관념? 그것은 항상 되돌아오고, 모든 것에서 살아남고, 수시로 다시 나타나며, 기원에 대한 진실을 이야기하는 무언가 또는 누군가이다. 잊을 수 없지만 분명하게 인식하기도 불가능한 사람이나 사물이다.

* * *

우리 안에 어디엔가 있지만 파악할 수도 또 알 수도 없는 바르부르크, 우리의 유령. 1929년에 그가 사망한 후 파노프스키나 카시러Ernst

---

사와 이미지의 시대착오*Devant le temps: histoire de l'art et anachronisme des images*』(2000년)를 암묵적으로 가리킨다. 본서는 앞서 출간된 이 두 권 저서에서 다룬 미술과 역사에 대한 인식론적·방법론적 주제를 이어가고 있다.

Cassirer만큼 유명한 학자들이 헌정한 추도문을 보면 정말 중요한 조상에 대한 큰 존경심이 드러나 있다.[45] 그는 도상해석학 같은 주요 학문의 창시자로 알려져 있다.* 그러나 그의 작업은 훨씬 더 명확하고 뚜렷하며 체계적이고 안도감을 주는 파노프스키의 작업으로 인해 금방 빛을 잃었다.[46] 그때부터 바르부르크는 미술사에서 언급해서는 안 되는 조상, 도상해석학의 유령 같은 아버지로 떠돌고 있다. 그러나 누구도 정확하게 그의 저술에서 무엇을 언급해서는 안 되는지, 무엇을 부인해야 하는지 말하지 않았다.

왜 유령 같았을까? 무엇보다도 그를 어디서 만나야 할지 몰랐기 때문이다. 1930년에 그에 대한 추도문에서 파스콸리Giorgio Pasquali는 함부르크의 저 유명한 〈바르부르크문화학도서관Kulturwissenschaftliche Bibliothek Warburg(KBW)〉이라는, '본인이 설립한 연구소 안으로 살아 있는 동

---

* 본서에서 iconographie와 iconologie는 기존 미술사 관련 연구에서 일반적으로 사용되는 번역어를 따라 각각 **도상학**과 **도상해석학**으로 번역했다. 바르부르크의 iconologie를 계승했다고 자칭하는 파노프스키는 뒤얽힌 이미지의 진정한 해석에 이르지 못하고 이미지의 의미 판독에 머무르고 있다는 것이 저자의 주된 비판이다. 따라서 바르부르크의 iconologie는 도상 자체에 관한 학문, 즉 도상학으로, iconographie는 도상판독 또는 도상해독이라고 번역하는 것이 더 적합할지도 모른다. 하지만 파노프스키가 바르부르크의 iconologie를 '체계화'시켜 이미지에 대한 인식과 해석이 pre-iconographic 단계부터 iconographic 단계를 거쳐 종국에는 iconological analysis로 나아갔다고 정리한 저술들이 우리말로 번역되는 과정에서 정반대로 iconographie가 도상학, iconologie가 도상해석학으로 번역되어왔다. 실제로 파노프스키의 이런 체계화 시도에 비판적인 몇몇 연구 중에는 iconography를 도상해독, iconology를 도상연구라고 번역하자는 제안도 있다(신준형, 『파노프스키와 뒤러』, 사회평론, 2013). 그러나 이 책에서는 오랫동안 사용된 기존 번역어를 따르기로 했다. 이유는 파노프스키의 잘못된 '해석'을 비판적으로 상기시킬 수 있을 뿐만 아니라, 여기서 저자가 주장하는 바르부르크의 iconolgie는 프로이트적 의미의 이미지 '해석'이기에 이를 떠올리게 할 필요도 있기 때문이다. 또 iconographie라는 용어가 지칭하는 것이 비단 도상판독과 해독뿐만 아니라 도상을 둘러싼 다양한 현상 전체이기에 도상학이 번역어로 더 어울릴 것이라고 판단했다.

안 이미 사라져버린' 역사학자가 나치의 위협으로 촉발된 망명 생활 후 런던에서 부활할 수 있었다고 쓰고 있다.47 그가 누구인지, 어떤 사람인지 말하기 위해 (빙*이 최초로 고안했지만 실행하지 못한 저술 작업을 이어받은) 곰브리치는 그의 삶과 성격의 특정한 정신적 측면을 신중하게 자기-검열한 "지적 전기"48를 쓰기로 결심했다. 이 결정은 바르부르크 저술에서 정신과 육체를 다소 분리시킨 '세밀한 손질'을 동반할 수밖에 없었다. 연구 대상 그리고 대상을 향한 시선 모두에서 파토스 차원, 심지어는 본질적인 것으로 밝혀진 병리적 차원에서 그런 손질이 이루어졌다. 빈트 Edgar Wind는 김빠지고 고상한 척하는 곰브리치의 그런 재조립을 혹독하게 비판했다.49 빈트가 생각하기에 한 사람의 인생은 그의 파토스(감정이입 및 병리)와 분리될 수 없다. 니체를 광기와 분리할 수 없듯이 거의 5년 동안 바르부르크를 정신병원의 벽 뒤로 감금시킨 **자아 상실**과 그를 분리시킬 수는 없다.** 물론 그와 대칭적으로 스릴러에나 어울릴 법한 값싼

* 빙Gertrud Bing(1892~1964)은 독일의 미술사학자이자 바르부르크의 가장 가까운 동료 중 하나이다. 카시러 지도 아래 레싱과 라이프니츠 연구로 박사학위를 마친 직후인 1922년부터 〈바르부르크문화학도서관〉 사서로 일하기 시작해 이후 바르부르크의 개인 연구 조수 역할을 맡았다. 1929년에 그가 사망한 후 『바르부르크 전집Gesammelten Schriften』(1932)을 편집했다. KBW 설립 멤버이자 남편인 작슬Fritz Saxl과 함께 나치의 위협을 피해 KBW의 런던 이주를 주도했다. 이주한 KBW는 〈바르부르크연구소〉로 이름을 바꾸고 초대 소장이던 작슬을 중심으로 나치를 피해 탈출한 미술사학자들의 정착과 연구를 돕는데 주력했다. 작슬이 1948년에 죽고 난 뒤 동료 프랑크포트Henri Frankfort가 이어받은 연구소장직을 프랑크포트 사후인 1954년에 이어받았다. 빙이 기획한 바르부르크의 전기 저술 작업은 1964년에 그녀의 죽음으로 중단되었다.
** 그런 견해는 일본의 인문학자 다나카 준田中 純이 『바르부르크 평전アビ・ヴァールブルク(記憶の迷宮)』(휴먼아트, 2013)에서 바르부르크의 학문적 여정을 그려내면서 가졌던 시각이기도 하다. 그는 본격적으로 광기에 사로잡혀 스위스의 크로이츠링엔정신병원에 머문 1908~1923년의 시기 동안 양극이라는 핵심적 개념이 그에게서 자리를 잡은 것으로 파악한다. 이 평전은 이 시기의 그에서 시작해 이전과 이후를 연결한다.

유혹에 편승해 저술을 무시할 위험도 존재한다.50

그가 유령과도 같은 또 다른 근거는 오늘날까지도 그의 저술의 정확한 경계 구분이 불가능한 사실에 있다. 유령의 몸체처럼 그것은 뚜렷한 윤곽 없이 남아 있다. 아직도 그의 자료 전체corpus를 찾아내지 못했다. 유령은 그의 도서관에 있는 모든 책에서 출몰한다. 또 그가 책의 분류를 위해 도입한 유명한 "좋은 이웃 법칙law of the good neighbor"* 때문에 모든 책 사이에서도 출몰한다.51 하지만 무엇보다도 유령은 아직도 출간되지 않은 원고의 방대한 미로 속에 퍼져 있다. 메모, 스케치, 구상, 일기뿐만 아니라 그가 아무것도 버리지 않고 계속 보존하려고 한 편지가 그것이다. 그리고 편집자들이 지금까지 이 전부를 체계적 방식으로 한군데로 모을 수 없었기 때문에 이 모든 "만화경적"52 모습은 당혹스럽다. 게다가 일부 원고는 『일원론적 미술심리학의 기초에 관한 단상*Grundlegende Bruchstücke zu einer monistischen Kunstpsychologie*』(1888~1905년)과 『일반 이념들*Allgemeine Ideen*』(1927년)처럼 명백하게 기본 원칙을 제안하기 위해 구상되었다. 따라서 그런 방대한 텍스트를 우리가 모른다는 사실을 감안할 때 그에 관한 모든 성찰은 뚜렷한 결론에 이르지 못한 상태로 남아 있다. 오늘날 그의 저술에 관해 글을 쓰려면 작업가설이 언젠가는 변경되거나 **떠도는 자료**의 예상치 못한 조각 때문에 문제가 생길 수 있음을 받아들여야 한다.

하지만 이게 다가 아니다. 세 번째로 **양식과 시간**이라는 이 사유의

* 바르부르크가 도서관의 장서 분류를 위해 도입한 이 방법은, 이미 알고 있는 책이 아니라 해당 책과 이웃한 책을 통해 새로운 영감을 줄 수 있는 장서 분류법이다. 장서 목록을 체계적으로 분류해 서가로의 접근을 막지 않고 끊임없이 장서 위치와 순서를 바꿈으로써 '좋은 이웃' 책들의 상호 영향을 기대할 수 있다. 또 이와 관련해 '몽타주로서의 글쓰기'라는 벤야민의 방법도 생각해볼 수 있을 것이다.

유령적 차원의 훨씬 더 근본적 원인이 남아 있다. 그를 읽으면서 우리는 가장 피곤한, 예상치 못한 박학다식의 템포가 뒤섞이는 어려움을 겪는다. 예를 들어 그것은 페라라의 스키파노이아 궁전Palazzo Schifanoia in Ferrara 에 있는 르네상스 시대의 프레스코화를 분석하는 도중 9세기의 아랍 점성술사 마샤르Abu Ma'sar53가 갑자기 등장하는 것과 같다. 『폭죽불꽃』에서의 보들레르의 속도나 거의 마찬가지이다. 즉 단순히 파열되는 생각, 불확실한 생각, 경구, 단어의 치환, 다양한 개념의 실험과 같은 것 말이다. 곰브리치의 추측으로 이 모든 것은 '현대의 독자'의 흥미를 잃게 만들기 쉽다. 그러나 그것이 바로 바르부르크의 현대성을 보여주는 기호이다.54

* * *

그렇다면 어떤 위치에서, 어떤 장소와 어떤 시간에서부터 이 유령이 우리에게 말을 걸었을까? 바르부르크가 쓰는 어휘는 독일 낭만주의와 칼라일주의*, 실증주의와 니체 철학에서 번갈아 나온 것이다. 그는 역사적 세부사항에 대한 세심한 관심과 예언적 직감의 불확실한 영감을 번갈아 드러내 보인다. 그는 자신의 문체를 "뱀장어 스프 양식Aalsuppenstil"55이라고 설명했다. 이 말을 단서삼아 (평생 강박적으로 집착하고 연구하기도 한) 아메리카인디언이 입에 문 뱀(〈그림 37〉), 그에 못지않게 라오콘의

* Thomas Carlyle(1795~1881년). 근대 신앙의 위기를 '옷'과 관련시켜 다룬 『의상철학 Sartor Resartus: The Life and Opinions of Herr Teufelsdröckh』(1838년)과 신(이교의 신화), 예언자(마호메트), 시인(단테와 셰익스피어), 성직자(루터와 녹스), 문필가(루소와 존슨과 번스), 군주(크롬웰과 나폴레옹) 등 역사 속의 영웅에 관한 강연 원고를 모은 『영웅숭배론On Heroes, Hero-Worship, and the Heroic in History』(1841년)이 대표작이다.

몸을 위험하게 휘감은 뱀 그리고 머리도 꼬리도 없이 항상 '절단'을 거부하는 사유, 다시 말해 시작과 끝을 스스로 규정하는 사유라는 무형의 덩어리 사이 어딘가에 놓인 뱀처럼 구불구불한 파충류 무리를 상상해보자.

여기에 그의 어휘 자체가 유령이 될 운명처럼 보인다는 사실도 추가하자. 곰브리치에 따르면 이 어휘 중 **격렬하게 움직이는 생명**bewegtes Leben*, **파토스형성**Pathosformel**, **잔존**Nachleben*** 등 가장 중요한 단어는

---

* 우리말로 옮기기도 쉽지 않다. 우선 파토스Pathos의 특징과 밀접한 관련이 있는 '(감정적이자 신체적으로) 동요하는, 요동치는, 불안한' 등의 의미를 가진 bewegtes Leben은 이미지에 남아 있는 시각적 움직임의 의미를 더 강조해 '격렬하게 움직이는 생명'으로 번역했다.

** 가장 까다로운 번역어의 선택이 Pathosformel이다. Pathos와 Formel이라는 두 단어의 조합은 그 자체로 모순적이다. Pathos는 아리스토텔레스 이후 풍속, 성격, 도덕 등 정신의 지속적인 습관에 의해 지성적인 부분이 되는 감정적 능력인 에토스Ethos(ēthos)와 대비되는 것으로, 일시적 정감, 격정, 열정, 순간적으로 인간의 영혼을 사로잡는 사건 등을 의미한다. 한편 Formel은 예를 들어 칸트 철학에 핵심적인 정언명령Imperativ의 정의에 등장하는 "(이성의) 명령의 정식die Formel des Gebots"(『윤리형이상학정초*Grundlegung zur Metaphysik der Sitten*』, B37=IV413)에서 보듯, 일정하고 고정된 형식으로 결정됨으로써 시간을 넘어 지속되는 것을 의미한다. 따라서 이 두 단어의 조합은 '(감정적) 격정의 일시성과 지속성'을 동시에 포함하는 매우 모순적인 의미가 된다. 그런데 바르부르크는 아마도 파토스를 논의하면서 일부러 칸트적 의미의 Formel이라는 용어와 결합시킨 것으로 보인다. 이를 통해 그런 정식Formel의 영원성, 불변성, 고정성 자체를 거부하려 했던 것 같다. 이 Pathosformel은 다나카 준에 의해 정념정형情念定型이라고 번역되기도 했다. 하지만 이런 생경한 번역은 개념을 더 모호하게 만들며, 파토스를 정념이라고 옮기는 것 또한 의미를 너무 축소시키게 된다. 게다가 '일정한 형식이나 틀'을 의미하는 정형이라는 말은 파토스와 결합되기에 그리 적당하지 않다. 이 용어를 통해 바르부르크가 의미하고자 한 바는, '형식이나 틀을 통해 영원히 고정되는 것이 아니라 격렬하고 일시적인 파토스의 힘이 어떤 계기에 의해 결정화結晶化되고 고정되었지만 언제든 다시 보는 사람의 시선과 기억을 통해 다시 움직일 수 있다는 것'이다. 따라서 이 책에서는 이 용어를 일시적인 고정이긴 하지만 동적인 뉘앙스도 함께 지닌 '파토스형성形成'이라고 번역했다.

*** 이후에 계속 중요하게 주장되듯, Nachleben은 타일러의 'survival', 부르크하르트의 'vital residue', 니체의 디오니소스적인 'primitive Affekt-Form', 다윈의 'general principles of expression' 등과 매우 밀접한 관련을 맺고 있다. 따라서 Nach(after)-와 Leben

영어로 옮기기가 매우 어렵다.56 이 독일인 망명자에게 아주 큰 빚을 진57 전후의 앵글로색슨 미술사에서 의도적으로 이 독일어 철학 용어의 사용을 포기했다고 말하는 편이 더 적합할 것이다. 이 때문에 특정한 문헌학과 철학 전통에 구애받지 않는 악령인 바르부르크는 파악하기 힘든 중첩된 시간 속을 방황한다. 한편에서 보면 그는 '학문의 진보'가 구시대적인 것이 되었다고 과거로부터 우리에게 이야기한다. 특히 그의 기획의 핵심인 '잔존' 개념은 완전히 무시되거나 우연히 언급되더라도 어떤 주요한 인식론적 비평의 주제로도 다루어지지 않은 사실은 특이하다.

다른 한편으로 그의 저술은 예언적 텍스트, 보다 정확히는 미래에 우리가 알게 될 지식의 예언서처럼 읽힐 수도 있다. 1964년에 클라인Robert Klein은 그에 대해 이렇게 썼다.

[그는] 다른 많은 이들과는 달리 존재하지만 이름 없는 학문을 만들었다.58

아감벤Giorgio Agamben은 이 말을 활용해 그런 저술의 영향을 받은 '과학'이 '아직 확립되지 않은' 정도를 보여주었다. 그런 특성은 합리성의 결함이라기보다 이미지를 사유하는 이 방식의 상당한 야망과 충격적 가치를 더 많이 드러낸다.59 바르부르크는 존재하는 것보다는 '아름다운 기억처럼 남아 있는 것[나는 끈질기게 **지속되는 것**insister이라고 말할 것이다]'으로 자신이 만들어졌다고 말했다.60 그것이 실제로 **잔존**이라는 단어의 의미이며, 이 단어는 '삶-이후 또는 이후에도 살아남는 것après-vivre'을 의미한다. 과거의 존재는 살아남기를 결코 멈추지 않는다. 니체가 **반시대적**

(life)가 뜻하는 문자 그대로의 의미를 넘어 죽은 후에도 동적으로 결정화된 이미지로 살아남는다는 의미에서 '잔존殘存'이라고 번역했다.

unzeitgemäß이라고 이름 붙인 시대착오적 절박함'urgence anachronique*에 사로잡혀 그것이 우리 기억 속으로 돌아오는 일은 어느 순간 절박해진다.

그것이 오늘날의 바르부르크이다. 미술사를 위해 시급한 잔존. 그는 우리 학문의 유령이며, 그의(우리의) 과거와 그의(우리의) 미래를 동시에 이야기하는 우리의 **악령**이다. 과거와 관련해 우리는 특히 독일에서 수년간 그의 저술에 헌신해온 문헌학 연구에 감사해야 한다.61 미래와 관련해서는 다소 까다롭다. 그가 기울인 노력이 '자극'으로 인식되면서62 그의 저술에 대한 해석이 서로 달라지기 시작했다. 학자들이 '바르부르크주의 방법론'을 채택하기 시작한 순간부터 그것의 유산은 의문시되었을 뿐만 아니라63 추정된 이 '방법론'에 관한 오늘날의 엄청난 참고문헌은 현기증이 날 정도이다. 누군가 말했듯이, 모든 사람이 그를 가장 다양한 이론적 접근법의 수호천사라고 부르기 시작하는 바로 그 순간, 그는 자신의 유령다움을 배가시킨다. 그는 심성사, 미술 사회사, 미시사64의 수호천사이자 해석학65의 수호천사, 소위 말하는 반형식주의anti-formalisme66의 수호천사, **이른바** "역-모던 포스트모더니즘post-modernisme rétro-moderne"67의 수호천사, 신미술사New Art History의 수호천사, 심지어 페미니스트 비평68의 주요 동맹이다. …… 기타 등등, 기타 등등.

---

* anachronisme는 저자의 이론 체계에서 중요한 용어로, '뒤로, 역으로'라는 의미의 ana-와 '시간'을 뜻하는 -chronisme를 합쳐 연대기적이지 않은 시간의 흐름, 시간의 역행 혹은 혼란, 시대에 맞지 않는 것의 갑작스러운 재등장 등을 의미한다. 그런데 이를 시대착오로 번역할 때 '새로운 시대에 뒤떨어지는 낡고 뒤떨어진 생각이나 태도'라는 부정적 의미가 많이 강조된다. 이에 따라 탈연대기, 연대의 어긋남, 탈시간성 등과 같은 다른 번역도 고민했다. 하지만 이 책의 저자는 원래 이 단어가 함축하고 있는 부정적 의미를 그대로 포함한 채 새로운 맥락에 이를 배치함으로써 역사적 시간 모델을 다시 사유하려고 시도하고 있다. 이런 저자의 의도를 살려 이 책에서는 '시대착오'라고 그대로 번역했다.

03

잔존하는 형태:
역사가 열린다

지금 확실한 것은 이렇다. 즉 곰브리치가 썼듯이(하지만 자신이 한 발언이 본인을 겨누고 있다고 어찌 느끼지 못했을까?), '[오늘날] 바르부르크의 유산이 강한 매력을 발휘하고 있는 것'은 제2차세계대전의 종전 이후 계속된 미술사에 대한 "어떤 불만의 징후로도 볼 수 있다"[69]는 사실이다.

생전에는 바르부르크 본인이 아직은 미완성이던 요구를 표현하는 방식으로 그런 종류의 불만을 드러냈다. 22살에 불과하던 1888년에 그는 개인 일기장에 기존의 미술사를 '교양 있는 사람'만 위한 것, 아름다움이라는 면에서 조형작품을 평가하는데 만족하는 사람만의 '미학적' 미술사 ästhetisierende Kunstgeschichte로 이미 분류하고 있었다. 일찍부터 그는 **미술학**Kunstwissenschaft을 요구하면서, 의사가 아닌 사람이 징후학에 대해 논의하는 것만큼이나 미술학 같은 것 없이는 이미지에 대한 논의가 무의미해지는 날이 오리라고 쓰고 있다.[70]

또 1923년에는 갑자기 뉴멕시코의 산악지방으로 떠난 이유에 대해

"미학적 미술사에 대한 철저한 혐오감"71 때문이었다고 회상했다. 그리고 본격적인 이미지 연구를 하려면 '전문적 팬'이라고 부를 만한 모렐리 Giovanni Morelli, 벤투리 Adolfo Venturi, 베렌슨 Bernard Berenson 등의 귀속주의자*들의 '미식가적 호기심 curiosité gourmande' 전체보다 훨씬 더 급진적인 질문이 필요하다고 평생 동안 주장했다. 마찬가지로 러스킨 John Ruskin 과 페이터 Walter Pater의 제자들, 심지어 부르크하르트와 니체의 제자들 (그들이 저속한 부류, 즉 '부르주아'였을 때)의 애매한 미학을 넘어서길 요구했다. 그에 따라 노트북에서 '로덴 코트 주머니에 『차라투스트라는 이렇게 말했다』를 넣고' 피렌체를 방문한 "부활절 휴가 중인 관광객-초인"72을 비꼬는 투로 환기시킨다.

그와 같은 불만에 대꾸하듯 그는 지속적 **치환** déplacement**을 실행했다. 사유, 철학적 관점, 지식 영역, 역사적 시기, 문화적 위계 그리고 지리학적 위치의 치환이었다. 바로 그런 치환이 그를 계속 유령처럼 보이게 만들었다. 그는 (오늘날에도 별반 다르지 않지만) 당시의 도깨비불이자 미술사의 「벽을 뚫는 남자」였다.*** 미술사(그리고 학문과 이미지 일반)를 향

• 미술사에서 귀속 attribution이라는 용어는 특정 작가의 작품이 어떤 유파나 공방에 속하는지 기준을 세워 분류하는 것을 의미한다. 양식 분석으로 진행되는 경우가 많으며, 귀속시킬 전제조건인 작가와 유파의 확실한 작품이 있어야 한다(한국사전연구사 편집부, 『미술대사전(용어편)』, 1998, 아트리부션 항목 참조).
•• 이동, 이전, 변화 등을 의미하는 이 단어는 영어 displacement, 독일어 Verschiebung에 해당한다. 특히 정신분석학에서 이 단어는 어떤 대상을 향하던 태도, 감정 등이 다른 대상으로 옮겨가거나, 전체가 부분으로 표현되거나 그와 반대로 표현되는 과정, 어떤 생각이나 이미지가 감정적으로 관련된 다른 것으로 대치되는 정신적 현상을 의미한다. 한글에서는 대치 代置, 전치 轉置, 전위 轉位 또는 치환 置換 등으로 번역되는데, 이 글에서는 치환으로 옮겼다.
••• 「벽을 뚫는 남자 Le passe-muraille」는 프랑스 소설가 에메 Marcel Aymé(1902~1967년)가 1943년에 발표한 단편소설 제목이다. 평범한 우체국 민원처리 직원 뒤티율 Dutilleul이 어느 날 갑자기 벽을 통과할 수 있는 능력을 지니게 되면서 일어나는 일을 다루고 있다.

한 그의 치환은 이미 자신의 가족 공간을 대하던 비판적 과정의 결과였다. 그것은 부르주아의 사업과 정통 유대교에 대한 불쾌감이었다.73 하지만 무엇보다도 미술사를 통해 경계를 **넘나든** 치환은 학문 자체에 대한 폭력적이고 비판적 반응, 위기 그리고 **학문적 경계의 실질적 해체**를 가져왔다.

그런 반응은 이미 1886~1888년의 학생 시절에 젊은 그가 한 선택에도 뚜렷하게 드러나 있다.* 그는 슈트라도니츠**와 미카엘리스*** 같은 (모든 의미에서 고전적인) 고전주의 고고학자에게 배웠다. 미카엘리스에게서는 파르테논신전의 프리즈****를 배웠고, 슈트라도니츠의 수업에서는 〈라오콘〉의 미학을 알게 되었다. 이를 통해 그는 1887년에 파토스형성에 대한 첫 번째 분석을 하게 된다.74 그는 유스티의 제자가 되었는데, 유스티는 그를 고전철학으로 이끌었으며 빙켈만뿐만 아니라 벨라스케스와 플랑드르 회화까지 소개했다. 그로 인해 그는 우제너의 '인류학적' 문헌학에 열광했고, 그 여파로 제기된 모든 철학적, 민족지학적, 심리학적,

---

이 소설은 뮤지컬로도 제작되었다. 지금도 몽마르트 언덕 근처의 마르셀 에메 광장Place Marcel Aymé에는 '벽을 막 통과하는 에메 동상'이 있다.

* 1886년은 그가 본대학교에서 본격적으로 미술사 공부를 시작한 때였다. 그곳에서 우제너Hermann Usener(1834~1905년)의 종교사, 람프레히트Karl Lamprecht(1856~1915년)의 문화사, 유스티Carl Justi(1832~1912년)의 미술사 등의 강의를 들은 것으로 알려져 있다.
** 슈트라도니츠Reinhard Kekule von Stradonitz(1839~1911년)는 독일의 미술사학자이다. 바르부르크가 참여한 수업 내용은 아마 『〈라오콘〉의 해석과 시기 결정Zur Deutung und Zeitbestimmung des Laokoon』(1883년)과 관련된 내용이었을 것으로 추측된다.
*** 미카엘리스Adolf Michaelis(1835~1910년)는 독일의 고전주의 미술사학자이다. 바르부르크는 스트라스부르대학교에서 미카엘리스의 수업을 들었던 것으로 알려져 있다. 여기서 그가 배운 파르테논 신전의 프리즈는 아마 미카엘리스의 저서 『파르테논 신전Der Parthenon』(Leipzig, 1870~1871년)과 관련된 내용이었을 것이다.
**** 프리즈frieze는 신전 기둥 상부에 조각된 띠 모양 장식을 말한다.

역사학적 문제에도 열정적이었다. 이후 '사회심리학'으로 여겨지는 람프레히트의 역사학 강의에서 그는 미래의 방법론이 될 만한 기본적 요소 몇 가지를 만나게 된다.75

르네상스와 관련해 리엘Berthold Riehl과 토데Henry Thode의 가르침은 주로 다른 것을 돋보이게 하는 역할만 했다76(토데는 이교적 고대의 회귀를 배경으로 밀어내며 이탈리아의 미술적 발전을 프란체스코수도회 정신의 결과물로 만들었다). 그러나 야니체크Hubert Janitschek는 바르부르크에게 단테와 알베르티Leon Battista Alberti의 것과 같은 미술 이론의 중요성뿐만 아니라 구상미술작품의 모든 형태에 관한 사회적 실천의 역할을 이해시켰다.77 슈마르조프의 경우, 이렇게 말해도 좋다면, 단지 바르부르크를 피렌체 지방으로 데리고 갔을 뿐이다. 이 젊은 역사학자가 도나텔로, 보티첼리 그리고 15세기 피렌체의 고딕과 르네상스 간의 관계 등 오늘날 우리가 대단히 바르부르크적이라고 주목하는 모든 주제에 관한 슈마르조프의 수업을 선택한 곳이 바로 피렌체였다.*78

게다가 그는 인류학적, 심리학적 질문들에 열린 미술학Kunstwissenschaft을 단호하게 옹호했다. 그는 시각적 커뮤니케이션과 정보Verständigung라는 특수한 개념을 정교화시켰지만 무엇보다 당시 '몸짓언어'라고

• 당시 바르부르크는 친구 부르마이스터Ernst Burmeister의 지도교수인 슈마르조프August Schmarsow(1853~1936년)를 따라 1888년 여름에 피렌체에서 진행된 수업에 참가했다. 이때 슈마르조프는 2년 전에 전에 발표한 『도나텔로Donatello: Eine Studie Über Den Entwicklungsgang Des Künstlers und Die Reihenfolge Seiner Werke』(1886년)에서 15세기 심성의 특징을 기독교적 중세와 이교적 고대라는 두 마리의 용과 싸우는 헤라클레스로 파악했다. 안정된 조화 그리고 감정의 폭발로 인한 혼란과 동요의 이중성이라는 것이다. 피렌체에서의 여름 동안 슈마르조프의 그런 생각은 아마 바르부르크 사상에 크게 영향을 미쳤을 것이다.

불리던 것의 근본적 역할을 이해하고 있었다. 레싱을 넘어서 〈라오콘〉의 표현에 관한 주제를 다시 다루며 그는 모방Mimik과 조형Plastik이라는 두 가지 양극적 구도를 활용해 이미지의 신체적 감정이입 이론을 정교화시키려고 했다.79 이런 상황에서 젊은 시절 바르부르크가 고대의 프시코마키아*부터 분트Wilhelm Wundt의 심리학 서적까지 또는 보티첼리부터 의학 수업이나 심지어 '복불복 게임의 논리적 기반'을 발표한 1891년의 확률 수업까지 아우르는 걸 보는 일은 그리 놀랍지 않다.80

구축된 지식 영역을 넘어 겉으로는 변칙적 연주처럼 보이는 이 모든 방법론적 치환을 통해 조금씩 드러나고 있던 것은 사실상 운동 중인 지식 영역이었다. 1866년에 태어난 그는 뛰어난 미술사학자 세대에 속한 일원이었다(말Émile Mâle[1862~1954년], 골드슈미트Adolph Goldschmidt[1863~1944년], 뵐플린Heinrich Wölfflin[1864~1945년], 베런슨[1865~1959년], 슐로서Julius von Schloesser[1866~1938년], 프리들랜더Max J. Friedländer[1867~1958년], 뵈게Wilhelm Vöge[1868~1952년] 등이 그들이다). 하지만 그의 인식론적 입장과 제도적 상황은 다른 미술사학자들과는 완전히 달랐다. 1904년, 40세 생일 즈음에 그는 또다시 본대학교 교수자격시험에 실

---

* 프시코마키아psychomachia는 인간의 악덕vice과 미덕virtue 간의 영적인 전투를 의미하는 용어로, 고대 그리스어로 숨 또는 영혼을 의미하는 프시케Ψυχή, phyche 그리고 싸움을 의미하는 마키Μάχη, makhe를 합쳐 만든 조어이다. 5세기 초반의 고대 라틴 시인 프루덴티우스Prudentius(348~405년)가 쓴 시의 제목이기도 하다. 이 시에서 프루덴티우스는 악덕과 그에 대항하는 미덕 간의 싸움에 대해 쓰고 있는데, 이 시에 등장하는 미덕과 악덕은 이후 고대와 중세 미술에서 주로 여성화된 형상으로 그려지며 선과 악의 싸움이라는 일반적 주제로 다양하게 표현되었다. 프시코마키아에서 시각화되는 방식은 7개의 미덕이 7개의 악덕을 물리친다는 내용이지만 가톨릭 교리에서 전형적으로 이야기하는 일곱 가지 대죄(교만 탐욕, 질투, 분노, 색욕, 폭식, 나태) 및 세 가지 신학적 미덕(믿음, 희망, 자비)과 네 가지 기본 덕목(절제, 신중함, 용기, 정의)의 대비와는 다소 차이가 있다.

패했다. 1897년에 이미 반쯤은 명석하면서도 반쯤은 불안한 마음으로 그는 이렇게 쓰고 있다.

> 나는 독일 대학교의 사강사Privatdozent가 되기엔 적합하지 않다고 최종적으로 결정했다.81

이후 그는 브레슬라우, 할레대학교 교수직 등 모든 공직을 거절하려고 했다. 가령 본인이 가장 적극적인 발기인 중 한 명이었음에도 1912년에 로마에서 열린 〈국제미술사학회〉*의 독일 대표직을 거절했다. 결국 그는 '개인 연구자'(우리는 이 용어를 가능한 한 모든 의미로 이해해야만 한다)로 머물러야만 했다. '이름 없는 과학'이라는 바로 그 프로젝트는 기왕에 존재하는 학문적 폐쇄성과 분리된 학적 체계에 만족할 수 없었던 것이다.

따라서 그것이 출발점에서의 불만족이었다. **이미지 연구의 영토화**. 1912년에 로마에서 열린 〈국제미술사학회〉에서 델 코사Francesco del Cossa가 페라라의 한 궁전에 그린 프레스코화의 점성술을 주제로 발표하면서 그는 자신만의 용어로 이 학문 분야의 '확장'을 호소했다.

> 여기서 이처럼 불완전하고 잠정적인 시도의 위험을 무릅쓰면서 제가 의도한 것은, 우리 미술학의 경계를 방법론적으로 확장eine methodische Grenzer-

---

* 1912년에 최초로 이탈리아에서 개최된 제10회 〈국제미술사학회International Congress of the History of Art〉를 말한다. 그는 이 학회에 비공식 대표로 참석했다. 여기서 그는 1470년경에 페라라의 스키파노이아 궁전에 그려진 점성술 월력月曆 프레스코화에 관한 유명한 해석을 발표했다. 이 논문이 바로 「페라라의 스키파노이아 궁전의 이탈리아 미술과 국제적 점성술Italienische Kunst und internationale Astrologie im Palazzo Schifanoja zu Ferrara」(1912년)이다.

weiterung unserer Kunstwissenschaft시키자는 호소입니다.82

이 호소를 '학제 간 연구'에 대한 요구로 이해하거나 전통 역사학자나 미술이 제기한 사실적·양식적 문제를 넘어서 이미지를 대하는 관점의 철학적 확장으로 이해하는 것은 타당할 수도 있지만 매우 불완전하다. 그의 욕망은 분명히 언제나 문헌학적 관심(그것이 상정하는 신중함과 능숙함) 및 철학적 관심(그것이 상정하는 위험과 심지어 무례함)을 조화시키는 것이었다. 하지만 그 밖에도 더 있다. 미술사에 관한 그의 요청은 '미술'과 '역사'라는 두 용어 각각에 대한 매우 정밀한 입장에서 비롯된다.

나는 그가 적어도 두 가지는 확신하고 있었기 때문에 이미지 연구의 영토화에 만족하지 못했다고 생각한다. 첫째, 우리는 찾아낼 수 있는 뚜렷한 경계를 가진 것 앞에서처럼 **이미지와 마주하거나 앞에 서지는 않는다**. 분명한 좌표(작가, 날짜, 기술, 도상학)의 조합으로도 충분하지 않다. 이미지, 모든 이미지는 일시적으로 퇴적되거나 결정화結晶化된 운동의 결과이다. 이 운동은 계속해서 여기저기로 횡단하며, 각 운동은 먼 곳에서 출발해 그 너머로 지속되는 자신만의 (역사학적, 인류학적, 심리학적) 궤적을 갖는다. 비록 궤적의 구조가 구체적이더라도 움직임은 우리가 이미지를 에너지적[현실태적]énergétique이거나 동적[잠재태적]dynamique 순간으로 생각하게 만든다.

그런데 이제 그것은 미술사에 관한 근본적 결론을 함축하고 있다. 그것을 그는 '호소' 직후에 이런 말로 선언하고 있다. 즉 우리는 **복합적 시간**, 즉 이 운동 자체가 일시적으로 구성된 동적인 시간 앞에 서 있듯이 이미지 앞에 서 있다. '경계의 방법론적 확장'에 따른 결과(또는 내기의 판돈)는 다름 아닌 역사성을 표현하는 **이미지와 시간의 탈영토화**이다. 그것은 분명히 **이미지의 시간이 일반 역사의 시간이**, 그가 진화의 '보편적 범주'를 통해 여기서 지적하는 시간이 **아님**을 의미한다. 그렇다면 그가 생각하는(탈시간적이고 현재적이지 않은) 가장 시급한 과제는 무엇인가? 바로 미술사가 '자신만의 진화론', 자신만의 시간 이론을 재정립해야 한다는 것이다. 즉각 주목해야 할 것은 그가 '역사심리학'을 지향한다는 것이다.

> 지금까지 진화를 사유하기 위한 보편적 범주가 부족했기 때문에 미술사는 (아직도 쓰여지지 않은) '인간적 표현의 역사심리학historische Psychologie des menschlichen Ausdrucks'에 활용할 재료를 만들지 못하고 미뤄왔습니다. 지나치게 물질적이거나 지나치게 신비적인 자세를 취함으로써 우리의 젊은 학문은 …… 자신만의 진화론ihre eigene Entwicklungslehre을 찾아 정치사와 천재론의 도식론Schematismus 사이를 더듬고 있습니다.83

현재로서 우리는 '벽을 통과하려는' 그의 시도를 따라야만 한다. 즉 이미지가(또는 이미지를) 전달하는 시간과 이미지 간의 '장벽을 없애는 것'이다. 어떤 것도 빠뜨리지 않고 관련된 유기적 운동을 따르는 일은 벅찰지도 모른다. 적어도 그가 미술사를 움직이고 치환시키려 한 방식(들)에 의문을 제기함으로써 이 기획에 대한 인식론적 비판에 착수할 수도 있을 것이다. 다시 한 번 우리는 이 기획에 포함된 모든 것이 양식 문제(사유 양식, 의사 결정 양식, 지식의 양식)임을 깨닫게 된다. 말하자면 시간temp 문제이자 속도tempo 문제이다.

* * *

사물을 치환시키는 한 가지 방법은 시간을 들여 미루는différer 것이다. 피렌체에서 그는 이미 미술사를 '미루었다.' 자부심으로 가득 찬 '역사들'이라는 바사리적 시간이나 '역사의 보편적 의미'라는 헤겔적 시간 대신 다른 시간으로 미루었던 것이다. 그는 특수와 보편 사이에 새로운 유형의 관계를 만들었다. 그것을 위해 그는 미술 영역 자체를 가로지르고 뒤집는다. 피렌체의 우피치미술관이 더 이상 충분하지 않게 되었을 때 그는 수많은 개인적 **회상록**ricordanze, 회계 장부, 공증 유언장 등으로 가득 찬 기록보관소Archivio의 비위계적 세계 속에 빠져들기로 결심했다. 그에 따라 1481년에 기증자의 얼굴로 만든 봉헌물ex-voto이라는 지불 통지서* 또는 피렌체의 한 부르주아의 마지막 소원**은 그가 보기에 르네상스 역사의 재창조에 적합한 동적이고 무제한적인 물질적 구성요소가 되었다.84 기록보관소가 망자들이 남긴 웅성거림의 물질적 흔적으로 간주된다는 의미에서 그것은 이미 '유령적'이라고 부를 만한 역사이다. 그는 '판독된 아카이브 문서'를 활용하는 목적을 '들어보지 못한 목소리들의 어조와 음색을 되찾기 위해서den unhörbaren Stimmen wieder Klangfarbe zu verleihen'라고 쓰고 있다. 망자들의 목소리, 하지만 잠들어 있는 목소리들

---

* 1902년에 그가 쓴 에세이 「초상 미술과 피렌체 부르주아. 성삼위일체성당의 도미니코 기를란다요. 메디치가의 초상화와 그 친척들Bildniskunst und florentinisches Bürgertum: Domenico Ghirlandaio in Santa Trinita. Die Bildnisse des Lorenza de'Mediet und seiner Angehorigen」에서 분석하는 내용을 말한다.

** 피렌체의 메디치가의 재산관리자이자 은행가였던 사세티Francesco Sassetti의 초상화에 관한 에세이 「프란체스코 사세티의 유언Francesco Sassettis letztwillige Verfügung」 (1907b)에서 분석하는 내용을 말한다.

은 단순한 철자 또는 기록보관소에 찾아낸 15세기 일기의 특정한 어투 속에 여전히 틀어박혀 있다.85

유령적 회귀라고 부를 만한 이런 관점에서 본다면 이미지 그 자체는 시간이 지남에 따라 대부분 파괴되어 부분적 또는 잠재적인 것이 되어버린 인류학적 침전물과 잠재태적인 것의 잔존으로 간주된다. 따라서 (그가 특별한 열정을 갖고 분석한 피렌체 은행가의 초상화에서 시작해보면), 첫 번째 추정으로, 이미지는 **유령 같은 사람들의 잔존**으로 간주해야 한다. 흔적이 거의 보이지 않지만 어디에나 퍼져 있는 유령들. 그것은 출생에 관한 점성술적 주제 속에, 비즈니스 서신 속에, 화가 기를란다요가 이름을 따온 화환Guirlande 속에, 시대의 풍습에 관한 세부묘사 속에, 벨트 버클 또는 여성이 틀어 올린 머리의 특정한 소용돌이 속에 잔존한다.

그런 인류학적 확산은 분명히 관점, 접근 방식, 역량을 더 많이 필요로 한다. 함부르크의 인상적인 〈바르부르크문화학도서관〉은 그런 인식론적 치환이라는 부담, 무한한 인내를 요구하는 부담, 지속적으로 커지고 변화하는 부담을 떠맡을 운명이었다. 1889년 초에 그가 계획하고 1900~1906년에 걸쳐 지어진 이 도서관은 바르부르크의 **대표작**으로 여겨졌다. 작슬이 도와주었지만 도서관 설립자는 그 속에 자기의 '**사유공간** Denkraum'을 건설하다가 아마 길을 잃었을 것이다.86 1929년까지 약 65,000권의 장서가 소장되어 있던 리좀 같은 이 공간에서 학문으로서의 미술사는 정해진 방향의 상실이라는 시련을 겪었다. 학문 간 경계가 존재하는 모든 곳에서 이 도서관은 연결고리를 찾으려고 했다.87

그러나 이 공간은 여전히 '이름 없는 과학'이 진행 중인 도서관이다. 따라서 **작품을 위한** 도서관이자 **작품이기도 한** 도서관이다. 작슬은 **질문의 공간**이라는 말로 이 도서관의 특징을 가장 잘 표현했다. 그곳은 질문을 문서화하는 공간이자 복잡한 네트워크의 최정상에 (그것이 우리 목적에서 매우 중요한데) **시간**과 **역사**에 관한 **질문**이 자리 잡은 공간이었다.

이곳은 질문의 공간이며, 이 도서관의 특성은 정확히 분류가 문제에 개입하게끔 한다는 사실로 구성됩니다. 이 도서관의 최정상An der Spitze에는 역사철학에 관한 섹션이 있습니다.[88]

세티스Salvatore Settis는 탁월한 한 논문에서 (바르부르크가 공부한 스트라스부르대학교 도서관부터 시작해) 〈바르부르크문화학도서관〉의 실제 모델 및 19세기 말에 벌어진 지식 분류 관련 논쟁의 이론적 맥락을 재구성했다. 무엇보다도 그는 바르부르크가 도서관의 여정과 '장소'에 대해 끊임없이 질문하면서 얼마나 많은 단계를 거쳤는지를 추적하면서, 그것들이 고대의 잔존Nachleben der Antike, 표현Ausdruck, 므네모시네Mnemosyne 등과 같은 중요한 용어로 표현한 근본문제를 해결하기 위해 씨름한 방식이기도 했음을 보여주었다.[89]

이 논의로 어떻게 도서관이 치환 효과를 만들어 낼 수 있는지를 더 잘 이해할 수 있다. 발견적 태도heuristic attitude, 즉 답이 의존하고 있는 공리를 미리 안다고 가정하지 않는 사유실험이 도서관의 재구성이라는 끊임없는 작업을 안내했다. 학제 간 연구를 어떻게 조직할 것인가? 다시 그것은 철학적 톱니바퀴와 철학적 모래 알갱이의 험난한 결합을 전제해야만 했다. 또 오늘날 '인간과학'이라고 부르는 것을 연결하는 진정한 **지식의 고고학**의 확립을 전제해야만 했다. 그것은 처음부터 형태와 상징이라는 두 문제에 초점을 맞춘 이론적 고고학이었다.[90]

하지만 동시에 그런 종류의 기획은 답이 없는 상황, 즉 아포리아라고 불릴 만한 상황을 만들어 냈다. 애초부터 거기에는 한 사람과 한 개의 질문으로 구성된 세계가 포함되었다. 그리고 오늘날에도 런던의 〈바르부르크연구소〉 서가에서 여전히 느껴지듯이, 도서관 설립자의 특징을 명확히 갖춘 작업 도구를 사용하는 것은 매우 이상한 일이다. 만약 〈바르부르크도서관〉이 시간의 영향에 극히 잘 저항해왔다면 이유는 그가 제기한 질문의 유령이 안정된 집을 찾지 못하고 쉬지도 못했기 때문일 것이다. 역사학자 바르부르크에 대한 추도사로 카시러는 '원래의 영적 형태들'로 '머물러 있는', 매우 사적인 동시에 개방적인 도서관의 아우라적 특성에 관한 훌륭한 글을 썼다. 카시러 말대로 거기에서는 유령 같고 여전히 '이름 없는', 가능성 있는 문화 고고학이 등장하는 것처럼 보였다.91 하지만 그런 이상함이 **아포리아의 낙인**Un stigmate de l'aporie 같은 것을 동반한다는 사실을 부인할 수 없다. 바르부르크는 지식 간의 연결, 다시 말해 이미지의 정신 나간 과잉결정에 대한 가능한 반응 간의 연결을 증가시켰다. 그리고 그런 증가 속에서 아마도 아무것도 선택하지 않고, 미루며, 아무것도 잘라내지 않고, 모든 것을 고려할 시간을 갖길 꿈꾸었을 것이다. 확실히 미친 짓이다. 이렇게 배배 꼬인 문제의 한 복판에서 어떻게 스스로 방향을 잡을까? 이미지 결정론의 '뱀장어 스프' 속에서 어떻게 스스로 방향을 잡을까?

질문을 제기하고 사물을 치환시키는 또 다른 방법이 있다. 다른 양식style과 다른 속도tempo가 바로 그것이다. 다시 말해 시간을 허비하거나 차라리 허비하는 척하는 것이다. 엇나가고 충동적으로 행동하는 것이다. 느닷없이 방향을 바꾸는 것이다. 아무것도 미루지 않는 것이다. 차이를 직접 대면하는 것이다. 영토 위에서 출발하는 것이다. 기록보관소나 도서관은 영토 위를 떠다니는 순수한 추상이 아니다. 오히려 지식과 문명의 그런 보물창고는, 여러 기록보관소와 지식 영역에 걸친 **영토의 운동**을 정확히 따를 수 있는 엄청나게 많은 지층을 한군데에 모아놓고 있다. 하지만 느닷없이 방향을 바꾸는 것은 전혀 다른 일이다. 그것은 장소를 가로질러 **영토를 향해서 가는 운동**이다. 자신이 던진 질문이 야기하는 실존적 시련을 견디는 일이다.

그것은 실제로는 스스로 관점의 치환을 경험해야 하는 일이다. 즉 우리 스스로가 대상의 정의를 치환시킬 수 있도록 주체의 위치를 치환시키는 일이다. 바르부르크는 뉴멕시코 여행의 이유를 스스로 '낭만적인 것에의 의지der Wille zum Romantischen'라고 불렀다. 가족 여행 동안 미국 동부 연안에서 그가 본 것은 다름 아닌 현대 문명의 공허함die Leerheit der Zivilisation이라는 강렬한 반응이었다. 하지만 '형식미에 사로잡힌 미술사에 대한 혐오'와 상징 영역에 열린(또는 당시 그의 말대로 일반 문화학Kulturwissenschaft 영역인) '미술학Kunstwissenschaft'에 대한 요구가 결합된 엄격하게 "학문적인"92 이유zur Wissenschaft 또한 언급했다.

그의 '아메리카인디언 여행'은 자주 연구되었지만93 정확히 그가 무엇을 보고 있었는지(그리고 그곳에서 무엇을 찾아냈는지)에 관한 물음은 여전히 미해결 상태로 남아 있다. 그의 여행을 당황스럽고, 심지어 충격적이며, 도덕적 위기의 와중에 저질러진 미술사학자의 순전히 부정적이고 **걸맞지 않은[치환된**déplacé] 행동으로 해석하는 연구는 제쳐두더라도, 만약 치환의 방법론적 중요성을 인정하기로 동의한다면 우리는 그가 이 여행에서 만난 대상이 **어떤 유형의 대상**인지 질문해야 한다. 다시 말해 '미술사'라는 표현 그 자체에 포함된 '**미술**'이라는 대상을 **치환시키기에 적합한 것**이 어떤 유형의 대상인지 질문해야 한다. 마찬가지로 그가 그곳에서 경험한 시간이 **어떤 유형의 시간**인지 질문해야 한다. 다시 말해 '미술사'라는 표현에서 일반적으로 이해되는 **'역사'를 치환시키기에 적합한 것**은 **어떤 유형의 시간**인지 질문해야 한다.

그는 이 경험의 땅에서 **어떤 유형의 대상**을 만났을까? 그것은 아마 1895년에도 여전히 이름 없이 남아 있었을 것이다. **이미지**였을 뿐만 아니라 (육체적이고 사회적인) **행동**이자 (정신적·문화적) **상징**이기도 했던 것. 요컨대 이론적인 '뱀장어 스프'. 뱀 무더기. 실제 오라이비Oraibi 의식에서 떼지어 모여 있던 바로 그것. 천체의 번개에서 상징적으로 돌출되어 나오던 바로 그것(〈그림 37〉, 〈그림 73〉, 〈그림 76〉 참조). 또 뉴멕시코의 파충류 모양 종유석이나 인디언들이 기도를 올리는 아코마Acoma의 바로크식 제단 줄무늬 장식의 이미지로도 나타났던 그것이다.94

행동, 이미지 그리고 상징의 그런 '응축concrétion'으로 인해 야기되는 문제는, 그가 피렌체 르네상스라는 서유럽적 대상과 미국적 대상 간의 **일치** 또는 **불일치**를 찾으려고 했는지 여부를 사실상 알 수 없다는 것이다. 버크Peter Burke 생각대로95 바르부르크는 거기서 축제를 보면서 아폴론과 큰 뱀 피톤Python, 디오니소스적·이교적 요소의 재현과 르네상스와의 동일성을 찾았을까? 아니면 바이겔Sigrid Weigel 주장대로96 거기서 서양이라는 고전적 관점을 완전히 전복시키려고 했는지도 모른다. 그에 대한 대답은 변증법적이어야 한다. 그가 모든 문화 현상에서 나타나는 극성의 근원을 의심할 여지없이 찾으려고 한 사실은 달 라고Alessandro Dal Lago 표현대로 "이상함의 가시적 결합"97 속에서였다. 하지만 바르부르크에게 이 근원은 공통과 원형이 아니라 **차이**différentielle와 **비교**comparative로 이해되어야 한다.

그렇다면 전통적으로 미술사 분야가 목표로 삼던 '미술'이라는 연구 대상을 치환시키는데 이 대상은 얼마나 적합했는가? 정확히 말해 그것은 대상이 아니라 관계의 복합물, 실제로는 무더기, 복합체, 리좀이었다. 분명히 그것이 그가 일생을 통해 인류학적 질문에 열정적으로 사로잡히게 된 주된 이유였다. 인류학적 질문 영역에서 이미지와 미술작품에 닻을 내리는 것은 미술사를 치환시키기 위한 첫 번째 단계였다. 뿐만 아니라 자신만의 '근본문제'를 직면하게 만드는 방법이기도 했다. 역사학자로서 그는 이전의 부르크하르트와 마찬가지로 그런 문제를 가장 기본적인 지식 수준에서 제기하지는 않으려고 했다. 칸트나 헤겔도 그랬을 것이다. 바르부르크에게서 '근본문제'를 제기하는 일은 (이미지를 만드는) 인간 능력의 본질 또는 지식 영역(시각예술사)이나 **일반 원칙을 추출**하는 문제가 아니었다. 그보다는 관련된 특이점을 늘려나가는 문제였다. 간단히 말해 (대상이 구성하고 대상에 의해 구성되는 관계를 손상시키면서) 당시까지 대상에만 주로 주목한 분야에서 마치 신발에 집착하는 물신주의자fetishist처럼 허용 가능한 **현상 영역을 확대**시키는 것을 의미했다.

* * *

따라서 인류학은 미술사를 치환시켜 낯설게(불안하게) 만들었다. 관점도 없이 여러 방면에 걸쳐 수행되는 학제 간 연구로 그것을 해체하기 위해서가 아니라 자체의 '근본문제'를 향해 열어두기 위해서였다. 그것은 대부분 미술사에서 연구되지 않은 채 남아 있었다. 그것은 이미지가 구성되는 관계 및 결정(또는 과잉결정)의 극단적 복잡성을 제대로 다루는 문제이다. 하지만 또한 이 관계들의 특수성 그리고 이미지를 구성요소로 삼는 형식적 작업을 재구성하는 문제이기도 하다. 그를 대량 생산 이미지와 독특한 명작을 구별 못하는 소위 반형식주의자이자 역사적 '사실'과

도상해석학적 '내용'을 찾아내는 데만 몰두한 사람으로 보는 것은, 자주 그래왔지만, 아주 어리석은 일이다. 그의 시도는 마지막 프로젝트인 〈므네모시네 아틀라스Mnemosyne Atlas〉가 분명하게 보여주듯이 역사적이자 문화적으로 특이점을 생성하는 관계에 대한 인류학적 접근 그리고 개별 사례에 관한 문헌학적 연구를 연결시켜 양식 문제, 다시 말해 연결고리와 형식적 효력 문제를 재구성하는 것이었다.98

당시의 인류학에서 발견했으며, 미술사학자로서 그의 태도 변화를 가져온 것이 무엇인지 정확하게 결정하려면 또 다른 저술이 필요할 것이다. 이 영역은 방대하며, 철학적 영감의 훌륭한 체계와 전문화된 민족지학 연구를 아우르기 때문이다.99 특히 우제너의 사유가 그에게 끼친 본질적 영향력을 재구성할 필요가 있을 것이다. 바르부르크는 1886~1887년에 본대학교에서 우제너의 수업을 들었으며, '종교 사상의 형태론'에 관한 그의 프로젝트는 바르부르크의 방법론에 깊이 각인되었다.100 바르부르크가 르네상스 시대 프레스코화 연구에서 한 것과 동일한 정신으로 우제너는 고대 신화에 접근했다. 우제너는 (세부, 특징, 특이점을 강조하는) 문헌학 연구와 심리학 및 인류학의 가장 근본적인 문제를 연결시켰다. 가령 그리스 운율학 형태를 연구할 때 그것을 세계적 문화의 징후로 여겼다. 그는 중세 음악에서도 그런 잔존을 탐색했다. 역으로 우제너는 일반적으로 신앙 행위를 매번(각각의 특정한 경우에) 문헌학으로 다루어야 하는 형태로 접근하려고 했다.101

『민족심리학Völkerpsychologie』에서 분트가 시도한 지나치게 일반론적인 인류학의 이미지에서 바르부르크가 무엇을 빌려왔는지도 찾아낼 수 있을 것이다.102 또는 레비-브륄Lucien Lévy-Bruhl에 관한 그의 참고문헌을 따라가며 '참여의 법칙loi de participation', '망자의 잔존survie des morts'

과 관련된 사례, "원시적 정신mentalité primitive"103에서 인과 관계에 관한 언급을 추적할 수도 있을 것이다. 그러나 그가 당시의 인류학에 빚지고 있는 것에만 주목해서는 안 된다. 반대로 인류학 일반과 **역사인류학** 역시 그런 유형의 접근에 특별히 빚지고 있던 것에도 주목해야 한다.

물론 두 차례에 걸친 세계대전의 긴 시간과 관련된 역사적 이유겠지만 다양한 이유로 프랑스 학자들은 그런 독일 전통을 특히 잘 몰랐다.104 모스Marcel Mauss가 정독한 우제너105는 유명한 그리스 연구자인 베르낭 Jean-Pierre Vernant과 데티엔Marcel Detienne에겐 전혀 알려지지 않았다.106 바르부르크는 실증주의 미술사학자뿐만 아니라 구조주의에 공감하는 역사학자에게도107 또 아날학파의 뛰어난 학자들에게도 무시당했다. 그에 따라 유명한 중세사학자 르 고프Jacques Le Goff는 '역사인류학의 창조'라는 유일한 공로가 블로크Marc Bloch에게만 있다는 데 아낌없이 동의한다. 더구나 블로크의 『기적을 행하는 국왕Rois Thaumaturges』(1924년)*이 단지 10페이지짜리(그것도 그리 분석적이지 않은) '도상학적 자료dossier ico-

* 페브르Lucien Febvre(1878~1956년)와 함께 『사회경제사연보(아날)』 창간을 주도해 아날학파를 설립하는데 핵심적 역할을 한 것으로 알려진 블로크(1886~1944년)가 쓴 「기적을 행하는 왕: 프랑스와 영국에서 왕의 힘에 기초한 초자연적 특성에 관한 연구Les rois thaumaturges: étude sur le caractère surnaturel attribué à la puissance royale particulièrement en France et en Angleterre」(1924년)는 국왕에게 연주창scrofula, 連珠瘡[결핵성 경부 임파선염]의 고통스러운 붓기를 가라앉히는 힘이 있다는 고대의 믿음을 다룬다. 왕이 만지면 낫는다고 믿었던 이 병은 영어로 King's evil이라고 불리기도 했다. 블로크의 책은 연주창 손대기의 유래에서 시작해 이 병과 신성한 왕권 간의 관계의 역사적 변천을 다루고 있으며, 1774년에 있은 루이 16세의 대관식에는 약 2,400명의 환자가 모였다가 불과 반세기 뒤인 1824년에 있은 샤를 10세의 대관식에는 불과 120명이 모인 후에 사라지는 과정을 기록하고 있다. 이 책은 영어로 『국왕의 손길: 영국과 프랑스에서의 신성한 군주와 연주창The royal touch: sacred monarchy and scrofula in England and France』이라는 제목으로 번역되었고, 한국어로 『기적을 행하는 왕』(박용진 역, 한길사, 2015)으로 번역되었다.

nographique'를 담고 있음을 알면서도 "미술사의 혁신이 오늘날 역사 연구의 최우선 과제 중 하나"108라고 결론을 내린다.

오늘날 바르부르크를 다시 읽으려면 관습적 시각을 뒤집을 필요가 있다. 그가 미술사를 실천하고 개방시킨 급진적이고 특이한 방식은, 내가 보기에는 이미지의 상징적 효과 연구에 기반을 둔 역사인류학(그가 부르크하르트와 우제너에게서 이어받은 것으로 생각한 학문 분야)의 질문을 다시 던지는 효과가 있었다. 상상력imaginaire 영역에서 역사학의 전 분야에 걸쳐 제기되는 "새로운"109 질문에 기초해 스스로 새로워져야 하는 것은 미술사가 아니다. 자기 역사의 주어진 한순간을 '끌어가는' 개념인 '새로움'은 이미지의 힘을 특정한 방식으로 사유하는 데서 비롯된다. 그런 인식은 역사학 분야 자체에 달려있다.

사실 그에게 **이미지**는 역사상 특정 순간에 '문화Kultur'였던 것의 특히 의미 있는 결정화 또는 응축이라는 '총체적인 인류학적 현상'으로 구성된다. 그것은 무엇보다 그에게는 중요한 "이미지의 신화 생산 능력die mythenbildende Kraft im Bild"110이라는 사유로 이해되어야 한다. 또한 그것이 바로 르네상스의 '파토스형성'(고전고대의 시각적 형성물을 활용한 재현의 강화된 몸짓)을 다룬 저술에서 그가 사회적 모방, 안무, 패션, 축제에서의 행동, 사람들의 인사 방식을 지배하는 코드 등과 같은 주제를 연구하는 데서 어떤 "학문 분야"111 간의 모순도 존재하지 않는다고 느꼈던 이유이다.

요컨대 이미지는 사회 구성원의 전반적 **행위 및 행동**agir 방식, 당시의 **지식과 사유**savoir 방식, **신념과 믿음**croire의 방식 등과 동떨어져 사유될 수 없다. 여기에 그가 발명한 또 다른 필수 요소가 있다. 바로 미술사를 이미지의 마법적 효과(뿐만 아니라 제례적, 법률적, 정치적 효과)가 나타나는 '어둠의 대륙'을 향해 개방시킨 것이 그것이다.

이념 논쟁의 황혼에서 그런 형태를 끌어내 철저한 역사적 검토를 받게 하는 것은 미술사의 주요 임무 중 하나이다. 왜냐하면 완전히 해결되었다지만 여전히 이해되지 않는 양식과 문명의 역사의 중심적인 질문 중 하나eine der Hauptfragen der stilerforschenden Kulturwissenschaft가 존재하기 때문이다. 바로 유럽의 르네상스 문화에 미친 고대의 전체적 영향이 그것이다.112

어휘의 미끄러짐도 의미심장하다. 우리는 미술사Kunstgeschichte에서 문화학Kulturwissenschaft으로 넘어가는 동시에 연구 대상의 영역을 개방시키고 근본문제에 대한 진술을 강화한다. 가령 미술사는 개인의 인간적 승리와 모방 기술의 진보에 따라 르네상스 시대에 등장한 '초상화'라는 순수 미술 장르에 대해 말해준다. 그러나 바르부르크의 문화학은 또 다른 이야기를 들려준다. 그것은 고대와 이교의 마법(로마 시대 이마고의 잔존), 중세와 기독교의 제례 의식(초상화 형태로 된 봉헌물ex-voto 관습)뿐만 아니라 15세기의 미술과 지적 활동의 특정한 환경의 교차점(상호 얽힘, 과잉결정)이라는 훨씬 더 복잡한 시간을 포함한다. 그 결과 초상화는 우리 눈앞에서 모습을 바꿔 바사리의 미술사가 설명하지 못하는 "신화 생산 능력"113의 인류학적 증거가 된다.

그에 따라 그가 젊은 시절에 간절히 원한 문화학, 즉 '미술의 과학'은 불특정의 무한히 개방된 문화학의 틀 속에서 진행되는 특정한 이미지 연구라는 형태를 취하게 된다.114 더 이상 미술작품은 자신의 역사에 의해 완전히 둘러싸인 대상으로 간주되지 않고, 이질적이고 과잉결정된 역사적 요인들이 마주치는 (벤야민이 나중에 '**섬광**'이라고 부르는) 역동적 만남

〈그림 3-1〉 MNHMOΣYNH(Mnemosyne), 〈바르부르크문화학도서관〉 현관. 사진: https://warburg.blogs.sas.ac.uk.

의 지점으로 상상되기 때문이다. 미술사학자의 흥미를 끄는 대상 영역을 **열어 둘** 필요가 있는 것이다. 그의 문화학 개념에 대한 탁월한 논문에서 빈트는 이렇게 쓰고 있다.

> [심지어 예술적인] 이미지로부터 그것이 종교와 시, 의례 및 드라마와 맺고 있는 연결고리를 떼어내려는 모든 시도는 그것으로부터 생명선을 끊어버리는 것에 해당될 것이다.115

따라서 이미지의 자율적 역사라는 모든 개념에 맞서(이것은 구체적인 형식적 특징이 무시되어야 함을 의미하지는 않는다) 그의 문화학은 마침내 역사의 **시간을 열었다**. 기억에 해당하는 **므네모시네**라는 그리스어를 자기 도서관 현관 위에 대문자로 새겨 넣음으로써 그는 방문자들에게 **다른 시간**의 영역으로 들어서고 있음을 알렸던 것이다.

04

잔존 또는 시간의 인류학:
타일러와 함께 바르부르크를

이 다른 시간의 이름이 바로 '**잔존**'이다. 우리는 핵심적 표현, 바르부르크의 기획 전체의 신비로운 좌우명을 알고 있다. **고대의 잔존**. 그것이 관련된 다른 여러 지층에서 발생한 퇴적과 치환을 이해하기 위해 그가 기록보관소와 도서관의 모든 자료를 수집하려고 한 근본문제이다.116 또한 그가 미국에 머문 짧은 시간 동안 아메리카인디언 경험의 지층 자체에서 대면하려 애쓴 근본문제이기도 하다. 따라서 그가 고대와 현대 서양 세계의 이미지를 기반으로 끈기 있게 정교화시킨 '문화학'의 맥락에서 잔존 개념을 살펴보기 전에 먼저 호피족 지역 여행이라는 특별하고 '치환된' 지층에 대한 실험적 단계에서부터 이 문제의 출현을 살펴볼 가치가 있다. 그것을 통해 인류학의 이론적·발견적 기능(지식 영역을 탈영토화시키고 차이를 대상에, 시대착오를 역사에 재도입하는 능력)이 보다 분명하게 드러날 것이다.

그가 평생에 걸쳐 불러들이고 탐구한 '잔존'은 원래 앵글로색슨적인 인류학 개념이었다. 때는 1911년, 그의 절친이자 여러 면에서 관심을 공유했던117 슐로서는 밀랍wax과 관련된 조형적 관습의 '잔존survival'을 언급했다. 그러나 이 용어를 모국어에서 자연스레 쓴 것은 아니었다. 그는 Nachleben, Fortleben 또는 Überleben이라고 쓴 것이 아니라 survival이라는 영어 단어로 썼던 것이다. 바르부르크도 몇몇 경우에 그렇게 썼다.118 그것은 인용, 개념의 차용, 실제로는 개념적 치환의 중요한 지표이다. 슐로서가 인용한 것, 그에 앞서 바르부르크가 이미 차용한 것 또는 치환시킨 것은 다름 아니라 영국의 위대한 인류학자 타일러*의 '잔존survival'이었다. 1895년에 갑자기 유럽을 떠나 뉴멕시코로 갔을 때 바르부르크는 작슬의 믿음처럼 '원형을 찾는 여행'이 아니라 '잔존을 찾는 여행'에 착수했던 것이다. 그리고 그의 이론적 참고 지점은 작슬이 말한119 프레이저**가 아니라 타일러였다. 내가 판단하기에, 바르부르크 해설자

* Edward B. Tylor(1832~1917년)는 영국의 인류학자로, 19세기 인류학과 문화인류학의 확립에 결정적 영향을 미쳤다. 『아나우악: 또는 멕시코와 멕시코인들, 고대와 현대Anahuac: or, Mexico and the Mexicans Ancient and Modern』(1861년), 『원시문화Primitive Culture』(1871년)와 『인류학Anthropology』(1881년) 등이 대표작이다. 문화, 애니미즘 등과 같은 용어를 소개하고 정의한 바 있으며, 이 책에서 자세히 소개되겠지만 바르부르크의 잔존 개념에 크게 영향을 미쳤다.

** James G. Frazer(1854~1941년)는 스코틀랜드 출신의 인류학자이자 민속학자로, 신화학과 비교종교학에 큰 영향을 미친 저서 『황금가지The Golden Bough』로 널리 알려져 있다. 이 책은 1890년에 2권의 초판본 간행 후 계속 연구와 보충이 이루어지다가 프레이저 생애 말년인 1936년에 최종판본인 4판이 13권으로 완성되었다. 이탈리아 네미Nemi 숲에서의 신성한 왕 숭배와 주기적 희생의례부터 출발해 전 세계의 신화, 민담, 관습, 축제, 금기 등의 매우 다양한 사례로 이 의례의 의미를 찾아가는 이 책은, 주술과 종교의 자연적·역사적 관계를 다루고 있다. 프레이저는 이 책에서 주술의 시대가 종교의 시대를 거쳐 과학의 시대로 발전한다고 보고 이를 바탕으로 종교적 신앙과 과학적 사유 간의 유사성을 찾으려고 시도한다. 『황금가지』의 축약판은 프레이저가 직접 축약한 맥밀런판(1922)과 후대의 학자들이 축약한 옥스포드판(1994) 두 가지가 대표적인데, 맥밀런판(박규태 역, 을유문화사, 2021)과 옥스포드판(이용대 역, 한겨레신문사, 2003) 모두 국내에 번역되어 있다.

들은 그런 인류학적 기원에 그리 큰 관심을 기울이지 않았다. 기껏해야 차이점만 고려했을 뿐이다. 가령 곰브리치는 타일러가 요구한 '문화학'이 이탈리아 미술에만 주로 관심을 가졌던 부르크하르트의 제자인 바르부르크 눈에 결코 호의적으로 보이지 않았으리라고 주장했다.[120] 그러나 이 '문화학'은 타일러의 『원시문화』(1871년)의 「서문」에서 가장 중요하게 다루어졌으며, 이 책은 19세기 말에 인류학을 '타일러의 과학'이라고 부르게 만들 정도로 강력한 영향을 주었다.[121] 그러나 이 저서가 얻은 어마어마한 명성이라도 이론적 출처로서의 지위를 보장받기에는 충분치 않다. 무엇보다 바르부르크의 **문화학** Kulturwissenschaft과 타일러의 **문화학** science of culture **간**의 접점은 역사학과 인류학 간에 존재하는 것을 특별한 연결고리로 확립하는 것에서였다.

사실 두 사람 모두 모든 역사학에서 요구되는 진화 모델 그리고 인류학의 시대 초월성 간의 영원한 대립을 극복하고자 했다. 레비-스트로스 Claude Levis-Strauss는 한 세기 후에도 여전히 그런 대립을 비판하고 있다.[122] 바르부르크는 미술사 영역을 인류학에 개방시켜 새로운 연구 대상을 인정했을 뿐만 아니라 시간도 개방시켰다. 한편 타일러도 매우 비슷한 작업을 수행하려고 했다. 그는 어떤 '문화학'의 근본문제도 '발전' 문제라고 주장하지 않는 데서 출발했다. 이 발전은 자연과학 모델에 따라 정식화될 수 있는 진화 법칙으로 환원될 수 없으며[123], 인류학자는 역사학과 심지어 고고학을 통해서만 '문화'의 의미를 이해할 수 있었다.

지적 운동(그리고 문화 일반)의 일반 법칙을 통찰하려는 노력 속에서, 오히려 현재에는 강한 관심을 불러일으키지 않는 고고학적 유물 사이에서 그것을 연구할 수 있다는 실질적 이득을 얻을 수 있다.[124]

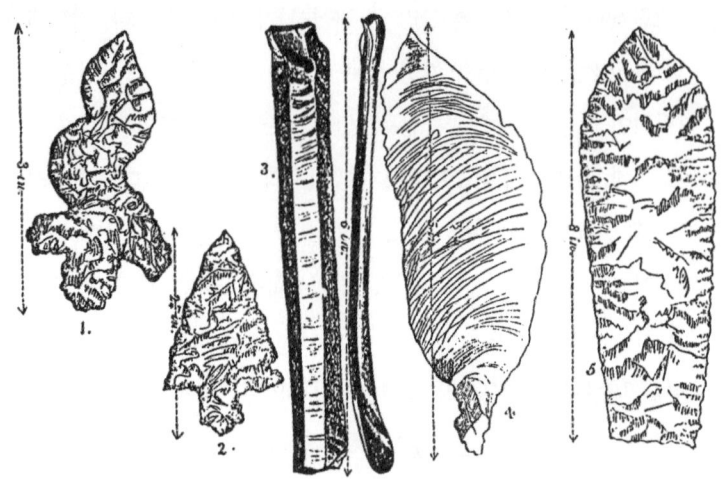

〈그림 4〉 흑요석 화살촉, 멕시코, 선사시대, 타일러, 『아나우악』(런던, 1861년), 96페이지.

 분명히 바르부르크는 시대에 맞지 않는inactualité 대상을 연구하는 것의 중요성과 관련된 그런 방법론적 원칙을 결코 부정하지 않았다. 어떤 문화에서 의미를 만들어 내는 것은 대개 징후적이고, 비사유적이며, 시대착오적인 측면이다. 거기에는 우리가 잔존의 유령적 시간이라고 부르는 것이 이미 존재한다. 타일러는 『원시문화』 「서문」에서 그것을 이론적 수준으로 소개하며 변증법적으로 다뤄져야 하는('진보-이론'과 '퇴보-이론'이라는) 서로 뒤얽힌 대립적인 '문화 발전' 이론으로 제시했다. 그 결과는 이해하기 힘든 일종의 시간적 매듭이 될 것이다. 왜냐하면 거기서는 진화에 민감한 움직임과 진화에 저항하는 움직임 간의 끊임없는 교차가 생겨나기 때문이다.125 이 교차 공간 안에서 모순되는 두 시간 상태의 **차이**로부터 **잔존** 개념이 출현한다. 실제로 본인의 저술의 이론적 토대를 세우려는 타일러가 대부분의 노력을 들인 것이 바로 이 개념이다.

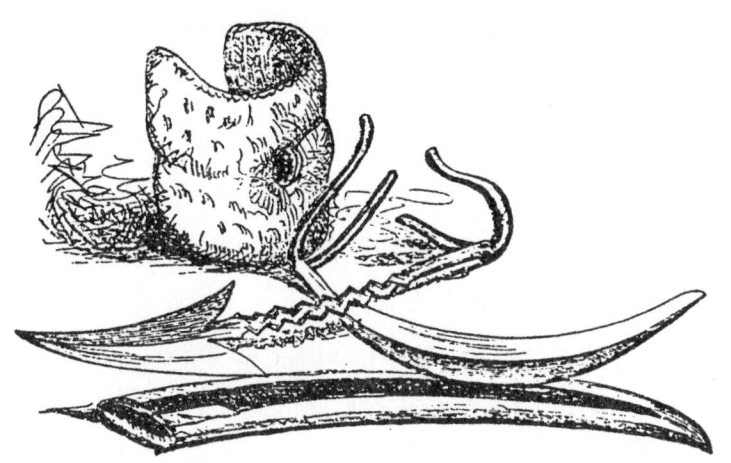

〈그림 5〉 칼집이 있는 투계(鬪鷄)용 쇠 발톱, 19세기, 타일러, 『아나우악』(런던, 1861년), 254페이지.

* * *

하지만 이 단어는 자연스럽게 다른 맥락, 경험의 다른 시간성, 즉 치환 속에서 그의 펜 아래에 등장했다. 정확하게는 멕시코로 가는 여행 중이었다. 1856년 3~6월 사이에 타일러는 말을 타고 멕시코를 샅샅이 뒤져 관찰하면서 수천 개의 메모를 남겼다. 1861년에 그는 이 여행 일기(자신만의 '슬픈 열대*Tristes tropiques*')를 출판했는데, 거기에는 자신이 놀라워한 모기와 해적, 악어 떼와 선교사, 노예무역과 아즈텍 유적, 바로크 양식의 성당과 인디언 풍습, 지진과 총기 사용, 식사예절과 계산법, 박물관 전시품과 거리 싸움 등이 차례로 등장한다.126 『아나우악』(1861년)은 매혹적인 책이다. 왜냐하면 저자의 끊임없는 놀라움을 보여주기 때문이다. 그것은 동일한 시공간에서의 단일한 경험이 시대착오의 매듭, 과거와 현재적 사물들의 혼합물을 전달할 수 있는 데서 오는 놀라움이다. 그에 따라

멕시코의 수난주간축제(부활절 전 일주일 동안의 축제)동안 타일러는 절반은 기독교적이고 절반은 이교도적인 여러 이질적 축제 행사를 관찰할 수 있었다. 또 그란데Grande의 인디언 시장에서 콜럼버스 이전의 필사본에서만 찾을 수 있다고 생각한 숫자 체계를 발견했다. 또 다른 사례는 멕시코의 카우보이vaqueros의 박차 옆에 고대의 희생제에서 사용된 칼의 장식이 놓여 있는 것이었다.127

이 모든 것을 접하면서 타일러는 (프레이저를 통해서도 느껴지는) 문화의 극단적 다양성과 아찔한 복잡성을 발견했다. 그러나 그는 (프레이저를 통해서는 결코 느낄 수 없는) 훨씬 압도적인 무언가도 함께 발견했다. 그것은 주어진 문화의 현재적 '표면', 현재성 속에 서린 **시간의 현기증 나는 게임**이었다. 무엇보다 이 현기증은 현재가 여러 과거로 직조되어 있다는 (그 자체로는 명백하지만 방법론적 결과로는 그렇지 않은) 강한 느낌으로 표현된다. 인류학자는 관찰한 개별적인 것의 역사학자가 되어야 한다고 타일러가 생각한 이유가 바로 그것이다. 무엇보다 관찰한 것의 '**수평적** horizontal' 복잡성은 '**수직적**vertical'또는 문헌학적 용어로 시간의 '**범례적** paradigmatic' 복잡성에 뿌리를 두고 있다.

> 진보progress, 퇴보degradation, 잔존survival, 부활revival, 수정modification은 문명의 복잡한 네트워크를 한데 묶는 온갖 연결 형태이다. 우리가 실제로 출발점에서 얼마나 떠나왔는지를, 오랜 과거의 결과를 어느 정도까지 전달하고 수정해왔는지를 생각하려면 일상생활의 사소한 세부trivial details로 잠깐만 눈을 돌리면 된다. 우리가 사는 방을 둘러보면 자기 시대만 아는 사람이 어느 정도까지 올바로 이해할 수 있는지 시험해볼 수 있다. 여기에 아시리아에서 온 '인동덩굴honeysuckle' 장식이 있고, 저기에는 앙주에서 온 백

합화fleur-de-lis 장식이 있다. 그리스식 가장자리로 된 띠 모양 장식cornice은 천장을 두르고 있으며, 루이 14세 양식과 그것의 부모 격인 르네상스 양식이 그 사이에 있는 거울을 공유한다. 변형되고, 옮겨지고, 절단된 예술적 요소들은 여전히 그것들의 역사에 뚜렷이 각인되었다. 그리고 만약 아직 훨씬 더 이전의 역사가 읽기 쉽지 않더라도 분명하게 식별할 수 없기 때문에 거기에는 역사가 없다고 말할 수 없다.128

(『원시문화』에서 처음으로 제시한 것 중 하나인) 잔존의 사례가 장식의 형태적 요소에 적용되고 있는 사실은 특이하다. 그런 '원어mots primitifs'는 양식에 관한 대부분의 논의에서 발견된다.129 마찬가지로 그런 형태의 잔존survival of forms이 각인이나 스탬프로 표현되는 것도 특이하다. 현재가 여러 과거의 흔적을 지닌다고 말하는 것은 무엇보다 우리의 현재의 삶에 형태 자체로 각인된 시간(또는 여러 시대)의 불멸성을 주장하는 것이다. 따라서 타일러는 '이 잔존의 힘strength of these survivals'에 대해 쓴다. 그것을 통해 그가 또 다른 은유로 주장하듯 "자기를 몰아내려고 강하게 압박하는 새로운 문화 한가운데 옛 관습이 자리 잡는다."130 "문화의 영구성permanence of culture"131이라고 부르는 것을 다시 각인이라는 용어로 표현하면서 타일러는 잔존의 끈기를 '강바닥에 일단 자리 잡은 흐름이 오랫동안 흐르게 되는 것'에 비교하기도 한다.

이제 우리는 바르부르크가 서양 미술사의 긴 시대에 걸쳐 존재한 고대 형태의 '영구성'과 '끈기'에 대한 자신만의 연구라고 인식한 영역에서 '근본문제'가 제기된 것을 알게 된다. 하지만 그게 전부는 아니다. 타일러는 이 영구성을 19세기의 여러 철학적 인류학 저자가 그랬듯이 '문화의 본질'로 설명할 수도 있었다. 이 점에 관해 그의 사유가 지닌 핵심적 관심 그리고 바르부르크의 접근방식 간의 밀접함은 나아가 다음과 같은 사실에 기초하고 있다. 즉 '문화의 영구성'은 본질, 전지구적 특성 또는 원형이 아니라 정반대로 징후, 예외적 특성, 치환된 사물을 통해 표현된다는 것이다. 잔존의 끈기, 잔존의 바로 그런 '힘'은 타일러가 말하듯 사소하고, 불필요하고, 보잘것없고, 비정상적인 것의 미약함 속에서 드러난다. 그런 잔존이 발견되는 곳은 되풀이되는 징후, 놀이, 언어의 병리학, 형태의 무의식 속에서이다. 따라서 그는 아이들의 놀이(활, 새총, 딸랑이, 공기, 카드, 전쟁과 점술에서 비롯된 매우 오래된 관습의 잔존)에 많은 주의를 기울였다. 이후 그가 르네상스 시대의 축제 관습에 깊이 주목한 것과 마찬가지이다. 그가 피렌체 문화를 통해 탐색하려고 했듯이 타일러는 언어의 특징(격언, 속담, 인사법)132도 탐색했다. 무엇보다 타일러는 잔존을 **미신** superstitions이라는 측면에서 특별하게 취급했다. 그에게서 그런 인류학적 개념 정의 자체는 전통적인 라틴어 용어인 *superstito*를 통해 추론될 수 있을 것이다.

> 그런 과정은 통상적인 '미신'으로 적당히 묘사된다. 사실 일반적으로 잔존하는 것 대부분이 그런 이름으로 불릴 것이다. '위에 서 있다'라는 어원에서 유래한 '미신superstition'이라는 단어는 자체가 '잔존' 개념을 의미하게 된다. 하지만 이제 '미신'이라는 용어는 비난의 의미를 내포한다. …… 인류학자의 목적을 위해서는 어쨌든 단순히 역사적 사실을 나타내기 위해 '잔존' 같은 용어를 도입하는 것이 바람직할 것이다.133

이 문장을 통해 『원시문화』의 잔존 분석이 마법, 점성술 그리고 이 둘이 가정하는 모든 다양한 형태에 할애된 긴 장으로 끝나는 이유를 이해할 수 있다.134 여기서 우리는 페라라의 스키파노이아 궁전의 프레스코화 그리고 루터Martin Luther의 저술에서 발견한 점성술적 행위 분석을 통해 바르부르크가 복원시킨 고대의 잔존이라는 가장 흥미진진한 부분을 떠올릴 수밖에 없다.135 두 분석 모두(프로이트보다 먼저 발표된 저술이다)는 의식의 분열, 논리적 오류 또는 터무니없는 주장으로 잔존을 드러냄으로써 역사적으로 생성된 요소의 현재적 상태를 균열시킨다. 바르부르크와 프로이트 이전에 타일러는 그 자체의 무의미함을 이해할 수 있는 (또는 징후 역할을 하는) 능력 때문에 '사소한 세부trivial details'를 즐겨 연구했다(그는 '랜드마크landmarks'라고도 불렀다). 봉헌된 초상의 '애니미즘'에 바르부르크가 관심을 갖기도 전에 그는 (다른 사람들과 함께) 기호의 그런 힘에 대한 일반 이론을 구축하려고 했을 것이다.136 몸짓의 표현적 현상에 바르부르크가 매혹되기도 전에 타일러는 (역시 다른 사람들과 함께) "감정적·모방적 언어emotional and imitative language"137 이론을 만들려고 했을 것이다. 또 바르부르크와 프로이트 이전에 그는 잔존의 현기증 나는 시간으로 안내하는 징후의 특권적 경로에 관한 사례(부조리, 말실수, 질병, 광기)를 나름의 방식으로 만들었을 것이다. 징후가 안내하는 이 경로가 유령의 목소리를 듣는 최선의 방법이 될 수 있을까?

…… 내가 **오래된 사회 상태의 잔존**이라고 부르는 것, 초기 문화의 미약한 유물에 대한 이 연구 전반에 걸쳐 …… 낡고, 쓸모없고, 경박하고 심지어는 지독히 어리석고 나쁜 것으로부터 그렇게나 많은 사례를 선택한 사실에 대해 아마도 불평할 수 있을 것이다. 그러나 의도적으로 그런 종류의 증거를 선호했는데, 내 연구를 통해 우리가 바보들에게 감사해야 하는 일이 얼마나 자주 일어나는지 확신할 수 있었다. 비록 우리가 문제의 표면에만 머물러

있더라도 실천적 실용주의라면 조금의 후회도 없이 가차 없이 없애버렸을 인류 역사의 흔적을, 얼마나 많은 어리석음과 터무니없는 보수주의와 끈질긴 미신이 그토록 잘 보존시켜 왔는지를 알게 되는 것은 꽤 흥미로운 일이다.138

* * *

역사학과 인류학 분야에서 유령과 징후 사이에 위치하는 잔존 개념은 **흔적**의 특수한 표현으로 생각될 수 있다.139 잘 알려진 대로 바르부르크는 고전고대의 자취vestige에 큰 관심을 갖고 있었다. 그런 자취는 물질적 잔해의 객관적 존재로는 결코 환원될 수 없지만 형태, 양식, 행동 그리고 **정신**에 그대로 남아 있다. 그의 관심 분야를 타일러의 잔존 개념으로 쉽게 이해할 수 있다. 첫째, 잔존은 **부정적 실재**negative reality를 말한다. 즉 문화에서 버려진 요소로 보이는 것, 더 이상 당시의 것이 아니고 더 이상 쓸모없는 것이 바로 잔존이다(가령 15세기 피렌체의 봉헌물들bòti 또는 ex-voto은 현재와 르네상스 미술 창작 배후의 '근대적' 관심으로부터 이미 단절된 관행을 증언한다). 둘째, 타일러에 따르면 잔존은 **은폐된 실재**masked reality를 말한다. 그것은 무언가 지속되고, 사회의 사라진 상태를 증언하지만 그것의 지속성은 필연적으로 변화를 동반하게 된다. 지위와 의미의 변화가 그렇다(가령 고대의 전쟁에서 쓰이던 활과 화살이 아이들 장난감으로 잔존한다는 사실은 명백하게 지위와 의미가 완전히 바뀌었다는 뜻이다).

이런 의미로 잔존 분석은 분명히 징후적일 뿐만 아니라 유령적 출현을 분석하는 것처럼 보인다. 잔존은 미약하고 감지할 수 없더라도 우리가 '침입'이라고 부를 수 있는 수준의 실재réalité d'effraction를 나타낸다.

또 그에 따라 잔존이 **유령적 실재**spectral reality를 나타낸다고도 말할 수 있다. 따라서 점성술의 잔존은 루터의 저술에서 '유령'처럼 등장하며, 그것은 (징후의) 침입이라는 성격 덕분에 바르부르크가 종교개혁가의 논리 속에서 탐지할 수 있던 유령이다.140 타일러의 잔존 개념이 적용된 첫 번째 분야가 신앙 연구였음은 별로 놀랍지 않다. 가장 많은 응용은 종교사 영역이었다.141 하지만 (르루아-구랑André Leroi-Gourhan이 나중에 '기술적 고정관념'이라고 명명한 것을 예상해보면) 장기간에 걸친 몇몇 고고학적 연구도 잔존 개념의 관점에서 사물의 역사에 접근하는데 성공했다.142

05

진화의 운명,
이시성異時性의 상태

그러나 잔존 개념은 결코 호평을 받은 적이 없음을 말해두어야 할 것이다. 그리고 미술사에서만 그런 것도 아니다. 타일러가 살던 시대에 잔존 개념은 너무 구조주의적이고 추상적이며, 모든 사실적 검증과 정확성을 무시한다고 비난받았다. 실증주의자의 반론은 다음과 같은 질문이었다. 잔존의 연대 추정을 어떻게 하는가?143 이 질문은 (사소하고 사실적인 의미에서) '역사적'이지 않은 유형의 시간성을 규정하기 위해 도입된 이 개념을 완전히 오해하고 있음을 보여준다. 오늘날 우리는 잔존을 덜 구조적이라고 비난할 것이다. 간단히 말해 이 개념은 진화론적 특징을 갖고 있다. 따라서 이 개념은 구식이고 부적절한, 19세기 특유의 오래된 과학적 유령으로 간주된다. 이 문제에 대해 깊이 생각하지 않은 채 모스부터 레비-스트로스에 이르는 현대 인류학*에서 가정되는 경향은, 현대 인

---

* 인류학과 관련된 다양한 용어, 즉 anthropologie, ethnologie, ethnographie 등에 대한 번역어의 선택 과정에서 일반적으로 통용되는 번역어는 각각 anthropologie(인류학), eth-

류학이 (프레이저 같은) 본질주의나 (말리노프스키Bronisław Kasper Malinowski 같은) 경험주의에 의해 너무 깊이 각인된 인류학적 개념에 필요한 방향의 재조정을 이미 만들어왔으리라는 것이다.

하지만 이 질문을 좀 더 자세히 들여다보면 처음보다 문제가 훨씬 미묘하고 복잡함이 드러난다. 논점은 잔존 개념 자체가 아니라 19세기 후반의 몇몇 앵글로색슨 민족지학자가 이 개념을 활용한 방식이었다. 가령 모스*는 이 용어를 자신의 저술에서 거침없이 사용했다. 『증여론Essai sur le don』 3장 제목은 '고대의 법과 경제 속에서의 증여 원칙들의 잔존survivances des ces principes dans les droits anciens et les economies anciennes'144이다. 여기서 그는 증여와 답례의 원칙이 역사학자뿐만 아니라 인류학자에 의해서도 '잔존'으로 간주되어야 한다고 설명한다. 잔존은 일반적·사회학적 가치가 있는데, 사회적 진화 단계를 이해할 수 있게 해주기 때문이

---

nologie(민족학), ethnographie(민족지학) 등이다. anthropo-가 인간을 의미하기에 인류학으로, ethno-가 민족을 의미하기에 민족학으로 번역하는 것이 직관적일 것이다. 그런데 사실상 형질/생물인류학physical/biological anthropology과 대비되는 문화인류학cultural athropology이라는 개념이 미국을 중심으로 사회문화적 인류학의 상위 개념으로 정착된 이후부터 여러 민족, 여러 부족을 연구하는 비교인류학 개념에 가까웠던 ethnologie(ethnology)는 우리말로 민족학 또는 인종학이라고 번역되기 시작했다. 그리고 실제로는 다양한 인류학적 자료를 수집하고 기록하는 학문적 방법을 포함한 ethnography는 그에 따라 민족지학民族誌學이라고 번역되어왔다. 그런데 사실상 이 책에서 논의되고 있는 ethnologie는 단일 민족에 대한 연구의 의미가 부각되는 민족학이라기보다는 원래의 인류학이라는 개념에 더 가깝고, anthropologie와 큰 차이가 나지 않는다. 실제로 유럽 학문 전통에서는 사회인류학 또는 문화인류학을 ethnologie라고 부르고 있으며, 이 책에서도 타일러, 보아스, 프레이저, 말리노프스키 등을 모두 ethnologue라고 부르고 있다. 따라서 이 책에서는 anthropologie와 ethnologie를 크게 구별하지 않고 인류학으로, ethnographie는 인류학의 방법론적 의미를 부각해 원래대로 민족지학이라고 번역했다.
• 모스는 『민족지학 매뉴얼』(1967년)을 썼으며, 레비-스트로스를 비롯한 프랑스 1세대 인류학자에게 민족지학 방법론을 가르치기도 했다.

다. 그러나 그것보다 더한 것이 있다. 잔존은 사회사와도 관련 있다는 것이다. 잔존하는 유형의 제도는 우리의 법과 경제 형태로 이행되며, 우리 사회를 역사적으로 설명해줄 수 있다. 우리 바로 직전 사회에서 실행되던 도덕성과 교환의 관행은 (소위 '원시' 사회의 분석틀 속에서) 우리가 막 분석한 모든 원칙의 중요한 흔적을 여전히 유지하고 있다.145 다른 곳에서 모스는 잔존 개념을 '원시' 사회 자체로까지 확장시킨다.

> 진화하지 않은 알려진 사회는 없다. 가장 원시적인 인간도 뒤에 거대한 과거를 지니고 있다. 따라서 확산된 전통과 잔존은 그들 사이에서도 중요한 역할을 한다.146

이것은 '원시' 사회가 역사를 갖고 있다는 것(이 사실은 일부에 의해 오랫동안 거부되어 왔으며, '역사 없는 민족'이라는 표현에도 반영되어 있다)뿐만 아니라 이 역사가 우리 자신의 역사만큼 복잡할 수도 있음을 말한다. 또 이 역사는 의식적 전파 그리고 모스 용어로는 '확산된 전통'으로 구성된다. 그리고 기록물 보관소 없이는 분석하기가 여전히 어렵다고 해도 이 역사는 이질적 시간성의 유희(또는 매듭)로 구성된다. 그것은 시대착오의 매듭이다. 따라서 모스가 잔존 개념의 사용을 비판할 때 그것은 시간 모델의 이런 복잡성에 의문을 제기하는 것이 아니었다. 오히려 시간 모델을 단순화한 인류학적 진화론을 반박하는 것이었다. 따라서 프레이저가 '마법과 종교의 고대적 혼란'의 잔존을 설명했을 때, 모스는 '이 가설은 거의 아무것도 설명해주지 않는다'고 응답한다. 그는 마법과 종교의 혼란이 더 이성적이고 더 도덕적이며, 한마디로 더 "진화된"147 두 번째 자립으로 이어졌다는 가설을 비판한 것이다.

모스는 또한 잔존에 대한 분석에서 또 다른 치명적인 함정으로 남아 있는 것에 대해서도 혜안을 갖고 비판했다. 그것은 **원형주의**archetypism라고 부를 만한 것으로, 시간 모델을 단순화하는 것이 아니라 완전히 부정함으로써 문화와 정신의 본질주의로 그것을 희석시키는 결과를 초래한다. 이 함정의 핵심적 요소는 [원형에서 비롯되기에] 모두 유사하게 지각할 수 있다는 꼬드김이다. 즉 유사성이 **유사형태**pseudomorphism가 될 때, 더 나아가 유사성이 일반적이고 비시간적인 의미를 끌어내는 역할을 할 때 '잔존'은 당연히도 신화가 되고 인식론적 장애물이 된다는 것이다.[148] 바르부르크의 잔존이 그런 목적으로 여기저기서 해석되고 사용되어온 사실에 주목하자. 그러나 바르부르크의 문헌학적 노력, 특이점에 대한 그의 인식, (비록 그의 손에서 몇 가닥은 미끄러져 나가고, 끊어지고, 땅 밑으로 흐른다는 사실을 알았지만) 실의 모든 가닥을 추적하고 식별하려 한 끊임없는 시도, 이 모든 것은 잔존 개념을 모든 본질주의로부터 거리를 두게 해준다. 징후적 병력anamnèse symptomale은 원형적 일반화와는 아무 관련도 없다.

『구조주의 인류학*Anthropologie structurale*』「서문」에서 밝힌 레비-스트로스의 비판은 훨씬 더 가혹해 보인다. 더 급진적인 동시에 훨씬 편향적이고, 때로는 부정확하며 심지어는 자기기만의 기미까지 있기 때문이다. 그는 모스의 발자취를 따라 원형주의를 비판한다. 원형주의가 보편적 사용을 위한 유사형태이자 실체화된 유사성을 오용한다는 것이다.[149] 그런데 그가 그러한 흔적을 찾아가는 건 타일러 본인과 함께이다. 타일러가 생식의 생물학적 연결고리에 기초한 언어로 이야기했듯이, 다음과 같은 이유로 활과 화살은 단일한 '종'을 형성하지 않는다.

두 개의 동일한 도구 또는 기능은 다르지만 형태가 유사한 두 도구 사이에는 항상 근본적 불연속성이 존재하기 때문이다. 하나가 다른 하나로부터 나온 것이 아니라 각각이 동일한 재현 체계의 산물이다.150

바르부르크라면 이 첫 번째 주장에 주저 없이 동의했을 것이다. 왜냐하면 이 주장은 상징의 조직을 경험 세계의 근본 구조로 만드는 것이기 때문이다.

잔존 문제에서 비롯된 연구에 대해 '구체적 경험으로 변환되는 무의식적 과정에 대해 아무것도 알려주지 않는다'고 말했을 때 레비-스트로스는 현명하지 못하게도 한 발짝 더 들어가 버렸다. 불과 몇 페이지 후에 그는 "집합적 현상의 무의식적 본성"151을 평가하는데 거의 기초가 되는 자리를 타일러에게 내어주면서 이 주장을 무효화시킨다. 그러나 그가 보기에 타일러는 아무런 역사적 관심도 없이 인류학을 실천한 사람으로 남아 있을 것이다. 이 점에서 레비-스트로스는 타일러의 저서 자체의 제목에조차 신경쓰지 않고, 특히 타일러가 6년 뒤에 『원시문화』에서 정교화시킨, (레비-스트로스는 결정적으로 보아스Franz Boas에게만 부여하고 싶어 한) 원시 사회의 역사성에 관한 성찰152도 알아보지 못한 채 『인류의 초기 역사와 문명의 발전에 관한 연구Researches into the Early History of Mankind and the Development of Civilization』(1865년)의 짧은 구절만 인용했을 뿐이다. 1952년에 『구조주의 인류학』의 이 저자는 원시부족의 '도달할 수 없는hors d'atteinte' 역사성에 관한 논문을 발표한다. 그것은 위에서 언급한 타일러의 문장을 완전히 무의식적으로 뒤바꿔 놓은 것이다.153

이 모든 것은 우리가 맞닥뜨린 근본질문을 변화시키지 않는다. 우리는 여전히 '잔존'의 의미를 알지 못한다. 가장 먼저 확립해야 하는 것은 만약 그런 것이 있다면 이 개념이 얼마 정도까지 진화론적 교리(내용과 쟁점 모두에서)에서 비롯되었느냐 하는 것이다. 『인류의 초기 역사와 문명의 발전에 관한 연구』 7장에서 '문화의 성장과 쇠퇴'에 몰두했을 때 타일러는 텍스트에 다윈의 참고문헌을 간간히 포함시켰는데, 이 문제는 분명 논쟁적이었다. 이 시점에서 그는 인간의 진화와 신이 부여한 운명, 다시 말해 『종의 기원』과 『성경』 자체를 서로 대립시켜야만 했다.154 그는 종교적 타락론과 원죄적 관점에 맞서 "발전주의développementalisme"155와 종이라는 관점을 회복시켜야만 했다.

여기서 좀 더 자세히 살펴보아야 한다. 저술에서 그런 참고문헌을 만들기 시작한 순간에 타일러는 아직 '잔존'이라는 용어를 구체화시키지 못했다. 비록 진화를 둘러싼 논쟁이 그의 인식론적 지평 전체를 구성했다고 하더라도 잔존 개념을 정립하는 데서 타일러는 다윈 및 스펜서의 교리와는 멀리 동떨어져 있었던 것이다.156 자연선택natural selection이 생물학적 혁신을 보장하는 '최적자의 잔존(적자생존survival of the fittest)'을 말하는 부분에서 타일러는 정반대 방식으로 잔존을 말한다. 즉 가장 '불충분하고 부적절한unfit, inappropriate' 문화의 요소라는 관점에서 진화하는 미래보다는 지나가버린 과거의 전달자인 잔존에 접근하는 것이다.157

* * *

요컨대 잔존은 시간적인 방향 감각 상실을 동반하는 징후일 뿐이다. 그것은 결코 어떤 '진화적 의미'에서의 진행 중인 목적론의 전제가 아니다. 그것은 분명 더 원시적이고 억압된 상태를 증언하지만 진화 자체에 대해서는 아무것도 말해주지 않는다. 잔존은 분명히 어떤 진단적 가치를 갖지만 예후적 가치는 전혀 없다. 마지막으로, 타일러에 따르면 문화 이론은 생물학적 문제라기보다는 신학적 문제였음을 기억하자. 그에게 '야만savage'이란, 원시 인류의 화석이라기보다는 신과 닮은 것의 타락이었다. 타일러의 이론은 오히려 **역사학적·문헌학적** 관점을 가졌는데158, 바르부르크의 관심을 끌기에 충분히 매력적이었다.

한 가지는 확실하다. 바르부르크의 잔존 개념은 인류학의 대상 및 진화론의 일반적 지평과 관련된 인식론 분야에서 처음으로 그려지기 시작했다는 사실이 그것이다. 이와 관련해 곰브리치는 바르부르크가 여전히 '19세기의 인물'로 머물러 있다고 주장한다. 그에 따라 바르부르크의 미술사는 낡았고, 미술사의 기본적인 이론 모델은 시대에 뒤떨어졌다고 결론을 내린다.159 그런 단순화는 잔인할 뿐만 아니라 자기기만에서 자유롭지도 못하다. 기껏해야 이 주장은 자신들이 받아들인 형태로 '응용'하기에는 너무 '유령적'이었던 유산을 2세대 도상해석학자가 관리하는 일이 얼마나 어려운지를 보여주고 있을 뿐이다. 최악의 경우, 그런 단순화는 잔존이라는 바로 그 개념이 열어젖힌 이론적 경로를 다시 차단하기 위한 것이었다.

'진화론자' 바르부르크. 그것은 무엇을 의미하는가? 그가 다윈을 읽었다는 것? 거기에는 일말의 의심도 없다. '진보 개념'을 미술 속에 들여오고, 시간의 "연속적 모델"160을 채택한 것? 모두 사실일 것이다. 물론 진화론은 아직도 라마르크의 사고틀을 구성하는 (캉길렘이 말한) '긴 우주의 지속'을 넘어 생명과학에 시간 문제를 도입시켰다. 그러나 시간이라는 문제제기는 '시간들', 다시 말해 화석, 배아 또는 흔적기관 등으로 출현하는 서로 다른 "시간적 양상"161이라는 문제를 제기한다. 나아가 토르Patrick Tort의 주장에서처럼 ('진화론'이라는 말을 들으면 자동으로 떠오르는) 스펜서Herbert Spencer의 철학이 다윈의 생물진화론에 밀접한 기반을 두었다고 생각하는 것은 완전한 오해이다.* 다윈의 진화론은 변화의 생물-생태학적 이론으로, 살아 있는 종의 출현이 변이 과정의 영향을 받는다는 것이지만 스펜서의 진화론은 역사적 의미의 교리 또는 기껏해야 이데올로기이며, (19세기의 지배계급과 산업계 사이에서 널리 퍼진) 이 이론의 결론은 『종의 기원』과는 여러 가지 면에서 정반대이다.162

그런 오해는 정확히 잔존 개념에 근거한다. 다윈이 스펜서적 문장인 '적자생존the survival of the fittest'을 소개한 것은 오직 『종의 기원』 5판에서였다. 오늘날 이 두 단어의 연결은 인식론을 공부하는 학생들에게 이론적 혼란만 가중시킨다(앞서 살펴보았듯이 타일러는 조심스럽게 두 단어의 연결을 끊는다). 그런 식으로 말하는 것은 선택과 생존을 너무 밀접하게

* 원래 다윈적 의미의 진화 개념은 '목적이나 방향이 존재하지 않는 변이variation 과정 자체'에 주목한다. 하지만 evolution이라는 용어 자체에서부터 이미 오해의 소지는 있었다. 어원상으로 evolution은 바깥e으로 펼쳐지는 것volve을 의미하며, 이 단어는 '미리 예정된 것을 펼쳐 보인다'는 의미를 지닌 그리스어 'evolvere'에서 파생되었다. 다윈 역시 애초에 그런 위계적 의미의 용어 대신 '세대 간 돌연변이transmutation' 또는 '변이를 수반한 유전descent with modification'이라는 표현을 주로 사용했다고 한다. evolution이 우리말로 진화進化로 번역된 과정에도 사정이 있다. 즉 1878년에 도쿄대학교의 동물학과 교수로 취임한 미국인 모스Edward Sylvester Morse의 강의 노트를 지요마쓰石川千代松 등이 처음 번역할 때 다윈 진화론 이전에 먼저 스펜서의 사회진화 사상을 접했기 때문이라는 것이다. 이 단어는 20세기 초를 전후해 조선어로 차용된 것으로 보인다. 비슷한 시기에 중국의 옌푸嚴復가 다윈론자인 헉슬리Thomas Henry Huxley의 *Evolution and ethics*(1893년)를 『천연론天演論』(1898년)으로 번역했을 때 evolution의 번역어였던 천연天演은 '무심한 자연이 생성과 변화의 원리를 내재하고 있다'는 의미로, 원래 다윈이 의도했던 의미에 더 가깝다. 하지만 당시 동아시아를 둘러싼 제국주의적 정치질서 안에서 조선은 중국어 번역이 아니라 일본어 번역을 받아들일 수밖에 없었을 것이다. 이후 진화를 생물의 진보로 보는 시각은 사회의 진보, 나아가 강력한 사회의 생존 및 약한 사회의 도태를 당연시하는 논리로까지 확장되었는지도 모른다. 진화 개념을 둘러싼 논의와 미디어의 진화 개념에 관해서는 김병선(2017), 「미디어의 진화와 역사」, 『미디어철학과 역사』, 빛을여는책방, 97~100페이지를 참조하라.

연결시키는 것이나 마찬가지다. 최적자fittest, 가장 강한 자가 살아남아 복제된다. 이 법칙이 역사 및 문화 세계와 관련 있다는 생각은 다윈이 아니라 스펜서에게서 나왔다. 대신 다윈은 문명사회에서 자연선택과 정반대되는 방식, 즉 "부적합"163하게 되는 방식을 발견했다. 그런 의미에서 바르부르크는 틀림없이 다윈주의자이지 결코 스펜서적 진화론자가 아니라고 말할 수 있다.

그에게 잔존은 문화 세계에 특수하고 부자연스러운 시간성을 인식하기 위해 **역사적 시간 개념을 복잡하게 만드는 데**만 의미가 있었다. 미술사를 '자연선택'에 정초시키는 것, 다시 말해 생성 또는 변화에 완전성을 부여하고 역사에 목적론을 부여하려고 더 연약한 양식은 계속 제거하는 것은 그의 기본 기획이나 시간 모델과는 정반대였다. 바르부르크적 의미의 잔존하는 형태는 경쟁자의 죽음에서 의기양양하게 살아남지 못한다. 정반대로 잔존하는 형태는 징후와 유령으로 죽음에서 겨우 살아남는다. 역사의 특정 지점에서 사라진 후 아마도 예상치 못한 순간에 다시 나타날 것이다. 따라서 아직도 잘 정의되지 않은 '집단기억'의 림보limbo 속에서 살아남을 수 있던 것이다. '종합', 권위주의 그리고 스펜서의 소위 사회적 다윈주의라는 고도로 체계적인 개념은 바르부르크의 그런 생각과는 완전히 거리가 멀다.164 다른 한편으로 이 잔존 개념 그리고 복잡성 및 생물학적 시간의 역설적 상호침투에 관한 다윈주의의 몇몇 진술 간의 연결고리를 추적할 수도 있을 것이다.

이런 관점에서 잔존은 특정 사례를 진화론의 틀 안에서 징후적으로 해석할 수 있도록 해주는 시간 모델에 (비유할 수는 없지만) 비교할 수는 있다. 다시 말해 이 모델은 연속성을 강조하는 모든 적응 도식을 방해한다. 진화론자들은 '살아 있는 화석', 즉 살아남았지만 완전히 시대착오적

〈그림 5-1〉 뒤러, 〈렁세흐 지방의 괴물 돼지〉(1496년경), Wikimedia Commons.

인 생명체에 관해 이야기해왔다.165 그들은 '잃어버린 고리missing links', 즉 과거의 지층과 최근 지층 사이에 위치하는 연속적 변이의 중간 형태들에 대해 이야기해왔다.166 '역행 회귀retrogression'라는 개념으로 '부정적' 퇴행으로 가는 "긍정적"167 진화를 반대하지 않았다. 또한 '범시간적 형태panchronistic forms'(살아 있는 화석이나 잔존하는 형태, 즉 화석 상태로 널리 발견되었고, 사라졌다고 생각되었지만 특정 조건에서 살아 있는 유기체 상태로 갑작스럽게 발견되는 유기체)168에 대해서 뿐만 아니라 '이시성異時性, heterochronies'*(이질적 발달 단계들이 결합된 것으로 알려진 살아 있는 유기체의 역설적 상태)169에 대해서도 이야기했다. 자연선택과 유전적 돌연변이라는 정상적 과정이 새로운 종의 발달을 설명할 수 없을 때 진화론자들은 그런 상황에서도 급진적으로 분기해 원래의 진화 계통을 생성할 수 있는 "희망적 괴물"***, "경쟁하지 않는"170 유기체에 대해서도 이야기했다.

바르부르크의 잔존은 자신만의 방식으로 '살아 있는 화석'과 '역행 회귀적' 형태에만 관심을 갖는다. 그것은 그가 뒤러의 판화에서 보고 난 뒤 "예언적 괴물들의 세계Region der wahrsagenden Monstra"171에 관해 이야기한, 여덟 개의 다리와 두 개의 몸을 가진 〈렁세흐 지방의 괴물 돼지 The Monstrous Sow of Landser〉(1496년)***처럼 '이시성', 실제로는 '희망적 괴물'의 존재를 가능하게 해준다. 그러나 바르부르크 같은 실험적인(또한 불안정하고 발견적인) 연구자에게 '진화론자'라는 꼬리표가 붙었을 때 어떤 오해가 생길 수 있는지도 이해할 수 있을 것이다.

* * *

• 생물진화론에서 이시성이란, 어떤 생물의 성장 과정에서 특정한 형질의 발현 시점이 특히 빠르거나 늦어서 후손이 조상과 크게 다르게 출현하는 현상을 말한다. 변이나 유전적 재조합을 통해 개체군과 종에서 진화율의 변화가 나타나게 되는 것이다.
•• 생물진화론에서 희망적 괴물hopeful monster이란, 골드슈미트Richard Goldschmit가 『진화의 물질적 근거The Material Basis of Evolution』(1940년)에서 처음 주장한 것으로, 드물지만 가끔씩 출현해 살아남는 거대 돌연변이 개체를 말한다. 골드슈미트는 그와 같은 거대한 복합적 돌연변이의 유전에 따른 종의 진화를 주장했다. 이에 비해 신다윈주의적 진화론에서는 그보다는 미세한 돌연변이의 점진적 축적에 의한 변화를 주장한다.
••• 렁세흐Landser는 프랑스의 알자스 지방의 오랭Haut-Rhin 주에 있는 작은 마을로, 스위스의 바젤과도 지리적으로 매우 가까운 마을이다. 뒤러는 1496년에 이 마을에서 태어난 기형적인 돼지 이야기를 전해 듣고 마치 이 마을에서 살아 있던 돼지를 직접 본 듯한 판화를 제작했다. 이 마을에는 현재 뒤러 거리가 조성되어 있다.

그는 시대착오적이고 **놀라운 탐구 대상**을 더 잘 이해하려고 개척자처럼 나아갔다. 그는 각각의 것이 다른 모든 것과 관련된 '좋은 이웃' 접근법으로 방향을 바꾼 다음 여기저기서 빌려온 이질적인 것들의 체계를 얼기설기 기워 맞추었다.* 곰브리치는 그가 비뇰리Tito Vignoli의 이단적 진화론을 활용했음을 (지나치게 과대평가하긴 했지만) 밝혀냈다.172 그러나 이 실증적 자료는 예를 들어 칼라일의 낭만주의 옆에 나란히 놓여야 한다. 바르부르크는 잔존 현상에 대한 인식을 유도하는 **역사에 관한 질문**을 위해 더 많은 논쟁을 끌어냈다. 칼라일이 바르부르크에게 미친 영향은 우리가 곧 다시 살펴볼『의상철학』**이라는 이상한 제목의 책에 등장하는 의상의 '상징철학'에만 국한되지 않는다. 동일한 맥락에서 칼라일은 레싱, 헤르더, 칸트, 실러Johann Christoph Friedrich von Schiller 그리고 괴테를 포함한 독일 사상 전체와 대화하면서 진정한 역사철학을 고안했다.173

칼라일의 철학은 간격의 철학(우리를 멀리 떨어진 것과 접촉시키는 역사)이자 경험의 철학(사례로 가르치는 철학인 역사)이며, 미래를 예언하는

---

* 이질적인 것의 유사성을 바탕으로 모두를 통합하지 않고 존재하는 것의 차이를 그대로 둔 채 서로 잇는 것이기 때문에 바르부르크의 이 작업을 브리콜라주bricolage라고 부를 수 있을 것이다. 저자는 실제로 이 문장에서 바르부르크가 '얼기설기 기워 맞춘다Il se bricola'라고 쓰고 있다. 레비-스트로스의『야생의 사고』에서 원시시대의 손재주꾼Bricoleur의 작업의 특성을 설명하기 위해 중요하게 활용된 브리콜라주라는 용어는 원래 임기응변적인 손재주를 말하는 것이었다. 목적도 방향도 설계도 없이 존재하고 있는 것을 이어 붙여 우연에 따라 행하는 작업이 바로 브리콜라주이다. 그것은 바르부르크이며, 다윈의 진화론적 의미에서 존재하는 체계를 연결시키는 작업이라고 할 수 있을 것이다.

** 칼라일의『의상철학Sartor Resartus: The Life and Opinions of Herr Teufelsdrockh in Three Books』을 직역하면『다시 재단된 재단사: 토이펠스드레크 씨의 생애와 견해 3부작』이 된다. 칼라일 자신인 디오게네스 토이펠스드레크라는 가상 작가의 작품인『의상철학 Philosophy of Clothes』이라는 책을 편집, 보충한 형태를 띠고 있다.

동시에 과거로 소급하는 **시간의 전망**에 관한 철학이다. 그것은 신중한 역사비평이자 미술사에 대한 찬사였다. 언제나 한계와 미지의 깊이를 탐색하며 칼라일 스스로가 "쌍곡선적·점근적hyperbolic-asymptotic"*이라고 정의한 '시간의 기호signs of Times'에 관한 이론이었다. 그는 역사를 하찮은 의미에서 연속적, 서사적, 선형적이라고 생각한 반면 시간에 대해서는 결국 '존재의 혼돈chaos of Being'이라고 부른 '고체들solid' 그리고 수많은 동시적 행동으로 구성된 소용돌이라고 이야기했다.174

1890년에 딜타이Wilhelm Dilthey가 그런 역사철학에 대해 자신의 "역사적 이성비판"175과 관련해 언급한 사실은 흥미롭다. 방법론도 아주 다르고, 많은 점에서 서로에게 동의하지 않았지만 이런 이유에서 나중에 칼라일과 딜타이는 젊은 바르부르크가 '문화학'의 시간 모델을 구축하는 데 활용한 개념적 모델 몇 가지를 제공할 수 있었다.176 미술사를 인류학에 열어두려면 자신만의 지적 계획과 결정주의를 수정할 수밖에 없었다. 그것이 무엇이든 바르부르크는 확장된 **문화사**Kulturgeschichte를 지지하는

* 이 수학적 표현이 뜻하는 바를 좀 더 자세히 살펴보면, 쌍곡선hyperbola이란 2차원 평면 좌표에서 간격의 차이가 일정한 점들의 자취로 만들어지는 곡선을 말한다. 이때 기준이 되는 점을 초점이라고 하는데, 초점에서 멀어질수록 곡선은 직선에 가까워지며 이 쌍곡선 위를 움직이는 점과의 간격이 0으로 수렴되는 어떤 정해진 직선을 점근선asymptote이라고 칭한다. 칼라일이 역사적 시간을 'hyperbolic-asymptotic'이라는 수학 용어로 표현한 이유는 '먼 곳에 희미하게 뻗어 있으며 …… 불가사의한 영원에서 어둡게 떠올라 끝이 현재의 우리를 감싸고 있는' 시간이 '우리 주위를 둘러싸고 있는 무한한 폭을 갖고, 곧 좁은 한계 내에서 줄어들어, 우리 뒤의 무한한 깊이로 점점 더 좁아지기ever of infinite breadth around us; soon shrinking within narrow limits; ever narrowing more and more into the infinite depth behind us' 때문이다. 행동하면서 서로 관계하는 현재의 우리를 평면 좌표의 초점이라고 했을 때 과거와 현재 그리고 미래라는 시간의 흐름은 칼라일이 표현하는 쌍곡선과 점근선에 부합한다고 볼 수 있을 것이다. Carlyle, T.(2010), "On History Again", in H. Traill(ed), *The Works of Thomas Carlyle*, p. 176, Cambridge: Cambridge University Press.

실증주의 역사학자 또는 '전문가들'에게 반대하는 진영에서 19세기 말의 논쟁에 참여하게 되었다. 프랑스의 라이나흐Salomon Reinach, 베르Henri Berr, 독일의 딜타이, 본인의 스승인 람프레히트 등이 그들이었다.

만약 진화론이 내부 비판과 자체적인 위기를 초래하지 않았다면 우리는 차용과 논쟁의 그런 유희로부터 어떤 결론을 끌어내야 할까? 표준적 역사 모델(서사 모델, 시간 지속 모델, 객관성 획득을 가정한 모델)을 확장할 필요성을 인식하게 되고, 형태의 기억에 관한 이론(도약과 지연, 잔존과 시대착오, 욕망과 무의식적 동기로 구성된 이론)으로 서서히 이동하면서 바르부르크는 역사적 '진보'와 '발전'이라는 개념 자체와의 결정적 단절에 이르게 된다. 그에 따라 단지 잔존 현상의 중요성을 단순히 인식하고 확인하는 것만으로도 그는 진화론을 불리하게 만들고 해체시켜 버렸다. 이제 우리가 관심을 돌려야 하는 잔존의 사례는 그의 구체적 설명을 이해하기 위한 것이다.

06

르네상스와 시간의 불순성:
부르크하르트와 함께 바르부르크를

바르부르크는 잔존 개념을 매우 독특한 역사적 분석틀 안에서 구체화시킨다. 이 분석틀이 사실상 그가 출판한 연구의 독점적 영역을 형성한다. 거기에는 첫째로, 이탈리아 르네상스(보티첼리, 기를란다요, 델 코사, 미란돌라Pico della Mirandola 등), 둘째로, 플랑드르와 독일의 르네상스(멤링Hans Memling, 반 데어 고스Hugo Van der Goes, 뒤러, 루터와 멜란히톤Philip Melanchthon 등)가 포함된다. 만약 오늘날 이 개념에 초점을 맞춘다면 그것은 우리가 알던 일반적 이미지와 관련된 주요 전제 몇 가지를 '재건'하는데 적합한 이론적 교훈을 주는 것처럼 보일 것이다. 하지만 우리는 그가 특정한 르네상스의 맥락에서 문제를 제기한다는 사실을 잊어서는 안 된다. 하지만 (가령 곰브리치가 바르부르크의 잔존에 대해 "중세를 망각"177 했다고 비난할 때처럼) 그가 결코 약속하지 않은 것을 요구해서는 안 된다. 잔존 개념이 가진 일반적 가치가 무엇이든 그것은 그에 대한 독해, 따라서 해석의 결과를 포함한 것이다. 그리고 그런 해석에 책임이 있는 것은 우리뿐이다.

어쨌든 그는 (비록 미묘하고 은밀하지만) 도발에 대한 독특한 취향을 지녔음을 인정하자. 이 역사가-철학자가 저술에서 '잔존'과 '르네상스'처럼 상이한 두 개념을 나란히 놓고 비교하는 것은 도발적이지 않은가? 물론 독일어에서 르네상스라는 용어는 역사적 기간을 의미한다. 그것은 프랑스어나 이탈리아어에서처럼 당시에 '고대의 잔존'이라고 표현되는 과정을 자연스레 의미하지는 않는다. 하지만 이 두 용어의 접촉은 뭔가 거슬리는 인상을 남긴다. 실제로 두 용어 모두가 접촉에서 영향을 받았음을 이해해야 한다. 미술사의 황금기인 르네상스는 순수함과 완벽함을 일부 잃었다. 그와 상호적으로, 애매한 진화 과정인 잔존은 원시적 또는 선사시대적인 분위기를 일부 잃었다.

하지만 왜 이 맥락인가? 왜 르네상스인가? 왜 하필 이탈리아 르네상스에서 시작되거나 재개되었는가?(나는 그가 첫 번째로 출간한 저술인 보티첼리에 관한 논문178을 떠올리고 있다). 이유는 무엇보다 정확히 그곳이 지식의 한 분야로 사유되던 미술사가 시작 또는 재개된 곳이기 때문이다. 파노프스키 이전에 그와 뵐플린은 인본주의자의 조건, 다시 말해 항상 그렇게 존재하지는 않았던 담론의 질서라는 르네상스적 조건으로 되돌아감으로써 미술사의 분야를 재창조했다. 또 르네상스로 진입하는 것, 즉 르네상스의 왕도를 따라 미술사로 진입하는 것은 일반적으로 19세기 말의 젊은 학자들에게 역사적 담론의 상태, 양식, 이해관계에 관한 이론적 논쟁으로 진입하는 것을 의미했다.

이 논쟁은 몇 가지 유명한 정식을 통해 르네상스에 대한 역사적·해석적 개념을 최초로 제시한 미슐레Jules Michelet로 거슬러 올라간다. '인간 세계의 발견', '근대 미술의 도래', '상상의 자유 비행', '살아 있는 힘에 대한 호소'로 여겨진 고대로의 회귀 등이 그가 주장한 정식들이다.[179] 이 정식들에서 오늘날 진부하거나 심지어 의심스럽게 보이는 것을 상대화하려고 노력해보자. 왜냐하면 본대학교에서 토데의 수업을 수강했을 때 바르부르크는 아마 본질적으로 반기독교적 도덕성이 발명되는 순간으로 인식되던 이 '근대적' 르네상스에 대한 엄청나게 많은 비난을 들었을 것이기 때문이다. 미슐레 자신보다는 그런 정식을 극단적인 결론으로 몰아넣은 두 독일 사상가가 더 많은 비난을 받았다. 두 저자는 다름 아닌 부르크하르트와 니체였다.[180] 이 논쟁은 기독교적이냐 아니냐 하는 이탈리아 르네상스의 위상뿐만 아니라 역사적 지식 자체의 위상, 이 지식의 철학적·인류학적 야망의 위상과 관련된 것이었다. 이 논쟁의 중심에는 다름 아니라 니체와 부르크하르트가 개시한 새로운 문화사Kulturgeschichte를 둘러싼 투쟁이 있었다.

토데의 '프란체스코수도회' 강의와 부르크하르트의 '근대적' 글쓰기 사이에서 바르부르크는 조금도 주저하지 않았다. 토데의 이름은 바르부르크 전집Gesammelte Schriften 어디에서도 단 한 차례도 인용되지 않지만 부르크하르트의 영향력은 저술 전체에 걸쳐 드러난다.[181] 단 하나의 사례로 그런 대조를 충분히 보여줄 수 있을 것이다. 즉 바르부르크가 정확히 프란체스코수도회의 도상 해석(조토가 산타크로체성당에 그린 그림과 기를란다요가 산타트리니타성당에 그린 그림인 〈성프란체스코수도회의 회칙 허가〉)에 관한 주제로 시작하는 1902년의 피렌체 초상화 논문에서 보다 노골적으로 토데의 저술은 참고문헌에서 단 하나도 제시되지 않았다.[182] 실제로 그는 기를란다요가 그린 월력 그림에 대한 본인의 인류학적 해석이 토데가 르네상스에 관한 저서에서 제안한 도식과 모순된다는 사실을 언급하지 않고 그냥 내버려 둔다. 반면 이 글은 부르크하르트의 권위가 지배하는 활기찬 이론적 진술로 시작된다.

천재적 권위를 가진 모범적 개척자vorbildlicher Pfadfinder 부르크하르트는 자신이 학문으로 개척한 영역을 지배했다. 이탈리아 르네상스 문명Kultur der Renaissance이라는 영역이 바로 그것이다. 그러나 자신이 발견한 땅Land 의 독재자가 되는 것은 그의 본성이 아니었다. 실제로 그것은 통일성Einheitlichkeit을 유지함으로써 당시의 문명사와 대결하려는 유혹과는 거리가 먼, 학자로서의 학문적 자기부정wissenschaftliche Selbstverleugnung이었다. 대신 그는 의기양양한 자세와 권위를 갖고 자신이 탐색하고 설명한, 겉보기에는 관련 없는 몇몇 부분in mehrere äusserlich unzusammenhängende Teile 으로 단일한 것을 분리시켰다. 한편 『이탈리아 르네상스 문화』(1860년)에서는 시각예술을 참고하지 않고 사회에서 개인의 심리학을 논의했지만 다른 한편으로 『여행가이드: 이탈리아 미술을 즐기기 위한 안내서Der Cicerone: Eine Anleitung zum Genuss der Kunstwerke Italiens』(1855년)에서는 '미술 작품을 즐기기 위한 안내'에 불과한 것을 제공했을 뿐이다. …… 그의 위대함을 인식하면서 우리는 그의 발자취를 따르길 주저해서는 안 된다.183

이 '길Bahn'은 매우 지키기 어려운 방법론적 엄격성을 요구한다. 그러나 바르부르크의 '겸손'(그가 여기서 적용한 자기부정Selbstverleugnung)은 부르크하르트에게서 알게 된 겸손의 수준까지 도달하도록 그를 이끌었다. 그런 태도는 거의 스토아적이라고 부를 만한 것이다. 그러한 길은 한편으로 모든 문화의 통일성Einheitlichkeit, 즉 근본적이고 유기체적 본성을 인식하는 것을 의미한다. 그러나 다른 한편으로는 어떤 것을 단언하고, 정의하고, 그 자체로서 파악했다고 주장하는 것에 대한 거부를 의미한다.

사물은 분할 상태 또는 '분해Zerlegung' 상태에 있어야만 한다. 부르크하르트와 마찬가지로 그는 변증법적 종합Synthese으로 다시 끝맺기를 언제나 거부했다. 그것이 그가 결론의 순간, 절대지의 헤겔적 순간을 언제나 뒤로 미루는 방식이었다. 그가 '종합사'의 역설을 보여주는 같은 페이지에서 제대로 쓰고 있듯이, 고립된 연구자(개척자)는 '특수한 연구', 즉 위계적 순서로 배치되지 않은 사례연구로 이루어진 특이점에 대해서만 작업할 수 있고 또 그래야만 함을 인식할 때까지 '자기부정' 또는 인식론적 겸손을 밀어붙일 필요가 있다.

> 천재적인 학자이자 미술품 감식가[부르크하르트]가 죽은 후에도 그는 우리에게 여전히 지칠 줄 모르는 탐색자의 모습이다. 사후에 발간된 『이탈리아 미술사논고Beiträge zur Kunstgeschichte von Italien』(1898년)에서 그는 또다시 문화사의 종합synthetische Kulturgeschichte이라는 원대한 목표로 향하는 세 번째 경험적 길을 열었다. 그는 실제 삶das wirkliche Leben의 이데올로기적·실천적 요구를 '인과적 요인'으로 해석하기 위해 당시의 즉각적 맥락에서 개별 미술작품das einzelne Kunstwerk을 조사하는 일에 착수했다.[184]

(미술사의 20세기의 또 다른 '재발명가'인) 뵐플린 또한 '체계'가 결코 정의된 적 없는, 다시 말해 종결, 도식화, 단순화된 적 없는 '체계적 역사'를 창조할 수 있던 스승으로서 부르크하르트를 존경했다. 부르크하르트에게서는 "개별 작품에 대한 감수성"[185]이 언제나 가장 우선시되었으며, 모든 결론은 열려 있었다. 그의 저술에서 '분해하기Zerlegen'라는 동사로 잘 표현된 역설적 작업을 바르부르크만큼 잘 성취한(이 동사를 여기서 쓸 수 있다면 말이다) 사람은 없었다. 미술사 영역에서 누구도 그런 '특이점들

의 무한 분석'이라는 길을 그렇게 대담하게 따라가 보지 않았다. 그런 분석은 종결이 없었기에 '불완전' 또는 '미완성'이라고 잘못 인식되어 왔다.

    부르크하르트가 세운 역사적 '기념비'에 관해 바르부르크가 보여준 존경과 겸손은 거짓도 또 단순한 공손의 문제도 아니다.186 그러나 그것은 바르부르크의 저술이 순수하게 부르크하르트의 저술에서 비롯되었다는 사실을 의미하지도 않는다. 개인적 노트에서 바르부르크는 특정 쟁점을 논할 때는 기꺼이 더 비판적이 되며, 심지어 반대입장을 취하기도 한다.187 (잔존, 파토스형성, '표현Ausdruck' 이론 등과 같은) 그의 기본 어휘가 부르크하르트의 개념적 도구에서는 중요하지 않다는 주장도 있다. 하지만 어떻게 보면 그의 저 유명한 메모 상자Notizkästen(알록달록한 색상의 카드보드 파일 박스)를, 계속 보류되고 결코 출판되지 않은 프로젝트였던 '르네상스 미술사'를 쓰기 위해 부르크하르트가 모은 재료들Materialien의 3차원적 구현이라고 생각할 수밖에 없다.(〈그림 6〉, 〈그림 7〉) 어쨌든 바젤 출신의 이 위대한 역사학자의 저서에서 어떤 요소가 젊은 그의 직관과 지적 구조에 자양분을 제공할 수 있었는지를 찾아내는 일은 가치가 있다.

* * *

    그가 1902년의 초상화 연구 그리고 그보다 이른 1893년의 보티첼리 연구에서처럼, 피렌체의 르네상스라는 '왕도'를 따라 미술사로 진입하는 일은 부르크하르트가 대작 『이탈리아 르네상스 문명』으로 구축한 바로 그 개념에 대해 어떤 입장을 취하는 것을 의미했다.188 이 책의 주제와 이론은 끊임없이 논평되었다. 논평자들은 이 책의 대담성, 영감 그리고

〈그림 6〉 부르크하르트, '르네상스 미술Kunst der Renaissance' 프로젝트를 위한 개요서, 1858년 8월 10일, 종이에 그린 잉크화. 바젤, 야콥 부르크하르트 아카이브.

'뛰어난' 생동감에 찬사를 보냈다. 몇몇 사람은 이례적으로 풍부하고 다양한 역사적 자료를 통합하는 방식에 감탄했다. 다른 한편으로 중세와 르네상스의 대립, 이탈리아의 우수성, '개인의 발전' 등 유명한 주제 모두가 비판 대상이 되었다.189 또 그런 비판 모두를 넘어서 이 책은 여전히 르네상스라는 개념을 둘러싼 역사적 논쟁을 지배하고 있는 것처럼 보인다.190 그러나 이 압도적 '지배'는 부르크하르트가 이 걸작으로 신화적 르네상스를 창조했다고 주장하는 논거가 되었다. 그런 신화화는 결국 하인리히 만Heinrich Mann이 "히스테리적 르네상스"191라는 표현으로 비난하게 되는 숭배 집단을 만들어 냈다.

실제로 르네상스의 신화가 존재한다면 이 신화는 르네상스 문화 자체에 내재해 있는 것이다. 또 부르크하르트는 그런 식으로 분석한 사람이다. '개인의 발전'은 아마도 신화적 구조, 어쨌든 이데올로기적 · 정치

〈그림 7〉 바르부르크, 메모 상자, 〈바르부르크연구소〉.

적 구조에서 유래했을 것이다.192 그럼에도 불구하고 그러한 신화화는 지식과 양식의 영역 그리고 진실과 역사의 영역에서 효과를 발휘했다. 만약 '개인'이 르네상스의 신화라면 적어도 그런 신화는 15세기 피렌체의 초상화라는 매력적인 실체를 만들어 냈다고 말할 수 있을 것이다. 지금 정확히 바르부르크가 시작하는 지점이 바로 여기다. 신화를 분석하고 그것의 미학적 효과를 추적하기 위해 우리는('구체성의 과학'인) 신화의 생산성을 측정하는 동시에 (유령의 집합인) 신화를 해체할 필요가 있다.

따라서 그에게 부르크하르트의 분석은 별로 흥미롭지 않았다. 왜냐하면 문화 또는 기간으로서의 르네상스가 어떻게 완전히, 순수하고 개념적으로 '무장한' 채 (제우스의 머리에서 나온 아테네처럼) 등장할 수 있었는지를 설명해주는 몇 가지 일반화만 제공했기 때문이다. 부르크하르트는 르네상스 이탈리아에서 '개인의 발전'을 인식했지만 사세티부터 아렌티노Aretino까지 개인이 끊임없이 희생자가 되는 (원래는 진부한 진화 모델의 장애물인) 징후와 정신적 특성, 패러디와 명예훼손의 분석에서 이 '발전'은 이상한 결론에 이른다. 그는 '개인의 발전'이 점증하는 해방일 뿐만 아니라 개인적 괴팍함의 발전이기도 하다고 주장하는 것이다.193

우리는 두 개의 전혀 다른 해석을 이 분석에서 끌어낼 수 있다. 첫 번째 해석은 도덕적이다. 그것은 18세기의 비관주의의 '위대함과 쇠퇴' 모델을 따른다.194 이 해석은 당연히 부르크하르트와 쇼펜하우어 간의 관련성을 만들어 낸다.195 그러나 쇠퇴라는 주제를 강조함으로써 결국 부르크하르트를 반동분자, 슈펭글러Oswald Spengler의 문화비관주의Kulturpessimismus 유형의 반민주주의의 선구자, 독일에서 나치즘의 길을 닦은 "보수혁명"196의 신봉자로만 바라보게 된다.

또 다른 해석은 구조적이다. 그것은 **역사에 대한 판단**보다 **역사의 작용**을 탐지하는데 중점을 둔다. 다시 한 번 이 해석은 바르부르크가 완전히 이해했듯이 변증법적이라는 장점이 있으며, 바로 그 이유에서 인식론적으로 풍부하다. '현대 문화'는 "고대의 이해"197에 무능하다고 비난했을 때 그는 '반동적' 판단을 한 게 아니라 문화와 기억 간의 관계에 관한 보다 일반적 문제에 비판적 방식으로 주목했던 것이다. 왜냐하면 스스로의 기억(스스로의 잔존)을 억누르는 문화는 과거의 영원한 기념물에 고정된 문화만큼이나 무력해질 수 있기 때문이다. 내가 보기에 이 문제에 대한 벤야민의 관점 역시 다르지 않다.198

따라서 르네상스에서 '개인의 발전'은 **개인적 징후의 발전**까지도 포함한다. 그것은 일반적으로 도착倒錯과 부정적 성질을 아우르고 있다. 그런 주장의 결론은 무엇일까? 도덕적 관점의 지지자는 '순수성'의 이름으로 '쇠퇴'를 이야기할 것이다. 비록 그러한 순수성이 '그리스의 기적'이라는 시간에만 독점적으로 존재하는지를 빙켈만처럼 확신할 수는 없을

지라도 그렇다. 구조적 관점의 지지자는(고대의 시간이든, 르네상스의 시간이든 상관없이) **시간이 불순함**을 이해한다. 부르크하르트의 분석에서 이런 **시간의 불순성**에 대한 예리한 개념을 구성할 수 있는 것을 활용한 해석으로부터 바르부르크의 모든 작업은 시작될 수 있었다. 한 마디로 그것이 '잔존' 개념의 이론적 토대를 구성한다.

* * *

부르크하르트는 처음부터 르네상스의 본질적 특징이라고 생각한 **시간의 복잡성**을 측정하기로 결심했다. 이 시기를 다빈치와 같은 사람의 흥미진진한 과학, 라파엘로와 같은 사람의 천사의 표현 또는 미켈란젤로와 같은 사람의 천재성으로 요약하는 것은 불가능하며 역사적으로도 치명적임을 발견하면서부터였다. 프로이트가 '생략하지 않음'이라는 '근본 원칙'을 정의하기 반세기 전에 부르크하르트는 역사학자는 "과거에 속한 어떤 것도 제외시켜서는 안 된다"[199]고 썼다. 빈틈, 어두운 영역, 반대 주제, 일탈은 모두 그가 탐구한 것의 일부이다. 이 때문에 저 유명한 '개인의 발전'은 부르크하르트가 이탈리아 르네상스의 특징인 "고대와 현대적 미신의 혼합"[200]이라고 부르는 것의 관점에서 고려되어야만 한다(바르부르크는 나중에 루터와 멜란히톤의 독일에 대해 유사한 분석을 행한다). 클라인이 부르크하르트에게서 "르네상스의 두 가지 방향성('인간과 세계의 발견'이라는 긍정적 정신과 비밀스런 허구의 환상적 정신) 간의 모종의 대립"[201]을 발견한 지점에서 우리는 무언가를 변증법적 투시력으로, 즉 바르부르크가 분석의 매 단계마다 체계화시킨 긴장과 양극성에 집중하는 사고방식으로 인식하려고 한다.

이 모든 것을 고려해볼 때, 우리는 저 유명한 "고대의 부활résurrection de l'Antiquité"202이 시간적 측면과 관련해 어떻게 '동일한 것'(가령 동일한 '아름다움이라는 이데아')의 순수하고 단순한 회귀로 생각될 수 있는지 알지 못한다. **이 회귀가 차이, 복잡성, 변신과 결합되도록 이끈 이유는 그것이 시간 및 장소의 특수성, 즉 15세기의 이탈리아와 ― 불가피하게 시대착오적인 ―** 관계를 맺고 있었기 때문이다.203 르네상스를 그렇게 복잡한 현상으로 만든 것은 장기간에 걸친 잔존(부르크하르트는 이 용어로 말하지 않고 대신 '오랫동안 영향을 받은 고대'라고 썼다) 그리고 짧은 기간에 걸친 양식적 결정décisions stylistiques의 만남이었다.204

이것이 부활 ― 부르크하르트는 1856년의 원고에서 그것을 프랑스어 renaître에서 가져온 동사라고 기록했다 ― 이라는 역사적 개념을 그가 진정한 변증법적 운동으로 설명할 수 있던 이유다. 부활은 고대 과거의 '반복reprise'이라고 부른 것의 '균열된 시간temps-coupure' 그리고 '살아남은 나머지lebensfähige Reste'의 '뒤섞인 시간temps-remous' 사이에서, 어떤 의미로는 효과가 있었지만 눈에 띄지 않은 "긴 멈춤"205의 한가운데 오랫동안 남겨져 있던 것이다. 고대는 불러들인 그대로 회귀하는 '시간의 순수한 대상'이 결코 아니다. 그것은 모든 역사적 층위와 문화적 수준을 가로지르는 방대한 영역에 걸친 거대한 운동이자 고요한 진동이며, 조화로운 파동이다.

> 고대 세계의 역사, 다시 말해 우리 삶으로 흘러들어온 모든 사람의 역사는 인간 지식의 영역을 통해 계속 울려 퍼지는 기본 화음과 같다.206

이런 관점에서 부르크하르트가 급진적이면서도 르네상스의 미학적 추종자들이 보기에는 수치스러운 다음과 같은 제안을 한 것은 그리 놀랍지 않다.

> 르네상스는 어떤 고유한 자신의 유기적 양식도 만들지 못했다Kein eigener organischer …… Stil.207

이것은 무엇을 의미할까? **르네상스가 순수하지 못하다는 것이다.** 미술 양식 그리고 생생한 현재와 기억된 고대 사이를 오가는 복잡한 시간성 모두에서 그렇다. 19세기에는 누구도 (시간의 동일성에 기반한) 역사주의 그리고 (양식의 동일성에 기반한) 미학에 대한 이보다 더 예리한 비평을 상상할 수 없었다.208

르네상스는 순수하지 않다. 바르부르크는 **잔존**과 **파토스형성**이라는 특수한 개념을 통해 그런 관찰을 심화시키고 계속해서 탐색했다. 르네상스는 순수하지 않다. 아마도 그것은 모든 이데아적 관점과 관련해 르네상스의 한계가 될 것이다. 하지만 또한 그것의 생명력의 원천이기도 하다. 그것이 정확히 그가 1920년에 쓴 내용이다. '이질적 요소들의 혼합Mischung heterogener Elemente'은 정확히 '르네상스 문명Kultur der Renaissance'에서 "생명력이 넘치는so lebenskräftig"209 것을 가리킨다. 그것은 피렌체의 "혼합된 양식Mischstil"210을 가리킨다. 또 '긴장'과 '타협'의 지속적 변증법의 존재를 함의하며, 그 결과 르네상스 문화는 역사학자에게 진정 '수수께끼 같은 유기체'로 보이게 되는 것이다.

사회 구성원을 서로 으르렁거리게 만들어 상충하는 세계관Lebensanschauung이 당파적 감정을 불러일으킬 때 사회는 가차 없이 와해된다Verfall. 동시에 그런 관점들이 단일한 개인 내부에서 균형을 이룰 때는(각각을 파괴하는 대신 서로를 풍요롭게 하고, 인격의 모든 영역으로 확장될 때는) 문명의 가장 고귀한 성취로 이끄는 힘Kräfte이 된다. 그것이 피렌체의 초기 르네상스가 꽃핀 토양이었다. 한편으로는 중세적이자 기독교적이고 기사도적이자 낭만적이며, 심지어는 고전적이자 플라톤적인 이데아주의와, 다른 한편으로는 세속적이고 실용적인 에트루리아의 이교도 상인의 완전히 이질적 속성het-erogene Eigenschaften이 메디치의 피렌체 사람들에게 스며들고 안에서 결합해 원시적이지만 조화로운 생명에너지Lebensenergie를 부여받은 수수께끼 같은 유기체ein rätselhafter Organismus를 형성했던 것이다.211

07

살아남은 나머지:
잔존은 역사를 시대착오로 만든다

　르네상스는 순수하지 않다. 그리고 잔존 개념은 그런 불순성의 시간적 양상을 가리키는 바르부르크의 방식이다. 조심스럽긴 하지만 부르크하르트의 글에 등장하는 '살아남은 나머지lebensfähige Reste'라는 표현은 내가 보기에 바르부르크보다 먼저 이 개념의 역설(그리고 필요성)을 이해하고 있는 것처럼 보인다. 그것은 남겨진 에너지의 역설 그리고 지나간 생명의 흔적의 역설이며, 간신히 피했지만 지속되는 죽음, 노골적으로 말해 유령적 죽음의 역설이다. 이 역설은 '르네상스'라고 의기양양하게 불리는 이 문화에 자체적 생명에너지를 부여한다. 그러나 우리가 여기서 이야기하는 생명에너지와 시간성은 무엇에 대한 것일까? 잔존은 어떻게 '형태의 생명'과 '시간의 형태'를 이해하는 특수하고 근원적인 방식을 부여할까?

　우리의 작업가설은 이렇다. 바르부르크의 '잔존'은 부르크하르트의 '살아남은 나머지'라는 추론을 넘어, 특히 이미지에 적합한 시간 모델을 제공한다. 그것은 시대착오 모델로, 바사리적 혈통(그런 가족 로망스)과 빙켈만 같은 향수鄕愁(그런 이데아를 향한 비가悲歌)뿐만 아니라 역사의 의미에 관한 모든 일반적 가정을 함께 무너뜨리는 모델이다. 따라서 그가 이해하는 잔존 개념은 모든 역사 이론과 연결된다. 우리가 궁극적으로 이 개념을 측정하고 판단해야 하는 것은 헤겔주의와 관련된 부분에서이다.212

먼저 바르부르크 본인이 '고대의 잔존'이 자신의 모든 연구에서 '핵심문제Hauptproblem'임을 잘 알고 있었다는 사실부터 살펴보자. 작슬213과 메스닐Jacques Mesnil 등 가장 가까운 동료이자 친구들은 그것을 이렇게 증언한다.

> 바르부르크 교수가 함부르크에 세운 도서관은 인간 지식의 하나 혹은 몇몇 전문 분야에 전념하지 않는다는 사실로 인해 다른 모든 도서관과 구별된다. 즉 이 도서관은 일반적이든 지엽적이든 어떤 평범한 범주에도 부합하지 않는다. 대신 문제를 해결하거나 연결된 문제의 거대 집합체를 만들고, 분류하고, 방향을 정하기 위한 도서관이다. 이 문제는 그가 젊은 시절부터 사로잡혀 있던 것이다. 고대는 실제로 르네상스 사람들에게 무엇을 나타냈는가? 그들에게 그것의 의미는 무엇이었을까? 어떤 분야와 어떤 방식으로 그런 영향력을 행사했을까? 그런 식으로 제기된 질문은 그에게 순수하게 예술적이고 문학적인 질문이 아니었다. 그의 마음속에 르네상스는 양식일 뿐만 아니라 무엇보다도 문화라는 생각을 일깨워주었다. 잔존과 고대의 부흥은 미술 문제인 동시에 종교적·사회적 문제였다.214

오늘날 〈바르부르크도서관〉의 분류 방식은 그런 강박관념을 여전히 보여주고 있다. 거의 모든 주요 섹션은 고대 신의 잔존, 점성술 지식, 문학적 형태, 조형적 모티브 등을 포괄하는 '고대의 잔존'에 관한 하부 섹션에서부터 시작한다. 마찬가지로 1923~1932년에 작슬이 편찬한『〈바르부르크도서관〉강연 Vorträge der Bibliothek Warburg』도 모두 이 문제로 특징지어진다. 이 책 1권을 펼치자마자 우리는 파울리Gustav Pauli가 쓴 고대의 해석자인 뒤러에 관한 논문, 리터Hellmut Ritter가 쓴 아랍 미술에 남겨진 헬레니즘의 잔존에 관한 논문과 함께 '상징 형태'라는 개념에 관한 카시러의 유명한 강의, 골드슈미트의『중세에서의 고대 형태의 잔존das Nachleben der antiken Formen im Mittelalter』이라는 에세이를 만나게 된다.215 〈바르부르크연구소〉의 모든 서지학적 노력은 고대의 잔존 문제에만 오롯이 집중된 2권짜리 저술로 집약되었다.216

하지만 이 문제가 정말로 그렇게 새로운 것이었을까? 빙켈만과 그의 제자들의 신고전주의가 이미 고대Altertum를 19세기 사람들의 생생한 현재Gegenwart 속에 투영하지 않았던가?217 곰브리치는 '중세에서의 고대의 잔존Das Nachleben der Antike im Mittelalter'이라는 [바르부르크의] 개념에 슈프링어Anton Springer의 글(1867년에 출판된 첫 장『최근 미술사의 이미지Bilder aus der neueren Kunstgeschichte』)이 영향을 미쳤다고 주장했다. 슈프링어가 고대 조각상의 주름을 '완벽한 표현 도구'라고 말한 문장의 한 귀퉁이에 바르부르크는 간결하게 '브라보'라는 동의를 표시해 두었다는 것이다.218

물론 그는 '고대의 전통' 문제에 관한 모든 역사 문헌에 대해 매우 정확한 지식을 갖고 있었다. 그러나 우리가 보기에 그러한 지식은 그의 잔존 개념 그리고 당시 논쟁 중이던 다른 모든 문제 간의 차이점을 더욱 뚜렷이 부각시킨다.219 그렇다면 그의 잔존 개념은 어떻게 앞선 모든 개념 및 동시대의 개념과도 단절될 수 있었을까? 근본적으로 **이 개념만이 어떤 역사적 시대구분과도 겹쳐지지 않기 때문이다**. 슈프링어의 **잔존** 개념은 시대구분을 통해 역사를 단순화시킨다. 그것은 르네상스의 '의기양양한' 고대와는 달리 중세에 잔존하는 형태로 존재한 '축소된' 고대를 보게 만든다. 반대로 바르부르크의 잔존은 구조적 개념이다. 그것은 중세뿐만 아니라 르네상스와도 관련이 있다. 그는 "모든 시대에는 당대에 걸맞은 고대의 르네상스가 있다Jede Zeit hat die Renaissance der Antike, die sie verdient"220라고 썼다. 하지만 마찬가지로 그는 각 시대는 그럴 만한, 아니면 오히려 당대에 꼭 필요한, 어떤 의미에서는 양식적으로 기저를 이루는 잔존이 존재한다고도 썼다.

* * *

그에 따르면 잔존 개념은 역사를 단순화시킬 수 있는 어떤 가능성도 제공하지 않는다. 그것은 시대를 구분하려는 모든 의도에 엄청난 혼란을 부과한다. 따라서 잔존은 모든 연대기적 분할을 횡단하는 개념이다. 잔존은 **다른 시간**을 묘사한다. 그것은 역사를 혼동시키며, 열어젖히고, 복잡하게 만든다. 말하자면 그것은 **시대착오**이다. 잔존은 다음과 같은 역설적 상황을 만든다. 즉 가장 오래된 것이 때로는 **덜 오래된 것의 뒤**를 잇는다. 그에 따라 인디언적 양식의 점성술(존재한 것 중 가장 오래된 것)이 그리스, 아랍 그리고 중세 점성술로 대체되고, 구식이 되고 난 이후인 15세기에 이탈리아에서 다시 등장하는 것이다.221 그가 오랫동안 발전시킨 이 한 가지 사례는 각 시기가 어떻게 각자의 고대성, 시대착오, 현재적 시간, 미래를 향한 경향성의 매듭으로 엮여 있는지를 보여줌으로써 잔존이 어떻게 **역사를 길 잃게 만드는지**를 보여준다.

왜 중세의 지식이 다빈치에게 잔존할까? 왜 북유럽의 고딕은 고전적 르네상스에 잔존할까? 미슐레는 이미 중세가 "오래전에 죽었기 때문에 오히려 죽이기가 어렵다"222고 말했다. 사실 우리 기억을 가장 효과적으로, 가장 위험하게 괴롭히는 것은 오래전에 죽은 것이다. 가령 오늘날 가정주부가 별자리 운세를 볼 때 더 이상 아무도 믿지 않는 고대 신들의 이름을 계속해서 불러내는 셈이다. 따라서 잔존은 **역사를 개방시킨다**. 그것이 바르부르크가 '아마도 가장 넓은 의미에서의 미술사를 관찰할 수 있는 영역까지Wohl zum Beobachtungsgebiet der Kunstgeschichte im weitesten Sinne'를 말할 때 요구한 것이다. 즉 미술사는 미신이라는 인류학적 문제와 신앙의 전파에 열려 있다.223 그것이 그가 우제너와 람프레히트에게 매료되어 흥미를 갖기 시작한 '문화심리학'이 알려주는 미술사일 것이다.

역사학이라는 학문 분야의 대상, 접근 방법, 시간 모델을 확장시키는 정도까지 잔존은 **역사를 복잡하게 만든다**. 그것은 현상의 역사적 상관관계 속에 일종의 '불확정성의 오차범위'를 해방시킨다. '나중에' 오는 것이 잔존하는 저 유령 같은 '더 이전' 것과 합류할 때, '바로 직전'에 오는 것으로부터는 거의 자유로워진다. 가령 그가 역사적으로 앞선 템페스타*보다 '더 고대적이고 더 고전적'(한 마디로 더 오비디우스적)이라고 말한

---

* Antonio Tempesta(1555~1630년). 이탈리아의 화가이자 판화가로 바사리를 도와 피렌체의 베키오궁전Palazzo Vecchio의 500인의 방Cinquecento의 실내장식에 참여했다. 1606년에 오비디우스의 『변신이야기』의 장면을 150여 개의 에칭 판화로 남긴 것으로 유명하다. 렘브란트는 템페스타의 판화 작품집 몇 권을 소유하고 있었으며, 〈하데스의 페르세포네 납치〉(1631년), 〈클라우디스 시빌리스의 음모〉(1661~1662년) 등 몇몇 작품의 주제가 템페스타의 판화 작품과 관련된 것으로 알려져 있다. 바르부르크는 『렘브란트 시대의 이탈리아 고대Italienische Antike im Zeitalter Rembrandts』(1926a)에서 바로크 시대의 렘브란트 작품에 등장하는 이탈리아 고대를 주제로 다루고 있다.

렘브란트 작품에서 그런 사례를 찾아볼 수 있다.[224] 르네상스의 구조(인물과 점성술적 인용의 상호 위치)가 여전히 중세적이고 문장紋章적이며 기사도적인 도상학과 공존하는 페라라의 스키파노이아 궁전의 프레스코화에서 볼 수 있듯이, 형식은 내용으로부터 거의 자유로워진다.[225]

그것은 **전통**과 **전파**라는 이념이 엄청나게 복잡함을 뚜렷이 보여준다. 이 두 이념은 역사적(중세, 르네상스)이지만 동시에 시대착오적(중세의 르네상스, 르네상스의 중세)이다. 그리고 의식적 과정과 무의식적 과정, 망각과 재발견, 억제와 파괴, 의미의 동화와 전도, 승화와 변형 등 바르부르크 자신이 사용하는 모든 개념으로 구성된다.[226] 그런 역사적 르네상스 모델 그리고 시대착오적 잔존 모델을 통한 관점의 치환은 변증법적이며, 전파라는 개념 자체를 문제로 전환시키기에 충분하다. 특히 그런 복잡성은 믿음, 소외, 지식 그리고 당연히도 이미지와 결합된 질문에 기초한 **인류학**의 엄격한 참고문헌을 동반하기 때문에 더욱 그렇다.

> 널리 전파되었다가 사라지고, 다시 재발견되는überliefert, verschollen, und widerentdeckt 신들의 이미지의 진화Wandel라는 관점에서 고대사는 의인화된 사유방식의 의미에 관한 역사eine Geschichte der Bedeutung der anthropomorphistischen Denkweise에 기여하는, 아직 발견되지 않은 통찰을 담고 있다. …… 여기서 논하는 이미지와 단어Bilder und Worte — 밝혀질 수 있는 것의 극히 일부 — 는 현대 유럽에서 사상의 자유에 관한 비극적 역사die tragische Geschichte der Denkfreiheit의 아직 읽혀지지 않은 기록으로 간주된다. 동시에 긍정적 연구 사례로, 미술사와 종교사의 연합die Verknüpfung von Kunstgeschichte und Religionswissenschaft을 통해 문화학 연구 방법Kulturwissenschaftliche Methode이 어떻게 강화될 수 있는지를 보여주려는

의도가 있었다.227

장기지속과 결정적 순간, 늙지 않는 잠복기와 갑작스러운 재출현으로 엮여 있기 때문에 잔존은 결국 **역사를 시대착오로 만든다**. 그에 따라 지속이라는 어떤 연대기적 개념도 약화시킨다. 첫 번째로, **잔존은 현재를 시대착오로 만든다**. 잔존은 미술 양식의 정의가 자주 근거로 삼는 시대정신Zeitgeist의 증거들과 격렬하게 모순된다. 바르부르크는 다음과 같은 괴테의 말을 인용하곤 했다.

이른바 시대정신Geist der Zeiten이라는 것은 시대를 반영하는 명예로운 역사가의 정신에 불과하다.

이를 통해 그의 저술에 대한 너무나 일반적이고 사회학적인 독해가 우리에게 믿기를 바라는 것과는 정반대로, 그는 미술가의 위대함이나 미술작품의 위대함을 '시대', '정신'에 대한 저항 능력으로 측정했다.228

두 번째로, **잔존은 과거를 시대착오로 만든다**. 바르부르크가 르네상스를 '순수하지 않은 시간'으로 분석한 이유는, '살아 있는 힘'을 그곳으로부터 소환한 과거, 즉 고전고대가 그 자체로는 절대적 기원과 완전히 거리가 멀기 때문이다. 결론적으로, 기원 자체는 이종교배와 퇴적, 연장과 도착을 특징으로 하는 불순한 시간성이다. 그에 따라 스키파노이아 궁전의 월력 그림에서 잔존하는 것은, 그 속에서 훨씬 더 많은 고대 그리스의 형태가 이미 긴 변형과정을 거친 동양적 점성술 모델이다. 그러므로 (만들어진 시기에서 1,200년의 차이가 있는 라파엘로의 작품과 로마의 콘스탄티누스 개선문을 함께 발표했을 때처럼)229 위험을 무릅쓰고 르네상스의 미술적 기념물에서 작동하는 장기지속longues durées을 인식하려는 미술사학자는 매우 논리적으로 시대착오의 위험을 감수할 수밖에 없다. 그것을 역사적 진화 자체에서 작동하는 시대착오를 인식하는 결정이라고 부르기로 하자.

왜냐하면 잔존은 사실 통상적인 진화 모델에 균열을 일으키기 때문이다. 잔존은 역설, 운명의 아이러니, 비선형적 변화를 감지한다. 바르부르크가 '양식 형성의 힘Als stilbildende Macht'으로 인식하는 한 **잔존은 미래를 시대착오로 만든다**.230 루터와 멜란히톤이 '이교도 종교의 신비주의 관행의 잔존an den fortlebenden mysteriösen Praktiken heidnischer Religiosität'에 흥미를 드러내는 것은 물론 "우리의 선형적 역사관Geradlinig denkende Geschichtsauffassung에게는 너무 역설적으로 보인다."231 하지만 그것은 이미지의 역사에 특화된 시간 모델에 관한 그의 주장을 정당화시킨다. 그는 이 모델을 "자신만의 진화론Ihre eigene Entwicklungslehre"232에 대한 탐색이라고 불렀다.

* * *

이제 우리는 유령의 역사로 파악되던 이미지의 역사가 지닌 역설을 어느 정도 이해할 수 있다. 그것은 시대와 양식의 가장 뚜렷한 발전에 잔존, 연기, 회귀가 모두 함께 참여하는 역사이다. 그의 가장 탁월한 정식 중 하나는 사망하기 바로 직전 해인 1928년에 만든 것으로, "다 큰 어른을 위한 유령 이야기Gespenstergeschichte für ganz Erwachsene"233를 추구하는 이미지의 역사에 대한 정의이다. 하지만 그들은 누구의 유령일까? 그들은 언제, 어디서 왔을까? 초상화에 관해 쓴 그의 감탄할 만한 (고고학적 정확성과 멜랑콜리한 감정이입이 혼합된) 텍스트는 그것이 무엇보다도 이 유령들의 반복, 죽음 이후의 잔존과 관련 있다고 생각하게 해준다.

그는 (자신과 마찬가지로 은행가 가족인) 사세티 가족의 초상화에 관한 작업을 하던 시기에 동생 막스에게 감동적인 편지를 썼다. 거기서 기록 작업은 비록 '무미건조eine trockene Arbeit'할지라도 일종의 생명, 심지어는 가슴을 두근거리게 하는, 아주 오래전에 사라진 존재의 '유령 같은 이미지schemenhafte Bilder'로 돌아오자마자 "어마어마하게 흥미로워졌다Colossal interessant"234고 묘사했다. 이를 염두에 둔다면 이 피렌체 초상화의 역설적 '활기'(즉 이 초상화와 죽음과의 물리적 관련성) 그리고 결과적으로 초상화의 매우 강력한 "애니미즘"235(즉 이 초상화와 생명이 없는 것과의 물리적 관련성)을 더 잘 이해할 수 있다. (피사노Nicola Pisano에서 도나텔로에 이르기까지의) 르네상스의 미술가들이 생명 그 자체, 즉 로마 유적의 대리석에서 마치 화석화된 듯 잔존하는 이 '격렬하게 움직이는 생명'을 재현하기 위해 고전적 정식을 면밀히 검토한 장소는 다름 아니라 고대의 석관, 즉 죽음의 관 위가 아니었던가?236

그러나 그게 다가 아니다. 이 이미지의 역사에서 유령은 또한 이제 막 시작되는 과거에서도 출몰한다. 그것은 **'탄생-전'이라고 부를 만한 것의 잔존**이다. 그에 대한 분석은 그가 '양식 형성Stilbildung'이라고 잘 정의한 것, 즉 형태발생morphogenesis에 대해 결정적으로 중요한 것을 알려주어야 한다. 따라서 잔존 모델은 소멸을 탐구하는 데만 적용되지 않으며, 대신 소멸에서 풍부한 요소를 찾아낸다. 그것은 흔적을 남기고, 그에 따라 기억되고, 회귀하며, 사실상 '재생renaissance'될 수 있는 요소이다. 그것은 인식론적으로 말해 진화의 생체표현 모델modèle biomorphique을 새롭게 정의하는 일이 될 것이다.

삶, 죽음, 재생, 진보와 쇠퇴, 다시 말해 바사리 시대에 습관적으로 사용된 모델은 이미지의 징후적 역사성을 설명하는데 충분치 않다. 물론 (정말로 징후적이거나 **진화론의 불편한 요소**인) '우연한 출현occasional appearance'에 관한 분석에서 볼 수 있듯이, 다윈은 그것과 동일한 쟁점을 이미 다루었다. 거기서 다윈은 '사라진 형질의 회귀'와 '공동조상'의 생존이라는 생물학적 구조로 '잠재'라는 개념을 놀라운 방식으로 설명한다.

그러나 비둘기와 관련해 또 다른 사례가 있다. 즉 여러 품종 가운데서 가끔씩 나타나는 우연한 출현occasional appearance이라는 것으로, 날개에 검은 줄이 두 개 있고 허리 부분은 흰색이며, 꼬리 끝에는 흰 줄이 한 개, 바깥 날개의 아래쪽 복부 가까운 가장자리에 하얀 테가 둘러쳐진 흑청색 비둘기가 바로 그런 사례이다. 그런 특징은 모두 조상종인 들비둘기의 형질이기 때문에 많은 품종에서 출현하는 새롭고 유사한 변이가 아님은 의심할 여지가 없을 것이다. …… 어떤 형질이 몇 세대에 걸쳐, 아니 수백 세대에 걸쳐 나타나지 않다가 재출현하는 것은 매우 놀라운 일이 아닐 수 없다. …… 교잡하지는 않았으나 부모 모두가 조상이 가진 형질을 잃어버린 품종에서 강하든 약하든 잃어버린 형질을 재생시키려는 경향은 앞서 말한 바와 같이 완전히 반대로 볼 수 있음에도 불구하고 거의 무한한 세대에 걸쳐 전해지는 것이다. 어떤 품종에게서 잃어버린 형질이 여러 세대가 지난 후에 다시 나타날 때 가장 적당한 가설은 자손이 갑자기 수백 세대나 떨어진 조상을 모방하는 것이 아니라 연속하는 각 세대에 문제의 형질이 잠재되었다가 마침내 미지의 유리한 조건을 만나서 발달했다는 것이다.[237]

08

잔존의 퇴마의식:
곰브리치와 파노프스키

미술사에서 고대의 형태가 특정한 사례에 잔존하거나 다른 사례에서 계속 재생되는 조건을 탐구하기 전에, 이 문제가 미술사 분야의 역사에서 어떻게 평가되었는지를 먼저 판단해보자. 바르부르크의 잔존은 이해되었는가? 몇몇 사람에게는 확실히 그렇다. 하지만 주류 집단에게는 확실히 그렇지 않다. 몇 가지 사례를 보면 분명해질 것이다.

슐로서가 1911년에 『밀랍 초상의 역사Geschichte der Porträtbildnerei in Wachs』를 출판했을 때 (타일러에게서 빌려왔지만 슐로서의 친구인 바르부르크에게서 주로 가져온)238 잔존이라는 용어는 밀랍 조각의 가장 이상한 현상을 이해할 수 있는 유일한 이론적 방법을 열어주었다. 즉 밀랍 조각의 장기지속, 양식의 역사에 대한 저항성, 다시 말해 현저한 진화 없이도 잔존하는 능력이 바로 그것이다.239 슐로서는 이미지의 역사가 모두 '자연사'는 아니며, 오히려 구체화이며 '방법론적 표본ein methodisches Präparat'이자 진부한 '진화론적' 법칙에서 벗어나는 것으로 이해했다. 그의 저서의 끝부분에 등장하는 바사리 같은 "목적론적 허세teleological pretensions"240에 대한 그의 확실한 비판을 정당화시키는 주장이다.

슐로서는 틀림없이 몰라서가 아니라 겸손했기 때문에 잔존 모델에 내재된 이론적 문제 몇 가지를 명확히 드러내지 않았다. 그러나 강력한 아이디어는 형태를 잡기 시작했다. 다음과 같은 것이다. 만약 **미술에 역사가 존재한다면 이미지에는 잔존이 존재한다**. 이 잔존은 미술작품의 일반 영역에서 미술을 분리시키고, '흐트러뜨리는' 것이다. 잔존이 치러야 할 대가는 미술 양식의 "고귀한"241 역사를 유지해주는 경멸 대상이 되는 것이다. 그것이 『밀랍 초상의 역사』가 오랫동안 미술사학자보다 인류학자에게 더 많이 읽힌 이유였다.

(시간 모델 문제에 관해) 빈트는 아마 바르부르크와 슐로서처럼 급진적이고 탐색적인 이론을 선택한 적이 없을 것이다. 그러나 그는 '잔존'이라는 단어가 진부한 '생물학적 은유'를 넘어서 사용되어야 함을 분명히 이해했다. 1934년에 그는 이렇게 썼다.

> 우리가 '고대의 잔존'이라고 말할 때, 그것은 고대인이 만들어 낸 상징이 다음 세대에 걸쳐 계속 힘을 발휘함을 의미한다. 하지만 '계속'이라는 말은 무엇을 의미하는가?

빈트는 잔존이 망각, 의미의 변형, 기억의 도출, 예기치 않은 재발견 등이 함께 이루어지는 작업 전체의 조화로운 협업을 전제한다고 지적한다. 그런 복잡성은 거기에 포함된 시간성의 문화적이고, 부자연스러운 특징을 상기시켜야 한다.242 거기서 빈트는 뵐플린의 '편재하는 역사'뿐만 아니라 일반적인 '역사적 연속성'도 비판한다. 이 역사적 연속성은 모든 잔존에 작용하는 것을 무시한다. '정지', '위기', '도약', '시간적 회귀' 등의 모든 것은 역사의 서사가 아니라 기억의 실타래memory-mnemosyne를 형성한다. 미술적 사실의 연속이 아니라 상징적 복잡성의 이론을 형성하는 것이다.243

잔존 가설에 포함된 역사주의 비판을 이보다 더 명확히 할 수는 없다. 빙은 역사과학의 인식론과 관련해 바르부르크가 처한 역설적 상황을 제대로 언급했다(내 생각으로 푸코에 관해서도 비슷하게 말할 수 있을 것이다). 즉 한편으로 바르부르크는 특정한 역사적 사실에 대해 불완전하게 알고 편향되어 있으며, 심지어 착각하고 있다. 다른 한편으로 기억에 관한 그의 가설(잔존이 상정하는 특정 유형의 기억)은 역사적 현상이 무엇인지에 대한 우리의 이해 자체를 완전히 변화시킨다. 의미심장하게도 빙은 잔존 개념이 전통에 대한 우리의 개념 전체를 변화시키는 방식을 강조했다. 그것은 더 이상 사물이 단순히 위에서 시작해 아래로 흐르는 강물이 아니라 긴장된 변증법적 과정, 강물과 소용돌이 사이에서 펼쳐지는 드라마이다.244 여기서 그런 역사성 개념이 벤야민과 크게 다르지 않음을 다시 한 번 강조할 수 있을 것이다.245

* * *

그러나 그런 접근방식을 따르는 사람이 거의 없었던 사실도 언급해야만 한다. 역사학자들은 대개 실수의 위험을 감수하지 않으려고 한다. 그들이 보기에는 정확한 사실이 본질적으로 불확실한 가설보다 훨씬 더 낫다. 그것을 과학적 겸손 또는 비겁함이나 철학적 게으름이라고 부르자. 최악의 경우 그것은 모든 '이론'에 대한 실증주의적 증오이다. 1970년에 곰브리치는 바르부르크의 저술을 '원근법으로 바라보는 것putting in perspective'으로 그의 전기를 끝맺으려고 했다. 거기에는 '부친살해'의 이상스런 욕망이 존재한다. (1924년에 바르부르크가 자기 자신으로 정의했던) **망령이 더 이상 돌아오지 않기를 바라는** 분명한 욕망이다. 그리고 바르부르크와 함께 잔존이라는 '구식' 가설 또한 곰브리치의 속셈에서 한동안 영원회귀를 멈출 것이다.246

그런 목표에 도달하기 위해서는 두 가지 작업이 필수적이다. 첫 번째 작업은 **잔존의 변증법적 구조를 무효화시키는 것**이다. 즉 잔존과 부흥으로 이루어진 이중적 리듬이 이미지의 모든 시간성을 조직화(불순화, 혼종화)한다는 사실을 거부하는 것이다. 그런 목적을 위해 곰브리치는 주저하지 않고 바르부르크의 잔존이 단순히 **부활**revival247이라고 부르는 것과 동일하다고 주장했다. 두 번째 작업은 **잔존의 시대착오적 구조를 무효화시키는 것**이다. 이 작업은 단지 슈프링어로 되돌아가 잔존과 부흥 간의 **시대구분을 다시 설정하는 것**으로 충분하다. 즉 중세와 르네상스의 시대구분을 매우 단순화시키는 것이다. 그로써 마침내 곰브리치는 중세적 잔존의 모호한 '완강함' 그리고 이름에 걸맞은 르네상스만이 15세기부터 만들어 낼 수 있던 **고대인 같은**All'antica 모방의 창조적 "유연성"248을 구별한다.

잔존 개념의 다양한 변형을 가려내는 일은 바르부르크 이후 이 분야의 역사 전체를 다시 쓰는 벅찬 과제가 될 것이다. 그렇다면 가장 핵심적인 랜드마크만 표시해보자. 1920년대 초반에 '〈바르부르크도서관〉 강연' 1권에 골드슈미트는 「중세에서의 고대 형태의 잔존」이라는 논문을 싣는다. '지속된 삶Weiterleben'과 '지속된 죽음Weitersterben'을 동시에 가리키는 잔존 개념의 역설을 맨 처음부터 잘 인식한 그는 특히 비잔틴 미술에서 옷 주름의 표현적 역할을 가리키며 바르부르크가 보티첼리에게서 찾아낸 것을 중세로 확장시키려고 했다.249 20년이 지난 후 세즈넥Jean Seznec은 의도된 연대기적 혼란의 근거로 '고대 신의 잔존'을 다시 한 번 불러내야 했는데, 그것을 통해 **중세와 르네상스 간의 간섭** 속에서 잔존 영역의 범위를 보여주기 위해서였다.

> 중세와 르네상스를 점점 더 잘 알아가게 되면서 둘 간의 전통적 대립은 눈에 덜 띈다. 중세시대는 '덜 어둡고 덜 정적이며', 르네상스는 '덜 밝고 덜 갑작스럽게' 보인다. 무엇보다도 이교적 고대가 15세기 이탈리아에서 '부활'한 것으로 경험되지 않고 중세 문화와 미술 속에 살아남아 있었음을 이제는 안다. 신들조차도 부활하지 않았다. 왜냐하면 그들은 사람들의 기억과 상상에서 결코 사라진 적이 없기 때문이다. …… 양식의 차이는 전통의 연속이라는 우리의 인식을 더욱 방해한다. 왜냐하면 15~16세기의 이탈리아 미술은 고대의 상징에 신선한 아름다움을 부여하기 때문이다. 그러나 르네상스가 중세에 진 빚은 텍스트에 기록되어 있다. 우리는 고대의 신화적 유산이 어떤 우여곡절을 거쳐 한 세기에서 다음 세기로 어떻게 전승되었는지를 보여주려고 노력할 것이다. 그리고 16세기가 끝날 무렵 모든 유럽의 인문학과 예술에 영향을 준 신에 관한 위대한 이탈리아어 논문들이 어떻게 여전히 중세의 모음집에 빚지고 있으며, 중세의 영향에 깊이 빠져들어 있었는지도 보여줄 수 있을 것이다.250

바르부르크의 가르침과 **이미지의 시간이 불순함**에 대한 이런 종류의 존경은 단지 소수 입장일 뿐이다. 다른 모든 곳에서 우리는 미술사의 시대를 더 명료하고 더 구별되며 더 도식적이고 더 마음에 들게 구분하고 싶다고 느낀다. 요컨대 바르부르크의 접근방식을 무효화시키는데 사용된 절차들은, 곰브리치가 정확히 표현했듯이, 잔존 개념이 다시 방향을 틀어 다양한 시간적 도식 그리고 결정론적 모델 — 잔존이라는 가설은 무엇보다 이 둘에 의문을 제기할 만한 가치가 있었다 — 쪽으로 끌려간 일련의 무수한 이론적 움직임 속에서 훨씬 더 은밀하게 실행되었다. 따라서 잔존은 **원형**이라는 무시간적 개념 또는 영원한 **순환**이라는 관념 쪽으로 끌려갔다. 그것은 이미지의 역사가 불가피하게 표시할 수밖에 없는 '연속성'과 '변형'의 혼합을 (최소 비용으로) 설명하기 위한 것이었다.251

또한 잔존 개념은 고대의 **물질적 유적**이 지닌 실증주의적 측면 또는 **자료**에 대한 더 일반적인 질문의 측면으로도 끌려갔다.252 **영향**의 훨씬 더 "형식주의적"253 측면으로도 끌려갔으며, 도상학적 **전통**의 측면254, 더 일반적으로는 고대의 특정 미술 장르가 현대까지 유지되어온 분명한 **영속성**이라는 측면으로도 끌려갔다.255 마침내 이 모든 것은 **수용**의 사회학적 이론이라는 측면, 모방의 '**고대적 취향**'이라는 측면, 심지어 고대의 '**양식적 규범**'을 단순히 '**참조**'했다는 측면으로 전환되었다.256 시대에 뒤떨어졌다고 간주되거나 만능 패스워드로도 활용되지만 어떤 경우든 모든 이론적 중요성을 빼앗긴 바르부르크의 잔존은 이제 더 이상 논의되지 않는다. 그것은 동화되었다는 의미가 아니다. 오히려 정반대이다. 차라리 시간의 불순성이라는 역사적 개념을 그에게 빚졌지만 (결국엔 그 때문에 그를 비난하게 된) 바로 그 학문 영역에 의해 쫓겨났다고 말하자.

* * *

우리의 악령을 쫓아낸 대사제는 다름 아닌 파노프스키이다(하지만 그

걸 의심이나 할 수 있었을까?). 여러 세대에 걸친 미술사학자들에게 잔존의 이론적 퇴마의식, 잔존의 무효화를 통해 바르부르크의 저술을 '원근법으로 바라보게' 된 것은 주로 파노프스키와 함께였음을, 곰브리치 자신도 마지못해 인정할 수밖에 없었을 것이다.257 「뒤러와 이탈리아 고대」라는 바르부르크의 강연 이후 불과 15년 밖에 지나지 않은 1921년에 파노프스키는 제목이 너무 비슷해 바르부르크의 저서와 대놓고 경쟁하는 논문을 출판한다. 「뒤러와 고전고대」258가 그것이다. 이 논문에서 당연한 존경을 표현함에도 불구하고 **잔존** 문제는 이미 **영향** 문제에 자리를 내주었다. 그리고 바르부르크에서 니체의 디오니소스적인 것과 연결되는 **파토스적인 것**의 문제는, 칸트의 '이상적 미beau idéal'와 고전수사학에 대한 몇몇 참고문헌으로 뒷받침된 **양식화**와 '**중용**juste milieu' 문제에 자리를 내주었다.259

    1929년에 파노프스키가 쓴 추도문에서 바르부르크의 핵심문제Hauptproblem의 결정적 표현인 '**고대의 잔존**'이라는 표현은 단 한 차례도 등장하지 않는다. '잔존'이라는 언급 대신 논의되는 유일한 주제는 고대의 '**유산**Erbteil des Altertums' 그리고 고대의 "**수용사**Rezeptionsgeschichte der Antike"260이다. 이후 바르부르크의 개념적 도식을 가능한 한 많이 역사화하려고 한261 작슬의 (자체로 정당한 시도였던) 노력에 동참하면서 1933년에 파노프스키는 뉴욕의 메트로폴리탄미술관 회보에 「중세 미술에서의 고전적 신화학Classical Mythology in Medieval Art」이라는 장문의 논문을 실었다. 그것은 영어로 된 그의 첫 번째 주요 저술이었다.262 이 논문은 파노프스키의 망명(나치독일로부터의 탈출)을 제국(대학 미술사에 대한 확실한 지배)으로 맞바꾸게 될 새로운 지적 · 제도적 맥락에서의 입국비자였다.

이 논문을 '고대 신들의 잔존'에 대한 바르부르크 저술의 연장으로 읽을 수도 있을 것이다. 그리고 어느 정도는 관련성이 있다. 왜냐하면 파노프스키와 작슬은 바르부르크 자신이 직접 작업하지 않았던 연대기 영역에 잔존 개념을 적용하는데 만족하는 듯 보이기 때문이다. 따라서 논문의 시작 부분에서 그들은 잔존을 위한 자리를 마련하는데, 그것은 바사리적 역사의 관점이 부분적이지만 '잘못되었음'을 보여준다.

미술사에 관한 가장 초기의 이탈리아 저술가들, 가령 기베르티Lorenzo Ghiberti, 알베르티, 특히 바사리에 따르면 고전 미술은 기독교 시대가 시작되면서 타도되었으며, 이탈리아에서 14~15세기까지는 부활하지 않았고, 일반적으로 고전 미술은 르네상스라고 불리는 것의 토대가 되었다고 생각되어 왔다. …… 르네상스를 수많은 연결고리로 중세시대와 연결시킨 한 그들은 틀렸다. (문학, 철학, 과학, 미술에서의) 고전 개념들은 중세를 통해 살아남았으며, 이 개념들은 샤를마뉴 시대 이후에 특히 강성했다. 샤를마뉴 시대에 문화 영역 대부분에서 의도적인 고전의 부활이 있었다. 초기 작가들은 중세시대에 고전 개념이 지속되는 미술 형태가 고대에 대한 우리의 현재 개념과는 상당히 다르다는 점에서만 옳았다. 그리고 고대에 관한 현재적 개념은 잘 정의된 역사적 현상인 고대의 '부활'이라는 '진정한 의미'의 '르네상스' 이전까지는 존재하지 않았다.263

이 주제에 대한 이런 접근방식은 바르부르크적 입장의 연장인 동시에 분기이며, 심지어는 전도일 수도 있음을 이미 느꼈을 것이다. 그러나 파노프스키와 작슬은 자신들이 바르부르크의 "추종자"264라고 주장한다. 그러면 여기서 무엇이 연장되었는가? 연장된 것은 잔존과 부흥 간의 양극화라는 일반 이념이었다. 그럼 무엇이 전도되거나 내버려졌는가? 이 이중적 리듬의 구조적이거나 동시적인 측면, 비연대기적(말하자면 시대착오적) 측면이 그것이었다. 이제 사물은 가치와 시간에 따라 더 깔끔하게 분리된다. 사물은 위계화되고 시대에 따라 구분된다. 잔존은 미술사의 하위 범주가 되고, 중세를 고전적 규범의 '점진적 퇴보'라는 미술적 '관습'의 시대로 그리고 결국에는 형태와 내용의 불행한 '분리'의 시대로 만든다.

> 중세 정신은 고전적 형식과 고전적 주제의 일치를 …… 깨닫지 못한다.265

르네상스는 15~16세기를 예술적 활동, 고고학적 진정성 그리고 양식적 순수성의 최정상으로 만드는 미술사의 최상위 범주가 될 것이다(오히려 다시 그렇게 될 것이다). 파노프스키와 작슬을 읽으면서 우리는 '**진정한 의미**'의 르네상스, '**잘 정의된 역사적 현상**'으로서의 르네상스가 진실되고 '**자유로운**' 인간의 탄생을 목격한 유일한 시기였다고 생각하게 될지도 모른다. 특히 상징적 부담과 조형적 관습으로부터 자유로운 인간 말이다.

> 르네상스에서 실현된 고전적인 신화적 주제의 재통합은, 상징과 관습의 보호를 벗어난 자연적 존재인 인간의 재발견으로 절정에 이른 일반 진화의 특징이자 동인動因이었다.266

아마 모든 긴장이 사라지지는 않았을 것이다(그리고 그와 관련해 파노프스키와 작슬은 반종교개혁, 다시 말해 르네상스의 **종말**을 환기시킨다). 그러나 진정한 의미의 르네상스 시대에 결핍과 부정으로만 증명되던 잔존의 시대들을 특징지은 예술적·문화적 위기를 극복했다는 찬사를 받은 것은 "고전적 조화"267뿐이다.

이제 단 하나의 개념적 어려움만 해결하면 되었다. 르네상스와 잔존은 쉽게 겹쳐지지 않는 두 가지 측면에서 대립된다. 위계적 대립은 연대기적 연속성과 필연적으로 일치하지 않는다. 파노프스키는 '르네상스'라는 단어 속에서 두 가지 서로 다른 개념의 시간적 순서를 구별함으로써 효과적인 해결책을 발견했다. 그가 '개혁renovation'이라고 부른 것 그리고 **르네상스**라는 '잘 정의된 역사적 현상'이라는 시간적 순서가 바로 그것이다. 파노프스키에게 8~9세기에 걸친 '카롤링거 르네상스'는 다만 개혁일 뿐이었다. '진정한 의미'라는 단어를 사용한다면 '유일한 르네상스'는 15~16세기의 르네상스뿐이었다.268 그리고 잔존 개념은 상대적 불확정성의 그늘 속에 남겨져 있을 것이다.

1944년부터 파노프스키는 이전에 '개혁'이라고 부른 것을 표현하기 위해 "재생renascence"269이라는 용어를 사용하기 시작했다. 이 체계는 그의 1952년 강의부터 시작되어, 8년간 숙고한 성찰 끝에 나온 저서 『서양 미술의 부흥과 재생Renaissance and Renascences in Western Art』이 출간된 1960년에 이르러 최종 상태에 도달했다. 그는 카롤링거 시대의 '개혁' 또는 '재생' 그리고 일반적으로 중세시대에 경험한 모든 '원형적 인본주의proto-humanist'의 순간은 결코 엄격한 의미의 '르네상스'가 아니라고 강하게 반복했다. 오직 단순한 '재생renascence'에 불과하며 "고대로 되돌아가는"270 부분적 순간일 뿐이라는 것이다.

초반부에 언급된 근본문제인 역사에서의 연속성과 변화 간의 관계를 해결하기 위해 그가 『도상해석학 연구Studies in Iconology』「서문」에서 '일차적 주제', '관습적 주제', '본래 의미'라는 (3항 구조라는 점에서) 잘 알려진 '기호학적' 구분 비슷한 개념적 분석틀을 설정한 이유를 이제 우리는 잘 이해할 수 있다.271 그에 따르면 '역사적 시간 이론' 전체는 세 단계 위계 구조로 조직될 수 있다. 여기서 **르**네상스는 최정상에 놓이며, 첫 글자가 대문자로 된 이 용어는 연대기적 중심성과 비시간적 존엄성 모두를 가리킨다. 존엄성은 그가 '자아–실현', '인식화', '현실화', '총체적 현상' 등 거의 헤겔식 표현을 써가면서 강조한 것이다.272 그에게 르네상스는 미술의 자각, 즉 자신의 역사와 '현실화' 또는 이데아적 의미에 대한 깨달음이었다. 그리하여 결국 똑같은 말을 했던 바사리가 옳았다는 것이다.

그런 단계를 예견한 것은 중세의 기나긴 여정 속에서 나타난 다양한 부분적 '갱신' 또는 "재생"273이었다. 그것은 고전주의의 각성을 경험한 순간에 형태의 역사를 뒤흔들었다. 마지막으로 이 모든 순간을 돋보이게 하는 휴면休眠이라는 배경이 있었다. 파노프스키는 이름 붙이기를 망설였지만 그것에 이론적 지위는 부여했다. 그는 한 페이지짜리 요약문에서 겨우 "배양기period of incubation"274라는 말을 꺼냈다. 하지만 그것은 다름 아닌 바르부르크의 잔존 개념이 분명하다. 『서양 미술의 부흥과 재생』의 마지막 문장은 잔존이라는 '구원되지 않은 유령'을 마침내 부활한 (이데아적이고, 만질 수 없으며, 순수하고, 불멸이고, 편재하는) 고전주의 고대의 영혼과 의미심장하게 대조시킨다.

중세는 고대를 땅에 묻지 않고 주검을 소생시켰다가 다시 몰아냈다. 르네상스는 무덤가에 눈물을 흘리고 서서 영혼을 부활시키려고 애썼다. 그리고 한 차례 결정적 행운의 순간에 성공을 거두었다. 그것이 고대라는 중세적 개념이 매우 구체적인 동시에 불완전하며 왜곡된 이유이다. 반면 지난 3~4백 년 동안 점차 발전해온 현대적 개념은 포괄적이고 일관적이지만 한편으로는 추상적이다. 그것이 또한 중세적 재생renascence이 일시적이었던 이유이다. 반면 르네상스는 영원하다. 부활한 영혼은 만질 수는 없지만 불멸과 편재라는 장점을 갖고 있다.275

이 문장에서 바사리와 빙켈만이라는, 두 이데아주의자에 대한 찬양의 메아리를 듣고 있는 듯하다. 떠돌아다니는 유령과 잔존에게 죽음을!! 되살아나고 불멸하는 영혼들 만세!! 물론 이 표현들은 다만 미학적 선택일 뿐이다. 심지어 유령적 선택이라고도 말할 수 있을 것이다. 그런 점에서 그러한 선택은 정당하다. 그러나 그러한 선택이 미술사를 객관적 과학으로 정립하려는 진리 담론에서 드러나고 있다. 그런 선택 효과는 다양한 잔존이라는 불확실한 시간보다는 '잘 정의된 역사적 현상'에 대한 연구로 미술사의 방향을 결정하는 것이었다. 그것은 불멸의 이데아를 보존하고, 모든 유령 이미지를 멀리 쫓아냈다. 르네상스 안에서 그러한 접근방식은 불순함이 없는 시간, 다시 말해 형태와 내용의 균질성 그리고 '회복'을 판독할 수 있는 '표준'으로 사용될 만한 시기만 보고 싶어 한다. 따라서 이 접근방식은 바르부르크의 근본적 직관을 거부하는 것이다.

고대 속담이 말하듯 **진리는 시간의 딸이다**Veritas filia temporis.276 하지만 역사학자에게 문제가 되는 것은 진리가 '딸'인 시간(또는 시간들)을 정확히 어떻게 아는가 하는 것이다. 파노프스키는 이미지를 논의하는데 수반되는 시간의 복잡성과 시대착오를 인식하는 데서부터 바르부르크의 제자가 되었다. 따라서 그가 독일에 있던 시기에 쓴 「역사적 시간 문제 Zum Problem der historischen Zeit」라는 텍스트에서는 미술사에 사용될 수도 있는 진화 모델의 이론적 어려움을 소개하기 위해 중세 사례를 의도적으로 사용했다.

(특히) 랭스*의 조각상은 …… 여러 가지 색의 실로 이어진 끊임없는 이미지를 만들어 낸다. 그 안에서 매우 다양한 실이 나란하거나 정반대 방향으로 이어지며 서로 얽혀 있다. 개별적 양식의 방향성(부분적 품질의 차이가 있다는 것만으로도 단일 방향의 진화가 있었다는 믿음은 이미 깨진다)은 평행하게 진행되지만은 않으며, 상호 관련과는 무관하게 서로에게 침투한다. 뿐만 아니라 계속해서 되돌아온다. …… 따라서 참조 틀frames of reference의 이 끝없는 증식이 기본적으로 미술사적 세계를 구성하는 것처럼 보이며, 혼란스럽고 형언할 수 없는 혼돈이 된다. …… 그렇다면 우리는 짐멜의 용어를 빌리자면, '자기-만족적' 고립과 비이성적 특이점 안에 얼어붙어 있는 참조 틀의 완전히 비동질적인 일관성에 직면하지 않는가?277

사실상 파노프스키는 바르부르크처럼 시간의 불순성을 인식하면서 제대로 출발했다. 그러나 그는 시간의 불순성을 제거하고, 용해시키고, 질서정연한 틀 속에 포함시키는 것으로 끝을 맺었다. 그것은 황금시대(르네상스는 그중 하나였다)에 대한 미학적 야망과 '참조 시대périodes de référence'라는 역사적 야망으로 되돌아간 틀이었다. 따라서 그의 1931년도 텍스트는 랭스 대성당 조각들의 '연대기'가 언젠가는 다양한 양식의 참조 틀을 뚜렷하게 만들면서 계층화될 수 있으리라는 희망으로 결론을 맺는다.278 그것은 이데아주의적 또는 실증주의적 역사학자의 욕망이다.

* 프랑스 랭스에 있는 노트르담 대성당Cathédrale de Notre-Dam de Reims은 13~15세기에 걸쳐 지어졌으며, 과거에 왕들의 대관식이 이루어지던 공간이었다. 가운데 성모마리아의 문을 중심으로 한 3개의 정문 벽을 장식한 수많은 조각 장식으로 유명하다. '미소 짓는 천사상'을 비롯한 조각상들에는 다양한 양식이 혼재되어 나타나고 있다.

관련된 시간은 일단 분석되면 다시 '순수'해지리라는 욕망이 그것이다. 잔존은 고급 와인에서 찌꺼기가 제거되는 방식으로 역사에서 논리적으로 제거되어 버린다. 하지만 그것이 정말 가능할까? 만약 그렇게 된다면 그것은 어떤 의미로는 와인에 양식과 생명에너지를 불어넣는 불순성을 전혀 지니지 않은, 즉 어떤 찌꺼기도 없는 이데아적 와인일 뿐이다. 아무런 맛도 없는 와인 말이다.

09

역사적 생명:
형태, 힘, 시간의 무의식

따라서 바르부르크부터 파노프스키까지 한 단어가 제거되고 망각되었다. 바로 **잔존**이라는 단어이다. 이 단어 그리고 이 근본적 불순성을 통해 그 속에 포함된 두 번째 단어도 제거되었다. '**생명**Leben'이 바로 그것이다. 분명히 파노프스키는 이미지의 '의미'만 이해하려고 했다. 반면 바르부르크는 이미지의 '생명'도 함께 이해하려고 했다. 그것은 그가 가끔 말했지만 정식으로 정의하려고는 하지 않은 비인격적 '힘force, power, Kraft, Macht'이다. 엄격한 개념 분석이 부족하지만 매우 중요한 이 단어를 그는 어디서 얻었을까? 우선은 (르네상스 시각 문화에서 덧없는 광경의 역할을 언급하면서) "생명에서 미술로의 진정한 이행ein wahrer Übergang aus dem Leben in die Kunst"279을 찾고 싶다고 한 부르크하르트에게서였다. 부르크하르트에게서 그랬듯이, 바르부르크에게도 미술은 단순한 취향 문제가 아니라 생명 문제였다. 마찬가지로 역사는 그에게 단순한 연대기적 문제가 아니라 과거를 뒤흔드는remous, '생명'이 걸린, 장기간에 걸친 문화 논쟁이었다.

따라서 바르부르크에게 이미지의 역사는 부르크하르트부터 이미 존재해온 것이다(하지만 파노프스키 이후에는 더 이상 존재하지 않는 것이다). 그것은 '생명' 문제이자('생명'에서 죽음은 어디에나 존재하기 때문에) '잔존' 문제이다. 여기서 미술의 생체표현biomorphism은 바사리나 빙켈만과는 전혀 상관없다. 왜냐하면 부르크하르트와 바르부르크 관점에서 보면 문화 개념이 요구하는 **비자연적 요소**가 없으면 여기서 문제시되는 '생명'은 존재하지도 않기 때문이다. 또한 각각의 경우, 역사적 시간이라는 바로 그 개념이 요구하는 **불순성의 요소**가 없이도 생명은 존재하지 않는다. 이 수수께끼 같은 '생명'의 특성을 간단히 스케치해보자. 내가 보기에 그것은 존재인 동시에 (인류학적 접근이 요구되는) 일련의 **기능**, (형태학적 접근이 요구되는) 일련의 **형태**, (역학적 접근이 요구되는) 일련의 **힘**으로 이해될 수 있을 것 같다.

'생명'은 **문화**의 생명이라는 점에서 **일련의 기능**이다. 이 점은 부르크하르트의 초기 독자들도 놓치지 않았는데, 왜냐하면 그들은 철학적 인류학을 여전히 '영혼'이나 '민족의식의 내밀한 상태'라는 모호한 용어로 읽었기 때문이다. 게바르Émile Gebhart는 1887년에 르네상스의 비밀을 '이탈리아인의 영혼에게' 묻는다고 썼다. 또 **문화**라는 단어로 민족의식의 내밀한 상태를 표현하려고 했다. 그에게서 역사의 모든 위대한 사실은 바로 그런 것이다.

> 정치, 박학, 예술, 도덕, 쾌락, 종교, 미신은 어떤 살아 있는 힘forces vives의 행동을 나타낸다.[280]

우리는 바르부르크의 문화학Kulturwissenschaft이 파노프스키의 도상해석학과 미술사회사에 의해 다시 논의되었듯이, 부르크하르트의 문화사 Kulturgeschichte 역시 사회사에 의해 새롭게 논의된 사실을 알고 있다.281 부르크하르트의 모호한 부분들은 그런 과정에서 제거되었다(그리고 그것은 당연한 일이었다). 하지만 더불어 그의 핵심적인 이론적 가설과 가장 적절한 **비판적 표현** 또한 제거되고 말았다. 바르부르크가 비교적 명확하게 자신의 사유에 통합시키려고 한 몇 가지만 언급해보자.

먼저 부르크하르트에게 일련의 기능으로서의 '생명'이란 사실도 또 체계도 아니다. 우리는 '생명'과 문화에서 구체적 움직임을 이야기해야만 한다. 왜냐하면 실증주의 역사는 연대기적 사실을 진술하기 위해 다른 모든 것을 없애버리는 경향이 있으며, 반대로 이데아주의적 역사, 특히 헤겔주의적 역사는 웅장하고 지나치게 추상적인 진실을 진술하기 위해 다른 모든 것을 동원하는 경향이 있기 때문이다. 두 사례 모두에서 단순화, 다시 말해 복잡성을 거부하려는 욕망의 결과, 육체와 분리되는 것은 다름 아닌 시간 그 자체이다. 이와 달리 '문화로서의 생명'은 자연으로서의 역사와 이데아로서의 역사라는 도식적이자 진부한 딜레마를 깨뜨리기 위한 결정적 표현이다.

그러나 역사는 자연과는 다른 어떤 것이다die Geschichte ist aber etwas anderes als die Natur. 창조, 생성, 소멸 방식이 다르다. …… 자연은 태고적 충동을 통해 시종일관 유기적인 방식으로 개체의 거대한 동일성에서 종의 무한한 다양성을 만든다. 역사에서 (물론 호모Homo 종 안에서) 그런 다양성은 그리 크지 않다. 그러나 개인이 불평등-발전으로 달려가는 충동에는 거의 한계가 없다. 자연이 단 몇 가지 근본 모델(척추동물, 무척추동물, 종자식물과 포자식물)을 만든다면 민족이라는 유기체, 즉 사회 체제는 그렇게 서서히 만들어진 유형의 산물이 아니다.* …… 더 나아가 체계를 모조리 포기한다Wir verzichten ferner auf alles Systematische. 또 '역사적 원칙'에 대한 어떤 주장도 하지 않는다. 반대로 가능한 한 많은 방향에서 역사의 횡단면을 제시하며, 단지 관찰하는 것만으로 만족한다. 무엇보다도 어떤 역사철학도 제시하지 않는다. …… 헤겔은 …… '영원한 지혜가 목적으로 삼는 것'에 대해 말한다. 그리고 부정적인 것(흔히 말하듯이 악)을 종속시키고 극복해 사라지게 하는 긍정의 인식이라는 의미에서 자기 연구를 변신론辯神論, theodicy이라고 부른다. …… 그러나 우리는 영원한 지혜의 목적을 전수받지 못했고, 따라서 그것을 알지 못한다. 세계의 계획에 대한 그처럼 대담한 가정은 오류를 초래한다. 잘못된 전제에서 출발하는 것이기 때문이다.282

부르크하르트는 그런 이중적 거부(자연철학 및 역사철학의 거부)로 역사 집필의 새로운 방식, 즉 제3의 방식을 시작했다고 말할 수 있다.283 바르부르크는 나중에 부르크하르트가 한 기본 선택을 받아들인다. 즉 사실을 넘어선 문헌학자(왜냐하면 사실은 그것이 제기하는 근본질문 때문에 주로 가치가 있기 때문이다), 체계를 넘어선 철학자(왜냐하면 근본질문은 역사 속에서 실제로 적용되는 독특한 방식 때문에 주로 가치가 있기 때문이다)가 되는 것이다. 따라서 '제3의 방식'은 아래와 같은 것을 요구한다. 목적론이나 절대적 비관론을 수용하는 것의 거부, 어떠한 경우에도 문화의 역

---

* 실제로 이 문장은 부르크하르트의 원문에서는 순서가 뒤바뀌어 있다. 자연과 역사의 비교는 1장 2절, '역사연구를 위한 19세기의 자격'의 마지막 부분에 나온 내용이며, 이 문장 뒤에서부터 등장하는 역사철학의 거부에 대한 내용은 1장 1절, '우리의 과제'에 등장하는 내용이다.

사적 '존재(현존재Dasein, 생명Leben)'에 대한 인식, 즉 그것의 복잡성에 대한 인식이 바로 그것이다. 부르크하르트는 진정한 역사는 '연대기' 자체만큼이나 '선입견적 이론'에서 비롯된 '사유'에 의해서도 왜곡된다고까지 주장했다. 왜냐하면 "다채롭고 우연한 것을 이해하지 못하는 우리의 기본적 무능력Unsere Unfähigkeit des Verständnisses für das Bunte, Zufällige"284으로부터 우리를 구원하는 지적 노력을 역사학이라고 생각했기 때문이다.

그는 그런 접근으로 시간의 이상한 변증법을 정립한다. 거기에는 '선'도 '악'도 필요치 않으며, '시작'(기원 또는 모든 것의 유래로 추정되는 근원)도 '끝'(모든 역사가 향하는 방향)도 필요치 않다. '생명'의 복잡성(불순성)을 표현하는데 그런 것은 전혀 필요 없었다. 생명은 리좀, 반복, 징후로 구성된다. 지역의 역사, 심지어는 조국의 역사나 인종의 역사도 그의 관심사가 아니었다. 왜냐하면 그런 역사에는 관계와 차이에 대한 생각이 부족하기 때문이다. 보편적 역사도 그가 다루는 주제가 아니었다. 이 모든 리좀적 '체계'를 위한 일반적 정식을 찾는 모든 시도를 애초에 포기했기 때문이다.

기원에 대한 사변에 붙잡혀 있는 역사철학자들은 당연히 미래에 대해서도 말해야만 한다. [하지만] 기원에 관한 이론 없어도 아무 문제가 없으며, 누구도 우리에게 종말에 관한 이론을 요구할 수 없다. …… 풍토와 기후의 작용 같은 질문 …… 은 역사철학자들에게는 입문적인 문제지만 우리 문제가 아니므로 다루어야 할 범위 밖의 것이다. 모든 우주론, 종족 이론, 고대의 대륙에 대한 지리학 등도 마찬가지이다. 다른 모든 영역의 학문 연구가 기원에서 출발할 수 있지만 역사학만은 그렇지 않다. 우리가 역사에 대해 갖는 이미지는 대부분 순수하게 구성된 것이다. 앞으로 우리가 특히 국가를 이야기할 때 보게 되겠지만 사실상 그것은 우리 자신의 반영일 뿐이다. 민족이나 종족 단위로 진행되는 추론도 별로 가치가 없다. 우리가 증명할 수 있다고 상상하는 기원 또한 어차피 아주 뒷날의 단계다. …… 언뜻 보기에 조국의 역사는 훨씬 이해하기 쉬운 듯이 보이지만 사실은 착시 때문에, 우리 편에서 더 두드러진 열망 때문에 일어나는 현상이다. 그런 일은 실은 눈이 멀었기 때문에도 일어난다. 285

지역과 세계 간의 관계를 고찰하면서 부르크하르트는 변화와 안정성의 관계에 대해 고찰하는 것도 잊지 않았다. 그에게 역사의 '생명'이란 개체적·맥락적 사건의 공간적 작용일 뿐만 아니라 시간의 작용, 즉 변화하는 것과 변화에 저항하는 것 간의 변증법이기도 했다.286 부르크하르트에게 역사가가 되는 일은 서로 변하고 이어지는 사물의 서사를 구성하는 것만 의미하지는 않았다. 무엇보다도 "지속적·점진적 상호작용, 특히 움직이는Bewegtes 문화가 고정된Stabiles 두 잠재력*에 미치는 영향을 취급"287할 필요가 있었다. 이 점에서 역사의 '생명'은 **형태학** 영역에 속한다. 변증법이나 '상호 영향'의 감지할 수 있는 결정화를 '형태'로 이해한다면 그것이 바로 **형태의 작용**이다.

시간의 변화와 더불어 정신적 생명das geistige Leben이나 물질적 생명의 겉치장을 이루는 형태die Formen는 끊임없이 변하는 것이기 때문에 역사라는 과제 전체는 이렇게 구별되어 있지만 사실상 동일한 두 가지 측면을 보여준

---

* 부르크하르트는 이 책에서 세 가지 잠재력, 즉 문화, 국가, 종교를 다루는데, 그중 문화는 움직이는 것이고, 국가와 종교는 고정된 잠재력이다.

다. 첫째, 어떤 영역에서건 정신적인 것은 역사적 측면eine geschichtlich Seite을 갖는다. 여기서 정신적인 것은 변하는 것, 제약 받는 것, 우리에게 측정할 수 없이 거대한 전체 안에서 형성되는 일시적 계기 등으로 나타난다. 둘째, 모든 사건은 정신적 측면eine geistige Seite을 갖는다. 그런 측면에서 모든 사건은 불멸성에 동참한다. 정신은 변하지만 소멸하지는 않기 때문이다.[288]

* * *

철학자가 아니라 역사가이자 인류학자로서 부르크하르트가 '정신'이라는 단어로 말하고자 했던 것은 다름 아닌 문화 영역이었다. 따라서 바르부르크가 '정신역사학자'를 자임하기 이전에 부르크하르트는 이미 형태학이라는 방식으로 문화사Kulturgeschichte 또는 문화의 '정신적 형태'의 미학까지도 생각했던 것이다. 그는 이 문제를 모든 역사적 기획의 중심 문제로 인식했지만 '낭만주의적·환상적' 방식으로는 아니었다Nicht etwa romantisch-phantastisch. 오히려 그것은 "번데기의 변태의 놀라운 과정Als einen wundersamen Prozess von Verpuppungen"[289]을 관찰하는 방식이었다. 그가 노트를 시각적 표시(〈그림 8〉)로 채울 수 있던 이유가 바로 그것이다. 그가 파악하려는 시대의 문화는 글로 기록된 자료와 역사적 사건 속에서도 발견되지만 그림, 건축적 장식물, 의복의 세부, 사람들이 바꾼 풍경, 문장으로 나온 상상력, 극히 미미한 수치, 기괴한 것 속에서도 발견된다.[290]

그가 진행한 **역사의 미학화**는 인식론적 취약함이나 미술 애호가의 실패 또는 **엄격한 의미**에서 역사학자로서 일관되지 않은 훈련에서 비롯

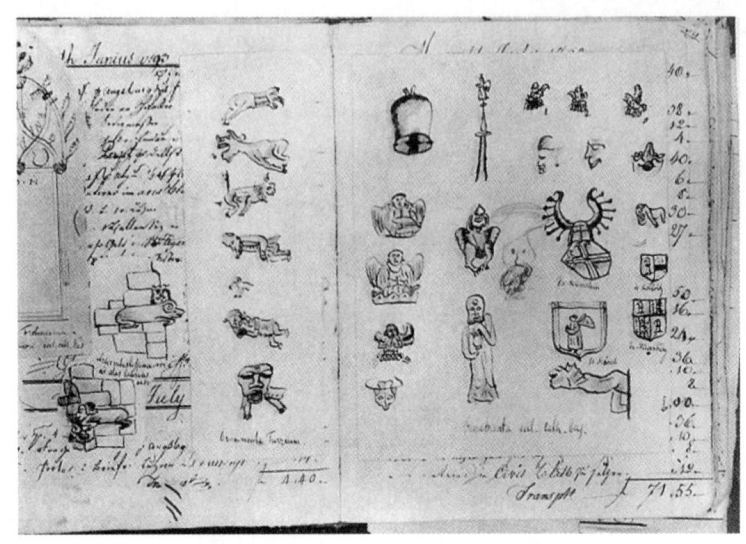

〈그림 8〉 부르크하르트, 대성당의 조각들, 『고대유물 *Alterthümer*』이라는 그림 앨범에서 가져온 앨범에 스케치(바젤, 1835년경), 야콥 부르크하르트 아카이브.

되었다고 오해되어왔다. [하지만] 그는 망각의 도취에 빠지듯이 역사를 미학화하지 않는다. 그는 다만 (그것 자체로도 중요한 발견인데) 변화와 안정 사이를, **역사**Geschichte와 **유형**Typus을 연결하는 **시간의 갈고리**가 '번데기의 변태의 놀라운 과정'과 동일한 일을 하는 **형태의 갈고리**임을 인식했을 뿐이다. 그에 따라 역사를 '미학화'할 필요가 있던 것이다. 즉 그에 따르면 문화Kutur는 어떤 면에서 헤겔의 "역사 속의 이성"291을 대신한다. 어떤 역사도 문화의 역사 없이는 불가능하다. 그리고 이미지의 인류학적·형태학적 반향에 열려 있는 미술사 없이는 어떤 문화의 역사도 있을 수 없다.292 그것은 분명히 그가 작업하다가 남겨둔 과제이다. 그것은 비록 완벽하지 않더라도 바르부르크와 뵐플린이 각자 나름의 방식으로 계속하려 했던 과제이다.

부르크하르트는 그러한 형태학을 확립하는 것이 역사가의 과제의 핵심에 놓여야 한다고 생각했다. 이 형태학적 주제의 역사를 예를 들면 괴테부터 긴즈부르그*까지 언젠가는 비판적으로 연구해야만 할 것이다. 그것은 또한 그가 사용하는 이론적 용어들이 유독 시각적 농도가 짙은 이유를 잘 설명해준다. 그것들은 칸트의 **선험성**a priori과 헤겔의 '사변speculation', 또 역사학자가 동원하는 '응시', '직관Anschauung', 심지어 '상상Phantasie'에 대한 격렬한 거부와 후퇴를 보여준다.293 그에게 역사는 이야기처럼 구성되는 것이 아니라 '이미지Bild'처럼 구성되는 것이다. "**이미지, 도판, 그게 바로 내가 원하는 것이다**Bilder, Tableaux, das ist's was ich möchte." 그는 바르부르크가 〈므네모시네 아틀라스〉의 도판에서 실행하기도 전인 1844년에 그런 문구를 썼다.294 다른 가능한 사례 중 회색으로만 그리는 **그리자이유 기법**grisaille으로 역사의 현재(가령 만테냐의 시간)가 자기만의 고고학적 간격, 자기만의 시대착오, 고대 인물을 (유령처럼) 잔존시키는 자기만의 소명을 드러내는 **시간의** 한 **형태**를 표현하고 있음을 어떻게 보지 못할 수 있을까?295

• Carlo Ginzburg(1939~). 이탈리아 미시사 연구자로 『치즈와 구더기: 16세기 한 방앗간 주인의 우주Il formaggio e i vermi. Il cosmo di un mugnaio del '500』(1976년)가 대표작이다. 그는 이 책에서 16세기에 이탈리아의 프리울리 지방의 메노키오라는 방앗간 주인의 이단심문을 기록한 방대한 교회 문서를 미시적으로 분석하고 있다. 마치 한 편의 소설과 같은 이 책에서는 귀족이나 권력자가 아니라 글을 읽고 쓸 줄 아는 평범한 방앗간 주인을 통해 이 시대의 개인의 삶이 그려지고 있다. 제목인 '치즈와 구더기'는 메노키오의 주장에서 비롯된 것이다. 그동안 꾸준히 읽어온 내용을 바탕으로 당시 교회의 권위를 부정하는 메노키오는, 마치 구더기가 치즈에서 나오듯 인간과 신 모두는 혼돈 속에서 창조되었다고 주변의 친구들에게 이야기했다. 미시사 연구에서 이 책의 가장 중요한 기여는 평범한 인물의 삶의 세부를 통해 시대의 풍부한 삶을 구체화시키고 있다는 것이다. 한국어 번역서는 2012년에 『치즈와 구더기: 16세기 한 방앗간 주인의 우주관』(문학과 지성사)으로 출간되었다.

따라서 '시간의 형태'에 관한 형태학이 없다면 어떤 역사도 불가능하다. 하지만 그것과 관련된 논증은 그것에 필수불가결한 해명 없이는 불완전할 것이다. 즉 **역학** 또는 **힘**의 분석이 없다면 **형태학** 또는 **형태**의 분석도 있을 수 없다. 그것을 생략하는 것은 형태학을 아무 소득도 없는 유형학으로 축소시키는 일이다. 그리고 그런 일은 자주 일어난다. 형태를 시간의 **반영**으로 가정하지만 실제로 그것은 시간 속에서 작동하는 갈등의 (웃기거나 숭고한) **추락**les chutes이다. 다시 말해 **힘의 게임**이다. 따라서 부르크하르트에 따르면 그것이 '생명'의 세 번째 특징이 된다. '유형 Typus'과 '발전[발달, 진화]Entwicklung'의 역학이 역사의 '핵심현상'을 구성한다. 그것은 긴박하고 진동을 일으키는 현상으로 엄청난 복잡성을 생성시킨다.

이 핵심현상의 작용die Wirkung des Hauptphänomens이 바로 역사적 생명 das geschichtliche Leben이다. 그것은 수천 가지 형태와 복잡성으로 온갖 가면을 쓴 채 자유롭고도 부자유스럽게 흔들린다. 그것은 때로는 대중을 통해, 때로는 개인을 통해 말하며, 때로는 희망적으로, 때로는 절망적으로 국가와 종교, 문화를 건설하고 또 파괴한다. 때로는 자신에게도 막연한 수수께끼여서 성찰보다는 상상력에서 비롯된 미지의 감정을 따르며, 때로는 순수한 성찰만 동반했다가도 다시 훨씬 뒷날에야 실현되는 것에 대한 고립된 예감으로 가득한 생명이다.[296]

따라서 '역사적 생명'을 이야기하려면 시간을 부르크하르트 말대로 '모든 종류의 생명 형태Lebensformen'에서 생성되는 '힘Kräfte, Mächte'이나 "역량"[297]의 작용으로 이해해야만 한다. 다른 곳에서 그는 "우리 과제는 단지 나란히 또는 잇따라 나타나는 다양한 힘Potenzen의 차이를 관찰해 객관적으로 서술하는 것"298이라고 썼다. 그러나 그런 과제는 매우 어렵다. 왜냐하면 힘, **역량**puissance은 언제나 우리 눈에 띄지 않는 경향이 있기 때문이다. 그런 힘이 너무 폭력적이고 어디에나 있어도 관찰하기 어려우며, 너무 잠재적en puissance이고 보이지 않아도 관찰하기 어렵다.299 이런 두 가지 의미를 가진 단어인 **힘**, 즉 명백한 힘과 잠재적 힘은 단순히 지엽적인 문제가 아니다. 그것은 적어도 두 가지 중요한 결과를 낳는데, 이 두 가지 분기점에서 우리가 역사성을 인식하는 방식은 크게 변한다.

첫 번째는 **시간의 변증법**, 즉 우리가 징후라는 개념으로 파악하려고 하는 바로 그것이다. 부르크하르트를 읽으면서 우리는 이 변증법적 기능이 '잠재Latenzen'와 '위기Krisen' 사이에서 계속 갱신되는 논쟁 방식으로 작동함을 알게 된다. 실제로 잠재적인 것의 작용 없이는 어떤 역사적 시간도 존재하지 않는다.

> 우리는 물질적 또는 정신적 잠재력Latente Kräfte이라고 부르는 모든 것을 알지 못하며, 세계를 갑작스럽게 변형시켜버릴 수도 있는 정신적 전염성의 헤아릴 수 없는 요인도 알지 못한다.300

"인간에게 배타적으로 어느 한 측면만 작용하는 경우는 절대 없으며, 전체 중의 개별적 측면이 다른 것보다 아주 약하고 무의식적인im Unbewussten 경우에도 언제나 전체가 작용한다"301는 사실에서 그런 역사적·집단적 조건은 정신적·개별적 대답을 찾는다.

이제 모든 잠재성은 사건의 표면을 향해 나아가려고 한다. 부르크하르트에게 '위기Krise'라는 용어는 시간이 불의의 사고나 징후를 통해 자체의 힘을 생성하는 특히 효과적인 방법을 가리킨다. 적어도 『세계 역사의 관찰Weltgeschichtliche Betrachtungen』의 2장은 전적으로 이 질문에 집중되었다.302 그리고 이 책의 다른 모든 부분에서는 고정된 형태와 그것을 동요시키는 힘 간의, 또는 지배적인 힘과 그것을 실패시키는 형태 간의 분석하기 어려운 관계에 대한 변증법적 관찰이 요구된다.

> 역사에서 몰락은 언제나 내적인 쇠퇴나 생명의 감소로 시작된다. 작은 외부의 충격으로도 종말을 가져오기에 충분하다. …… 한 가지 구체적 원인으로 시작된 위기는 여러 가지 폭풍우를 함께 휘몰아온다. 하지만 앞으로 결정적이게 될 힘에 대해 참가자 중 누구도 그것을 분별할 수 없다.303

* * *

우리는 부르크하르트에게 역사의 실천이란 여러 시간에 걸쳐 서로 이어지는 사실이 아니라 모든 잠재성과 재앙을 무릅쓰고 **시간의 무의식** 등을 분석하는 일임을 이해하게 된다. 내가 보기에, 바르부르크적인 이미지의 역사라면 그런 방법론적 결정의 결과를 끌어낼 것이다. 따라서 역사는 **징후학**symptomatology 또는 **시간의 병리학**Pathologie du temps이 되어야 한다. 비극적 요소가 어디에서나 보인다고 해서 그것을 단순한 도덕적 비관론으로 치부하는 것은 잘못된 일이다. 부르크하르트는 무엇보다 형태학적·역학적 용어로 '재앙', 심지어 시간의 '질병'에 대해 말하고 싶었던 것이다.

국가, 종교 그리고 문화의 지속적·점진적 상호작용을 먼저 다루고, 특히 움직이는 것인 문화가 고정된 두 잠재력인 국가와 종교에 미치는 영향을 관찰한다. 이어 역사 과정 전체를 갑작스럽게 빨라지게 하는 움직임으로 넘어간다. 즉 위기와 혁명 이론이 그것이다. 그것은 일시적으로 다른 움직임을 모조리 흡수해 생명의 모든 나머지 영역에서 전반적 동요를 일으키는 단절과 그에 대한 반동을 다루는 것으로 '폭풍론Sturmlehre'이라고 부를 만하다. …… 하지만 우리의 출발점은 우리가 접근할 수 있는 하나의 영원한 중심점, 즉 견디고, 투쟁하고, 행동하는 인간, 지금도 그렇고 과거에도 늘 그랬고, 앞으로도 계속 그럴 인간이다. 따라서 우리 연구는 어느 정도는 병리학적인 Pathologisch 성격을 갖는다.304

여전히 시간의 변증법에 대해 말해야 할까? 그렇다. 그런 용어로 해결되기보다는 긴장으로 가득 찬 과정을, 지향적·선형적이기보다는 포위되고 퇴적된 과정을 이해하고 싶다면 말이다. '안정된 힘Stabiles'과 '움직이는 요소Bewegtes'의 변증법은 역사주의에 대한 근원적 비판을 초래했을 것이다. 그러한 변증법은 부르크하르트가 위의 문장에서 '위기', '혁명', '단절', '반응', '일시적 흡수', '동요'(이 목록은 무한히 계속될 수 있을 것이다)라고 부르는 시간 모델을 복잡하게 만들고, 증식시키고, 심지어 길을 잃게 한다는 것이다. 더구나 '무의식Unbewusstes'이나 '병리학'에 대해 말하는 것은, 작동하는 변증법이 **시간의 불순함과 시대착오**만 보여줄 뿐임을 확인시켜주는 것이다. 그렇다면 그것은 두 번째 교훈, 즉 역사에 대한 형태학적·역학적 접근의 두 번째 결론이라고 생각될 수 있다. 시간은 **징후**를 해방시킨다. 그리고 그 속에 유령을 풀어놓는다. 부르크하르트에게 시간은 이미 강박의 시간, 혼종의 시간, 시대착오의 시간이다. 따라서 그는 바르부르크의 '잔존' 개념을 직접적으로 예견한다.

따라서 부르크하르트는 "모든 시간, 모든 민족 그리고 모든 문명의 전통에 스며들어 있는"305 무한한 운동인 서양 문화를 이야기한다. 그는 또한 그 속에는 '분명한 경계가 없다'고도 말한다. 어떤 문화의 '사회 체제'는 서서히 '만들어진 산물'이 아니며, '대조와 유사성의 효과로 표시되는 과정'이라고 주장한다. 그의 결론은 다음과 같다.

역사는 온통 잡종Bastardtum으로 가득하다. 잡종은 본질적으로 위대한 정신적 과정을 위한 수태Befruchtung이기 때문이다.306

그러나 이 불순함은 동시적이지만은 않다. 그것은 시간 자체에, 시간의 리듬과 발전에 영향을 미친다. 부르크하르트가 주장하듯 우리는 역사를 '인간의 시대'로 구분하기 위해 시대구분에 의존해서는 안 된다. 오히려 우리는 '돌연변이'와 그로 인한 '결함'을 가정하는, '무한히 연속적인 구현'에 주목해야 한다. 그것은 "잔존"307이라고 불러야 하는 것 그리고 '파괴'의, 분석하기 어려운 혼합물과도 같다. 그는 **야만**과 **문명**을 분리하려는 역사학의 위계적 시대구분을 거부했다. 그것은 나중에 바르부르크가 중세와 르네상스의 선명한 구분을 거부한 것과 마찬가지이다. 그가 잔존 개념에 가장 가까워지는 것이 바로 이 지점이다.

…… 최초의 국가 형성의 역사를 **야만에서 문명으로의 이행**에서부터 시작하는 것은 더 이상 가능하지 않다. 여기서 개념들은 너무 모호하다. …… 이 단어를 사용하거나 사용하지 않는 것은 궁극적으로 취향 문제이다. 나는 새장 속에 새를 가두는 일은 야만이라고 생각한다. 무엇보다 신성하거나

정치적 이유에 의한 개인의 희생처럼 인류 초기부터 시작되어 가장 발전된 문명까지 화석으로 살아남은 요소를 제거해야 한다. …… 잊혀진 어떤 민족으로부터 인류의 혈통 안으로 들어왔을 문화의 많은 요소는 어디서 온 것인지 의식되지 않은 채 **무의식적으로 근근이 살아 남았다[잔존했다]**lebt auch unbewusst weiter. 민족과 개인에서 이루어지는 문화적 흔적의 무의식적 축적Unbewusstes Aufsummieren von Kulturresultaten을 항상 염두에 두어야 한다. 그런 성장과 쇠퇴Wachsen und Vergehen는 원인을 알 수 없는 보다 높고 심오한 생명의 법칙höhere, unergründliche Lebensgesetze을 따른다.308

같은 페이지에서 부르크하르트는 생존subsistence을 뜻하는 '**근근이 살아남기[잔존]**Weiterleben'라는 단어를 사용한다. 여기서 이 단어는 이미 '잔존'을 의미한다. 독일어 잔존Nachleben이 의미하는 바를 이해하는 길을 열어둔 것이다. 그리고 이 '잔존survie'과 함께, 우리가 바르부르크와 함께 이미지의 '생명vie'이라고 부를 수 있는 이 불순하고 긴장된 게임, 이 폭력적으로 작용하는 힘과 잠재적인 힘 간의 논쟁으로 시간을 이해할 수 있는 길도 열어두었다.

2

파토스로서의 이미지:
균열선과 강렬함의 형성

L'image survivante. Histoire de l'art et temps des fantômes selon Aby Warburg

01

운동하는 시간의
지진 계측학

 빈스방거에게서 치료받은 크로이츠링엔정신병원에서 돌아온 지 3년이 지난 1927년 여름학기에 바르부르크는 함부르크대학교 학생을 대상으로 전적으로 부르크하르트와 역사 쓰기에 할애된 세미나를 진행하기로 결정했다. 노이마이어Alfred Neumeyer가 『세계 역사의 관찰』의 이론적 측면을 다루고 난 후 마지막 세션에서 바르부르크는 이 주제에 대해 특정한 관점을 제시해 보리라고 말했는데, 내가 보기에 그것은 역사학자로서의 자신의 작업을 이해하는 데 극히 중요했다. 그는 니체와 부르크하르트 저술을 함께 평가할 것을 제안했는데, 함께 놓고 보면 두 사람의 저술은 서로 분리 불가능할 정도로 팽팽한 긴장 관계를 유지하고 있다는 것이었다.[1]
 첫 단어부터 바르부르크는 곧장 요점으로 들어갔다. 즉 이제 역사학자는 자기가 제시하거나 해석하는 시간적 재료 — 즉 기억 — 에 대해 지배자 위치를 차지하고 있다는 생각을 거부해야만 한다는 것이다. 부르크하르트와 니체가 구축하거나 주창했을 수도 있을 역사학적 교리 때문에 두 사람이 그의 관심을 끈 것은 아니었다. 그가 보기에 실제로 두 사람은 그들이 설명한 시대의 주인maître이었기 때문이 아니라 **연루된**impliqué **시간의 신민**臣民, sujet이었기 때문에 역사학자였다. 그에 따르면 그들은 역사적 생명의 '용기'容器, Auffänger'인데, 이 역사적 생명은 여기서 정신적·기술적일 뿐만 아니라 형태학적·역동적[잠재태적] 용어로 표현된다. 기억의 파도 mnemische Wellen, 동요 또는 더 좋게는 "기억의 파동ondes mnémiques"2이 바로 그것이다.

부르크하르트가 구상한 시간의 징후학 그리고 잠재력과 위기의 시간적 놀이, 그는 이제부터 이 모든 것을 (사실은 더 골치 아픈) 지질학적 은유로 표현하려고 했다. 왜냐하면 기억의 동요 또는 파동은 완전히 유동적이지는 않은 (문화와 역사라는) 요소를 가로질러 영향을 미치며, 그것을 통해 긴장, 저항, 징후, 위기, 균열 그리고 재앙이 발생하기 때문이다. 한때 그가 말한 대로 이 "인간 지식의 여러 영역을 통해 계속 들리는 기본 화음"3, 잔존하는 것의 '화음'은 여기서는 '파동' 형태를 띠는데, 그것은 충격파, 균열 과정으로 이해되어야 한다. 그것이 바로 부르크하르트와 니체의 역사 저술의 전형적 성격이 여기서 지구의 보이지 않는 운동을 기록하는 장치인 지진계 형태를 띠는 이유이다.

우리는 부르크하르트와 니체 속에서 기억의 파동의 용기als Auffänger der mnemischen Wellen를 찾아내야 하며, 세계에 대한 의식Weltbewusstsein이 두 사람 각자에게 서로 다른 방식으로 영향을 미치고 있음을 이해해야 한다. 우리는 두 사람이 각각 서로를 밝혀주도록 하고, 그런 반성이 우리로 하여금 부르크하르트를 [역사학자라는] 자기의 전문직업에 따른 시련을 감수한 사

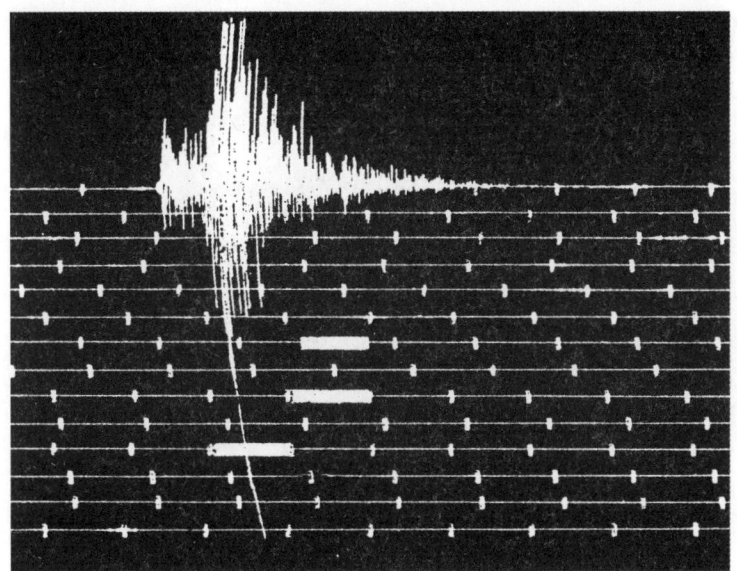

〈그림 9〉 칠레 지진의 지진계. 지진학자 비헤르트Emil Wiechert의 무정위 진자Pendule astatique를 이용해 얻은 지진 기록. 발로르F. de Montessus de Ballore, 『현대지진학La Sismologie moderne』(파리, 1911년), 그림 19.

람als Erleider으로 이해하는 데 도움이 되도록 노력해야 한다. 두 사람 모두 파동[즉 충격파와 기억의 파동]을 받아들여 전달할 때 근원까지 흔들리는 매우 민감한 지진계sehr emfindliche Seismographen였다.[4]

* * *

전문 기술적 용어를 이용한 이 비교에 대해 잠시 생각해보자. 먼저 지진계란 지진이라는, 엄청난 재난을 일으킬 수 있는 **땅 밑의 움직임** — 보이지 않는 움직임, 심지어 어떤 방식으로도 느낄 수 없는 움직임 — 을 기록하는 장치를 말한다.(〈그림 9〉) 19세기 말에 지진계는 그래픽 기

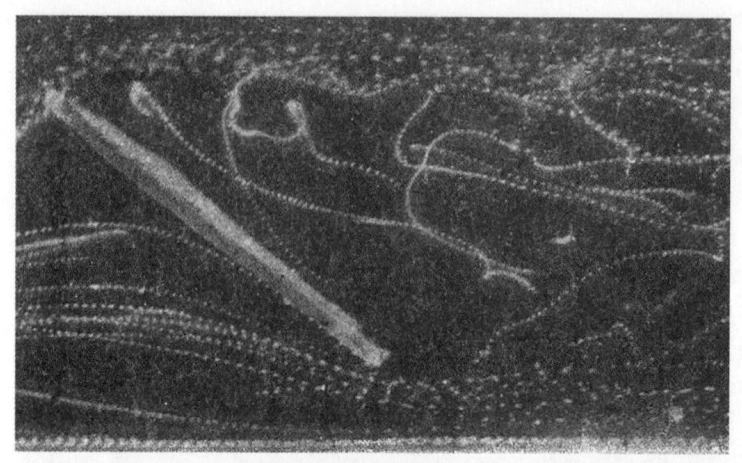

〈그림 10〉 에티엔-쥘 마레, 액체 현탁액에 밝은 방울로 시각화시킨 물방울의 운동 그리고 표면과 마주친 물줄기(1892~1893년). 고정판에 크로노포토그래피(파리, 콜레주드프랑스).

록 기술의 향상 덕분에 가장 결정적인 발전을 이루었다.5 그런데 현상을 기록하는 일과 관련된 과학이 겉으로 드러나는 흔적을 기록하는 기술로 궁극적으로 망라하길 원하는 것은 사실상 모든 현상 그리고 '현상-아래' 영역(보이는 것과 보이지 않는 것, 느낄 수 있는 것과 없는 것, 물리적인 것과 정신적인 것)이다. 그런 식으로 '기록의 에피스테메épistémè de enregistrement'라고 부를 수 있을 것을 둘러싼 쟁점 및 그에 따른 결과와 관련해 아마 『그래픽적 방법La méthode graphique』(1878년)6에서 마레Etienne-Jules Marey가 제시한 것보다 더 나은 종합은 찾아볼 수 없을 것이다.

잘 알려진 대로 그의 이름은 크로노포토그래피chronophotography 분야의 발전과 관련되어 있다.7 이미 1967년에 헤크셔William Heckscher는 시간과 운동에 관한 그러한 사진적 접근 그리고 이미지의 '격렬하게 움직이는 생명bewegtes Leben'이라는 바르부르크의 개념 간의 유사성에 주목했다.8 보다 최근에 미쇼Philippe-Alain Michaud는 이 유사성을 역설적이게도 형상의 탈구축을 낳는 지점까지 확장시킨 바 있다.

> 형상figure은 더 이상 변모나 상태가 아니라 몸속에서 실현되는 에너지의 발현으로 이해된다. …… [마레의 실험에서] 은색 단추를 부착한 남자의 몸은 사진판에서 사라진다. 마치 그것은 [바르부르크의 설명에서] 님프의 몸이 연구서류에서 사라지고 다른 형상에, 운동 중인 에너지의 형상에 자리를 내주는 것과 마찬가지이다.9(〈그림 10〉, 〈그림 11〉)

그러나 **어떤 신체의 재현과도 관련이 없는 이런 움직임의 형성**은 크로노포토그래피 방법의 미학적 결과에만 머물지 않는다. 그것은 말 그대로 그가 사진술에 의지하기 전에 일반적인 '그래픽 방법'으로 정교화시킨 인식론적 조건으로 되돌아간다. 방법론적 관점에서 보았을 때 크로노포토그래피는 운동이라는 측면에서 사진의 연장으로 보기 어렵다(일반적으로 여기서 영화의 전사前史를 본다). 이보다는 그가 초기 작업을 시작할 때 적합한 도구로 찾아냈던 **크로노그래피**chronography['시간의 기록'이라는 의미이다]라는 특정한 광학적 매개 사례가 사진의 연장에 더 가깝다.10 1866년에 동물생리학 실험의 일환으로 그는 자신이 말한 근육경련의 '진정한 형태'를 정의하려고 했다. 그것은 **인간 신체의 지진계**에 해당하는 기록장치를 통해 '그래프로 결정'될 필요가 있었다. 그런 장치는 생명체의 가장 미묘한 운동 및 '시간'의 기록 및 **그래프**를 제공할 수 있는 도구였다.11

'그래픽적 방법론'은 마레가 최상의 "현상 재현 양식"12이라고 최초로 정의했던 것이다. 그의 말대로 이 '기록 양식'은 재현이라는 개념 자

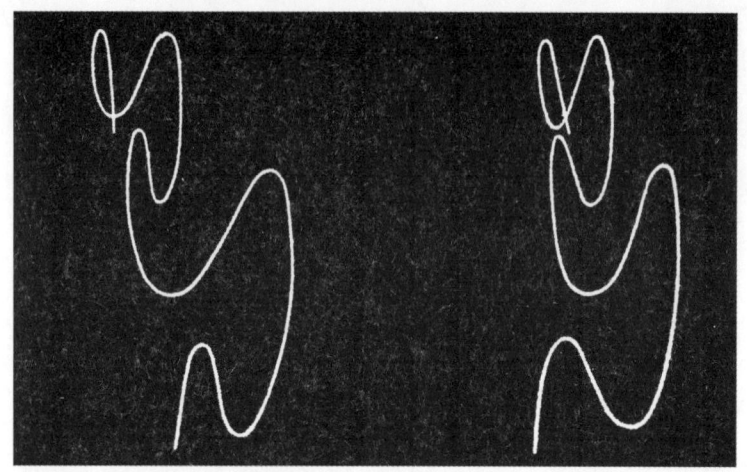

〈그림 11〉 마레, 카메라로부터 멀어지면서 걷는 사람의 허리 높이에 달린 밝은 점이 그리는 입체적 궤도(1894년). 고정판에 크로노포토그래피, 마레, 『움직임Le mouvement』(파리, Masson, 1894년).

체가 궁극적으로 두 개의 상보적 측면으로 갈라진다는 사실 때문에 역설적이다. 즉 한편으로 '크로노그램chronogram'은 순서가 뒤바뀐 추상적 **형성**formule이다. 그것은 가장 상식적인 의미에서 '특정 점들'의 연결선을 통해 둘 이상의 변인 간의 순수한 관계를 나타내는 **그래프**로 만들어진다. 따라서 크로노그램이라는 형성은 재현-이상적이고, 간접적이며, 순수하게 상징적이다.*

하지만 다른 한편으로 그는 그래픽적 방법론에 더 많은 것을 요구한다. 이 방법론이 현상 자체의 "직접적 표현 양식"13이 되길 원한다고 말

* 재현-이상méta-représentation과 곧 등장할 재현-이하infra-représentation라는 개념의 차이는, 간단히 말해, 추상적 개념을 통해 현상을 상징적으로 재현하느냐 아니면 정반대로 구체적 사물이나 현상 자체를 직접적으로 재현하느냐의 차이를 말한다. 크로노그래피 기록장치의 드럼을 통해 움직이는 특정 점들 간의 관계라는 추상적 개념을 직접적·구체적 현상으로 포착한다는 것이다.

한다. 따라서 원래 분리되고 불연속적이던 '특정 점들'은 운동의 시간적 **연속체**와 완전히 결합되어야만 했다. 단순한 형성의 상태는 '신체 상태의 변화를 시시각각 기록'하자마자 변한다. 다시 말해 **연속적 그래프**의 재현은 생성되자마자 변하게 되는 것이다. 이를 위해서는 이제 "연속 녹화가 가능한 장치"14를 위한 기술만 개발하면 된다. 이 단계에 이르면 **크로노그래피**를 발명할 수 있게 되는데, 말하자면 기록장치의 드럼(19세기에는 단순히 연기로 검게 그을린 드럼이었다) 위에 "지속을 새기는 장치의 바늘 stylus로 운동을 전송"15시키는 장치였다. 여기서 '전송transmission'이라는 단어는 매우 중요하다. 그것은 재현-이상적 실체인 **형성**을 재현-이하적인 **지표**index로 만드는 것이다. 이 지표는 물리적 연장이며 운동을 직접 실시간으로 전달한다.

문제의 본질은 이렇다. 그 자체로 추상적 형성은 정확히 재현하는 것이 아니라 오히려 수반되는 현상과 직접 접촉한다는 것, 즉 모든 것을 한꺼번에 촉각적으로 '전송', '기입', '표현'한다는 것이다. 이미 언급한 대로 동일한 양극성은 **파토스형성**과 **역량기록**dynamogramm[힘의 양을 기록하는 장치]이라는 바르부르크 개념에서도 발견될 것이다. 그것은 흔적tracé이라는 **현실태적이고 잠재태적인 파악 방식**conception énergétique et dynamique을 전제로 한다.* 그러한 흔적은 (비록 기술적 의미와 미학적 의미로

---

* 여기서 énergétique, dynamique라는 이 단어는 이중적 의미를 갖는다. 일상적으로 사용되듯이 에너지적, 역동적이라는 의미도 있지만 두 단어는 아리스토텔레스의 개념인 에네르게이아energeia와 뒤나미스dynamis와 관련되어 있다. 아리스토텔레스에 따르면, 사물은 무엇인가가 될 수 있는 질료hyle와 그 질료를 무엇인가가 될 수 있게 하는 형상eidos으로 구별된다. 개별적인 사물은 정적静으로는 질료와 형상의 결합으로 볼 수 있지만, 동적動으로는 질료에 형상이 부여되고 있는, 즉 무엇인가가 될 수 있던 질료가 사물로 현실화되는 과정이다. 여기서 질료처럼 무엇인가가 될 수 있는 역동적인 상태를 뒤나미스(잠재태, 가능

이해할 수밖에 없는 단어인 바늘[양식]로 매개되긴 하지만) 유기체 운동의 반사적 연장prolongement réflexe으로 간주된다. 또한 **그래픽 기록 영역**의 상당한 확장을 전제한다. 바르부르크가 이야기하는 지진계는 그런 '운동기록장치'의 특수한 사례에 불과하다. 왜냐하면 마레는 아래와 같은 장치를 포괄하며 전체 체계를 세심하게 구성했기 때문이다. 팬터그래프, 하미오그래프, 액셀로그래프, 오도그래프, 마이어그래프, 뉴모그래프, 카디오그래프, 레오그래프, 헤모드로그래프, 림노그래프, 카이머그래프, 더모그래프, 스피그모그래프 그리고 여러 폴리그래프.* 그가 묘사하는 이 모

태 또는 순수 결여태) 그리고 질료가 형상을 부여받아 무언가로 되어가는 상태를 에네르게이아(현실태)라고 아리스토텔레스는 구분했던 것이다. 뒤나미스는 에네르게이아가 될 수 있는 가능적 존재이다. 예를 들어 씨앗은 나무라는 에네르게이아의 뒤나미스이다. 한편 질료가 형상을 부여받아 완전하게 현실태가 된 것을 엔텔레케이아entelecheia(완성태)라고 한다. 아리스토텔레스 이후 오랫동안 질료는 이데아적 형상을 받아들여야만 에네르게이아로 현실화될 수 있는 수동적인 것으로 이해되어왔다. 질료는 형상의 가능성에 불과하다는 것이다. 그런데 만약 어떤 질료가 적극적으로 형상을 받아들이지 않으려고 할 때, 그것은 형상없는 무언가로 남을 수도 있다. 형상없음informel이라고 말할 수도 있는 이것은 어쩌면 질료의 운동 그 자체 혹은 질료의 역동성이 남긴 흔적일 것이다. 또 한편으로 이 흔적은 언제나 지금은 부재하는 형상을 지시할 수도 있다. 그것은 한때 존재했으나 지금은 존재하지 않은 것의 흔적을 지시할 수도 있고 애초부터 양가적으로 존재하던 것의 다른 한편을 흔적으로 지시할 수도 있다. 예를 들어 여성이라는 양가적 단어에는 남성의 부재가 흔적으로 남아 있다. 마찬가지로 비정상, 움직임, 생명, 말하기 등은 정상, 정지, 죽음, 글쓰기라는 양가성의 다른 편을 흔적으로서 환기시킬 수도 있는 것이다. 이렇게 본다면 흔적은 질료 그 자체인 잠재태인 동시에 형상을 부여받지 않더라도 현실태가 될 수도 있는 무언가라고 말할 수 있다. 이에 따라 여기서 흔적 개념을 정의하는 이 단어는 에너지적, 역동적이라는 일상적인 의미보다 현실태적, 잠재태적이라고 번역하는 것이 더 나을 것이다.
흔적tracé은 '형상은 질료의 흔적에 불과하다'고까지 말하는 데리다의 철학에서 아주 중요하게 다루어지는 개념이다.

* 이 다양한 기록장치를 간략히 설명하자면 이렇다. 팬터그래프pantographs는 도형을 확대 또는 축소시켜 그리는 장치이며, 액셀로그래프accelerographs는 가속도계, 오도그래프 odographs는 주행 및 보행기록계, 마이어그래프myographs는 근육운동기록계, 뉴모그래프pneumographs는 호흡기록계, 카디오그래프cardiographs는 심박동기록계, 레오그래프

든 장치는 액체 파동의 전파부터 진동, 삼키기 또는 음소의 발음 현상에 이르기까지 적어도 쉽게 관측할 수 있는 현상의 일시적 표식(특징)을 기록하는 기능을 갖고 있었다.16

비록 지진계라는 바르부르크의 비유는 19세기에 이미 널리 알려져 있던 기술 유형의 사례를 이용한 것이긴 하지만 그것은 매우 특수한 것으로 드러났다. 그에 따르면 위대한 역사학자 부르크하르트와 니체는 어떠한 '폴리그래프' 또는 '크로노그래프'와도 비교할 수 없다. 그가 지진계에 대해 이야기하는 이유는 그가 보기에 더 이상 시간이 마레가 생각했던 시간이 아니기 때문이다. 다시 말해 더 이상 시간은 어떤 크기가 아니며 현상의 필수적·연속적 변인도 아니다. 오히려 시간은 훨씬 더 신비롭고, 자체로 파악하기 어려우며 무시무시한 것이다. 그가 역량기록dynamographe이라는 비유를 사용한 이유는 이미지의 역사에서 분석해야 할 운동의 복잡한 특징을 가리키기 위해서였다. 그런 이미지는 결코 한 측면으로 환원될 수 없다. 왜냐하면 이미지는 **힘** 그리고 그에 따라 잠재하는 **역동적 형태들**formes dynamiques을 끌어내기 때문이다. 그것이 미술사에서 '생명Leben'과 '잔존Nachleben'에 관한 모델에서 출발해 생물학적·심리학적 모델에 대해 계속해서 사유해야만 하는 이유이다. 또 그가 1927년도 세미나에서 언급한 지진계는 '역사적 생명'의 매우 위협적인 특징을 가리키는 것이기도 했다.

rheographs는 혈액흐름기록계, 헤모드로그래프hemodromographs는 혈류속도계, 림노그래프limnographs는 수위水位측정계, 카이머그래프kymographs는 동태動態기록계, 더모그래프thermographs는 온도기록계, 스피그모그래프sphygmographs는 맥박기록계, 폴리그래프Polygraphs는 다용도기록계를 말한다.

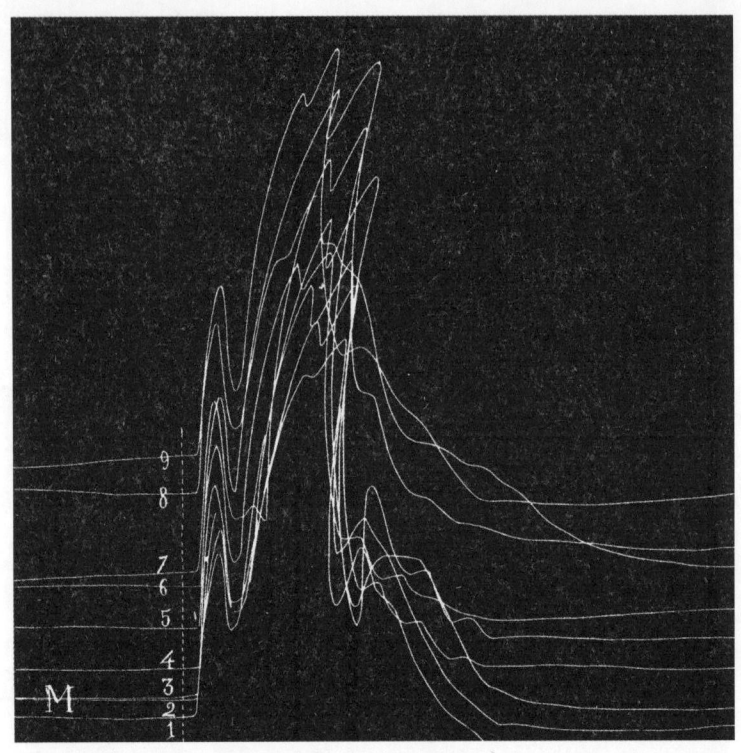

〈그림 12〉 히스테리 징후 여성의 근운동 기록도: 몽유병 중의 근육 경련. 리쉐P. Richer, 『히스테리 또는 히스테리-간질에 관한 임상 연구Études cliniques sur la grande hystérie ou hystéro-épilepsie』(파리, Delahaye et Lecrosnier, 1885년), 642페이지

* * *

    그것은 어떤 위협일까? 시간은 항상 보이지 않는 크레바스의 가장자리로 우리를 데려다 놓는다. '역사학자-지진계'는 여기저기서 발생하는 가시적인 운동을 기록하는 단순한 장치가 아니다. 무엇보다 '역사학자-지진계'는 보이지 않는 운동의 기록장치이자 전송장치이다. 그런 운동은 우리가 걷는 땅 밑에서 일어나 움푹 파인 곳을 만들고 스스로 나타날 (예

상치 못할) 순간을 기다리고 있다. 부르크하르트가 시간의 '병리학'과 '징후학'에 대해 말한 데는 이유가 있다. 슈미트의 지진계가 지구의 지각운동에 귀를 기울이고 샤르코의 역량기록이 히스테리증자의 몸에 귀를 기울이듯이, 문화의 역사학자는 항상 보이지 않는 운동에 귀를 기울여야만 한다. 이 환자의 몸은 몽유병적 '잔존' 상태에 돌연 빠진 후 자체에 고유한 지진인, 위기의 **히스테리의 아우라적 전조**aura hysterica 단계에서 대기 상태에 있게 된다.17(〈그림 12〉)

실제로 위협은 이중적이다. 한편으로 역사학자-지진계는 촉각적으로 시대의 징후, 진동 또는 충격파를 반영하는 자신만의 **양식**style을 [바늘로] 기록한 후 다른 사람이 볼 수 있도록 기록 드럼 위에 시각적으로 전송한다. 그런 식으로 역사학자-지진계는 여러 징후에 관한 지식을, 즉 인식된 역사적 지식을 모든 실증주의적 확실성과 구분하는 '반작용에 의한par contrecoup' 지식을 습득한다. 하지만 다른 한편으로 바르부르크는 시간의 지진이 기록장치 자체에도 영향을 미쳤다고 주장한다. 시간의 파동이 발생했을 때surviennent 또는 마음속에 떠올랐을 때souviennent '매우 민감한 지진계'는 바닥부터 떨린다. 따라서 지진계는 다른 사람이 읽을 수 있는 '시간의 병리학pathologie du temps'이라는 **징후에 관한 지식**으로 충격파를 외부로 전달한다. 하지만 또한 지진계는 자기 자신을 잃을 위험성도 있는 '시간의 감정이입empathie du temps'이라는 징후의 경험으로 충격파를 자기 내부로 전달한다. 그것이 역사학자라는 '직업상의 위험'을 정당화하기 위해 바르부르크가 여기서 제안하는 **이미지의 변증법**일 것이다.

02

타임라인:
역사학자는 심연의 가장자리를 따라 걷는다

부르크하르트와 니체 각각의 양식을 구별하면서 그가 새로운 양극성을 설정한 것은 바로 그런 배경에서였다. 한편에서는 부르크하르트라는 지진계가 진동한다. 그는 과거의 영역에서 오는 파동die Wellen aus der Region der Vergangenheit을 받고 거기서 오는 모든 위협을 경험한다. 하지만 진동하면서 모든 역사적 지식을 치환시키고 개방시킨다. 그는 역사의 새로운 영역, 즉 신중하게 옮겨 써서 궁극적으로는 역사 일반, 특히 르네상스에 대한 우리의 전체적 시각을 변화시킬 '기초적 생명의 조각Stücke elementaren Lebens'이 드러나도록 만든다. 그러나 그는 진동하면서도 부서지지 않으려고 노력했다. 부르크하르트는 감정이입을 억제하고 '충만한 의식volles Bewusstsein'을 온전히 보전하려고 애쓰면서 시간이라는 지상의 경험으로부터 최선을 다해 스스로를 보호했다. 그에 따라 잔존의 유령을 내쫓고 위협을 멀리함으로써 스스로 계몽주의의 승리자가 되었다. 마침내 그는 과거의 현명한 영매靈媒, Nekromant가 되길 열망한다. 그는 경험을 위한 능력을 억누르고 평생 바젤대학교의 "소박한 선생ein-facher Lehrer"18으로 머물며 안정성을 유지한다.

다른 한편에서 니체라는 지진계가 진동했을 때, 모든 것이 흔들리며 크게 떨리기 시작했다. 그는 시간의 파동을 온전한 힘으로 받았다. 그는 그 속에 너무 깊이 연루되어 마침내 빠져죽게 될 것이다. 그도 역시 모든 역사적 지식을 치환시키고 개방시킨다. 하지만 스스로를 열어젖히고 십자가에 못 박힌다. 어떤 경험으로부터도 보호받지 못하고, '의식'을 온전히 보전하려고 애쓰지도 않은 채 모든 유령과 모든 위협을 불러내고 계몽의 지성과 지식의 전달을 포기하면서 부서진다. 바르부르크의 1927년도 세미나 중간 부분 전체는 토리노에서 니체가 광기에 빠지는 사건에 대한 상세한 설명에 할애되었다. 바르부르크는 니체와 부르크하르트가 상반되는 유형의 예언자를 대표한다고 결론지었다. 니체는 "거리를 달리며 옷을 찢고 고통에 겨워 비명을 지르는 고대의 예언자 나비 같은 유형 Typus eines Nabi"19이다. 이 지진계는 산산조각 나기 직전에야 간신히 시간의 판결을 기록할 시간을 갖는다.

광기에 빠진다는 것의 의미를 본인의 경험으로 알았던 바르부르크는 이 모든 것에 매혹되었다. 그러나 그를 더욱 매혹시킨 것은, 이 두 가지 '예언자 유형Sehertypus'의 양식적 **대립**이 역사학자의 작업(그의 용어로 '정신공학Psychotechnik')을 매우 어렵게 만드는 원인이 되는 단일한 실체를 구성할 정도로 단단하게 묶여진 매듭 형태를 취할 수 있었다는 것이다. 그에 따르면 니체는 언제나 부르크하르트와 함께 붙어 있다. 둘 간의 연결고리는 멀어지더라도 일정하게 유지되었으며 불가능해지더라도 여전히 서로에게 필요했다.20 사실 철학자 니체가 지나치게 겸손한 역사학자 부르크하르트에게 보여준 존경심은 단 한 번도 흔들리지 않았다. 니체는 부르크하르트를 중요한 인물이자 유일한 '대가'라고 생각했다. 두 사람은 그리스(또한 일반적으로 고대의 운명), 문화 개념, 역사를 실천하는 방법, (부르크하르트가 서로 냄새를 맡으려고 끝없이 몰려드는 개떼에 비유한) 학계를 멀리한 사상가에게 필수적인 고독 등의 몇몇 중요한 견해를 공유했다. 니체는 부르크하르트와 함께 "절망에서 벗어나길 거부하는"21 사람들 편에 본인을 세워둔다. 그리고 다시 바르부르크는 내면으로부터 그것을 이해할 수 있었다.

부르크하르트에게 보티첼리에 관한 논문을 보냈을 때 그의 나이는 26살이었다. 같은 나이에 니체는 부르크하르트의 세미나를 듣고 가까운 친구에게 다음과 같은 편지를 쓸 만큼 열정적이었다.*

> 나는 매주 역사 연구에 대한 그의 한 시간짜리 강의[부르크하르트 사후 『세계 역사의 관찰』로 출판된다]를 듣고 있어. 곰곰이 생각해볼 내용을 건드리는 기묘한 굴절과 굴곡을 지닌 그의 깊은 사유 과정을 파악할 수 있는 사람은 60명의 수강생 중에는 아마 내가 유일한 것 같아. 나는 강의를 들으면서 처음으로 즐거움을 맛보고 있어. 내가 나이가 좀 더 들면 할 수 있을 것 같은 종류의 강의가 이런 거야.22

나중에 니체는 본인의 모든 책을 부르크하르트에게 보냈다. 부르크하르트는 '원인에 관한 사유'의 무능력을 주장하고 철학자의 '영혼의 자유'에

---

* 부르크하르트가 1818년생, 니체가 1844년생, 바르부르크가 1866년생이다. 1870년에 26살의 니체가 부르크하르트의 수업을 들었을 때 그는 52세였으며, 1892년에 26살의 바르부르크가 부르크하르트에게 논문을 보냈을 때는 74세였다. 그보다 3년 전인 1889년에 45세의 니체는 완전한 정신붕괴를 겪고 쓰러졌으며, 5년 후인 1897년에 부르크하르트는 79세로 세상을 떠난다. 다시 그로부터 3년 후인 1900년에 니체는 56세로 세상을 떠났다.

경탄하는 그의 책을 거리감과 지나친 겸손이 기이하게 뒤섞인 채로 받았다. 그는 니체에게 '당신처럼 사유의 신전에 침투'한 적이 없다고 말한다. 요컨대 니체의 모든 사유가 "[그의] 빈약한 머리보다 훨씬 더 위"[23]라고 생각하고 있었던 것이다.

    이 두 사람 간의 미출간 서한에 접근할 수는 없었지만 바르부르크는 이 거리감 자체가 답이 됨을 잘 이해했다. 부르크하르트는 그의 젊은 친구를 위협한 붕괴Zusammenbruch를 접한 역사학자의 신중한 입장으로 물러섰던 것이었다. 1927년도 세미나를 연구하면서 오늘날 우리가 갖게 되는 인상은 그런 것이다. 토리노 시절 이후로 니체는 바젤의 지진계가 이미 본인의 심적 지층의 운동을 모두 기록했음을 이해했을 것이다. 자신의 지진이 발생한 직후의 니체가 도움을 요청하려 했던 사람이 다름 아닌 부르크하르트였음을 달리 어떻게 설명할 수 있을까?

[1889년 1월 4일, 토리노]*

존경하는 야콥 부르크하르트께.

이 말은 시시한 조크로, 그것 덕분에 저는 제가 세계를 창조하는 지루함을 용서할 수 있었습니다. 이제 당신은 우리의 위대한, 가장 위대한 스승입니다. 왜냐하면 아리아드네와 함께 모든 것의 황금률이 될 수밖에 없으며 모든 면에서 우리보다 우월한 사람들이 있기 때문입니다.

디오니소스

[1889년 1월 6일, 토리노]

* 니체는 1889년 1월 3일 아침 산책 도중에 토리노의 카를로 알베르토 광장에서 마부에게 채찍질 당하던 말의 목을 비명을 지르면서 끌어안고 쓰러졌다고 전해진다.

친애하는 교수님

마침내 저는 신보다는 더 바젤의 교수로 살고 싶었습니다. 하지만 신의 일인 세계창조를 소홀히 할 만큼 제 개인적 이기주의를 그리 심하게 밀고 나갈 수는 없었습니다. 아시다시피 사람은 어디서 어떻게 살든 희생할 줄 알아야 합니다. …… 저는 나쁜 농담으로 다가오는 영원을 즐길 수밖에 없기 때문에 여기 이 서류 뭉치들은 사실 조금도 아쉬울 것이 없습니다. …… 제가 처음 하는 나쁜 농담 두 개를 들어보세요. 프라도 사건을 너무 심각하게 받아들이지 마세요. 제가 바로 프라도입니다. 저는 또 프라도의 아버지이기도 합니다. 감히 말하지만 또한 저는 레셉스입니다. …… 저는 또 샹비주입니다. 또 다른 정직한 범죄자 말입니다. 두 번째 농담: 저는 불멸의 존재에게 경의를 표합니다. …… 불쾌하고 제 신중함을 불편하게 만드는 것은 기본적으로 제가 역사 속의 모든 이름이라는 사실입니다. …… 이번 가을에 가능한 한 가볍게 입고 저는 두 번이나 연속으로 제 장례식에 참석했습니다. 첫 번째는 로빌란트Robilant 백작으로 참석했지만(아니 더 깊은 본성에서 저는 카를로 알베르토Carlo Alberto이기에 그는 제 아들입니다), 제 자신은 안토넬리Antonelli였습니다. 친애하는 교수님, 당신은 이 건축물을 보셔야 합니다. …… 어떤 비판이라도 좋겠습니다. 제가 그것으로부터 어떤 이득을 얻을 수 있으리라고 약속드릴 수는 없지만 그에 대해 당신께 감사드립니다. 우리, 예술가들은 가르치기가 어렵습니다. …… 저의 모든 애정과 함께.24

니체*

* 이 편지는 니체가 생전에 남긴 마지막 편지로 알려져 있다. 이 편지에 등장하는 프라도Prado, 샹비주Chambige는 1888년에 일어난 살인사건의 범죄자들이고, 레셉스Ferdinand de Lesseps는 수에즈운하 건설 책임자였던 프랑스 외교관이다. 1881년부터 다시 파나마운

1927년도 세미나에서 바르부르크는 이 편지를 인용할 수 없었다. 실전되어 사라졌다고 생각했기 때문이다. 하지만 그는 부르크하르트가 이 정신 나간 요청을 받은 후 이어간 사건에 대해서는 거의 매시간마다 반복해서 이야기했다(이 세미나가 미술사 방법론에 관한 것이었다는 맥락을 생각해보면 매우 이상한 일이다). 부르크하르트는 이 편지를 읽자마자 니체 친구인 오버벡Overbeck에게 달려가 상황을 경고했고, 즉시 토리노로 떠난 그는 그곳에서 "완전한 붕괴Vollständiger Zusammenbruch"25 상태로 몸을 가누지 못하는 니체를 발견한다. 하지만 바르부르크가 언급하지 않은 중요한 세부 사항이 있다. 그것은 토리노에서 돌아오는 길에 니체가 위대한 정신분석학자 오토 빈스방거Otto Ludwig Binswanger의 치료를 받은 사실이다.26 그는 바로 1921~1924년까지 '완전한 정신 붕괴 상태'가 된 천재적인 미술사학자[바르부르크]의 치료에 최선을 다한 루트비히 빈스방거의 삼촌이었다.

크로이츠링엔에 머물 때 바르부르크는 그보다 앞서 그곳에 입원했던 결출한 전임자 니체의 주요한 임상적 특성에 대해 들었을 수도 있다. 그

하 건설에도 착수했지만 여러 스캔들과 난항을 겪다가 결국 1889년 1월에 파산했다. 로빌란트 백작Carlo Felice Nicolis, conte di Robilant은 1888년 10월에 사망한 토리노 출신의 이탈리아 정치인이다. 안토넬리Alessandro Antonelli 역시 1888년 10월에 사망한 토리노 출신 건축가이다. 몰레 안토넬리아나mole Antonelliana라는 토리노의 대표적 건축물을 지었다. 카를로 알베르토Carlo Alberto는 1831~1849년까지 재위한 이탈리아 사르데냐 왕국의 국왕으로, 그를 이어받은 아들이 통일 이탈리아의 초대 국왕인 비토리오 에마누엘레 2세 Vittorio Emanuele II였다. 샤르데냐 왕국의 수도였던 토리노에 니체가 머물던 1888년 무렵 당시 국왕이던 움베르토Umberto 1세는 그의 아들이었다. 이 편지의 추신에서 니체는 스스로를 움베르토 1세의 아버지인 비토리오 에마누엘레 2세로 소개하기도 한다. 니체의 편지에 관해서는 Crawford, C(1995). *To Nietzsche: Dionysus, I Love You! Ariadne*, SUNY Press, p. 147을 참조하라

의 방을 가득 채운 '밝게 빛나는 유령', 갑자기 소생한 고대의 신들, 애니미즘, 실제로는 악마주의로까지 발전시켰던 감정이입의 힘에 대해 말이다. 앤들러Charles Andler에 따르면

> 니체와 대상 사이에는 더 이상 어떤 장벽도 없었다. 그는 물질과 정신에 대한 완전한 힘을 부여받았다. 그는 마법을 통해 대상으로 변하는 방법을 알고 있었다.[27]

비록 서로 동떨어져 있고 불완전해 보이지만 이 모든 특징을 바르부르크 자신이 광기에서 경험한 모든 것, 즉 악마적 잔존, 이미지의 애니미즘, 그가 체화시킨 운동적 감정이입, 다시 말해 그가 서양 문화에서 그것의 역사와 잔존을 그토록 잘 연구해왔던 미신과 고대의 파토스형성과 어떻게 연결시키지 않을 수 있을까?[28]

또한 니체의 착란에서 시작된 이와 같은 **잔존의 작용 과정**에 어떻게 충격받지 않을 수 있을까? 부르크하르트에게 보낸 1889년의 편지에서 우리는 니체가 우주를 창조한 불멸의 신, 최근에 사형선고를 받은 무명의 범죄자 샹비주 그리고 레셉스와 카를로 알베르토, 또 다른 살인자 프라도, 건축가 안토넬리와 로빌란트 백작 등과 자신을 동일시했음을 안다. 그러나 그러한 이름이 몇 개인지는 중요하지 않다. 중요한 것은 이전 편지에서는 '디오니소스'라고 서명했던 니체가 '역사 속의 모든 이름'이라고 주장한 것이다. 비록 본인이 유령이 되는 길이라 해도 니체는 모든 자연적 계보를 분해해 **계보 전체를 통합**하려고 했다. 한참 후 아르토Antonin Artaud도 멕시코 인디언 마을을 여행한 다음에 쓴 「Ci-git(여기 잠들다)」에서 비슷한 글을 쓰게 된다.[29] 그렇다면 이 모든 것이 바르부르크가 이

미지의 역사의 맥락에서 참을성을 갖고 정교하게 다듬어온 잔존의 정신병적 첨예화, 다시 말해 잠재성의 거부, 모든 시간성을 동일한 기록면 위에 함께 배치하는 것이 아니라면 무엇일까? 지진계라는 가설을 위한 극단적 사례가 아니라면 전부 무엇일까?

바르부르크의 시간 모델에 니체의 저술이 미친 영향을 살펴보기 전에 부르크하르트 그리고 역사적 **방법론**에 관한 이 세미나의 결론에서 제시된 **위기 이야기의 결정적인**, 심지어 구조적 쟁점을 이해하는 것이 중요하다. 정신착란에 빠진 니체의 **계보학적 통합**이 역사에 대한 비판을 계보학이나 영원회귀 개념을 통한 시간의 끈질긴 정교화와 분리시킬 수 없듯이, 소위 바르부르크의 **유령적 통합** 또는 '악마적', '애니미즘적' 통합 역시 미술에 대한 비판을 잔존이나 르네상스 개념을 통한 시간의 끈질긴 정교화와 분리시킬 수 없다. 그는 니체가 토리노에서 보낸 시기를 상세하게 설명한다. 왜냐하면 그가 보기에 이 시기는 역사학자의 작업에서 가능한 결과, 즉 제1차세계대전의 발발과 함께 자신이 직접 겪은 충격파의 결과를 보여주기 때문이다. 극히 민감한 지진계는 파동 위에 파동, 최근 파동 위에 먼 파동 모두를 동시에 기록하기 시작한다. 그러다가 마침내 모든 유령, '역사 속의 모든 이름'의 중첩된 잔존이 격렬한 양식으로 무질서하게 뒤얽힌다. 그리고는 부서진다.

그것을 바르부르크 본인이 만든 이름으로 불러보자. 역사학자의 작업의 정신공학psychotechnique 모델은 여기서 부르크하르트 지진계와 니체 지진계라는 이중적 형상으로 제시된다. 부르크하르트는 충격파를 받고 세심하고 끈질기게 그것을 기록한다. 만약 '충격에도 불구하고' 그것에 저항할 수 있었다면 그가 일종의 신중함(바르부르크가 자주 말한 그리스의 절제 또는 중용을 뜻하는 유명한 소프로시네sophrosyne) 그리고 자신이 기록하던 충격으로부터 거리를 유지했기 때문이다. 그럴 수 있던 또 다른 이유는 그가 자기 사유를 벽돌처럼 차곡차곡 쌓았다는 사실, 즉 그의 역사적 노력에 건축적 요소가 있었기 때문이다. 그의 사유는 공사 중인 탑과 같았다. 시간의 작업을 가시화시키는 동시에 파괴적 영향으로부터는 방어한다. '정신역사학자psycho-historien' 바르부르크는 그것을 '악마적démonique'이라고 부른다.

> 그들 중 한 사람은 파괴의 악마가 내뿜는 악마적 숨결을 느꼈고der den dämonischen Hauch des Vernichtung Dämons fühlt 탑 안으로 물러났다. 다른 한 사람은 그것과 공통된 원인을 만들고 싶었다.30

한 사람(부르크하르트)은 거리두기를 선택했고 다른 한 사람(니체)은 영향받기를 선택했다. 한 사람은 '아무 대가 없이' 지식을 가르침으로 바꾸었다고 바르부르크는 말한다. 겸손하고 신중한 입장이다. 다른 한 사람은 지식의 많은 부분을 요구하면서 지식을 변형시키며, 가진 모든 것을 그 일에 바치려고 했다. 야심차고 필사적인 입장이다. 한 사람은 역사를 위한 **정식**formule을 형성하고 다른 한 사람은 시간의 **파토스**pathos를 전달한다. 바르부르크는 자신의 입장에서 니체가『비극의 탄생』에서 이미 인식한 양극성을 본다. 그에 따라 **건축가**는 '아폴론적'으로 묘사되며, (바르부르크가 그의 파토스를 조각가 아고스티노 디 두치오Agostino di Duccio와 비교한) 다른 사람은 물론 '디오니소스적'이라고 정의될 것이다. 그런 호칭이 유형학적인 것만은 아니다. 그것은 또한 서양 문화의 이 역사학자가 자신만의 방법론적 양극성을 통해 본인이 그것들의 운명을 해석해야만 하는 '고대 신들의 잔존'을 구현시켰음을 가리킨다.

＊ ＊ ＊

1927년도 세미나의 맥락에서 제시된 이 **방법론적** 양극성도 바르부르크의 경우에는 **자서전적** 성격을 띠는 것임에 틀림없다. 따라서 부르크하르트-니체라는 쌍은 자화상의 '역량기록적dynamographique' 정식을 나타낸다. 우선 바르부르크는 공공연하게 스스로를 부르크하르트적 지진계로 표현해왔다. 문화의 역사학자, '시간의 병리학'의 감지 장치(잠재와 위기의 혼합), '과학적 자기부정Wissenschaftliche Selbstverleugnung'의 지배를 받는 연구자, '근본문제'의 통합에 주의를 기울인 사상가, 독특한 대상의 특수성에 주목하는 학자 말이다. 또 그는 표, 책과 이미지, 자료, 사실과 형태의 끈질긴 수집가였다. 그리고 시간의 불순성, 어둠의 대륙, 역사의 '살아 있는 잔해vital residues'로 인식되는 징후에 열려 있는 문헌학자였다. 그가 건설한 탑, 저 현기증 나는 〈바르부르크문화학도서관〉은 모든 징후와 모든 시간의 격변을 받아들이는 잠재적 용기容器가 되었다. 그곳은 끈기 있게 최대한 많은 지식의 저장을 원하는 곳이었다.

그러나 또한 1914년에 유럽 전체가 곤두박질치며 빠져든 격변에 직면해 그는 명백히 경련적 방식으로 휘청거리며 산산조각 날 것 같은 지진계로서의 자신을 경험했다. '고대의 잔존'의 주석가는 분명 위대한 역사 사상가 중 한 명이었다(나는 여기서 니체뿐만 아니라 벤야민, 아인슈타인Carl Einstein, 블로크도 생각하고 있다). 그들은 역사로부터 직접 충격과 영향을 받았으며, 역사에 사로잡히고 집어삼켜졌다." 그것은 [도서관이라

• 잘 알려져 있듯이 유대인이던 벤야민, 아인슈타인, 블로크는 제2차세계대전의 와중에 불행한 죽음을 맞았다. 벤야민과 아인슈타인은 나치 독일을 피해 망명자의 삶을 이어가다가

는] 탑과는 대칭되는 현기증을 불러일으킨다. 즉 그것은 각각의 사실, 각각의 형태, 각각의 어둠의 대륙이 지식과 학자 본인에게 시련을 안겨준 붕괴의 현기증이며, **징후에 대한 지식**이 **지식에 대한 징후**가 되는 현기증, 나아가 이 지식의 발명자에게 직접적 위협이 되는 현기증이다.

그렇게 보았을 때 바르부르크가 정신병 경험을 바탕으로 '지진계인 역사학자의 초상'을 소개하고, 어쨌든 발전시킨 사실은 매우 중요해 보인다. 1923년의 크로이츠링엔 강의노트에서 우리는 지진계라는 이미지를 주장하는 그를 본다. 1927년에 그는 또 다른 자서전적 맥락에서 다시 그 이미지를 받아들인다. 이 맥락은 호피인디언 여행에 관한 문제일 뿐만 아니라 이제부터는 '인생이라는 항해' 전반에 관한 문제가 된다.

그렇기에 내가 보고 체험한 것은 사물의 겉모습만 전달할 뿐입니다. 그것에 대해 무언가 말할 자격이 내게 있다면 이 풀리지 않는 문제가 내 영혼에 너무나 큰 부담을 주었기 때문입니다. 건강한 시절이었다면 이 주제에 대해 어떤 과학적 진술도 감히 하지 않았을 것입니다. 하지만 지금 1923년 3월에 여기 크로이츠링엔의 폐쇄된 시설 안에서 나는 내가 동방으로부터 비옥한 북부 독일의 평원에 이식되어 이탈리아산 가지가 접목된 묘목에서 자라난 나무의 조각으로 조립된 지진계라는 인상을 받습니다. 나는 이곳에서 내가 감지한 신호die Zeichen를 나로부터 나오도록 했습니다. 왜냐하면 이 혼란스러운 쇠퇴의 시대에 가장 연약한 사람이라도 우주적 질서로 향하는 의지를 강화시킬 의무가 있기 때문입니다. …… 내 인생을 돌이켜 보았을 때 나의 기능은 서로 다른 문화적 분위기의 구분선을 따라 놓여 있는 영혼의 지진계

나치의 프랑스 침공 이후인 1940년에 스스로 목숨을 끊었고, 블로크는 레지스탕스에 참여하다가 1944년에 독일군에게 붙잡혀 총살당했다.

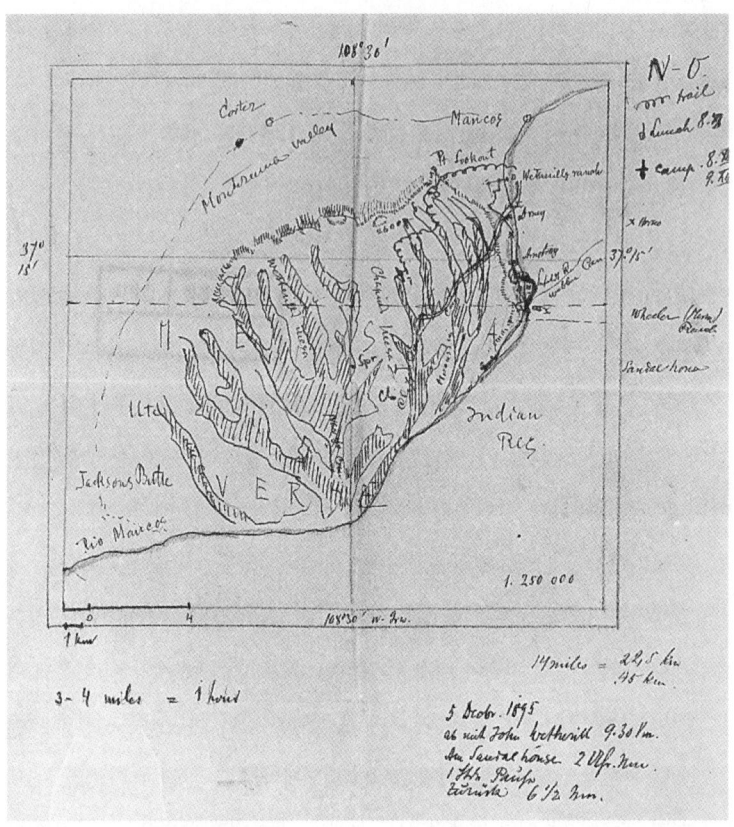

〈그림 13〉 바르부르크, 메사 베르데국립공원, 1895년 12월 5일. 연필과 펜화. '아메리카(1894~1897년)'라는 제목이 달린 일련의 서류. 런던, 〈바르부르크연구소〉 아카이브.

였던 것 같습니다. …… 본능적이고 이교적인 자연 에너지 그리고 조직적 지능 간의 극한 긴장 속의 생명을 경험하기 위한 지진계 말입니다.[31]

또 그가 때때로 '시간의 지진계'를 제작하고 스스로의 흔적을 기록해 본 사실 역시 중요하다. 1895년 10월 5~8일 사이에 메사 베르데(콜로라도)를 여행하는 동안 그는 너무 적대적이고 고통스러운 지형을 걸어가는 어려움과 그 속에서 떠오르는 고뇌를 일기에 기록했다.

> 폐렴(나의 공포증). …… 우리는 말을 타고 또 탄다. 클리프 드웰링 협곡 Cliff Dwelling Canyon. …… 침묵. 우리는 말을 탄다. 저녁 하늘. 왼쪽과 오른쪽을 보면 …… 반쯤 잠긴 암흑. …… 우리는 기다린다. '그게 당신의 유럽적 경험을 위한 거야.' 하하.32

이 텍스트는 공간적 과잉결정과 시간적 과잉결정 양면으로 읽을 수 있는 도면과 함께 기록되어 있다.(〈그림 13〉) 이 그림은 메사 베르데에 관한 노르덴셸드Gustaf Nordenskiöld의 저서를 바탕으로 횡단한, 나뭇가지 모양으로 움푹 팬 협곡 지형을 그린 지도적 보고서이다. 이 그림은 마치 외부 공간의 불안이나 내부 공간의 공포증에 사로잡힌 여정인 듯 거의 미로나 기관지의 그물망처럼 보인다. 하지만 무엇보다 그것은 두 개의 리듬 또는 두 개의 시간적 기간의 중첩을 기록하고 있다. 한편으로 이 지도는 거대한 시간의 결과 자체, 즉 지질학적 결과를 나타낸다. 각 선, 각 요철, 각 흐름은 무한히 느린 강의 흐름, — 언제인지 아무도 모르는 시간에 — 발생한 불확실한 숫자의 지진이나 화산 활동을 겪은 침식 작용에 해당한다. 다른 한편 이 그림은 얼마나 오래 걸렸더라도 머물렀던 곳, 야영지 그리고 먹은 식사까지 여행 경로의 미시적 시간 자체를 기록한다. 이것은 **시대착오적** 그림인데, 소규모 여행의 개인적·일화적 표면을 대규모 침식의 엄청난 비개인적 시간과 결합하고 있기 때문이다.

나중에 동일한 종류의 도면이 〈므네모시네mnemosyne〉라는 제목으로 알려진 아틀라스의 첫 번째 도판Panel A에 등장한다. 여기에서 그는 (동물 및 인간 모양의 별자리들로 된) 고대의 하늘 표현과 (북유럽에서 중동에

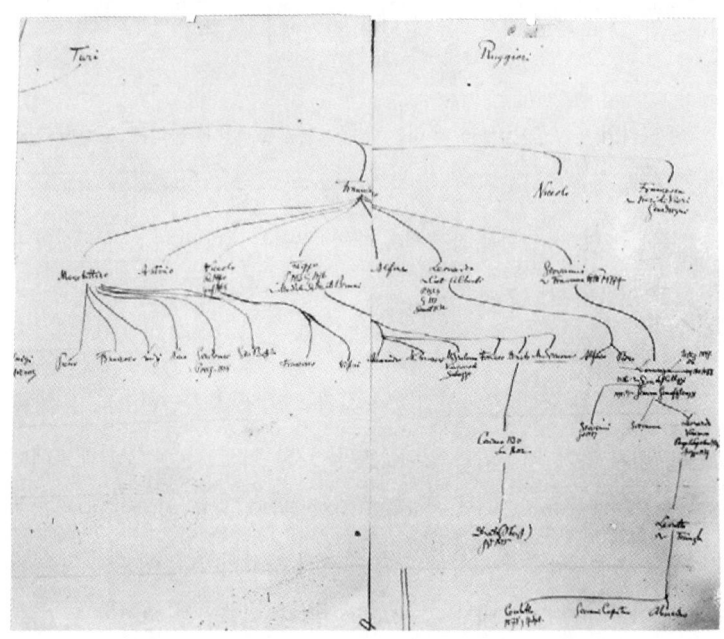

〈그림 14〉 바르부르크, 토르나부오니 가문의 가계도. 잉크화. 〈므네모시네 아틀라스〉 도판 A에 포함되어 있다(1927~1929년, 런던), 〈바르부르크연구소〉.

이르기까지) '우주론적 상징의 이주'가 등장하는 주요 장소의 도표 그리고 마지막으로 직접 그린 토르나부오니Tornabuoni 가문의 가계도를 겹쳐놓는다.(〈그림 14〉) 가계도는 그 자체로 가문의 이름이 전해지는 긴 기간과 이름을 가진 개인의 짧은 기간이라는 서로 다른 두 시간성의 리듬을 결합한다. 물론 여기에서의 천문학적·점성술적 맥락은 그런 시대착오를 강조할 뿐이다. 왜냐하면 그것은 이질적 척도 간의 관계, 바르부르크를 매혹시킨 바로 저 점성술의 실천에 기초한 관계를 말해주기 때문이다. 즉 천상의 운행의 지나치게 긴 시간 그리고 (해석 도구의 역할을 하기 위해) 어떤 대가를 치루더라도 그와 결합되어야 하는 개인의 운명의 불안

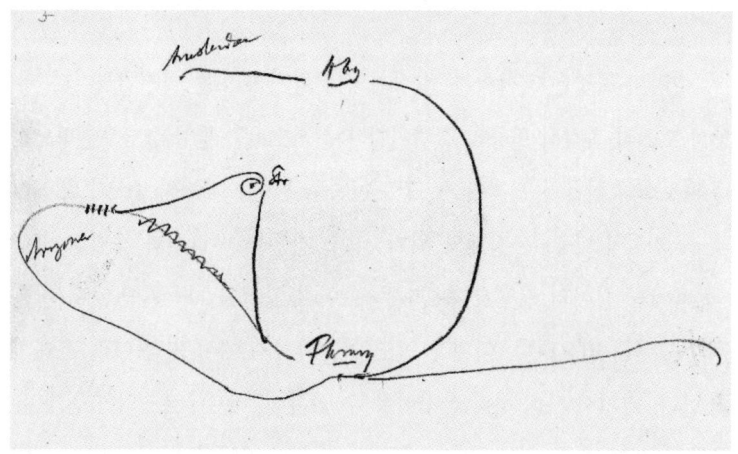

〈그림 15〉 바르부르크, 개인 지리학의 도식, 1928년, 연필화. 런던, 〈바르부르크연구소〉.
[이 그림에서 흘려 쓴 글씨는 맨 위 쪽부터 아래로 선을 따라 각각 Amsterdam(바르부르크 가문의 출신지), Hamburg(바르부르크의 출생지), Florenz(피렌체) 그리고 위로 Strasbourg(박사학위를 받았던 곳), Arizona(가장 서쪽)이며, 다시 아래로 선을 따라서 피렌체로 되돌아와서는 동쪽 어딘가로 빠져나간다. — 옮긴이].

한 현재라는 시간 간의 관계 말이다.

 심지어 [태어난] 함부르크, 그가 학생이던 스트라스부르, 애리조나 그리고 피렌체의 '문화지리학'이라는 긴 여행에 관한 비공식 스케치를 만들 때도 그것은 여전히 그의 펜에서 나온, 그의 '양식'에서 비롯된 역량기록 같은 어떤 것이었다. 충동적으로 비약하는 나선형 매듭, 가는 선, 지우기, 선 뒤집기, 갑작스러운 분기선 등이 그런 것이다. 모든 단계, 생명의 모든 시간은 한꺼번에 조여져 실행된 운명의 흔적이라는 불안한 아라베스크 무늬를 이룬다. 어떤 무의지적 기억 행위처럼, 어떤 예언 행위처럼, 단 몇 초 만에.33(〈그림 15〉)

* * *

따라서 그것은 역사학자, 사상가의 역량기록 또는 지진기록이다. 추상적 도식과 촉각적 반응의 결과이자 부분적으로는 **형성**이며 부분적으로는 **파토스**의 산물인 흔적이다. 그런 이중적 능력(이데아적 추상화 및 신체적, 즉 리듬적 반응)은 잠재와 위기 사이, 잔존survivances과 돌발적 발생 survenances 사이의 징후로 촉발되는 보이지 않거나 가끔씩만 보이는 운동의 묘사에 필요하다. 니체 본인도 미출간 유고에서 가끔 그런 스케치를 한다. 거기서 사례 하나를 찾아볼 수 있는데, 바르부르크의 그림과 유사하다. 1873년 봄에 그렸다고 기록된 종이 한 장인데, 니체는 이미 그때부터 영원회귀 개념을 표현할 방법을 찾고 있었는지도 모른다.(〈그림 16〉)

그가 이 유고에서 논의하는 문제는 그 자체로 매우 바르부르크적 문제이다. 바로 '**시간** 속에서의 운동Bewegung in der Zeit'이다. 니체가 질문하는 **영향을 미치는** 상태란 무엇인가? '모든 영향은 일정한 거리를 가야 한다.' 그것은 **운동**을 의미한다. 그리고 "그것을 위해 시간이 필요하다."34 그것은 선험적 시간이나 단지 작용이라는 모종의 임의적 시간-틀이 아니라 '시간 속에서 작용하는 힘'이라는 그것의 역학적 측면을 말한다. 따라서 한편으로 시간은 힘으로 사유해야 하지만 반대로 힘은 시간으로, 비지속성Nichtbeharren으로 사유해야만 한다.

시간은 어떤 힘의 절대적 비지속성을 증명한다.35

시간과 운동의 관계에서 니체는 시간 차원을 마레가 제안한 운동의 명백한 (물리적) 법칙으로 축소하지 않기로 결정한다. 반대로 그는 공간과 시

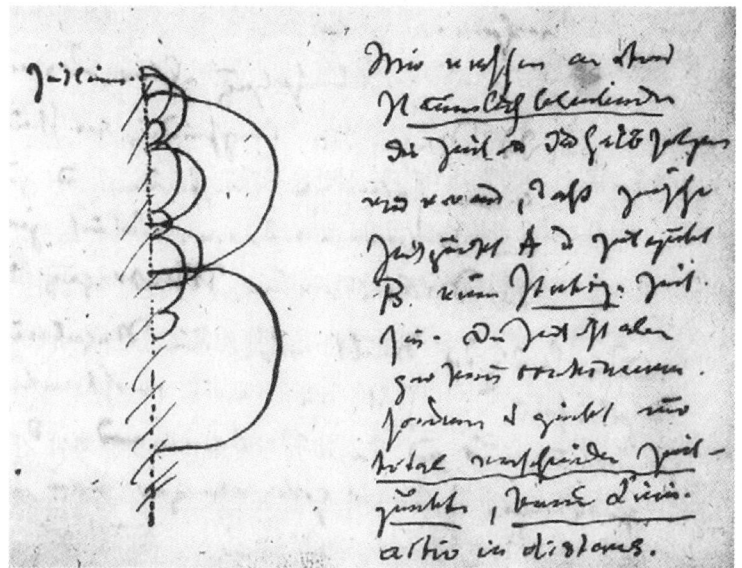

〈그림 16〉 니체, 시간의 동적 도식, 1873년 봄, 잉크화. 유고 단편 U I 5b. 바이마르, 니체 아카이브 사진.

간 간의 **역설**에 기초한 운동 문제를 제기한다.

모든 운동 법칙을 시간적 관계[시간비율]로 번역하는 것." …… 운동은 공간의 법칙에 따라 구성되며, 일단 시간을 수용하면 그러한 법칙이 불가능해

---

* "Übersetzung aller Bewegungsgesetze in Zeitproportional." 이 문장은 사실 이 메모의 다음 페이지에 등장하는 문장이다. 원래 이 부분에 등장하는 니체의 메모는 다음과 같다. "따라서 모든 공간의 법칙은 시간을 사유하지 않았다. 그것은 동시적이고 즉각적으로 존재해야만 함을 의미한다. 단 한 번에 전체 세계가. 그러나 그렇게 되면 운동은 존재하지 않는다 Alle Raumgesetze sind also zeitlos gedacht, das heiβ t müssen gleichzeitig und sofort sein. Die ganze Welt in einem Schlage. Dann aber giebt es keine Bewegung"(26=U I 5b, 1873, Frühjahr; F. Nietzsche, 1872~1874, p. 315~316, 이상엽 역[2002], 217페이지. 참조).

진다는 모순에 시달린다. 즉 그것은 존재하기도 하고 동시에 존재하지 않기도 하는 것이다.36

운동을 시간적 관계로 번역한다? 시간적 관계를 작동하는 힘으로 제시한다? 이 모든 것이 **반복 속의 차이**la différence dans la répétition 또는 들뢰즈 식으로 **시간 속의 불연속**임을 알려면 이런 요구사항을 작성하는 것만으로 충분할 것이다. 또 이미 유령의 운동과 징후의 운동이 지배하는 시간 개념 전체를 제시하려면 ('간격 속에서의 작용'이라는 관점에서) 불연속을 도입하는 것만으로 충분할 것이다. 감히 말해 그것은 **차이, 간격** 그리고 **리듬**을 동시에 사유하는 '지진계' 프로젝트로 시작된다.

반대로 절대적으로 변하고 어떤 순간에도 동일하지 않은 힘만 작용할 수 있다. 모든 힘은 단지 시간의 기능일 뿐이다.
(1) 연속적으로 잇따르는 시점들 간의 작용은 불가능하다. 왜냐하면 연속되는 두 개의 시점은 한 점에서 일치할 것이기 때문이다. 그러니까 모든 작용은 간격 속에서의 작용actio in distans, 즉 도약을 통해 실행된다.
(2) 그런 유형의 작용이 간격 속에서 어떻게 가능한지 우리는 전혀 모른다.
(3) 그런 유형의 작용의 본질에는 다양한 수준의 속도가 새겨져 있다. 즉 시간의 기능으로서의 힘은 가깝거나 먼 지점의 관계 속에서, 다시 말해 빠르게 또는 느리게 자신을 드러낸다. 힘은 가속도 속에 존재한다.37

이 요구사항의 (시간기록 또는 역량기록 같은) 그래프가 필요한 곳이 바로 이 지점이다. 니체는 시간 도식을 쓴 페이지에 재빠르게 스케치를 했다. 하지만 그의 '타임라인Zeitlinie'은 관습처럼 왼쪽(과거)에서 출발해 오른쪽(미래)으로 향하는 연속선이 아니라 빗발치는 점, 끊어진 선, 추락하는 선이다. 바로 옆에 그는 다음과 같이 쓴다.

> 시간은 결코 연속체가 아니다. 다만 총체적으로 서로 다른 시점만 존재할 뿐이다. 일직선이 아니다. 간격 속에서의 작용Die Zeit ist aber gar kein Cotinuum, sondern es gibt nur total verschiedene Zeitpunkte, keine Linie. Actio in distans.38

아마도 '실재'라는 개념을 '공간의 점Real: ein Raumpunkt'으로 표현한 일련의 짧고 신경질적인 얇은 선들로 이 일직선-아님이 그려졌을 것이다. 그리고 지진계는 이 모든 시간 중에서 (순환하지 않고) 변화무쌍한 회귀의 시간을 기록한다. 작고 거대한 회귀, 긴 기간과 빽빽한 기간, 가속과 감속. …… 그 결과는 말할 것도 없이 **시간의 뒤엉킴**, 즉 차이, 회귀, 시대착오의 게임을 기록하는 그래프적 형성이 될 것이다.

다소 거대한 이 곡선의 중첩을 불연속적 시간의 해안에 들이치는 연속적 **파도**의 모습으로 가정하는 것은 결코 우연이 아니다. 요컨대 그것은 1927년도 세미나에서 바르부르크가 언급한 연속되는 '기억의 파도mnemische Wellen'이다. 또 그가 지진계 은유에서 설정한 양극성(**형성**을 '아는' 장치와 **파토스**를 '느끼는' 장치)이 같은 해에 이 시간 도식이 그려진 니체의 유고에서 발견되는 것도 결코 우연은 아니다.

학문하는 인간은 진정한 모순이다. 그는 가장 끔찍한 문제에 둘러싸여 있다. 그는 심연의 가장자리를 따라 걸으며 꽃의 수술을 세기 위해 꽃을 꺾는다.

지식에 대한 재능이 사라졌기 때문이 아니다. 정반대로 지식과 발견의 본능에 열중해 있기 때문이며, 지식이라는 보물을 늘리는 것 외에는 어떤 즐거움도 모르기 때문이다. 하지만 그는 행복에 겨워 우쭐대는 한량처럼 행동한다. 마치 존재가 끔찍하고 문제시되는 것이 아니라 영원히 보장되는 안정적 소유물인 것처럼 말이다.39

여기서 떠오르는 질문 — 바르부르크의 질문 — 은 바로 이것이다. **어떻게 시간을 알 수 있을까?** 스스로 심연의 가장자리를 따라 걷고 있다고 느끼면서도 어떻게 정식을 형성formule할 수 있을까?

03

문화의 비극:
니체와 함께 바르부르크를

그것은 이상한 상황이고, 적어도 인식론적으로 불편한 상황이다. 어느 누가 르네상스의 역사학자가 '심연의 가장자리를 따라 걷는다'고 생각하겠는가? 그가 연구하는 길을 따라 걷는 것은 위대한 아름다움과 빛나는 색채, 고요한 조화, 걸작이라는 만발한 꽃과 같은 것이 아닐까? 바르부르크의 유산에서 사람들은 종종 실증적 '정식'만 남겨두려고 했다. 옷주름 속의 고전주의와 움직임, 초상화 속의 리얼리즘과 개인주의 등이 그런 것이다. 그리고 가능한 한 '심연'을 묻어 두려고 애썼다(없애는 것은 물론 불가능했다). 따라서 사람들은 바르부르크, 니체 그리고 부르크하르트 간의 관계를 (1927년도 세미나에서 명확하게 제시되었음에도) 최소화시키려고 노력했다.

가령 카시러는 부르크하르트식 역사 개념이 니체에게 드리운 '매력'을 기꺼이 인정한다.[40] 그는 "부르크하르트의 방법은 …… 대부분의 19세기의 역사 저술가와 구별된다"[41]는 사실을 잘 알고 있었다. 하지만 궁극적으로 카시러는 이 위대한 역사학자의 저술에 철학적 흔적을 남긴 사람이 쇼펜하우어(그리고 그 너머 바로 니체)라는 사실에서 "정신사를 위한 놀랄 만한 현상과 비정상"42만 본다. 마찬가지로 바론Hans Baron은 부르크하르트와 니체 간의 차이점만 강조한다. 르네상스 역사학자 부르크하르트는 여전히 없어서는 안 될 존재지만 니체는 역사학 분야 자체에 "심연"43과 위험만 드러냈던 것이다.

이 논쟁 전체에서 쟁점이 되는 것은 미술사라는 분과학문의 **인문주의적** 지위이므로, 바르부르크의 미술사의 니체적 흐름 또는 맥락은 어떤 대가를 치러서라도 제거되어야만 했다. '망치를 손에 들고' 도상학을 연구하는 르네상스 역사학자를 상상할 수 있겠는가? 곰브리치가 ― 앞서 인용된『세계 역사의 관찰』의 모든 텍스트 내용과 상반되는 ― '헤겔주의자' 부르크하르트를 발명했을 때, 내가 보기에 그것은 무엇보다도 바르부르크학파의 도상해석학적 성좌에서 니체의 유령을 내쫓기 위해서였다.44 하지만 그게 가능할까?『비극의 탄생』이 고전적인 '진화론' 모델에서 벗어나려는 바르부르크의 노력에 미친 영향력을 인정하고 난 뒤, 곰브리치는 바르부르크의 1895년 논문 ― 부온탈렌티Bernardo Buontalenti가 그린 피렌체 막간극 무대 디자인에 관한 논문 ― 이 니체적 견해들과 관련해 수정한 내용들을 강조한다. 사실 그것은 '조형' 예술(니체에 따르면 아폴론적 예술)과 '살아 있는' 예술(잠재적으로 디오니소스적 예술) 간의 관계 전체와 관련되는데, 바르부르크는 그것을 위에서부터 아래로 재구성한 것으로 보인다.45 '정식'에 대해서는 이쯤 해두자.

하지만 니체와 바르부르크는 몇 가지 본질적 '심연'을 계속해서 공유한다. 특정한 역사적 발견이라는 수준에서는 그들 사유의 공통점을 찾을 수 없다. 대신 예술, 역사, 문화 전반에 관한 근본문제 수준에서 탐색해야만 한다. 공통된 태도와 직관의 예리한 측면 — 결정적, 유동적, 감동적인 측면 — 을 제거하지 않고 두 사람의 관계를 미묘한 뉘앙스로 표현할 필요가 있다. 그중 첫 번째 명제는 이렇게 말할 수 있을 것이다. **예술은 매듭에 존재한다. 예술은 문명의 중심-소용돌이**centre-remous**이다**. 이를 위해서는 예술에 관한 지식의 근본적 치환 그리고 그에 따른 학자 스스로의 근본적 치환이 필요하다. 과학의 관점에서 예술을 검토할 뿐만 아니라 '예술가의 관점에서 과학을 검토'하고, "생명의 관점에서 예술을 검토할"46 수 있는 문헌학의 존재를 주장하는 니체의 도박을 바르부르크는 기꺼이 확장시켰다. 그것은 역사학자가 순수하고 단순하게 지식의 대상을 통제하는 위치에 서지 않고 오히려 대상의 주요한 일부가 되어 필수적 역할을 수행함을 재확인하는 방법이다.

미술사학자 또는 미술철학자는 객관화할 수 있고 인식할 수 있으며, 역사의 순수한 과거로 밀어낼 수 있는 특정한 대상 앞에 서듯이 연구 대상 앞에 서는 것이 아니다. 특정한 미술작품 앞에 서는 일은 우리가 연루되는 일, 정확히는 사물이 아니라 (여기서 바르부르크는 니체처럼 말하는 것처럼 들린다) 객관적 요소로 축소할 수 없는 **생명에너지** 같은 것에 연루되는 일이다. 그의 모든 문헌학적 역량은 (가령 사세티의 유언을 해독할 때처럼)47 15세기 피렌체의 몇몇 전기적 사실만 복원시키는데 필요한 것이 아니라 이미지, 미술가 그리고 관람객의 진정한 **인류학적 함의**라는 관점에서 기를란다요의 작품을 이해하는데 필요한 것이다. 여기서 유지되는 것은 다름 아닌 니체의 근본적 교훈이다. 예술은 칸트가 믿은 대로 '무[이해]관심적interesselos'이지 않다. 예술은 치유하지도 숭고하지도 않으며, 아무것도 진정시키지 못한다. 비록 '가짜의 긍정적 힘'일지라도 예술은 '힘의 (살아 있는) 실행'으로 남아 있다. 니체가 『도덕의 계보』에서 지적하듯 예술은 애초부터 '관능에 대항하는 진정한 철학적 원한'이라는 고전 미학적 전통의 모든 "금욕주의ascétisme"48를 거부한다.

'생명에너지'로서의 예술? 그것은 또한 '시간의 불순성' 속에서 작동하는 '힘'에 대한 부르크하르트의 인식과도 연결된다. 따라서 니체가 일반적으로 철학의 특징으로 간직한 이 불순함("나의 철학, **뒤집어진 플라톤주의**. 즉 진정한 존재자로부터 멀어질수록 그것은 더 순수하고 더 아름답고 더 좋다 등"49)을 바르부르크는 르네상스 문명의 구체적이고 역사적으로 문서화된 영역에서 부르크하르트를 통해 소개한다. 그것은 15세기 피렌체의 **혼합양식**Mischstil에 대한 바르부르크의 설명에서 더욱 분명해진다. 앞서 살펴본 대로 이질적 요소의 혼합Mischung heterogener Elemente은 신비한 유기체ein rätselhafter Organismus를 만들고 생명에너지Lebensenergie를 부여한다.50

따라서 니체적 전도는 바르부르크의 전문적 저술에서 문헌학적으로 진단되고 인류학적으로 재구성된다. 니체가 어떤 '좋은 취향'도 없는 아름다움, 미학의 '고요하지 않음', 심지어 예술의 '원천'인 고통의 인식까지 요구했던 지점에서51 바르부르크는 불순함, 추함, 고통, 죽음이라는 모든 요소를 통합하는 것만으로도 르네상스 미술 자체가 얼마나 '활력적'이었는지를 보여주려고 '미학적 미술사'에 대한 자기혐오에서 출발하는 것이다. 기를란다요가 그린 인물의 우아함은 상인 사세티의 봉헌적, 계보학적, 장례적 관습이라는 배경에서만 인류학적으로 이해될 수 있다. 아름다움이 뒤섞인 고통, 부활에 대한 믿음이 뒤섞인 죽음의 고통, '에투리아-이교적' 무례함이 뒤섞인 현대적 '리얼리즘' 등이 바로 그런 것이다. 이 모든 것은 우리 눈앞에 굳어진 거품처럼 잔존하는 산타트리니타성당의 회화적 아름다움에서 나오는 흐름과 역류, **생명에너지**Lebensenergie의 운

동 자체를 구성한다.52

* * *

어쩌면 현실은 단지 고통일 뿐인데 재현은 거기서 비롯되었을까?53

1870년 말 또는 1871년 초에 이렇게 질문했을 때 니체는 물론 비극을 염두에 두고 있었다. **예술 자체의 중심-모태**centre-matrice**로서의 비극** 말이다. 이것이 두 번째 명제이다. 비극은 우리를 문화적 존재로 태어나게 만든다. 마르크스에 따르면 다시 어린아이가 되는 것을 볼 때 인간은 그저 철없는 존재일 뿐이다. 따라서 그는 고대 그리스 비극이 아직도 우리에게 행사하고 있는 "영원한 매력"54에 놀라워했다. 니체는 그런 관점을 뒤집었다. 비극적 유년기는 우리 안에 잔존해 있고, **매 순간 우리를 태어나게 만들며**, 우리의 현재, 심지어 미래를 발명한다. 왜 그런가? 왜냐하면 비극은 예술의 탄생 그리고 고통을 통한 예술의 출산을 반복하기 때문이다. 1870년에 니체가 쓴 바에 따르면 의지는

> 고통받을 뿐만 아니라 태어난다. 그것은 매 순간 가장 짧은 순간에도 가상을 출산한다. …… 세계의 엄청난 예술적 능력은 엄청난 원초적 고통과 유사하다.55

『비극의 탄생』은 오롯이 다음의 주장을 중심으로 구성된다. 즉 비극적 쾌락은 다름 아닌 **원초적 고통**에 얽매인 쾌락이다. 또한 그것이 바로 긴장, (아폴론적인 것과 디오니소스적인 것의) 양극성, 진정되지 않는 모순의

요소들 속에서 진화하는 이유이다.56

바르부르크는 니체의 책을 읽으며 그가 탄생만큼이나 잔존에 관심이 있음을 충분히 이해했다. 이탈리아의 재현 양식stile rappresentativo57을 다루는 구절의 여백에 의심하는 듯한 물음표를 써넣었지만 5페이지 뒤에서 니체가 비극의 '부활Wiedergeburt' 또는 우리 안의 '그리스적인 것das hellenische Wesen'의 잔존(독일어 동사 durcherleben에 대해 가능한 번역어)으로 이해한 것의 의미를 생각하지 않을 수 없었다.58

그런 시간 모델의 형성(우리는 아직 영원회귀라는 개념에는 도달하지 못했다)에서 바르부르크는 잔존 개념을 만드는데 필수적인 이론적 도구를 발견했다. 그것은 앞서 빙켈만이 제안한 모방Nachahmung 모델을 훨씬 뛰어넘는 용어로 '고대의 전달'이라는 문제를 표현하는 것이었다. 시간이 지나 1889년에 우연히 '고대인에게 진 빚'을 언급할 때 니체는 부르크하르트에게 새롭게 경의를 표하면서 '빙켈만이 발전시킨 그리스적이라는 아이디어'를 "디오니소스적 예술이 자라나온 요소, 즉 만취한 광란orgiasme과 호환되지 않는다"59는 이유로 빈약한 아이디어라고 맹렬히 비판한다.

따라서 한편에는 고요하고 완전한tout trouvé 고전주의, 즉 '아름다운 영혼'의 고전주의라는 '어리석음'이 있다. 다른 한편에는 폭력적이고, 폭발적이고, 디오니소스적이며, (문헌학을 통해 풀어야 할 과제로) 여전히 재발견해야 할 활기 넘치는 헬레니즘이 있다. 여기서 니체는 나중에 바르부르크가 하게 되듯이 그것만으로도 '독일인'의 손아귀, 즉 칸트와 빙켈만 같은 이데아주의적 교리의 손아귀에서 벗어날 수 있는 **문화심리학**을 불러낸다.

'아름다운 영혼', '황금률' 그리고 그 밖의 다른 그리스의 완벽함을 냄새 맡거나 위대한 고요, 이데아적 영혼, 고귀한 단순함을 찬양하는 것. 내 안의 심리학자는 어쨌든 나를 '그런 고귀한 단순함'(즉 궁극적으로는 **독일인의 어리석음**niaiserie allemande[니체의 원본에서도 불어로 표시되어 있다]에 불과한 것)으로부터 나를 보호했다. 나는 그들의 가장 강력한 본능인 힘에의 의지를 보았다. 나는 그들이 이 충동의 과도한 폭력 앞에서 떨고 있는 것을 보았다. 나는 그런 내적 **폭발**에서 서로를 보호하는 예방조치로부터 그들의 모든 기관이 출현하는 것을 보았다. …… 내가 처음으로 진지하게 받아들인 것은 더 오래된 것, 여전히 풍부하고 흘러넘치는 그리스적 본능, 디오니소스의 이름을 가진 놀라운 현상이었다. 그것은 오직 힘의 **과잉**이라는 용어로만 설명할 수 있는 것이었다.60

생명의 이러한 비극적 풍부함(니체는 같은 페이지에서 그것을 "출산의 고통"61과 비교한다)은 정확히 바르부르크가 〈라오콘〉에 등장하는 뱀의 폭력 속에서 또는 고전고고학 교수 슈트라도니츠Kekulé von Stradonitz와 22살에 연구한 고대 켄타우로스의 '동물적 힘' 속에서 처음 발견한 것이다.(〈그림 17〉)

켄타우로스가 희생자를 움켜쥐고 있는sein Opfer umklammert 동물적 힘 tierische Kraft 그리고 다가오는 죽음nahender Tod조차 억누를 수 없는 야만적 욕망wilde Begehrlichkeit이 훌륭하게 표현되었다. …… 그럼에도 가장 최상의 것이 이 형태의 세계에는 부족하다das beste fehlt dieser Formenwelt. 아름다움 말이다.62

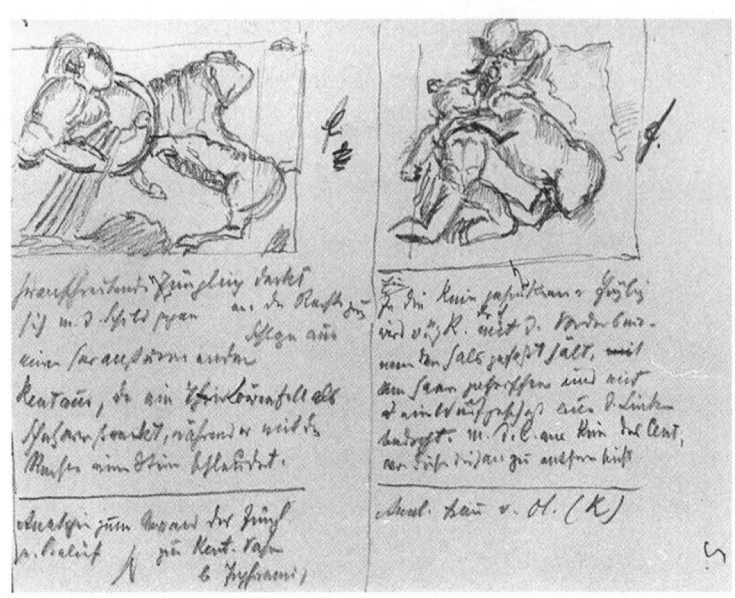

〈그림 17〉 바르부르크, 아테네 테세우스 신전(헤파이스테이온 신전)의 서쪽 프리즈에 있는 켄타우로스의 전투. 돋을새김 스케치, 1887년. 연필화. 런던, 〈바르부르크연구소〉.

'파토스형성'에 대한 바로 이 첫 번째 분석에서 그는 이미 니체의 요구 수준까지 올라갔음을 보여준다. 빙켈만이 독일 미학의 휴식을 위해 발명한 이데아적인 '내적 고통 없는 조화'를 포기하는 일 그리고 모든 아름다움의 '무시무시한 배경'을 잊지 않는 일이 그것이다. —

끔찍한 깊이가 없는 아름다운 표면은 존재하지 않는다.63

니체는 『비극의 탄생』 당시에 이렇게 썼다. 심지어 바르부르크는 '동물적 힘', '야만적 욕망', '다가오는 죽음'의 매듭 속에는 그런 아름다움(또는 전통적으로 상상한 대로 적어도 고요하고 매력적인 아름다움)은 없을지도 모른다는 사실을 받아들인다.

따라서 아폴론적인 것과 디오니소스적인 것이라는 유명한 니체의 양극성이 바르부르크(그리고 그의 지적 생애 전체에 걸친 작업)에게서 분출되는 것을 보더라도 놀랍지 않다. 그가 모호하고 강력한 형성의 에너지로 인해 (그때까지도 억압되었기 때문에) 디오니소스적인 것과 반대되는 모티브를 강조하는 것을 봐도 놀랍지 않다. 어떤 경우에도 그는 니체가 디오니소스적인 것에서 인식한 모든 측면을 이미지로의 접근에서 자연스레 강조했을 것이다. '끔찍한 것의 우아함'(우아한 것은 자체로 가공할 만한 신격 아닐까?), 지속되는 화해 없는 전투(뱀과 싸우는 라오콘), '고통에 도취함'(죽음에 다가서더라도 억제되지 않는 욕망), (고요한 영원성을 훼손하는) 변신의 절대적 힘 등이 그런 것이다.[64]

이 개념적 차용에서 결국 불일치가 발생하더라도 놀랍지 않다. 니체는 (디오니소스적인) "축제의 예술"[65]과 대비되는 (아폴론적인) '이미지의 예술'에 반대하지만 바르부르크는 (부르크하르트를 뒷받침삼아) 이미지의 예술은 인류학적으로 축제의 예술과 분리될 수 없다고 대답한다. 막간극, 개선문, 르네상스의 기독교적 재현과 이교적 재현, 이 모든 인간 '행위 Handlung'의 출현은 그에게 회화적 형태에 의미를 부여하는 동일한 환경의 일부였던 것이다. 니체는 (디오니소스적) '도취의 예술'인 '음악 예술'과 대비되는 (아폴론적) '꿈꾸기의 예술'인 '조형예술'에 반대한 반면 바르부르크는 의인론擬人論, anthropomorphisme에 대한 반성과 파토스형성 개념을 통해 조각과 춤의 인류학적 통합을 주장했다. "니체가 인류학과 민속학의 자료에 익숙했다면 좋았을 텐데!"[66] 바르부르크는 1905년 일기에서 이렇게 한탄한다.

더구나 성 비투스의 춤과 ('그리스의 바쿠스 축제 코러스'의 잔존으로 나타나는) 여러 '집단 병증'에서부터* 디오니소스적 공포라는 '아폴론적 세계와 그 기층의 영원한 대립'의 조형적 표현인 라파엘로의 〈그리스도의 변용Transfiguration〉에 대한 유명한 분석에 이르기까지, 『비극의 탄생』이 제공하는 거의 의도하지 않은 연속성에 어떻게 충격 받지 않을 수 있을까?67 니체는 마침내 모든 감각이 결합된 디오니소스적인 것과 대비되는 시각의 아폴론적인 것에 반대하려고 했다.

> 아폴론적 도취는 무엇보다 눈을 흥분시켜 시각의 힘을 얻는다. 화가, 조각가, 서사시인은 탁월한 예언자들이다. 반면 디오니소스적인 것에서는 …… 모든 감정적 체계가 흥분되고 향상된다. 그에 따라 모든 표현 수단을 일시에 발산하게 되며, 표현력, 모방력, 변신력 그리고 모든 종류의 모방과 행동을 동시에 강화시킨다.68

이에 대해 바르부르크는 이미지가 단순히(이 단순성을 이해하기 위해서는 **감정이입**Einfühlung 이론 전체가 필요할 것이다) 시각에만 의존하는 것은 아니라고 응답한다. 처음에 이미지는 보는 행위뿐만 아니라 지식, 기억, 욕망 그리고 항상 이용 가능한 **강화** 능력을 요구한다. 그것은 이미지가 이미 주체, 감각, 정신, 사회의 전체성을 포함하고 있음을 의미한다. 따라서 바르부르크의 의도를 고려해보면, 아폴론적인 것과 디오니소스

---

* 성 비투스Saint Vitus 또는 Saint-Guy는 시칠리아 태생으로 303년에 순교했다. 성 비투스 축일은 6월 15일인데, 이 축제일이 되면 중세 말 독일 지역에서는 마치 그리스의 바커스 축제 때처럼 집단적으로 춤을 추었다고 니체는 『비극의 탄생』에서 전한다. '집단 병증Volkskrankheit'이라는 단어 역시 니체가 성 비투스 축제 설명에 참조했다는 Hecker J. F. C.(1832), 『무도병: 중세의 집단 병증Die Tanzwuth: eine Volkskrankheit im Mittelalter』, Berlin: Enslin에서 따왔다(김남우 역[2014], 47~49페이지).

〈그림 18〉 아고스티노 디 두치오, 〈성 지기스문트Sigismund의 생애〉(돋을새김의 일부, 1456년 경). 대리석 돋을새김을 그린 그림(밀라노, Castello Sforzesco), 이리어트C. Yriarte, 『15세기 이탈리아 용병대장: 리미니, 이탈리아 국가 보관소의 서류에 등장한 말라테스타 가문의 편지와 미술작품에 관한 연구Un condottiere au XVe siècle: Rimini, études sur les lettres et les arts à la cour des Malatesta d'après les papiers d'état des archives d'Italie』(파리, Rothschild, 1882년), 222페이지에서.

적인 것의 양극성은 예술의 분류 또는 '시대'의 분류를 확립시키는 역할을 하게 된다. 왜냐하면 그러한 양극성은 모든 예술, 모든 시대, 모든 대상, 모든 분석 수준을 꿰뚫기 때문이다. 그런 점에서 바르부르크와 니체의 의견의 불일치는 결국 근본적 방식으로 아폴론적인 것과 디오니소스적인 것의 양극성 자체가 도달하는 범위를 확장시키게 된다.

우리는 바르부르크의 길을 따라가는 매 단계마다 그런 양극성을 만나게 될 것이다. 1893년 초에 바르부르크는 피사의 세례당의 설교단에 조각된, 겨우 몸을 가린 디오니소스의 형상을 피사노Nicolas Pisano가 차용했음을 강조했다.* 그는 또 고대의 마에나드maenad**가, 두치오가 그린 천사의 모델일 수도 있다는 사실에도 매료되어 있었다.69(〈그림 18〉)

1906년에 바르부르크는 르네상스 전체의 특징을 '디오니소스적 흥분dionysisch'과 '아폴론적 명징성apollinisch' 간의 갈등이라는 관점으로 정의했다.70 1914년에 니체적 양극성은 바르부르크에게는 친숙한 에토스와 파토스의 대립으로 완전히 통합될 것이다.

* 피사의 사탑으로 유명한 피사대성당 옆의 산조반니세례당Battistero di San Giovanni 안에는 피사노가 1260년에 완성한 육각형의 설교단pulpit이 있다. 상단 패널 여섯 개의 각 면에는 예수의 생애인 〈수태고지〉, 〈목동들에게 한 예고와 탄생〉, 〈동방박사의 경배〉, 〈예수의 성전 봉헌〉, 〈십자가 처형〉, 〈최후의 심판〉이 각각 돋을새김으로 조각되어 있다. 이 중 〈예수의 성전 봉헌〉은 성모 마리아가 모세의 율법에 따라 아기 예수를 예루살렘 성전에 봉헌하는 장면을 보여준다. 여기서 예수를 안고 있는 예언자 시메온Simeon 뒤편에 시종에게 몸을 지탱하고 있는 나이 든 사제 모습을 바로 〈사티로스의 부축을 받는 디오니소스〉라는 그리스 조각에서 빌려왔다는 것이다. 피사 대성당 근처 캄포산토Campo Santo묘지에서 발견된 그리스식 대리석 화병krater에도 거의 유사한 디오니소스 형상이 등장한다. 피사노는 로마 시대에 재현된 이 이교적 형상을 참조한 것으로 보인다. 나중에 미켈란젤로가 로마의 주신 바쿠스를 표현할 때도 이것을 참조해 〈바쿠스와 그 뒤를 따르는 키 작은 사티로스〉로 표현하기도 했다. 한편 이 설교단 상단 패널을 지지하는 6개의 기둥 중 하나(탄생과 경배 패널 사이)에는 당대 조각에서는 보기 드문 남성의 누드 조각상이 있다. 이 조각상은 중세 기독교가 받아들인 플라톤 『국가/정체』의 4가지 주된 미덕인 용기fortitude, 절제temperance, 지혜prudence, 정의justice 중 용기를 표현한 것으로 알려져 있다. 전통적으로 용기의 알레고리는 부러진 기둥, 길들여진 사자, 갑옷, 곤봉 등을 지닌 인물로 표현되었지만 남성의 누드로 표현된 것은 거의 최초라고 한다. 오른쪽 어깨에 아기 사자를 들고, 왼손에 사자 또는 사자 가죽을 만지고 있는 형상으로 조각된 이 남자 누드가 (몽둥이를 들고 네메아의 사자 가죽을 뒤집어쓴) 헤라클레스 또는 (사자 굴에 내던져졌어도 잡아먹히지 않은) 예언자 다니엘이라는 주장도 있다.

** 메나드ménade, 미나드, 마에나드maenad, 마이나드μαινάδε 등으로 표현되는 이 여성은 디오니소스를 따라다니던 여신도를 부르던 이름으로 격정과 희열, 황홀경에 빠져 춤추던 여성의 이미지로 표현된다. 로마 시대에는 버캔티Bacchante(바쿠스의 여사제라는 의미), 배키Bacchae(바쿠스의 여신도), 바사리데스Bassarides(여우 가죽 옷을 입은 이들), 튀이아데스Thyiades(제물을 바치는 이들) 등의 다양한 이름으로 불렸다. 뒤에서 다시 자세히 논의되겠지만 이 마에나드는 바르부르크가 잔존을 다루는 핵심적 이미지이다.

15세기의 정신으로부터 생겨난 고대라는 개념, 빙켈만의 개념과는 정확히 반대되는 이 개념은 …… 그런 고전적 불안을 고대미술과 문화의 핵심적 특징으로 간주한다. 고대 그리스-로마 세계의 종교에 대한 연구를 통해 아폴론과 디오니소스라는 두 얼굴의 헤르메스Hermes bifrons로 상징되는 고대를 더 많이 검토할 수 있다. 아폴론적 에토스ethos와 디오니소스적 파토스pathos는 그리스라는 어머니 대지에 신비스럽게 뿌리내린 한 나무에서 뻗어 나온 두 줄기 가지처럼 자라난다. 15세기는 고대 이교적 고대의 그런 양면적 풍부함을 감상하는 방법을 알고 있었다.71

이 전제로부터 세 번째 명제가 제시된다. 즉 **고대의 비극은 서양 문화의 중심 모태이자 중심-소용돌이다.** 부르크하르트나 니체와 똑같은 근본 문제를 바르부르크는 분명히 자문했다.

나의 임무: 모든 진정한 문화의 내적 일관성과 필연성을 이해하는 것.72

부르크하르트처럼 그리고 니체처럼 그는 상징적 질서란 두 사람이 파토스, 격정Affekt, 충동Trieb 또는 갈등Konflikt이라고 부른 모호한 '힘'의 관계 속에서만 이해될 수 있다고 보았다. 부르크하르트와 니체 그리고 프로이트처럼 질병, 징후, 어둠의 대륙을 통해서만 문명을 이해할 수 있다고 보았던 것이다.

* * *

역사철학이 헤겔부터 짐멜에 이르기까지 부르크하르트를 거쳐 (비록 니체는 명단에서 빠졌지만) '문화의 비극Tragödie der Kultur'이라는 반대되는 모티브를 통해 교차되고 침투되어온 사실이 카시러 관심을 끌었다.73 그런 질문의 중심에 잔존이라는 단어가 등장한다는 사실 또한 그의 관심을 끌었다. 왜냐하면 문화의 비극이란 기억의 비극이기 때문이다. 그것은 비극에 빠진 우리 기억의 비극이다. 어떻게 강력한 '전통의 구속Traditions-Gebundenheit' 속에서 방향을 잡을 것인가? 그리고 어떻게 '예술의 창조 과정der schopferische Prozess in der bildenden Kunst'에 필요한 '고유성 Eigenart'을 불러일으킬 것인가?74 이 질문에 대해 카시러는 바르부르크의 단어(그리고 권위)로 대답한다.

> 최근에 이 과정을 아주 크게 강조했으며, 역사학적 · 심리학적 모든 면에서 조명하려고 노력한 사람은 특히 바르부르크였다.75

이제 바르부르크는 어떻게 이 과정을 조명할까? 바로 — 네 번째 명제로, 우리 목록에서 가장 결정적인 — 선언을 통해서이다. 즉 **문화에 잔존하는 것은 무엇보다 비극적인 것**이기 때문에 문화는 언제나 본질적으로 비극이라는 선언이다. 또한 문화는 아폴론적인 것과 디오니소스적인 것이 충돌하는 양극성이며, 우리 스스로가 기억하지 못하는 시간에서 온 파토스적 운동이라는 선언이다. 무엇보다 이 운동이 우리 서양 문화의 생명과 내적 긴장을 형성한다. 니체에 따르면

> 초기 형태의 그리스 비극은 디오니소스의 고통을 유일한 주제로 삼았다.76

그런 고통들, 즉 전투, 동물성^{animalités}, 갈갈이 찢겨짐, 가면, 변신 ……
등 바르부르크가 22살에 그리스 신전의 프리즈에서 발견한 동물적 힘은
'문명화된' 인류와 교차하게 될 것이다. 니체는 성 비투스의 춤, 시실리
아의 타란텔라 춤 그리고 애니미즘과 동물성으로 살아나는 여러 '집단적
광기' 속에서 바쿠스적 잔존을 이미 불러냈다.77

    마찬가지로 기독교적 인류는 정확히 바르부르크의 모든 연구 대상이
던 이교도적 에너지의 잔존을 겪게 될 것이다. 니체는 이탈리아 르네상
스란 "현대의 끝자락에서 이루어진 고대의 반기독교적 반복"78이라고
이미 환기시킨 바 있다. 르네상스는 전형적인 생명에너지의 시대, 과시적
낭비의 시대였다. 니체에 따르면 르네상스는 "모든 것이 낭비되는 시대
이자 축적하고 보물을 모으며 부를 축적하는 데 필요한 힘마저도 낭비하
는 시대"79였다.

    르네상스는 우리가 현대 문화에 빚진 모든 긍정적 힘을 속에 담고 있었다.
…… 모든 결점과 악덕에도 불구하고 르네상스는 이 천년의 황금기였다.
…… 르네상스가 무엇이었는지 우리가 언젠가는 이해할 수 있을까? 이해하
고 싶어는 할까? 기독교적 가치의 전도. 모든 수단, 본능, 천재성을 동원해
상반된 가치, 귀족적 가치의 승리를 도모하려는 시도. 오늘날까지 딱 한 번
의 거대한 전쟁이 있었다. 르네상스가 제기한 질문보다 더 중요한 것은 지금
까지 없었다. 내 질문이 바로 르네상스가 제기한 질문이다.80

    바르부르크는 르네상스의 '역사적 살덩이' 속에서 이 모든 것(기독교
와 이교도, 모호한 신앙과 개인의 자유 등)이 니체가 드러내려 한 것보다 훨
씬 더 모호하며, 그에게서 못지않게 갈등적이었음을 알게 될 것이다. 그

러나 그는 또한 다음과 같은 통찰력을 간직하게 될 것이다. 즉 (이전 연구자들이 환기시킨 오페라의 탄생에서 볼 수 있듯이)81 음악적이거나 (그가 계속 연구할 '파토스형성'에서 볼 수 있듯이) 시각적이거나에 상관없이, 르네상스는 분명 "디오니소스적 정신의 점진적 각성"82 같은 것을 드러낼 수 있었다는 것이다.

1914년 이후 사용하는 용어의 후속적 진화에서 그는 점차 디오니소스적인 것(철학적 용어, 특히 그리스적인 것)에서 벗어나 악마적인 것(인류학적 용어 또한 더 '아시아적' 또는 '바빌로니아적인 것')으로 넘어가게 될 것이다. 하지만 (상류로 거슬러 가는) 니체와 (하류로 내려가는) 프로이트에게 공통된 근본적 확실성은 여전히 남아 있을 것이다. 즉 문화에 잔존하는 것은 해당 문화에서 **가장 억압된 것**, 가장 모호한 것, 가장 멀리 떨어지고 가장 끈질긴 것이다. 그런 의미에서 **가장 많이 죽은 것**이기도 하다. 왜냐하면 가장 깊이 파묻힌 가장 유령적인 것이기 때문이다. 하지만 마찬가지로 **가장 많이 살아 있는 것**이기도 하다. 왜냐하면 가장 많이 움직이고 가장 가까우며, 가장 충동적이고 본능적이기 때문이다. 사실 그것이 잔존의 제일 이상한 변증법이다. 바르부르크는 이전에 도나텔로 같은 미술가가 출발한 바로 이 지점에서 출발한다. 즉 르네상스의 사실적 초상화의 '살아 있는 생생함Vif'이 오롯이 자리 잡을 수 있던 곳은 로마 시대의 이마고imago의 현대적 버전인 피렌체의 장례용 마스크의 질감 속이다. 고대의 마에나드가 춤추고, 우리를 감동시키고, **화석화된 운동** 속에 역설적 생명에너지Lebensenergie를 전송한 곳은 바로 석관의 벽면이다.

04

생성의 조형성과 역사 속의 균열들

앞의 명제들은 역사적 시간 이론과 관련해 무엇을 암시할까? 그토록 특별하고 역설적인 이 잔존의 생체표현biomorphism을 지금까지 우리가 해 온 것보다 훨씬 더 정교하게 특징짓기 위해서는 어떤 모델이 필요할까? 15세기 걸작들의 전성기 속에서 그토록 훌륭하게 잔존하고 부활하고 스스로 탕진할 수 있는 '살아 있는 에너지'인 이미지의 **생명에너지**는 무엇으로 구성될까? 진정 바르부르크적인 그런 질문을 할 때 니체는 어느 때보다 더 결정적인 이론적 쐐기로 등장한다. 잔존 문제에 관한 한 **회귀**의 의미를 이해하는 데 필수적인 표현(또는 그보다는 도약)을 제공하는 것이다.

왜 다시 니체인가? 왜냐하면 다른 누구보다 더 그는 당대의 역사주의에 맞서는 방법을 알고 있었기 때문이다. 우리는 『반시대적 고찰 2부』(「삶에 대한 역사의 공과」)의 망치가 때리는 낭랑한 울림 그리고 그것과 직접 관련된 다른 텍스트, 특히 『인간적인 너무나 인간적인』으로 조금이라도 되돌아가야만 이미지의 역사에 "자신만의 진화론"[83]을 제공하려는 바르부르크의 근본적 시도를 이해할 수 있다.

니체는 단언한다. 생성은 어떤 방향과 연속성을 부여받은 **선**으로 사유해서는 안 되며, **표면**으로 사유하거나 고정되고 고립된 **대상**으로 사유해서도 안 된다. 부르크하르트와는 여전히 잘 어울리는 회화라는 패러다임은 더 이상 니체에겐 충분하지 않았다. 만약 역사를 만드는 것이 '삶의 회화를 그리는 것'이라면 생성은 얼마나 초라해질 것이며, 그에 따라 삶 자체는 얼마나 더 초라해질 것인가!

> 생성 과정에 있는 어떤 것도 확고하고 지속되는 이미지, 즉 '그것a' 이미지로 반영될 수는 없다.84

따라서 생성에는 **운동** 그리고 변신이 요구된다. 역류하는 흐름, 잔존하는 연장protension, 시의적절하지 않은 회귀 말이다.85 물론 그것은 본질적으로 『반시대적 고찰 2부』를 시작하는 기억과 망각의 게임이다. 이 책에서 니체는 역사 자체를 단순한 지식의 문제가 아니라 물리적·정신적·문화적 **삶의 문제**로 여겨야 한다고 주장한다. 이 책의 제명題銘은 괴테를 인용한 것이다.

> 내 활동을 증가시키거나 직접 활기를 불어넣지도 않으면서 가르치려고만 드는 모든 것을 나는 혐오한다.86

역사는 '우리 삶과 행동을 위해 필요한 것이지 삶에서 맘 편히 돌아서기 위한 것이 아니다.' 우리는 과거의 것에 '비대한 미덕'을 부여함으로써 그렇게 하기도 한다. 이 말은 우리가 ('비역사적으로' 사는 동물과 달리 인류를 그렇게 만든) **기억**과 ('잊지 않고 사는 게 절대 불가능하다'는 걸 차치하더라도 순수한 기억적 존재가 '불완전시제'로만 생명을 생성하는 위험을 감수하기에 그렇게 작동하게 된) **망각**을 동시에 관리해야 함을 의미한다.87 따라서 인간은 역사의 '선명한 섬광'이 나타났을 때만 그리고 '과거의 힘'이 삶의 목적을 위해 사용될 때만 인간성을 찾을 수 있다. 하지만 동시에 '역사의 과잉은 인간을 죽게 한다.' 왜냐하면

> 비역사성이라는 외피가 없으면 결코 시작도 못했고 감히 시작할 엄두도 내지 못했을 것이기 때문이다. …… 비역사적 요소das Unhistorische와 역사적 요소das Historische는 동등하게 필수적이다.88

그것들에게는 '건강die Gesundheit', 다시 말해 정신이 육체처럼, 문화 전체가 주체처럼 **움직일 가능성**이 필요하다는 것이다.

 따라서 생성은 운동이다. 어떻게 대상을 만드는 지식이 운동에서 소재, 주제, 방법을 찾지 못할 수 있을까? 하지만 운동이란 무엇인가? 니체는 다시 이렇게 대답한다. 그것은 게임이자 **힘**의 관계이다. (마치 아폴론적인 것과 디오니소스적인 것이 미학적 영역에서의 힘이듯이) 기억과 망각, '역사적 요소'와 '비역사적 요소'는 힘이다. 이 힘들의 상호놀이가 **운동**을 가능하게 만들며, 그에 따라 생성의 '생명'도 가능하게 만든다. 생명은 전적으로 충돌로 구성된다. 그것은 '작용하는' 힘에 '반작용하는' 힘의 충돌이다. 따라서 생성은 **양극성**(작용하는 생성, 반작용하는 생성)이지만 그 너머에서 긴장의 매듭, 끊임없이 증식하는 매듭(뱀의 무더기)을 형성시키게 된다. 요컨대 그것은 (반작용하는 힘의 작용하는 생성, 작용하는 힘의 반작용하는 생성)89처럼 작동하는 이상한 **복합성** 같은 것이다.

이 역동성에 대한 들뢰즈의 뛰어난 설명을 떠올려보자. 신체란 무엇인가? '상호 "긴장 관계" 속에 있는 힘의 양에 불과하다.' 대상이란 무엇인가? '대상 자체는 힘, 힘의 표현 …… 힘의 출현이다.' 역사란 무엇인가?

> 사물의 역사는 일반적으로 그것을 장악하는 여러 힘의 연속이자 장악을 위해 투쟁하는 힘들의 공존이다. 동일한 대상, 동일한 현상은 그것을 소유하는 힘에 따라 의미가 변한다. …… 하나의 사물은 그것을 붙잡을 수 있는 힘만큼의 의미를 갖는다.[90]

여기서 바르부르크도 고대적 '형성'의 상태를 결코 다르게 생각하지 않았음을 유념해두자. 그는 그러한 형성이 지속적으로 변하는 잔존survivances과 부흥renaissances 과정 속에서 언제나 다시 수용되고, 그에 따라 변모했다고 생각했던 것이다.

그렇게 파악된 '힘'은 부르크하르트가 사용한 역사적 개념인 힘Kraft, Macht, Potenz과도 무관하지 않다. 그것은 니체에 의해 (곧 바르부르크에 의해서도 그렇게 될 것인데) 두 개의 이질적 리듬이 결합된 **이중적 시간성**이라는 훨씬 더 정교한 특징을 지니게 된다. 무엇보다 힘은 잔존할 수 있다. 그것은 기억의 측면이다. '어쩌면 인간은 아무것도 잊어버릴 수 없을지도 모른다.' 니체는 『반시대적 고찰 2부』를 쓰던 시절에 이렇게 썼다.

> 한때 만들어진 모든 형태는 …… 동일한 방식으로 자주 반복된다. 동일한 신경활동이 다시 동일한 이미지를 생성한다.[91]

'현재에 대한 증오로부터 역사와 과거를 파괴하고 싶어 한다'라고 말한 바쿠닌Bakunin을 비판하면서 니체는 "과거 전체를 뿌리 뽑기 위해서는 인간조차도 뿌리 뽑을 필요가 있다"[92]고도 썼다. 따라서 그러한 것이 기억Mnemosyne의 (깊은 무의식적) 생명에너지이다.

> 모든 전통은 유전되는 특성을 거의 의식하지 못할 것이다Alle Tradition wäre jene fast unbewusste der ererbten Charactere. 살아 있는 인간은 행동에서 이 전통이 깊이 전하는 것을 증명할지도 모른다. 역사는 빛바랜 서류와 종이에 담긴 기억이 아니라 피와 살로 순환한다mit Fleisch und Blut liefe die Geschichte herum.[93]

어쩌면 여기서 니체는 피렌체의 **아카이브**부터 함부르크의 도서관까지 바르부르크가 평생 경험한 것을 잊고 있을 것이다. '빛바랜 서류들'은 자체로 기억의 살덩이며, 그 위의 잉크는 역사의 응고된 피의 일부임을 말이다. 하지만 중요한 것은 이 글에서 빛을 발하는 사유, 즉 사물 자체의 재료 그리고 **재료로 이해되는 기억**이라는 사유이다. 무의식에 대한 질문을 계속하다가('사물이 생각했다'와 같은 것은 존재하는가?) 니체는 다음과 같은 탁월한 가설을 내놓으며 끝맺는다. "만약 기억과 감각이 사물의 재료라면!das Material der Dinge!"[94]

하지만 어떤 종류의 재료인가? 우리는 서슴없이 대답해야 한다. 조형적 재료matériau plastique이다. 즉 모든 형태로 변신할 수 있는 재료이다. 잔존 개념은 흔적과 남겨진 것의 불멸성을 보여주었다. **변신**metamorphosis 개념은 상대적 소멸과 끊임없는 변화를 보여줄 것이다. 망각의 측면이라고 할 수 있다(그러나 기억 자체에 필수적인 망각으로 생각하는 한에서만 그렇다). **조형성** 개념*은 생성의 두 체제를 함께 사유할 필요가 생긴 순간에 갑자기 니체 텍스트에 등장한다. 그것은 바로 (지진의 한복판에서 **충격의 힘 아래**sous le coup 우리가 모든 것을 망각하는 것을 의미하는) **충격**coup 체제 그리고 (잔존 과정에서 **충격의 여파**après coup로 우리가 알지 못하면서도 기억하게 되는 것을 의미하는) **반충격**contre-coup 체제이다. 인간은 자신의 '원초적 고통'을 결코 망각하지 않는다. 하지만 모든 것을 변형시킨다. 그와 같은 각인과 변형 능력 둘 모두를 책임지는 공통 요인은 다름 아닌 생성 자체의 **조형성(재료의 힘)**이다.

> 현재를 무덤 속에 파묻히게 하고 싶지 않다면 과거를 망각할 정도를 ……결정하기 위해 우리는 인간, 사람, 문화의 조형적 힘die plastische Kraft이 얼마나 큰지 정확히 알아야만 한다. 내가 말하고 싶은 것은 고유하고 독자적인 방식으로 발전시킬 수 있고, 지나간 과거나 이질적인 것을 자신 속에서 변형시키고 통합시키며, 상처를 치유하고 잃어버린 것을 복구해 부서진 형태를 재구성할 수 있는Wunden ausheilen, Verlorenes ersetzen, zerbrochene Formen aus sich nachformen 바로 이 조형적 힘이다.95

따라서 '조형적 힘'은 상처를 받아들이고 유기체의 발달 과정에서 흉터를 수반할 수밖에 없다. 또 '부서진 형태'를 받아들여 연속된 형태 발달 단계에서 트라우마적 효과도 수반해야만 한다. 앞서 살펴본 대로 조형성

---

* 조형성plasticité이란 실제로 무언가로 쉽게 변할 수 있는 특성으로, 가소성可塑性, 유연성, 불안정성 등으로 번역되기도 한다. 여기서도 무엇으로든 변할 수 있는 특성이라는 의미로 사용되지만 조형예술, 미술에서 주로 활용되는 조형성이라는 단어와의 관련성을 유지하기 위해 조형성으로 번역했다. 여기서의 조형성은 어떤 형태로 고정시킨다기보다는 지속적으로 변형시킬 수 있는 특성이라는 의미에 더 가깝다.

에 대한 유기체적 해석은 미학적 해석과 결코 모순되지 않는다.96 왜냐하면 그것은 **시간**이라는 단일한 질문으로 **신체**와 **양식**을 다시 통합시키기 때문이다. 잔존과 변신은 결국 영원회귀 자체를 특징짓게 될 것이다. 영원회귀에서는 결코 과잉 없이는 반복되지 않으며 형태 없는 것informe에 대한 회복할 수 없는 성향 없이는 형성되지도 않는다.97

들뢰즈는 이 '조형적 힘'의 또 다른 측면을 밝히고 있다. 그것은 그런 힘이 요구하는 **지식 형태**가 무엇인지 아는 것이다.

> 만약 그것[이 힘, 즉 힘에의 의지]이 경험주의를 원리와 조화시키고 우월한 경험주의를 구성한다면 힘에의 의지가 본질적으로 **조형적 원리**이기 때문이다. 그 원리는 조건 짓는 것보다 광범위하지는 않지만 조건 지어진 것으로 변신하며, 결정하는 것과 함께 각 경우에 결정되는 원리다. …… 그것은 힘의 관계 속에서 작동하는 결정보다 결코 우월하지 않으며 언제나 조형적이고 변신한다.98

의심할 여지없이 여기서 우리는 칸트와 헤겔 모두를 뛰어넘는다.99 확립된 종합의 어떤 형태도 뛰어넘는다. — 조형성 자체에 의해. 여기서 우리는 특수한 것과 보편적인 것이 맺는 전례 없는 관계, 즉 보편적인 것이 국지적 대상의 각각의 충동이나 압력에 의해 어떻게 변형되는지 알고 있는 관계 속에 서 있게 된다. (나중에 바타이유가 형태 없는 것의 작동을 규정하기 위해 도입한 개념을 주저 없이 사용하면) 니체는 그런 종류의 보편성의 격하déclassement de l'universel를 분명히 요청했다. 하지만 나는 그런 우월한 경험주의를 실제로 실행할 줄 아는 사람이 바로 바르부르크라고 말하고 싶다.

* * *

'우월한 경험주의.' 그것은 그가 생산한 지식에 종종 내려진 부정적 판단, 즉 일관된 저술 없이 미시적 질문을 다루는 논문, 너무 '광범위하고' 너무 유동적인 아이디어 그리고 분산되고 전문화된 역사적 결과에 대한 부정적 판단에 종지부를 찍게 해주는 개념이다. 그런 기묘함은 분명 1923년에 본인을 묘사했듯이 그를 위협한 '산만한 논리'에 대항하는 '(치유할 수 없는) 정신분열'의 정신적 투쟁과 관련되어 있다.[100] 하지만 그런 기묘함은 뚜렷한 근거를 지닌 인식론적 선택에서 비롯되었다. 각각의 풍부한 특이점의 압력(각인) 아래 이미지의 역사적 명료함을 개량하고 변형하려는 선택이다. 그것이 바로 바르부르크학파의 지식이 탁월한 **조형적 지식**인 이유이다. 이 지식 자체는 기억과 서로 뒤얽힌 변신을 통해 작동한다. 그런 이유로 도서관과 어마어마한 원고, 메모 카드, 서류들(바르부르크는 어떤 것도 절대 버리지 않았다)은 모든 우연을 흡수할 수 있는 **조형적 재료**(미술사의 사유할 수도 없고 사유되지도 않은 요소)를 구성했다. 그것은 확정적 결과, 종합 또는 절대지 속에 고정되지 않으며, 그 결과 변신한다.

그가 『비극의 탄생』의 세심한 독자이면서도 분명(그의 학문 영역의 방법론적 질문과 매우 밀접하게 관련된) 『반시대적 고찰 2부』의 독자였기 때문에 니체 저술에서 생성의 **재료-기억**matériau-memoire을 특징짓는 조형성의 철학적 등장 그리고 바르부르크 저술에서 생성의 **재료-이미지** matériaux-images를 특징짓는 조형성의 역사-인류학적 등장이 겹쳐지는 것은 단순한 우연의 일치가 아닐 것이다. 이 '재료-이미지'에 관해 적어도 두 가지를 말할 수 있다. 먼저 그것은 잔존 능력, 즉 **유령의 시간**temps de fantômes과 맺는 관계 때문에 조형적이다. 또한 그것은 변신 능력, 즉 **신체의 시간**temps de corps과 맺는 관계 때문에 조형적이다.

몇 가지 예를 생각해보자. 바르부르크는 사라졌지만 '잔존'해서 나중에 이탈리아에서 '부활'할 운명이던 고전고대를 애초에 어떻게 이해했을까? 바로 **동물성**이라는 위험한 주제가 지배하는 적대적인 '조형적 힘들'(아폴론적인 것과 디오니소스적인 것) 간의 투쟁으로 이해했다. 22살에 연구한 그리스풍의 프리즈에 등장하는 〈켄타우로스의 전투〉(〈그림 17〉)부터 그에 못지않은 〈라오콘〉(〈그림 29〉와 〈그림 30〉)(모든 독일 미학 그리고 바르부르크를 평생 지배한 중심 패러다임)에서 동물성은 인간의 형태 자체에 완전히 흡수될 정도로 파충류적이고 변신적인 힘을 드러낸다.(〈그림 37〉) 동물적 조형성은 루터 시대의 이교적 예언에 관한 연구에서 볼 수 있듯이 마침내 정치적·종교적 선전물의 괴물 같은 형상으로 구현되기도 한다.101(〈그림 19〉)

지칠 줄 모르고 돌아다닐 운명인 이 '**고대의 잔존**'에 그는 어떻게 접근했을까? 그것은 마치 소설 『그라디바*Gradiva*』의 주인공 같이 움직이는 **여성성**이라는 모티브에 사로잡히면서부터였다. 보티첼리에 관한 논문 (1893년)부터 닌파Ninfa를 주제로 욜레스André Jolles와 주고받은 서신 (1900년)에 이르기까지 그것은 진정한 **조형적 형상**이었다. 그것은 도상학적 식별의 다양성(비너스 또는 포모나Pomona, 님프Nymph 또는 빅토리아Victoria, 호라Hora 또는 아우라Aura, 시녀servant 또는 마에나드, 유디트 또는 살로메)에 개의치 않으며 아무나 흉내 낼 수 없는 우아함으로 르네상스 회화를 횡단한다.102

〈그림 19〉 익명의 독일인, 송아지 수도사, 1608년, 목판화. 울프J. Wolf, 『기억에 남는 신비로운 강의Lectiones memorabiles et reconditae』(라우잉겐 Lauingen, 1608년).

바르부르크에 따르면 피렌체 부르주아의 영웅적 **남성성**조차도 대표적인 **조형적 재료를 통해** 형성되었다. 모든 부분에서 조형성의 특정한 사용과 연결된 기술적 지식의 매개가 없다면 고대 초상화의 잔존이나 르네상스는 없었을 것이다. 바르부르크가 1902년에 기를란다요의 프레스코화를 사례로 분석한 초상화 미술은 **잃어버린 고리** 없이는 이해되지 않는다. 그것은 바사리에 의해 검열되어 삭제된, 후원자 얼굴을 직접 본떠 찍어낸 밀랍 봉헌물의 사용을 말한다. 마찬가지로 로셀리노Rossellino의 흉상을 다룬 같은 논문에서 언급한 초상조각 미술 또한 **잃어버린 고리** 없이는 이해할 수 없다. 그것은 로마식 이마고의 수많은 잔존처럼 15세기 전반에 걸쳐 나타나는 석고로 만든 다음 테라코타로 다시 만든 장례용 마스크의 사용을 말한다.103 그의 직관은 친구 슐로서에 의해 엄격한 방식으로 발전된다. 슐로서의 밀랍 초상조각 연구는 시간의 조형성과 재료의 조형성 간의 **잃어버린 고리**를 다룬 권위 있는 설명이었다. 따라서 형태의 무의식 속에서 잔존하는 길을 낼 수 있던 것은 가장 가소성 높은 조형적 재료, 즉 조각 미술에서 가장 가치가 낮았던 재료(밀랍, 석고 그리고 테라코타)로 밝혀졌다.104 그것은 조형성이 **시간-이미지**image-temps의 핵심적 특성이라고 말하는 방법이기도 하다.105

그는 이 위대한 직관을 계속 정교화시켰는데 늘 그렇듯이 일반화를 위한 고정된 형태로 말하기를 원치는 않았다. 그가 보기에 오히려 **선**ligne은 포용하는 행위나 치명적 함정을 표현하는 조형적 벡터*였다. 가령 뱀이 그렇다.(⟨그림 36⟩, ⟨그림 37⟩) 그에게 **표면**은 운동 또는 **파토스**의 조형적 벡터였다. 옷 주름 표현의 사례가 그런 것이다.(⟨그림 21⟩, ⟨그림 22⟩) 또 **양감**은 '외적 원인'과 '내적 원인' 간의 불안한 관계를 표현하는 조형적 벡터였다. 가령 내장內臟 같은 것이 그렇다.106 마지막으로 그는 **시간** 그 자체를 이미지의 잔존과 변신의 조형적 벡터로 생각했다. 엥겔(1488

---

* 벡터vector는 수학 용어로 방향과 크기로 결정되는 양으로 정의된다. 여기서 역시 조형적 운동의 방향과 크기를 의미하기 때문에 수학 용어인 벡터 그대로 번역했다.

〈그림 20〉 익명의 독일인, 〈전갈자리의 점성술 기호〉(1488년. 목판화). 엥겔 Johann Engel, 『표 위에 그려진 천체관측도 *Astrolabium planum in tabulis ascendens*』(베네치아, 1488). 뱀은 '간사한 자의 뻔뻔함'을 나타내며, 물살은 인간의 불완전함을 나타낸다.

년)의 『천체관측도』에 등장하는 무미건조한 점술적 계산을 분석할 때조차도 그는 번호 매기기(점성술적 10분각分角을 표로 나타낸 조직도) 자체를 생성의 조형적 '흐름'의 기능이라고 생각했다.107(〈그림 20〉) 나중에는 숫자를 혼돈과 파괴의 긴장된 관계 속에 존재하는 이성적 "힘"108이라고 불렀다.

사실상 모든 것은 '힘'의 문제이자 변증법적 긴장의 문제이다. 보다 정확히 말해 거의 조형적인 재료로 역사적 시간을 표현해야 하지 않을까? 조형성만으로는 무엇을 받아들이고 흡수하는지, 무엇을 감동시키고 변형시키는지를 설명할 수 없다. 우리는 **균열**fracture(땅이 무너지고, 갈라지고, 불충분하게 조형되는 방식)이라는 관점에서 조형성과 함께 **봉합선**suture(토양이 아물게 된 방식)을 생각해야 한다. 역사학자는 심연의 가장자리를 걷는다. 시간이 충분히 조형되지 못한 지점에서 역사의 연속성을 균열시킨 지진이나 폭발이 발생했기 때문이다. 그것이 부르크하르트의 가르침이 그토록 가치 있게 남아 있는 이유다. 역사학이라는 학문 영역은 잠재성(조형적 과정)과 위기(비조형적 과정)를 동시에 해석할 수 있는 '시간의 징후학'으로 사유되어야 한다. 따라서 생성의 조형성이란 잔존하고 변신하기 위해, 즉 분출되는 환경을 완전히 파괴하지 않고 **징후**(조형적인 동시에 비조형적인 과정)로 되돌아오기 위해 **지진**(부르크하르트 용어로는 '위기', 니체 용어로는 '원초적 고통', 프로이트 용어로는 '트라우마')을 용인하는 것으로 생각해야 한다. 생성의 조형성은 역사에서 발생하는 균열 없이는 존재할 수 없다.

*　*　*

그것은 역사적 지식의 인식론적 수준에서는 사실이다. 앞서 논의한 대로 바르부르크는 이교적 예언(탁월한 반이교적 담론의 핵심에서 분석한 루터의 예언)의 잔존과 변신이 분명 어떤 "직선적 역사관geradlinige Geschichtsauffassung"109도 부정한다고 말했다. 여기서 우리는 그와 니체 사이에서 더 많은 공통적 토대를 발견한다. 생성의 삶과 조형성 모두를 생각할 수 있는 "적극적 문헌학philologie active"110이 바로 그것이다. 『반시대적 고찰 2부』의 모든 주장(저 유명한 '역사비판')은 바로 이 지점에서 시작된다. 니체의 정식은 유명해졌다. '너무 많은 역사가 역사를 죽였다'(그리고 생명과 생성도 함께 죽였다). 여기서 이 정식과 가장 가까운 것을, 부르크하르트보다 앞서 어떤 의미로는 르네상스 역사를 발명했다고까지 말할 수 있는 위대한 역사학자가 처음으로 제시했음을 떠올릴 필요가 있다. 그는 다름 아닌 미슐레이다.

우리는 역사를 소환했고, 그것은 여기 어디에나 있다. 우리는 역사에 의해 포위되고 짓눌리고 으깨졌다. 우리는 역사의 짐 더미를 짊어지고 허리도 펴지 못한 채 걷는다. 우리는 더 이상 숨 쉬지 않는다. 우리는 더 이상 발명하지 않는다. 과거가 미래를 죽인다. (아주 드문 예외는 있지만) 예술은 어떻게 죽었는가? 역사가 예술을 죽였기 때문이다. 역사 자체의 이름으로, 생명의 이름으로 우리는 항의한다. 역사는 이 돌무더기와는 아무 상관이 없다. 역사는 영혼의 역사이며 독창적 사고의 역사, 풍부한 진취성의 역사, 영웅주의, 행동의 영웅주의, 창조의 영웅주의의 역사이다.111

미슐레의 주장은 니체에게 통렬한 비판 대상이 된다. 하지만 그것은 분명 동일한(실증주의 역사학자가 축적해온 사실의 움직이지 않는 '돌무더기'와는 대조되는) 조형성이며, 『반시대적 고찰 2부』에서 니체가 요청하는 동일한 '창조의 영웅주의'이다. 잔존과 변신의 관점에서 보면 니체가 과제로 삼는 역사는 정확히는 과거에 다가설 수 없는 종류의 역사다. 심지어 역사를 위해 과거는 죽은 대상이 된다. 과거를 **보존**할 수 있다고 믿는 경우에는 더욱 그렇다. 왜냐하면 시대착오와 현재에 맞서 보존한다고 믿는 것이란 사실상 미라로 만드는 것이기 때문이다. 즉 그것은 과거의 **형태**를 유지하지만 그것이 지닌 **힘**에 대해서는 어떤 생각도 하지 않으려고 한다.

역사적 감각이 더 이상 생명을 보존하지 않고 미라로 만들 때 나무는 자연적 과정과는 반대로 위에서부터 뿌리까지 점점 시들어간다. 그리고 보통 뿌리까지 차례로 죽는 것으로 끝난다. 전통주의적 역사 자체는 현재의 신선한 생명das frische Leben der Gegenwart으로부터 더 이상 생명에너지와 기운을 부여받지 못하는 순간부터 퇴화한다. …… 왜냐하면 생명을 보존하는 방법만 알 뿐sie versteht eben allein, Leben zu bewahren 그것을 발생시키는 방법은 모르기 때문이다. 생성되고 있는 것은 언제나 과소평가된다. 왜냐하면 예언하는 본능이 없기 때문이다.112

실증주의 시대의 역사? 그것은 거의 전체주의적 역사이다. '분업! 정렬!' 암탉을 '인공적 방식으로 너무 빨리 산란시켜' (비록 [그 과정을 설명하는] 책은 점점 더 두꺼워지겠지만) '계란이 점점 더 작아지게 강요하는 학문.' 과거에서 '인류의 노년'만 보기 때문에 '사람들은 백발로 태어난다는' 문화. '시간의 끔찍한 골화骨化'로 기울어진 과학. 그리고 마침내 이 과학은 또 하나의 '금욕적 이데아', '감춰진 신학', '스스로 모든 시대의 후발주자라고 믿는 슬프고 무기력하게 만드는 생각'으로 드러난다. 다시 말해 '자기실현 개념'을 내걸고 지향하는 바는 다름 아닌 (그리고 여기에 헤겔의 자리가 마련된다) '부도덕의 명세표compendium d'immortalité'로 축약된 '성취', 즉 "학습된 비참함das wissende Elend"113인 것이다.

니체는 이 '학습된 비참함'을 심리학자로서 분석하려 한다. 그에 따르면 그것은 바로 불안에 대한 방어이자 깊이를 모를 '무지' 앞에 선 '공포'에 대한 반응이다. 그것은 우리에게 돌이킬 수 없는 '원초적 고통'을 느끼게 하며, 그것을 우리 안에 잔존하게 만든다. 그는 『비극의 탄생』에서 일찍이 이 고통을 불러냈다. 따라서 역사적 담론에서 **원인**을 제시해야 하는 의무는 **사물**의 본질적 모호성을 대면할 때 끌어내지는 액막이 과정과 유사하다.

미지의Unbekanntes 무언가를 친숙한 무언가로 축소하는 일은 안심, 편안, 만족을 주며 힘을 가졌다는 느낌을 줄 수 있다. 미지의 상태에서는 위험, 불편함 그리고 걱정이 나타난다. 최초의 본능적 운동은 그런 고통스러운 상태의 제거를 목표로 한다. 첫 번째 원리: 어떤 설명도 없는 것보다는 낫다. ……
왜냐하면 그것은 기본적으로 괴로운 상상drückende Vorstellungen을 없애고
싶은 욕망에 불과하기 때문이다. 따라서 원인을 찾는 본능Ursachen-Trieb은
두려운 감정Furchtgefühl에 의해 촉발되고 흥분된다. 가능하다면 '왜?'라는
질문은 스스로 원인을 제시하지 말고 특정한 종류의 원인, 즉 편안하고 해방
시키며 안심이 되는 원인을 제시해야만 한다. …… 새롭고 낯선 미지의 것
은 원인에서 배제된다.114

여기서도 바르부르크는 니체의 요구에 부응할 것이다. 그의 어마어마한 박식함은 '원인을 찾는 본능'으로 눈멀지 않았다. 그의 박식함은 미지의 것Unbekanntes과 낯선 것Fremdes에 여지를 마련해 줄 수 있었으며, 르네상스의 가장 빛나는 현상을 설명하면서 '불안하게 하거나' '괴롭히는 drückend' 원인을 찾아내는 걸 두려워하지 않았다. 이탈리아 초상화의 아름다운 개성 한가운데서 '기독교 교회의 이교도 초상화의 혼합 또는 잔존Verquickung oder Nachleben heidnischer Bildniskunst in christlichen Kirchen' 처럼 피렌체교회에 쌓여 있는 저 '패션 마네킹의 도발적이고 부패한 웅장함herausfordernde, moderige Schneiderpracht' 그리고 '페티시즘적 밀랍인형의 마법Fetischistische Wachsbildzauber'을 보는 일은 "미학적 미술사"115에서 괴로움이 아닐까? 미술작품을 응시하면서 그는 니체가 재현의 애매한 원인 또는 궁극적 **사물**이라고 인식한 '원초적 고통'에서 완전히 벗어나지 않았다.

사실상 『반시대적 고찰 2부』는 역사학자를 중요한 인식론적 선택 앞에 세운다. 한편에는 **과거를 죽이는 역사**가 있다. 그것은 실증주의자의 안심할 만한 역사이다. 이 역사는 스스로 '과학적'이며 **객관적**이라고 믿

는다. 하지만 이 역사는 단지 대상을 죽은 대상, 즉 해롭지 않은 대상으로 만들어 '생명'을 빼앗는다. 다른 한편에는 **과거가 살아 있고 잔존하는 역사**가 있다. 그것은 훨씬 더 어렵고 골치 아픈 계보학자-철학자의 역사, '문화심리학자'의 역사, 풍부한 특이점을 지닌 인류학자의 역사이다. 이 역사의 대상은 힘이다. 실제 접촉, 충격 자체는 아닐지라도 역사학자가 필연적으로 그것으로부터 충격파를 느끼는 잔존하고 변신하는 힘이다. 이제 니체는 이 역사를 '예술적 힘'으로 묘사한다.

> **이해할 수 없는 실재**를 인식할 수 있으며 오직 신만이 관계를 아는 사물을 연결할 수 있는 힘이다. …… 그것을 위해서는 무엇보다 위대한 예술적인 힘vor allem eine grosse künstlerische Potenz이 필요하다.116

역사는 과학이 되려고 하지만 그런 의지는 존경할 만한 목표일 뿐이다. 지식 영역 안에서 역사의 운동은 '자료'의 생산과 '원인'의 탐색을 통해 합법적으로 그런 상태를 향하는 경향이 있다. 하지만 그렇게 해서 실현된 적이 있을까? 오히려 과학이라는 목표가 달성되었다고 믿을 때, 즉 운동이 멈췄다고 생각할 때 자기 운동의 아름다움을 부정한다. 만일 역사적 상태의 그런 한계(그리고 반복하지만 그런 아름다움)를 받아들인다면 역사의 '과학적' 성향은 작품, 제작, 예술로 드러날 것이다. 『반시대적 고찰 2부』에서 니체는 역사가 "예술작품으로 변형되는 것을 받아들여야 한다"117고 주장한다. 왜 예술작품인가? 왜냐하면 그 속에서 **형태**와 **힘**은 필수적이고도 유기체적으로 연결되어 있기 때문이다. "미학은 유기체적인 것과 함께 시작된다"118라고 썼을 때 그는 **역사의 담론에서 균열을 창조하는 생성의 조형성**을 확립한 것이다. 예술적인 것(문화의 형태와 힘)

과 유기체적인 것(살아 있는 신체의 형태와 힘)은 둘 다 역사의 연속성 속에서 그토록 많은 "비역사적인 힘"[119] 그리고 그토록 많은 징후와 **시대착오**를 통해 자신을 드러낸다. 따라서 니체에게 **예술**은 역사 분야의 **중심-소용돌이**를 구성한다. 그곳은 최상급의 비판적 장소이자 비지식의 장소이다. 바르부르크도 **미술사**를 당대의 모든 역사적 이해를 위한 최상급의 비판적 분야로 만들었다. 그곳은 지식과 비지식 모두가 뒤섞인 장소이다.

05

역량기록 또는
반시간성의 주기

따라서 역사는 소용돌이친다. 역사는 움직이고, 자신으로부터 달라지며, 반쯤의 조형성을 드러낸다. 즉 여기서는 흘러가고, 저기서는 딱딱하며, 여기서는 뱀 같지만 저기서는 바위 같다. 바르부르크가 이 모두를 함께 변증법적으로 사유하고 싶어 했음은 분명하다. 위기와 잠재성, 파열과 유예猶豫 그리고 지진과 유연성을 한꺼번에 사유하려고 한 것이다. 그것은 결국 잔존 개념으로 **시간의 징후**에 대한 독특하고 역사적이며 역동적 형성을 제공하는 방식이다. 하지만 역사적 시간의 관점에서 징후란 무엇인가? 앞서 논의한 맥락에서 보면 그것은 **잔존이 발생**하는 매우 특이한 리듬이다. 갑작스러운 침입(현재의 출현)과 회귀(과거의 출현)가 뒤섞인다. 다시 말해 그것은 **반시간성**contre-temps*과 **반복**répétition의 예상

---

* contretemps은 현대 프랑스어에서는 (갑자기 일어난) 불의의 사고나 난처한 일, 나쁜 시기 등을 의미한다. 그러나 이 책에서는 문자 그대로 contre/counter+temp/time이라는 의미, 즉 시간에 맞선 행동 같은 것을 의미한다. 따라서 '반시간성'으로 옮겼다.

치 않은 공존이다.

이렇게 말하면 또다시 니체의 생각을 받아들이게 된다. 즉 이미지를 위해 일시적 이상함과 **반시대성***의 특권을 불러들이게 된다. 반시대성은 순수하고 단순하게 역사를 부정하는 것도, 또 시간 자체를 부정하는 것도 아니다. 오히려 반시대성은 반시간성과 반복이 결합된 힘을 부여한다. **반시간성의 힘**이란 무엇인가? 니체에 따르면 역사에서 의미 있는 모든 것, 즉 실제 '영향력을 발휘하는' 모든 것은 오직 "시간에 반해 행동함에 따라 시간에 걸맞게 되는 것"[120]으로만 나타날 수 있다. 니체와 바르부르크가 공유하는 문헌학에 대한 주장 그리고 고대에 대한 열망을 이해한다는 말은 이런 의미다. 두 사람은 당대에 만연한 역사주의를 날카롭게 비판하기 위한 (형이상학적이고 영원한 것이 아니라 **물질적**이고 **시간적인**) 고고학적 도구를 제공하고 있는 것이다. 모든 기억의 힘이 그것을 뒷받침하는 망각의 요소를 생산할 줄 알 듯이 모든 진정한 역사적 힘(그리고 잔존은 그중 하나이다)은 그것에 반하는 비역사적 요소를 생산할 줄 알아야 한다. 따라서 니체에게 반시간성이란 "모든 위대한 역사적 사건이 일어난 비역사적 분위기"[121]를 의미한다. 여기서 역사학자들에게 그의 유명한 경고가 내려진다.

---

* 때가 아닌 것, 시대에 맞지 않은 것을 의미하는 프랑스어 단어 inactualité와 영어 단어 untimeliness를 '반시대성'이라고 옮긴 이유는 니체의 저술 『반시대적 고찰 Unzeitgemässe Betrachtung』의 번역서인 Considérations Inactuelles(불어판)과 Untimely Meditation(영어판)에서 Unzeitgemässe를 각각 inactualité와 untimely로 번역하고 한국어에서는 '반시대적'으로 옮기고 있기 때문이다. 니체가 동시대를 뜻하는 Zeitgemässe에 부정형 접두어를 붙인 이유는 그가 살던 동시대의 사유를 반대하기 위함이기에 '반시대'로 옮기는 것이 타당하다. 따라서 이 책에서는 inactualité를 반시대성으로 contretemps을 반시간성으로 번역해 시대성에 관한 니체와 바르부르크의 논의가 결국 시간성 자체에 관한 논의와 연결됨을 보여주려고 했다.

만약 전기傳記를 원한다면 '아무개 씨와 그의 시대'라는 전설을 가진 사람이 되려고 하지 마라. 대신 표지에 '시대에 맞선 싸움꾼ein Kämpfer gegen seine Zeit'이라는 제목이 붙은 사람이 되길 원하라.122

그렇다면 모든 제약 그리고 모든 **시대정신**Zeitgieist의 관습에 맞서 '시대에 맞선 싸움꾼'에게 제공되는 반시대성의 무기인 생명에너지, 즉 '비역사적 에너지'란 무엇일까? 역설적으로 니체는 **반복의 힘**으로 그것에 접근한다. 따라서 이제부터 우리는 영원회귀의 땅에 들어서게 된다. 들뢰즈가 정식화시켰듯이 회귀는 니체에게 **생성되는 바로 그 존재**l'être même de ce qui devient라는 표현을 마련해주었다. 그 속에서 시간성은 과거, 현재, 미래의 (불가피하게 시대착오적인) 필수적 공동작용coaction 혹은 공존coexitence으로 구성된다는 것이다.

과거는 시간 속에서 어떻게 구성될 수 있는가? 현재는 어떻게 지나갈 수 있는가? 만약 지나가는 순간이 현재와 똑같은 시간에 이미 지나가지 않았고 현재와 똑같은 시간에 아직 오지 않은 것이라면, 그 순간은 결코 지나갈 수 없을 것이다. 만약 현재가 스스로 지나가지 않는다면, 다시 말해 과거가 되기 위해 새로운 현재를 기다려야 한다면, 일반적 과거는 시간 속에서 결코 구성될 수 없으며 이 현재는 결코 지나갈 수 없을 것이다. 우리는 기다릴 수 없다. 순간은 지나가기 위해서(그리고 다른 순간을 지나게 하기 위해서) 현재이자 과거이며, 현재이자 미래여야만 한다. 현재는 과거와 미래처럼 스스로와 공존해야만 한다. 순간이 현재, 과거, 미래로서 스스로와 맺는 종합적 관계는 다른 순간들과 맺는 관계의 기초가 된다. 따라서 영원회귀는 **지나**

감이라는 문제에 대한 응답이다. 그리고 그런 의미에서 영원회귀는 하나인 어떤 것 또는 동일한 어떤 것으로의 회귀라고 해석되어서는 안 된다. 우리가 영원회귀라는 표현을 동일자의 회귀로 이해한다면 그것은 잘못 해석한 것이다. 되돌아오는 것은 존재가 아니라 되돌아옴 그 자체이다. 그것은 생성과 지나감으로 스스로를 긍정하는 한에서만 존재를 구성한다. 되돌아오는 것은 하나가 아니지만 되돌아옴 그 자체는 스스로를 다수 또는 다양성으로 긍정하는 하나이다.123

요컨대 과거는 현재 그 자체로부터 구성된다. 그것은 **지나감**이라는 본질적 힘을 통해서이지, 과거를 죽은 것처럼 뒤로 내던지는 또 다른 현재에 의한 부정을 통해서가 아니다. 마치 현재가 **잔존**이라는 본질적 힘으로 과거 그 자체로부터 구성되는 것과 마찬가지이다. 들뢰즈의 이런 해석은 니체의 영원회귀 개념을 다른 모든 시시한 시간 모델과 구분시켜준다. 왜냐하면 이 해석은 문제의 '영원'이 계속 불안정한 상태와 '일시적 지나감passagerétés'의 대상이 될 것이며, 문제의 '회귀'가 계속 변화와 변신의 대상이 되리라는 사실을 보여주기 때문이다. 니체의 빛나는 업적은 궁극적으로 시간을 이해하기 위해서는 **혼돈** 모델modèle chaotique과 **순환** 모델modèle cyclique의 공존을 받아들일 필요가 있음을 보여준다.124

이것이 반시간성의 힘과 반복의 힘이 협력하는 이유이다. 반시간성은 회귀의 리듬 없이는 발생하지 않는다. **반시간성은 회귀한다.** 그것이 임의의 계기나 단순한 우연적 사건을 넘어서는 징후의 모든 가치다. 반면 반복은 예상치 못한 균열의 불규칙한 리듬 없이는 발생하지 않는다. **반복은 반복된 것을 분리시키며** 동일성으로의 회귀로 오작동한다. 그것이 들뢰즈가 (다양성 없는 반복은 존재하지 않기 때문에) **하나**'un와 영원회귀를 떼어놓고 (차이 없는 반복은 존재하지 않기 때문에) **동일성**l'identique과 영원회귀를 떼어놓으면서 제대로 설명한 것이다.[125] 또한 그것은 클로소프스키Pierre Klossowski가 『니체와 악순환』에서 영원회귀의 순환에 대해 본질적 비틀림 그리고 '도착적perversion' 효과 속의 언제나 예측할 수 없는 "악순환vicious circle"[126]이라는 용어로 제안한 것이다.

하지만 니체는 '**같은 것**même의 영원회귀die Ewige Wiederkunft des Gleichen'라는 (악명 높은) 표현을 사용하지 않았던가?[127] 바로 이 어려움 때문에 영원회귀의 '차이화'라는 들뢰즈의 해석에 몇 가지 의구심이 생겼을 수도 있다. 그러나 그러한 의구심은 니체의 **같은 것**das Gleiche, le même, the same과 **동일한 것**Einssein or Identität, l'identité, identity을 혼동하지 않는 단순한 예방조치를 취하면 쉽게 파기된다. '같은 것의 회귀Wiederkunft des Gleichen'는 **같은 것으로의**zum das Gleichen, au même, to the same 회귀가 아니며, 더구나 **동일한 것으로의**à l'identique, to the identical 회귀는 더더욱 아니다. 영원회귀에서 되돌아오는 '같은 것'은 존재의 동일성이 아니라 다만 **비슷한 것**semblable에 불과하다. 15세기의 특정 형태의 잔존으로 되돌아오는 마에나드는 그와 정확히 동일한 그리스적 캐릭터가 아니다. 그보다는 이 캐릭터의 변신적 유령, 즉 차례로 고전적, 그리스적, 로마적이었다가 기독교적 맥락에서 재구성된 유령으로 표시되는 이미지이다. 요컨대 그것은 지나갔다가 되돌아오는 **유사한 것**resemblance이다. 이로써 처음부터 반복이 그 속에서 차이를 어떻게 작동시키는지 알 수 있다. 문화적 잔존의 모든 측면의 특권적 지위로서 이미지(생성과 변화)를 연구한 바르부르크는 그것을 완벽하게 이해했다. 최근에 아감벤은 인간적 시간에 대한 모든 성찰의 중심에 이미지를 배치할 (매우 바르부르크적인) 필요성을 이해할 수 있는 명쾌한 어원학적 설명을 제시했다.

Gleich(같은, 닮은)이라는 이 단어에 대해 잠깐 생각해보자. 이 단어는 집합 또는 집단을 의미하는 ge라는 접두어와 leich라는 단어로 만들어지는데, 중세 고지독일어(표준독일어) leich, 고트어 leik 그리고 마침내 그것의 어원인 *lig는 외양, 형상 또는 닮음을 의미하고 현대 독일어에 와서는 Leiche, 즉 시체라는 단어가 된다. 따라서 Gleich는 동일한 *lig, 즉 동일한 형상을 지닌 것이라는 의미를 갖는 것이다. 접미사 lich에서도 발견할 수 있는 것이 바로 이 어근 *lig인데, 아주 많은 독일어 형용사('여성적'이라는 뜻의 Weiblich는 원래 여성의 외모를 지닌 사람을 의미했다)을 만들었고, 심지어 ('그와 같은'이라는 뜻의) 형용사 solch에도 쓰인다(따라서 독일의 철학적 표현인 als solch 또는 영어 as such는 형상에 관해 또는 적절한 형태에 관해라는 의미이다). 그것은 영어 단어 likeness와 동사 to liken과 to like 그리고 형용사를 만드는 접미사로도 사용되는 단어 like와 정확히 연결된다. 그런 의미에서 Gleich의 영원회귀란 문자 그대로 *lig의 영원회귀라고 해석해야 한다. 따라서 영원회귀에는 이미지 또는 유사성 같은 것이 있다.[128]

그것이 바로 바르부르크가 **고대적 유사성의 영원회귀**에서 포착하려고 한 것이다. 모든 사소한 관련성을 넘어서 그리고 일반적으로 **고대적 모델의 모방**이라는 이데아를 가정하는 모든 시간 모델을 넘어서 생각할 수 있는 영원회귀 말이다. 잔존은 이미지에서 발생한다. 그것은 서양 역사의 장기지속에 관한 그리고 '문화 간의 구분선'에 관한 바르부르크의 가설이다(가령 이를 통해 15세기 이탈리아의 프레스코화의 이미지에서 고대 아랍 점성술가의 활동적이고 잔존하는 유령을 알아볼 수 있게 된다). 잔존은 이미지에서 발생한다. 그것은 단순한 미술사 이상의 것을 우리에게 요구한다. 바르부르크는 **유사성의 계보학**이라는 (또다시 니체적) 관점에서 **잔존하는 이미지**에 관한 사유 전체를 발전시켰다. 다시 말해 그것은 형태의 생성을 사유하는 진정으로 비판적인 방법을 통해 모든 종류의 목적론과 실증주의 및 실용주의에 반대한다. 서양 전통에서 이 **유사성의 계보학**의 토대를 마련함으로써 그는 니체가 윤리학의 영역에서 악마 같은 『도덕의 계보』로 이미 만든 것보다는 소박하지만 그에 필적할 만한 소란을 미학 영역에서 만들어 냈다(마찬가지로 미술사와 저 평온한 바사리적 혈통에서도 소란을 만들었다).

> 계보학은 기원이나 탄생을 의미할 뿐만 아니라 기원 속의 차이나 간격도 의미한다.[129]

계보학적 지식은 니체에 의해 문헌학적 지식으로 그리고 **인식론적** 지식으로 처음 제시되었다.[130] 그것은 바르부르크의 태도이기도 하다. 또 그는 결코 그런 태도를 고치지 않았다. 그의 핵심 개념인 **파토스형성**에 대한 정의에서 오스토프Hermann Osthoff의 언어학 이론(이에 대해서는 나중에 다시 논의할 것이다)의 잘 알려진 역할과 함께 어원학에 관한 방대한 도서관 장서를 언급하는 것만으로 충분할 것이다.[131] 하지만 푸코가 니체 저서에 나타난 역사와 계보학의 관계를 다룬 유명한 연구에서 썼듯이 어원학은 조상, 출처, '기원'의 연속성에 대한 계보학적 관계를 확립하는 것과는 거리가 멀다. 대신 어원학은 잔존의 놀이를 통해 그것의 전파dissémination 그리고 '우리 존재 자체'의 불연속을 초래하는 본질적 불연속성에 접근할 수 있게 해준다.

계보학자의 '유효한' 역사는 어떤 불변성에도 의지하지 않는다는 점에서 전통적 역사학자의 역사와는 다르다. 인간에게는 어떤 것도 (그의 신체조차도) 자신을 인식하고 다른 사람을 이해할 만큼 충분히 고정적이지 않다. 우리가 역사를 향하고 그것을 완전히 이해하기 위해 의존하는 모든 것 그리고 꾸준하고 연속적 움직임으로 과거를 회상하게 만드는 모든 것은 역사를 체계적으로 해체시킨다. 우리는 인식에 위로가 되는 그런 경향을 깨버려야만 한다. 역사적 질서 속에서 지식은 '재발견', 특히 '스스로의 재발견'을 의미하지 않는다. 역사는 우리 존재 자체에 불연속을 도입하는 한에서만 '유효'해질 것이다. 그런 역사는 우리의 감정을 분리하고 우리의 본능을 극화시킬 것이다. 그것은 우리의 신체를 증식시키고 스스로에게 반대할 것이다. 생명이나 자연의 안정을 보장하는 어떤 것도 밑에 남겨두지 않을 것이며, 천년기가 끝날 때까지 어떤 침묵하는 고집에도 휘둘리지 않을 것이다. 우리가 쉬고 싶어 하는 기반을 뿌리 뽑고 위장된 연속성을 가차 없이 붕괴시킬 것이다. 그것이 바로 지식이 이해를 위해 만들어지지 않은 이유이다. 지식은 단절을 위해 만들어졌다.132

푸코는 이 문장에서 분명 『도덕의 계보』의 '단호한' 양식을 채택했지만 내가 보기엔 좀 과도해 보인다. 한편으로 푸코는 문헌학적·인식론적 패러다임의 진정한 의미를 정확히 강조한다. 계보학적 연구는 왜 그토록 "세심하고 끈질긴 다큐멘터리"133일까? 게다가 니체 자신보다 바르부르크에게서 훨씬 더 전형적인 특징으로 나타날까? 이유는 계보학적 연구가 역사에서 어떤 절대적 의미에도 그리고 '이데아적 의미와 무한한 목적론의 메타-역사적 배치'에도 반대하며, 영원회귀와 **생성의 특이점**les singularités du devenir을 목표로 삼고 있기 때문이다. 푸코에 따르면 계보학은 "우리를 가로지르는 모든 불연속성을 드러내고자 한다."134 따라서 어원학적 지식의 꼼꼼함은 결국 가능한 단어의 역사가 지닌 연속성을 분리시키는 결과를 낳는다. 논리적으로 그 결과는 니체가 『도덕의 계보』에서 주장하는 징후학으로 이어진다. 거기서 그는 '좋음bon, Gut'과 '나쁨 mauvais, Schlecht'이라는 단어의 어원학을 넘어 '징후'와 '질병'의 측면에서 **양심의 가책**la mauvaise conscience*을 분석한다.135

그러므로 푸코는 징후 개념이 어떻게 니체 — 그리고 자신의 역사학 프로젝트 — 가 "신체와 역사의 분절articulation du corps et de l'histoire"136이라는 올바른 지점을 찾게끔 해주었는지 분명히 알고 있다. 푸코는 계보학자의 '유효한' 역사를, '아래를 보길 두려워하지 않는 것', **문화의 기초적 물질성**basses matières de la culture을 철저히 조사하는 것(나는 여기서 바타이유의 유명한 표현[기저 유물론le bas matérialisme — 옮긴이]**을 바꿔 말하고 있다), 모든 의사가 환자의 기관에서 진찰할 수 있어야 하는 **"야만적이고 망측한 우글거림**grouillement barbare et inavouable"137으로 이해했다.

* '죄의식, 죄책감'이라고도 번역할 수 있는 이 단어는 『도덕의 계보』의 제2논문, 「죄」, '양심의 가책' 및 기타」에 나오는 독일어 schlechtes Gewissen에 해당한다. 이 글에서 니체는 죄Schuld의 어원이 부채Schulden과 관련되어 있음에서 출발해, 채권자가 손해배상이나 보상을 위해 채무자에게 육체적 고통을 줌으로써 지배권과 쾌감을 얻으려는 것을 '형벌'의 기원으로 파악한다. 죄의식 혹은 양심의 가책이란 적이나 채무자에 대한 이런 잔인한 박해와 파괴에 대한 쾌감의 방향을 스스로에게로 돌린 것이다. 니체는 "외부의 적과 저항이 없어지고 관습의 억누르는 협소함과 규칙성 속에 처박힌 인간은 죄를 내면화시켜서 성급하게 스스로를 찢고 박해하고 물어뜯고 흥분시키고 학대하게 된다"고 말한다(니체[1887], 16: 20. 김정현 역[2002], 431페이지). 그는 이를 "인류가 오늘날까지도 치유하지 못하고 있는 큰 병, 자기 자신에 대한 고통이라는 병"(같은 책, 432페이지)이라고 주장한다.

** 기저 유물론le bas matérialisme은 『기저 유물론과 그노시스주의Le bas matérialisme et la gnose』(1930년)에서 바타이유가 제안한 개념으로, 핵심은 존재가 일체의 위계나 분절이 없는 무정형의 물질로 되돌아가야 한다는 주장이다. 여기서 물질은 '스스로 영원한 자율성을 갖는 능동적 원리'라고 말할 수 있다.

그러나 다른 한편 그는 기억상실(반복)의 위험을 무릅쓰고 불연속(반시간성)을 첨예화시킨다. 푸코에게 징후란 불연속, 즉 망각 그리고 '잃어버린 사건'만 드러내는 것이다. '그것은 역사를 반기억contre-mémoire으로 만드는 것이다.' 푸코가 모든 **기원** 개념을 거부하는 것도 이 방향으로 진행된다. 즉 '사물의 정확한 본질'이라고 말할 수 있는 원래의 장소인 "진실의 장소lieu de la vérité"138를 찾는 역사를 거부하는 것이다.

문헌학적으로 부정확하다는 사실은 차치하더라도139 니체적 **기원**을 이런 식으로 거부하는 것은 징후 개념을 탈변증법화시킨다는 단점을 갖는다. 푸코는 아무 뉘앙스도 없이 "불연속성을 드러내겠다"140는 계보학적 의지로 연속이라고 가정된 '뿌리' 모델과 대면한다. 여러 개의 뿌리가 서로 얽혀 끈끈하고 리좀적이며, 여기서는 눈에 띄지만 저기서는 땅속에 묻혀 있고, 여기서는 화석화되지만 저기서는 끊임없이 발아할 수 있다고 푸코는 상상하지 않는다. 벤야민이 1928년에 쓴 이론에 따르면141, 기원[원천]Ursprung이라는 개념 자체는 계보학적인 가느다란 실을 따라 불연속적이고 물에서 **태어나듯**anadyomène 나타났다 사라지는 특징을 전제한다. 만약 우리가 니체와 함께 계보학을 징후학으로 사유해야만 한다면, 그것은 징후 자체를 엄격한 불연속보다 훨씬 더 복잡한 것으로 사유해야 함을 암시한다. 바르부르크가 상상했고 유사성의 징후학으로 섬세하게 실행된 형태의 어원학, 그런 계보학적 지식은 징후에 관한 변증법적 사유 없이는 진행되지 않는다. 그것은 반복이라는 물질성matière 자체에서 생성되는 반시간성, 의식적 기억이라는 물질성 자체에서 생성되는 망각, **유사성의 잔존하는 물질성** 자체에서 생성되는 차이에 대한 사유이다.

* * *

이것이 징후로서의 이미지l'image-symptome의 운동과 시간성일 것이다. 즉 잔존의 사건 그리고 반시간성의 주기 속의 결정적 순간 말이다. 일생을 통해 바르부르크는 그런 운동을 설명하는 이론적 개념을 모색했다. 그는 그것을 **징후로서의 이미지**가 그리는 일종의 **그래프**인 **역량기록** Dynamogramm이라고 명명했다. 이 그래프는 잔존 발생의 충동적 힘, 즉 이미지의 역사학자의 '지진계 같은' 민감성 덕분에 직접 감지해 전달할 수 있게 된 힘을 측정한다.

설명적 수준에서 역량기록은 잔존의 관계를 표현할 수 있다. 가령 그러한 관계는 델라르카Niccolò dell'Arca가 만든 볼로냐의 〈죽은 그리스도를 애도함déploration〉 조각에서 특히 격정적인 옷 주름으로 표현된 바 있는, 르네상스의 미술가가 거의 몰랐고, 따라서 그런 식으로 '모방'할 수도 없던 헬레니즘시대의 옷 주름 양식(〈그림 21~22〉)으로 보존된다. '역량기록'은 이 두 개의 옷 주름 표현에서 공통적 '생명' 또는 생명에너지를 추적할 수 있다. 이 표현에서 독특한(즉 독특하게 격렬하고, 팽창적이며, 변화무쌍한) 주름 작업 방식은 유동성의 특징적 불연속성을 만들어 내는 것으로, 이 또한 그 자체로 조각되거나 모델링되는 재료의 특성이다.

하지만 바르부르크는 결코 그런 '일반적 특징'에 대한 설명적 연구를 체계화시키지 않았음에 주목해야만 한다. 그는 카발카셀레Giovanni Battista Cavalcaselle나 모렐리 같은 당대의 다른 사람들이 했듯이 분석한 미술 작품을 바탕으로 도면을 그린 적이 없다. 또 그는 회화의 '기하학적 비밀'의 감춰진 네트워크를 찾으려고 하지도 않았다. 어쩌면 특이점에 대한 존중 때문에 그는 이미지를 도식화시켜 피폐하게 만드는 관행을 의심했는지도 모른다. 그것이 그가 연구 대상을 사진으로 찍거나 사진들을 정

〈그림 21〉 익명의 소아시아 그리스인, 리키아의 크산토스에 있던 네레이데스(바다의 요정) 기념당(세부). 기원전 4세기. 대리석 조각(런던, 대영박물관), 사진은 저자.

〈그림 22〉 델라르카Niccolo dell'Arca, 죽은 그리스도를 애도함(막달라 마리아 세부), 1480년경, 테라코타(볼로냐, 산타마리아델라비타). 사진은 게라Antonio Guerra.

리하고 돋보기로 세밀히 조사하길 더 선호한 이유이다. 그것은 또한 역량기록이라는 개념이 그의 마음속에서는 현저하게 이론적임을 의미한다. 그것은 우리가 **고대의 잔존**이라는 표현에 의문을 가질 만큼 역설적인 (미술의) 생체표현이라는 특화된 정식을 제공했다. 동일한 표현은 바르부르크의 미출간 원고에서도 가끔 등장한다. "고대의 역량기록의 되살아남 Wiederbelebung antiker Dynamogramme"142이 그것이다.

따라서 **역량기록**은 **시간 형태,** 즉 역사적 에너지 형태를 목표로 삼는다. 시간성에 대한 바르부르크의 모든 사유는 리듬, 진동, 중단, 교차 또는 헐떡임 현상에 관한 가설을 중심으로 구성된 것으로 보인다. 그것은 바르부르크의 미출간 메모 더미를 대충 훑어보는 것만으로도 쉽게 알 수 있다. 이 노트 더미에는 양극성의 **진동하는 도식**이 자주 등장한다. 이데아주의와 현실주의의 '시계 추 또는 평형봉'(〈그림 23〉), 양식의 '불안정함'의 '리듬'(〈그림 24〉), 중심점에 K라고 적힌 작은 인물이 춤추거나 주네의 외줄타기 곡예사*처럼 망설이고 있는 경이로운 '영원한 시소die ewige Wippe.' 물론 그것은 그가 이 조그만 스케치에 그리려고 한 예술가 Künstler 모습이다.143(〈그림 25〉)

그런 독해는 확실히 훨씬 더 일반화될 수 있다. 즉 역량기록을 계속해서 갱신되는 **시간 속에서의 형태들의 형태**forme des formes dans le temps라는 가설과 유사한 것으로 생각할 수 있다. 그는 미술사 그리고 역사와 사회심리학Kunstgeschichtlich, historisch und sozialpsychologisch을 결합한 모든 학제 간 연구 프로젝트가 결국에는 다름 아닌 위대한 "역량기록의 미

---

* 「외줄타기 곡예사Le funambule」. 주네Jean Genet(1910~1986년)가 1957년 봄에 쓴 산문시 제목이다. 조재룡 역[2015]. 『사형을 언도받은 자/외줄타기 곡예사』, 워크룸 프레스.

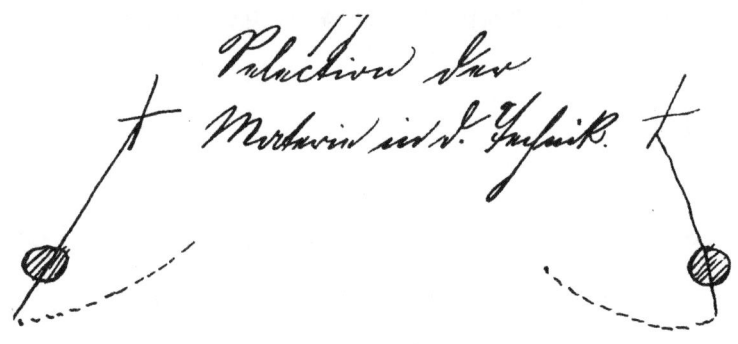

〈그림 23〉 바르부르크, 이데아주의-사실주의 양극성의 진동 도식, 1892년, 잉크화. 『일원론적 미술심리학의 기초에 관한 단상Grundlegende Bruchstücke zu einer monistischen Kunst-psychologie』, I, 166페이지, 런던, 〈바르부르크연구소〉 아카이브.

학Ästhetik des Dynamogramms"144으로 이어지리라고 썼다.(〈그림 21〉과 〈그림 22〉)

파노프스키, 곰브리치 그리고 몇몇 다른 사람이 그랬듯이, 바르부르크의 프로젝트를 '상징적 의미'의 순수한 도상해석학으로 축소하는 것은 그것을 완전히 오해하는 것이다. 그런 독해는 마치 몸짓, 싸움, 뱀 없이 〈라오콘〉을 묘사하는 것처럼 절반만 설명하는 것이다. 또 그가 이미지의 '내용'에만 관심이 있고 상대적으로 이미지의 '형태'와 '힘'에는 무관심하다는 완전히 틀린 생각을 고집하는 것이다. 사실 『닌파』의 저자는 상징사전(리파Cesare Ripa가 그러했다)이나, 심지어 파노프스키처럼 "회화의 수수께끼"145 수준에 존재하는 형상적 '상징주의'에는 전혀 관심이 없었다. 바르부르크는 그보다 더 근원적인 것을 탐색하기 위해 이미지를 세밀하게 분석했는데, 마침내 그는 그것을 "잠재태적 또는 현실태적 상징 dynamische, energetische Symbolik"146이라고 불렀다.

요컨대 잔존이 기억하는 것은 (모든 순간 그리고 모든 맥락에서 입력되는 모든 힘의 관계에 따라 변하는) 기의signifié가 아니라 특징적 기표signifiant 자체이다. 다시 한 번 설명하자면 중요한 것은 '형상화된 형상la figure figurée'의 윤곽선이라는 특징보다는 '형상화하는 형상la figure figurante'의 행동, 즉 동시에 역동적[잠재태적]이면서도 잔존하는 행동 그리고 독특하면서도 반복적인 행동의 흔적임을 이해해야 한다.* 중요한 것은 게슈탈트Gestalt가 아니라 게슈탈퉁Gestaltung이다.** 그것이 바르부르

* 저자의 논의에서 '형상화된 형상la figure figurée'과 '형상화하는 형상la figure figurante'의 구분은 중요하게 강조된다. 이 개념은 파노프스키의 도상해석학적 접근을 비판하는 저술 『이미지 앞에서: 미술사의 종말을 묻는 질문들』(1990a)에서 제안된 개념이다. 우선 저자는 '보다'라는 행위를 두 가지 영역으로 구분한다. 즉 인식과 담론을 통해 이미지를 이해하는 방식인 '가시성Visible' 그리고 우연히 미술작품의 이미지 앞에서 시선을 멈추고 말을 잃고 무엇인가가 나를 붙잡고 있다는 느낌을 받는 방식인 '시각성Visualité'이 그것이다. 재현 가능성과 유사성이 '가시성'의 영역에 속하는 것이라면 재현 불가능성, 즉 무엇인지 알 수 없는 흔적 그리고 징후가 바로 '시각성'의 영역에 속하는 특징이다. 저자는 가시성의 영역이 구성하는 재현적 형상을 '형상화된 형상'이라고 부르고, 질서정연하게 만들어진 이미지의 장막을 찢으면서 튀어나오는 이미지의 징후적 부분을 '형상화하는 형상'으로 구분해 대립시킨다. 이 용어는 구조주의 언어학에서 소쉬르가 '의미하다'를 뜻하는 동사 'signifier'의 현재분사 signifiant로 변화하는 현재적 의미인 기표記表('의미하는 것'), 그리고 과거분사 signifié로 함축적·과거적 의미인 기의記意('의미된 것')라고 개념화시킨 것을, 다시 '형상하다'를 뜻하는 동사 'figurer'에 적용시킨 것이라고 말할 수 있다. 때문에 '형상화된 형상'과 '형상화하는 형상'을 각각 형상 기의, 형상 기표라고 옮길 수도 있었지만 의미가 불명확해 원래 의미대로 번역했다. '형상화하는 형상'에 대한 보다 자세한 설명은 김병선(2018), 『이미지와 기억: 이미지 개념의 철학사』, 새물결, 46~255페이지를 참조하라.

** Gestalt는 고정된 형상figure, 형태form이며, Gestatung은 그런 형태와 형상을 만드는 행위를 말한다. 예술에서 니체에게 중요한 것은 고정된 형상Gestalt이 아니라 그것의 기원인 형태화, 형성하는 것Gestaltung이다. 따라서 힘에의 의지는 '형태를 만드는 힘die gestaltende Kraft', 즉 조형적 힘plastische Kraft으로 정의된다(F. Nietzsche, 1872~1874, p. 97; G. Deleuze, 1962, p. 57; Haar, 2010, p. 17을 참조). 이처럼 저자는 바르부르크뿐만 아니라 니체가 중시한 개념이 그와 같이 동적인 Gestaltung, 즉 '형상화하는 형상'이라고 강조한다.

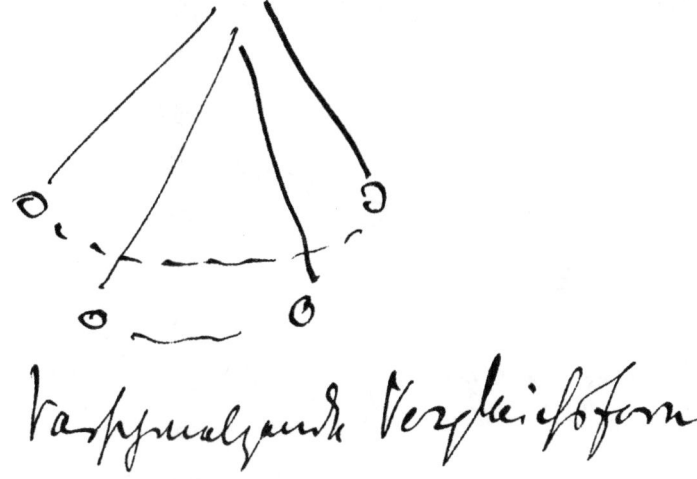

〈그림 24〉 바르부르크, 장식적 '불안정성'과 '리듬'의 진동 도식, 1900년, 잉크화. 『일원론적 미술 심리학의 기초에 관한 단상』, II, 67페이지. 런던, 〈바르부르크연구소〉 아카이브.

크 관점에서 이미지가 '상징적 기능symbolische Funktion'이라고 말할 수 있는 유일한 이유이다. 이미지를 통해 전달된 기억mneme은 '운동의 흔적', 즉 바르부르크가 사망한 해에 쓴 메모에 "에너지를 지닌[현실태적인] 기억의 흔적energetisches Engramm"147이라는 이상한 표현으로 요약될 수 있는 과정이기 때문이다. 그에 따르면 도나텔로, 보티첼리 또는 만테냐 같은 르네상스 미술가는 무엇보다도 "고대의 역량기록적 기억을 감지하고 형태를 만들 수 있는 사람Auffänger und Former der antiken dynamor-phorischen Mneme"148이었다.

'고대의 기억'이 '역량기록'이라면, 다시 말해 의미를 전달하기보다는 힘을 전달하고 형태를 변형시킨다면 우리는 다시 니체로 되돌아간다. 사실상 **역량기록**이라는 바르부르크적 개념은 심리학에 대한 니체적 소망에 부응하지만, 동시에 '형태학morphologie'인 힘에 대한 지식, 즉 의미의

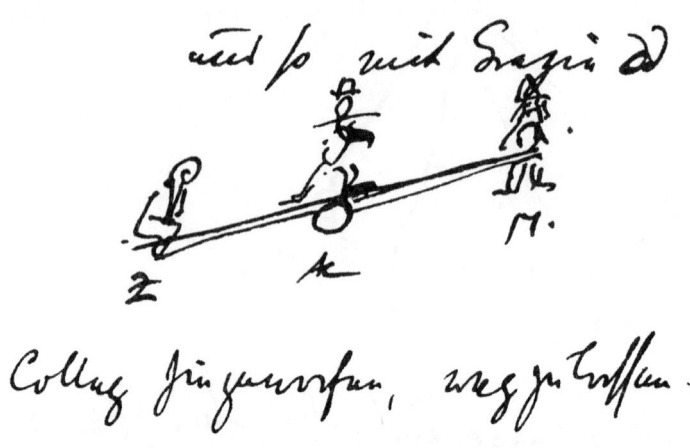

〈그림 25〉 바르부르크, 영구적 시소, 1890년, 잉크화. 『일원론적 미술심리학의 기초에 관한 단상, II, 110페이지. 런던, 〈바르부르크연구소〉 아카이브.

미학이 아니라 **힘의 미학**이라는 요구에도 부응하려는 시도라고 할 수 있다.[149] 또한 니체가 소리에서만 발견한 것을 바르부르크는 대리석에서도 찾을 수 있었다고 말할 수 있다. 즉 그것은 '존재 자체의 영靈', '즉각적으로 이해되는 의지', 요컨대 니체가 "음악적 감정의 도취"[150]에서만 끌어낸 모든 것이다. 그것은 리듬적·형태학적 '역량기록의 미학'이 끌어내려고 하는 것이다.

    모든 힘 — 가장 기초적이고 물리학적인 정의에 따른 '운동의 원인' — 이 극단적 위치 사이에서 작용해 분리 그리고 **양극성**을 정의한다는 사실 때문에 이 미학은 **형태학**을 전제한다. 바르부르크가 언제나 역량기록과 양극성이라는 두 개념을 함께 사용했음은 놀랍지 않다. 기본적으로 그것은 모순된 긴장에 형태를 부여하는 가능한 모든 방법을 탐구하기 때문이다. 그에 따르면 이미지는 존재와 역사에서 가장 대립적인 요소에 조형성, 강렬함 또는 강렬함의 감소를 부여하는 미덕(아마도 기능)을 지닌 것처럼 보인다. 1927년의 『일반 이념들』이라는 원고는 (같은 종류의 수많은 이전의 시도처럼) 르네상스를 '양식'으로 이해하는데 도움을 주는 나무 모양의 분기分岐 그림으로 시작된다. 거기서 우리는 '진화Entwick-lung'라는 이성적 관점 및 '현재성Aktualität'이라는 '악마적' 관점의 대립 그리고 '고고학적archäologisch' 관점과 '역사적historisch' 관점의 대립 등을 찾아낼 수 있다. 이 모든 것이 합쳐져 15세기 르네상스 양식의 가설적 역량기록을 형성한다.151

따라서 역사학자는 이 역량기록을 극단적 양극화와 '탈극화'의 다양한 순서를 추적하는데 사용해야만 한다. '고대의 역량기록은 최대 장력으로 나타난다das antikische Dynamogramm...., in maximaler Spannung.' 하지만 가령 '비극화된 잠재적 양면성unpolarisierte latente Ambivalenz'의 단계를 통해 그것은 또한 "탈극화"152될 수도 있다. 또 그것은 바르부르크가 피렌체에 대한 초기 연구에서 "조정Ausgleich"153 과정이라고 부른 것을 드러낼 수도 있다. 그는 기를란다요의 모든 작품과 15세기 피렌체의 초상화의 모든 양식적 측면을, 극단적으로 대립하는 두 성향 간의 타협으로 분석했다. 한쪽에는 **사실주의**(특히 플랑드르와 고딕)가 다른 한쪽에는 **고전주의**(특히 이탈리아와 르네상스)가 존재하고 있던 것이다.

중세의 종교적 관행과 형상적 '초현실주의'의 고대 기술(주형으로 만든 밀랍 봉헌물)의 공존만큼이나 중요한 **잃어버린 고리**의 발견 말고도 그는 15세기 피렌체의 부르주아가 자기표현의 자부심으로 만든 **모순적 요구**에 대한 변증법적 이해의 중요성을 입증했다. 그러한 요구에는 로마식 이데아주의와 **함께** 반 아이크Van Eyck식 개인주의, '에스투리아적-이교도' 상인의 겉치레와 **함께** 플랑드르적 단순함, 고전적 파토스와 **함께** 고딕적 세부, 르네상스적 양식주의와 **함께** 중세적 도식주의, 이교도적 서정성과 **함께** 기독교적 알레고리, 춤추는 마에나드와 **함께** 십자가에 못 박힌 신, **고대식** 주름과 **함께** 프랑스식(즉 북유럽식) 의복 …… 등이 공존한다.154

* * *

이런 양극적 역동성을 어떻게 이해해야 할까? 곰브리치가 고딕-르네상스라는 양식적 양극성의 서로 다른 상태를 바르부르크가 다루는 방식을 훌륭하게 분석해 보여주면서 처음에는 르네상스의 개화開花을 막은 고딕이 나중에는 "거리낌 없는 중세적 삶"155으로서의 중요한 역할을 맡았음을 보여준 것은 분명히 사실이다. 그러나 곰브리치의 이론적 결론은 불완전하고 빈약한 상태로 남았다. 왜냐하면 바르부르크의 접근을 초기의 열등한 모델로 축소시켰기 때문이다. 물론 리오Alexis-Frarnçois Rio와 시먼즈John Addington Symonds 같은 르네상스 역사학자들도 양극화되고 진동하는 이탈리아 15세기 문화의 구조를 지적한 적이 있다. 1861년 초에 리오는 "신의 도시와 세계의 도시에서 교대로 영감을 받은 …… 피렌체학파의 뚜렷한 진동 운동"156에 대해 이야기했다. 시먼즈는 1881년에 이탈리아의 15세기 시詩에서 중세와 고전 그리고 대중적 측면과 문헌학적 측면이 번갈아 나타난다고 언급했다.157

그러나 이 모델들은 변증법적 이해의 보잘 것 없는 수준 때문에 한계를 가진다. 또는 사물들이 모순으로 제시되거나 바르부르크가 스펜서의 책에서 읽었을 수도 있는 '양립 가능성compatibility'이라는 개념을 통해 (곰브리치가 썼듯이) 사물들이 "조화를 이루었기"158 때문이기도 하다. 그러나 바르부르크가 자주 말한 진동Schwingung은 리오가 말한 단순한 진동이 아니다. 그런 운동, 그것의 주기, 진동 자체는 반대 극의 풀리지 않은 역동적 공존을 전제한다. 이 반대 극은 결코 다른 극에 의해 제거되지 않으며, 서로 '조화를 이루고' 포용해 모든 긴장을 완화시키는 제3의 우월적 실체에 의해서도 제거되지 않는다. 반대 극은 **심장박동**으로 잘 묘사되는 **운동에서의 대립**을 유지한다. 그에 따르면 '양립 가능성Ausgleich'은 아무것도 해결해주지 못한다. 그것은 고3 학생들이 이해하는 헤겔적 방식의 **합**Synthese이라기보다는 프로이트적 의미의 **징후** 같은 것이다. 그것은 문자 그대로 프로이트가 (정확히 같은 시기에) 말하려 한 '형성Bildung'을 구성한다. '징후형성', '대체형성', '타협형성' 그리고 '혼합형성'이라는 개념이 의미하는 바가 그것이다.* 프로이트의 유명한 논문 「원어의 반대 의미에 관해」(1910년)에서 제시된 '양가성ambivalence'이나 '탈극화된 양극화'의 전형적 사례에도 불구하고 곰브리치는 바르부르크가 프로이트를 거의 몰랐다고 말할지도 모른다.159 하지만 바르부르크의 **역량기록**의 미학과 프로이트의 **징후형성**의 메타심리학 간의 유사성은 이미

* 프로이트는 '징후형성Symptombildung', 즉 증상이 만들어지는 과정을 '타협형성Kompromissbildung'이라고 보았는데, 타협형성은 자아Das ich, 초자아das Über-Ich, 이드Es라는 세 주체가 욕망하는 것이 각각 다르기 때문에 관련된 갈등이 겉으로 드러나는 것을 말한다. '대체형성Ersatzbildung'은 자아의 방어기제 중 하나로, 목적하는 바를 이루지 못했을 경우에 생기는 좌절감을 줄이기 위해 원래의 것과 비슷한 것을 취함으로써 만족감을 얻는 것을 의미한다. 그리고 '혼합형성Mischbildung'은 주로 꿈 작업에서 생성되는 것인데, 모든 모순과 대립을 무시하는 꿈에서 새로운 사물이나 인물이 등장하면 모두를 혼합해서 형성하는 것을 의미한다. 꿈속에 나타난 인물이나 사물을 이미 잘 알고 있던 인물이나 사물로 통합하는 것을 동일화Identifizierung라고 하며, 사물이나 인물을 새롭게 통합하는 것을 혼합형성이라고 한다. 혼합형성은 아주 다양한 방식으로 이루어질 수 있는데, 가장 단순한 경우에는 사물의 특징만 묘사되고, 좀 더 세밀한 경우에는 서로 다른 두 대상의 특징을 새로운 형상으로 결합하기도 한다. 새로운 혼합형성은 아주 터무니없는 것일 수도 있고, 환상적으로 보일 수도 있다. 프로이트는 『꿈의 해석』(1900년)에서 이 혼합형성에 대해 자세히 설명하고 있다.

뚜렷하다.160

　따라서 바르부르크 저술에서 양극성의 역학은 스펜서의 단순한 '양립 가능성'이나 곰브리치의 단순한 '조화' 어떤 것과도 연결되지 않는다. 그러나 곰브리치는 바르부르크가 협력 관계Zusammenwirken와 대조 관계 Kontrast를 연결시킨 후 그것을 달성한다는 다음과 같은 계몽적 텍스트를 인용한다. 하지만 그것은 이상적 합이나 차이의 완화와는 완전히 거리가 멀다.

　　잠재적이고 조형적 목적을 지닌 성장 과정ein Wachstumsprozess mit latenten plastischen Zielen.161

　이 말은 무슨 의미일까? 그것은 바로 사물은 서로 얽힌 매듭 속에서, '뱀 무더기 속에서' (여기서는 반대하고 저기서는 협력하는) 이런저런 경우 속에서 발전함을 의미한다. 어떤 경우라도 눈에 띄지 않는 (잠재적 또는 무의식적) 움직임이 부여되며, 그것은 관찰 가능한 모든 의미를 넘어 생성의 본질적 조형성을 드러낸다. 바르부르크는 이 운동을 몇몇 부분에서 "변증법적[연금술적]　인과관계dialektische[hermetische]　Causalität"162라고 부르던 것과 연결시킨다. 그것은 순수하지 않은 과정이며, 분명히 '타협 형성'과 관련이 있다. 그가 15세기 피렌체의 극히 이질적인 '생명에너지'를 규정한 "수수께끼 같은 생물체rätselhafter Organismus"163라는 표현으로 이야기한 것이 바로 그것이다.

　바르부르크적 관심의 진화는 잔존의 이런 혼종적이고 진정되지 않으며 양극화된 구조를 확인시켜준다. 그는 차츰 문화 속의 모든 대상을, 작용하는 긴장, 즉 '대립의 에너지'로 이해하게 될 것이다. 마침내 그는 문화사 전체를 가공할 만한 '영혼의 전쟁psychomachie'으로 바라보게 될 것이다. 따라서 피렌체의 르네상스를 다룬 글에서 드러나는 지리학적·양식적 양극성은 더 근본적이고 더 인류학적인 양극성으로 변형될 것이다. 그것은 15세기의 부르고뉴와 라티움Latium[로마를 포함하는 이탈리아반도의 중부]의 대립이 아니라 오히려 우리 유럽 문명에서 오랫동안 지속되는 '아테네와 알렉산드리아'의 대립에서 에너지가 발견되는 일종의 정신적 지리학 또는 **서양 정신의 양식적** 지리학이다. 바르부르크가 1920년의 에세이를 "알렉산드리아로부터 끊임없이 아테네를 되찾아야만 한다"164는 거의 소크라테스적 명령으로 결론지을 때, 어쩌면 우리는 "그것이 있었던 곳에 내가 있어야 한다Wo Es war, soil Ich werden"165라는 프로이트의 명언*의 메아리를 듣는 것 같다고 생각할 수도 있을 것이다.

그것Es과 나Ich의 갈등(이차적 과정과 일차적 과정의 대립)은 어쩌면 일반적인 바르부르크적 양극성의 메타심리학적 지평을 구성하게 될 것

• 프로이트가 『새로운 정신분석 강의Neue Folge der Vorlesungen zur Einführung in die Psychoanalyse』(1933년)의 31번째 강의의 마지막 구절에서 정신분석의 목표로 제시한 이 말은 이후 여러 해석을 낳게 된다. 주류 정신분석학에서는 '그것'의 자리에 '무의식' 또는 '욕망'을 그리고 '나'의 자리에 '의식' 또는 '자아'를 넣는다. 대체로 영어 번역에서는 '그것'을 라틴어 '이드Id'로, '나'를 '에고ego'로 보고 'where the id was, there the ego shall be'이라고 번역한다. 이런 해석들은 주로 무의식의 욕망이 차지하고 있던 자리를 자아의 의식이 대체해야 한다는 의미로, 자아를 강화시킴으로써 욕망을 억제하는 것이 정신분석이 나아가야 하는 방향이라고 주장한다. 라캉이 비판한 프랑스어 번역 중에는 더 명백하게 '자아는 그것Es을 물러나게 해야 한다Le moi doit déloger le ça'도 있다. 라캉은 『에크리』(1966/2019, 새물결)에서 이 모토를 엄밀하게 분석하며 이런 해석을 비판한다(pp. 426~417/494~495). 대단히 복잡한 논의이긴 하지만 요약해보면, 프로이트의 이 모토는 "그것이 있었던 곳, 거기에 내가 존재해야 한다La où était ça, le je doit être(p. 426/506) Là où fut ça, il me faut advenir"(524/626페이지)라는 의미, 다시 말해 무의식이 아니라 대타자의 욕망이 있는 '그것Es'으로 '주체Ich'가 되돌아가야 한다는 의미로 해석될 수 있다는 것이다. 이런 논의를 감안해 여기서는 가능한 한 원래 독일어 표현이 뜻하는 의미로 번역했다.

이다. 실제로 그의 문화 개념을 관통하는 **상징의 양극성**은 〈므네모시네 아틀라스〉의 저자가 꿈꾼 '정신사' 밑바닥에 놓여 있던 **메타심리학적 양극성** 같은 것에서 절정에 이른다. 그의 정신이상 경험과 1921~1924년에 빈스방거가 실행한 프로이트적 실존 분석 경험을 전후해 역사에 관한 일군의 가설이 구성된 것은 우연이 아니다.

따라서 바르부르크가 루터 시대의 이교적 예언을 다룬 (2년 전에 완성한) 권위 있는 논문을 출간한 1920년은 "죽을 만큼 아팠던schwer erkrankt"166 사람이었을 때였다. 제1차세계대전의 역사적 파동으로 인해 또 스스로 "치유할 수 없는 정신분열증"167이라고 부른 상태로 인해 부서져 버린 지진계인 이 역사학자는, 이 텍스트에서 자신이 개인적으로 경험한 모든 고통의 **문화적 징후학**을 제안한다. 문화를 그것의 운동, 질병, **징후**를 기반으로 해석해야 하는 이유는 **상징**이 (대립적이고 불안정하며 진정시킬 수 없는 운동과 박동으로 구성된) 역동적이고 양극화된 구조를 지녔기 때문이다. 따라서 종교개혁 시대에 이교적 예언을 다룬 논문은 현대적 원인의 징후학으로도 읽혀질 수 있다. 이 논문에서 우리는 '이미지Bilder'와 '기호Zeichen', '마법Magie'과 '논리Logik', 물질적 '우상Götzen'과 "수학적 추상화mathematische Abstraktion"168 간의 폭력적 대립을 본다.

따라서 앞서 이미 제시했듯이 이 양극성의 묶음은 또 다른 수준에서 변형된 용어, 즉 디오니소스적인 것과 아폴론적인 것이라는 니체적 양극성으로 다시 연주된다. 바르부르크는 이 논문에서 그것을 문화의 '높고', '낮은' 범주 간의 긴장을 강조하기 위해 '올림푸스적인 것Olympisch'과 '악마적인 것Dämonisch'이라고 다시 이름 붙인다. 그것은 또한 문제의 역량기록이 비극의 운동을 되짚는다는 사실 또한 상기시키는 방식이다. 즉 이 논문의 결론에서 썼듯이 "현대 유럽 사상의 자유에 관한 비극적 역사

die tragische Geschichte der Denkfreiheit des modernen Europäers"169이다. 이 비극의 한복판에서 우리는 새로운 양극성이 등장하는 것을 목격한다. 그것은 근본적 긴장으로, 사실상 형태와 힘 문제, 즉 이미지 문제로 우리를 이끈다. 이미지 안에서 무엇이 이미지의 신체의 생각을 만드는가? 무엇이 이미지의 질료의 정신을 만드는가?

따라서 괴테의 분위기 아래, 다시 말해 논문의 첫머리에 인용된 『파우스트』와 마지막에 인용된 『색채론』 사이에서170 바르부르크는 미학에서와 마찬가지로 미술사에서 핵심이 될 만한 질문을 제기한다. 그것은 **신체와 상징**, '의인화Anthropomorphismus'의 조형적 형태와 '기호Zeichen'의 불연속적 형태 간의 관계에 관한 질문이다. 뒤러의 유명한 판화 〈멜랑콜리아 I melancholia I〉의 분석 전체는 우울증 **기질**(본능적 내면, 유기체적 실체)과 미술가가 그린 마방진魔方陣의 승화된 **암호숫자**chiffre sublimatoire (사유에 의한 기호 조작, 운명적 불안의 논리적 전환) 사이에 위치한 양극성의 역량기록으로도 읽힐 수 있다.171 우리는 이 양극성의 게임이 **구조적으로** 검토됨을 강조해야 한다. 바르부르크 자신은 '순수하게 연대기적 개념으로 결정되는 진화론' 전체를 어떻게 전복시키는지를 진술하는데 주의를 기울인다.

논리는 구별을 끝내는 개념화를 통해 **사유공간**Denkraum, 즉 **주체와 대상 간의 간격을 만든다. 마법**은 관념적·실천적 차원에서 사람과 대상을 **가깝게 하고 연결시킴으로써** 정확히 **이 공간을 파괴하기 위해 온다.** 점성술의 예언적 사유에서는 점성술사가 계산과 마술을 둘 다 할 수 있는 초보적·포괄적 도구로 논리와 마법을 모두 작동시키는 것을 볼 수 있다. 파울Jean Paul이 쓰고 있듯 논리와 마법이 비유와 은유처럼 '한 줄기에 이식되어 꽃 피던' 시대는 사실상 시대를 초월한다ist eigentlich zeitlos. 그런 양극성을 드러냄으로써eine solche Polarität 문명에 대한 과학적 연구는 지금껏 소홀히 해온 지식을 부각시킨다. 그것은 **순수하게 연대기적 개념으로 결정되는 진화론**에 입각한 역사기록학을 심오하고 긍정적으로 비판하는데 기여할 수 있다Zu einer vertieften positiven Kritik einer Geschichtsschreibung, deren Entwicklungslehre rein zeitbegrifflich bedingt ist.172

이 문장에서 프로이트적 무의식의 유명한 시대 초월Zeitlos, 즉 근원적 시대착오를 읽을 수는 없을까? 어쨌든 이 문장을 쓰고 나서 5년이 지난 뒤에 크로이츠링엔의 강의에서 그는 더 명시적인 심리학적 또는 더 좋게는 메타심리학적 용어로 이 모든 양극성을 다시 정식화한다. 그때부터 (내가 나중에 다시 자세히 설명하려고 하는 주제인) 프로이트와 빈스방거의 영향력은 아래와 같은 용어로 문화를 이해하려는 그의 시도를 인도하게 된다. 즉 '신화적 사유방식mythische Denkweise'과 '대체 이미지ersetzendes Bild', '방어Abwehr'와 '공포 반사phobischer Reflex' 과정, '충동적 마법triebhafte Magie'과 '카타르시스Katharsis', '분리 불안Katastrophe der Loslösung'과 '연결 강박Verknüpfungszwang', '기억의 무의식적 저장고unbewusstes Archiv des Gedächtnisses' 그리고 마지막으로 그가 보기에 물질적으로 재현되는 "인과론적 사유 형태의 원초적 범주Urkategorie kausaler Denkform"173 같은 용어 말이다.

그러한 탐색적 정식화에서 흥미로운 점은 그가 문화적 사실의 **메타심리학**을 향해 나아갈수록 소위 '이미지의 신체'의 **현상학**을 지향하는 경향을 더 많이 보인다는 사실이다. 1926년에 언급한 "정신적 진동의 …… 징후Symptome einer …… Seelenschwingung"174, 1927~1928년경에 언급한 "예술-심리학적 필요성으로 양식 진화의 내적 과정을 이해하려는 ······ 시도Versuche ······ die Vorgänge innerhalb der Stilentwicklung als kunstpsychologisch Notwendigkeit zu verstehen"175 그리고 죽을 때까지 계속해서 불러낼 정신적 힘을 지닌 "괴물의 변증법Dialektik des Monstrums"176, — 이 모든 것은 이미지와 주체(예술가든 관객이든)의 신체적·유령적 관계에 극도로 주의를 기울인다.

1929년에 바르부르크식 질문의 첫 번째 대상이 된 르네상스 미술의 '이질적 유래heterogene Herkunft'는 결국 공간적·신체적 현상학 관점에서 다시 기술될 것이다. 문화의 근원적 진동Schwingung은 긴장과 '리듬Rhythmus'이라는, 상호작용하는 두 가지 운동을 산출한다. 그것을 위해 그는 Einschwingen(안으로의 진동)과 Ausschwingen(바깥으로의 진동)이라는 신조어를 만들어 냈다. 따라서 마치 호흡 운동처럼 혹은 심장의 확장과 수축 리듬처럼 이미지는 고동친다. 이미지는 내부를 향해 진동하고 외부를 향해 진동한다. 그것은 열리고 닫힌다. 이미지는 물질적 접촉Materie으로 우리를 초대하고 난 뒤 멀리 떨어진 기호 영역zeichenmässig에서 우리를 거부한다.177 그리고 흐름과 역류의 끊임없는 운동 속에서 계속된다. "그리고 회귀한다und zurück."178

이미지는 고동친다. 문화 또한 그 속에서 고동친다. 그것이 이미지의 역설적 삶이다. 다시 말해 안정될 수 없는 이미지의 **생명에너지**이며 회복할 수 없는 이미지의 변증법이다. 그가 사망하기 직전에 **근본개념**에 대한 열띤 원고에 기록한 대로 이미지는 **생명의 긍정**Lebensbejahung과 **생명의 부정**Lebensverneinung 사이에서 왔다 갔다 한다.179

06

잔존하는 운동의 장과 매개체:
파토스형성

누워 있는 신체가 죽었는지 살았는지, 여전히 동물적 에너지가 남아 있는지 알아내려 할 때는 모습 자체보다는 움직임에 더 주의를 기울여야 한다. 가령 괴테가 〈라오콘〉을 묘사하면서 말한 '석화된 파도vague pétri-fiée'처럼 거의 알아차리지 못하거나 무한히 느려졌더라도 손가락의 진동, 입술의 움직임, 눈꺼풀의 떨림을 감지해야 한다.180 나는 어떤 식으로든 **여전히 움직일 수 있다**고 할 수 있을 때만 **생명의 잔재가 있다**고 말할 것이다. 현상학적으로 모든 잔존 문제는 유기체적 운동 문제와 결부된다.

바르부르크의 잔존과 함께 사물은 이미 복잡해지고 있다. 만약 우리가 **고대의 잔존**이 **역사적 생명** 자체, 즉 백일하에 잇따라 일어나는 사건의 텅빔(사건의 이면이나 안쪽 면, 때때로 충격파와 그에 따른 **판**板, plan)속에서 탐지되어야 한다고 생각하면 더욱 그렇다. '잔존의 운동'은 '생명의 운동'과는 반대되는 리듬으로 이해되어야 한다. **반시간성**의 시간이 **반운**

동의 역량기록 속에서 조형적·가시적·육체적으로 보증되지는 않을까? 그리고 잔존이란 완전히 죽지도 완전히 살아 있지도 않은 것, 즉 이미 과거가 되었지만 여전히 출몰하는 것의 **다른 종류의 삶**인 반효과화contreeffetuation* 같은 생명운동 속의 징후는 아닐까?

그처럼 거대한 질문, 즉 **잔존하는 시간의 육체적 형태는 무엇인가**라는 질문에 대한 대답이 바로 바르부르크 작업에서 절대적 중심인 **파토스형성**Pathosformeln이다. 그는 파토스형성이라는 아이디어의 개요를 일찌감치 작성했다. 그것은 여전히 학생이던 1888년에 시작해 1905년까지 계속 작업한 『일원론적 미술심리학의 기초에 관한 단상』이라는 미출간 프로젝트의 토대가 된다.181 또 마지막 작업 중이던 〈므네모시네 아틀라스〉의 어디에나 이 아이디어가 남아 있다. 이 작업의 잠재적 부제는 '이탈리아 초기 르네상스의 의인화된 인물 표현에 나타난 고대적 몸짓언어

• 들뢰즈의 『의미의 논리*Logique du Sens*』(1969년)에 등장하는 개념으로, 효과화effectuation의 대응쌍으로 제시된다. 사건이라는 개념과 관련해 다소 깊은 철학적 논의가 필요하겠지만 간략한 의미만 설명하자면 다음과 같다. 만일 사건의 효과화라는 것을 '자기 동일성을 갖춘 개체가 잠재적 층위로부터 현실화되는 사태'라고 한다면 반효과화는 '개체가 그 규정을 지우는 사태, 다시 말해 자기 동일성을 전복시키는 사태'를 의미한다. 이것은 잠재적 층위로 되돌아가는 것이 아니라 개체의 현재를 구축하고 있던 모든 내용을 비워내고 텅 빈 형식만 남기는 일이다. 그것은 다른 말로 '사건의 미래와 과거가 그 자체로 포착되는 사건 자체'이며, 이에 따라 '미래와 과거를 표상하며 항상 과거-미래로 분할되는 동적인 순간의 현재만 갖는 것'이다. 들뢰즈는 이것을 희극배우가 자신의 역할을 준비하는 상황으로 설명한다. 예를 들어 배우가 연기하는 것은 결코 오롯이 한 인물이 아니다. 즉 배우는 언제나 '다른 여러 역할을 연기한다'는 하나의 역할을 맡으면서 자신이 연기하고 있는 특정 역할을 통해 사건을 효과화한다. 그러나 그것은 물리적으로 역할을 맡은 바로 그 사람이 되는 방식이 결코 아니다. '무엇인가로 되는 일'이 물리적 사물들의 깊이 안에서 효과화되는 일이라면 배우가 역할을 맡는 방식은 이와는 달리 매우 표면적인 방식이다. 즉 배우는 "사건으로부터 단지 윤곽과 빛만 간직한다. 이런 고유한 사건을 통해 희극배우가 되는 것은 반효과화이다"(Deleuze, 1969, p. 176. 이정우 역[1999], 262~264페이지).

der Eintritt d[er] Gebärdensprache all'antica in die Menschen-Darstellung der italienischen Frührenaissance'182였다. 이 아이디어는 심지어 그가 자신의 '근본원리'를 정식화시키려고 하던 시기에 '파토스, 프네우마, 양극성 Pathos, Pneuma, Polarität'183이라고 제목을 붙인 (역시 미출간된) 원고에서 알 수 있듯이 구체적 발전을 이루기도 했다.

파토스형성은 그가 이미지를 성찰한 모든 '가시적' 과정, 즉 읽을 수 있고 출판되는 각 과정에 고집스레 함께했다. 보티첼리에 관한 논문(1893년)의 「서문」에서 그는 (그가 정의하려고 만들어 낸 단어를 아직은 감히 말하지는 못하고) 핵심 프로젝트를 이미 발표했다.

> 미술가들과 후원자들이 고대에서 외부 움직임의 증폭eine gesteigerte äussere Bewegung이 필요한 모델Vorbild을 어떻게 보았는지 그리고 옷과 머리카락같이 외부에서 움직이는 부속물을 표현die Darstellung äusserlich bewegten Beiwerks해야 할 때 고대 모델에 어떻게 의존했는지를 단계별로 추적한다.184

이 프로젝트는 그에게 매우 중요해 보였는데, 결론에서 그 단어를 다시 언급할 만큼 자신의 〈비너스의 탄생〉185 연구를 규정한 '혼란스러운 박식함Verworrene Gelehrsamkeit'을 넘어설 정도였다. 그는 처음부터 끝까지 보티첼리가 "외적 원인에 의해 움직이는 생명을 육체화하자마자sobald es sich um die Verkörperung äusserlich bewegten Lebens handelte 고대의 미술작품에 의지하는 것"186을 이해할 필요가 있다고 말했다.

그의 출간된 저술 전체에서 등장하는 '파토스형성' 문제는 1905년에 쓴 「뒤러와 이탈리아 고대」에서 절정에 이르며, 마침내 명백해지는 것처럼 보인다. 거기서 — 그의 주장으로는 — 그것 속에서 초기 르네상스 양식이 형성된 "파토스적 흐름pathetische Strömung"187을 조명한다. 그는 자기를 사랑하는 사람들에 의한 오르페우스의 살해라는 (에로틱한 만큼 위협적인) 폭력적 주제를 의도적으로 선택해 몸짓의 특징적 사용에 주목한다. 이 몸짓은 그리스 시대의 화병 그림과 오비디우스의 『변신이야기』를 그린 르네상스 판화 사이의 그리고 만테냐의 학습된 비장미pathétisme와 뒤러의 애절한 휴머니즘 간의 '역량기록' 같은 벡터로 표현된다.(〈그림 3〉, 〈그림 26~28〉)

그가 이 논문에서 선택한 주제는 분명 보티첼리 연구에서 선택한 주제보다 훨씬 더 비극적이고 침울하다. 왜냐하면 우리는 탄생에서 죽음으로, 애정을 요구하는 여성 누드에서 구타당한 남성 누드로 옮겨가기 때문이다. …… 그러나 제기되는 문제는 동일하다. 왜 현대인은 존재의 정동적 몸짓을 표현할 때 고대적 정식으로 회귀하는가? 왜곡시키거나 반대로 명료화시키지도 않으면서 왜 이교도적 재현은 예수의 죽은 신체에 대한 신의 사랑이나 비탄 같은 기독교적 도상의 주제로 그토록 잘 계승되는 것일까? 고고학(로마 유적의 발견)뿐만 아니라 가령 폴리치아노Poliziano의 유명한 비극 발레 〈오르페오Orfeo〉에 뚜렷이 드러나는 시적 언어나 음악과 춤의 활용에 이르기까지 르네상스에서 유래한 조형미술 속에서 감정을 표현하기 위해 사용된 정식들은 어느 정도나 그렇게 하고 있을까? 왜 15세기 피렌체의 불안정한 '혼종적 양식'의 긴장 속에는 '진정한 고대의 목소리'가 잔존했을까? 잔존하는 시간의 운동, 즉 고대의 잔존은 북유럽과 남유럽 그리고 뒤러의 독일과 만테냐의 이탈리아 간의 문화적 '교환'에서 지리적으로 어떻게 나타났을까?

내가 이 주제를 선택한 이유는 이 두 작품(〈그림 3〉과 〈그림 28〉)이 고대 세계가 현대 문화에 재등장하는Wiedereintritt der Antike in die moderne Kultur 자료이며, 아직 충분히 해석되지 않았다는 확신 때문이다. …… 동일한 비극 장면을 위해 그리스인들이 마침내 만들어 낸 고대미술의 파토스적이고 양식적인 몸짓언어die typische pathetische Gebärdensprache der antiken Kunst는 양식의 구성요소로 직접 개입한다. …… 오르페우스 또는 펜테우스의 죽음*을 재현하는 **고고학적으로 충실한 파토스형성**Archäologische getreue Pathosformel은 르네상스 미술계에 뿌리내린 생명에너지와 거의 일치하는 증거를 제공한다. 이 모든 것을 가장 잘 말해주는 것이 오비디우스의 『변신이야기』의 1497년 판본에 나오는 판화이다.(〈그림 27〉) …… 르네상

* '오르페우스의 죽음'이라는 이 주제에 관한 그리스 신화를 좀 더 자세히 살펴보면 이렇다. 시인이자 음악가인 오르페우스는 숲의 요정 에우리디케Eurydice와 사랑에 빠져 결혼했다. 하지만 에우리디케가 독사에게 물려 죽자 그녀를 데리러 저승에까지 갔지만 이승에 도착하기 전까지는 절대 뒤돌아봐서는 안 된다는 경고를 어겨 결국 데려오지 못하게 된다. 여기까지는 익히 잘 알려진 오르페우스 신화이다. 그런데 잘 알려져 있지 않은 뒷이야기는 다음과 같다. 홀로 고향에 돌아온 오르페우스가 실의에 빠지고 그로부터 여성을 멀리하고 소년들과 관계함으로써 동성애자가 되었다는 것이다. 오비디우스의 『변신이야기』에 서술된 이야기에 따르면 오르페우스가 트라키아에 동성애를 퍼뜨린 죄로 디오니소스 축제 때 그를 사모하던 여성들인 마에나드들에게 돌과 몽둥이를 맞고 사지가 찢겨 죽임을 당했다고 한다. 한편 그와 아주 유사한 신화 속 인물이 바로 펜테우스Pentheus이다. 테베[테바이]를 세운 카드모스Kadmos와 조화의 여신 하르모니아Harmonia 사이에 태어난 아가우에Agave의 아들인 펜테우스는 디오니소스의 어머니인 세멜레Semele의 조카이기도 하다. 펜테우스는 이종사촌인 디오니소스를 신으로 숭배하지 않았으며, 테베에 도착한 디오니소스와 추종자들을 사기꾼으로 매도한다. 이에 디오니소스는 펜테우스에게 자신의 추종자들과 함께하는 주신제를 직접 보고 판단하라고 유혹했는데, 여장하고 몰래 주신제를 엿보던 펜테우스를 술과 최면에 도취된 마에나드들이 짐승으로 생각해 갈기갈기 찢어 죽이고 만다. 마에나드 중에는 펜테우스의 어머니 아가우에도 있었는데, 뜯어낸 아들의 머리를 갖고 돌아오다가 자기 손으로 아들을 살해한 사실을 알고 절망하게 된다. 에우리피데스의 희곡 『바쿠스 여신도들Bacchae』(BC 405년경)은 이 이야기를 바탕으로 한다.

스에 친숙하고, 진정한 고대의 목소리Stimme는 그런 이미지와 함께 울려 퍼진다. 왜냐하면 '오르페우스의 죽음'은 미술가 아틀리에의 모티브, 즉 형식적 관심인 동시에 디오니소스 전설의 어두운 미스터리에서 태어나고, 이교적 고대의 문자를 통해 정신에서 열정적이고 지적으로 되살아난 실질적 체험ein wirkliches …… Erlebnis이었기 때문이다. 증거는 이탈리아 문학에서 가장 오래된 희곡인 폴리치아노의 『오르페오』이다. 이 연극은 오비디우스와 같은 리듬을 표현하며 1471년에 만투아에서 최초로 공연되었다. 유명한 피렌체 석학의 첫 작품인 이 비극적 무용극에서 '오르페우스의 죽음'을 더 강하게 강조한 것이 바로 판화였다. 여기서 오르페우스의 고통은 즉각 극적으로 구현된다Unmittelbar dramatisch verkörpert ……. 따라서 '오르페우스의 죽음의 재현'은 **몸짓언어의 고대 최상급 형식**을 따르는Wandern- de antike Superlative der Gebärdensprach 경로의 첫 번째 단계를 발굴한 다음에 설정된, 일종의 잠정적 발굴 목록을 구성한다.188

문화의 '악마'와 자기 정신의 '괴물'과 전쟁하기 직전인 1914년에 바르부르크는 15세기의 '고대인처럼 강화된 이동성'과 '새로운 파토스적 양식'으로 되돌아갔다. 그것은 그가 디오니소스적 비탄Lamentation, 만취한 광란의 애도 표현, 기독교적 곡哭하기conclamationes, 무덤 앞에 놓인 마에나드 상을 손에 든 채, 만테냐를 넘어 폴라이올로Pollaiuolo 그리고 무엇보다 도나텔로의 결정적 역할로 인식한 주제로 되돌아간 것이었다.

고귀한 형태의 창조자들조차도 인간의 육체를 심각한 과시에서 벗어나게 하고, 인체가 고대적 육체성의 자유로운 리듬 속에서 말하게 하려 한 도나텔로의 욕망을 거부할 순 없었다. …… 약 1445년경에 제작된 파도바의 성 안토

〈그림 26〉 익명의 그리스인, 오르페우스의 죽음, 기원전 5세기. 화병의 그림을 본뜬 그림. 바르부르크, 「뒤러와 이탈리아 고대」(라이프치히, 1906년), 도판 1.

니오성당의 제단 조각부터 도나텔로와 특히 그의 제자들은 극도로 긴장되고 비극적인 파토스에 사로잡혔다. 조각상의 인물 중 몇몇은 모델이 된 고대의 돋을새김이 보여주던 파토스적 격렬함을 넘어선 방탕한 움직임으로 이어진다.[189]

몸짓 형식의 '고전적 동요'와 '아폴론적 에토스' 및 "디오니소스적 파토스"[190]라는 니체적 양극성에 관한 진술로 이 사유가 끝맺고 있는 것에 놀랄 이유가 있을까? 그러나 바르부르크 이후에 '자유로운 리듬', '고도로 긴장된 운동', '감정적 격렬함'이라는 관점으로 이탈리아 르네상스를 연구하는 데 관심을 가졌던 사람은 또 누가 있을까? 디오니소스적 잔존과 더불어 미술사는 잔존의 시간성을 몰아내야 했던 것과 마찬가지로 **파토스형성**의 육체성도 몰아내야만 했다.

〈그림 27〉 익명의 이탈리아인, 오르페우스의 죽음, 1497년, 『오비디우스의 변신』(베니스, 1497)의 목판화, 바르부르크, 『뒤러와 이탈리아 고대』(라이프치히, 1906년), 57페이지.

* * *

따라서 몇몇 유명한 미술사학자의 문헌에서 '파토스형성'의 거부 또는 몇몇 경우에는 그것의 '완화'를 단계별로 따라가 보는 것은 얼마든지 가능할 것이다. 먼저 뵐플린은 15세기의 '불안', '서투름', '진부함'에 맞서는 16세기의 '중용적', "영적"191 고전주의를 옹호했다. 다음으로 파노프스키는 감정표현을 이미지의 '원시적 주제'라는 단순한 상태로 축소시켰다. 뒤러와 고전고대에 관한 글에서 그는 전적으로 빙켈만적인 '고전적 고요함'을 위한 '휴식 없는 비극적 약동élan'의 해결 또는 해체를 추구했다. 그는 '후기 고딕적' 측면에서 파토스가 퇴보적 내용임을 주장하는 방식으로 15세기의 파토스주의를 거부했다. 또 칸트에게 중요한 '저속한 본성' 및 '고귀한 본성' 간의 대조를 받아들였는데, 왜냐하면 고귀한 본

〈그림 28〉 익명의 이탈리아인, 오르페우스의 죽음, 15세기. 만테냐의 그림을 판화로 새김. 바르부르크, 「뒤러와 이탈리아 고대」(라이프치히, 1906년), 도판 2.

성은 숭고해지고, 이데아화되며, 보편화되기 때문이다. 마지막으로 그는 바르부르크에게 중요했던 모든 파토스적 긴장과 대조되는 '중용주의'와 "통일성"192에 찬사를 보냈다.

다음으로 곰브리치는 **파토스형성**을 도상학적 메시지와 "생명의 환영幻影"193에 대한 순수한 질문으로 축소시켰다. 그런 다음 "서양 미술의 행동과 표현"194을 다룬 연구에서는 그야말로 완전히 배제시켜 버렸다. 요컨대 바르부르크의 개념은 창안자에게 악명을 가져다주었음에도 불구하고 "상대적으로 무시"195되었으며, 따라서 모든 사용가치를 박탈당했다. 그리하여 샤스텔André Chastel은 『르네상스의 몸짓 예술L'art du geste à la Renaissance』에 대한 종합적 연구에서 이 개념을 완전히 무시할 수 있었던 것이다.196 하지만 이후 프랑카스텔Pierre Francastel도 15세기의 '조형적 상상력'과 "연극적 시각"197 간의 관계를 분석할 때 마찬가지로 무시

06 잔존하는 운동의 장과 매개체: 파토스형성 261

했다. 따라서 바르부르크의 **파토스형성**은 구조주의 역사(니체적 에너지에 대한 암묵적 적대감)에서 뿐만 아니라 실증주의 역사학(인류학적 야망에 대한 암묵적 적대감)에서도 무시당했다. 그리고 어떤 의미에서는 파토스형성 때문에 존재하게 된 몇몇 연구 영역에서조차 무시당했다. 가령 몸짓의 역사 그리고 보다 최근에는 감정의 기호학과 같은 것이 그렇다.

물론 바르부르크 연구자들은 **파토스형성**의 중심적·구성적 본성을 인식했다.198 인류학에 가까운 몇몇 역사학자(대표적으로 긴즈부르그)는 비록 일부 방향전환이 포함된다 하더라도 바르부르크 개념의 지속적 유용성을 입증하려고 애썼다.199 하지만 그런 유용성의 확립은 두 가지 중요한 장애물에 부딪힌다. 첫 번째 것은 이 개념 속에 결정화되어 있는 상당히 철학적인 야망에서 비롯되는데, 당시의 미술사학자들은 무엇을 해야 할지 전혀 알지 못했다. 두 번째 것은 그가 습관적으로 가설을 통일하는 체계적 방법이나 가설들 간의 모순을 일시적으로나마 완화시키는 방법조차 제공하지 않았으며, 복합적 가설(그의 이론적 '폭죽불꽃')만 제시한 사실에서 비롯된다.

이 철학적 야망은 그가 선택한 단어 그 자체, 즉 이중적 구조로 된 단어로 뒷받침된다. **파토스형성**과 **역량기록**이라는 이 단어는 그가 이미지를 **이중적 체제**double régime의 관점으로, 즉 대체로 모순된다고 보는 사물의 몽타주의 변증법적 에너지로 인식했음을 말해준다. 형성[정식]을 지닌 파토스, 그래픽적 재현을 지닌 힘, 요컨대 **형태를 지닌 힘**, 대상의 공간성을 지닌 주체의 시간성 등이 그와 같은 것이다. 따라서 역량기록이라는 바르부르크의 미학은 **고대인 같은** 파토스적 몸짓에서 발견된다. 그것은 그가 보기에 미술사 전체를 진정한 영혼의 전쟁이자 문화적 징후학으로 만드는 '대립의 에너지'를 전시하는 최상급의 **장소**(형태적 장소이자 강렬함의 현상학적 벡터)이다.200 따라서 **파토스형성**은 고대와 현대 서양의 육체화된 이미지가 활동한 흔적, 즉 의미화된 선이라고 말할 수 있다. 그 결과 이미지는 여기서 **고동치며** 사물의 양극성 속에서 움직이고 투쟁한다.

이런 투쟁 — 모순의 도가니 속에 존재하는 이런 긴장 요소 — 은 그의 저술 어디에나 등장한다. 곰브리치를 포함해 개념의 힘을 교리적 울타리와 혼돈한 사람들이 믿었듯이 이 **파토스형성**의 지속적 '투쟁'은 개념적 유약함의 징조를 구성하기는커녕 그가 '이름 없는 과학'의 출발에 내건 **철학적 도박** 같은 것을 드러낸다. 그것은 무엇보다 (칸트적 용어의 평범한 의미에서의) 도식화를 거부하면서 이미지를 사유하려는 도박이다. 또 사실상 **파토스형성**은 스스로 객관적으로 다룬 것에 대해 열정적이고 격동적인 개념으로 구성될 것이다. 처음부터 끝까지 그것은 공간적 사물의 우글거리는 복잡성 그리고 시간적 사물 사이에 낀 복잡성으로 끊임없이 싸우며 이미지의 뱀 같은 매듭 속에서 몸부림쳤다. 젊은 바르부르크가 고고학의 스승인 폰 슈트라도니츠Kekulé von Stradonitz의 수업에서 이해하려고 노력하던 시기에 이 개념이 〈켄타우로스의 전투〉(〈그림 17〉) 또는 그의 저술 전체에서 강박적 존재가 된 〈라오콘〉(〈그림 29〉)의 복잡하고 뒤얽힌 움직임(미학적 아름다움은 부족하지만 동물적이거나 안무적인 그리고 투쟁적이거나 에로틱한 움직임)이라는 구체적 형태를 취한 데는 충분한 이유가 있었다.201

* * *

따라서 **파토스형성**의 이론적 야망은 잔존의 관점에서 고찰된 고대 이미지의 다중적 극성을 (해결하지는 않고) **뒷받침**하기 위해 그가 무릅쓴 위험에 상응했다. 카시러는 1929년에 바르부르크 추도문에서 (그것이 **구현**incarnation 혹은 그가 말한 **육체화**Verkörperung된 **잔존**과 함께) **파토스형성**을 이 혁명적 미술사학자가 제기한 문제의 한가운데에 제대로 배치했다.

> 그의 시선은 먼저 미술작품에 기반을 두지 않았으며 작품 뒤Hinter den Werken의 거대한 형성의 에너지die grossen gestaltenden Energien를 느끼고 또 보았습니다. 게다가 그에게서 이 에너지는 인간의 감정, 운명 그리고 인간 존재의 영원한 표현적 형태die ewigen Ausdrucksformen menschlichen Seins에 다름 아니었습니다. 그런 식으로 모든 창조적 구성은 어디를 가든 그에게 독특한 언어로 이해되었으며, 그는 그러한 언어의 구조에 점점 더 깊이 침투해 법칙의 미스터리를 해독하려고 노력했습니다. 다른 이들이 뚜렷하고 구분된 형태 그리고 그 자체로 편안한 형태를 보는 곳에서 그는 움직이는 힘bewegende Kräfte을 보았습니다. 그는 거기서 고대가 인류의 영원한 유산으로 창조한 위대한 '파토스의 형태formes du pathos'라고 부르는 것을 보았던 것입니다.202

이 글을 쓴 사람은 〈바르부르크문화학도서관〉 서가에서 8년을 보냈다. 따라서 카시러가 파토스형성의 역사적·철학적 중요성을 진정으로 이해했다는 사실은 놀랍지 않다. 하지만 덧붙여 훌륭한 신칸트주의자였던 그가 바르부르크의 니체주의가 전복하려고 한 바로 그 용어로 문화의 '움직이는 힘'과 예술적 형태의 관계를 설명하려 했다는 사실도 놀랍지 않다. 그러나 '거대한 형성의 에너지'가 '예술작품 뒤에 있다'고 말해서는 안 된다. 바르부르크는 특이점의 역사학자였으며, 추상적 보편성을 추구하는 사람이 아니었다. 그가 보기에 '근본문제'인 힘은 '뒤에' 있는 것이 아니라 비록 가끔 극소의 개별적 대상으로 결정되거나 그 속에 갇혀 있을지언정 형태와 동일한 수준에 있는 것이었다. 카시러가 이 구절에서 암묵적으로 환기시키는 뵐플린적 '형식주의'에 대한 비판은, '상징 형태'가 모든 형상적 형태를 포함하는 실체인 데우스 엑스 마키나deus ex machina*를 구성함을 의미하지는 않는다.

그것의 증거는 (카시러의 도식에서는 이해할 수 없는) 젬퍼Gottfried Semper와 힐데브란트Adolf Hildebrand가 바르부르크의 파토스형성에 미친 분명한 영향에서 찾아볼 수 있다. 그들은 상징적 내용뿐만 아니라 장식물, 형태 및 물질문화의 현상학적 관계를 고려한다.203 세티스와 아감벤이 각자의 방법으로 제대로 관찰했듯이 파토스형성 개념은 형태와 내용 간의 전례 없는 관계를 정확히 도입한다. 아감벤에 따르면,

> 파토스형성 같은 개념은 형태와 내용의 분리를 불가능하게 만든다. 왜냐하면 그것은 감정적 전하와 도상학적 형성의 떼어놓을 수 없는 뒤얽힘을 나타내기 때문이다.204

그렇다면 뒤얽힘이란 무엇인가? 그것은 바로 이질적인 것, 심지어 적대적인 것이 함께 동요하면서 이루어지는 구성이다. 그것의 요소들은 결코 종합될 수 없지만 서로 분리될 수도 없다. 결코 분리될 수 없지만 우월

---

* 기계를 타고 내려오는 신이라는 의미로, 마치 갑자기 신이 공중에서 나타나 상황을 해결하듯이 연극이나 소설에서 해결의 가망이 없는 상황을 일시에 해결하기 위해 갑작스럽게 동원되는 힘이나 사건을 말한다. 억지 결말로 이어지는 서사, 모든 것을 일시에 해결하는 해결사, 갑작스럽게 결정되는 최종적 해답 등을 의미할 때도 사용된다.

한 실체로 통합될 수도 없다. 그것은 함께 달라붙은 대조적 요소들이며 서로 올라탄 차이들이다. **양극성은 차곡차곡 쌓이고** 구겨져서 서로의 위로 접힌다. 감정을 지닌 '형식', 에너지를 지닌 '기억의 흔적', 운동을 지닌 각인205, 심리학적 모티브(님프를 살아나게 하는 욕망)를 지닌 '외적 원인'(바람에 흔들리는 님프의 머리카락), 보석(중심, 사물의 심장)을 지닌 '부속물'(장식물, 테두리), 디오니소스적 강렬함을 지닌 사실적 세부, 몸짓의 예술(춤, 연극, 오페라)을 지닌 대리석 예술(조각) 등이 그러한 것이다.

그러나 가장 당황스러운 뒤얽힘은 역사와 시간성 그 자체의 뒤얽힘이다. 감히 말하자면 **시간의 누더기 더미**tas de chiffons du temps라고 할 수 있다. 바르부르크를 그토록 매혹시킨 아메리카원주민 의식에 모여든 뱀처럼 우글거리는206(〈그림 76〉) 이질적 시간의 무더기. 여기서 에로스는 타나토스와 뒤얽혀 있다. 죽음과의 싸움은 욕망과 뒤얽히고, 상징적 몽타주는 충동적 탈몽타주démontage와 뒤얽히며, 광물화된 화석은 운동의 생명에너지, 그래프의 지속적 결정화 그리고 감정의 일시적 표현과 뒤얽혀 있다. 여기서 우리는 비인칭적 시간의 모멘텀momentum과 감정의 영향을 받는 신체의 무비멘텀movimentum 간의 어원학적 관련성을 만난다.*

바르부르크는 전형적이고 끊임없이 반복되는 상황에서 고대의 다양한 표현형태가 어떻게 만들어지는지를 보여주었다. 특정한 내면의 감정, 긴장, 해결

---

* movimentum은 중세 라틴어에서 어원상 moveō(움직이다)+mentum(기구, 매체, 행동의 결과를 나타내는 명사형 어미)로 이루어진 합성어이다. 이에 따라 프랑스 고어에서는 movement(움직임)과 동일한 의미를 갖고 있었다. momentum이라는 단어는 이 movimentum에서 파생된 단어로, 처음에는 움직임이라는 의미를 나타냈지만 차츰 움직임의 관성을 유지하려는 신체적 경향, 질량과 속도의 곱으로 나타내는 운동량, 가속도 탄력, 추동력, 생각이나 사건의 진행 방향, 시간적 순간 등과 같은 시간적 의미가 추가되었다.

책은 그 속에 포함되어 있을 뿐만 아니라 어떤 면에서는 마법에 의해 얼어붙어 있다. 같은 성격의 효과가 나타나는 곳마다 예술이 만든 오래된 이미지가 되살아난다. 바르부르크의 표현에 따르면 그것은 인간의 기억에 지울 수 없이 새겨진 뚜렷한 '파토스의 전형적 형성'에서 태어난다. 그는 미술사 전체를 통해 이 '전형적 형성'의 내용과 변모, 정역학statics과 동역학dynamics을 추적해왔다.207

움직임, '마법에 의해 얼어붙은' 감정과 횡단하는 시간. 바르부르크에 따르면 그것은 파토스형성의 형상적figurale 마법이다. 또다시 이탈리아의 르네상스를 구성하는 역설에 대한 예리한 인식으로 이 현상은 밝혀질 것이다. 생명, 욕망, 감정의 움직임이 우리 시대까지 살아남은 곳은 다름 아닌 고대 석관의 벽면 위였다. 그것은 우리 시야의 현재성을 움직이고 변화시킬 때까지 살아남았다. 마치 '양식 형성의 힘(바르부르크가 첫 출판물208을 출간할 때부터 자주 환기시킨 stilbildende Macht)'을 통해 이 **운동의 화석**을 연대기적 시간을 거스르는 진정한 유기체로 변화시키는 방법을 알고 있던 것처럼 스스로 움직일 때까지 살아남았다. 그것은 **움직이는 화석**, 육체로 구현된 잔존, 우리 몸짓의 현재적 시간에서 동요와 운동을 유발하는 '원시적 형성'이다. 그의 동시대인 릴케Rainer Maria Rilke는 그것을 다음과 같이 잘 표현하고 있다.

그러나 과거의 아득히 지나간 이 존재들은 우리 성향의 바닥에서 맥박치며 흐르는 피로 우리 안에 살고 있습니다. 그것들은 우리 운명 위에 놓인 짐이며, 시간의 심연으로부터 솟아오르는 몸짓입니다.209

07
원시적 형성을 찾아서

'파토스형성'을 찾는 일은 쉽지 않다. 동일한 유형의 몸짓들의 계보학적 연결 관계를 밝히거나 동일한 '잔존하는 시간의 육체적 각인'이 형성되는(그리고 물론 변형되는) 과정을 이해하면서 그것들 간의 유사성을 찾는 것만으로는 충분하지 않다. 파토스형성의 출처와 이론적 기초는 많다.210 그것은 최소한 세 가지 관점의 주요한 표현 또는, 이렇게 말할 수 있다면, 세 가지 서로 다른 학문적 입장을 전제한다. ('파토스Pathos'와 '형성For- mel'이라는 용어 자체를 문제화하는) 철학적 입장, (대상의 계보학을 밝히는) 역사적 입장 그리고 (대상에 얽힌 문화적 관계를 설명하는) 인류학적 입장이 그것이다.

이 문제에 대해 철학적 입장을 취하려면 다음과 같은 예비적 단계가 필요하다. 작용poïeïn, 실체ousia(감정이 존재론적으로 우연 개념과 관련된 결과), 평정심apatheïa, 지혜sophia와 전통적으로 대립되는 순수하게 부정적이고 사적인 파토스에 대한 정의를 거부해야만 한다. 모든 것을 열어

둔 채 미묘한 변화를 주고 변증법적으로 만들 필요가 있다. 파토스적 패러다임의 필수적이고 긍정적인 **조형성**을 인식해야만 한다. **수동적** 존재 pathètikos being*, 즉 무엇인가가 될 수 있는 존재는 (열어둠으로써 스스로를 취약하게 만드는) 약점을 (가능성의 장을 여는) 힘으로 변화시킬 수는 없을까? 영향을 받는 능력이 그 대가로 행동할 힘을 주지는 않을까? 『영혼에 관해』에서 아리스토텔레스는 "고통을 겪을 때는 유사하지 않지만 일단 한 번 겪으면 유사해진다"211라고 쓰고 있다. 이런 파토스의 역설적 조건에서 이미지의 역사학자가 형성하는 힘에 내재적인 풍부함을 찾아서는 안 될까?

다른 한편 파토스형성 개념은 이론적 사유에서 종종 내버려지는 **표현**expression이라는 오래된 문제의 구체화(얼마나 어려운가!)를 요구한다. 바르부르크의 저술이 그토록 **표현**Ausdruck이라는 용어에 집착한다면 이유는 19세기 말에 독일의 몇몇 살아 있는 전통이 그것과 합쳐졌기 때문일 것이다. 첫 번째 전통은 들뢰즈의 말처럼 '약간 숨겨지고 약간 저주받은 **내재성의 철학**'이 스피노자부터 니체까지 이어져 있는 것이다. '신체는 무엇을 할 수 있는가'라는 질문에 주목해 문제의 핵심으로 파고들면

• 이것은 『영혼에 관해*De Anima*』의 지성Nous에 관한 구분에서 등장하는 용어이다. 아리스토텔레스는 3권 4장에서 지성을 수동적 지성nous pathètikos과 능동적 지성nous poietikos으로 구분한다. 수동적 지성은 일종의 잠재태dynamis로, '모든 것이 되는 것', 즉 질료가 지성적 형상을 받아 무언가가 되는 지성이다. 그것은 물질적 또는 잠재적 지성이라고도 불린다. 반면 능동적 지성은 현실태energeia/entelechy로, '모든 것을 만드는 것'이다. 다시 말해 물질에서 지각 가능한 대상을 추상적으로 분리시켜 수동적 지성에 각인함으로써 현실화시키는 지성을 말한다. 마치 빛과 같이 직접 보기는 어렵지만 지성의 작용을 가능케 하는 지성을 의미한다. 제작적 또는 현실적 지성이라고도 불린다. 어원상 pathètikos는 pathos와 함께 고대 그리스어 paschein, 즉 겪다, 받다, 받은 상태라는 뜻의 단어에서 비롯되었다. 즉 어원상으로 수동성, 잠재성의 의미를 갖고 있던 말이다. 따라서 본문에서 수동적 존재란 '무엇인가가 될 수 있는' 잠재적 존재를 말한다.

서 그들은 고전적 재현 개념에 대한 가장 급진적 비판을 만들어 냈다.212

두 번째 전통은 **상징철학**, 즉 **정식형성**formule**의 철학**이다. 이 관점에서는 프레게Gottlob Frege와 카시러라는 서로 다른 두 인물을 불러올 수밖에 없다. 먼저 바르부르크와는 정확히 동시대인이던 프레게는 판타지아phantasia와 표현이라는 개념 속으로의 진정한 철학적 침잠이라는 위험을 감수하고서야 **정식** 문제를 제기할 수 있었다.213 한편 특정 관심 영역에서 바르부르크의 제자뻘이던 카시러는 고대적 파토스 개념으로 되돌아가는 주관성의 역사를 이야기하고서야 언어와 상징 문제를 일반론적으로 제기할 수 있었다.

> …… 현대 철학에 의해 점점 발전하는 '주관성' 개념이 넓어지고 심화됨에 따라 그리고 그로 인해 정신의 자발성이라는 진정 보편적인 개념이 점점 더 뚜렷해짐에 따라 …… 이제 강조해야 할 언어활동을 새롭게 구성해야 할 순간이 되었다. 우리가 언어의 근원을 밝혀내려고 한다면 사실상 언어는 재현의 대표이자 기호일 뿐만 아니라 감각적 충동과 정동의 감정적 기호인 것처럼 보인다. 고대 이론은 언어가 정동으로부터 또한 감각, 쾌락, 고통의 파토스로부터 유래함을 이미 알고 있었다.214

〈므네모시네 아틀라스〉의 저자는 고대적 파토스 인식이 시(아킬레우스의 고통), 연극(안티고네의 고통), 조형예술(라오콘의 고통)의 구현 없이는 이루어질 수 없음을 잘 알고 있었다. 표현 개념은 바르부르크가 **미술철학** — 이 철학의 당당한 전통에 그는 매우 일찍부터 익숙해지게 되었다 — 의 틀 안에서 모든 이론적 무게를 갖게 되었다. 분명히 스승 유스티는 빙켈만의 저서를, 슈마르조프는 레싱의 저서를 그에게 소개했을

〈그림 29〉 익명의 로마인, 〈라오콘 군상〉, 서기 약 50년경, 대리석. 기원전 3세기의 그리스 원작의 모상, (로마, 바티칸미술관), 〈바르부르크연구소〉 사진.

것이다.215 처음 접하는 주제였고 결정적인 독서였지만 무엇보다도 다른 것을 더 돋보이게 해준 독서였다. 왜냐하면 바르부르크는 곧 이 유명한 18세기 두 이론가와 거리를 두게 될 것이기 때문이다. 예를 들어 그는

⟨라오콘 군상⟩에서도 자신의 소중한 '위대한 고요'를 찾으려 한 빙켈만의 필사적 시도를 비꼬았다.216 (⟨그림 29⟩)

레싱의 저술과 관련해 그는 1889년에 '15세기 피렌체 미술에 기반을 둔 ⟨라오콘⟩ 비판 개요Entwurf zu einer Kritik des Laokoons an Hand der Kunst des Quattrocento in Florenz'217라는 제목의 프로젝트에 착수했다. 이 프로젝트는 1877년에 [레싱에 대한] 딜타이의 유명한 정식화218, 즉 '아리스토텔레스에 이은 미술의 두 번째 입법자'라는 요새에 대한 공격과 다름없었다. 젊은 바르부르크가 보기에 레싱은 어떻게 보면 파토스적 표현의 미학적 문제라는 문을 열자마자 닫았다. 한편으로 보면 레싱은 일반적 예술의 표현적 힘에서 모멘텀과 그에 따른 무비멘텀의 중요성을 제대로 인식했다. 그러나 다른 한편으로 이 힘에서 시각예술을 제외시켜 버렸다.

크게 벌린 입은 얼굴의 다른 부분이 이 때문에 얼마나 심하게 보기 싫을 정도로 비틀어지고 일그러지는가는 논외로 하더라도 회화에서는 하나의 오점이며 조각에서는 세상에서 가장 불쾌한 인상을 주는 구멍인 것이다.219

레싱의 교리는 잘 알려져 있다. 시각예술은 '시와는 달리 예술의 물질적 조건이 모든 모방을 제한하는 독특한 한순간'의 유형에서만 **시간**과 관련된다는 것이다. 그리고 시각예술은 가장 강렬한 순간을 거부하는 것 외에는 **정념**passion과 아무런 관련이 없다고 주장한다.220 시각예술은 '보이지 않는 행동을 그릴' 수 없으며 여러 모습의 진정한 연속성을 통합할 수 없고 정동적 **안티테제**의 몽타주를 설정할 수도 없다는 것이다.

오직 시인만이 부정적 특징을 갖고 묘사하고, 부정적 특징과 긍정적 특징을 섞어서 두 이미지를 하나로 결합할 수 있는 수단을 가진다.[221]

하지만 파토스라는 미학적 개념(바르부르크가 슈프링어의 글[222]에서 발견한 미학적 파토스ästhetisches Pathos)은 레싱에서 그치지 않았다. 전혀 그렇지 않다. 많은 저자(헤르더, 모리츠Karl Philipp Moritz 그리고 물론 괴테)[223]가 〈라오콘〉에 대해 논쟁했을 뿐만 아니라 비극적 파토스 문제는 독일 낭만주의 철학의 중요한 패러다임이 되었다. 1792년에 실러는 위대한 그리스 비극 작가들의 '진정하고, 개방적이며, 부끄럼 없는' 대담성과는 너무나 다른 프랑스 비극 작가들의 판에 박은 듯한 '품위décence'를 조롱했다. 그리스로 회귀하는 것은 진정한 미학을 요청하는 것이었으며, **비극적** 존재, **영향을 받는** 존재, 다시 말해 **파토스적** 존재의 진정한 윤리까지도 요청하는 일이었던 것이다.

슬픔을 단순히 슬픔으로만 표현하는 것은 예술이 지향하는 목표가 아니라 예술을 위한 도구로 극히 중요하다. …… **감각적 존재**는 깊고 격렬하게 **고통** 받아야 한다. 이성적 존재가 독립성을 선언하고 **행동**으로 자기를 드러내기 위해서는 반드시 파토스가 있어야 한다. …… 따라서 파토스는 비극적 예술가에게 제기되는 첫 번째 필수 요건이며, 그는 마지막 목표를 위태롭게 하거나 도덕적 자유를 억누르지 않은 채 할 수 있는 한 슬픔을 표현할 수 있다.[224]

〈라오콘 군상〉이 다시 핵심적 사례로 소환되는 이 글에서 실러는 비극적 표현Darstellung에 대한 변증법적 비전을 제시한다.

비극 예술의 첫 번째 법칙은 고통받는 자연의 표현이다. 두 번째는 고통에 대한 도덕적 저항의 표현이다.225

여기서 그는 나중에 헤겔이 『정신현상학』에서 발전시키게 될 몇 가지 아이디어를 예견한다.226 한편 바르부르크가 파토스형성 개념의 본질적 요소를 끌어냈음이 분명한 뛰어난 글에서 괴테는 〈라오콘〉에 대한 질문에 다음과 같이 응답했다.

만약 내가 라오콘 전설에 무지해 이 조각작품에 대해 설명해야 한다면 나는 비극적 전원시라고 부를 것이다. 아버지가 두 아들 옆에서 잠자고 있었다. 그들은 뱀 두 마리에게 공격당해 깨어났고, 지금 파충류의 살아 있는 그물에서 벗어나려 애쓰고 있다. 이 작품의 가장 큰 중요성은 특정한 순간의 표현 Darstellung des Moments에 있다. 만약 조각품이 관객 눈앞에서 움직이기 원한다면Wenn ein Werk ······ sich wirklich vor dem Auge bewegen soll ······ 일시적 순간Vorübergehende Moment을 묘사해야만 한다. 조금 전에는 전체의 어떤 부분도 지금 이 자세가 아니었을 것이며, 곧 각 부분이 다른 자세를 취하도록 해야 하는 것이다. 그것이 수백만 명의 관객에게 이 작품이 매번 새롭게 살아나는 방식이다. 〈라오콘 군상〉에서 이 움직임을 경험하려면 적당히 떨어져 눈을 감고 조각품을 대면하길 권한다. 눈을 뜨고 바로 감으면 대리석 전체가 움직이는 것을 볼 수 있다. 다시 눈을 떴을 때 군상 전체가 자세를 바꾸었을까 봐 두려울 것이다. 나는 이 조각품을 얼어붙은 번개, 해변에서 막 부서지려는 순간에 석화된 파도라고 표현하고 싶다. 밤에 횃불로 이 군상을 보면 같은 효과가 나타난다.227

괴테는 이 군상 조각(《그림 29》) 앞에서 형태학자가 된다. **형태를 볼 수 있었던 것이다.** 그는 도상학자가 말하듯 라오콘과 아들들이 뱀에게 맞서 싸우고 있다고 말하지 않는다. '살아 있는 그물', 즉 인간 신체의 재현을 강조하는 동시에 억압하는 유기체적 배치로부터 이 세 신체가 벗어나려 한다는 사실을 그는 단번에 알아차린다. 그리하여 괴테는 **시간을 어떻게 보아야 하는지를 그가 알고 있음을 보여준다.** 그는 예술가가 선택해 구성한 **순간**이 묘사된 **움직임**의 조각적 질을 전적으로 결정한다는 사실을 이해한다. 따라서 그것은 '일시적' 순간, 말하자면 모든 이미지의 매듭과 그것을 해결하는 미학적 문제이다. 간격의 순간moment-intervalle, 즉 처음 자세도 또 나중에 취하는 자세도 아닌 순간, 과거와 미래의 정지停止를 모두 기억하고 예견하는 비정지의 순간, 이 순간 때문에 파토스는 가장 근본적 형성을 찾아낼 기회를 얻는다.

> 갑작스러운 전환의 순간은 하나의 상태에서 다른 상태로 가는 최상급의 파토스 표현이다der höchste pathetische Ausdruck …… schwebt auf dem Übergang eines Zustandes in den andern ……. 그런 전환이 이전 상태의 명확하고 뚜렷한 흔적을 유지할 때 그것은 조형예술을 위한 가장 놀라운 대상을 구성한다. 바로 몸부림과 고통이 한순간에 결합된 〈라오콘〉의 경우이다.[228]

마지막으로 괴테는 응시가 시간에 따라 형태를 구성할 때 응시 자체를 바라봄으로써 이 모든 것을 변증법적으로 발전시킬 수 있었다. 시인이 제안하는 관람 기법, 즉 조각작품 앞에 서서 눈을 깜박이거나 흔들리는 횃불을 들고 밤에 바라보는 방법은 오로지 〈라오콘〉의 윤곽을 잘 파악하고' 얼어붙은 번개, 석화된 파도 같은 **움직임**과 **순간**의 미학적 진실을 더 잘 경험하기 위해서였다. '전환의 순간'의 선택은 조각작품이 재현하는 움직임의 진실을 조각작품에 부여할 뿐만 아니라 **움직임의 조각**을 넘어 어떤 대리석 작품도 상상할 수 없던 **움직이는 조각**이 되는 〈라오콘〉 덕분에 감정이입 효과까지도 유도한다.

이제 괴테의 텍스트가 약속한 것보다 더 많은 것을 제공하는 장소는 내적 분석의 정확성이 장면 구성의 외적 기법을 연장하고 정당화시키는 순간이 된다. 〈라오콘〉의 움직임을 포착하는 일은 단순히 눈 깜박임이나 밤에 바라보는 것만으로는 달성되지 않는다. 괴테에 따르면 그것은 '여러 요소로 이루어진 힘'을 발휘하는 〈라오콘〉 자체의 유기체적 배치에서 비롯된다.

> 인물 중 한 명은 뱀에게 꽁꽁 묶여 속수무책으로 당하고, 두 번째 인물은 부상당했지만 여전히 스스로 방어할 수 있으며, 세 번째 인물은 아직 탈출하려는 희망을 갖고 있다.[229]

따라서 그것은 도상학을 넘어선 (신체의 세 가지 상태, 즉 동일한 상황에 대한 세 가지 반응 가능성을 보여주는) 움직임의 발견법heuristique이다. 이 발견법은 파토스적·충동적이라는 근원적 진실을 조각작품에 부여한다. 왜냐하면 〈라오콘〉의 인류학적 진실은 괴테 말대로 다음과 같은 사실이기 때문이다.

> 인간은 자신과 타인의 고통에 대해 오직 세 종류의 감정으로만 반응한다. 두려움, 공포 그리고 동정심Furcht, Schrecken, Mitleiden이 그것이다. 즉 다가

오는 불행에 대한 불안한 예감, 현재의 고통에 대한 예상치 못한 인식 그리고 영구적이거나 과거의 고통에 직면한 연민Teilnahme이 그것이다. 이 세 가지 반응 전부가 이 작품에서 적절한 단계적 차이로 표현되고 환기되고 있다.230

따라서 〈라오콘〉은 결코 서사적 연속의 스냅사진이 아니다. 그보다는 움직이는 시간의 체험적 발견, 즉 최소한 세 가지 순간 그리고 세 가지 다른 파토스적 움직임의 미묘한 몽타주이다. 그리스 시대의 조각가와 로마 시대에 그것을 복제한 사람은 단순한 결과, 즉 어떤 행동의 고정된 결과를 보여주려고 하지 않았다. 오히려 괴테가 보는 '근본원리'에 따른 원인과 결과 간의 연결고리, 즉 역동적 간격과 몽타주 작업을 보여주려고 했다.

예술가들은 물질적 원인과 함께 물질적 결과를 묘사해왔다.231

르네상스의 파토스형성을 다룬 연구에서 바르부르크가 그런 분석에 어떻게 매료되지 않을 수 있었을까? (도상학자가 그렇게나 많은 개별 인물로 간주하는) 몇 명의 배우가 분장한 폴라이올로의 인물은 런던의 내셔널 갤러리의 〈성 세바스찬의 순교Martyrdom of Saint Sebastian〉 속의 궁수(〈그림 29-1〉)나 바르부르크가 종종 인용하는 유명한 판화 〈전투Battle of the Nudes〉 속의 벌거벗은 누드(〈그림 29-2〉)에서 볼 수 있듯이 여러 각도에서 동시에 바라본 동일한 파토스적 행동의 규칙적 변형을 나타내고 있지 않은가?

더구나 괴테의 관점은 두 가지 필수적인 방법론적 정당성을 제공했

〈그림 29-1〉 폴라이올로 형제Antonio & Piero del Pollaiuolo, 〈성 세바스찬의 순교〉(1475년경), 내셔널 갤러리National Gallery, 런던. Google Cultural Institute.

다. 첫 번째는 바르부르크에게서 많이 찾아볼 수 있는 풍부한 특이점에 대한 찬사로, 괴테는 이렇게 주장한다.

07 원시적 형성을 찾아서 279

〈그림 29-2〉 안토니오 델 폴라이올로, 〈전투〉(1489년경), 신시내티 미술관Cincinnati Art Museum, Google Cultural Institute.

위대한 예술작품에 대해 이야기하고자 할 때 우리는 실제로는 예술에 대해 이야기할 수밖에 없게 되는데, 왜냐하면 그런 작품에는 예술 전체가 포함되어 있으며, 누구나 각자의 능력에 따라 특정 작품으로부터 일반 규칙을 도출할 수 있기 때문이다.232

두 번째로 레싱이 주장했듯이 괴테는 분류나 계층화를 통해 다른 순수 미술과 분리하려고 〈라오콘〉을 분석하지 않았으며 오히려 반대로 다양한 표현 양식에서 유사성의 실을 그려내기 위해 분석했다. 그런 관점에서 괴테의 교훈은 여전히 타의 추종을 불허한다. 그것은 바르부르크의 〈므네모시네 아틀라스〉뿐만 아니라 벤야민의 『아케이드 프로젝트』, 바타이유의 잡지 『도큐망Documents』, 에이젠슈타인의 이론적 글쓰기에서도 찾아볼 수 있다.

괴테가 바르부르크로 하여금 마침내 파토스의 형태학을 향한 길을 열게 한 곳에서 니체는 형태학의 역학에 대해 사유할 가능성을 제공할 것이다. 바르부르크가 감정과 행동 간의 학문적 대립을 진정으로 극복할 수 있는 수단을 발견할 수 있던 것은 또 다시 『비극의 탄생』으로 돌아가면서였다. 왜냐하면 다른 누구보다 뛰어난 니체가 파토스적 힘의 본질을 보여줄 수 있었기 때문이다. 고통이 비극적 예술이 되었을 때, '무의식적 힘이 형태를 만들었을 때die unbewusste formenbildende Kraft' 파토스는 역동성, 활기 그리고 생산력을 드러낸다.233 니체의 미학 전체는 몸짓을 격앙시키고 음악적 〈라오콘〉처럼 '뱀에게 칭칭 감긴' 디오니소스적 무용수의 경우든, 아니면 그의 디오니소스적 행동에 대한 정의에서 매우 중요한 신체적 요소인 '몸짓의 언어'든 모두 **강화**intensification 문제와 관련이 있다.234

파토스는 형태와 대립하지 않을 뿐만 아니라 오히려 그것을 생성한다. 형태를 생성할 뿐만 아니라 흥분의 가장 높은 단계로까지 끌어올린다. 형태를 강화시킴으로써 생명과 **움직임**을 부여하며, 그 결과 형태에 효과적인 행동의 **순간**을 제공한다. 들뢰즈가 잘 분석했듯이 그것이 생성과 시간 자체로 귀결되는 힘으로서의 파토스이다.

> 힘에의 의지는 영향을 받는 능력으로, 영향을 받는 힘 자체의 결정 능력으로 나타난다. …… 영향을 받는 힘은 반드시 수동성을 의미하는 것이 아니라 감수성affectivité, 감성sensibilité, 감각sensation을 의미한다. …… 그것은 니체가 항상 힘에의 의지를 다른 모든 감정이 파생되는 '정동의 원시적 형태'이라고 말한 이유이다. 바꿔 말해 '힘에의 의지는 존재가 아니며 생성도 아

니다. 파토스다.' …… 파토스는 생성이 그로부터 도래하는 가장 기본적인 요소이다.235

* * *

따라서 여기서 바르부르크의 '파토스형성' 연구는 철학적으로 시작된다. 그것이 '장식적 형성'을 다룬 리글Alois Riegl의 연구와 동시대적이고 엄격하게 상호보완적임에 주목하자. 알려진 바와 같이 리글은 자기 연구의 인류학적 모티브를 "예술적 의지Kunstwollen"236에서 찾고자 했다. 반면 바르부르크는 '약한' 형태를 희생시키면서 발생하는 '강한' 형태의 자연선택이라는 관점이 아니라 "정동의 원시적 형태Die primitive Affekt-Form"*라는 보다 정밀한 관점으로 고찰하는 "힘에의 의지Wille zur Macht"237라는 더 구체적인 니체의 정의에서 출발했다. 바르부르크의 파토스형성이 바로 그 '정동의 원시적 형태'이다. 형태, 파토스, 원시성이라는 각 개념을 다른 두 개념에 비추어 평가해야 한다는 사실이 중요하다. 바르부르크가 보기에 '원시적 형성'을 탐색하는 일은 단순한 연대기적 혹은 퇴행적 탐구로 축소될 수 없는 만큼 문헌학과 역사학의 도움 없이는 실행될 수 없다. 왜냐하면 원시적인 것이 발견될 뿐만 아니라 정식화되고 형성되며 구성되는 곳은 역사 속에서이기 때문이다.

• 독일어 Affekt는 영어와 프랑스어의 affect가 뜻하는 정서, 감정보다는 더 강한 격정, 흥분, 정열 등을 의미한다. 특히 니체의 Die primitive Affekt-Form은 '힘에의 의지' 및 파토스의 기원Ursprung과 연관된 개념이다. 그에 따라 니체 연구자들은 이를 정동情動으로 옮기지 않고 아펙트라는 용어를 그대로 사용해 '원초적 아펙트-형식'으로 옮기기도 한다. 본서에서는 저자가 논의하는 원시성 및 파토스 개념과의 연결성을 명료하게 드러내기 위해 '정동의 원시적 형태'로 옮겼다.

따라서 바르부르크가 그의 도서관 맨 위층 벽 전체를 인식, '감정', '의지', 무의식과 꿈, 상상, 기억 그리고 상징 이론에 관한 책 등 고대부터 당대에 이르는 "몸짓의 역사"238에 관한 책으로 채워 심리학의 토대를 넓히고자 한 것은 우연이 아니다. 거기서 그리스, 라틴 그리고 중세 관상학, 르네상스의 논문들, 보니파시오Giovanni Bonifacio의 『기호의 예술L'Art de signes』, 불워John Bulwer의 『수화법Chirology』, 데카르트의 텍스트들, 르브룅Charles Le Brun의 『일반 및 특정 표현에 관한 강의Conférence sur l'expression générale et particulière』 등을 찾아낼 수 있을 것이다. 또한 엥겔의 『몸짓에 대한 생각들Idées sur le geste』과 그의 유명한 개념적 구분 (고전수사학의 범주인 과장표현significatio과 미사여구demonstratio), 육체에 의한 영혼의 '완전한 표현의 법칙', '단계적 차이'와 '증가'(다시 말해 **강화**) 과정에 대한 세심한 주목, 표현적 **애매성** 이론, 마지막으로 표현적 움직임의 생산에서의 **시간**에 대한 적절한 고찰도 찾을 수 있다.239 또 거기서 관상학에 관한 몽타베르Jacques-Nicolas Paillot de Montabert, 쉬멜페니크Mary Anne Schimmelpennink, 카루스Carl Gustav Carus 그리고 라바터Johann Caspar Lavater의 글도 찾을 수 있을 것이다. 19세기에 이루어진 수많은 (미술 분야에서의) 학문적 확장과 (자연과학 분야에서의) 실증주의적 확장은 말할 것도 없다.

이 아름답고 체계화된 과잉 가운데 작은 책 하나가 눈에 띈다. 유독 수수해 보이는 이 책은 그리스-로마라는 고대에서 현대 세계로 전달되는 '원시적 파토스형성'의 장기지속을 확인하고 분석하는 바르부르크 프로젝트에서 결정적 역할을 한 책이다. 그가 **파토스형성** 분야를 위해 전통적 관상학 분야를 떠나 잔존의 시간까지 단순한 역사의 연속성 개념을 전복시키는데 이 책이 도움이 되었음은 분명하다. 1832년에 출간되어 상대적으로 오래 되었지만 이 책은 몸짓의 '예술적 도상학'을 서술적 탐구 수준을 넘어 확실한 근거를 지닌 인류학적 연구로 바꾸려는 그의 시도를 정당화시켰다. 그것은 바로 이탈리아 학자 요리오Andrea de Jorio의 『나폴리 사람들의 몸짓에서 나타나는 고대의 모방에 관한 연구La mimica degli Antichi investigata nel gestire napoletano』로 나폴리의 대중문화 속에서 나타나는 고대의 몸짓의 지속을 기록하려고 한 책이다.

(형상의 표현, 즉 나폴리박물관의 얕은 돋을새김과 화병 그림에서 가져온) 일련의 **고고학적** 몸짓을 (저자가 같은 도시의 가난한 지역에서 관찰한 실제 몸짓에서 가져온) 소위 일련의 **민족지학적** 몸짓과 비교해본 결과, 요리오는 두 몸짓 사이에 '완벽한 유사성'이 있다고 결론 내렸다.240(〈그림 30〉과 〈그림 31〉) 요약하자면 비록 고대의 '모방'이나 '재생'과는 아무 관련이 없지만 나폴리 사람들의 현재적 몸짓은 모두 고대의 몸짓으로 간주될 수 있다는 것이다. 바르부르크는 이 시간적·문화적 역설에서 서구적 재현의 장기지속 안에 존재하는 파토스형성의 운명(잔존)이라는 자신의 가설의 전제를 확실하게 인식했을 것이다.

아마 비코Giambattista Vico의 역사철학과 18세기 예수회 학자들의 특정한 저술241에서 영향을 받았을 요리오의 정식화와 바르부르크의 정식화 간에는 19세기에 인류학의 상당한 발전이 있었음을 반드시 고려해야만 한다. 『원시문화』에서 타일러는 두 장 전체를 '감정적·모방적 언어'의 잔존에 할애했는데, 이 부분에서 나폴리 사람들의 사례는 영국과는 정반대로 타일러에게 '원시성'에 대한 명백한 사례를 제공해주었다.

웅변술에서 오늘날에도 교육받은 사람은 본질적으로 원시인의 방법을 그대로 사용하고 있는데, 그것은 단지 세부적 부분만 확장되고 개선되었을 뿐이

〈그림 30〉 익명의 그리스인, 디오니소스와 함께 있는 님프와 사티로스, 기원전 5세기. 화병에 그린 그림. 요리오, 『나폴리 사람들의 몸짓에서 나타나는 고대의 모방에 관한 연구』(1832년), 도판 18.

다. …… 아주 먼 고대부터 눈에 보이는 몸짓과 들을 수 있는 단어가 함께 사용되어왔다. …… 원시부족들 간에 생각을 표현하기 위해 몸짓을 주로 사용하는 것 그리고 예를 들어 오늘날 나폴리인들이 공적 공연이나 사적 대화에서 사용하는 몸짓pantomime의 발전과 가장 대조되는 사례를 영국에서 찾아 볼 수 있다. 현재 영국에서는 좋든 나쁘든 암시적 몸짓은 사회적 대화, 심지어 대중연설에서도 가장 단순한 표현으로 축소되었다.242

이 원환, 즉 나폴리 사람들, 고대 그리스와 로마 그리고 원시부족을 포함하는 원환은 몇 년 후 분트에 의해 완성되었다. 그는 기념비적 저작 『민족심리학』의 「표현적 움직임Ausdrucksbewegungen」과 「몸짓언어Gebärdensprache」 장에서 나폴리 사람들의 몸짓을 재현해 북아메리카인디언의 몸짓과 직접 비교했다.243 (〈그림 32〉) 틀림없이 이 연구는 피렌체와 오라이비 사이에서, 즉 한편으로는 (회화적, 예술적, 이탈리아적인) 형상적 잔

07 원시적 형성을 찾아서 285

〈그림 31〉 나폴리 사람들의 상징적 몸짓. 요리오, 『나폴리 사람들의 몸짓에서 나타나는 고대의 모방에 관한 연구』(1832년), 도판 19.

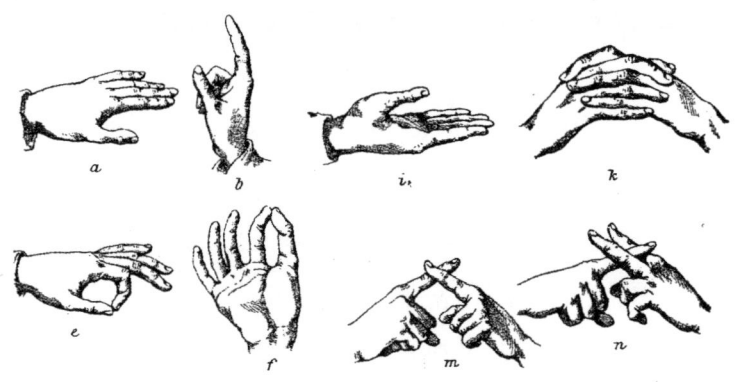

〈그림 32〉 나폴리 사람들의 a부터 f까지와, 아메리카인디언의 l부터 n까지의 상징적 몸짓. 분트, 『민족심리학: 언어 진화 법칙의 탐구 Volkerpsychologie: Eine Untersuchung der Entwicklungsgesetze von Sprache』, (라이프치히, 엥겔만, 1911년), I, 195페이지와 197페이지.

존과 다른 한편으로는 (행동적, 의례적, 인디언적인) 육체적 잔존 사이에서 자기 연구 분야를 진화시켜온 우리 미술사학자의 관심을 끌었을 것이다. 이미 스승 슈마르조프가 분트의 아이디어를 이용해 지적으로 정교하게 다듬었기 때문에 바르부르크는 한층 더 주의 깊게 분트를 연구했다.[244]

'학제 간' 독서의 발견법적 활용을 감안했을 때 그는 분트의 저술에서 기초가 되는 교리의 구조 전체를 채택할 필요 없이 가치 있는 몇 가지 요소를 분리하는 것만으로도 충분했을 것이다. 『민족심리학』이 그의 개념과 관련해 제시했을 수 있는 관심 분야는 세 가지 측면, 또는 '원시적 파토스형성'의 인류학 프로젝트를 지원할 수 있는 세 가지 분절 수준으로 요약될 수 있다. 첫 번째 분절 수준은 '몸짓의 언어'를 정의하는 생물학적 요소와 상징적 요소의 상호작용에 관한 것이다. 분트는 우선 '형성'인 동시에 정교한 "구문론"[245]인 감정적 움직임에서 시작되는 몸짓의 분절 방식에 관심을 가졌다. 델라르카가 조각한 인물에서 드러나는 극한 감정을 관찰하면서(〈그림 22〉) 그는 같은 종류의 질문을 한다. 왜 즉각적 단순성, 강렬함 그리고 감정이입의 힘이라는 '파토스형성'의 효력은 구성과 기호 조작의 복잡성과 자주 관련되는 것일까?

두 번째 분절 수준은 몸짓성gestualité이라는 개념에서 **모방**과 **조형적 형태**의 상호작용에 관한 것이다. 분트는 본질적으로 형상적 가치를 위해 나폴리 사람들과 인디언의 몸짓에 관심을 가졌다. 그는 '일시적 기호 또는 허공에 그린 그림ein flüchtiger Hinweis oder ein in die Luft gezeichnetes Bild'과 몸짓을 비교했다. 가령 맬러리Garrick Mallery의 고전적 연구에서 빌려온 양쪽 집게손가락을 교차시켜 만드는 수화手話가 그런 것이다.246 (〈그림 32〉의 m) 이 신체적 몸짓은 일부 아메리카원주민 부족에서 상징적 교환, 즉 '계약의 서명'을 나타내는 것으로, 분트가 다음으로 제시한 인디언의 교역 편지에는 잉크로 그린 간단한 작은 십자가형 그림 기호로 등장한다. 거기서 십자가는 교환되는 두 품목인 총과 소 사이에 그려져 있다.(〈그림 33〉)

이러한 분절 수준 역시 분트와 마찬가지로 바르부르크에게도 중요했다. 왜냐하면 그것은 신체 움직임의 **조형성**plasticité과 **모방성**mimétisme을 상징적 질서로 이해하는 인류학적 가설을 제시했기 때문이다. 반대로 그것은 모든 의인화된 형상이 신체의 운동성 자체에 기초한다는 미학적 가설을 제시했다. 분트와 마찬가지로 바르부르크의 경우에도 그림 문자 Bilderschrift는 "몸짓언어Gebärdensprache"247에 근거해야만 존재할 수 있었다.

세 번째 분절 수준은 모든 몸짓의 실제 생산에서, 모든 '파토스형성'의 형상가능성figurabilité에서 나타나는 **육체**와 **정신**의 상호작용에 관한 것이다. 『민족심리학』을 「몸짓언어의 심리학적 특성」을 다루는 장으로 마

〈그림 33〉 픽토그램으로 쓴 북미 인디언의 교역 편지. 맬러리, 「다른 민족 및 청각장애인들의 기호와 비교해본 북미 인디언들 간의 기호 언어Sign Language Among North American Indians Compared with That Among Other Peoples and Deaf-Mutes」, *Annual Report of the Bureau of Ethnology* I(1881년), 382페이지(분트, 『민족심리학』, I, 251페이지에서 재인용).

무리하면서[248] 분트는 「생리학적 심리학」에 관한 긴 에세이에서 그보다 몇 년 전에 상술한 가설로 되돌아간다. 즉 이 저술에서 그는 '영혼의 생명의 육체적 기반'을 체계적으로 탐색하고 있었기 때문에 거기서 다윈을 따라 "영혼의 운동Gemüthsbewegungen"[249]이 육체적 표현 측면에서 묘사된 것은 이해 가능하다. 그러나 이 가설을 단순한 생물학적 진화론으로 축소해버리는 것은 잘못 해석하는 것이다. 왜냐하면 에스파뉴Michel Espagne가 제대로 관찰했듯이, 분트 저술에서 '원시적'이라는 말은 "생물학적 인종이나 특성의 관점에서가 아니라 엄격하게 심리학적 관점에서 정의되는 것"[250]이기 때문이다.

마지막으로 이 심리학의 또 다른 측면이 하나 더 바르부르크의 흥미를 끌었음에 틀림없다. 분트에 따르면 재현 과정 자체는 **촉각성과 운동성**

07 원시적 형성을 찾아서

의 육체적 요소에 기초한다.251 그 결과 바르부르크도 처음부터 경멸한 미추에 관한 판단 문제를 손상시키며, '기초적인 미적 정서'의 원천을 쾌감과 불쾌감, 매력과 혐오라는 양극성을 따라 이해하게 만든다.

미적 정서에 대한 심리학적 연구는 대부분 매우 빈약한 조건 속에 수행되어 왔다. 왜냐하면 이 연구를 수행하려는 충동이 제한된 의미로 이해되는 미美라는 정서를 절대적 출발점으로 삼았기 때문이다. 그 정서가 미술 이론과 미학이라는 이름으로 탄생한 학문 분야의 주요 관심사였다. 그리하여 복잡한 미학적 효과를 설명하려 할 때 심리학 이론의 근본적·필수적 기초임에도 불구하고 쾌감과 불쾌감이라는 가장 단순한 경우는 거의 완전히 시야에서 사라지게 된 것이다.252

이 가설 모두는 틀림없이 바르부르크가 파토스형성 개념을 처음으로 정교하게 다듬는 데 도움이 되었을 것이다. 또 바르부르크의 두 스승이 논의하고 채택한 가설이었기 때문에 더욱 자연스러웠을 것이다. 첫 번째 스승인 슈마르조프는 '모방적인 것'과 '조형적인 것' 간의 관계에 관한 분트의 이론을 언급했을 뿐만 아니라 그와 관련된 이론을 기베르티와 도나텔로의 돋을새김조각의 구체적 사례(그리고 바르부르크가 르네상스의 기초를 배운 피렌체 자체)로 시험하기도 했다.253 두 번째 스승인 람프레히트는 바르부르크 스스로가 나중에 요청하게 될 정신사*, 즉 진정한 '정신현상의 역사'를 확립하려는 분트의 야망을 공유했다.254

* 정신psycho과 역사history를 조합한 psychohistory는 역사심리학이라는 용어로 번역되기도 한다.

* * *

만약 미술사 또는 그보다 일반적인 이미지의 역사가 이 광대한 지적 프로젝트의 중심을 차지한다면 이유는 바르부르크가 한 가지를 확신했기 때문이다. 바로 역사 속의 **정신**은 흔적을 남긴다는 사실이다. 정신은 스스로 길을 만들며 **시각적 형태로 흔적을 남긴다**. '역량기록'과 '파토스형성'이라는 개념이 파악하려 한 것이 바로 그것이다. 역사가 인류학과 심리학이라는 이중적 기초를 요구한다는 그의 견해를 정당화시켜주는 것도 바로 그것이다.

람프레히트가 계통발생론과 개체발생론 간의 유사성이라는 가설에 이끌려 역사적 인류학의 기초를 세웠을 뿐만 아니라 앞서 분트가 했듯이 실험심리학에도 관심을 돌린 사실을 알게 된다고 해서 놀랄 일은 아닐 것이다. 이를 통해 20세기 초에 세계 각국의 아이들이 그린 그림을 모으는 광대한 캠페인이 람프레히트 주도로 전개되었다. 주로 자유롭게 그린 그림이었지만 실험 방법론이 요구하는 대로 어떤 것은 단일한 (설명해야 할 이야기, 즉 '하늘만 보는 장 이야기' 같은) 실험 규칙에 근거를 두고 그리도록 지시받았고, 그런 이유로 문화 간 비교가 가능해졌다. 1년 안에 람프레히트는 이미 40,000점의 아이들 그림을 모았는데, 이 그림들에 대한 세계적 규모의 연구는 레빈슈타인Siegfried Levinstein 박사에게 맡겨졌다.[255]

바르부르크가 도서관의 주제 속에 아이들의 세계(아이들의 그림과 아동용 도서)를 위한 장소를 나름대로 마련한 이유는 그것들이 잔존과 마찬가지로 파토스형성에 적용될 만한 대표적 저장소를 제공했기 때문이다.

바르부르크는 아이들 그림의 운동적·몸짓적 에너지를 믿었을 뿐만 아니라(〈그림 34〉) 오랫동안 지속되는 신화를 접하며 개입되는 이야기와 전설을 통해 유년기의 문화적 세계가 보여주는 다공성多孔性porosité*도 믿었다. 뉴멕시코의 아메리카원주민 세계를 여행하는 과정에서 그는 신성한 키바Kiva의 사제이자 화가인 정보 제공자 유리노Cleo Jurino에게 호피 신화에 등장하는 유명한 뱀의 번개를 그려달라고 부탁했다.(〈그림 35〉) 바르부르크는 보아스Franz Boas가 "원시적 그래픽의 정식"256이라는 결의론決疑論을 정의하려고 했을 때처럼 훌륭한 인류학자로 행동했다. 하지만 그는 거기서 한 발 더 나아갔다. 1895년 초에 그는 람프레히트가 제안한 심리학적 조사를 위한 정확한 실험 규칙을 따랐던 것이다.

나는 일전에 학교 아이들을 초대해 그들은 잘 모르던 '하늘만 보는 한스 Hans-Guck-in-die-Luft'라는 독일 동화를 그리도록 한 적이 있다.** 왜냐하면 폭풍이 언급되었을 때 아이들이 실제로 번개를 그리는지 아니면 뱀 형태

---

* 물질의 내부나 표면에 작은 구멍이 많은 성질.
** 「하늘만 보는 한스 이야기die Geschichte von Hans Guck-in-die-Luft」는 프랑크푸르트의 정신과의사 호프만Hinrich Hoffmann이 1845년에 출판한 3~6세용 동화책 『더벅머리 페터der Struwwelpeter』에 나오는 이야기이다. 이 동화책의 이야기 대부분은 말썽꾸러기 아이들이 당하는 다소 잔혹한 일로, 매번 하늘만 보고 다니는 한스는 개와 부딪혀 다치기도 하다가 어느 날 강가에서 하늘만 보다가 물에 빠진다. 다행히 지나가던 아저씨들이 긴 막대기로 건져주었지만 온몸이 흠뻑 젖어 꽁꽁 얼고 책가방은 멀리 떠내려 가버렸다는 이야기이다. 그러나 아마도 바르부르크가 원주민 아이들에게 들려준 이야기는 이 동화책에서 「하늘만 보는 한스 이야기」 바로 다음에 이어 등장하는 이야기인 「날아가 버린 로베르트 이야기 die Geschichte vom fliegenden Robert」인 것 같다. 그것은 폭풍이 치는 날에 우산을 들고 바깥으로 나간 로베르트가 바람에 날려 하늘로 날아가 버렸다는 이야기로, 동화책 원본 삽화에 집과 폭풍우, 우산을 쓰고 날아가는 소년 모습이 그려져 있다.

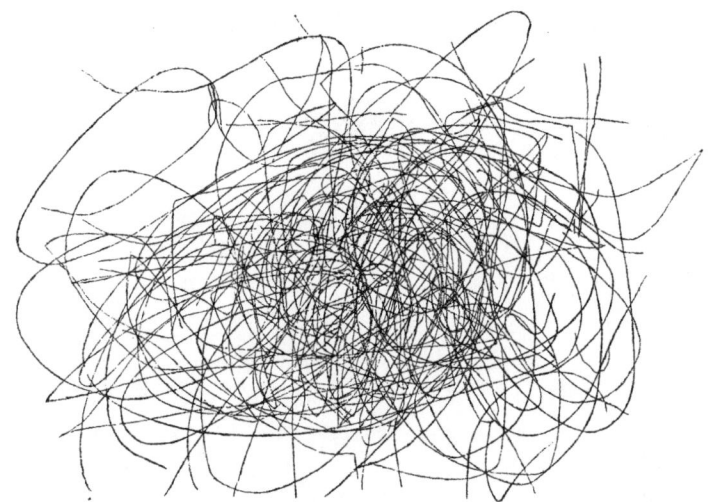

〈그림 34〉 아이의 낙서. 엠H. Eng, 『최초의 선그리기부터 8세의 색칠그림까지 아이들 그림의 특징 Kinderzeichen vom ersten Strich bis zu den Farbenzeichnungen des Achtjährigen』 (라이프치히, 바르트, 1927년), 5페이지.

로 그리는지 보고 싶었기 때문이다. 미국 학교의 영향 아래 놓여 있던 매우 생생한 14장의 그림 중 12장의 그림은 실제 번개처럼 그렸다. 하지만 2장은 키바에서 본 것처럼 화살 모양의 혀가 있는 뱀의 파괴 불가능한 상징das un-zerstörbare Symbol을 그렸다257(〈그림 73〉).

이 실험에서 바르부르크는 무엇을 찾고 있었을까? 동물적 에너지(뱀)와 우주적 에너지(번개)의 '원시적 형성'일까? 분명 그럴 것이다. 하지만 처음부터 그는 바로 이 '원시성'이 (14살짜리의 그림 2장처럼) 순수하지 않고 연약한, 요컨대 징후적 마이너리티로 등장하는 방식에 내포된 역설을 이해했다. 그것은 람프레히트가 원한 것처럼 계통발생학적 원천의 원형적 반영이 아니라 오히려 뒤엉킨 시간이자 '파괴할 수 없는 상징'

07 원시적 형성을 찾아서 293

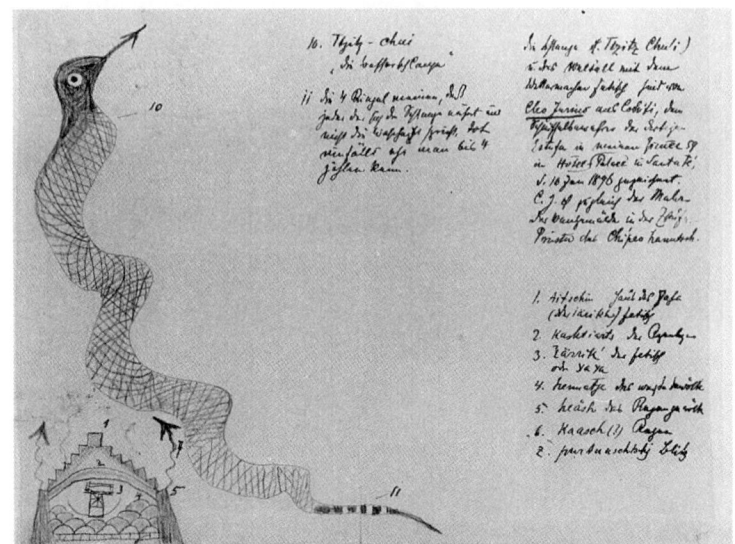

〈그림 35〉 유리노(바르부르크의 미국 원주민 정보 제공자), 번개 모양의 독사 그림, 1895년. 바르브루크, 『북아메리카 푸에블로인디언 지역의 사진 Bilder aus dem Gebiet der Pueblo-Indianer in Nord-Amerika』(1923년), 그림 4. 〈바르부르크연구소〉 사진.

그리고 역사로 인한 파편들의 복잡한 네트워크였다. 이 모든 것은 어린 아이 손으로 그린 뱀-번개의 단일한 역동적 선 안에 있었다.

08

기억되고, 치환되고, 전도된 몸짓:
다윈과 함께 바르부르크를

이 파토스형성에 논리가 있을까? 충동의 순수한 운동 활동부터 극히 정교한 상징적 구성물에 이르기까지 이 논리가 타당한 단 하나의 영역이라도 존재할까? 어떻게 조형적 형태와 의례적 제약이 함께 작동해 이 모든 것이 작동하도록 만들 수 있을까? 몸짓의 기억은 어떻게 짜여지고 지속되고 변형될 수 있게 될까? 강렬한 만큼 세련된 라오콘 사제의 복잡하게 조각된 형상 그리고 온통 물감을 칠한 채 뱀을 입에 물고 마치 서커스 공연을 마친 곡예사처럼 사진가에게 포즈를 취하는 호피 사제의 갑작스런 형상은 바르부르크가 보기에 어떤 공통된 문제로 연결되어 있을까?(〈그림 36~37〉)

단지 이 질문들에 답하면서 그것들을 더욱 정확하게 정식화하기 위해서라도 (현실적이거나 형상적이거나 상관없이) **신체에 발생하는 모든 것은 특정한 시간적 몽타주**montage du temps**에 의존함**을 명심해야 한다. 파토스의 '원시적 형성'에 대한 탐색은 운동적 표현의 **현실성**에서 **원시적**이라는 말이 무엇을 의미하는지 그리고 이 **현실성**이 바티칸미술관(그리스-로마 사제의 경우)이나 뉴멕시코 메사(인디언 사제의 경우)에서 찍은 현장 사진의 대상인지를 이해하려는 것이다. 어쨌든 **현재의 순간**과 **원시성**의 관계는 시대착오적 몽타주에 의해 확실하게 지배된다. 잔존 개념의 이론적 정교화 과정에서는 이 시간적 몽타주의 이해 이외에는 다른 야망이 없었다(그러나 그것은 상당한 야망이다).

서양 이미지의 역사에서 원시적인 것의 다양한 표현이 겪은 운명을 면밀히 조사하며(1924년에 스미소니언협회 직원이 찍은 인디언 사진 또한 분명 서양 이미지의 일부이다)258 바르부르크는 끊임없이 자신의 관점을 변증법적으로 만들고, 모든 분석 단계에서 마주친 시대착오의 치명적 이중구조로 자신의 담론을 엮어야만 했다. 따라서 파토스형성이 겪은 변화를 설명하는 역사적 관점은 이 형성 자체의 **끈질김**을 설명할 수 있는 인류학적 관점 없이는 아무것도 할 수 없었다.

그리고 인류학적 관점은 인문과학 또는 자연과학 중 어떤 문제로 간주되는지에 따라 다시 두 부분으로 나뉘었다. 바르부르크 시대에 이 두 부분은 공존했다. 그리스 조각의 걸작인 〈라오콘〉이 비극적 파토스의 **문화적 원시성**을 (변형시키고 위장함으로써) 실현시킨다는 사실을 어느 누가 의심하겠는가? 따라서 미술사학자나 이미지의 인류학자는 트로이 사제의 고통을 묘사한 서사적 자료 그리고 일반적으로 파토스를 표현한 그리스 미술의 형상적 어휘 모두에 관심을 갖는다. 실제로 그런 자료를 추적하는 일이 어쩌면 바르부르크의 일상적 연구의 거의 대부분을 차지했을 것이다.

하지만 인류학적 질문은 두 번째 수준에서도, 즉 **자연적 원시성**의 측면에서 바르부르크 안에서 생겨났다. 〈라오콘〉의 비극적 고통은 (이 파토

⟨그림 36⟩ 익명의 로마인, ⟨라오콘 군상⟩(세부), 50년경. 대리석. 기원전 3세기 경 그리스 원형의 복제. 로마, 바티칸미술관, ⟨바르부르크연구소⟩ 사진.

스형성의 역사학자가 프로이트를 따라 말하는 대로 하자면 비록 '승화'된 방식이긴 하지만) 훨씬 더 원시적인 관계를 나타내지 않는가? 이 상징외적infra-symbolique이고 서사외적인infra-narratiff 관계는 육체적 고통 및 동물적 전투의 폭력성과 인간 신체가 맺는 관계가 될 수 있지 않을까? **인간과**

〈그림 37〉 익명의 미국인(사진작가), 〈뱀 의식을 하는 호피인디언〉, 1924년. 머피Ralph Murphy 사진. 미국의회도서관The Library of Congress.

동물의 근접성이 〈라오콘〉의 본질적 모티브일 뿐만 아니라 바르부르크가 연구한 아메리카인디언 의례의 본질적 모티브임은 잘 알려져 있다. 두 사례 모두에서 인간은 궁극의 치명적 위험으로서의 동물과 **대면한다**. 마찬가지로 두 사례 모두에서 인간은 동물을 **신체에 통합시키거나** 착용해 자신의 죽음(또는 죽음의 도구)을 제2의 피부 같은 것으로 바꾼다. 그리스 조각에서(〈그림 36〉) 뱀은 거의 세 인물의 '과잉 근육' 또는 안과 밖이 환각처럼 뒤집어져 내장을 드러내는 것처럼 보인다. 뱀 의식에서(〈그림 37〉) 이 동물은 인간이 스스로를 장식해 (설령 인위적일지라도) 본질을 흡수할 수 있는 능력을 갖게 해주는 사물로 제시된다.

〈라오콘〉의 본질적 야만성은 원시성 및 동물성과 맺는 관계와 함께 르네상스 시대의 **고대의 잔존**에 할애된 바르부르크의 기록보관소에서 여전히 등장한다. 거기서 이 그리스 영웅은 종종 아폴론의 고결한 사제가 아니라 오히려 털이 북슬북슬한 야만인으로 재현된다는 사실이 중요하다.(〈그림 38〉) 이 걸작의 희귀한 캐리커처들이 동물적 면을 강조하는 것도 그에 못지않게 중요하다. 가령 티치아노의 그림을 1550년경에 판화로 만든 볼드리니Niccolò Boldrini의 목판화는 뱀과 싸우는 '파토스적' 원숭이 형태로 이 불행한 트로이인을 보여준다.(〈그림 39〉)

1946년에 〈바르부르크연구소〉가 간행한 논문에서 얀손Horst Janson은 당시 갈레노스 의술을 추종하던 의사들과 베살리우스Vesalius 간의 과학 논쟁 그리고 이 이미지의 관련성을 입증했다. 베살리우스는 갈레노스의 해부학적 관찰이 해석의 오류일 뿐만 아니라 인간이 아니라 원숭이 해부에 기초한 경험적 오류라고 의심했다.259 여기서 우리는 **생물학적 문제**, 즉 돌이켜보면 다원적 측면 때문에 더 두드러지는 이 문제가, 이 시대 전체에 걸친 중요한 **미학적 문제**, 즉 '**예술은 자연의 유인원**Ars simia naturae' — 16세기에 예술적 유사성 자체를 가리키기 위해 사용된 문구이다 — 이라는 문제와 어떻게 겹쳐질 수 있는지를 보게 된다.

티치아노가 그린 놀라운 이미지 앞에서 미술사학자들은 아주 중요한

〈그림 38〉 프란지니Girolamo Franzini, 〈라오콘〉, 1596년. 목판화. 『고대 로마의 도상 조각 Icones statuarum antiquarum Urbis Romae』(Rome, 1599년).

해석의 길을 무시해왔다. 그것은 가령 유명한 〈신중함의 알레고리*allegoria della prudenza*〉라는 작품*에서 볼 수 있듯이 티치아노 자신에게도 중요

* 티치아노와 그의 제자들이 1550~1565년경에 그린 것으로 알려진 유화작품으로, 상단에

〈그림 39〉 볼드리니Niccolò Boldrini, 아마도 티치아노가 그린 후에 인쇄된 〈라오콘〉 캐리커처 판화일 것이다(세부). 1550~1560년경. 목판화. 〈바르부르크연구소〉 사진.

세 사람의 얼굴과 하단에 세 마리 동물의 머리가 나란히 그려져 있다. 서로 다른 방향을 바라보고 있는 세 사람은 각각 노인, 중년, 청년 모습을 한 남성이며, 동물은 각각 늑대, 사자, 개의 머리이다. 이 그림의 최상단에는 배경에 섞여 거의 보이지 않는 라틴어 글씨로 'EX PRÆTE/RITO//PRÆSENS PRVDEN/TER AGIT//NI FVTVRA/ACTIONĒ DE/TVRPET (과거의 경험을 통해//현재에 신중하게 행동하고//미래에 경거망동하지 마라)'라고 적혀 있다. 현재 런던의 내셔널갤러리에 소장되어 있다.

했던 것이다. 인간 형태와 동물 형태의 구조적 유사성에 기초한 관상학이 그것이다. 고대의 유명한 군상 조각 포즈로 묘사된 세 마리 원숭이를 생각해보자. **예술은 자연의 유인원**이라는 격언을 문자 그대로 그린 것은 (논쟁적이거나 악의적이지는 않더라도) 역설적이며, 거기에는 티치아노가 재현한 투쟁적 주제의 원시성에 대한 관상학적 반영이 없지는 않다. **원시성**이 그런 식으로 **고대성**과 겹쳐지면서 우리는 이미지 앞에서 새로운 느낌을 되찾는다. 바로 그런 모티브, 즉 위험한 동물과의 싸움은 인간이 또 다른 동물과 맞서는 동물이 되는(또는 다시 되는) 방식으로 감정과 행동을 해방시킨다. 싸움은 유인원의 본능이다*Pugna simiae natura*. 말하자면 **예술은 자연을 흉내낸다***l'art singe la nature*(*art apes nature*). 하지만 물리적 전투라는 자연적 본능은 우리를 원시인 상태, 즉 생존을 위한 투쟁에 휘말린 유인원 상태로 되돌린다.

관상학자 말고 어느 누가 인간 감정의 '원시적 형성'을 분류하려 할까? 그 말고 누가 ('사나운 맹수'라는 의미에서 뿐만 아니라 '동물의 영혼'이라는 의미에서) 인간의 움직임의 **동물적** 조건을 격리시키려 할까? 우리는 이종교배라는 유희가 다빈치와 한참 후에 [17세기 사람인] 르브룅에게 중요했음을 안다. 하지만 감정의 자연과학은 사실상 캠퍼Petrus Camper, 라바터 또는 벨Charles Bell에게서만 등장했다. 캠퍼는 '파토스적 신경' 이론을 정식화해 원시인의 얼굴, 정확히는 원숭이 얼굴에서 출발해 **고대**의 아폴론Apollo Belvedere이 생성되는 그림을 즐겨 그렸다. 라바터는 인간과 동물 표현의 환상적 기록보관소를 설립했으며, 벨은 근육의 문법과 함께 반사행동 개념을 감정표현의 기초로 삼으려고 했다.[260]

그러나 바르부르크가 이해하는 의미의 '파토스형성'은 표현적 움직임이 단순한 반사 상태로 축소될 수 있는 척도로는 이해될 수 없었다. 파토스적 몸짓이 단순한 수사적 관습 상태로 축소될 수 있는 척도로도 이해될 수 없었다. 이미지 영역에서 그가 도입한 **몸짓에 대한 인류학적 질문**은 **파토스형성** 개념으로 파악하려고 한 양극단 **사이**에 놓여 있다. 즉 한편으로는 움직이는 신체의 동물성에 주목하며 다른 한편으로는 신체의 '영혼' 또는 최소한 정신적이고 상징적인 특성에 주목한다. 한편으로 우리는 '자연적인' 것에 특정한 자의성이 결여된 비역사, 충동에 직면하며, 다른 한편으로는 모든 '문화적인' 것이 전제하는 자의성 및 상징과 함께 역사와 같은 수준에 있음을 알게 된다.

그가 알고 있는 표현 이론은 모두 그런 두 차원의 공약 불가능한 문제에 부딪친다. 그러나 아주 일찍부터 한 도구가 결정적인 것으로 입증되어(나중에 다른 도구가 이어진다) 이 문제의 해결 전망을 제시했다. 인간과 동물의 몸짓에 적용되는 생물학적 변형 이론이 바로 그것이다. 이 이론은 자연을 역사화함으로써 역으로 — 일반적으로 부르크하르트나 니체에게서 빌려온 — 생기론적 은유에 생물학적 토대와 같은 것을 제공할 수 있었다. 그것은 다윈의 『인간과 동물의 감정표현The Expression of the Emotions in Man and Animals』에서 제시되었다.

* * *

그는 1888년에 이 이론을 발견했는데, 22세로 처음으로 피렌체라는 '장소'에 있던 때였다. 고대 석관이라는 디오니소스적 더미에 감탄하면서 그것의 잔존이 산로렌초성당에 있는 도나텔로의 떠들썩한 감정묘사에 등장한다는 것을 공부하던 시기에 이 젊은 역사학자는 피렌체의 국립도서관에서 다윈의 『인간과 동물의 감정표현』에 깊이 몰두했다. "마침

〈그림 40〉 울프 M. Wolf, 시노피테쿠스 니제르 Cynopithecus niger(볏이 있는 검은짧은꼬리원숭이), '애무해서 기분이 좋을 때', 실물화, 1872년. 다윈, 『인간과 동물의 감정표현』(런던, 1872년), 그림 17.

내 내게 도움이 되는 책."[261] 그는 일기에 이렇게 기록했다. 하지만 이 책에는 라오콘이 내뱉던 숭고한 외침 같은 것은 어디에도 없다. 다만 이 책에는 동물들의 구애 행동, 털을 곤두세운 고양이, 시노피테쿠스 니제르 Cynopithecus niger에게서 관찰된 미소(〈그림 40〉) 그리고 '공격적이지 않은 성격'과 '제한된 지능'을 가진 노인에게 유발시킨 실험에서 등장하는 공포(〈그림 41〉) 같은 것만 있다. 그렇다면 어떻게 그런 책이 그가 그때까지 이해하지 못한 것에 예기치 않은 도움을 줄 수 있었을까?

모든 바르부르크 비평가가 파토스형성 이론에 미친 다윈의 영향력을 인정했지만[262] 그것을 어떻게 해석해야 할지에 대해서는 여전히 열려 있다. 만약 다윈의 책에서 분류법만 받아들이고 싶다면 곰브리치처럼[263] 바르부르크의 '진화론' 또는 심지어 '실증주의'에 관해 주장할 수도 있을

〈그림 41〉 우드T. W. Wood, '공포', 1872년. G.-B. 불로뉴Duchenne de Boulogne(1856년)가 찍은 사진의 판화. 다윈, 『인간과 동물의 감정표현』(런던, 1872년), 그림 20.

것이다. 가령 1885년에 만테가자Paolo Mantegazza는 소위 '모방의 알파벳'에 기반한 엄격한 분류를 통해 '다윈식 표현법'을 확장했다고 믿었다(사실 그것은 고전수사학을 실증적으로 각색한 것이었는데, 한 마디로 최악이었다).264 말할 필요도 없이 이 과학자의 시시한 산문은 언제나 가설적이며, 결코 교조적이지 않은 바르부르크의 문체와는 아무런 관련도 없다.

19세기에 표현 현상(모방적 몸짓과 파토스적 움직임)을 계층 구조만큼이나 정확한 유형학으로 축소시키고 싶은 욕구를 진화론적 근거에 따라 정당화시킨 학자는 충분히 많았다. '표현의 과학'은 생리학과 인종적 편견 간의, 심리학과 사회적 코드 간의 불확실한 경계에 위치하고 있었다. 그것은 불안정한 영역이며, 본질적으로 실험 및 학제간 연구 영역이었다. 그것의 중심에는 분트와 클라게스Ludwig Klages 같은 기념비적 저술도 등장한다.265 하지만 우리는 그런 유형의 심리학과 인류학이 결국에는 롬브로소Cesare Lombroso의 유명한 작업, 즉 범죄자 유형의 분류라는 경찰의 작업 그리고 보다 이후에는 사찰 그리고 나치가 실행에 옮기기 훨씬 전에 독일에서 번창한 인종 이론의 훌륭한 도구가 되었음을 잘 알고 있다.

바르부르크는 **인간 조건의 괴물**Monstrum이라는 이름으로 한데 묶은 모든 것 때문에 직접적 고통을 겪었다. 그는 자신의 '정신적 괴물'에 시달렸으며, 무엇보다도 서양 문화의 독특한 '괴물'인 반유대주의에서 비롯된 역사의 지진에 의해 고통받았다.266 그는 지치지 않고 또 희망도 없이 모든 비이성주의에 맞서 지혜(고대 그리스의 소프로시네sophrosyne)를 옹호했다. 하지만 프로이트와 벤야민이 그랬듯이 그도 이성 자체에 대한 괴물의 지배를 인식하고 이해할 수밖에 없었다. 우리가 잘 알고 있듯이 **호모 사피엔스**는 인간에게는 늑대 곧 짐승이다. 또 문화의 기록은 사유의 흔적이 야만의 흔적과 얽혀 있는 기록보관소이다.

바르부르크에게『인간과 동물의 감정표현』은 결코 조잡한 초기 단계부터 완전히 문명화된 표현에까지 이르는 몸짓의 '자연선택' 또는 '진보' 이론을 위한 도구가 아니었다. 정반대로 다윈의 이 책은 최상급의 문화(즉 고대와 르네상스 문화)에서도 이미지 속에 작동하는 퇴행을 생각할 수 있게 해주었다. 따라서 그는 정신적 진화 과정의 최종 단계로 추정되는 조화라는 빙켈만적 관점에서 〈라오콘〉의 '파토스형성'을 보지 않고, 정반대로 원시적인 것의 잔존이라는 관점, 즉 자연과 문화 또는 더 정확히는 원시적 충동과 상징적 형성 간의 갈등이라는 관점에서 그것을 바라볼 수 있던 것이다. 〈라오콘〉의 몸짓은 원시적 신체 반응이 남긴 상징적 잔여물의 '역량기록'(숭고함)을 구성한다. 그것이 그가 파토스형성 개념을 발전시키고 있던 순간에 다윈이 줄 수 있던 일반적 통찰이었다.

여기서 한 가지만 더 강조하자면 바로 다윈 자신의 출발점이다. 『감정표현』에서 인류학자와 미술사학자는 실제든 재현이든 인간 몸짓의 도상학적 사전을 찾을 수 없다. 다윈은 이 책의 「서론」에서 이렇게 쓰고 있다.

> 표현에 관한 책은 많고, 관상학, 즉 외모의 특징적 상태를 연구해 성격을 아는 기술에 관한 책은 더 많다. 관상학적 주제와 관련해 본서에서는 따로 다루지 않는다.267

따라서 이 책은 몸짓언어의 '어휘' 또는 르브룅, 캠퍼, 라바터가 탐색하던 얼굴 표정의 '독해 가능성'과는 거리가 멀다. 바르부르크가 다윈의 이 책에서 발견한 것은 결코 '감정의 표현 규칙'이라는 오래된 학문적 질문에 대한 새로운 과학적 답변이 아니었다.

그렇다면 그가 발견한 것은 무엇이었을까? 그것 이상이자 그것 이하였다. 다윈은 인식론적 신중함으로 일반 원리를 포기했다. 처음부터 그는 '운동은 때로는 극히 경미하고 일시적인 본성'을 지니며, "감정이입"268과 상상에 의해 끊임없이 변형된다고 주장했다. 하지만 규칙을 넘어서려는 그의 야망은 이 극히 경미한 것을 위한 원리와 "이론적 설명"269을 확립하는 것이었다. 이 이론적 원리에 대한 관심은, 다윈이 연구 영역에서 표현적 운동의 예술적 재현, 다시 말해 '회화와 조각의 거장'에 의한 재현을 재빨리 배제시켜 버린 만큼 한층 더 불가사의해 보일 수도 있을 것이다.

나는 그토록 가까운 관찰자인 회화와 조각의 거장들로부터 많은 도움을 얻기를 바랐다. 그에 따라 잘 알려진 많은 작품의 사진과 판화를 살펴보았다. 그러나 몇 가지 예외를 제외하고는 별다른 수확이 없었다. 이유는 틀림없이 미술작품에서 아름다움이 가장 주된 대상이고, 강하게 수축된 얼굴 근육은 아름다움을 망치기 때문일 것이다.270

바르부르크가 보기에 다윈이 이 책에서 분석한 털을 곤두세운 고양이, 원숭이의 미소, 어린아이의 눈물, 정신이상자의 공포 등은 진정으로 **표현적 몸짓의 변증법적 원리**였다. 왜 변증법적일까?(물론 이 용어는 다윈의 용어가 아니다) 이유는 파토스적 운동의 현실성 속에서 역설을 형성하는 세 유형의 과정을 성공적으로 결합하고 있기 때문이었다. 이 원리는 다윈의 책 첫 장에서 「표현의 일반 원리」라는 제목으로 제시된다. 나는 저자가 제시한 것과는 약간 다른 순서로 요약할 것이다. 왜냐하면 여기서 자세히 설명해야 하는 것은 본질적 범위가 아니라 바르부르크의 저술에서 사용되는 방식이기 때문이다.*

각인empreinte이 첫 번째 근본원리이다. 다윈은 각인을 신체적 몸짓

---

* 다윈이 이 책에서 표현의 원리를 제시하는 순서는 이것과 약간 다른데, 첫 번째는 습관과 연합을 통해 동일한 움직임이 반복적으로 행해지는 습관과 연합의 원리로, 여기서는 치환의 원리, 즉 어떤 마음의 상태가 특정한 습관적 행동과 결부된다는 원리이다. 두 번째는 특정한 정신 상태와 정확히 반대되는 상황에서 직접적으로 그와 반대되는 운동 수행에 대한 강렬하고 무의식적인 경향인 상반 감정의 원리로, 안티테제의 원리가 그것이다. 마지막으로 신경계의 구성요소의 작동 원리, 즉 각인의 원리인 '신경계의 직접적 작용'이 제시된다.

에 대한 '신경계의 직접적 작용'이라고 불렀는데, 이 작용의 구성 성분들은 "의지와는 완전히 별개로 또 일정한 습관과도 별개로"271 작동한다. 여기서 우리는 인간적 표현 작용을 지배하는 무의식적 기억의 원리라는 생리적 가정을 얻게 된다.

치환déplacement이 두 번째 근본원리이다. 무의식적 기억과 습관은 아주 강력해 표현적 행동의 생물학적 '쓸모'는 대개 배경으로 물러난다. 따라서 감정적 움직임의 모든 몸짓성을 지배하는 것은 **연합**association이다.

아무리 희미하더라도 정신 상태가 유도될 때마다 비록 당시에는 별 쓸모가 없었겠지만 습관과 연합의 힘을 통해 동일한 움직임이 반복적으로 행해지는 경향이 있다.272

다윈은 세 번째 원리를 **안티테제**Antithesis의 원리라고 부른다. 이 이름은 연합 과정을 **전도시킬 수 있는** 능력을 암시하는데, 따라서 생리적인 '쓸모의 부족'을 강조한다. 그러나 그런 경우에 반대로 강렬해질 수 있기 때문에 표현 능력 자체도 **강조된다**.

특정한 정신 상태는 우리의 첫 번째 원리에 따라 특정한 습관적 행동으로 이어진다. 이제 정확히 반대되는 정신 상태에 이르게 되면 비록 아무 쓸모가 없더라도 직접적으로 반대되는 성격을 가진 움직임을 수행하려는 강하고 무의식적인 경향이 생긴다. 그런 경우에도 움직임은 표현을 두드러지게 드러낼 수 있다.273

흥미롭게도 긴 분석 끝에 다윈이 함께 고려되어야 할 두 가지 결론에 도달하는 것을 볼 수 있다. 첫 번째 결론으로 그는 표현의 생물학적 필요성을 이렇게 주장한다.

인간의 정신 상태에 동반되는 모든 종류의 행동은 즉시 표현으로 인식된다. 예를 들어 개가 꼬리를 흔드는 것, 어깨를 으쓱하는 것, 머리카락이 쭈뼛 서는 것, 땀을 흘리는 것, 모세혈관 내 혈액순환, 가쁜 호흡, 성대나 다른 악기로 소리를 만드는 것 등과 같이 신체 부위의 움직임으로 이루어진다. 곤충도 마찰음으로 분노, 공포, 질투, 사랑을 표현한다. 인간의 표현에서 호흡기관은 직접적 방식뿐만 아니라 간접적 방식으로 특히 중요하다.[274]

그러한 필요는 유전적이다. 그에 따라 다윈은 가장 복잡한 사회에서도 인간의 몸짓에는 가장 기본적 형태로 원시성의 흔적이 잔존한다고 확신할 수 있었다.

두려움은 아주 먼 옛날부터 지금까지 거의 유사한 방식으로 표현되어 왔을 것이다. 몸을 떨거나, 머리카락을 곤두세우고, 식은땀을 흘리며, 창백한 얼굴로 눈을 크게 뜨고, 온몸의 근육이 이완된 채 자세를 움츠려 움직이지 않고 가만히 있는 상태로 말이다.[275]

두 번째 결론으로 다윈은 가장 표현적인 몸짓의 생물학적 **쓸모없음**을 분명히 인식했다. 그것은 그가 제시한 첫 번째 표현 원리(이 책에서는 치환 원리)로 다음과 같이 주장된다.

어떤 욕구를 충족시키거나 감각을 완화시키는데 도움이 되는 움직임이 자주

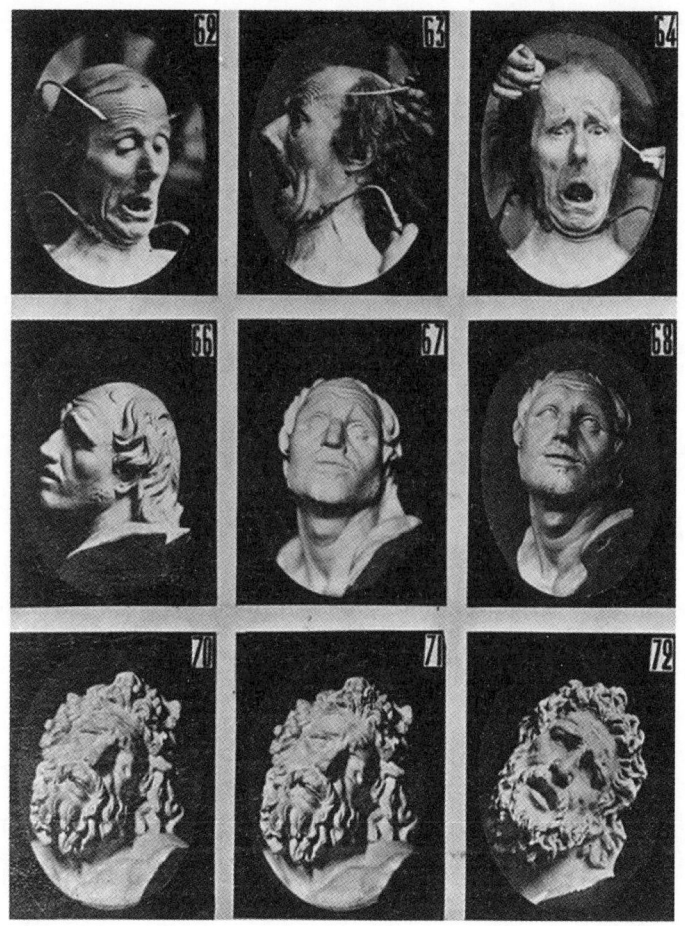

〈그림 42〉 뒤셴, 이마와 눈썹으로 표현하는 몸짓(세부), 1852~1856년. 『인간 표정의 메커니즘』(파리, 1862년), 도판 7.

반복되면 그러한 행동은 습관적으로 이루어져 나중에는 그것을 처음 유발한 상태와 비슷한 욕구나 감각이 아주 미약하게나마 느껴질 때마다 같은 행동으로 표출된다.[276]

간단히 말해 표현적 움직임의 원시성을 영원히 보존해 특정 순간에 표출되도록 만드는 무의식적 기억은 연합과 안티테제의 과정을 통해 즉각적 필요로부터 이 움직임을 분리시킨다. 바르부르크 용어로 말하자면 문화의 모든 영역에 사용될 수 있는 형성으로 그것을 변형시키는 것이다.

게다가 다윈은 그의 책을 셰익스피어의 한 구절*로 끝낼 수밖에 없었다.277 (『감정표현』에서 몇 차례 언급된) 불로뉴G. -B. Duchenne de Boulogne가 맥베스부인 또는 라오콘의 감정적 태도 그리고 '자연적' 몸짓을 비교하는 도구를 관상학적 실험 주제로 삼는 '미학적 부분'으로 저서 『인간 표정의 메커니즘Mécanisme de la physionomie humaine』(〈그림 42〉)을 마무리해야만 한 것과 마찬가지다.278 하지만 왜 이미지와 예술에 그런 식으로 의존하고, 회귀하는가? 이유는 틀림없이 다윈이 어느 순간 **모방** 자체를 근본원리로 제시했기 때문이다. 그에 따라 동물에서도 자연적 '필요'가 사회적 구조, 즉 실제로는 문화의 임의적 차원과 만나게 되었던 것이다.

의식적 의지와는 별개로 인간은 모방하려는 강한 경향을 갖고 있는 게 분명하다. 이 현상은 염증에 의해 뇌가 연화되는 특정한 뇌질환환자에게서 가장 두드러지게 나타나는데, 이를 '메아리 증상echo sign'이라고 부른다. 이 환자들은 이해하지도 못하면서 아무리 터무니없는 행동이라도 따라하며, 가까이

* 『햄릿』 2막 2장 마지막에 등장하는 햄릿의 독백 중 일부가 그것이다. 햄릿이 연극배우들을 시켜 자기 아버지의 억울한 살해 장면과 비슷한 '곤자고의 암살'이라는 연극을 숙부 앞에서 공연하길 결심하며 하는 대사이다. 이 묘사가 인간의 감정을 잘 표현한다고 다윈은 판단한 것 같다. "……지금 여기 있던 그 배우는 단지 꾸민 이야기로도 가공의 정열에 노리개가 되고 상상의 나래를 펼쳐 그의 마음을 이토록 뒤흔들어 놓았으며 그의 창백한 얼굴은 눈에 눈물을 담고, 광란하는 저 표정, 울부짖음, 일거일동은 자기가 그리려는 걸 그대로 나타내지 않는가 ……."

서 들리는 모든 단어, 심지어는 외국어까지도 따라 한다. 동물의 경우 자칼과 늑대는 갇혀 있는 상태에서 개 짖는 소리를 흉내 내며 배웠다. 다양한 감정과 욕망을 표현하는 개 짖는 소리, 즉 인간이 길들인 후부터 습득했으며 품종에 따라 각기 다르게 유전된 이 놀라운 개 짖는 소리를 개들이 처음에 어떻게 배웠는지 우리는 알지 못한다. 하지만 개들이 인간이라는 수다스러운 동물과 밀접하게 오랫동안 함께 살아오는 동안 모방해 획득했을 가능성을 의심하지 않을 수 있을까?279

이렇게 해서 다윈의 세 가지 표현 원리는(상징과 모방의 사용에 관해 새롭게 개척한 길과 함께) 바르부르크의 파토스형성의 구성요소가 될 수 있었다. 각인empreinte 또는 무의식적 기억의 원리는 그에게서 각인Prägung 및 기억의 흔적Engramm이라는 풍부한 어휘로 발견된다. 보티첼리에서 고대로부터 잔존한 것은 몸짓, 옷 주름, 머리카락의 '생동감animation'이다. 그런 생동감의 쓰기 또는 각인의 힘은 시간의 물질성 속에 존재한다고 상상해야 한다.280 만테냐와 뒤러가 구현한 파토스형성이 '고고학적으로 충실하다'고 해서 그것이 단순히 두 예술가가 고대의 모델을 잘 모방했다는 의미는 아니다. 비록 땅에 묻혔지만 문화적 토양 또는 '집단기억'에서 결코 사라지지 않은 '표현적 각인Ausdrucksprägungen'을 통해 현대인은 원하든 그렇지 않든 '활기차게' 세상과 대면한다는 의미이기도 하다.281

* * *

그것이 1929년에 〈므네모시네 아틀라스〉 프로젝트를 소개했을 때 바르부르크가 각인, '기억의 흔적', 디오니소스적인 것의 무의식적 기억이라는 개념을 강조한 이유이다.

몸짓으로 표현될 수 있는 격정적 경험의 기억의 흔적이 기억에 보존된 유산으로 잔존할diese Engramme leidenschaftliche Erfahrung überleben als gedächtnisbewahrtes Erbgut 만큼의 강렬함으로 가장 깊은 감정의 표현형태 Ausdruckformen를 기억 속에 새긴 각인Prägewerk을 찾아야 할 영역은 바로 만취한 광란의 영역la région des transes orgiaques이다. 그것이 예술적 창조를 통해 몸짓언어의 최상급 가치가 형태를 갖출 때 예술가의 손에 의해 발견된 윤곽을 예시적으로 결정한다.282

그는 무의식적 기억에 관한 이 세 가지 가설을 결코 체계화시킨 적이 없다(체계화에 대한 망설임이 여기에서 보다 더 분명하게 나타나는 곳도 없다). 차용한 각 개념에는 함정이 있다고 느꼈기 때문이다. 개요만 제시된 해결책은 부수적 위험에서 결코 자유롭지 못했다. 따라서 반사행동이라는 다윈식 모델('신경체계의 직접적 작용'인 각인)은 잔존 특유의 상징적 퇴적의 문화적 과정을 완전히 설명하지 못했다. 그가 어느 순간 헤링 Ewald Hering의 '유기체적 물질의 일반 기능'이라는, 기억에 관한 가설로 돌아선 것은 바로 이 때문인데, 버틀러Samuel Butler는 다윈주의 자체에 맞서기 위해 그것을 이용했으며 제몬Richard Semon이 정확히 "에너지의 기억의 흔적"283이라는 개념으로 그것을 정교화시킨 바 있다.

제몬에 따르면 유기체적 물질은 매우 특별한 속성을 지닌다. 그것이 겪는 모든 행동과 에너지 변화는 각인을 남기는데, 제몬은 그것을 기억의 흔적 또는 '기억 이미지Erinnerungsbild'라고 불렀다. 감각 또는 '본래 자극'은 사라지지만Verschwinden der Originalerregungen 이 감각의 기억의 흔적은 잔존한다Zurückbleiben der Engramme. 이 기억의 흔적은 유기체의 이어질 운명에서 신중하게든 적극적이든 대체재 역할을 하게 될 것이다.284

그것이 시간을 기억의 에너지로 보는 심리학적 관점으로, 생물학적 사유 자체에 접근하는 아주 이상하지만 바르부르크에겐 흥미로운 방식이었다. '본래 자극'의 **기억의 흔적의 기록**engraphie **과정**은, 제몬이 **기억촉진**ekphorie***의 순간**이라고 부르는 것, 즉 본래 '에너지 상황으로의 부분적 회귀'를 기다리는 **잠재적 작동 유전자**latence opératoire**의 기억화 과정**과 연결된다. 따라서 그것은 잔존과 파토스형성 개념이 이미지의 문화적 영역에서 제기한 특정 요구를 부분적으로나마 충족시켜주는 **에너지적 잔존의 모델**이다.

그런 모델의 차용이 오로지 발견적 성격만 갖고 있음을 즉각 지적하기로 하자. 그런 차용은 결코 특정한 생물학적 교리를 따른다는 걸 의미하지 않는다. 바르부르크에게서 그런 차용은 슈프링어가 헤겔의 역사철학에서 발견한 '형태적 각인empreinte formelle', 하르트만Eduard von Hartmann의 '무의식의 철학philosophy of the unconscious', 비뇰리Tito Vignoli의 '마음의 고생물학paleontology of the mind'에 관한 참고문헌을 동반한다. 어디에나 있는 괴테의 형태학(형태의 기록 이론)과 칼라일의 낭만주의적 역사 개념은 말할 필요도 없다.285

* 이 용어는 발생하다, 생기다, 드러나다 등의 의미를 가진 그리스어 ἐκφέρειν(ekpherein)에서 비롯된 것으로, 어원상으로는 ek(out of)+pherein(bearer, or producer of a specified thing)으로 이루어진 단어다. 즉 나르는 것, 생기는 것이 밖으로 드러나는 현상을 의미한다. 여기서는 어떤 계기에 의해 잠재된 기억이 되살아나는 현상을 말하는 것으로 기억촉진이라고 번역했다.

그렇지만 다시 다윈으로 되돌아가 보자. 『감정표현』에서 언급된 **치환** 원리는 1893년에 이루어진 바르부르크의 첫 번째 직관에 상응한다. 그는 당시 이상할 정도로 무표정하고 무관심해 보이는 보티첼리의 그림 속 인물의 '움직이는 부속물의 형태'(머리카락과 옷 형태)에서 고대 파토스형성의 잔존 방식을 정의하려고 하고 있었다.286 치환은 사실 이 피렌체 거장의 그림에서 매우 효과적인 형상적 법칙을 표현하기 좋은 용어였다. 왜냐하면 마치 — 그가 '의지 없는 요소'라고 말한 — 무의식적 에너지가 너무나 '사소하지만' 너무나 조형적인 옷 주름이나 머리카락이라는 재료에서 각인 대상을 찾듯이, 모든 '영혼의 격정적 동요leidenschaftliche Seelen bewegung' 또는 '내적 원인'은 "외적으로 움직이는 부속물äußerlich ······ bewegtes Beiwerk"287을 통과하기 때문이다.(〈그림 43〉)

앞의 용어는 일반적으로 이해되는 관상학의 정반대 지점으로 우리를 이끈다. **표현적 치환**에 대한 바르부르크의 인식(1914년에 그가 "몸짓언어에서 강조의 치환"288이라고 부른 것)은 실제로 시각예술에서 표현 및 신체 운동에 관한 기존의 모든 지식을 치환시킨다. 왜냐하면 치환되는 것은 사물이 아니라 움직일 수 있는 능력 자체이기 때문이다. 여기서부터 우리는 잔존하는 시간의 신체적 형태가 **반시간**contre-temps뿐만 아니라 **반운동**contre-mouvements에서 어떻게 생겨나는지를 이해할 수 있다. 강렬함의 획득은 종종 (이 단어가 의미하는 모든 의미에서) **치환된** 운동에 의해 이루어진다. 그런 운동은 가장 예상치 않았던 곳, 즉 신체의 부속물(옷 주름, 머리카락 등) 또는 재현 자체의 **부속물**(사세티의 무덤 장식이나 산타 트리니타성당에 있는 기를란다요의 유명한 계단 등의 장식 및 건축요소)에서 갑자기 등장한다.

따라서 그것은 급진적 치환이다. 우리는 언제든 바르부르크의 파토

〈그림 43〉 산드로 보티첼리, 〈비너스의 탄생〉, 1484~1486년경(세부). 캔버스에 템페라. 피렌체, 우피치미술관.

〈그림 44〉 바르부르크, 〈비탄悲嘆〉(세부), 『파토스적 몸짓언어의 원어 Urworte der pathetischen Gebärdensprache』 도판. 1927년. 〈바르부르크문화학도서관〉에서 기획된 전시. 〈바르부르크연구소〉.

스형성의 새로운 자료를 검색해 찾을 수 있다. 이미 뢰몽Alfred von Reumont이 "움직이는 부속물"[289]이라는 표현을 쓰지 않았던가? 이미 부르크하르트가 르네상스의 느슨하게 걸친 옷의 역할을 장엄하고도 역동적

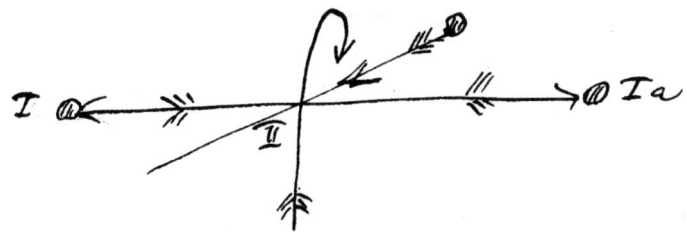

〈그림 45〉 바르부르크, '장식물의 정도'에 대한 역동적 도식, 1890년. 잉크화. 『일원론적 미술심리학의 기초에 관한 단상』, I, 106페이지, 런던, 〈바르부르크연구소〉 아카이브.

인' 것으로 바꾸어 강조하지 않았던가?290 니체 자신도 아이스킬로스의 비극을 "영혼의 자유로운 옷 주름을 부여했다"291고 이미 칭찬하지 않았던가? 하지만 바뀌는 것은 아무것도 없다. 바르부르크를 제외한 전후의 누구도 **치환이 강렬함을 생성하는** 징후적 효과를 그토록 깊게 이해한 적은 없었다. 나중에 자세히 살펴보겠지만 그와 동시대의 모든 사람 중에는 오직 프로이트만이 무의식적 형태, 꿈, 환상, 징후에 관해 그와 유사한 분석을 진행했다. 그것은 이 시기에 이미 바르부르크가 '형태의 무의식'의 기능 자체를 다루기 시작했음을 보여준다.

따라서 다윈이 '표현의 일반 원리', 즉 **안티테제**로 인식한 세 번째 현상을 바르부르크가 그토록 중시한 사실은 놀랍지 않다. 그가 **파토스형성**으로 채택하면서 안티테제의 원리는 '의미의 전도Bedeutungsinversion' 및 '에너지적 전도energetische Inversion'라고 부르는 두 과정에서 등장한다. 파토스형성은 양극성이나 '**에너지적 긴장**energetische Spannung'없이는 존재할 수 없지만 **형태와 힘의 조형성**은 잔존의 시간 동안 **역량기록**이 부담하는 긴장을 전환 또는 전도시키는 능력 속에 정확히 존재한다. 양극성은 '최대의 장력'이 되거나 특정 상황에서 '탈극화'될 수 있으며, 양극성의 '수동적' 가치는 '능동적'으로 바뀔 수 있다.292

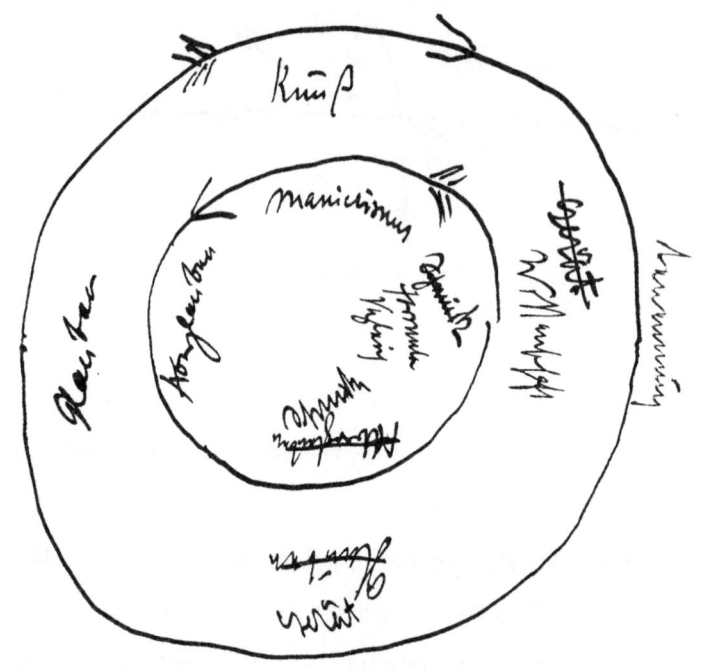

〈그림 46〉 바르부르크, 「도구, 신념, 미술 및 지식 간의 관계에 대한 역동적 도식」, 1899년. 잉크화. 『일원론적 미술심리학의 기초에 관한 단상』, II, 59페이지, 런던, 〈바르부르크연구소〉 아카이브.

    간단히 말해 파토스형성은 **형태 속에서 정동을 강화**시키려는 역할이 일종의 **모순에 대한 무관심**과 관련되어 있다는 점에서 역설적이다(그리고 그것이 프로이트적 의미에서 무의식 형성과의 공통점이다). 파토스형성은 언제나 하나의 의미를 버리고 정반대되는 의미를 취할 수 있다. 따라서 두치오의 작품(〈그림 18〉)에서 보듯 이교적 마에나드는 예수의 수태를 알리는 천사가 될 수 있다. 파도바의 성 안토니오성당Il Santo에 있는 도나텔로의 제단에서 보듯 고통스러운 상처는 치유의 기적이 될 수 있다. 고대의 〈니오비데스Niobides 군상〉의 한 인물에서 보듯 공포의 몸짓은 카스타뇨Andrea del Castagno의 〈다비드〉에 등장하는 승리한 영웅의 몸짓이 될

수 있다.293(〈그림 44〉)

이미지에 관한 바르부르크의 사유가 '진동Schwingung', '타협Vergleich', '양가성Ambivalenz' 같은 용어와 그토록 많이 얽혀 있는 이유가 아마 이 지점에서 분명해질 것이다. 젊은 시절에 쓴 저서에서 그는 이 영역에서 마주친 수많은 역설을 종합하는 정식을 찾고 싶어 했고, 그것을 위해 진동하는 현상들(〈그림 23〉과 〈그림 25〉)과 '동적인 전도'(〈그림 45〉와 〈그림 46〉)를 보여주는 여러 그림을 그렸던 것이다.294 나중에 그는 해결되지 않은 긴장, 즉 수축과 확장, 에토스와 파토스, 아폴론적인 것과 디오니소스적인 것 등의 변증법적 개념으로 눈을 돌렸다. 마침내 그는 정신분열증적 붕괴와 조울증적 순환이라는 자신만의 정신병리학적 경험의 어두운 렌즈를 통해 문화를 바라보기 시작했다.295 그는 이미지의 이중적 체제가 진정한 영혼의 전장psychomachina임을 이해했다. 갈등, 욕망, 투쟁은 모든 문화에 내재해 있으며, **파토스형성**은 잔존해 화석화된 운동의 장으로 우리 앞에 모습을 드러낸다.

09

강렬함의 안무:
님프, 욕망, 내적 갈등

내적 갈등, 욕망, 투쟁. 모든 것이 파토스형성 속에 뒤섞여 있다. 모든 것이 함께 작용하고 모든 것이 교환되며 모든 것이 다른 모든 것과 대립한다. 그것의 강렬함은 니체가 디오니소스적인 것이라고 부른 비극적 흥분과 짝을 이룬다. 파도바에 있는 도나텔로의 얕은 돋을새김의 풍성함이나 피렌체에 있는 산로렌초성당의 설교단에서 찾을 수 있는 초기 르네상스의 파토스적 이미지는 자기 길을 걷던 바르부르크가 끊임없이 마주치던 뱀 무더기를 떠올리게 한다.(⟨그림 76⟩) 이 거대한 유기체의 각 기관은 각자의 에너지로 살아나며, 각 유기체는 다른 것과 뒤엉켜 똬리를 틀고 서로에게 맞서 각자의 방향을 유지한다. 독립적이고 경쟁적이며, 그럼에도 불구하고 서로 밀접하게 연결된 요소들의 집합체를 도식화하거나 종합할 수는 없다. 그는 자신이 연구하는 대상 각각이 "수수께끼 같은 유기체ein rätselhafter Organismus"296를 형성함을 처음부터 인식하고 있었다.

파토스형성에 유형학은 존재할까? 그는 이렇게 자문했다. 1905년부터 그는 (소용돌이, 나선, 뱀이 서로 뒤엉켜 있는 듯 보이는) 대리석 모양의 종이표지로 된 2절판 크기의 노트북을 사용하기 시작했다. 이 노트북에 그는 '파토스형성의 도식Schemata Pathosformeln'이라는 제목을 붙였다. 아마도 여기에다 문제의 유형학을 기록하려고 한 것처럼 보인다. 그는 (파도바에 있는 조토의 알레고리 그림 같은) 유명한 이미지 몇 개를 연필로 스케치하고 조심스럽게 잉크로 덧칠했다. 또 습관처럼 나무 모양의 도표, 가설적 계보, 대립쌍의 증식을 스케치했다. 그는 2페이지짜리 펼친 면에 행과 열이 있는 큰 표를 만들었는데, 거기서 '달리기Lauf', '춤Tanz', '추격Verfolgung', '약탈Raub', '전투Kampf', '승리Sieg', '대승Triumph', '죽음Tod', '비탄Klage', '부활Auferstehung' 등의 용어를 포함한 '모방 정도'의 목록을 찾을 수 있다. 하지만 입력 항목 대부분은 비어 있었다. 왜냐하면 이 프로젝트는 틀림없이 희망이 없었기 때문이다.(〈그림 47〉) 그래서 우리는 커다란 노트북을 덮어둔다. 소용돌이, 나선, 뱀이 서로 뒤엉킨 채로.297(〈그림 48〉)

따라서 도식화 시도는 실패했다. 20년이 지난 후에 그렇게 해서 버려진 '파토스형성의 도식'은 〈므네모시네 아틀라스〉에 의해 대체될 것이다. 이 비도식적 몽타주는 끊임없이 작동하고, 결코 고쳐지지 않으며, 이미 꽤 크고 원칙적으로는 무한한 이미지 모음이 될 것이다. 도상학은 모티브 또는 심지어 유형에 따라 체계화될 수 있지만 파토스형성은 바르부르크가 엄격히 초월-도상학trans-iconographique이라고 생각한 분야를 정의한다. 그렇다면 그는 다윈의 생물학에서 채택한 세 가지 '표현 원리'가 결합된 작용을 어떻게 설명할 수 있었을까? 그리고 그것이 여기서는 문화인류학 문제인 만큼, 어떻게 다윈을 넘어 상징적 형태의 강렬함을 사

〈그림 47〉 바르부르크, '파토스형성'의 표, 1905~1911년. 잉크와 연필. '파토스형성의 도식', 런던, 〈바르부르크연구소〉 아카이브.

유하는 패러다임을 찾을 수 있었을까?

처음에 그는 언어학적 패러다임으로 넘어갔다. 파토스형성이라는 표현 안에서 '형성'의 상태를 조사하는 방법을 통해서였다. 1893년에 보티첼리에서의 '운동의 강화gesteigerte Bewegung' 과정을 연구해 "양식 형성의 힘stilbildende Macht"298을 연구할 뜻을 밝혔을 때 'gesteigert'라는 단어를 형용사형으로 사용한 것은 우연이 아니다. 이 독일어 단어는 물론 강화 또는 증폭 일반을 의미하지만 더 구체적으로는 비교급의 문법적 의미도 지닌다. 따라서 언어학적 비유는 처음부터 존재했다. 원고에서 그는 정확히 '비교급'이자 '최상급'이라고 부른 강화 수준을 계속해서 다루었던 것이다.299 또 만테냐와 뒤러(〈그림 3〉과 〈그림 28〉)가 그린 〈오르페우스의 죽음〉의 재현에서 처음으로 그의 흥미를 끈 것은 고대의 "몸짓언어의 최상급Superlative der Gebärdensprache"300을 발굴하는 것이었다.

인도-유럽어 보충법suppletives의 형식적 특징에 관한 오스토프Hermann Osthoff의 언어학 이론이 이 개념의 구성에서 주요한 역할을 맡았다. 오스토프에 따르면 강화에는 어근의 변화, 즉 근본적 치환이 필요하다. 예를 들어 라틴어 *melior*[더 좋다]는 *bonus*[좋다]와 동일한 어근을 갖지 않으며, *optimus*[가장 좋다]는 또 다른 어근의 치환을 요구한다.301 바르부르크는 이 현상을 이렇게 표현한다.

1905년 초에 저자[바르부르크 자신]는 인도-독일어에서 보충법의 기능에 관한 오스토프의 글을 읽고 연구에 도움을 받았다. 오스토프의 주장을 요약해보면, 특정한 형용사 또는 동사는 그 결과 겪게 되는 문제의 특징이나 행동의 에너지적 동일성의 표현 없이도 비교급이나 동사 활용형에서 기본 어근의 변화를 겪을 수 있다. 반대로 기본형의 형식적 동일성은 사라졌더라도 낯선 표현의 도입이 본래 의미를 강화시킨다sondern dass der Eintritt eines

〈그림 48〉 바르부르크, '파토스형성의 도식', 노트북 표지, 1905~1911년. 런던, 〈바르부르크 연구소〉 아카이브.

fremdstämmigen Ausdrucks eine Intensifikation der ursprünglichen Bedeutung bewirkt. 가령 그리스의 마에나드가 『성경』의 춤추는 살로메로 등장할 때 또는 기를란다요가 과일바구니를 들고 오는 소녀를 표현하려고 의도적으로 로마의 개선문에 형상화된 승리의 여신의 몸짓을 빌려온 것을 볼 때, 우리는 예술이 작동하는 몸짓언어의 영역die kunstgestaltende Gebärdensprache에서 필요한 수정이 가해진 유사한 과정을 본다.302

요컨대 여기서 잔존의 유령적 시간에 들려 현재적 몸짓을 강화시키는 힘을 얻는 것은 다름 아닌 **낯섦**l'étrangeté이다. 현재(바구니를 든 하녀)와 과거(승리의 여신)가 시대착오적으로 충돌하면서 — 바르부르크가 가끔 '재양식화Umstilisierung' 또는 '양식의 복구'라는 용어로 언급한 — 양식의 미래, 즉 스스로를 완전히 변화시키고 개혁시키는 능력을 열어주는 것은 바로 이 낯섦이다.

따라서 그것은 신체 및 이미지에서와 마찬가지로 언어에서 잔존이 지닌 힘이다. 그에 따르면 모든 변형(미래를 향한 모든 확장, 강렬한 모든 발견, 근본적이고 새로운 모든 발전)은 '원어Urworte'로의 회귀를 포함한다. 그것이 그가 마지막 프로젝트인 〈므네모시네 아틀라스〉를 마침내 잔존, 변신, 퇴적을 통해 잃어버린 시간 그리고 특정한 "격정적 몸짓언어의 원어Urworte leidenschaftlicher gebärdensprachlicher[Dynamik]"303의 '역동적' 유령을 찾는 일로 여겼던 이유이다. 1910년에 프로이트가 그로부터 "정반대 의미Gegensinn"304에 관한 유명한 주장을 도출한 아벨Karl Abel의 '원어'와 마찬가지로, 그의 '원어'는 연속적 각인, 끊임없는 치환, 정반대로의 전도를 겪게 될 운명의 조형적 재료이다.

따라서 그의 인류학에서 이어지는 운명의 순수한 '원천'이라는 의미로 이해되는 '기원'에 대한 설명을 찾는 것은 심각한 실수이다. '원어'는 **잔존**으로만 존재한다. 즉 순수하지 않거나, 가면을 쓰거나, 오염되거나, 변형되거나, 정반대로 뒤집힌 채로만 존재한다.(〈그림 44〉) 그것은 르네상스의 이미지 속에서 시간적 이질성의 숨결처럼 지나가지만 고대의 석관에서조차도 결코 '자연적 상태'로 고립시킬 수 있는 방법은 없다. 엄격히 말해 자연적 상태는 결코 그런 식으로 존재하지 않는다.

마찬가지로 이 언어학적 패러다임에서 이미지에서 단어로의 '도상해석학적' 축소를 발견하려는 것 역시 심각한 실수일 것이다. 그에게서 그런 환원 또는 축소 조작은 존재하지 않는다. 그의 문헌학적 열정, 우제너에게 진 빚, 트라우베Ludwig Traube의 고문서학에 대한 동경, 욜레스André Jolles와 쿠르티우스Ernst Robert Curtius와의 우정(그는 기념비적 저술 『유럽 문학과 라틴 중세Europäische Literatur und lateinisches Mittelalter』를 바르부르크와 그뢰버Gustav Gröber에게 헌정했으며, 문학 분야에서 파토스형성이라는 개념을 사용했다), 이 모든 것은 분명 이 연구 분야에 대한 깊은 친밀감을 나타내지만 그것이 이미지 연구가 언어 연구의 한 분야임을 의미하는 것은 결코 아니다.305 1902년에 바르부르크는 '원자료'를 찾는 과정에서 문자로 미술작품을 설명하는 것이 아니라 "단어와 이미지 간의 자연적 결합, (인류학적) 동종성을 회복하는 것die natürliche Zusammengehörigkeit von Wort und Bild"306을 목표로 한다고 썼다.

이 자연적 동종성Zusammengehörigkeit은 단어의 역사만큼 신체의 역사에도 새겨져 있다. 따라서 보티첼리의 에로티시즘(〈봄Printemps〉)의 신화적 인물이 추는 그토록 가볍고 정교한 윤무輪舞를 생각해보라)은 단지 폴리치아노에서 읽을 수 있는 문학적 '원자료'에만 해당되지 않는다. 그런 에로티시즘은 이미 고대 석관의 표면 위에서 연주되는 '본래의 리듬'으로 **신체적으로도 출몰**한다.(〈그림 49〉) 라이나흐Salomon Reinach와 모스보다 훨씬 더 전에307 바르부르크는 19세기의 자연주의 또는 실증주의적 관상학에 사로잡히지 않고, 반대로 주어진 문화에서 **신체적 몸짓의 기술적·**

〈그림 49〉 익명의 로마인, 〈스키로스Scyros의 여장한 아킬레우스〉, 그리스 원형의 복제(세부). 영국 워번 수도원Woburn Abbey에 있는 석관을 보고 그린 그림. 바르부르크, 『산드로 보티첼리의 〈비너스의 탄생〉과 〈봄〉: 초기 이탈리아 르네상스에서 고대의 표상에 관한 연구』(Leopold Voss, 1893년), 15페이지.

상징적 구조를 탐구할 수 있는 몸짓의 역사적 인류학의 필요성을 이해한 것이다.

* * *

이를 통해 내가 안무적choreographic이라고 부를 두 번째 패러다임의 중요성을 설명할 수 있다. 이 패러다임의 역할은 '형성'이 '파토스', 즉 인간 신체에 대한 물리적 · 정동적 타격을 낳는 한 '형성'의 상태를 훨씬 더 급진적으로 문제화시키는 것이었다. 먼저 우리는 '신체의 기술'(인사, 춤, 전투 규칙, 스포츠, 휴식 자세, 성적 위치)이 바르부르크가 찾던 '단어와 이미지의 동종성'에 특권적 지위를 제공한다는 가설을 세울 수 있다. 폴리치아노의 『마상시합을 위한 시』*Le Stanze per la Giostra*』(1476년)와 보티첼리의 〈비너스의 탄생〉(1482~1485 경)*을 연구할 때 역사학자는 '문학적 원자료'과 예술적 '결과' 간의 단순한 관계에만 만족해서는 안 된다. 사랑의 유혹에 대한 사회적 규칙이 **2인무** 또는 '비너스'라는 제목의 **바사 댄스**bassa danza**를 추는 피렌체인의 매너에 가까운 인류학적 깊이 전체를 고려해야 한다.

〈비너스의 탄생〉에서 호라이Horae(또는 그레이스Grace)는 바람에 날리는 드레스와 움직임 전체를 보여주는 커다란 망토로 무엇을 하고 있는가? 이야기 자체에 주목하는 도상학자는 해안에서 맞이한 비너스의 벗은

---

* 보티첼리는 메디치가의 로렌초Lorenzo di Pierfrancesco de' Medici의 의뢰로 폴리치아노가 비너스의 탄생을 묘사한 고전적 송가의 일부 내용을 그림으로 그렸는데, 그것이 바로 〈비너스의 탄생〉이다. 이 시의 99~103행에서 비너스의 탄생이 묘사된다. 내용은 1475년에 열린 마상시합의 우승자인 메디치가의 줄리아노Giuliano de' Medici(1453~1478년)가 관례에 따라 시합의 미의 여왕으로 지명한 베스푸치Simonetta Vespucci(1453~1476년)를 암시한다고도 알려져 있다. 그녀가 죽은 지 10년쯤 뒤에 완성된 보티첼리의 그림 속 비너스가 그녀와 매우 닮았다는 주장은 아마 이런 사연과 관련되어 있을 것이다. 비너스의 탄생 순간을 묘사하는 폴리치아노의 시 99행은 다음과 같다.
"폭풍에 휩싸인 에게해, 테티스의 자궁 속에/이제 우라노스의 생식기가 떠다니다가/다르게 돌아가는 행성 아래/하얀 거품으로 휩싸인 파도에 의해/거품 속에서 사랑스럽고 행복한 몸짓으로 태어난/인간의 표정이 없는 처녀/방탕한 서풍의 신 제피로스에 의해 해안으로 떠밀려/조개껍데기 위에 올라탔네/하늘에서도 기뻐하는구나."
** basse danse 또는 '낮은 댄스low dance'로 15~16세기에 유행한 궁정 무용의 명칭이다. bassa, basse라는 단어는 점프나 도약 없이 바닥에서 발을 떼지 않고 천천히 미끄러지거나 걷는 우아한 춤동작에서 유래한 말이다(https://en.wikipedia.org/wiki/Basse_danse).

몸을 가리려고 자신의 옷자락을 내민다고 말할 것이다. 바르부르크는 거기에 덧붙여 그녀가 그림의 오른편에서 춤추고 있다고 말할 것이다. 제피로스Zephyrus와 클로리스Chloris(또는 아우라Aura)는 무엇을 하고 있는가? 비너스가 올라탄 조개껍데기를 해안으로 미는 미풍의 근원이라는 사실을 넘어 바르부르크는 그들이 비록 공중에서라도 서로 감싸 안고 춤추고 있다고 말할 것이다. 그럼 비너스는 무엇을 하고 있는가? 그녀는 우리 앞에서 움직이지 않고 춤추고 있다. 즉 자신의 단순한 포즈를 전시된 신체의 안무로 바꾸고 있다. 〈봄〉에서 등장인물들은 무엇을 하고 있는가? 모두 춤추고 있다. 피렌체의 산타마리아노벨라성당Santa Maria Novella에 기를란다요가 그린 〈세례 요한의 생애〉라는 그림 속에서 단지 물을 따르거나 과일이 가득 담긴 쟁반을 배달하는 것 외에 하녀는 무엇을 하고 있는가? 역시 춤추고 있다. 그녀는 비록 도상학적 주제에 등장하는 인물로는 주변적이지만 이미지의 역학에서는 중심을 차지한다.

그것이 바르부르크가 처음에 주목한 것이다. 보티첼리 연구(1893년), 기를란다요 연구(1902년), 다빈치와 두치오, 만테냐와 뒤러 등의 모든 연구에서 **강화된 몸짓**Geste intensifié이라는 문제는 특히 스텝이 춤이 될 때 끊임없이 다시 떠올랐다. 「디오니소스적 세계 전망」이라는 글에서 니체는 이미 "춤 표현에서 강화된 몸짓언어gesteigerte Gebärdensprache in der Tanzgebärde"308라고 말했다. 그것은 (걷기, 지나가기, 등장하기 같은) 자연적 움직임을 (춤추기, 회전하기, 뽐내며 걷기 같은) 조형적 형성으로 변환시키는 것을 일컫는 방식이다. 파토스형성이라는 개념은 르네상스 회화 전체를 관통하는 이 안무적 강렬함을 설명하기 위해 대부분 개발된 것이며, (비너스 같은) 여성적 우아함은 이런 개념적 명칭을 넘어서 닌파, 님프 같은 일종의 횡단적이고 신화적인 인격화라고 바르부르크는 요약했다.

따라서 닌파는 춤추며 여성적 파토스형성의 비인격적 여주인공이 될 것이다. 왜냐하면 닌파는 상당히 많은 인물의 **육체화**를 통합하기 때문이다. 1895년에 바르부르크는 닌파에게 논문을 헌정한다는 상상을 했다. 그것은 친구 욜레스와 주고받은 (가상의) 서신의 결과로 만들어진 두 저자의 저서였다는 점에서 더욱 역설적이었다.309

무엇보다 닌파는 이미지의 파토스를 치환시키는 지표로서 르네상스 회화가 열정적으로 '고착'시키려Fetzuhalten 한 "머리카락과 옷의 일시적 움직임die transitorischen Bewegungen in Haar und Gewand"310의 여주인공이 될 것이다. 닌파는 최상급의 아우라를 지닌 여주인공이다. 바르부르크는 도상해석학적으로 소음순小陰脣, nymphae과 숨결aurae를 연결시켰을 뿐만 아니라 고전적 여성미의 재현(비너스, 님프)이 실제로는 '외적 원인äussere Veranlassung'의 작용, 즉 숨결(아우라)에 반응해 "생명"311을 얻게 됨을 암시하고 있다. 가령 분위기나 질감의 이상함이 그런 것이다.(〈그림 43〉) 그것은 보티첼리 이전 세대였던 알베르티가 『그림에 관해De pictura』에서 조심스럽게 규정했던 것이다.

> 잘 묘사된 머리카락과 갈기, 나뭇가지, 이파리와 옷가지의 움직임을 그림에서 보는 것은 즐거운 일이다. 머리카락이 앞에서 언급한 일곱 가지 방식으로 움직이는 것을 보는 일은 특히 즐겁다. 머리카락 일부는 매듭을 지으려는 것처럼 스스로를 감싸고, 불꽃처럼 공중에서 물결치고, 뱀처럼 다른 머리카락 속으로 미끄러지며, 때로는 여기서 다른 일부는 저기서 올라온다. 마찬가지로 나뭇가지도 로프처럼 구부러지는 부분이 위로, 아래로, 멀리서, 가까이서 비틀어진다. …… 우리는 천이 스스로 움직이길 바라지만cum pannas

⟨그림 50⟩ 리비에르Thomas Rivière, ⟨백합 춤을 추는 로이 풀러Loïe Fuller⟩, 사진, 1896년.

motibus aptos esse volumus 옷은 본래 무거워서 계속 땅으로 늘어지며 접히지 않는다. 그런 이유로 천을 반대 방향으로 밀어 올리는 구름 사이의 서풍 제피로스나 남풍 아우스트루스Austrus의 얼굴을 그림 속에 그려 넣는 것이 좋을 것이다. 이에 따라 바람을 맞는 몸의 옆구리에서 나부끼는 천 아래로

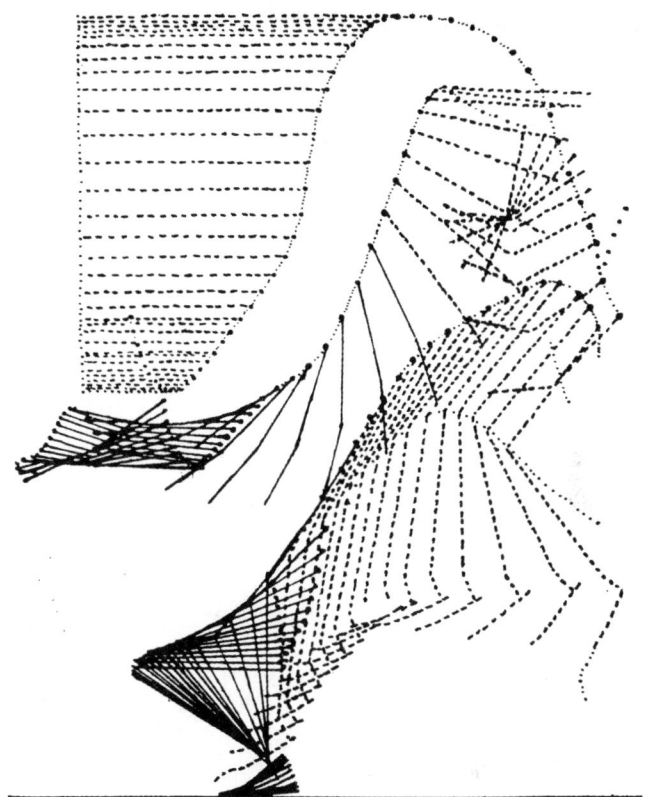

〈그림 51〉 드메니George Demenÿ, 발끝에 탄성을 준 낙하. 투사지 위에 모사한 그림, 1884년. 마레, 1894년. 『움직임Le mouvement』, 138페이지(그림 설명: '높은 데서 뛰어내리며 낙법을 위해 다리를 구부린 점프').

적절히 드러나는 벗은 몸의 우아한 효과를 보게 될 것이다. 다른 한편 바람에 나부끼는 천이 허공에서 완벽하게 펼쳐질 것이다.312

따라서 닌파는 신체와 마음을 움직이는 이런 종류의 만남의 여주인공이다. '외적 원인'은 신체의 가장자리를 따라 어떤 '일시적 움직임'을 유발하지만, 일시적인 만큼 필수적이고 운명적이며 유기체적으로는 최고의 움직임도 발생시킨다. 님파는 바르부르크가 "세속적 에너지의 양식 형성Stilbildung weltzugewandter Energie"313이라고 묘사한 아우라 속에서 그리고 여신 포르투나Fortuna 속에서 바람이자 여인으로 육체화되었다. 님파는 육체화되었다. 다시 말해 그녀는 여신인 만큼 여인이다. 〈므네모시네 아틀라스〉 도판 46~48번에서 볼 수 있듯 지상의 비너스이자 천상의 비너스, 하녀이자 승리의 여신, 댄서이자 다이아나, 거세하는 유디트이자 여성천사이다.314(〈그림 69~72〉)

공기처럼 보이지만 본질적으로 의인화되어 있으며 붙잡을 수는 없지만 본질적으로 촉각적이다. 님파의 아름다운 역설은 바로 그런 것이다. 『그림에 관해』라는 텍스트는 님파를 재현하는 기술적 측면을 잘 설명하고 있다. 알베르티는 아름답게 차려 입은 형상에게 바람을 불어넣는 것만으로 충분하다고 설명한다. 신체가 바람을 맞는 부분에서 옷감의 재질이 피부에 눌리면 이 접촉에서 나체의 돋을새김 같은 것이 생긴다. 다른 부분에서는 천이 휘날리며 거의 추상적으로 공중에서 자유롭게 펼쳐진다. 그것이 옷 입은 형상의 마법이다. 보티첼리의 그레이스Grace*는 고대의 마에나드(〈그림 49〉)처럼 공기와 살, 변덕스러운 옷감과 유기체적 질

* 여기서 보티첼리의 그레이스는 이중적 의미가 있다. 본문의 설명과 마찬가지로 보티첼리 그림에 등장하는 옷감의 우아한 휘날림과 주름을 뜻하는 동시에 〈봄La Primavera〉 그림에서 윤무를 추는 그리스어 카리테스 $X\acute{\alpha}\rho\iota\tau\epsilon\varsigma$, 라틴어 Gratiae라는 이름의 세 여신을 뜻하기도 한다. 그레이스는 헤시오도스Hesiodos의 『신통기』 909행에서는 제우스의 자녀로, 에우프로시네$E\mathring{\upsilon}\varphi\rho\sigma\sigma\acute{\upsilon}\nu\eta$(명랑, 유쾌), 아글라에아$A\gamma\lambda\alpha\acute{\iota}a$(아름다움, 화려함), 탈리아$\Theta\acute{\alpha}\lambda\epsilon\iota a$(발랄, 풍요)로 묘사되며, 호메로스의 『일리아스』에서는 에우프로시네, 파시테아$\Pi a\sigma\iota\theta\acute{\epsilon}a$(휴식, 명상), 칼레$Ka\lambda\lambda\epsilon$(미인)로 묘사되기도 한다. 또한 폴리치아노의 시 「비너스의 탄생」에 등장하는 시간과 계절의 여신인 세 명의 호라이와 연결되기도 한다(보티첼리의 〈비너스의 탄생〉에서 비너스를 옷으로 감싸는 호라이는 봄을 의미하는 탈로Thallo 또는 플로라Flora이다. 플로라는 〈봄〉에도 등장한다).

감이라는 두 가지 고대적 형성 양식을 결합시킨다. 한편에서는 옷감이 저절로 튀어나와 자체의 소용돌이 형태를 만들고 다른 한편에서는 (신체적이고 감정적으로 움직이는) 덩어리의 내밀함을 드러낸다. 모든 안무가 이 두 극단 사이에 놓여 있다고 말할 수는 없을까?

게다가 파토스형성의 그런 역설에 현대의 시간적 특성이 모습을 드러내는 방식에 주목할 수밖에 없다. 그것은 한편으로는 미국의 무용가 풀러가 소용돌이치는 옷감으로 펼쳤던 추상적이고 거대한 역량기록(〈그림 50〉)에서, 또 다른 한편으로는 마레가 크로노포토그래피로 만든 순수하고 추상적이지만 유기체적인 역량기록(〈그림 51〉)에서 찾아볼 수 있다. 우리가 이해하는 님파는 대기나 바람 같은 '외적 원인'과 근본적으로 욕망인 '내적 원인'을 결합할 수 있다. 님파는 머리카락과 옷자락을 휘날리며 외부와 내부, 바람의 대기의 법칙과 욕망의 본능의 법칙 사이에서 항상 움직이는 만남의 지점으로 나타난다.

내가 말하는 현대적 현상은 텐과 러스킨*, 프루스트와 번-존스**, 세

---

* 텐Hippolyte Taine(1828~1893년)은 프랑스 철학자이자 역사학자이다. 콩트의 실증적·과학적 방법을 통해 예술과 인간성 등을 연구하고자 했다. 『지성론De l'intelligence』(1871년)이 가장 잘 알려진 저술이다. 파리 에콜 드 보자르의 미학 및 미술사 교수로 재직하면서 강의한 내용을 바탕으로 『미술철학 Philosophie de l'art』(1865년), 『미술의 이데아에 관해 De l'idéal dans l'art』(1867)와 이탈리아(1866년), 네덜란드(1868년), 그리스(1869년)의 미술철학에 관한 책을 출판했다. 그는 『미술철학』에서 예술작품을 그것이 탄생한 '환경', '시대', '종족'의 관점에서 설명하고자 했다.
러스킨John Ruskin(1819~1900년)은 영국의 미술평론가, 사회비평가로, 1843년부터 발표하기 시작해 1860년에 완결된 『근대화가론Modern Painters』(1860년)을 통해 예술적 아름다움의 순수한 감상을 주장했다. 1860년 이후 경제와 사회문제로 관심을 돌려 사회사상가로 활동했다. 1878년에 정신착란을 일으켰고 1889년 이후 회복하지 못했다.

** 프루스트Marcel Proust(1871~1922년)는 잘 알려진 대로 마들렌 과자와 홍차의 향기가 유발한 기억으로 시작되는 방대한 소설 『잃어버린 시간을 찾아서À la recherche du temps perdu』(1913~1927년)를 쓴 프랑스 소설가이다. 1904년과 1906년에 러스킨의 『아미엥의

간티니와 클링거*, 아르누보art nouveau와 상징주의 시, 호프만슈탈과 단
눈치오**, 포르투니와 말라르메***, 덩컨과 풀러**** 등을 역동적·고고학

성서La Bible d'Amiens』와 『참깨와 백합Sésame et les Lys』을 불어로 번역하기도 했다.
번-존스Edward Burne-Jones(1833~1898년)는 영국 화가로, 중세의 회화적 형상을 활용
한 라파엘 전파 양식의 그림을 그린 마지막 화가로 알려져 있다. 중세와 고전주의 신화 및
문학, 성서에서 주요한 영감을 얻은 작품들이 많았는데, 〈황금 계단The Golden Stair〉
(1876~1880년), 〈멀린과 니무에Merlin and Nimue〉(1872~1877년), 〈코페투아 왕과 거
지 소녀King Cophetua and the Beggar Maid〉(1884년) 등이 있다.

• 세간티니Giovanni Segantini(1858~1899년)는 이탈리아 화가로, 상징적 내용을 알프스
고원의 강렬한 햇빛을 받는 풍경화로 그린 우의적 작품들로 유명하다. 〈정욕의 형벌La
Punizione della Lussuria〉(1891년), 〈나쁜 엄마Le cattive madri〉(1894년), 〈알프스의 한
낮Midday in the Alps〉(1891년) 등의 작품이 있다.
클링거Max Klinger(1857~1920년)는 독일의 화가이자 조각가로, 1878년에 베를린아카데
미 전시회에서 〈장갑을 찾기를 둘러싼 비유Paraphrase über den Fund eines Hands-
chuhs〉라는 연작 소묘 10점을 출품했고, 이후 그것을 판화로 만들어 널리 알려졌다. 롤러스
케이트장에서 주운 여인의 장갑이라는 상징물을 둘러싼 이 작품은 이후 초현실주의 회화에
영향을 미치기도 했다. 그리스로마 신화에서 영감을 받은 엄숙하고도 독창적인 분위기의 판화
를 많이 제작했으며, 그림 〈파리스의 심판〉(1887년), 조각 〈새로운 살로메〉(1887~1888년),
〈베토벤 조각상〉(1902년) 등으로 잘 알려져 있다.

** 호프만슈탈Hugo von Hofmannsthal(1874~1929년)은 오스트리아의 시인이자 극작가
로, 19세기 말과 빈의 현대주의를 대표하는 작가였다. 개인주의적, 귀족적, 유미주의적 서정
극을 주로 발표했다. 독일의 오페라 작곡가 리하르트 슈트라우스와 공동 작업한『엑렉트라
Elektra』(1909년), 『장미의 기사Der Rosenkavalier』(1911년), 『낙소스의 아리아드네Ari-
adne auf Naxos』(1912년, 수정본 1916년), 『그림자 없는 부인Die frau ohne Schatten』
(1919년), 『이집트의 헬렌Die ägyptische Helena』(1927년), 『아라벨라Arabella』(1933
년) 등의 오페라 대본으로도 유명하다.
단눈치오Gabriele D'Annunzio(1863~1938년)는 이탈리아의 시인, 소설가, 극작가로, 프
랑스의 자연주의와 니체의 영향을 받은 작품을 썼다. 말썽 많은 연애 사건, 제1차세계대전
참전, 공군 조종사 근무, 종전 후인 1919년에 베르사유 조약에 반기를 들고 피우메Fiume의
달마치아dalmacija 항구(지금의 유고슬라비아 리예카)를 점령한 사건, 정치적 지도력, 웅변
술, 파시스트 경력 등으로 매우 주목받던 인물 중 하나였다. 『하늘, 바다, 땅, 영웅의 송가
Laudi del cielo del mare della terra e degli eroi』(1899년)가 대표적 시집이다.

*** 포르투니Mariano Fortuny(1871~1949년)는 스페인의 그라나다에서 출생한 패션디자
이너로, 1907년 초에 고대 그리스 복식에서 영감을 얻은 얇고 휜히 비치는 실크에 주름을

적 모티브를 중심으로 통합시킨다. 그것을 **세기말의 마에나드주의**mena-disme fin de siecle라고도 부를 수도 있을 것이다. 그것은 어쩌면 바르부르크가 1888년의 뮌헨 박람회에서 이사도라 덩컨의 무용 공연을 보았을 때나 독일 상징주의에 가까운 예술가인 아내 헤르츠Mary Hertz의 미학적 영향에서 비롯되었는지도 모른다.

흥미롭게도 이 모든 자료는 바르부르크가 자세히 읽은(특별히 자세히 살핀) 고고학적 저술, 즉 엠마뉘엘Maurice Emmanuel이 쓴 「고대 그리스의 춤La danse grecque antique」이라는 방대한 논문에서 새로운 방식으로 검토되고 있다. 수많은 형상적 재현(둥근 모양의 조각, 돋을새김, 화병 그림)에 대한 엄격한 고고학적 연구는 파리 오페라의 공식 발레 마스터의 권위로 표현된 현대적 기술 및 미학적 시선과 결합된다. 이제, 그렇게 만들어진 시대착오 속에서 통일성을 재생산하기 위해 엠마뉘엘은 마레에게 직접 호소한다. 크로노포토그래피는 불로뉴와 마찬가지로 완전히 다른 시대, 즉 기원전 5세기의 그리스 화병에서 비롯된 안무 형성을 19세기

넣어 몸에 딱 붙게 만든 드레스 '델포스 가운'을 발표했다. 당시 유행하던 코르셋에서 벗어나 보다 자유로운 여성의 신체를 드러낸 이 옷은 이사도라 덩컨 등 당대 무용가들의 무대 의상으로도 환영받았다고 한다.
말라르메Stephane Mallarme(1842~1898년)는 프랑스 시인으로 랭보, 베를렌과 함께 19세기의 대표적 상징주의 시인이다. 시가 지닌 내적 분산성을 시각적으로도 실현한 『주사위 던지기Un coup de dés』(1897년) 등과 같은 비주얼 포엠으로도 유명하다. 이 시에서 말라르메는 책 페이지 위에 문자를 다양한 크기로 흩어 놓았다.
**** 덩컨Isadora Duncan(1877~1927년)은 미국에서 태어나 유럽에서 활동한 현대 무용가로, 고대 그리스 예술과 자연에서 영감을 받은 자유롭고 자연스러운 양식의 무용을 창시한 현대무용의 선구자였다.
풀러(1862~1928년)는 미국의 배우이자 무용가로, 실크로 된 의상과 조명을 활용한 현대무용으로 널리 알려졌다. 다양한 색깔의 조명이 실크 의상에 비춰지는 그녀의 안무를 뱀의 춤serpentine dance이라고 부른 것도 주목할 만하다.

신체 위에 구현하는 최상의 실험 수단이 되었다.315

따라서 한편으로 엠마뉘엘의 고고학적 시도는 고대의 파토스형성을 분명히 과도한 참조로 끌어들인다(고고학자는 여기서 사진을 보듯이 그리스 화병을 바라본다). 다른 한편으로 동일한 고대적 형성의 (반복적, 안무적, 크로노포토그래프적) 구현 실험은 역동적이고 양식적인 유혹의 힘, 즉 잔존의 힘이 19~20세기의 전환기에도 전혀 생생함을 잃지 않았음을 보여준다. 브랜드슈테터Gabriele Brandstetter는 고고학적으로 연구된 고대의 파토스형성이 유럽에서 일어난 안무적 아방가르드의 토포스형성Topos-formeln*이라는 것에서 어떻게 결정적 역할을 했는지를 잘 보여준다.316

엠마뉘엘의 책에서 (자유롭게 떠다니는 직물의 소용돌이 그리고 속을 드러낸 유기체적 움직임 사이에) 늘어져 있는 옷감에 대한 질문이 중요하고 자주 언급된다는 사실은 놀랍지 않다.(〈그림 52〉) 옷으로 춤추듯 몸으로 춤을 춘다. 또는 옷은 신체와 대기 사이에 위치한 (스스로 춤추는) 틈새 공간 같은 것이 된다. 그것이 바르부르크가 언급한 '움직이는 부속물'인 늘어진 옷감이 '의례적·상징적' 몸짓부터 '구체적' 혹은 '장식적' 몸짓에 이르기까지, '기계적'·'표현적' 몸짓부터 소위 "무도적舞蹈的, orches-tiques"317 몸짓에 이르기까지 엠마뉘엘이 제안한 모든 범주에서 발견되는 이유이다.

디오니소스적 모티브(마에나드와 바쿠스 신을 섬기는 여신들)가 그것의 과도함을 매우 정연한 고전적 스텝, 점프, 자세에 끼워 넣는 것을 보아도 그리 놀랍지는 않다. 재생할 수 있는 몸짓언어로 춤추는 신체는

* 장소 및 위치, 공간이라는 뜻을 가진 그리스어 Topos에서 유래하며 고전수사학에서 논의가 일어나는 관점 또는 표현, 주제라는 의미로 확장되었다. 이 말과 formeln(정식, 형식, 형식화, 형성의 복수형)의 합성어로, '안무의 공간적 표현 형식'을 의미한다.

〈그림 52〉 익명의 그리스인, 〈춤추는 님프〉, 기원전 5세기 말. 화병 그림을 보고 그린 그림. 엠마뉘엘, 『고대 그리스의 춤La danse grecque antique』(파리, 1896년), 103페이지.

훨씬 더 신비롭고 더 '원시적'이며 본능적인 안무, 즉 파리의 오페라발레 마스터의 지휘로 재구성하기에는 너무 폭력적인 의례와 관련된 **재생 불가능한 움직임**의 안무에 자리를 내준다. 엠마뉘엘은 "아주 미약한 스텝과 발끝으로 전진하는 저 바쿠스의 여신도들에 의해 도달되는 …… 휘어짐cambrure의 극한"318(〈그림 53〉)을 언급한다. 그는 "때때로 이상하게 휘어지거나 무릎이 굽혀지기도 하면서 발바닥이나 발끝으로만 서서 몸을 회전시키는"319 플라멩코flamenco 동작을 연상시킨다. 또 참가자들이 옷을 찢고 가슴을 때리며 머리카락을 잡아당기는 동작으로 구성된 '격렬한 몸짓gesticulation'의 관점에서 고대 그리스인의 장례식 무용에 대해서도 언급한다.320 마지막으로 디오니소스적 춤과 그보다 더 일반적인 만취한

〈그림 53〉 익명의 그리스인, 〈마에나드와 사티로스〉, 헬레니즘 시대. 얕은 돋을새김을 보고 그린 그림. 엠마누엘, 『고대 그리스의 춤』(파리, 1896년), 198페이지.

광란의 춤도 언급한다.

의례적 격정은 만취한 광란의 춤을 탄생시켰다. 이 춤은 디오니소스 추종자들만의 독점적 영역이 아니다. 레아Rhea* 숭배와 오르페우스의 비교秘敎**는

* 'Ρέα, 대지의 여신. 신들의 어머니. 우라노스와 가이아 사이에서 태어났으며, 크로노스의 누이이자 아내로, 헤스티아, 데메테르, 하데스, 포세이돈, 제우스를 낳았다.
** 저승을 왕래한 오르페우스, 페르세포네, 디오니소스를 숭배한 기원전 5~6세기 그리스의 종교로, 인간의 영혼은 신성과 불멸성을 가지면서도 이승과 저승을 오가는 재생과 윤회에 의해 육체적 삶을 반복한다는 교리를 갖고 있었다. 생전에 지은 죄에 대해 사후의 벌칙을 경고했다는 점에서 그리스 시대에 흔하지 않았던 사후 세계에 관심을 가진 종교였다. 제우스와 페르세포네의 아들이자 자그레우스Zagreus의 화신인 디오니소스의 죽음과 부활을 둘러싼 인간의 탄생 신화를 갖고 있다. 제우스와 페르세포네의 아들 자그레우스가 헤라의 사주를 받은 티탄에게 갈기갈기 찢기고 심장을 제외한 나머지 신체가 먹힌 것에 분노한 제우스는 번개로 티탄을 잿더미로 만든다. 티탄의 재와 자그레우스의 재가 뒤섞여 그것으로부터 선과 악이 뒤섞인 인류가 탄생했다는 것이다. 이로써 티탄적 속성(육체)이 자그레우스적 속

추종자들을 열광적 환각에 빠지게 만드는 이상한 폭력적 움직임을 불러일으켰다. 아폴론 숭배자들도 만취한 광란의 춤을 추는 장소를 만들었을 가능성이 있다. 스트라보Strabo에 따르면 격정은 점술에 가깝기 때문이다. 델포이에서 아폴론의 신탁을 받는 무녀 퓌티아Pythia의 뒤틀린 몸짓을 떠올려보자. 그들은 화병이나 돋을새김에 묘사된 수많은 무용수의 황홀해하는 포즈나 격정적 움직임과 유사하다. …… 틀림없이 인간의 발을 잡고 물구나무 선 채 광란의 춤을 추는 마에나드는 순수하게 상징적 재현일 것이다. 그것은 티탄에게 찢겨진 디오니소스-자그레우스의 전설을 연상시킨다. 동물을 찢는 것으로 축소된 식인의식은 야간에 자그레우스를 기리기 위해 행해졌다. 비밀의식 입회자들은 황소의 생살을 나눠 먹으며 황홀경에 빠져 에우리피데스가 숫양을 제물로 바치면서 꿈틀거리는 살코기를 즐기는 모습으로 묘사한 디오니소스를 흉내 냈다. 스코파스Scopas가 만든, 새끼염소를 찢어버리는 마에나드 조각과 이후의 모든 복제품은 움직임의 폭력성이 어떤 율동적 균형eu-rhythmie도 배제하듯 보이는 이 춤을 떠올려볼 수 있도록 해준다.321

이 율동적 균형eurhythmie 문제 또는 오히려 그것의 부재 문제가 바로 핵심이다. 엠마뉘엘은 '모든 무용수가 대칭적 배치를 따라 동작을 일치시키는 엄격한 동시성'을 기반으로 오히려 틀에 박힌 '군무를 조정하는 현대적 방식'과는 정반대로, 그리스인들은 "언제나 비대칭적이고 뚜렷한

성(신성, 영혼)을 구속해 인간의 영혼은 죽음과 재생을 반복하는 윤회의 고리에 묶여버렸다고 본다. 한편 자그레우스의 남은 심장을 제우스가 주워 다시 인간 여성인 세멜레Semele의 자궁에 넣어서 임신시켰는데, 헤라의 꾐에 빠진 세멜레가 제우스의 본모습을 보고 싶다고 애원하다가 결국 제우스의 광채에 타 죽자, 다시 제우스의 허벅지에 넣고 꿰매었다가 태어난 신이 바로 디오니소스이다. 이로써 디오니소스에게는 죽었다가 다시 태어난 부활의 의미가 더해졌다.

무질서를 선호함"322을 잘 알고 있었다. 그것이 바로 그리스인들의 토포스형성이 치환과 안티테제를 허용해 뱀 무더기처럼 서로 역동적으로 얽히게 만든다고 바르부르크처럼 말하는 이유이다. 율동적 균형, 대칭 및 엄격한 박자는 복잡한 복합리듬Polyrhythmy* 같은 것에게 자리를 양보한다. 이 복합리듬은 비대칭적 묶음 및 고립된 기하학적 구조, 으리으리한 엎치락뒤치락, 과잉의 순간이 폭발하는 명백한 무질서이다.

한편 과잉으로 디오니소스적인 것과 함께 비극적인 것이 등장함을 이해해야 한다. 비극적인 것과 함께 사람들 사이에서는 존재의 투쟁이, 사람들 내부에서는 존재의 갈등이 일어나며, 욕망과 고통의 내밀한 전투가 일어난다는 것도 이해할 필요가 있다. 또 안무적 패러다임은 더 무섭고 더 투쟁적인 패러다임과 얽히게 된다는 사실, 즉 헤라클레이토스가 말한 **영원한 전쟁**에 휘말리게 됨도 이해해야 한다. 나는 이미 모든 것이 죽음과의 투쟁을 수반하는 특정한 도상학적 주제라는 바르부르크의 초기 관심에서부터 어떻게 파토스형성 문제가 출현했는지를 밝혔다. 켄타우로스의 전투(〈그림 17〉), 오르페우스의 죽음(〈그림 3〉, 〈그림 26〉, 〈그림 28〉), 라오콘(〈그림 29〉, 〈그림 36〉 그리고 〈그림 38~39〉), 니오베의 자식들 그리고 다윗과 골리앗(〈그림 44〉)이나 유디트와 홀로페르네스(〈그림 71〉)라는 『구약성경』의 인물은 말할 것도 없다. 다빈치, 미켈란젤로(그가 조카에게 맡긴 카사 부오나로티Casa Buonarroti에 그린 켄타우로스의 전투의 돋을새김), 라파엘로가 묘사한 숭고한 전투도 물론이다. 이 모든 것을

---

* eurhythmie는 좋은eu+리듬rhythm+의ie라는 뜻을 지닌 단어이고, polyrhythmie는 많은 poly+리듬rhythm+의ie라는 뜻을 지니고 있다. 여기서 eurhythmie는 무용과 율동에서 균형과 치환을 좋게 보는 현대적 관점이 포함된 말이기에 '율동적 균형'으로, 신조어인 poly-rhythmie은 원래 의미를 살려 '복합리듬'으로 옮겼다.

바르부르크는 "이교도 조상의 위대한 예술의 숭고한 양식에서 격렬하게 움직이는 생명을 해석하고 재구성하기 위한 저항할 수 없는 충동"[323]이라는 헤라클레이토스적 관점에서 언급하고 있다.

* * *

닌파의 등장으로 폭력적 죽음의 소동은 욕망의 안무를 향한 뱀의 길을 열었다. 바르부르크는 그것을 때때로 '에너지의 양식화 Stilisierung der Energie' 또는 "생명에너지가 넘치는 형상 Lebensvolle Gestalten"[324]이라고 불렀다. 님프는 싸움을 에로틱하게 만들고, 공격성과 성적 욕구 간의 무의식적 연결고리를 드러낸다. 그에 따라 그는 강간, 납치, '사랑의 추격' 장면(폴리치아노가 『지오스트라 Giostra』에 시로 썼고, 폴라이올로가 그린 〈아폴론과 다프네〉를 생각해보라) 또는 비유적으로 불구가 된 적에 대한 닌파의 '에로틱한 승리'(다시 한 번 보티첼리의 〈유디트〉, 만테냐와 뒤러의 〈오르페우스의 죽음〉을 떠올려 보라)라는 주제에 그토록 흥미를 가졌던 것이다.[325]

따라서 닌파는 존재의 투쟁을 에로틱하게 만든다. 왜냐하면 에로스는 잔인하기 때문이다. 이어서 닌파는 자신의 신체에 모든 것을 통합시키는 것으로 끝을 맺는다. 그녀 스스로가 논쟁이 되고, 자아와 자아 간의 내밀한 투쟁, 갈등과 욕망의 굴레에서 벗어날 수 없는 매듭, 각인된 안티테제가 된다. 투쟁적 패러다임과 안무적 패러다임은 이제 하나가 되었다. 이제 이교도든 기독교든 님프의 형상을 마에나드에게 부과하는 것은 바로 이 디오니소스적 패러다임이다.

〈그림 54〉 조반니, 〈십자가 처형〉, 1485년경(세부), 청동 돋을새김, 피렌체, 바르젤로 국립미술관Museo Nazionale del Bargello. 사진은 저자.

당시 피렌체에는 조각가 조반니Bertoldo di Giovanni라는 아카데미 원장이 실제로 살고 있었다. 그는 젊은 예술가들에게 자신이 관리하던 메디치가의 고대 보물을 익히도록 가르쳤다. 그의 작품은 극히 일부만 남겨져 있지만 도나텔로의 이 늦깎이 제자가 고대의 파토스형성에 스스로 몸과 영혼을 (다른 누구보다 더 많이) 바쳤음을 보여준다. 마치 마에나드가 찢어버린 동물을 흔들어대는 것처럼 십자가 발치에서 울고 있는 막달라 마리아 또한 비탄에 잠겨서 뜯어버린 자신의 머리카락을 경련을 일으키듯 움켜쥐고 있다.326

조반니가 만든 막달라 마리아(〈그림 54〉)는 니체가 『비극의 탄생』의 「서문」에서 정의한 이 용어와 정확히 같은 의미로 명백히 디오니소스적이다. '[그녀가] 갑작스러운 혼란 가운데 현상계를 인식하는 형식을 놓치고 이내 엄청난 공포에 사로잡힐 때' 그리고 그에 못지않게 동반되는 '기쁨에 넘치는 희열' 말이다. '충족이유율*'은 어떤 형태로든 [바르부르크는

* 충족이유율principle of sufficient reason 또는 충분근거율이라고 부르기도 하는 이 개념은 독일어 Satz Vom zureichenden Grund의 번역어로, 쇼펜하우어Arthur Schopenhauer 철학의 핵심 개념 중 하나이다. 간단하게 정의하자면 모든 존재는 필연적으로 그렇게 될 수밖에 없는 필연적 이유 또는 근거를 하나씩 가진다는 것이다. 그렇게 본다면 현상계에서 일어나는 모든 현상은 언제나 원인과 결과의 관계로만 인식될 수밖에 없다. 쇼펜하우어의 박사학위논문 『충족이유율의 네 겹의 뿌리에 관해Über die vierfache Wurzel des Satzes vom zureichenden Grunde』와 대표작 『의지와 표상으로서의 세계Die Welt als Wille und Vorstellung』 등에서 핵심적으로 다루어진 개념이다. 그에 따르면 인간이 충족이유율에 의지해 세상을 인식하지 세계가 존재하는 방식 자체가 충족이유율에 근거하지는 않는다. 인간은 충족이유율의 생성, 인식, 존재, 행위의 네 가지 특성을 바탕으로 세상과 관계한다. 즉 우리는 세계 자체를 경험하는 것이 아니라 충족이유율을 통해 세계를 파악한다는 것이다. 그것이 바로 '의지의 세계'가 인간에게 '표상의 세계'로 드러나는 방식이다. 『의지와 표상으로서의 세계』에서 쇼펜하우어는 이 충족이유율의 여러 형태 중 예외를 겪어서 현상계를 인식하는 개별화 원리로는 갈피를 못 잡고 그로 인해 사람들이 느닷없이 전율에 사로잡히게 되는 과정을 설명한다. "원인도 없이 어떤 결과가 벌어졌다고 생각되거나, 죽은 사람이 다시 살아났다고 생각되거나, 또는 그 밖에 어떤 과거의 일이나 미래의 일이 현재에 일어나고, 멀리 있는 것이 가까이서 나타난다고 생각되는 경우 전율을 느끼게 된다"(Schopenhauer,

'어떤 형성에서든'이라고 말했을 것이다] 예외를 겪는 것처럼 보인다.' 움직임에서 여전히 안무적이고 이미 투쟁적인 베르톨도의 막달라 마리아는 '**개별화 원리**principium individuationis**의 파열**'을 불러일으키는 것처럼 보이며, 그에 따라 그녀는 '**내면의 가장 내밀한 깊은 곳**에서부터 무엇이 솟아오르도록 만든다.' 그것은 여기서 "성별의 차이"327의 드라마처럼 보이는 (니체가 여전히 같은 구절에서 요구하는) 내밀함이다.

　벗은 몸으로 속이 다 비치는 옷을 입은 도발적인 베르톨도의 막달라 마리아는 분명히 닌파이다. 흥분시키려는 사티로스와 몸을 밀착시킨 채 춤추는 고대의 마에나드처럼 그녀는 그리스도의 맨발 아래에서 춤추는 매우 독실하고 르네상스적인 닌파이다.(〈그림 53〉) 형상적 관점에서 보면 이 막달라 마리아는 프라 안젤리코Fra Angelico가 묘사한 경건하고 순결한 여인보다는 홀로페르네스의 헝클어진 머리를 잔인하게(또한 매우 예민하게) 내보이는 보티첼리의 유디트(〈그림 71〉)에 더 가깝다. 이 조각 속의 막달라 마리아는 각인(다윈의 첫 번째 원리)과 '원시성' 둘 모두를 보여주는 이교도의 잔존으로 구현되었다고 말할 수 있을 것이다. 다른 한편 도상학자가 고통과 욕망을 분리하는 곳에서(복음주의의 관점에서 이 장면을 보면 막달라 마리아는 분명 오직 고통스러울 뿐이다) 파토스형성의 인류학자는 훨씬 더 복잡한 리듬을 본다. 그것은 애도의 기호(머리를 쥐어뜯는 손, 첫 번째 여성의 몸짓을 더 의례적으로 표현한 두 번째 여성의 무릎 꿇은 자세)와 알려지지 않은 욕망의 기호(유기체 같은 전리품을 휘두르는 손, 반라의 신체, 헝클어진 옷, 발끝으로 선 자세)를 결합한 역량기록이다. 따라서 여기에는 다윈의 두 번째 원리인 치환이 작용하며 욕망과 애도의

1819, 홍성광 역[2009], 582페이지). 니체는『비극의 탄생』에서 바로 이 충족이유율이 깨지는 예외의 경험에서 느끼는 공포에 '기쁨에 넘치는 희열'을 덧붙이고 있다.

행위, 즉 일반적으로 안티테제(다윈의 세 번째 원리)라고 생각되던 두 감정이 뒤섞여 있는 것이다.

여기서 닌파는 반대되는 자신의 움직임의 내적 갈등 속에 놓여 있다. 그리스도의 수난Leiden Christi 앞에서 님프의 격정Leidenschaft Nymphae은 잔인한 육체적 기쁨Freude과 영혼의 끔찍한 고통Leid을 통합시킨다. 생애를 마칠 무렵 바르부르크는 이미지의 승화에서조차 '황홀한', 심지어 '악마적' 차원을 드러내는 진정한 '영혼의 드라마Seelendramatik'라는 관점에서 이 **파토스형성**에 모방 표현의 "원어"328라는 자격을 부여할 것이다.

공포증의 기억의 흔적이라는 오래된 유전적 토대를 퇴마하는 과정Entdämosierungsprozess은 명상하며 엎드리는 것부터 피비린내 나는 식인풍습에 이르기까지 인간 감정의 모든 범위를 몸짓언어로 통합시키며, 싸움, 걷기, 달리기, 춤추기, 붙잡기 등 인간의 운동능력humane Bewegungsdynamik의 가장 평범한 표현에까지 섬뜩한 체험의 표식der Prägrand unheimlichen Erlebens을 남긴다. 그것은 중세 교회의 규율 아래서 자라난 르네상스 시대 교양인들에게는 금지된 영역으로 간주되었던 것으로, 거기서는 오직 불경한 영혼만이 자연적 충동을 억제하지 않고 전달하며 살 수 있다. …… 이탈리아 르네상스가 이 공포스런 기억의 흔적phobische Engramme의 유전적 토대와 동화될 수 있던 것은 독특한 양면성Zwiespältigkeit을 갖는다. 한편으로 그것은 새로운 충동으로 세속화된 영혼에게 개인적 자유를 위해 운명과 싸우는 인간이 말로 표현할 수 없는 것Unaussprechlich을 전할 용기를 준 환영의 격려였다.

그러나 다른 한편으로 그러한 격려는 기억의 기능을 통해, 즉 예술적 창조에 의해 미리 각인된 형태durch vorgeprägte Formen로 이미 정제되어 그에게 찾아왔다. 결과적으로 오래된 토대의 복구는 충동적 자아 상실 triebhafter Selbstentäusserung과 형태 제작formaler Gestaltung의 의식적 규율 사이(즉 디오니소스적인 것과 아폴론적인 것 사이)에 예술적 천재를 위한 정신적 위치를 할당하는 행위로 남겨졌다. 그곳에서 천재는 가장 내밀한 형태 언어에 결정적 각인을 부여할 수 있었다.

미리 각인된 표현가치Vorgeprägte Ausdruckswerte의 형태적 세계에 직면해야 할 필요성은 [······] 자신만의 양식을 확고히 하려는 열망을 가진 모든 미술가에게 결정적 위기die entscheidende Krisis를 나타낸다.329

'결정적 위기.' 하지만 그것은 더 이상 단지 막달라 마리아가 애도의 역설적 쾌락jouissance에 사로잡혀 있는 문제가 아니다. 이 위기는 형태의 기억과 예술적 창조 그 자체에 관한 문제이다. '오래된 유전적 토대'의 이교도적 파토스형성을 다룰 때 그리고 아홉 뮤즈의 어머니인 므네모시네를 따르기로 했을 때 예술가는 '충동적 자아 상실'과 '형태 제작' 사이를 오고 가는 (구조적이고 구조화된) 불가피한 상황에 붙잡혔음을 깨닫는다. 모든 것이 진동하고, 모든 것이 동요하며, 모든 것이 다른 것과 함께 작용한다. 힘을 버리지 않고서 구축된 형태는 없다. 디오니소스적인 깊은 배경이 없는 아폴론적 아름다움은 없다.

마지막으로 다시 한 번 니체의 용어를 생각해보자. '기쁨에 넘치는 희열'이 '엄청난 공포'를 절대적으로 끌어안는 외줄타기의 순간, 칼날 같은 순간이 아니라면 '결정적 위기'란 도대체 무엇일까? '가장 내밀한 것'의 재부상再浮上이 '성별의 차이'와 연결되어 갑자기 '개별화 원리의 파열'로 끝나는 지점은 어디일까? "예외를 겪었기"330 때문에 지식 형태가 갑작스럽게 갈피를 못 잡게 되는 곳은 어디일까?

마지막으로 파토스의 현재와 잔존의 과거, 신체 이미지와 언어의 기표, 삶의 풍요로움과 죽음의 풍요로움, 유기체적 소비와 의례적 관습331, 우스꽝스러운 판토마임과 비극적 몸짓이 갈등하고 뒤엉키는 이 순간은 무엇인가? 징후의 순간, 예외의 순간, 신체와 사유가 방향감각을 상실하는 순간, '개별화 원리가 파열되는' 순간, 바르부르크와 동시대에 프로이트의 정신분석학으로만 사유할 수 있는 '가장 내밀한 것이 재부상하는' 순간이 아니라면 도대체 이 순간이란 무엇인가?

3

징후로서의 이미지:
움직이는 화석과 기억의 몽타주

L'image survivante. Histoire de l'art et temps des fantômes selon Aby Warburg

01

징후의 관점:
바르부르크로부터 프로이트를 향해

　　바르부르크의 시도는 힘든 만큼 겸손하고, 실현될 때는 현기증이 나는 만큼 원칙에서도 정직하다. 모든 실증주의적·도식적·이데아주의적 미술사에 맞서 그는 단지 대상의 핵심적 복잡성을 존중하기를 원했다. 그것은 기꺼이 뒤얽힘, 성층화 그리고 과잉결정에 직면하기로 결심했음을 의미했다. 아마도 그는 미술사의 모든 대상을 복잡하고 (매혹적이고 위험한) 움직이는 뱀 무더기로 여겼을 것이다.(〈그림 76〉)

　　바사리적 혈통의 연속된 가닥으로 인식되는 역사 개념을 넘어 **시간의 움직이는 실타래**를 어떻게 묘사할 것인가? 학계가 '보자르beaux-arts, fine-art[미술]'라고 부르는, 신중하게 계층화된 벽으로 둘러싸인 활동을 넘어 **이미지의 움직이는 실타래**를 어떻게 묘사할 것인가? **잔존**과 **파토스 형성**이라는 개념은 이런 질문에 응답하기 위해서 도입되었다. 그것은 르네상스의 시각문화 연구의 맥락에서 **과잉결정**이 무엇을 의미하는지, 이미지의 다면성과 조형성 그리고 사물과 상징 내에서의 강도 높은 작업이 역사학자에게 무엇을 요구하는지를 더 잘 생각하게 해주는 개념이었다. '잔존'이라는 단어로 역사학자는 역사의 시간적 과잉결정을 파악할 수 있다. '파토스형성'이라는 표현으로는 서양 문화에서 매우 친숙한, 의인화된 재현의 기표적 과잉결정을 파악할 수 있다. 두 사례 모두에서 기억(함부르크도서관의 현판에 새겨진 지고至高의 므네모시네)이 하는 특정한 유형의 작업은 이 움직이는 실타래의 실을 엉키게도 하고 풀어지게도 한다.

바르부르크가 연구한 현상의 과잉결정은 긴장과 양극성 속에서 항상 서로 작용하는 사례의 진동하는 파동(영원한 진자)(〈그림 25〉)으로 설명되는 최소 조건에 기초해 정식화될 수 있다. 움직임과 상호작용하는 각인, 위기가 따르는 잠재성, 비조형적 과정이 함께하는 조형적 과정, 기억과 함께하는 망각, 반시간성과 함께하는 반복 등이 그런 것이다. 나는 그런 구조적 파동의 역학을 '**징후**symptom'라고 부르길 제안한다.[1]

징후는 복잡한 뱀의 움직임, 풀 수 없는 뒤엉킴, 우리가 앞서 **유령** 그리고 **파토스**라는 관점으로 접근한 비종합non-synthèse을 가리킨다. 징후는 바르부르크를 따라 이미지에서 이해하려고 하는 긴장 가득한 과정의 중심을 가리킨다. 그것은 육체와 시간의 중심, 즉 시간-유령temps-famtôme과 육체-파토스corps-pathos의 중심이다. 이 경계에서 (바람에 휘날리는 닌파의 머리카락이나 옷자락처럼 거의 보이지 않는) 부족한 재현과 (라오콘의 멍든 살처럼 거의 만져지지 않는) 초과된 재현이 함께 작동한다. **잔존**의 역설적 시간성이 파악하려는 것은 바로 징후의 시간성이다. **파토스형성**의 역설적 육체성이 파악하려는 것은 바로 징후의 육체성이다. 바르부르크가 말한 **상징**의 역설적 의미가 파악하려는 것은 바로 징후의 의미이다. 여기서 징후란 프로이트적 의미, 즉 기존의 모든 의학적 징후학을 뒤집고 반박하는 의미로 이해되어야 한다.

이 제안에 따라 우리의 독해는 이제 명백히 새로운 단계로 접어든다. 타일러의 '잔존survial', 부르크하르트의 '살아 있는 잔해vital residue', 니체의 디오니소스적 '정동의 원시적 형태Die primitive Affekt-Form', 다윈의 '표현의 일반 원리general principles of expression' 등의 개념이 바르부르크의 개념에 대한 논쟁의 여지없는 **출처**source를 구성하는 반면 프로이트의 **'징후형성'**은 오히려 **해석체**interprétant를 구성한다. 내가 보기에 이 개념은 바르부르크가 채택한 시간적·신체적·기호학적 모델을 더 뚜렷하게 만들고, 심지어 발전시키고 펼쳐내는 데 도움을 줄 수 있다. 이 모델이 무엇을 목표로 하는지를 이 개념은 오래전에 잃어버린 사용가치를 회복시키는 방식으로 표현한다. 이 방식은 또한 그런 독해가 특정한 방향을 지향하고 있음을 인정하는 것이기에 논쟁의 여지가 있다(게다가 더 논쟁적인 이유는 바르부르크의 유산과 관련된 지배적인 해석 방향, 즉 신파노프스키적 방향을 의문시하거나 논박하기 때문이기도 하다).

따라서 그것은 이 해석적 방향성 안에서 불완전성이라는 바로 저 척도로 그의 '이름 없는 과학'을 향한 야망을 측정하는 문제이다. 1918~1929년까지 **잔존**의 이론적 구성은 중단되었는데, 그의 정신착란 경험 때문이라고도 말하지만 사실 **"근본개념"**[2]으로 알려진 그의 파편적·이론적 글쓰기 때문이기도 하다. 또한 이 시기는 징후적 중단interruption symptomale이라는 프로이트적 개념화, 즉 **무의식적인 반시간과 반운동**에 대한 진정한 이론을 발전시키고 있던 때이기도 하다. 아마도 빈스방거가 자신의 지적 대화 상대이기도 했던(그리고 끝까지 그렇게 남은) 환자(바르부르크)에게 이 개념을 전해주었을 것이다. 빈스방거가 부분적으로 재검토한 프로이트의 이 개념은 (시간의 메타심리학을 목표로 했다는 점에서) **잔존**과 (몸짓의 메타심리학을 목표로 했다는 점에서) **파토스형성** 개념을 더 뚜렷하게 만들고 '개방'시켰다. 이런 비교를 통해 우리는 어떻게 바르부르크가 이미지의 무의식처럼 역사의 **무의식**에 의문을 제기한 '이미지의 역사학자'였는가를 더 잘 이해할 수 있다.

이 문제를 해결하려면 그가 프로이트를 잘 몰랐다고 말하는 것만으로는 충분하지 않다. 그것이 곰브리치가 "지적 전기"3의 첫머리에서 결정적 예방책으로 주장한 방식이다. 게다가 프로이트의 개념이 "바르부르크의 체계 속에 들어가지 않았다"4고 말하는 것으로도 충분하지 않다. 그것이 뢰크Bernd Roeck가 보다 최근에 주장한 방식이다. 이론적 융합이 반드시 교리적 제휴일 필요는 없다. 특히 체계라는 형태를 고집스럽게 거부하는 사유방식에서는 더욱 그렇다. 이렇게 본다면 곰브리치 자신도 가끔씩 관찰했고5 다른 비평가들도 때때로 당혹감을 느끼면서 표현했듯이 두 사람 간에는 분명 유사점이 존재한다. 가령 자우어랜더Willibald Sauer-länder의 다음과 같은 평가처럼 말이다.

> 바르부르크는 별로 좋아하지 않았던 것 같은 프로이트와 가까워진다.6

분명 그런 당혹감은 바르부르크 자신에게는 프로이트의 정신분석학을 대면할 때의 친숙한 것과 낯선 것의 친밀한 뒤엉킴에 지나지 않는다. 친숙한 것, 즉 '가까워지는 것'은 언뜻 봐도 알 수 있다. 바르부르크와 프로이트 두 사람 모두 문화에서의 불만족, 어둠의 대륙들, 시대착오와 잔존의 영역, 그로 인한 억압 속에서 문화를 탐구했다. 그에 따라 바르부르크는 조형적 양식, 신앙, 상징이 특권적 재료인 "문화심리학"7을 계속해서 요청했던 것이다. 프로이트 역시 정신병리학 이론을 '문화의 역사' 분야로 확장시키는 것을 매우 중시했다.8 1929년에 토마스 만Thomas Mann

은 "어떤 반동적 오용에도 명백히 저항하는 현대적 비이성주의의 형태"9 라고 말하면서 바르부르크와 프로이트 작업의 공통 요소를 찾아냈다. (모호성 때문에 토마스 만의 정식은 논쟁의 여지가 있지만) '비이성주의'란 쇼펜하우어의 '의지'와 니체의 '힘에의 의지'에서부터 정신분석학의 '무의식'에 이르기까지 적절한 어휘를 찾기 위해 바르부르크가(그리고 또한 리글이) 평생동안 찾아다닌 어떤 것의 **모호하지만** 지배적인 **작업**을 이해하려는 이성적 시도일 뿐이다. 그렇다면 왜 바르부르크는 이 동시대의 빈 사람을 '별로 좋아하지 않았을까?' 왜냐하면 곰브리치에 따르면 그는 모든 단계마다 정신병리학적인 것을 성적으로 취급하는 프로이트의 방식을 "싫어하고 거부"10했기 때문이다.

정신분석학은 고수하면서도 그것을 창안한 사람은 거부하는 쉬운 방법, 물론 잘못된 해결 방법이 남아 있기는 하다. 그것은 융Carl Gustav Jung 적인 바르부르크를 만들어 내기만 하면 된다. 곰브리치에 따르면 그런 점에서 "바르부르크는 프로이트에게서 아무것도 듣고 싶지 않았지만 융의 접근이 확실히 그에게 어울리지 않는 것은 아니었다"11라고 썼다. 바르부르크와 융은 신화, 신앙 그리고 상징의 전달에 공통된 관심을 갖고 있었을까? 틀림없이 그럴 것이다(하지만 그런 관심은 다른 많은 사람과도 공유했다). 두 사람은 그런 현상을 공통적으로 원형이라는 개념을 매개로 설명했을까? 당치도 않다. 곰브리치도 바르부르크의 저술에서 (미출간 원고나 출판된 글 모두에서) 융에 대한 인용문을 단 한 줄도 찾지 못한 사실을 인정한다.12

잔존에 대한 바르부르크의 이해를 원형이라는 융의 방향으로 처음으로 몰고 간 사람은 작슬이었다.13 그 결과, 특히 1950년대 런던의 〈바르부르크연구소〉 사진집에 에라노스 연감Eranos-Jahrbücher의 기록물*을 입수해 포함시켰다. 내가 보기에 그것은 바르부르크의 유산에 대한 연구방향을 완전히 잘못 잡은 것이다. 즉 잔존 개념이 암시하는 시간 모델을 하찮게 만들 만큼 단순화시킨 것이다. 1947년에 작슬 자신이 구성한 시간 모델을 설명했을 때 바르부르크의 다중리듬Polyrhythm, 불순성, 불연속성이 이미지의 역사에서 '연속성과 변화'라는 단순한 게임으로 대체되었음이 분명해졌다. 바르부르크가 자신이 식별한 의미 속에 존재하는 틈새들의 한가운데서 (저 유명한 '동적인 전도inversions dynamiques'에서) 형태 또는 '형성'의 징후적 끈질긴 지속을 찾은 지점에서, 작슬은 '이미지의 의미 속에 존재하는 연속성'을 찾았다. 그것은 잔존을 한편으로는 원형('연속성'의 비시간적 측면)과 연결시키고 다른 한편으로는 부활('변화'의 역사적 측면)과 연결시키는 방식이었다.14

* * *

그의 '이름 없는 과학'과 정신분석학의 관련성은 다른 데 있다. 그와 관련해 직접적 자료를 찾는 것은 유용하지만 충분하지는 않다.15 공통된 **주제**에서 그런 관련성을 찾는 것(가령 그와 프로이트가 다빈치에 대해 말한 내용을 비교하는 것)은 한층 더 쓸데없는 일이다. 그보다는 **관점**의 구성이라는 근본적 수준에서 관련성을 탐색해야만 한다. 왜 이미지의 인류학은 무의식적 기억의 작업을 고려해야만 할까? 왜 특정 시점에 메타심리학

• 에라노스 학술회의Eranos Conference의 결과물이다. 1933년에 처음 개최된 이 회의는 이후 1948년에 취리히에 설립된 융 연구소 주최로 아스코나Ascona에서 분석심리학파의 연례행사로 1988년까지 매년 개최되었다. 이 회의에서는 분석심리학, 비교종교학, 민속학, 문화비평 등과 관련된 다양한 주제가 다루어졌다.

같은 것이 필요했을까? 그것은 일반적 문화학Kulturwissenschaft 그리고 특수한 미술사를 문화적 대상의 진정한 정신병리학으로 만드는 특수하고 역설적인 이론 모델(프로이트적 의미에서는 징후)을 어떻게 사용했을까? 그것이 지금 우리가 대답해야 할 질문들이다.

사실 바르부르크가 문화의 역사 문제를 **심리학** 관점에서 접근한 것은 특별하지 않다. 그것은 실증주의에 대한 인간과학의 내적 비판, 즉 현대의 정신분석학과 역사적 인류학을 낳게 될 비판을 전개하던 당시의 시대적 특징이었다. 여기서 다시 이미 1886~1887년에 걸쳐 모든 역사적 문제는 주어진 순간에 심리학적으로 제기해야 한다는 확신을 제자에게 심어준 람프레히트가 그의 스승이었음을 떠올려보자. 람프레히트는 역사 연구에서 '정신적 영역seelische Weite'이라는 개념을 창안했다. 그는 과거의 기념물을 '기억'(즉 정신적 능력)의 작업과 "징후적symptomatisch"16 가치 분석이 필요한 유물이라고 생각했다.

그와 같은 관점은 모든 분석 단계에서 제시되었으며, 가장 일반적 의미부터 가장 구체적 대상에 이르기까지 역사를 특징짓는 데 사용되었다. 짐멜이 '의식적 또는 무의식적 동기'에 관한 역사철학 전체를 확립하든, 50년 후에 블로크가 "역사적 사실은 본질적으로 심리학적 사실"17'이라고 단언하든 이 모든 경우 역사학 일반은 심리학적 관점을 구성하길 요청받는다. 더구나 우리는 미술사 그리고 이미지의 역사가 그런 관점을 실행하지 않고서는 실천될 수 없음을 이해하게 될 것이다.

따라서 바르부르크가 1889년에 수강한 야니체크Hubert Janitschek는 이탈리아 르네상스 미술에 관한 연구를 『사회심리학』에 에세이로 이미 발표했다.18 뵐플린, 베렌슨, 슈마르조프, 보링거 등 모두가 자신만의 '근본개념'을 제시하면서 '미학적 심리학'을 출발점, 즉 감정이입의 지점으로 삼았다. 따라서 바르부르크가 '정신역사학자psycho-historian'를 처음부터 자처한 것은 놀랍지 않다. 람프레히트처럼 또 **미술의지**Kunstwollen를 주장한 리글처럼 그는 이미지의 문화적 영역에서 개인을 초월한 정신적 개념이 작동하길 바랐다. 그것은 (바사리의 방식으로 영웅적이든, 미술사에서 흔한 미술가들의 정신적 전기처럼 단순히 '자기중심적'이든) 주관적 의도에 관한 소설로 축소될 수는 없지만 바로 **형태 자체**의 수준에서 작동한다고 볼 수 있는 것이다. 더구나 그것은 재현의 주변부에서는 흔했다. 즉 정신적 내용을 잘 전달하는 어린이의 그림의 순수한 그래픽적 노력 속이나 아니면 정반대로 현기증 나는 중세 장식물의 강박적 정밀함 속에서 실행되던 것이었다.[19] "움직이는 부속물"[20]에 대한 그의 관심은 정확히 형태에 관한 이런 징후 연구에서 비롯되었다.

1923년에 바르부르크는 이렇게 썼다(이 말은 그의 저술 전체에도 적용될 수 있다).

> 도서관의 목적을 다음과 같은 용어로 정의한다. 인간의 표현방식의 심리학을 연구하기 위한 문서 수집eine Urkundensammlung zur Psychologie der menschlichen Ausdruckskunde[21]

그렇다면 그가 창안한 '이름 없는 과학'이란 무엇인가? 양식, 형태, '파토스형성', 상징, 환상, 신앙, 요컨대 그가 '표현'이라는 용어로 의미하는 모든 것으로 구체화된 **정신의 역사**로 전통적 미술사(겉보기엔 **오브제의 역사**)가 활력 넘치게 변형되는 것이 아니라면 그것은 무엇일까? 그것은 '역사심리학'이 역사의 실증주의적 관점을 완전히 변화시키고 '표현'이 미술의 이데아주의적 관점을 완전히 변화시키는 변신이다.

'역사심리학?' 그것은 잔존의 시간이 **정신적 시간**이라는 의미이며, 여러 수준에서 동시에 검토되어야 하는 가설이라는 의미이다. 첫째로 잔존이라는 **모티브**는 파토스의 재현, 욕망의 역량기록, 도덕적 알레고리, 애도의 형상, 점성술적 상징 등과 같은 거대한 정신적 힘의 모티브 중 하나이다. 둘째로 잔존이라는 **영역**은 이질적 시간과 공간 속에서 이루어지는 교환의 벡터인 양식, 몸짓, 상징의 영역이다.22 셋째로 잔존이라는 **과정**은 **원시적인 것의 현재성**이 발현되는 정신적 과정과의 '공통본성connaturalité'에 기초해야만 이해될 수 있다. 여기서 그는 파토스형성의 충동적 또는 유령적, 잠재적 또는 비판적 특징에 관심을 갖고 있었다.

보티첼리론을 쓰던 바로 그 시기에(게다가 거기서는 꿈, 무의식적 욕망, 에로틱한 추격erotische Verfolgungsscene, 희생과 죽음의 모티브가 신중하지만 결정적인 길을 내고 있었다) 그가 '미술심리학'에 관한 결코 완료되지도 또 출판되지도 않을 방대한 '근본' 작업에 착수했음은 매우 의미심장하다. 1888~1905년까지 쓴 약 300페이지가량의 원고에서 '미술과 사유', '형태와 내용'의 관계, '상징 이론', '의인화'의 상태, '관념연합', '사유 이미지' 등의 위험한 질문을 정식화시키는 (체계라고는 부를 수 없는) 심리학적·철학적 용어 전체가 이미 정교하게 다듬어졌다.23 1888년에 이 작업을 시작했을 때 그는 겨우 22살이었다.

1927년의 『일반 이념들』24까지 이어지는 '미술심리학'을 발전시키려고 한 이 모든 시도에서 '표현'이라는 용어는 어디서나 등장한다. 만약 모든 역사가 심리학에 속한다면 모든 **이미지의 역사**는 필연적으로 **표현의 심리학**에 속하게 된다고 그는 주장한다. 이 정식화가 무엇을 목표로 하는지 이해하는 것은 여전히 필요하다. 내가 보기에 이 정식화는 미술적 '개성'의 관례적 영웅소설에 국한되지 않을 **정신**을 목표로 한다. 이에 따라 이 정식화는 보다 근본적이고 다면적인 정신 그리고 보다 비인격적이고 초개인적인 정신을 목표로 한다. 그것이 우리가 관습적으로 신체와 영혼, 이미지와 단어, 재현과 움직임 …… 이라고 부르던 것에 공통된 정신적 조건이다. 인류학적으로 이 조건은 모방이라는 개념 아래 다소 궁핍해진 고전적 미학의 중심을 차지한다.

* * *

그것은 **잔존**을 **정신적 시간**으로 인식해야 할 뿐만 아니라 **파토스형성**을 **정신적 몸짓**으로 이해해야 함을 의미한다. 빙은 이런 기본적 특성을 잘 알고 있었다. 그녀에 따르면 '파토스형성'을 '가시적으로 만드는 것은 외부 세계의 성질이 아니라 …… 감정적 상태이다.' 또 그녀는 방금 발을 내디딘 정신적 왕국의 늪에 얼마간 겁을 먹은 역사학자의 다음과 같은 견해로 결론 맺는다. "우리는 여기서 위험한 땅을 밟고 있다."25 그러나 잠재적 위험에도 불구하고 **파토스형성**은 신체적 몸짓의 의미론 또는 기호학의 관점이 아니라 **정신적 징후학**의 관점에서 해석해야만 한다는 것이 바르부르크의 요청이다. '파토스형성'은 수사적, 감상적 또는 개인적 모험의 단순한 줄거리로 환원될 수 없는 정신적 시간의 가시적(신체적, 몸짓적, 현재적, 조형적) 징후이다.

그러나 그의 요청을 충족시킬 이론적 패러다임을 어디서 찾아야 할까? 그것이 오랜 세월에 걸친 그의 집요한 연구 목표였다. 분명 **표현**이라는 용어로 남아 있지만 관점은 틀림없이 **징후**라는 용어에 의해 규정되었다. 왜냐하면 그에 따르면 **표현**이란 의도의 반영이 아니라 오히려 **이미지에서 억압된 것의 회귀**이기 때문이다. **잔존**이 역사에서 (양식의 발전이라는 의미에서) 반시간성의 시간으로 등장하는 이유가 바로 여기 있다. 또 **파토스형성**이 역사에서 (이미지에 의해 재현된 **이야기**storia라는 의미에서) **반효과화**의 몸짓으로 나타나는 이유도 바로 그것이다.

그러므로 '표현이다'. 하지만 그것은 징후적 표현이다. 어떤 종류의 징후인가? 무엇의 징후인가? 그리고 무엇보다 어떻게 징후가 되는가? 그는 자신이 찾으려고 하는 것이 정확히 무엇인지 알지 못한 채 맨 먼저 의학 영역을 뒤졌다. 1888년부터 자기 분야의 인식론을 넘어서고 싶다는 욕망과 '소위 교양 있는sogenannte Gebildete' 아마추어 및 감정가의 '미학적 미술사'를 끝내고 싶다는 욕망을 드러냈을 때 그의 뇌리에 떠오른 것은 의학적 은유였다.

> 미술의 과학을 특별하고 깊이 있게 연구하지 않고서 대중 앞에서 미술학 Kunstwissenschaft에 관해 이야기하는 사람이 마치 의사가 되지 않고 의학에 관해서 감히 이야기하는 사람die sich über Medizin zu reden getrauen, ohne Doctoren zu sein처럼 우스꽝스럽게 여겨지도록 젊은 세대인 우리는 미술의 과학을 발전시키려고 한다.26

나중에 그가 **인식론적 치환**의 욕망을 드러냈을 때 '미술사를 미학화하는 것'에 의해 제공되는 취향판단을 해체시키는 것 또한 인류학과 함께 의학이었다. 그에게는 **원시적인 것**의 의미를 가르쳐줄 (호피 지역 여행을 통한) 인류학, **징후**의 의미를 가르쳐줄 의학이 필요했다. 왜냐하면 전통적 미술사는 피렌체의 르네상스와 독일의 종교개혁의 맥락에서 연구된 양식적·상징적 현상을 '유기체적으로' 다시 포착하는 이미지의 인류학에게 자리를 내줄 필요가 있었기 때문이다.

그와 별개로 나는 미술사를 미학화하는 것에 대해aesthetisierende Kunst-geschichte 완전히 혐오감을 가졌다. 종교와 미술적 실천 사이에 위치하며 (그것을 나중에야 이해했다) 생물학적으로 필요한 생산물als biologisch notwendiges Produkt로는 인식되지 않는 이미지에 대한 형태적 응시가 그런 무익한 잡담을 불러일으킨 것 같았다. 1896년 여름에 베를린 여행을 다녀온 후 나는 의학 공부를 다시 하려고도 했다. 미국 여행에서 돌아온 후에 '원시' 부족의 미술과 종교 간의 유기적 관계가 내게는 너무 분명하게 보여 모든 시대에 영원한 동일성으로 남아 있는 원시적 인간의 정체성 또는 불멸성die Unzerstörbarekeit des primitiven Menschen zu allen Zeiten을 뚜렷이 볼 수 있었다. 나는 그것이 피렌체의 르네상스와 이후 독일의 종교개혁 문화의 기관임을 증명할 수 있다고 확신했다.27

사실 그는 1891년 12월부터 1892년 3월 사이에 베를린에서 의예과 학생을 위한 심리학 수업을 이미 수강했다. 따라서 이 젊은 이미지의 역사학자가 보기에 의학은 무엇보다 영혼의 의학을 의미함이 분명했다. 그의 저술에 정통한 사람 대부분이 받아들이는 이 지점에서28 그가 르네상스 문화에 대한 양식 분석 및 징후학을 확립하는데 어떤 심리학적 또는 정신병리학적 분석틀을 필요로 했을까 하는 의문이 떠오른다. 단순히 "집단적 영혼 상태의 징후"29를 분별하려는 시도라고 부르는 건 너무 모호해 보인다. 곰브리치 방식처럼 징후에 대한 질문을 헤겔적 의미의 '역사 속의 의미'를 발견하는 질문과 연결시키는 일은 더욱 명분이 없다. 또 바르부르크가 정신병리학적 패러다임을 고수하는 이유를 독창적이면서도 그만큼 모호한 진화론자 비뇰리를 인용해 설명하려는 것도 별로 의

미가 없다.30

　1918년이 되어서야 정신분열의 밑바닥에서 그는 자기의 지적 프로젝트와 정신분석학 프로젝트가 얼마나 가까운지를 인식하기 시작했다. 그의 전기적 설명에서 이 에피소드를 일부러 배제시킴으로써 곰브리치는 바르부르크 저술에서 중요한 인식론적 측면을 검열해버렸다.31 그것은 또다시 프로이트적 무의식의 악마를 (니체의 디오니소스적 악마처럼) 폐허가 된 **중부유럽**의 고대의 난간 아래 내버려 두는 문제였다. 그것은 또한 '실증적' 심리학(곰브리치가 포퍼Karl Popper 및 지각Perception과 맞바꾼 프로이트와 환영fantasme)과 결합된 강단철학 질서로의 회귀(파노프스키가 칸트 및 선험a priori과 맞바꾼 니체와 영원회귀)와 더불어 장차 앵글로색슨적 전통이 될 '바르부르크적 전통'을 제공하는 문제이기도 했다. 이 검열을 깨기 위해 우리는 이제 바르부르크에서 프로이트로 이어지는 경로를 다시 상상해야 한다.

02

괴물의 변증법 또는
모델로서의 뒤틀림

　따라서 바르부르크가 이미지 인류학의 이론적 토대로 상상한 '표현의 역사심리학'은 무엇보다 **정신병리학적인 것**이었다. 그의 이미지의 역사는 르네상스의 형태적 발명이라는 쾌락뿐만 아니라 거기서 나타나는 기억에 보존된 '죄의식'까지도 분석하려고 한다. 예술적 창조의 움직임뿐만 아니라 형태의 충만함 속에 작동하는 '자기-파괴적' 충동도 불러일으킨다. 미학적 체계의 일관성뿐만 아니라 가끔 그 아래 놓인 믿음의 '비이성적 요소'도 강조한다. 양식적 시기의 통일성뿐만 아니라 그것을 가로지르고 균열시키는 '갈등'과 '타협형성'도 탐구한다. 걸작의 아름다움과 매력뿐만 아니라 그가 '승화sublimation'라고 말한 걸작의 '고통'과 '공포'도 고려한다.
　인문주의 역사학자의 펜에서 나온 이 모든 놀라운 용어에 대해 우리는 물론 그것의 이론적 고고학을 검토해야 한다. 만약 상징이 그의 관심의 중심에 있었다면 그것은 이성적인 것과 비이성적인 것, 형태와 재료

등의 **추상적 종합**으로서가 아니라32 '문화의 비극' 속에서 임없이 작동하는 분열의 **구체적 징후**로 나타났음을 이미 우리에게 말해준다. 그가 델라르카, 도나텔로, 베르톨도 디 조반니가 만든 감정적인 막달라 마리아를 보았을 때(〈그림 22〉, 〈그림 24〉) 몸짓의 '표현'은 무엇보다 **징후적**일 때만 **상징적**인 것임이 분명해진다. 여기서 몸짓의 형성은 복음주의 역사의 **상징질서에 대한 진정한 침입**으로 드러나는 강렬함의 순간을 성녀 안에 결정화시킴으로써만 무언가를 '표현'한다. 그것은 막달라 마리아의 몸속에서 고대 마에나드의 억제되지 않은 욕망을 반복하는 **반시간**의 순간이다.33 그것은 막달라 마리아의 몸속에서 모든 상징적 내용(육체로 구현된 말씀의 희생)이 분명히 아무것도 알고 싶어 하지 않는 이교도를 기억하는 **반효과화**의 몸짓이다. 따라서 그것은 사실상 징후와 같은 것이다.

의미 모델인 **파토스형성**에서처럼 시간 모델인 **잔존**에서 그의 미술사는 가장 좋아하는 대상을 **비판적 효과**로부터 이해하길 원했다고 말할 수도 있다. (사보나롤라Savonarola가 "만취한 광란의 욕망"34이 작용해 초래되는 무례함이라고 제대로 본) 보티첼리와 폴라이올로 작품의 '에로틱한 추격'부터 도나텔로와 다른 많은 화가의 "완전히 부적절한 …… 표현의 이동성"35을 발생시키는 '모방 언어의 최상급'에 이르기까지 그리고 페라라의 스키파노이아 궁전의 15세기 프레스코화에 등장하는 아랍 점성술의 돌발적 출현부터 점성술적 믿음을 둘러싼 독일의 종교개혁의 모호한 뒷거래에 이르기까지36 매번 우리는 "각 미술가에게는 …… 결정적 위기die entscheidende Krisis를 나타내는 (과거에서 유래하든 현재에서 유래하든) 미리 각인된 표현가치의 형태적 세계에 직면해야 할 필요성"37을 얼마간 경험한다. 그런 '결정적 위기'의 춤 속에서 마침내 바르부르크는 자신이 전면적으로 겪은 징후의 진동으로 서양 문화 전체가 흔들리는 것을 보게 될 것이다.

때때로 그것은 마치 정신역사학자로서의 내 역할Ich als Psychohistoriker로서 자서전적 반성을 통해 이미지로부터 서양 문명의 정신분열증die Schizophrenie des Abendlandes을 진단하려는 것처럼 보인다. 한쪽에는 황홀경에 빠진 (조증의) 닌파가 있고 다른 한쪽에는 애도하는 (울증의) 강의 신이 있다die ekstatische Nympha [manisch] einerseits und der trauernde Flussgott [depressiv] andererseits.38

따라서 비판적 효과의 기반에는 1929년에 그가 결국 정신분열증 schizophrénie(시대에 앞선 것처럼 보이는 들뢰즈의 용어) 또는 조울증psychose maniaco-dépressive(사실상 빈스방거와 함께한 정신치료 요법과 직접 관련된 용어)이라는 정신병리학적 용어로 파악해야 할 원인의 질서가 존재한다. 1889년에 그는 '욕망과 연결되고im Zusammenhang mit dem Wunsch' 부자연스러운, "동기 없는 움직임ohne Motivierung"39에 대해 말하면서 이 원인의 질서를 언급했다. 40년 후 사망하기 전날까지 이 '정신역사학자'는 프로이트적인 무의식 개념을 나름대로 갖고 있었다. 하지만 **무의식**das Unbewusste이라는 실체적 개념이 마치 자신이 특징짓고자 한 역동성으로부터 자신을 밀어낼까 봐 두려워하듯 다시 움직이는 뱀 무더기를 뒤지길 선호했다. 그는 "괴물의 변증법Dialektik des Monstrums"40이라고 말하길 선호했다.

원인의 질서? 그것은 무시무시하고 지배적이며 이름 붙일 수 없는 **사물**과의 영원한 갈등이다. 바르부르크 말년에 어디서나 등장하는 주제 말이다. 우리 자신 속의 '괴물과의 전투Kampf mit dem Monstrum', 문화 전체의 '정신적 드라마Seelendrama', 1927년에 '원초적 인과 형태Urkausalitätsform'라고 정의한 이 신비로운 **괴물**Monstrum이라는 주제의 "복잡하고 변증법적인Complex und Dialektik"41 매듭. 그가 보기에 이 주제들은 모든 문화적 사실의 근본적이고 섬뜩한 이중성unheimliche Doppelheit이다. 이 주제들이 드러내는 논리는 그것들이 격퇴하려는 혼돈을 흘러넘치게 만든다. 이 주제들이 발명한 아름다움은 그것들이 억압하는 공포를 드러낸다. 이 주제들이 조장한 자유는 그것들이 파괴하려는 충동적 제약을 살아남게 한다.42 바르부르크는 **괴물을 넘어 별까지**Per monstra ad astra라는 격언을 되풀이하길 좋아했다('그것'이 있었던 곳에 내가 있어야 한다Wo Es war, soll Ich werden라는 유명한 프로이트의 모토는 그 변형처럼 보인다). 하지만 어쨌든 괴물의 힘을 겪어야만 한다면 그의 말을 듣는 것이 어떨까?

비판적 효과와 무의식적 원인. '괴물의 변증법'이 묘사하는 것은 다름 아닌 징후의 구조이다. 왜냐하면 무의식적 원인은 억압과 억압된 것의 회귀 둘 모두를 설명하기 때문이다. 그것은 '의식의 문턱Schwelle des Bewusstseins'을 거의 넘지 못하는 '타협의 조형적 형성plastische Ausgleichsformel'을 가장한 억압이며, '최대치의 에너지 장력höchste energetische Anspannung'으로 돌출되는 위기Krisis와 징후적symptomatisch 형상 속으로 억압된 것이 회귀하는 것이다. 바르부르크는 1907년에 이 아이디어를 그렇게 정식화시켰는데, 사세티 논문에서는 이 용어를 단 4줄로 압축시켰다.43 나중에 '괴물의 변증법'은, 뒤러가 판화로 만든 다리가 8개 달린 〈랑세호 지방의 괴물 돼지〉 또는 반가톨릭 선전물로 출판된 목판화의 합성된 끔찍한 형상 속에서 시각적 형태를 띠게 될 것이다.(〈그림 19〉)44

바르부르크가 그런 형상과 관련해 "예언적 괴물의 세계Region der wahrsagenden Monstra"45에 관해 이야기할 때 나는 '역사심리학'처럼 양면적 학문 영역이 요구하는 두 방향으로 그러한 표현을 이해할 수 있다고 생각한다. 역사적 측면에서 루터파 선전물에 등장하는 괴물은 교황의 정치적·종교적 패배에 대한 '예언'이다. 심리학적 측면에서 그러한 선전물은 합성된 신체를 지닌 **설화적**Sage 괴물의 시각적 재현을 통해 자신도 모르게 무의식적 **진실**Wahrheit을 전달한다. 그가 볼 때 그런 이미지가 최상급의 **예언적**wahrsagend 대상을 구성하는 이유는 바로 그것이다. 따라서 미술사는 유령의 역사일 뿐만 아니라 예언과 징후의 역사이기도 하다.

아무튼 파토스형성을 '괴물의 변증법'의 신체적 결정체로 이해해야만 한다. 의인화된 이미지의 **징후적 순간**moments-symptomes인 파토스형성을 그는 억압의 변증법('타협의 조형적 형성')과 억압된 것의 회귀('위기'와 '최대치의 장력')라는 관점에서 제대로 검토했다. **움직이는 이미지** image en mouvement로 설명된 것, 그가 아틀라스로 만들려고 한 것, 사실상 서양 문화의 계보를 담은 앨범은 바로 **징후적 운동**mouvements-symptomes이다.46 하지만 이 징후적 운동을 어떤 패러다임으로 이해해야 할까? 바르부르크 시대에도 '표현의 움직임'을 병리적 억압의 상태까지 면밀히 조사하려는 시도가 부족하지는 않았다. 그런 시도는 마이네르트 Theodor Meynert가 『정신의학Psychiatry』(1884년)에서 연구한 「관상학적 메커니즘」부터 카시러가 설명한 「상징적 의식의 병리학」(1929년)에까지 이르며, 그 사이에 야스퍼스가 『정신병리학 총론Allgemeine Psychopathologie』(1913년)에서 분석한 표현적 몸짓의 장애도 있었다.47

프랑스의 심리학파도 분명 바르부르크가 착수한 일에 도움을 줄 수 있었다. 가령 리보Théodule Ribot는 무의식적 기억 이론을 정식화했는데, 이 '심리학적 유전'(자신의 '능력'과 '본능'의 **잔존**) 이론에서 그는 메디치가의 피렌체 역사만큼이나 멀리 동떨어진 사례를 찾아냈다.48 즉 그는 **움**

직임의 무의식 이론 전체를 정교화시키며 표현적 몸짓에 대한 설명(파토스형성에 대한 개인적 개념)을 제시한다. 여기서 **정신**은 정신적 삶의 모든 지층에 걸쳐 '운동 잔류물'을 처리하는 "잠재적 운동 작용"49이라는 관점에서 이해된다.

* * *

그러나 무엇보다 바르부르크가 이해한 '괴물의 변증법' 모델의 가장 적절한 징후학적 모델로 보이는 것은 (19세기 말에 의기양양하게 장관을 이룬) 히스테리의 임상적 치료이다. 히스테리의 징후 속에서 위기의 표현적 **파토스형성** 그리고 환자의 움직임의 강렬함으로 회귀하는 잠재적 트라우마의 **잔존**이 결합한다(게다가 동사 nachleben의 전철 nach-는 시뮬레이션 가능성을 전달한다. 18세기 이후 정신질환 전문가들은 히스테리에 대해 이런 관점을 취했다). 이 맥락에서 핵심 인물은 샤르코로, 그는 19세기 말에 징후의 기능에 관한 명실상부한 사상가이자 히스테리라는 장관을 연출한 명실상부한 발레의 거장이었다.

그가 착안한 히스테리적 신체와 바르부르크가 착안한 **파토스형성적** 신체의 밀접한 관련성은 최근 샤데Sigrid Schade에 의해 논의되었다. 그와 공동연구자 리쉐Paul Richer가 작업한 두 저서를 〈바르부르크도서관〉에서 찾을 수 있다는 사실 외에도50 샤르코의 정신병리학은 몇몇 핵심적 측면에서 바르부르크의 **문화학**에 근접한다고 샤데는 주장한다. 이 두 학문 분야는 임상기록보관소에 대한 탐사로 제시되고 사진을 풍부하게 활용하며, 마침내 도상학적 레퍼토리 형태를 취하게 된다는 것이다.51 그 결과 바르부르크가 만든 파토스형성의 아틀라스(〈그림 44〉, 〈그림 69~71〉, 〈그림 86~87〉, 〈그림 90~91〉)는 "완전하고 규칙적인 중증 히스테리 발작"52 을 기록한 (스승의 지도로 리쉐가 만든) 유명한 개요표와 역사적 등가물처럼 보인다는 것이다.

이 두 사상가를 연결시키는 가장 큰 미덕은 바르부르크학파 전통에 존재하는 검열의 사례, 즉 "맹점"53을 극복하는 데 있다고 샤데는 말한다. 사실 미술사는 바르부르크처럼 **파토스의 병리학적**pathological 확장에 대해 별로 알고 싶어 하지 않았다. 또한 그가 "병리학적 학문 분야"54같은 것을 설립했기 때문에 미술사가 '인문학적 학문'의 지위를 얻었다고 보지도 않는다. 따라서 학제 간 연구, 도상학적 수집품, **파토스**, 감정, 사실상 디오니소스적 광기의 움직임에 몰두하는 신체의 관찰이라는 점에서 샤르코를 바르부르크의 "전임자predecessor"55라고 말할 근거가 샤데에게는 있었던 것이다. 니체가 『비극의 탄생』에서 성 비투스 축제의 춤과 라파엘로의 〈그리스도의 변용〉에 등장하는 정신 나간 소년의 모습에 대해 언급한 암시가, 샤르코와 리쉐가 쓴 『미술 속의 악마들』의 동일한 주제를 다룬 도판에서 정확한 답을 찾는다는 사실에도 주목해야 한다.56

마지막으로 바르부르크가 발견한 **닌파**의 디오니소스적 형상과 살페트리에르Salpêtrière병원에서 리쉐가 그린 히스테리 발작 중인 여성의 형상 간의 유사성에 누구나 충격을 받게 될 것이다.(〈그림 55〉, 〈그림 56〉) 그렇다면 현대적 히스테리 발작, 기독교의 신비주의, 고대 마에나드와 같이 '과거로 소급하는 의학retrospective medicine'에서 샤르코가 채택한 회고적 방법은, 바르부르크의 잔존 분석에서 역사적·미학적 정당성을 찾았다고 말할 수는 없을까? 그러나 좀 더 자세히 들여다보면 이 유사성의 근거는 함정으로 가득 차 있다. 근거는 새로운 단계마다 매번 무너져버린다.

〈그림 55〉 익명의 그리스인, 〈신-아티카 양식의 부조에 새겨진 춤추는 마에나드〉. 루브르박물관에 있는 돋을새김을 그린 그림. 바르부르크, 『푸에블로인디언 지역의 사진』, 1923년, 그림 21.

샤르코에게 모든 형상의 활용은 사실상 히스테리 징후의 본질적으로 **변화무쌍하고**, 불안정하며, 변신적인 특성(신체를 가로지르는 움직이는 뱀 무더기)을 시각적·시간적 법칙의 힘을 지닌 반듯한 **도표**라는 단순한 상태로 축소시키는 것을 목표로 삼는 인식론적 작업이었다. 최면술에 의지하든, 전기충격 실험을 하든, '도상학'을 확립하든 샤르코의 관심은 한결같았다. 바로 징후의 **차이에 숙달**되는 것이었다. 그리고 그것은 구체적으로는 오직 대가의 작품 속의 '미술적 도상'에 선행하는 파토스적 이미지 형태를 취하도록 히스테리증자를 더욱 발광시킴으로써 비로소 가능해졌

〈그림 56〉 리쉐, 주요 히스테리 발작의 전조 단계. 리쉐, 『중증 히스테리 또는 히스테리 발작에 관한 임상 연구Études cliniques sur la grande hystérie ou hystéro-épilepsie』(파리, 1881년), 5페이지.

다.57 그에 따라 실제의 몸(고통받는 몸)을 아틀라스에 수집된 형상과 같은 이미지로 만들려는 **도상학적 궤변**sophisme과 짝을 이루는 **역사적 궤변**의 개발이 가능했던 것이다. 그 결과 최종적으로 확립된 임상적 도표라는 "증거"58가 등장했다.

만약 리쉐의 히스테리증자가 바르부르크의 마에나드를 많이 닮았다면, 이유는 그가 무엇보다 고고학자가 고대 조각의 그래픽 기록을 제작하듯이 히스테리증자를 그렸기 때문일 것이다. 바르부르크에게는 그런 것이 없다. 〈므네모시네 아틀라스〉의 **몽타주**는 불연속과 차이를 존중하며 시간적 단절(가령 고고학적 기록과 동시대 사진 간의 단절)을 결코 삭제하지 않는다. 정반대로 샤르코의 **도표**는 '완전하고 규칙적인 중증 히스테리 발작'이 전개되는 과정에서 시간적 통일성을 확립하려는 연속성과 유사성을 목표로 삼는다. 그 결과 바르부르크의 '이름 없는 과학'은 샤르코가 이해한 의학적 도상학의 모든 전제를 뒤집는다. 샤르코에게 히스테리란 모든 것(마에나드 묘사부터 치료소의 살아 있는 환자까지)을 감소시켜야 하는 으뜸-기표signifiant-maître이다. 반대로 바르부르크에게 닌파란 회피하지 않고 한 화신에서 다른 화신으로 옮겨 다니며 떠다니는 기표signifiant flottant로 남아 있다.

결국 샤르코와 바르부르크의 징후학이 거의 모든 면에서 정반대임을 알아야 한다. 샤르코에게 징후란 반듯한 도표와 잘 정의된 질병분류학적 기준으로 환원될 수 있는 **임상적** 범주다. 반면 바르부르크에게 징후란 미술의 학문적 기준인 양식적 역사의 '반듯한 도표'를 폭발시키는 **비판적** 범주다. 샤르코는 언제나 징후를 (트라우마적, 신경증적 또는 심지어 독성적) **결정 요인**으로 되돌리길 원했다. 반면 바르부르크는 징후를 끊임없이 작동하고 열려 있는 **과잉결정**surdétermination의 원천으로 생각했다. 한편에는 '완전하고 규칙적인 발작'의 거의 전체주의적 **치료 계획**protocole이 존재한다. 다른 한편에는 (샤르코의 도표에서처럼) 가로세로 좌표를 고치는 데 애를 먹는 불규칙한 **뒤얽힘**, 움직이는 뱀 무더기가 존재한다.[59]

마지막 지적이 이 두 인식론적 징후 모델 간의 큰 차이를 분명하게 강조해 줄 것이다. 앞서 살펴보았듯이 바르부르크에게 매우 중요했던, 다윈의 저 유명한 '표현의 일반 원리'를 샤르코의 히스테리 징후 모델에서는 거의 찾아볼 수 없다는 것이다. 물론 **각인**empreinte은 발작에서 작동하는 트라우마적 기억을 설명해준다. 발작은 소위 **격정적**[수난적] **태도**atti-

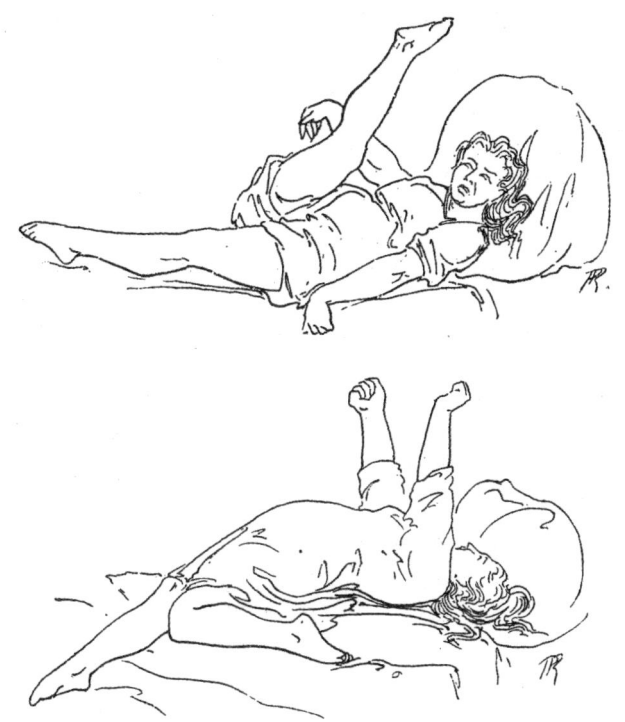

⟨그림 57~58⟩ 리쉐, 중증 히스테리 발작: 뒤틀림 또는 터무니없는 몸짓. 『중증 히스테리 또는 히스테리 발작에 관한 임상 연구』(파리, 1881년), 72~73페이지.

tudes passionnelles 또는 **조형적 포즈**poses plastiques로 알려진60 단계에 집중되어 있다. 하지만 **치환**déplacement은 어떤가? **안티테제**antithesis는? 이두 다원적 원리에서 요구하는 **조형성**이 정확히 결여된 **조형적 포즈**라는 개념을 샤르코와 리쉐가 옹호했음을 인정해야 한다. 우리는 발작의 가장 깊은 광기 속에 다시 내던져진 텅 비어 있는 것 속에서만 부정적으로 조형성을 발견할 수 있다. 즉 그것은 히스테리가 주인에게 반항하고 그러한 사건에 압도된 주인이 '부조리성illogisme'(그녀는 그냥 아무거나 한다)

〈그림 59~60〉 리쉐, 중증 히스테리 발작: 뒤틀림 또는 터무니없는 몸짓. 『중증 히스테리 또는 히스테리 발작에 관한 임상 연구』(파리, 1881년), 76~77페이지.

과 '광대짓clownisme'(그녀가 우리를 조롱한다)이라는 이중자격으로만 겨우 버티던 유명한 자기혐오 단계였다. 그것이 이른바 **뒤틀림**contortion **단계**로, 환자에게 마침내 입혀진 구속복 아래 너무 엉망이거나 숨겨진 흐릿한 움직임을 사진으로 찍는 것은 헛된 일이었기 때문에 리쉐가 그림으로 그렸던 것(〈그림 57~60〉)이다.61

약간 저속한 표현을 허락한다면 그것은 **힘든 곡예**tour de force **단계**이다. 또 샤르코 선생이 곡예사들이 그런 식으로 훈련하는 근육 운동을 상기시키면서 **광대짓**이라는 귀여운 이름을 붙여준 데도 다 이유가 있었던 셈이다. 실제로 이 단계는 두 부분으로 구성된다. 첫 번째는 **터무니없는 몸짓**attitudes illogiques 또는 **뒤틀림 단계**이고, 다음은 **큰 움직임**grands mouvements **단계**이다. 두 단계 모두 구경꾼을 놀라게 할 만큼의 유연성, 민첩성 그리고 근육의 힘을 필요로 한다. 또 생-메다르의 경련convulsionnaires de Saint-Médard* 기간 동안 그런 단계들은 자연의 도리를 넘어 오직 신의 개입으로만 설명할 수 있는 현상처럼 보였던 것이다. …… 여기서 환자는 극히 다양하고 극히 예측불가능하며 극히 희한한 자세를 취한다.62

* * *

그리고 거기에 결정적 전환점이 존재한다. 임상 도표의 경직된 모델을 넘어 움직이는 복잡성(또는 과잉결정)을 설명하고 관련된 과정의 본질적 조형성을 유지하기 위해 히스테리 징후에 대한 이해를 발전시키는 것은 프로이트 몫이 되었다. 프로이트는 어떻게 샤르코의 도상학주의를 넘어설 수 있었을까? 그 방법은 리트보Lucille Ritvo가 보여주듯이 무엇보다 다윈의 세 가지 원리, 즉 각인 원리 또는 '기억적 반복memorative repetition', 치환 원리 또는 '파생derivation' 그리고 '안티테제' 원리 또는 전도 가능성으로 되돌아가는 것이었다.63

* 생-메다르의 경련은 1727년에 파리 생-메다르 교구의 젊은 얀센주의Jasenism 신부 드 파리François de Pâris의 죽음 이후 장례식과 무덤에서 일어난 치유의 기적에 관한 이야기이다. 생전에 병을 고치는 능력을 가졌던 이 신부가 죽은 후 장례식과 무덤에 모인 사람들이 집단 경련을 일으켰고, 그 후에 병이 사라지는 기적을 경험했다는 것이다. 이 치유의 기적은 수많은 순례자를 생-메다르로 불러들였으며, 초기 기독교의 엄격한 윤리로 되돌아가려는 얀센주의와 연결되어 종파 구성 및 정치 운동으로 확대되기도 했다.

각인 개념으로 프로이트는 징후가 작동하는 무의식적 기억을 현재화시키는 방법을 이해할 수 있었다. **치환** 개념으로 형상적 복잡성과 의미 있는 변신의 지속적 게임, 즉 현상의 복잡성을 고려하는 역동적 방식을 설명할 수 있었다. 마지막으로 **안티테제** 개념으로 징후에서 무의식이 논리적 모순과 진부한 생체표현의 시간을 갖고 노는(또는 무시하는) 방법을 설명할 수 있었다. 의미심장하게도 프로이트는 샤르코가 남겨둔 정확한 지점, 즉 '터무니없는 움직임'의 텅 빈 한가운데서 징후 문제에 접근했다. 다시 말해 '괴물의 변증법'의 부정적 순간, 어쩌면 바르부르크가 표현한 파토스형성의 '최대 긴장도'의 순간에 접근했던 것이다.

정신분석의 왕도이자 완전한 의미에서의 "무의식적 형성"[64]인 히스테리 징후는 프로이트에 이르러서는 더 이상 도상학에 의지하지 않았다. 히스테리 징후는 더 이상 (재현적이든 치료 계획 형태든) '도표'가 아니었으며 (설령 트라우마에서 비롯된 것일지라도) '반영'도 아니었다. 오히려 다양한 **극성**의 **역량기록**을 서로 뒤섞거나 불규칙하게 연결시키며 때로는 뱀처럼 떼지어 몰려들게 만드는 일이었다. 히스테리 징후는 접촉과 금기, 소통과 방어, 욕망과 검열, 위기와 타협, 뒤얽힘과 풀기 등을 결합시킨다. 이 양극성의 변증법적 중심축에서 징후적 순간이 등장한다. 프로이트는 치료가 아닌 상황에서 (해석하기도 전에) 이 순간을 관찰했다(살페트리에르병원의 큰 홀 중 하나인 샤르코의 원형극장을 상상할 수도 있을 것이다).

내가 관찰한 한 사례에서 환자는 한 손으로는 입고 있는 옷을 (여성으로서) 꼭 붙잡고, 다른 한 손으로는 (남성으로서) 벗겨내려 하고 있었다. 동시에 일어나는 이 모순적 행동diese widerspruchsvolle Gleichzeitigkeit은 대개 경련에서 매우 조형적으로 형상화된 상황eine im Anfalle so plastisch dargestellte Situation을 이해할 수 없게die Unverständlichkeit 만들지만 실제로는 작동하는 무의식적 판타지를 효과적으로 감춘다Verhüllung der wirksamen unbewussten Phantasie.65

어떤 것을 어떻게 바라보아야 할지에 대한 감탄할 만한 교훈을 담고 있다.66 리쉐가 '극히 변화무쌍하고, 예측할 수 없으며, 믿을 수 없는 자세'라는 관점에서 히스테리적 뒤틀림을 말하는 곳(또한 도상학으로는 이해할 수 없는 곳)에서 프로이트는 나름대로 이 신체적 **파토스형성**, 즉 경련에서 폭발하는 몸짓적인 **혼돈의 형성**을 파악하는데 성공한 것이다. (페디다Pierre Fédida가 징후 문제를 제기하며 표현하듯)67 이 '이미지로 움직인 신체corps mû en image' 속에서, 즉 앞의 어지러운 움직임의 난장판 속에서 사실상 전형적 구조를 인식할 수 있었다. 그것은 자세히 검토해볼 만한 가치가 있다. 왜냐하면 앞의 교훈은 여기서 '괴물의 변증법'에 대한 깊은 인류학적 교훈과 결합되기 때문이다.

이 구조의 첫 번째 핵심 요소는 신체적 형태 그리고 생성되는 움직임의 **조형적 강렬함**이다. 위기를 겪고 있는 히스테리증자는 관찰자에게 시선이 사로잡히는(포획되거나 매혹되는) 동시에 거부당하는(당혹스럽게 하는) '조형적으로 형상화된 상황eine so plastisch dargestellte Situation'을 제공한다. 발작으로 형상화되는 그런 '상황'은 우선 시각적으로 너무 강렬하기 때문에 '이해할 수 없는Unverständlichkeit' 운명처럼 보인다. 따라서 십자가 발치에 흐트러진 막달라 마리아의 디오니소스적 강렬함이 바르부르크에게 뚜렷하듯, 프로이트는 해석하기는 어렵더라도 그에게는 뚜렷하고 무시할 수 없는 현상학적 소여에서 출발한다. 괴테가 〈라오콘〉의 필사적 몸짓에 관한 똑같은 관찰에서 출발했다는 사실도 떠올려보자. 이 군상의 '적극적' 강렬함은 그가 보기엔 다음과 같다.

> 우리의 이해 능력을 한없이 초과한다. 진정한 미술작품. 우리는 그것을 감상하고 느끼며, 작품은 우리에게 이야기를 건네지만 우리는 정말로 그것을 이해할 수는 없다.68

이 구조의 두 번째 핵심적 요소(그리고 그러한 상황을 '이해할 수 없게' 만드는 두 번째 동기)는 **모순적 동시성**widerspruchsvolle Gleichzeitigkeit이다. 여기서 극단적 효과화는 반효과화가 되며 강렬함은 안티테제가 된다. 즉 유기체적 작업과 위반하는 작업이 동시에 이루어진다. 무슨 일이 일어나고 있는가? 두 모순된 동작이 하나의 신체 안에서 충돌한다. 정확히 바르부르크가 니콜로 델라르카의 막달라 마리아를 보고 그랬듯이, 프로이트는 이 변증법을 '움직이는 부속물', 즉 환자의 옷에서 일어나는 일을 관찰하면서 다음과 같이 설명한다. 환자의 옷은 반쪽-남성에 의해 반쪽-여성으로부터 찢겨나가며, 반쪽-남성의 공격성에 맞서 반쪽-여성이 움켜쥐고 있다. 그 결과는 **움직이는 뒤얽힘**, 즉 뒤섞인 극성들의 '역량기록'이다. "징후는 두 모순된 욕망의 실현을 재현한다"69라고 1899년에 프로이트는 기록하고 있다. 문제의 텍스트는 **모든 무의식 형성의 이중적 구성**70의 법칙, 즉 이미지 일반 분야에서 바르부르크가 아마 거부하지 않았을 법칙의 용어로 다시 표현된다.

여기서 다윈의 안티테제 원리는 '파토스적 표현'이라는 아이디어 자체가 산산조각 나는 듯이 급진적 확장을 겪는다. 어원상 징후symptom는 의미하는 것이 아니라 떨어지는 것을 가리킨다. 징후와 함께 기호 자체가 폭발한다. 기호들은 다발로 퍼져 나갔다가 새로운 불꽃놀이가 시작되기 직전에 붕괴한다. 프로이트는 동시적 수준(동시에 여러 의미를 갖는 것) 뿐만 아니라 통시적 수준(시간의 경과에 따른 변화)에서도 과잉결정되는 징후를 설명하며 여기에 주목한다.71 요컨대 프로이트의 징후는 바르부르크가 '극단적 양극화'와 '탈극화' 그리고 거기서 산출된 '양가성' 간의 지속적 진동을 추적하면서 이해하려 했던 것을 정확히 설명해준다. 그러므로 프로이트의 징후형성에서와 마찬가지로 바르부르크의 파토스형성을 정의하는데도 갈등과 타협이라는 용어가 필요했음은 놀랍지 않다.

우리는 신경증적 징후가 리비도를 충족시키는 새로운 방법을 둘러싸고 일어나는 갈등Konflikt의 결과임을 이미 알고 있다. 떨어져 나간 두 힘Kräfte은 징후에서 다시 만나는데, 말하자면 징후형성의 타협durch den Kompromiss으로 화해하는 것이다. 그것이 징후가 그렇게나 큰 저항력so widerstandfähig을 갖는 이유이기도 하다. 징후는 양면성을 유지한다.72

이 '저항력'은 살아남을 능력, 즉 잔존 능력으로 이해될 수 있다. 따라서 파토스형성의 역사적 끈기는 언제나 가능한 타협과 '유지된' 갈등의 얽힘에 의해 메타심리학적으로 설명될 수 있을 것이다. 조반니가 조각한 막달라 마리아에서(〈그림 54〉) 고대의 마에나드는 애도와 욕망이 **갈등**과 긴장으로 보존되었지만 능숙하게 선택된 모호함 속에 뒤얽혀 있었기 때문에 그토록 잘 '잔존'하게 된 것이다. 다시 말해 도취된 이교도 무용수와 울부짖는 기독교 성인의 **타협**을 가능하게 해주었던 것이다. 프로이트에 따르면 징후는 "완전히 서로 모순된 두 가지 의미를 간직한 능숙하게 선택된 모호함"73이다. 그것은 마치 고대의 파토스형성의 잔존에 대해 바르부르크가 흥미를 가졌던 모든 것, 가령 르네상스 시대 다윗의 승리한 모습 속에서 전도되어 잔존하는 고대 교사의 필사적 몸짓(〈그림 44〉)에 대한 설명처럼 읽힌다.

따라서 징후는 안티테제와 함께 작용한다. 징후는 '이해할 수 없는 상황'을 만들어 내는데, '모순적 동시성'의 가장 복잡한 게임에 조형적 강렬함(조각상처럼 관찰자에게 모든 것이 한꺼번에 제공되는 놀라운 증거)을 부여할 수 있기 때문이다. 여기서 우리는 갈등과 타협, '반작용 형성Reaktions bildungen'과 '대체물 형성Ersatzbildungen'의 공존과 상호작용을 본다. 또 여기서 억압된 재현과 억압하는 재현은 공존하고 교환된다. 프로이트는 이미 징후에서 관찰할 수 있는 과정이 꿈에서도 존재한다고 지적했는데, 그것을 '반대 방향으로의 전도Verkehrung ins Gegenteil'라고 불렀다.

> 전도. 어떤 사물이 반대로 전환되는 것은 꿈 작업이 가장 선호하는 재현 수단 중 하나이다. …… 전도는 재현해야 할 재료에 가장 많은 왜곡을 발생시키는데 …… 꿈을 이해하려는 모든 시도를 적극적으로 무력하게 만드는 효과도 갖고 있다. …… 히스테리 발작은 종종 동일한 기술을 사용해 관객을 속이기도 한다.74

이제 프로이트가 히스테리적 뒤틀림에 관해 말한 것을 다시 떠올려 보자. 그것은 정확히 바르부르크가 잔존할 수 있는 모습의 형성에 대해 말한 것과 일치한다. 안티테제로 하는 게임, 즉 프로이트의 또 다른 표현대로 **논리적 모순에 대한 불감증**은 변형 작업과 끈기 그리고 영원회귀 능력을 동시에 보여준다. 하지만 바르부르크와 프로이트는 훨씬 더 비슷한 점이 있다. 왜냐하면 두 사람 모두 내가 이 모든 의미에서의 전도의 **형식적 중심축**이라고 부르는 것에 특별한 관심을 쏟기 때문이다.75

1908년의 논문에서 프로이트는 우리에게 현상의 복잡성(히스테리적 발작의 '이해할 수 없는 상황'을 구성하는 움직이는 뱀 무더기)을 받아들이는 방법에 대한 중요한 교훈을 제공한다. 하지만 그는 구조를 발견하려는 시도를 포기하지는 않았다. 그리고 그것을 발견했을 때 리쉐가 그랬듯이 본 것을 도식화시키거나 본 것 '뒤에 있는' 사유를 찾으면서 그것을 황폐화시키지는 않았다. 프로이트는 또 리쉐가 하려 했듯이 도상학적 세부사항을 만들려고 하지 않았다. '터무니없는 움직임'의 무질서를 감안할 때 어떤 경우에도 그건 불가능한 일이었다. 대신 프로이트는 갑자기 형식적 긴장의 선, 즉 일종의 대칭되는 움직이는 선을 감지한다. 그것은 때로는 신체를 따라 물결처럼 굽이치고 끊어지기도 하며 이완과 수축을 번갈아 하는 선이다. 이 선은 춤추거나 폭발할 수도 있지만 언제나 거기에, 지각하기 어려운 기하학적 구조의 양쪽에 분포하는 몸짓적인 혼돈의 텅 빈 중심에 놓여 있다.

'반쯤의 민감성'과 '반쯤의 마비'가 풍부한 샤르코의 치료소는 분명 그렇게 보도록 프로이트를 준비시켰을 것이다. 그러나 샤르코의 눈에 여전히 혼란을 야기하는 모든 것, 즉 상황의 '이해할 수 없고' '터무니없는' 모든 특성은, 이제 한 쪽은 남성적 판타지와 다른 쪽은 여성적 판타지를 지향하는 축을 중심으로 구성된다. 이 축은 모순되는 두 용어를 결합하는 동시에 대립시킨다. 이 축은 복잡성을 해결하지 않고 대신 공간적·리듬적으로 조직화하고 확산시킨다. 즉 그것은 모든 뒤틀림의 불규칙성을 전달하는 중심축이다(나는 중심축 자체도 동요한다고 주장한다).

따라서 움직임의 이런 대칭성은 발작에서 폭발하는 결정적 파토스를 위한 정식을 제공한다. 이 맥락에서 바르부르크가 보티첼리의 그림과 기를란다요의 프레스코화에서 작동하는 파토스의 구조를 파악하는 독특한 방법을 어떻게 떠올리지 않을 수 있을까? 사실상 모든 곳에서 그는 시각적 중심축의 구조화하는 힘을 관찰했다. 보티첼리의 그림에서 그러한 축은 '움직이는 부속물', 즉 머리카락 및 휘날리는 옷자락과 신체의 유기적 경계였다. 기를란다요의 프레스코화에서는 바닥과 지하의 건축적 경계였다. 산타트리니타성당의 경계에서는 이상하게도 메디치 가문 아이들의 계보학적 초상화가 생겨났다.76 이렇게 말해도 좋다면 그런 시각적 중심축을 따라 모든 모순과 이미지에서 작동하는 모든 갈등, 즉 파열과 조화, 공포와 아름다움, 차이와 닮음, 과거와 현재, 삶과 죽음이 함께 춤춘다. 뱀 무더기의 형태학적 법칙은 의심의 여지없이 복잡하고 과잉결정적이며 도식화가 불가능하다. 그러나 그러한 법칙은 존재하며 얼핏 드러난다. 누구도 완전히 파악할 수는 없지만 접근할 수는 있다. 이미지로 전달되는 움직이는 뒤얽힘의 바로 그 리듬 속에서 슬쩍 만질 수도 있다.

* * *

이런 '모순적 동시성'의 시각적 작업과 관련해 마지막으로 한 가지 점을 더 언급해야 한다. 즉 프로이트와 바르부르크에게 공통되는 직관은 또다시 괴테의 미학과 형태학에서 유래된다. 〈라오콘〉에서 재현된 다른 인간의 뒤틀림과 다른 뱀 무더기를 이야기하며 괴테는 이 조각작품(〈그림 29〉, 〈그림 36〉)에서 작동하는 안티테제의 중요성을 처음부터 강조했다.

…… 〈라오콘 군상〉이 지닌 다른 장점 이외에도 그것은 대칭과 다양성, 고요함과 움직임, 대비와 점진적 변화 모델을 동시에 구성한다. 이 모든 요소

는 관객들에게 부분적으로는 감각적 방식으로, 부분적으로는 정신적 방식으로 제공된다.77

〈라오콘〉에서 모든 것은 둘로 나뉘고, 서로 대립하며, 복잡하게 뒤얽혀 있다. 괴테에 따르면 이 조각품은 '단일한 작품에서 움직임과 그 원인을 한꺼번에 보여준다.' 이 작품 속에서 우리는 뱀과 싸우고 있는 '여러 가지 다른 방식으로 활성화된' 세 인물을 볼 수 있다. 더구나 "세 인물 각자는 이중적 행동eine doppelte Handlung을 표현"78하는데, 그에 따라 복잡성의 모든 수준은 형태적 조직의 모든 규모로 확장된다. 그 결과 괴테는 재현된 모티브의 선택 자체에서 파충류 신체의 뒤틀린 영향 아래 놓인 뒤틀린 인간 신체라는 전형적으로 형태학적인 장점을 찾아냈다. 그것은 **분할된 힘을 조각**하고 (광기든 고통이든 걸작 조각품이든) 뒤틀림 자체가 인류학적으로 의미하는 것, 즉 **움직임**과 **마비**가 뒤얽힌 안티테제임을 드러내는 문제였다.

선택된 대상은 상상할 수 있는 가장 유리한 것 중 하나이다. 인간은 집단적 힘이 아니라 분할된 힘으로Als ausgeteilte Kräfte 행동하는 위험한 생물들과 싸우고 있다. 그것들은 한 곳만 위협하지는 않기 때문에 한 곳에 집중된 저항은 별 효과가 없다. 실제로 뱀들은 기다란 몸으로 세 사람을 다치게 하지 않고 거의 마비시킬 수 있다. 그런 마비를 통해 움직임의 중요성에도 불구하고 이미 어떤 고요함과 통일성이 이 군상에 만연한다. 뱀들의 행동에는 점진적인 특징이 있는데, 오직 한 마리만 희생자를 휘감고 있으며 다른 뱀은 바짝 약이 올라 부상만 입히고 있는 것이다.79

분할된 힘으로 움직였고, 이중적으로 행동하며, 타협을 발생시키고 움직임과 마비 간의 긴장 상태를 유지했기 때문에 이 조각상은 분명히 바르부르크가 르네상스 문화 연구에서 파악해낸 **"수수께끼 같은 유기체** ratselhafter Organismus"80였다. 바르부르크가 엄격한 의미로 히스테리의 임상적 사례보다는 니체의 디오니소스적 영역을 더 많이 생각했음은 분명하다. 하지만 니체 자신은 모든 종류로 변신할 수 있는 '수수께끼 같은 유기체'라는 사례로 디오니소스적인 것을 정의하는데 신중을 기했다. 다시 말해 그것은 분할된 힘으로 움직이고 분할된 몸짓으로 반응하는 유기체였다. 요컨대 니체가 '몇 가지 히스테리 유형'에 관해 말했듯이 모든 역할을 동시에 수행할 줄 아는 유기체였다.

> 디오니소스적 상태에서 …… 모든 감각 체계는 흥분되고 고양된다. 그에 따라 갑자기 표현과 강화 수단을 한꺼번에 방출해 재현, 모방, 변모, 변신의 힘 그리고 무언극과 희극예술의 모든 양상을 동시에 끌어낸다. 여기서 핵심적인 특징은 (첫 제안에서 어떤 **역할을 맡는** 특정 히스테리 유형처럼) 변신의 용이성, 반응하지 않는 불가능성으로 남아 있다.81

따라서 그것이 '수수께끼 같은 유기체'이다. 프로이트가 '이해할 수 없는 상황'이라고 말한 이 수수께끼는 상당 부분 징후의 세 번째 구조적 요소인 **치환**에서 비롯된다. 프로이트는 다윈이 '연합'이라고 부른 원리를 완전히 재조명했다. 징후적 표현은 아무리 그것이 스펙터클하고 폭력적이며 즉각적으로 보이더라도 히스테리 사례에 대한 프로이트의 뛰어난 설명에서 보듯이 '작동하는 무의식적 환상을 감추는Verhüllung der wirksamen unbewussten Phantasie' 진정한 은폐dissimulation 작업에서 그것이

나오는 이유를 이해하는 데 도움이 된다.

징후는 변신하기 때문에 은폐되며, 치환되기 때문에 변신한다. 징후는 가끔 외설적일 만큼 아무것도 감추지 않고 온전히 모습을 드러내지만 형상, 즉 우회detour를 통해 모습을 드러내기도 한다.82 징후는 '억압된' 요소의 회귀를 허용하는 치환 자체이다. 바르부르크가 보티첼리의 비너스에서 중앙(그녀의 누드)부터 외곽(바람에 날리는 머릿결)까지 파토스적 강렬함의 치환을 관찰하는 곳에서83 프로이트는 도라Dora 사례에서 '하부 점막'(성교, 생식기)부터 '상부 점막'(거식증, 구강)까지 '감정의 전도 Affektverkehrung'를 수반하는 "감각의 치환Verschiebung der Empfindung"84을 관찰했다. 유기체는 이런 방식으로 '수수께끼'가 되는 것이다.

징후는 위치를 바꾸고 이동한다. 그리고 애매함의 차원으로만 상상된다. 그것이 바로 징후의 시초적 현상학, 즉 '이해할 수 없는 상황'이다. **징후는 매우 접근하기 어려운 조직**에만 (즉각적이고 강렬하게) 접근할 수 있게 해준다. 이 접근불가능성은 구조적이다. 도상해석학 사전의 어떤 추가적 '열쇠'로도 해결할 수 없다. 열어야 할 수많은 문이 있으며, 조직이 있다면 그것을 움직임과 치환의 관점에서 사유해야 함을 알려준다. 바르부르크가 보기엔 그런 '이동'이 파토스형성의 운명 전체를 구성하며, 〈므네모시네 아틀라스〉에서 움직이는 지리학 및 잔존의 역사로 재구성하려고 한 것이다.85

징후는 이동한다. 이주하고 변신한다. 비트코버Rudolf Wittkower가 스스로 바르부르크의 가르침에 충실하다고 믿으면서 "상징의 이동migration of symbols"86이라고 부른 것은 징후가 아닌가? 완전히 그렇지는 않다. 왜냐하면 징후는 접근불가능성과 침입(억압된 것, 억압된 것의 회귀)의 상태라는 특징을 갖는데, 반드시 특정한 상징에 해당되지는 않기 때문이다.

프로이트는 「상징과 징후 간의 관계」(1916년)라는 제목의 소논문에서 이에 대해 분명히 밝혔다. 통상적으로 이해하기 쉽게 만들어진 **상징**은 원래의 정체성을 잃을 정도로 이동한 순간부터는 **징후**가 되는데, 상징의 의미를 억누를 정도까지 증식해 자신의 기호적 영역의 한계를 넘어서는 순간부터 그렇게 된다. 따라서 거리에서 모자를 벗는 행위는 사회적 관습 측면에서 (예의 바르게 누군가에게 인사하는) 상징이며, (모자가 성기를 상징하는) 꿈의 민간전승에서조차 상징이다. 그런데 가령 주변의 모든 것을 감염시키는(치환은 일종의 전염병이다) 의미의 네트워크 전체를 배치하고, 강박관념이 무한한 인사라는 궤변을 발전시키는 순간부터 징후가 된다. 그렇게 되면 무엇보다도 머리 자체가 잘려 나갈 수 있는 기관이 되는 것이다.[87]

요컨대 징후는 '강력한 무의식적 환상die wirksame unbewusste Phantasie'의 힘을 넘겨받은 이해할 수 없게 된 상징이다. 이제는 조형적으로 강화되어 '모순적 동시성'과 치환할 수 있게 됨으로써 은폐도 가능해진다. 그럼 **환상은 무슨 일을 하는가**? 환상은 문자 그대로 소진시키는 영역 속으로 상징을 끌어들인다. 상징은 스스로를 풍요롭게 하고 일종의 풍부함으로 결합되지만 그런 풍요로움은 상징 자체를 소진시키기도 한다. 따라서 환상이 목표로 하는 '유혹'은 상징을 **변형**déformation 상태로, 즉 형태 없는 상태로 되돌린다. 프로이트는 환상을 표상*이 어떤 의미에서 '원재

* 영어 representation, 프랑스어 représentation, 스페인어 representación, 이탈리아어 rappresentazióne, 독일어 Vorstellung 등은 表象표상 또는 再現재현이라고 번역되는 동일한 의미의 단어이다. 일반적으로 철학적 연구 영역에서는 표상으로, 예술이나 미디어 연구 영역에서는 재현이라고 번역되는 경우가 많다. 어원상으로 representation은 re-(다시)+present(현재화)시킨다는 말의 명사형이다. '-의 앞에'라는 의미를 지닌 라틴어 prae 와 '있다, 존재한다'는 의미를 지닌 esse가 합쳐진 라틴어 praeesse가 어원이며, 무엇인가

료'로 되돌아가는 순수한 '감각적 이미지'를 향한 상징적 사고의 **퇴행**regression이라고 불렀다.

> 우리는 설명할 수 없는 현상에 이름을 붙인 것에 불과하다. 꿈에서 표상 Vorstellung이 원래 그것으로부터 파생된 감각 이미지sinnliches Bild로 되돌아갈 때 우리는 그것을 **퇴행**이라고 부른다. …… 퇴행에서 꿈-사고의 구조는 원재료로 분해된다in sein Rohmaterial aufgelöst.88

상징은 이해할 수 없게 되고, 마찬가지로 징후는 철저한 '기호 체계', '종합', "판독déchiffrement"89으로는 접근할 수 없는 것으로 드러난다. **징후는 해석을 요청할 뿐 판독을 요청하지 않는다**˚(파노프스키를 따르는 도상

˚ 를 다시 드러내거나 보여준다는 의미의 repraesentare는 이미 라틴어에 있는 단어였다. 한편 독일어 Vorstellung는 vor(앞에) stellen(세운다)는 의미의 명사형으로, 대상을 주체의 (눈) 앞에 세운다는 것을 의미한다. 따라서 단어의 어원으로 보면 presentation과 동일한 의미이며, 따라서 representation은 때로는 맥락상 presentation과 뒤섞여 사용되기도 한다. 그런데 이 단어는 사실상 어원학적 차이뿐만 아니라 원형과 복제를 구분하는 플라톤적 사유 그리고 대상과 주체를 구분하는 칸트적 사유를 바탕으로 한 복잡한 개념의 역사를 지니고 있다. 하지만 이 책에서는 단순히 원서의 représentation은 '재현'으로 옮기고, 원서의 Vorstellung은 '표상'으로 옮겼다. 이 책에서 두 단어는 거의 동일한 의미로 사용되고 있음을 밝혀둔다. 재현과 표상의 의미에 대한 더 자세한 논의는 김병선(2018년), 『이미지와 기억: 이미지 개념의 철학사』, 새물결, 30~34페이지를 참조하라.

• 해석interpretation과 판독decipherment이라는 단어의 의미 차이는 이렇다. 먼저 판독이란 텍스트에서 암호나 코드를 해독하는 것, 읽을 수 없는 것을 읽을 수 있게 하는 것을 의미하는데 비해 해석은 설명하거나 의미를 부여하는 것, 꿈, 기호, 행동, 미스터리 등의 의미를 드러낸다는 의미로 사용된다. decipher에서 어원 -cipher는 아랍어 0을 뜻하는 safar에서 비롯된 것으로 라틴어 cifra, 불어에서는 chiffre, 영어 cipher로 이어지면서 0, 아라비아 숫자, 암호 등을 뜻하는 의미로 확장되었다. 따라서 decipherment는 암호를 해독한다는 의미를 갖게 되었다. 반면 어원상 interpret은 라틴어에서 교섭자를 의미하는 interpres에서 파생된 것으로, 둘 사이를 중재해 의미를 번역하는 행위를 의미한다. 해석 또는 해석학을

해석학자들이 '상징형식'을 연구하면서 하려고 애쓰는 것이 바로 그것이다). 무엇보다 징후는 '말하는 것으로 가정된 주체의 침묵' 또는 "살chair의 모래 속에 기록된 상징"90이다. 따라서 역설적 글쓰기이다. 퇴행과 감각적 이미지는 프로이트의 **무의식적 기입**inscription inconsciente과 '기억의 흔적'이라는 (메타심리학적인) 문제제기를 막지 못했다.91 여기서 우리 모델의 네 번째 구조적 양상을 건드리게 된다. 바로 다윈의 **각인** 원리를 다시 정식화시킬 때 바르부르크가 '**기억의 흔적**'(이에 대해서는 후술할 것이다)이라고 부른 것이다. 이 용어는 징후가 잔존, 다시 말해 **기억을 가진 형성물**임을 말해준다.

아마도 그것이 우리 목적에서 가장 중요한 개념일 것이다. 〈므네모시네 아틀라스〉가 바르부르크의 이미지 인류학의 핵심을 구성한다고 말하지 않을 수 있을까? 하지만 그러한 기억에 대해서는 뭐라고 할 수 있을까? 우리시대의 라캉은 징후와 일반적 무의식 형성의 이중적 필요 요건에 대한 해답을 **의미화 사슬**chaîne signifiante이라는 개념에서 찾으려고 했다. 왜냐하면 의미화 사슬은 위장 효과effets de masque와 실제 효과effets

---

뜻하는 또 다른 단어인 hermenuetic의 그리스 어원인 동사 hermenuein과 명사 hermeneia은 '건너서 넘어감'이라는 개념이 구체화된 신 Hermes에서 비롯된 단어로, 언어와 의미들 사이를 건너서 넘어간다는 의미에서 해석이라는 의미를 갖는다. 『해석에 대하여*Peri Hermeneia*』에서 아리스토텔레스는 hermeneia를 '언어를 사용하는 여러 방식', 즉 언명 enuciation이라고 정의한다. 라틴어 translatio에서 비롯된 translation 역시 '건너서 넘어감 trans-'이라는 의미로, 이동 또는 투과의 힘을 지닌 헤르메스와 관계가 있다. 결국 **해석하다** interpret라는 행위가 꿈과 생시, 무의식과 의식, 징후와 상징 등 여러 표상들의 사이를 중재하고 의미를 교섭해 구성시키는 확정할 수 없는 역동적 행위라면 **판독하다**decipher라는 행위는 특정 암호에서 감추어져 있는(존재하지 않을 수도 있는) 원본을 찾아 드러내는 확정적이고 체계적인 행위라고 말할 수 있을 것이다. 프로이트의 '꿈의 해석'이 꿈을 판독하는 '해몽 解夢'과 다른 것처럼, 바르부르크의 징후학이 도상을 판독하는 파노프스키식의 '도상해석학' 과는 다른 지점이 바로 이 지점에 있다.

de vérité, 변형의 힘과 반복의 힘, 끊임없는 치환과 파괴할 수 없는 각인을 결합시키기 때문이다. 이 개념은 라캉에게 징후를 논의하기 위한 **행동과 몸짓**le geste and la geste**의 결합**이라는 아이디어를 제공했는데, 서사적 깊이(긴 역사)가 부여된 즉각적 육체(한순간)를 말하는 것이었다.92 그러한 몸짓이 릴케가 상상한 몸짓, 즉 '시간의 심연으로부터 솟아오르는 몸짓'은 아닐까? 잔존의 움직임인 파토스형성은 아닐까? 그러나 그러한 몸짓이 끄집어내는 기억, 생명과 움직임을 부여하는 **시간이 각인된 이미지**를 어떻게 이해할 수 있을까?

03
이미지도 무의지적 기억으로부터 고통받는다

바르부르크가 고대의 이미지와 '원시적' 파토스형성의 현대적 잔존 — 르네상스 — 안에서 작동하는 기억을 탐색한 것은 분명 정신적 과정으로서이다. 그가 제몬Richard Semon으로부터 **기억의 흔적**과 '**기억 이미지**'라는 용어를 차용했든 또는 헤링Ewald Hering으로부터 기억이 "조직화된 물질의 일반적 기능"93이라는 가설을 빌려왔든 상관없이 이 모든 것은 그가 스스로를 "일원론자monist"94라고 평가한 관점에 따라 정신적 차원이 어느 정도나 상상되어야 하는지를 말해준다. 중요한 것은 **정신과 육체(살)**를 분리시키는 것도 또 정반대로 **이미지적 실체**를 **정신적 힘**과 분리시키는 것도 아니었다.

그렇다면 이 정신적 힘이란 무엇인가? 바르부르크는 〈므네모시네 아틀라스〉의 '근본개념' 모음집에서 '이미지의 본질Bilderwesen'은 "미리 각인된 것Vorprägungen"95의 토대를 '양식으로 형성'(우리는 '전환'한다고까지 말할 수 있다)함으로써 구성된다고 주장했다. 시간적 수준에서 이 작업은 '잔존'이라고 불린다. 조형적 수준에서 그는 종종 그것을 '육체를 얻음, 육체화Verkörperung'라고 부르기도 했다. 다시 말해 고대의 역량기록이 스스로의 조형적 형식을 찾아내고, 나중에 스스로의 역사에서 조형적으로 재형성되는 방식이 그것이다.

바르부르크에 따르면 이미지의 힘(정신적이고 조형적인 힘)은 **무의식적 기억**의 불순하고, 격동된 채 퇴적된 재료에도 작용하는 것이 분명하다. 그것은 틀림없이 그의 **잔존**이 주는 가장 중요한 교훈이며, 오늘날까지도 가장 방어하기 어려운 교훈이기도 하다. 역사학자와 미술사학자는 자신의 작업과 역사에서 채택한 증거 자체가 어떤 면에서는 시간의 경과와는 무관한Zeitlos 기억, 즉 서술의 연속성과 논리적 모순 같은 것에 둔감한 기억 때문에 혼란에 빠지고 '방해받고' 있다는 생각을 선뜻 받아들이지 않는다. 하지만 바르부르크는 이 점을 매우 분명히 했다.

> 새롭게 떠오르는 사실에 대한 역사화된 인식의 결과ein Ergebnis des neueintretenden historisierenden Tatsachenbewusstseins 그리고 모든 도덕적 교리에 구속되지 않은 미술적 감정이입의 결과로 고대의 부활을 특징짓는 일은 인간 정신이 비연대기적으로 퇴적된 재료와 맺는 충동적 본능의 깊이triebhafte Verflochtenheit des menschlichen Geistes mit der achronologisch geschichteten Materie까지 내려가려 하지 않는 이상 불충분한 서술적 진화론에 머물러야 한다. 그런 몰입을 통해서만 우리는 원초적인 만취한 광란의 경험in dem orgiastischen Urerlebnis, 비극적인 디오니소스 행렬에서 비롯된 이교적 감정의 표현가치Ausdruckswerte가 새겨진 각인Prägewerk에 도달하게 되는 것이다.96

이 원초적 사건의 재현에서 디오니소스적 모델의 영원한 특징을 인식할 수 있을 것이다. 하지만 이 비극적 인물이 가리키는 것은 모든 '역사적 사실 인식'을 넘어선, 다름 아닌 '충동적 본능의 깊이'에 대한 분석적 몰입이다. 1929년에 프로이트는 여기서 니체를 이어받는다. 틀림없이 우리는 계통발생과 개체발생 간의 **진화***라는 일반적 관점에서 무의식적 기억을 탐구하는 프로이트와 바르부르크의 방법론적 유사성에 대해 많은 이야기를 할 수 있을 것이다(그리고 훨씬 더 이전에 다윈이 '잃어버린 고리'와 '표현 원리'에 관해 썼다는 사실도 떠올려보자). 하지만 내가 보기에 더 시급한 과제는 **진화 속의 방해 요소**를 탐구하는 것이다. 바르부르크와 프로이트 모두에게 그것은 징후형성으로 표현된다. 이 핵심 지점에서 사실상 프로이트는 바르부르크의 모든 직관을 풀어서 읽을 수 있게 만들었다. 바르부르크는 어떻게 파토스가 잔존의 특권적 대상이 되는지를 발견했지만 프로이트는 어떻게 파토스가 그런 징후 속에서 잔존의 특권적 생산물, 말하자면 육체화인지를 설명해준다.

프로이트적 징후 모델 덕분에 우리는 사실상 육체화의 조형성과 잔존의 시간성을 하나의 파토스형성 자체에 결합시킬 수 있다. 징후형성은

• 개체발생ontogeny은 하나의 배아가 생명체가 되기까지의 발생 과정을 지칭하는 용어이며, 계통발생phylogeny은 단세포 생물에서 다세포 생물로 발생하는 것처럼 종의 계통이 발생하는 과정을 가리키는 용어이다. 독일의 생물학자 헤켈Ernst Haeckel(1834~1919년)은 『유기체의 일반 형태Generelle Morphologie der Organismen』(1866년)에서 개체발생 과정에서 계통이 발생하는 긴 세월의 과정이 압축적으로 나타남으로써 개체의 성장은 진화의 단계를 반복한다고 처음으로 주장했다. 이 주장이 '**개체발생은 계통발생을 반복한다**'라는 발생반복설Recapitulation theory이다. 하지만 헤켈이 이 주장을 뒷받침하기 위해 『인류학 또는 인간의 발달사Anthropogenie oder Entwickelungsgeschichte des Menschen』(1874, p. 286)에서 제시한 배아 그림은 배아 단계의 그림을 의도적으로 닮게 그렸다는 사실이 이후에 드러났고, 현재 이 학설은 과학계에서 폐기되었다.

어떤 의미에서 육체를 지닌 잔존이다. 갈등과 모순된 움직임으로 동요하는 육체, 시간의 소용돌이 속에서 동요하는 육체 말이다. 즉 **갑자기 억압된 이미지가 튀어나오는 육체**이다. 바르부르크가 끈기와 돌출 그리고 망각, 지연, 억압을 배경으로 잔존의 시대착오를 관찰하면서 육체를 이해하는 방식은 분명 그러했다. 프로이트가 징후 속에서 모든 면이 그와 유사한 시간적 구조를 발견한 사실은 놀랍다.

1895년부터 프로이트는 히스테리 발작이 야기하는 이 '이해할 수 없는 상황'에서 결정적 요소를 이해했다. 샤르코에게는 위기의 유형적 전개의 '단계'일 뿐이었을 '격정적[수난적] 태도attitudes passionelles'와 '조형적 포즈poses plastiques' 너머를 바라보며 설사 모순적이거나 혼란스럽거나 비논리적이거나 형태가 없더라도 징후의 **모든 몸짓은 파토스적**이라는 사실, 즉 영향을 미친다는 사실을 프로이트는 알게 되었다. 육체에서 일어나는 모든 일이 이 순간에 **고통받는 기억**의 힘을 드러내기 때문에 모든 몸짓은 파토스적이다.

프로이트의 발명은 다윈의 각인 원리를 재해석한 것으로 인정될 수 있다. (샤르코가 방어한) 유전은 조건일 뿐이다. 원인 자체는 환자에게 작동하는 특정한 기억에 존재한다.97 발작에서 일어나는 모든 움직임은 '기억에 남겨진 효과의 반응 형태'이거나 '이 기억을 직접 표현하는 움직임' 또는 두 가지가 동시에 일어나는 것(안티테제의 원리, 모순적 동시성)이다. 어떤 경우든 프로이트는 **"히스테리증자는 주로 무의지적 기억**réminiscences **때문에 고통받는다"**98라고 단언한다. 그러한 고통을 가능한 모든 방법을 통해 표현하는 것이 환자의 '움직이는 육체의 이미지'이다.

* * *

'무의지적 기억 때문에 고통받는다'는 진술은 결정적이다. 정신분석은 실제로 그런 통찰에서 태어났다. 동시에 바르부르크는 문자 그대로 기억 때문에 고통받고 죽어가는 뒤러의 오르페우스 그림(〈그림 3〉)에서처럼 기를란다요의 프레스코화(〈그림 67〉)에서 피렌체의 님프가 무의지적 기억으로 춤추고 있음을 찾아냈다. 만약 징후 자체가 '이해할 수 없는 상징'으로 보인다면, 기본적으로 그것은 무수한 '기억 상징Erinnerungs-symbole'이 서로 뒤얽혀 있는 복잡한 네트워크의 산물로 이해되는 한에서 그러하다.

요컨대 이 모든 히스테리 징후는 기억 이미지와 결코 다른 방식으로 행동하는 것이 아니다. …… 유일한 차이점은, 히스테리 징후는 겉보기에는 자발적으로 출현하는 반면, 우리가 매우 잘 기억하듯, 우리 자신이 장면과 생각을 자극한다는 데 있다. 그러나 실제로 히스테리 징후로까지 확장되는 감정적 경험과 정신적 행동이 남겨놓은 변하지 않는 **기억의 잔재**Erinnerungsreste의 끊임없는 연속이 존재하는데, 그것이 바로 **기억의 상징**Erinnerungssymbole이다.99

이 말은 무엇을 의미할까? 프로이트가 보기에 징후는 바르부르크가 말한 이미지와 똑같은 방식으로 작동한다는 의미다. 징후는 결정체로서 또는 잔존을 표현하는 형성으로 기억의 '활발한 잔류물'로 이루어지는 끊임없이 새롭고 놀라운 앙상블이다. 또 만약 기억 이미지에 대해 말해야 한다면, 기억mémoire과 회상souvenir을 분리하는 혁명적 조건이라고 할 수 있다. 실증주의 역사학자가 그런 조건에서 맞닥뜨리게 될 어려움을 생각해보라. 어떤 경우든 징후에 대한 프로이트의 임상적 관찰은 파토스 형성이 바르부르크에게 보여주었듯이 **기억이 무의식적임**을 명확히 보여준다. 1896년에 프로이트는 플리스Wilhelm Fliess에게 "의식과 기억은 상호 배제적이다"[100]라고 쓴 편지를 보냈다. 이것은 또 하나의 결정적 진술이다. 따라서 이제부터는 (가령 바사리가 피렌체 미술의 위대한 가족 로망스를 그릴 때 우리가 그랬듯이) 개인의 회상souvenir이 때로는 체계적 기억상실, 속임수, 사실적 정확성을 넘어서는 진실의 장애물, 요컨대 스크린 기능일 뿐임을 이해해야 한다.[101] 마찬가지로 우리는 이 역설적 기억을 체계화시키는데 필요한 일이 무엇인지를 이해하고자 노력해야 한다.

애초부터 프로이트는 관련된 모든 것이 완벽하게 복잡함을 잘 알았다. 비록 당시 아버지의 죽음으로 '깊게 영향을 받고' '뿌리째 찢겼지만' 1896년 11~12월 사이에 플리스에게 징후 이론이 기억에 관한 일반 가설이 된다는 세 통의 특이한 편지를 썼다. 거기서 파괴할 수 없는 '기억의 흔적'뿐만 아니라 '성층화 과정' 및 '새로운 환경에 따라 재배열되는 물질'에 대해서도 썼다. 그것은 '억압' 문제이기도 했지만 동시에 기억의 작용으로 작동하는 "일종의 기호"[102]의 다양성 문제이기도 했다. 기억의 여신 **므네모시네**의 영역은 무의식적 정신의 핵심적·역동적 복잡성을 통해 열렸다.

그런 복잡성으로부터 우리가 이미 바르부르크의 잔존 개념에서 알게 된 적어도 두 가지 근본 특성이 나타난다. 첫 번째로 무의식적 기억은 진짜든 환상이든 잃어버린 원천의 **사후**死後**작용**으로 발생하는 징후적 순간에만 이해될 수 있다는 것이다.[103] 두 번째로 무의식적 기억은 여러 이질적 시간성과 쓰기 체계가 복잡하게 뒤얽힌 **시대착오의 매듭**으로 징후 속에서만 발생한다는 것이다.

내 이론에서 본질적으로 새로운 것은, 기억은 한 번이 아니라 몇 번이고 반복해서 존재하며, 다양한 종류의 '기호'로 구성된다는 생각이다…… **병리학적** 방어는 아직 번역되지 않고 초기 단계에 나타나는 기억의 흔적에만 국한된다. 따라서 우리는 시대착오Anachronismus의 현재에 머문다. 특정 지역에는 자치권fueros이 여전히 존재하며, 과거의 흔적은 잔존한다es kommen 'Überlebsel' zustande.104

시대착오는 아마도 여기서 나타나는 기억 개념의 핵심적 본질을 정의하게 될 것이다. 논리적 구조 수준에서는 모든 무의식 형성에서 작동하는 **과잉결정의 시간 모델**로 나타난다. 프로이트에 따르면 징후에서 '계보는 뒤얽혀' 있는데, 그것은 '시대착오의 매듭'이라고 부를 수 있는 어떤 특권적 "누빔점nodal point"105에서 다시 교차한다. 하지만 이 뒤얽힘은 **개방된 네트워크**, 즉 역사 영역의 모든 단계마다 열리는 지진 균열failles sismiques의 네트워크를 통해 더 잘 묘사될 수 있다. 이 맥락에서 프로이트는 네트워크, 나무, **상처의 숲**이라는 놀라운 이미지를 소개한다. 그것은 마치 방출되는 시대착오적 순간에 징후적 몸짓 자체가 보르헤스Borges 또는 바르부르크의 도서관 전체를, 즉 각각의 새로운 방이 새로운 고통의 기억인 도서관 전체를 구성하는 것처럼 보였다.

히스테리 반응은 과장된 듯 보일 뿐이다. 우리에겐 그렇게 보일 수밖에 없는데, 왜냐하면 우리는 그러한 반응 뒤에 숨은 동기를 거의 모르기 때문이다. …… 히스테리 반응은 결과가 원인에 비례해야 한다는 공리와 상관없이 울음, 절망적 발작, 자살 시도의 위기를 유발하는 그 자체로, 사소한 마지막

상처가 아니다. 이 조그마한 현재의 상처는 상처 이전의 훨씬 더 많고 더욱 격렬한 기억을 일깨우는데, 그 모든 것 뒤에는 환자가 결코 극복하지 못한 어린 시절의 심각한 상처에 대한 기억이 있다.[106]

이런 분석은 **복잡성**(잔존의 시간적 과잉결정)으로 **강렬함**(몸짓의 파토스적 과장)을 설명하기 때문에 우리 목적에 부합한다. 그것은 **파토스형성**의 변증법 전체의 본질을 제대로 포착하고 있다. 나중에 프로이트는 기억이 작동하는 바로 그 지점에서 회상이 사라지며, 회상이 사라지는 바로 그 지점에서 징후의 현재 속에 **몸짓**이 발생한다고 설명할 것이다.

환자는 무엇이 망각되고 억압되었는지 아무것도 기억하지 못하지만 ⋯⋯ 그는 그것을 몸짓으로 표현한다. 망각된 사실이 다시 나타나는 것은 기억의 형태가 아니라 행동의 형태 속에서이다.[107]

* * *

(바르부르크가 파토스형성의 일종으로 이미지에서 찾은) 무의지적 기억의 순간은 따라서 본질적으로 시대착오로 존재한다. 그것은 잔존이 흔들리면서 작동하는 현재이다. 그런 순간은 강렬하고 침입적이기 때문에 시대착오적이며, 복잡하고 퇴적되었기 때문에 시대착오적이다. 『히스테리 연구』의 겨우 몇 페이지에서 프로이트는 지질학적 성층화, 시간적 전도, 파장의 동심원적 확산, 굽이치는 연쇄, 장기판의 기사가 움직이는 지그재그선, 분기된 선, 누빔점 또는 핵, 외생적 신체와 '침입 요소', 차단된 흐름, 복잡한 수수께끼, 실타래들, 흐릿하거나 불완전한 흔적 ⋯⋯ 등의 모티

브를 통합할 필요가 있다고 믿었다.108

그것은 징후의 시대착오가 인과성과 역사성의 실증주의 모델을 어느 정도까지 좌절시키는지를 보여준다. 여기서 모든 것은 "원인이 소멸되면 결과도 정지한다cessante causa, cessat effectus라는 공리와는 정반대"109되는 방식으로 발생한다. 모든 일은 큰 것과 작은 것, 선행하는 것과 결과가 되는 것, 중요한 것과 사소한 것이라는 실제 위계와는 정반대로 발생한다.110 그에 따라 모든 일은 역사적 서사와 인과적 결정 및 진화의 친숙한 모델이 기대한 바와는 정반대로 발생한다.

> 나중에 발생한 모든 발달에도 불구하고 …… 유아기에 형성된 것은 아무것도 사라지지 않는다. 모든 욕망, 본능적 충동, 반응 방식, 유아의 관점 등은 어른이 되더라도 여전히 뚜렷이 존재하며 적절한 조건이 되면 언제고 다시 나타날 수 있다. 정신분석적 심리학의 주제를 제시하는 방식으로 표현하자면 그런 것은 파괴되는 것이 아니라 단지 감추어져 있을 뿐이다. 따라서 그것은 역사적historisch 과거와는 달리 파생물에 흡수되지 않는 정신적seelisch 과거의 본질적 특성이다. 그러한 특성은 실제로 동시대적이든 잠재적 방법이든 그로부터 생성된 것과 함께 유지된다. …… 유아기의 잔존물infantile Reste에 남아 있는 힘으로 질병에 대한 취약성 정도를 측정하며, 이 취약성은 발달 억제의 표현이 된다.111

여기서 우리는 문화의 '역사심리학' 프로젝트에서 바르부르크가 직면한 어려움을 이해하게 된다. 왜냐하면 거기서 **정신적 시간**은 **역사적 시간**이라는 개념 자체를 뒤집기 때문이다. 만약 기억이 무의식적이라면 어떻게 기억의 저장소를 구성할까? 그렇다면 〈바르부르크문화학도서관〉이 표준적인 역사도서관을 거의 닮지 않은 것에 놀랄 필요가 있을까? 또는 〈므네모시네 아틀라스〉의 도판이 역사적 또는 지리적 지도책의 도판과 거의 닮지 않은 것에 놀랄 필요가 있을까? 또 이젠 유명해진 라캉의 정의와 유사한 무의식적 기억에 대한 정의가 아카이브의 목록112(형상적인 것과 비형상적인 것, 상징적인 것과 본능적인 것, 언어적인 것과 비언어적인 것, 재배된 것과 전승된 것 등)을 둘러싼 전체 용어, 다시 말해 바르부르크가 정확히 도서관이라는 정신적 보물창고에 쏟아 넣으려고 찾아온 전체 용어를 조직한다는 사실에 놀랄 필요가 있을까?

04

소용돌이, 반복,
억압 및 사후성

바르부르크는 본인이 연구하는 피렌체 거장의 작품의 아름다움에 어떤 감수성도 보이지 않는다고 종종 비판받아왔다. 물론 그도 역시 보데 Wilhelm von Bode, 모렐리, 벤투리 또는 베렌슨 등의 '감정가와 귀속주의자Kenner und Attribuzler'를 "미식가 기질Temperament eines Gourmand"113에 의해 영감을 받은 '전문가 숭배자'라고 조롱하곤 했다. 하지만 그런 그가 닌파 피오렌티나Ninfa Fiorentina(피렌체의 닌파)114(〈그림 67〉)의 최고의 우아함에 예민한 반응을 보이고, 심지어 압도되어 사로잡히기까지 했음을 어찌 부정할 수 있을까? 그는 단지 차분히 감탄하는 상태로 이미지를 응시하지 않았다. (님프의 아치형 발걸음처럼) 몸짓을 인식하는 순간 이미지는 우아하게 등장한다. 하지만 앞서 살펴보았듯이 이미지는 무의지적 기억으로 고통받기도 한다. 간신히 스케치된 몸짓은 (강화되었든 아니면 이동했든, 그리고 그로 인해 불안해졌든 상관없이) '시간의 심연으로부터' 무의식적 기억을 떠오르게 한다. 그에게 시각적 감탄은 언제나 시간의 소용돌이에 관한 근본적 불안 같은 것을 끌어냈다.

따라서 이미지의 우아함은 현재 그것이 겉으로 드러내고 있는 것에 덧붙여 이중적 긴장을 불러일으킨다. 이미지가 불러내는 욕망을 통한 미래를 향한 긴장이자, 이미지가 불러들이는 잔존을 통한 과거를 향한 긴장이 그것이다. 그는 그런 이중적 리듬이 모든 강력한 이미지에서 작동하고 있음을 아마도 보았을 것이다. 가령 그는 "한쪽의 황홀경에 빠진 (조증의) 님파와 다른 쪽의 애도하는 (울증의) 강의 신"115을 대비시킨다. 〈므네모시네 아틀라스〉의 저자는 우리의 아름다운 학문인 미술사에서 강의 신과도 약간 닮았다. 왜냐하면 그는 애도의 토대 위에서 미술사의 발전과 미술사 내부의 소용돌이 모두를 관장하고 있기 때문이다. 이 소용돌이는 무엇인가? 그것은 기원의 순간, **역사 속의 시간의 소용돌이**다. 프로이트적 징후 모델은 소용돌이의 힘과 역동적이고 형성적인 필요성을 더 잘 이해할 수 있도록 해준다. 게다가 우리는 강 자체를 시간에 대한 프로이트적 메타심리학으로 관찰할 수 있다. 다시 말해 잔존의 강, **기억**mnemosyne**의 강**을 내부에서 보듯 관찰할 수 있게 된다.

영원회귀라는 니체의 이전 개념보다 반복이라는 프로이트의 후속 개념을 통해 바르부르크는 '지진계측학적'이고 '역량기록적'인 이미지의 시간 속에서 탐색하려던 것을 더 정확히 파악할 수 있었다. 〈므네모시네 아틀라스〉가 찾던 것은 사실상 '**쾌락 원리를 넘어서**'였다. 그것은 단순한 아름다움도 또 아름다움에 대한 회상도 아니며(또 서양 미술의 유년기 추억에 대한 회상은 더욱 아니며) **이미지 속에 시간을 도입**하는 방식 자체이다. 프로이트의 프로젝트는 탁월하다. 프로이트의 **메타심리학에서** 시간을 논하지 않는 장章이 단 하나라도 있을까? 충동에는 '운명'이 없을까? 재현은 '억압'의 망각을 겪지 않을까? 무의식은 '퇴행'으로 진행되지 않을까? 무의식은 '비시간성'(겉보기에 우리가 되돌아갈 것 같은 결핍의 특징)으로 이동하지 않을까? 마지막으로 죽음은 정신적으로 우리를 우울이 아니면 애도에 빠지게 하지 않을까?116

우리는 프로이트의 모든 개념에서 시간의 작동 방식에 대한 설명을 볼 수 있다. 고착* 또는 소산작용**, (징후 또는 타협 등의) 형성 또는 **작용**, 반복강박*** 또는 항상성 원리****, 억압 또는 사후성*****, 잠재기 또는 2

---

* 아래 개념을 간단히 살펴보면 다음과 같다. 고착fixation은 성적 욕구인 리비도libido의 발달 단계에서 특히 강렬한 리비도 만족 또는 불만족에 의한 집착의 형성을 의미한다. 만약 발달 과정에서 욕구의 좌절frustration이 생기면 다음 단계의 발달이 성립되었더라도 특정 단계의 고착 지점으로 퇴행이 일어날 수도 있다.
** 소산(散)작용, 해제 반응abreaction, abreagieren은 정화catharsis와 비슷한 의미로 사용되기도 한다. 즉 무의식에 쌓였던 억압된 감정을 의식 세계로 표출함으로써 정서적 안정을 얻는 과정을 말한다. 정신분석에서는 주로 자유연상법을 통해 떠오르는 생각을 숨기지 않고 표현하게 함으로써 무의식을 방출시키는 방법을 사용한다.
*** 반복강박compulsive repetition, Wiederholungszwang이란 유아기의 트라우마적 체험이 기억으로 떠오르지 않고 행동 형태로 반복해서 계속 나타나는 것을 말한다. 환자는 스스로가 불쾌한 상황에 처하더라도 고통스러운 행동을 반복하며 원인을 과거의 기억이 아니라 현재의 상황 속에서 찾기 위해 해결될 때까지 반복하기도 한다. 프로이트의 후기 저술 『쾌락원리를 넘어서』(1920년)에서는 이 반복강박을 죽음충동과도 관련지어 설명하고 있다.
**** 항상성 원리constancy principle, Konstanzprinzip는 신경증적 불안을 다루는 프로이트의 초기 저술에서는 사람의 신경계가 내부의 흥분을 줄이거나 최소한 일정하게 유지하려는 경향을 뜻하는 용어였다. 후기 저술『쾌락원리를 넘어서』에서는 좀 더 확장된 의미로 사용된다. 정신적 과정은 불쾌감을 줄이고 쾌감을 산출하려는 쾌락원리Lustprinzip를 따르는 것이 자연스럽지만 무의식이 충동을 포기하고 직접적 쾌감 대신 현실원리Realitätsprinzip를 따르게 되는 이유가 바로 모든 불쾌를 차단하려는 무의식의 항상성 원리 때문이다. 즉 항상성 원리를 따르게 되면 신경계의 자기보존본능과 관련해 불쾌를 일으킬 수 있는 모든 충동이 쾌락원리에 의해 차단될 수 있다. 따라서 억압을 통해 쾌락의 가능성을 불쾌의 원천으로 변화시킴으로써 쾌감으로 느끼지 않게 만들 수도 있다(Freud, 1920, 윤희기 역 [2004], 24페이지). 그것은 앞서 설명한 반복강박과도 관련된다.
***** 사후성, après-coup, Nachträglichkeit, afterwardness이란 강한 외부 자극에 대한 반응이 곧바로 징후로 드러나지 않고 무의식에 잠재해 있다가 나중에 우연히 어떤 유사한

차 가공*, 퇴행 또는 원초적 장면**, 스크린으로서의 기억 또는 억압된 것의 회귀 등이 그런 것이다. 이 모든 개념은 단지 무의식의 기억기술적 mnemotechnical 역량의 얽힌 가닥을 따르고만 있다. 이 점에서도 프로이트의 정신분석은 모든 교리적 구성에 대한 바르부르크의 '이름 없는 과학'과 특징적인 태도를 공유한다. 즉 한편으로 정신분석은 문헌학자의 신중함과 겸손함을 채택한다(그것은 세속적이고 유물론적인 의미로 분석적

자극을 만나 징후로 드러나는 것을 의미한다. 곧 본문에서도 자세히 설명되겠지만 프로이트는 「과학적 심리학 초고」(1895년)에서 엠마Emma의 가게공포증 사례를 통해 이 개념을 도출한다. 엠마는 혼자서 가게에 가는 것을 두려워했는데, 처음에는 13살에 옷가게에서 두 남자 점원이 그녀가 입은 옷을 쳐다보았을 때 느꼈던 이상한 감정 또는 공포가 원인으로 지적되었다. 하지만 그 공포는 더 이전인 8살 때 사탕가게 주인이 그녀에게 저지른 성추행의 기억이 잠재되어 있다가 13살의 자극을 만나 더 강한 징후로 나타난 것이라고 프로이트는 분석한다. 유년기 때의 기억이 잠재기(8~12세)를 거쳐 사춘기에 들어선 후 옷가게에서 예기치 않은 '성적 감정'을 만나면서 사춘기 때의 관점과 감정으로 과거 사건에 '사후적으로' 성적인 의미가 부여되었다는 것이다. 프로이트는 유년기의 성적 자극이라는 흔적이 잠재기를 거쳐 성욕과 성에 대한 지식을 알게 되는 사춘기에 받은 사소한 자극과 결합됨으로써 지연 작용을 일으키고 그로 인해 징후가 발생했다고 해석한다.

- 2차 가공secondary elaboration, sekundäre Bearbeitung은 꿈작업Traumarbeit에서 일어나는 무의식적 작용 중 하나로 압축과 치환, 형상화 과정을 거쳐 형성된 꿈의 이미지를 자아의 검열 활동으로 매끄럽게 만드는 과정을 말한다.
- ** 원초적 장면primal scene, Urszene이란 프로이트가 『다섯 살 배기 꼬마 한스의 공포증 분석』(1909년), 『늑대인간』(1918년) 사례를 분석할 때 언급한 용어로 환자의 공포증의 원인이 된 성적 장면을 가리킨다. 말馬에 대한 공포증을 가진 꼬마 한스의 사례와 늑대에 대한 공포증을 가진 늑대인간의 사례에서 원초적 장면은 다름 아닌 어린 시절에 목격한 부모의 성행위 장면이었다. 그런데 문제는 이 원초적 장면이 사실은 성장 과정이나 정신분석가와의 면담 과정을 통해 사후적으로 재구성된 것일 수도 있다는 것이다. 지연 작용에 대한 설명에서 언급된 것처럼 환자가 성장하면서 성에 관한 지식을 얻고 난 후 실제로는 어린 시절에 목격한 동물의 교미 장면 또는 다른 장면을 공포증의 원인이 되는 '원초적 장면'으로 재구성할 수도 있다. 이처럼 사건이 발생한 후에 의미가 만들어지는 것이 아니라 의미가 사건을 만들어 내는 것, 다시 말해 결과로부터 원인을 만드는 것을 프로이트는 사후성Nachträglichkeit이라는 개념으로 「과학적 심리학 초고」(1895년)에서 논한다. 이에 대해 잠시 후 본문에서 다시 논의될 것이다.

측면이다). 다른 한편으로 정신분석은 '근본문제'(이것은 메타심리학적 측면이다)를 일련의 대담한 이론적 과정으로 제기한다. 이 과정을 통해 결국 거대한 형이상학적 체계의 전통, 특히 칸트의 전통을 포기하게 된다.117

징후에서 프로이트가 발견한 것 그리고 잔존에서 바르부르크가 발견한 것은 바로 **시간성의 불연속적 체제**régime discontinu de la temporalité였다. 그것은 반복되는 소용돌이와 반시간성 그리고 규칙적이지 않기에 예측할 수 없으며 정신적으로는 지배적인 반복이다. 그것은 "칸트에 따른 정신적 장치의 **선험적** 조건을 대신하는"118 불연속적 체제이다. 단 하나의 사례로 **징후적 시간**에 대한 분석적 관찰과 **선험적 시간**에 대한 철학적 구성을 구별하는 차이 전체를 느낄 수 있을 것이다. 즉 뒤러가 그린 파토스적 신체에서 작동하는 잔존을 바르부르크가 풀어낸 1905년에 프로이트는 도라의 히스테리적 신체에서 작동하는 무의식적 환상을 설명했고, 후설은 『내적 시간의식의 현상학*Vorlesungen zur Phänomenologie des inneren Zeitbewusstseins*』이라는 유명한 철학 강의를 했다.

물론 나의 앞의 언급은 그런 비교가 마땅히 받아야 할 논평(어마어마한 작업일 것이다!)을 제공하려는 것을 목적으로 하고 있지는 않다. 후설과 프로이트가 각자의 연구에서 시간적 대상을 설명하기 위해 여백에 그린 도해圖解의 양식을 살펴보는 것만으로도 아마 충분할 것이다. 후설이 그린 두 개의 삼각형(〈그림 61〉)은 분명 대상의 현재적 순간과 '과거의 지평'을 연결하는 '단계들의 연속체'를 묘사하고 있다. 포함된 과정이 엄격한 '흐름'으로 정의된다는 사실은 놀랍지 않다. 후설은 이렇게 언급한다.

'흐름이라는 현상Ablaufsphänomenon'에 관해, 우리는 그것이 불가분적 통

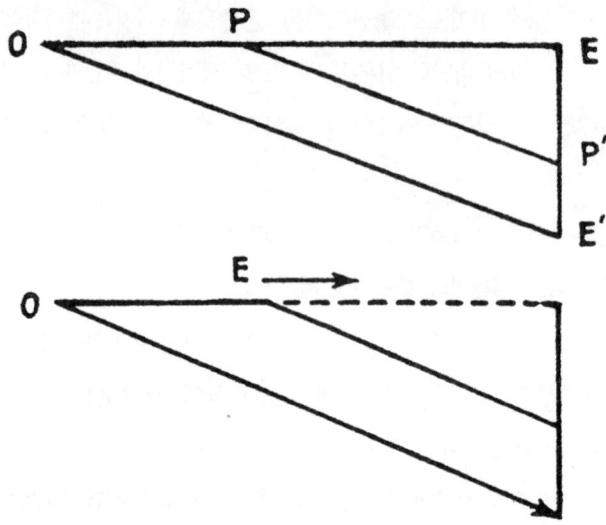

〈그림 61〉 후설, 시간의 다이어그램, 1905년. 'OE: 현재 순간의 연속. OE': 심연으로의 하강Herabsinken. EE': 단계들의 연속체(과거의 지평을 지닌 '현재' 순간). 후설, 『내적 시간의식의 현상학에 관한 강의』(마르부르크, 1928년), 그림 10.

일성untrennbare Einheit을 형성하는 끊임없는 변화의 연속성임을 알고 있다. …… 우리는 또한 그런 연속성에 대해 어떤 면에서는 형태가 불변한다고 분명히 말할 수 있다. 단계들의 연속성이 동일한 단계의 양상을 두 번 포함하거나 모든 부분적 확장에 걸쳐 포함된다고는 상상할 수 없다. …… 도표에서 [O에서 E로 가는] 연속선은 지속되는 대상이 흘러가는 양상을 보여준다.119

1897년에 그려진 프로이트의 세 가지 삼각형(〈그림 62〉)은 훨씬 더 표현주의적이고 훨씬 더 골치 아프다. 팽팽히 당겨지고, 기울어지고, 서로 뒤얽히고, 서로 관계하면서 다른 층에 놓이고, 게다가 일곱 개의 끊어

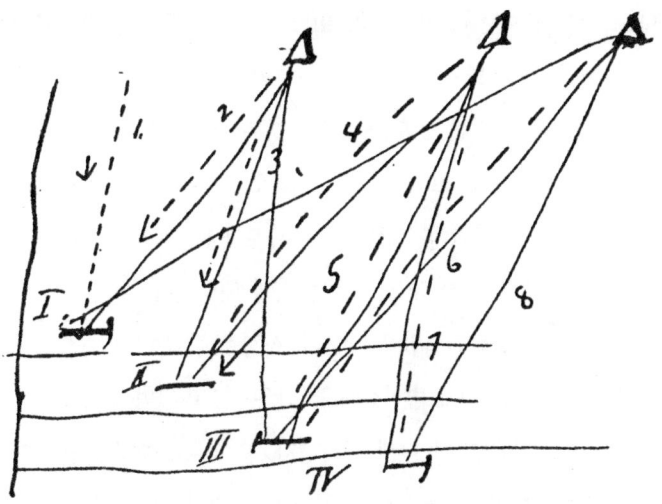

〈그림 62〉 프로이트, 징후와 '작업'의 다이어그램. '수고 M', 1897년 5월 25일자 편지에 동봉된 원고, 프로이트와 플리스, 『정신 분석의 탄생: 1887~1902년까지 플리스와 주고받은 편지, 에세이 및 노트Aus den Anfängen der Psychoanalyse』(프랑크푸르트, 피셔, 1962년), 177페이지.

진 선이 함께 그려져 있다. 프로이트는 거기에 이런 언급을 덧붙인다.

히스테리의 구조. 그것은 아마도 다음과 같을 것이다. 일부 장면은 직접 접근할 수 있지만 다른 장면은 겹쳐진 환상을 통해서만 접근할 수 있다. 이 장면은 늘어나는 저항에 따라 정렬된다. 덜 억압된 장면이 먼저 나타나지만 더 많이 억압된 장면과 관련되기 때문에 불완전한 방식으로 나타난다. 분석 작업은 일련의 하강, …… **징후**를 따라 수행된다. 우리 작업은 점점 더 깊이 침투하는 것이다[그림 참조].120

따라서 후설이 시간을 연속적 변화, **즉 흐름**écoulement으로 표현한 반면 프로이트는 징후에서 현재라는 시간 블록의 다양한 **붕괴**écroulement를 보았다. 그러한 붕괴는 (도식에 'I, II, III, IV ······'로 표기된) 기억 수준의 다양성 자체가 균열 또는 반대로 모든 류의 막힘에 취약함을 드러낸다.121 선, 움직임, 연결선, 방향, 이 모든 것은 간격으로, 틈새로, 지형의 미끄러짐으로 찢겨진다. 그 결과는 시대착오, 현실과 동떨어짐déphasages, 잠재, 지연, 사후성인데, 그것이 프로이트가 1897년의 도해 바로 옆에 썼던 단어, 작업Arbeit이라고 부르는 것에 해당한다.

시간은 단순히 흘러가지만은 않는다. 시간은 작업한다. 스스로 구성하고 붕괴한다. 바스러지고 변신한다. 시간은 미끄러지며 추락하고 다시 태어난다. 스스로 묻혔다가 다시 나타난다. 분해되고 재구성된다. 이곳 또는 저곳에서, 긴장 또는 잠재로, 양극성 또는 양가성으로, 음악적 시간 또는 반시간으로······. 이것은 〈므네모시네 아틀라스〉가 정신분석학자와 역사학자 둘 모두에게 무엇보다 **다중적 리듬**이라는 문제를 제기한다고 말하는 방식이다. 그것은 노래의 운율(내가 의미하는 것은 탄식의 말이다) 속에서 들리는 리듬이자 징후의 춤에서 발견되는 리듬이다. 프로이트가 언급한 '작업'은 사실 그의 그림에서 세 개의 연속된 '관점'(따라서 **응시의 발견법**heuristique du regard)의 광학적 앵글을 구성하는 것처럼 보인다. 그것은 마치 눈이 무의식의 시간성 속에 훨씬 "더 깊이 침투"122할 수 있는 것과 같다.

* * *

하지만 우리가 알고 있듯이 프로이트 자신은 무의식을 **무시간적**zeitlos이라는 유명한 용어로 한정시켰고, 그에 따라 무의식은 '시간을 초월한intemporel' 것처럼 보일 수 있다. 무시간적이라는 말은 정확히 무엇을 의미할까? 이 용어를 역사의 영역으로부터 정신분석의 모든 것을 철회하는 근거로 삼아야 할까?123 분명 그렇지 않다. 사실상 프로이트는 무의식의 **무시간성**Zeitloskeit을 시간적 흐름 자체의 변증법적 조건(풍부한 부정성)으로 상정했다. 왜냐하면 생성의 강 밑에는 강바닥, 즉 **다른 흐름의 다른 시간**이 놓여 있기 때문이다. 그 속에는 산에서 떨어져나온 덩어리, 깨진 돌, 퇴적물, 지질학적 각인 그리고 강 위의 것과는 전혀 다른 리듬으로 움직이는 모래가 있다. 따라서 강바닥의 협곡(통로든 장애물이든)을 통해 흐르는 강의 **연대기** 아래에는 강의 **시간적** 조건, 즉 표면에서는 보이지 않는 소용돌이 구역 그리고 불쑥 갈라지거나 갑자기 회전하는 흐름의 **시대착오**를 결정하는 우연한 요소가 존재한다(그곳은 익사할 위험이 있는 구역이다. 거기에 강의 위험, 강의 징후가 존재한다).

'**무시간적**'이라는 프로이트의 개념은 니체의 '**반시대적**unzeitgemäß' 이라는 개념과 같다. 무시간적이라는 것을 무의식의 결여를 지시하는 결핍의 조건으로 이해해서는 안 되며, 정반대로 작업의 조건, 풍부함의 조건, 복잡성의 조건으로 이해해야만 한다. 처음에 프로이트는 겸손한 만큼의 확신을 갖고 그것을 **억압된 기억의 불변성**이라는 용어로 표현했다.

시간이 흘러도 억압된 것은 불변die Unveränderlichkeit des Verdrängten durch die Zeit한다는, 의심의 여지없는 개념을 이론적으로 거의 활용하지 못했다는 인상을 나는 거듭해서 받는다. 그것은 극히 깊은 발견에 접근할 수 있도록 해줄 것 같다. 불행히도 나는 이 분야에서 아무 진전도 하지 못했다.124

하지만 기억의 불변성, 기억의 **시간적** 특징은 부동성을 의미하지는 않는다. 그와는 정반대이다. 불변성은 리듬을 갖고 있다. 그것은 바르부르크가 문화에 잔존하는 형태의 출현에서 감지한 것이며, 프로이트가 **반복**이라는 메타심리학적 개념을 이용해 나름대로 묘사하려고 한 것이다. 모든 것을 고려해볼 때 바르부르크의 **잔존**이 이미지의 운명을 나타내듯 프로이트의 **반복강박**Wiederholungszwang은 충동의 운명을 나타낸다고 말할 수 있을 것 같다.

이 관계를 다룬 고고학에서 적어도 두 개의 참고문헌을 고려해야만 한다. 첫 번째는 또다시 니체의 영원회귀이다. 바르부르크의 시간 모델을 정교하게 다듬는데 결정적인 요소는 프로이트의 반복 개념과도 연결될 수 있다. 그것은 들뢰즈가 『차이와 반복』에서 제안한 독해 방식인데, 그는 다음과 같은 개념을 제시한다. 무의식의 본질적 이동성, 시대착오적인 '순수 과거의 파편'만큼 많은 '잠재적 대상'의 탁월함, 충동의 운명에서 에로스, 타나토스, 므네모시네의 결합된 운동, "반복을 치환과 위장déguisement으로 간주하는"125 파토스와 유사pseudos의 불가피한 뒤얽힘 그리고 마지막으로 반복 자체의 차이화 상태(그에 따라 불안하고 항상 움직이는 상태).

> 반복은 현실적 계열들의 항과 관계에 영향을 미치는 **위장**과 더불어 위장들 안에서만 구성된다. 그렇지만 그것은 반복이 잠재적 대상에 의존하기 때문이다. 그때 잠재적 대상은 무엇보다 **치환**을 고유한 속성으로 하는 내재적 심급immanent instance에 해당한다. …… 그리고 결국 마지막에 가서는 오로지 친숙한 낯섦, 반복되는 차이만 존재하게 되는 것이다.126

따라서 차이는 오직 무의식적 기억 속에서 **반복되는 차이**la différence se repète일 뿐이다. 또한 역사적 생성의 연속된 흐름을 (징후 또는 잔존에서) 방해하더라도 그것은 **차이나는 반복**la repetition différée이라는 의미이다. 기를란다요의 〈닌파〉(〈그림 67〉)는 프레스코화에 묘사된 이야기에서 **차이**를 잘 소개하고 있다. 이 젊은 여신은 세례자 요한의 탄생을 이야기하는 장면에서 정확히 무엇을 하고 있을까? 그녀는 이 장면에 등장하는 다른 모든 인물의 회화적 처리와 관련된 양식적 역사에서조차 그런 차이를 소개하고 있지 않은가? 이제 우리는 바르부르크가 바로 그러한 차이 자체를 **반복**의 발생으로 이해했음을 알게 된다. 그것은 다름 아닌 잔존으로, 피렌체 르네상스의 교회 벽에 그려진 승리의 여신 빅토리아가 그리스-로마의 모티브로 예기치 않게 회귀하는 것이다.127

반복 개념에 대한 철학적 접근이 필요하지만 바르부르크 그리고 프로이트 자신에게서는 그것 자체만으로는 불충분하다. 언뜻 보기엔 이상해 보이겠지만 **반복의 인류학은** 니체의 관점을 다윈의 관점 및 저 유명한 감정표현의 '일반 원리'와 연결시키길 요구한다. 반복은 여전히 **각인** 문제임이 밝혀진다. 무의식 형성의 각인 아래 프로이트는 다음과 같이 썼다.

환자는 자신 안에 억압된 것 전부를 기억할 수 없으며, 어쩌면 기억할 수 없는 것이 정확히 본질적 부분일지도 모른다. …… 그는 억압된 것을 과거의 파편으로 회상하지 않고 현재적 경험으로 반복해야만 한다.128

요약하자면 우리가 기억하지 못하는 것, 즉 억압된 것은 마치 동일한 각인 과정에 부딪힌 것처럼 하나의 징후로 경험 속에서 반복된다(여기서 선호하는 기술 모델에 따라 주형, 클리셰 또는 활판인쇄 등을 떠올릴 수도 있다). 무의식적 기억의 마법의 서판에 쓰인 '기억의 흔적'과 그것의 '길트기Frayage[Bahnung]', '유아기의 잔여물résidus infantiles'과 그것의 '기입inscription', 이 모든 것을 이제 무의식적 기억의 특정 모델로 한데 모을 수 있을 것이다.129 이 과정에서 발생과 분기는 에너지(역량기록) 전달이든 기표(상징) 전달이든 매우 복잡한 과정을 따른다.(〈그림 63〉, 〈그림 64〉)130 이 무렵 정신적 전달의 새로운 개념이 등장했는데, 그것은 **물질적이자 유령적인** 개념이었다. 1900년에 "[존경하는 인물을 기념해 지은 자기 아이들] 이름이 아이들을 **망령**으로 만든다"131고 썼을 때 프로이트는 혈통의 오랜 역사에서 기표의 물질성과 영원회귀의 유령적 특성 모두를 정의하고 있었다. 이미지의 역사에 대한 바르부르크의 요구를 이 이중적 기준보다 더 잘 표현할 수는 없다.

* * *

물질적이자 유령적이라고? 이 두 기준을 동시에 사용하는 학문이 하나 있다. 바로 고고학이다. **기록보관소**Archivio의 문서를 철저히 독해함으로써 외양과 기능을 재구성하기 위해 **파괴된** 대상(피렌체의 봉헌 초상화들)이라는 관점에서 기를란다요의 **남겨진** 프레스코화 전부를 분석할 때 그는 역사학자이자 고고학자로 작업하고 있었다.132 자신의 해석 '작업' 을 '더 깊이 침투'하는 과정이라고 말했을 때 또는 징후 속에 존재하는 그토록 많은 기억의 '침전물'로서의 "정동의 상태états d'affect"133를 말할 때 프로이트 역시 기억의 고고학자로 행동하고 있는 것이다. 두 경우 모두 **부재하는 것을 보는 눈**으로 **현존하는 것**(우아함을 주는 이미지 또는 불안함을 주는 징후)**을 보는** 문제라고 말할 수 있다. 그럼에도 불구하고 부재하는 것은 마치 유령처럼 현존하는 것의 계보와 형태 자체를 결정한다. 두 경우 모두에서 이 계보는 회귀라는 사건의 유령적 시간성과 파괴된

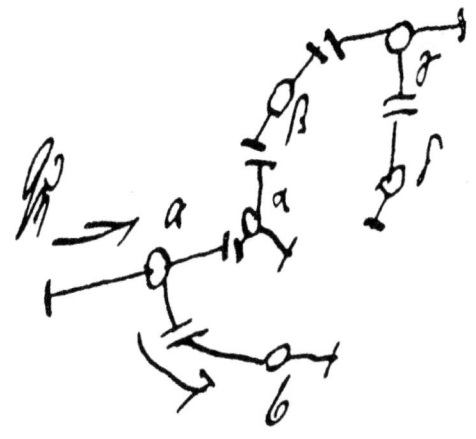

〈그림 63〉 프로이트, 반복, 억제 및 경로의 다이어그램, 1895년.
『과학적 심리학 초고』, 프로이트와 플리스, 앞의 책, 331페이지.

잔재의 **물질적** 공간성 속에서 파악된다.

고고학적 모델은 평생 프로이트를 사로잡았다.134 시간에 대한 그의 사유, 즉 진화에서의 역설과 혼란에 대한 사유는 가령 그가 **단계**stades나 **정지**stases 문제를 **지층**strates, 즉 물질적 깊이 문제와 연결시킬 때 가끔씩 도움을 받았다. 1896년부터 '히스테리로 고통받는' 기억으로 더 깊이 침투하려고 했을 때 폐허의 들판 한가운데 서 있는 자신을 상상하며 '잔해를 치우고 눈에 보이는 유적을 바탕으로 거기 묻혀있는 것을 발굴하려고 했다.' 이 유명한 페이지는 다음과 같은 예언적 인용으로 끝맺는다. **돌이 소리친다**saxa loquuntur.135 40년이 지나도 이 예언은 계속 모델로서의 힘을 발휘했다.

정신분석가는 검토 중인 어떤 자료도 체험하거나 억압하지 않는다. 그의 과

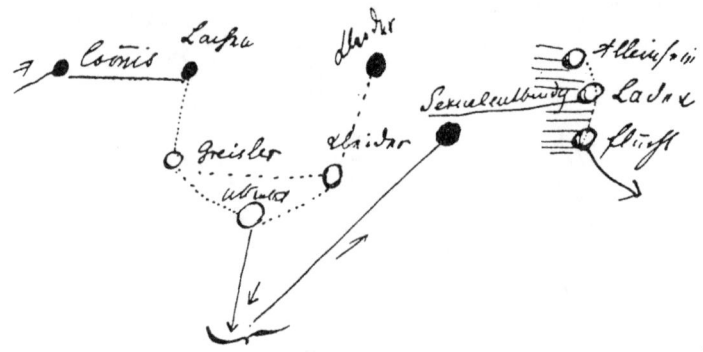

〈그림 64〉 프로이트, 억압과 기억하기의 다이어그램(검은 점은 환자가 기억하는 인식을 나타낸다), 1895년. 「과학적 심리학 초고」, 프로이트와 플리스, 앞의 책, 335페이지(검은 점 옆의 글자는 왼쪽부터 차례로 점원, 웃음, 옷, 성적 방출; 아래쪽 흰점 3개는 왼쪽부터 상점주인, 성폭행, 옷; 성적 방출에서 연결된 맨 오른쪽 흰점은 위에서부터 혼자 있기, 상점, 도망)

제는 무언가를 기억하는 것이어서는 안 된다. 그렇다면 그의 과제는 무엇인가? 그것은 남겨진 흔적에서 망각된 것을 찾아내는 일, 보다 정확하게는 구성하는 일이다. …… 그의 건설 작업 또는 이렇게 말해도 좋다면 복원 작업은 고고학자가 파괴되어 묻혀 있는 주거지나 고대의 건축물을 발굴하는 일과 상당히 유사하다. 이 두 과정은 정신분석가가 더 나은 조건에서 작업을 수행하며 더 많은 보조 자료를 갖고 있음을 제외하면 사실상 동일하다. 정신분석가가 다루는 것은 파괴된 것이 아니라 아직 살아 있는 것이기 때문이다. …… 두 과정 모두 잔존하는 나머지를 보완하고 결합하는 방법으로 복원할 수 있는 분명한 권리를 갖는다. 두 과정 모두 많은 어려움과 잘못된 자료가 있는 것은 동일하다.136

바르부르크는 아마 한 가지 핵심적인 점을 제외하면 이런 종류의 생각에 동의했을 것이다. **정신적 기억**과 **물질적 기억** 간의 대립, 다시 말해

'여전히 살아 있는 무언가'의 영향 그리고 파괴할 수 있는 대상 간의 대립은 문화의 '정신역사학자'가 보기에는 좀 사소해 보였을지도 모른다. 그에게서 고고학적 대상의 유령적 측면을 제외시키는 일은 정신적으로 유도된 기억의 순간의 물질적 측면을 제외시키는 것만큼이나 잘못된 일이었다. 이미지의 역사는 저승에서 돌아온 망자들, 즉 잔존들로 가득 차 있다. 왜냐하면 부르크하르트, 타일러, 니체와 마찬가지로 바르부르크가 보기에 문화는 '살아 있는' 사물이기 때문이다. 유령은 절대 죽은 것에 대해 불안해하지 않는다. 그리고 잔존은 문화가 속한 살아 있는 것에만 영향을 미친다. 만약 파괴된 고대의 모델(누군가 말했듯이 그리스의 '원형들')이 서양 문화에서 긴 시간에 걸쳐 출몰하지 않았다면 그것의 전승(가령 로마 시대의 '복제품')이 '생명' 또는 '잔존'의 네트워크 같은 것을 만들었기 때문이다. 나는 상징, 이미지, 기념물에 영향을 미치는 유기체적 현상, 즉 복제, 발생, 분기, 이동, 순환, 교환, 확산 …… 등으로 나타나는 현상을 말하고 있다.

따라서 프로이트가 반복적으로 "완전히 파괴될 수 없다"[137]고 주장한 '정신적 형성물' 같은 이미지가 존재한다. 정신분석에 고고학적 모델을 적용하는 데 한계가 있다면 이유는 무엇보다 고고학 자체가 사유하는 방식 때문이다. 가령 고고학자가 물질적 대상만 다루거나 (의기양양하고 순진하게 회화의 '원래 색을 복원했다'고 말하는 복원 전문가들처럼) 과거의 대상을 이전 상태로 복원할 수 있다고 상상하기 때문이다. 과거의 대상을 발굴하는 일은 현재와 과거 자체를 모두 변화시키는 일이다. 문화에서는 정신에서와 마찬가지로 완전한 파괴도 또 완전한 복원도 있을 수 없다. 그것이 역사학자가 징후, 반복, 잔존에 주목하는 이유이다. 각인은 절대로 완전히 지워지지 않는다. 하지만 어떤 것도 동일하게 주어지지도 않는다. 무의식적 기억이 없는 다윈의 각인 원리는 끈질긴 만큼이나 불확실한 원리로 밝혀진다.

마찬가지로 끈질기지만 확실하게 확립하기 어려운 것이 **안티테제**의 원리이다. 우리는 〈라오콘〉에 대한 괴테의 설명에서, 다윈의 표현 이론에서, 바르부르크의 **파토스형성**의 운명에서 그리고 프로이트가 관찰한 히스테리에 빠진 육체를 뒤흔드는 '모순적 동시성'에서 작동하는 안티테제의 원리를 보았다. 시간적 뒤섞임으로 표현되기 때문에 우리는 정신적 차원에서 이 원리를 탐구해야 한다. 이제 프로이트의 임상학과 메타심리학에서 가르치는 모든 것은 뚜렷한 '모순적 동시성'의 역설로 요약될 수 있을 것이다. **시간이 나타나는 것은 반시간 속에서이다.** 므네모시네가 베를 짜는 시간은 언제나 클레이오Clio*가 베를 짜는 반시간을 구성한다. 달리 말해 역사의 바탕이 되는 시간은 언제나 누빔점**으로, 생성의 천에서 함몰된 부분이자 구조의 필수적 '전달자'로 등장한다.

프로이트에 따르면 이 역설의 기술적 구성은 억압Verdrängung과 억압된 것의 회귀Wiederkehr ou Rückkehr des Verdrängten의 변증법으로 끝나게 된다. 이 변증법(프로이트가 그것의 모델을 어느 정도 다양화시켰음을 지적

• 클레이오Clio, Kleio는 역사의 뮤즈muse, Mousa로, 므네모시네의 아홉 딸 중 한 명이다. 명성 또는 서술자라는 의미를 지닌다. 양피지 두루마리 또는 긴 나팔을 들고 있는 모습으로 묘사된다.

•• 누빔점quilting point, point de capiton 혹은 봉합 지점이란, 봉제할 때 단추를 달거나 두 개의 천을 붙여 누비는 지점이라는 의미를 가진 라캉의 용어이다. 그것은 기표-기의의 결합 관계가 연쇄되는 의미화 사슬에서 기표가 기의에 일시적이나마 결합되는 지점을 말한다. 라캉에 따르면 정상적 주체에게는 일련의 누빔점이 필요하다. 누빔점의 부재는 사실상 정신병의 징후라고 볼 수 있다. 만약 주체에게 누빔점이 없다면 마주치는 모든 기표와 기의의 관계는 미끄러지며 기호의 의미에 끊임없이 의문을 제기할 것이기 때문이다.

해야 한다138)에서 억압된 것의 회귀, 즉 바르부르크가 문화의 어디에서나 마주친 '타협형성'이 이 억압 과정에 대해 우리가 알아야 할 유일한 방법임을 이해할 필요가 있다. 그것은 물론 징후의 경로이다.

> 대부분 우리 연구를 피해나간 성공한 억압보다는 실패한 억압이 자연스럽게 우리 주목을 끌게 된다. …… 생물의 경우 그것을 죽인 순간부터 계속 죽어 있게 되는 것처럼 억압 과정을 최종적으로 일어났으며, 결과 또한 항상 영구적인 어떤 것으로 간주해서는 안 된다. 정반대로 억압은 힘의 지속적 소비를 요구한다. …… 우리는 그런 식으로 우리 자신을 표현할 수 있다. 억압된 것은 의식적 방향으로 지속적 압력으로 작용하며, 지속적 반대 압력에 의해 균형을 유지해야 한다.139

작용하는 힘과 반작용하는 힘, 시간과 반시간. 모든 것이 충돌하고 포용하며 모든 것이 꿈틀거리는 뱀 무더기처럼 다시 뒤얽힌다. 스스로 표현하려는 억압된 것의 압력과 억압하는 심급instanz의 반대압력 사이에서 유지되던 평형상태의 파열은 **무의식의 형성물**, 즉 구원받지 못한 정신적 '유령'의 (부분적이고 순간적일 뿐인) 회귀로 귀결된다. **잔존의 변증법**은 정확히 그런 종류의 과정을 가리킨다. 그것은 억압에 사로잡힌 **잠재성과 힘**으로 유지되지만 길을 트기 위한 힘을 끊임없이 발휘하는 배치 과정이다. 그런 다음 우리는 긴장의 '미끄러짐dérapage'을 이용하는 갑작스러운 침입, 즉 무의식적 힘의 **현재적 역량이** 드러나는 억압된 것의 회귀를 관찰한다. 그것이 여기서 요약된 징후의 역학 전체이다. 라캉은 나중에 "억압과 억압된 것의 회귀는 하나이며 동일한 것"140이라고 단언하면서 이 매듭을 더 단단하게 조이게 될 것이다.

지금쯤이면 '고착Fixierung'과 '왜곡Entstellung', 끈질김과 불안정성, 사라짐과 나타남, 억압의 변증법(회귀와 함께하는 억압된 것, 차이와 함께하는 반복)이 **역사**의 의미를 완전히 변형시킬 수 있음이 분명해졌을 것이다. 그것은 특히 프로이트의 마지막 저서『모세와 유일신교』의 중요한 의미이다. 즉 모세라는 원초적 인물을 둘러싸고 구성된 이 '역사 로맨스'는 동일한 몸짓으로 역사주의적 **신조**의 모든 확실성과 유령을 해체시킨다. 이 책에서 그는 밀물과 썰물처럼 물에서 태어나는anadyomène **기억**에 대해 이야기한다. 거기에 '잠재성과 이해할 수 없는 징후의 출현' 간의 상호작용이 존재한다. 이 모든 것을 단순한 연대기적 범위 속에 위치시키는 것은 불가능하며, 이 모든 것은 프로이트가 특히 **잔존**ein Überbleibsel'이라고 부른 과정을 포함한다(그리고 그는 정확히 괄호 안에 영어 단어 survival이라고 표기한다).141

우리의 '정신역사학자'가 보기에 **잔존**은 분명 중심적 역할을 수행한다. 그가 사망한 지 10년 후에 프로이트는 "인간 가족의 원초적 역사에서 in der Urgeschichte 잊혀진지 오래된 중요한 사건의 회귀"142에서만 "역사적 진실의 내용ihr Gehalt an historischer Wahrheit"을 알게 된다고 쓰고 있다. 따라서 모세에 관한 이 책 전체는 **망각과 지연 과정으로 특징지어지는 현상인 전통** 문제에 할애된 것이다. 하지만 이 '종교의 역사 속에 잠재하는 것Latenz in der Religionsgeschichte'을 어떻게 생각해야 할까? 입증된 전승의 '배경 속에서 계속 작동하는 것aus dem Hintergrund'을 어떻게 이해해야 할까?

이렇게 망각 속으로 빠져든 전통이 사람들의 정신생활에 그토록 강력한 영향력을 행사한다는 것은 우리에게는 생소한 생각이다.143

어떤 경우든 가령 프레스코화가 그려진 페라라의 르네상스 궁전의 벽 위에서 오래된 아랍 점성술의 잔존을 찾아내는 일처럼 그것은 바르부르크가 이미 평생 마주하기로 선택한 시간의 이상한 측면이다. 더구나 프로이트가 미트라교Mithra라는 제의 사례를 언급한 것과 같은 해에 〈바르부르크연구소〉가 당시 새 보금자리를 잡은 도시 런던에서 작슬이 여전히 잔존을 설명하고 있던 것도 우연이 아니다.144 (징후를 설명하기 위해 1890년대에 정교화시킨) 프로이트의 무의식적 기억 개념이 바르부르크가 연구한 문화적 현상 대부분을 밝혀주고 있듯이, 바르부르크의 잔존 개념 또한 역사 영역에서 프로이트의 다음과 같은 가설을 통해 거기서 채택되고 확인된다.

> 과거의 인상이 망각된 기억의 흔적의 각성처럼 무의식적 기억의 흔적 속에 보존된다 …… 는 사실은 분명 결정적으로 중요하다.145

여기서 중요한 것은 프로이트가 『모세와 유일신교』146에서 제시한 이야기의 타당성에 대한 논쟁이 아니라 역사 연구에서 프로이트의 징후 모델이 일으킨 엄청난 혁명을 이해하는 일이다. 모든 역사는 행동만큼이나 억제를, 사건만큼이나 사라짐을, 명백한 것만큼이나 잠재적인 것을 받아들인다. 따라서 역사는 접근 가능한 기억뿐만 아니라 **영향력 있는 망각**에도 관심을 가진다. 때때로 역사는 **결정적 위기**에서 급부상한다. 그에 따라 역사는 억압하는 리듬과 억압된 것의 회귀로 구성되었다고 말할 수 있을 것이다.

프로이트는 위에서 재인용한 페이지에서 '억압 과정을 독특한 사건으로 생각해서는 안 된다'고 분명히 서술한다. 그것은 무슨 의미일까? "극도로 **이동적**mobile"147이라는 의미이다. 억압 과정은 잠재의 태고적 특성과 위기의 시대착오 사이에서 모든 가능한 형태와 변형을 취한다. 1895년에 프로이트는 히스테리 징후가 오랜 기간('지속성')과 결정적 순간('사건')이 함께 작용하는 실재적 시간의 "불균형"148을 수용한다고 지적했다. 『꿈의 해석』에서는 모든 연대기적 연속성을 변화시키는 무의식적 과정의 능력을 강조하기도 했다.149 따라서 〈므네모시네 아틀라스〉는 본질적으로 다시간적polychronique인 것으로 판명된다. 즉 영원한 치환을 겪고 있는 모든 다중적 시간의 뒤엉킴을 형성한다. 다윈의 세 번째 원리인 연합은 여기서 가장 급진적인 표현을 찾는다. 즉 무의식적 기억을 반복(각인)과 반시간(안티테제)의 상호작용과 함께 **시간의 일반화된 치환으로** 이해할 수 있게 해준다.

* * *

그런 치환을 형상화할 수 있을까? 「과학적 심리학 초고」에서의 프로이트의 도식을 주의 깊게 살펴보면 우리는 대부분의 경로가 구불구불하며, 교차점에서의 우회나 합류, 측면으로의 점프 또는 지연(잠깐의 고정점)을 필요로 하는 장애물로 가득 차 있음을 알 수 있다.(〈그림 63〉, 〈그림 64〉) 모든 정신적 시간성은 '환상'(즉 넓은 의미의 이미지)과 관련해 프로이트가 설명한 모델에 따라 구성된다. 그것은 오고 가는 시간의 엮음처럼 그리고 마치 해파리나 촉수 덩어리처럼 떠다니며 끊임없이 형성되고 변형된다.

환상과 시간의 관계는 일반적으로 매우 중요하다. 환상은 시간의 세 가지 시기, 즉 재현 활동의 세 가지 순간을 맴돌고 있다고 말할 수 있다. 정신적 작업은 현재의 인상, 즉 개인의 강렬한 욕망을 불러일으키는 현재의 어떤 계기와 관련된다. 거기서부터 이 욕망이 충족되던 유아기적 초기 경험에 대한 회상으로 대부분 거슬러 올라간다. 그리고 나면 이제 미래와 관련된 상황을 만드는데, 그것은 이 욕망의 성취로 나타난다. 그러한 성취는 정확히는 백일몽 또는 환상으로, 계기와 회상에서 기원의 흔적을 지닌다. 따라서 과거, 현재, 미래는 관통하는 욕망의 실로 꿰어져 있다.150

하지만 아직 모든 것이 밝혀지지는 않았다. 선행하는 것과 뒤따르는 것 간의 연결의 고정성이라는 연대기적 인과관계 모델의 한계를 드러내고, 마침내 산산조각 나기 위해서는 추가적이고 결정적인 낯섦이 필요할 것이다. 그것은 1895년경에 일어났는데, 이 해에 프로이트는 생성 과정에서 아무리 멀리 떨어져 있더라도 기원을 고정점으로 생각할 수는 없음을 이해했다. 물론 **기원은 과거를 향해 계속 떨어져 나갈 뿐만 아니라**151 **미래를 향해서도** 그럴 것이다. 정신적 시간에 관한 프로이트의 위대한 가설은 여기서 완전한 의미를 갖게 된다. 그것은 '사후성Nachträglichkeit'이라는 결정적이고 역설적인 개념으로 구현된다. 사후성은 모든 무의식의 형성(특히 히스테리 징후)에서 프로이트가 억압 자체의 변증법에서 발견한 **중간 과정**을 가정한다.

우리는 억압된 기억이 항상 단지 **사후에야** 트라우마로 바뀐다는 사실을 발견한다Überall findet sich dass eine Erinnerung verdrängt wird, die nur nach-träglich zum Trauma geworden ist.152

이 단순한 발견이 나머지 모두를 하나로 묶는다. 이제부터 기원은 연대기적으로는 '고대'일지라도 사실적 원천으로 축소될 수 없다(왜냐하면 기원은 **사후에** 트라우마적 가치를 갖는 기억의 이미지이기 때문이다). 또 그 결과 역사는 더 이상 과거의 일들에 대한 단순한 재조명으로 축소될 수도 없다. 이런 통찰로부터 라캉은 정신분석을 위한 '전도된 시간', '기표의 반작용', "전미래"*라는 비전 전체를 도출했다.153 반면 다른 많은 비평가는 정신적 시간 이론 관점에서 프로이트의 사후성 개념이 지닌 압도적 가치를 이해하려고 했다.154 하지만 여기서 1895년에 프로이트가 발견한 간격의 원리가, 바르부르크가 같은 해 문화 영역에서 밝혀낸 것과 대부분 유사한 **시간의 역량기록학**dynamographie을 드러냄을 어떻게 못 알아볼 수 있을까?

따라서 바르부르크의 **잔존**이 이미지의 역사에 영향을 미치는 '원천'

---

* 프랑스어 문법에서 전미래futur antérieur라는 시제는 일반적으로 가까운 미래에 완료되어 있을 사실을 말할 때 사용된다. 가령 통과하다passer라는 동사를 단순미래로 표현하면 '나는 내일 시험을 볼거야je passerai mon examen demain'이 되지만 전미래로 표현하면 '나는 내일 시험을 쳐서 통과해 있을거야j'aurai passé mon examen demain'이 된다. 또 전미래는 과거에 이미 완료된 사실에 대한 개연성 있는 추측을 의미하기도 한다. 가령 '그가 아직 도착하지 않았어. 버스를 놓쳤을 거야Il n'est pas arrivé. Il aura raté son bus'라고 표현할 때 전미래를 사용할 수 있다. 라캉이 도출한 전미래 시제의 시간 구조란 과거에 있던 경험보다 앞으로 환자가 무엇이 되어 있을 것인가는 현재의 징후와 관련이 있다는 것이다. 그것은 고전적 정신분석에서 현재의 징후가 과거의 원초적 장면에 의해 영향을 받았다고 보는 현재완료 시제와는 달리, 미래에 완료될 어떤 일에 현재의 징후와 욕망이 관련되어 있다고 보는 관점이다. 또 미래 시점에 완료될 어떤 일은 과거에 완료된 사실에 대한 개연성 있는 추측(환자의 과거 경험을 통해 형성된 현재적 상태)을 동시에 포함하고 있기 때문에 단순미래가 아니라 전미래적 시제라고 말할 수 있다는 것이다. 라캉의 새로운 시간 구조는 과거로부터 미래로 흘러가는 연대기적 순서가 아니라 이처럼 전도되고 시간적 순서를 오고 가는 반시간적 구조라고 말할 수 있다.

에 관한 기억이듯 프로이트의 **사후성**은 정확히 징후의 역사에 영향을 미치는 '정신적 트라우마traumatisme'에 관한 기억이 될 것이다. 두 사례 모두에서 **기원**은 그런 발현이 **지연**될 때만 형성된다. 프로이트가 1895년에 이야기한 엠마 사례에서 '억압된 기억은 단지 **사후에야** 정신적 트라우마로 변형된다.' 1893년에 바르부르크가 이야기한 〈닌파〉 사례에서도 님프의 몸짓 형상이 **사후에** '원시적 형성'으로 변형되는 거의 동일한 일이 일어난다. 게다가 바르부르크의 보티첼리 논문에서 다시 만들어진 두 가지 '고대적 원천'이 하나는 그리스 헬레니즘 시대이고, 다른 하나는 (훨씬 더 이후인) "그리스 원본의 로마 시대 복제품"155임을 언급하는 것으로도 충분할 것이다.

그럼 왜 바르부르크는 언제나 훨씬 더 이후에서, 즉 결코 충분히 고풍스럽지도 않은 시대에서 파토스의 '고대적 형성'을 찾으려고 했을까? 왜냐하면 그의 인식론적 관심은 잔존 현상(징후, 사후성, 동요하는 기원)을 직접 향해 있을 뿐이지 탄생 또는 부활 현상(절대적 시초, 부활의 기적, 원초적 기원)을 향해 있지 않았기 때문이다. (고대 후기*와 같은 시대의 많은 관심사를 이미 이해하고 있던)156 부르크하르트 및 리글과 마찬가지로 그는 **반복**과 그것의 **차이**라는 관점, 다시 말해 지연된 재투자réinvestissement**

---

* Antiquitée tardive/late Antiquity. 기원 후 2세기부터 8세기까지의 시대를 가리키는 서양사 시대구분. 고전고대classical Antiquity에서 중세middle Ages로 넘어가는 과도기 단계에 해당하는 시대이다(위키백과 참조).

** 이 단어는 프로이트의 독일어 개념 Besetzung이 영어로 investment, 프랑스어 investissement으로 번역된 것에 '다시ré-'의 의미가 추가된 것이다. 원래 Besetzung이라는 단어는 '놓다, 두다, 자리 잡다'라는 의미를 지닌 독일어 동사 setzen에 접두어 be-와 명사형 어미 -ung가 결합된 것으로, '자리를 잡게 만듦'을 뜻한다. 프로이트는 이 단어를 무의식의 활동에 적용해 무의식이 억압된 기억 및 이미지 등을 의식의 영역에 자리 잡게 만드는 Besetzung으로 개념화시켰다. 무의식이 억압된 기억이나 이미지를 의식에 투자하는 행위

라는 복잡한 게임의 관점에서만 **기원**을 탐색했다. '고전의 진실'은 어쨌든 존재하지 않는 것으로 밝혀진 고풍스러운 '순수함'의 상태보다 (도나텔로, 렘브란트, 마네 같은)157 이후의 시기에 더 잘 드러난다.

15세기의 피렌체 미술을 **르네상스** 관점에서 연구하는 것은 거의 언제나 미술을 **고대의 기념물** 모음으로 이해하는 결과를 낳았다. 하지만 **잔존**이라는 관점에서 피렌체 미술을 연구하는 것은 바르부르크에게서 (자기 자체의 안감 같은) 기억 자체에서 추출한 다른 차원을 조사함을 의미했다. 바로 **원시성의 사후성**의 기억이 그것이다. 이제 이 사후성은 힘겨운 삶을 살게 된다. 미약하지만 끈질기게 사후성은 힘을 역사학자의 현재로까지 확장시킨다. 그것이 바로 그가 역사 연구의 대상, 즉 이미지의 장기 지속과 고대적 잔존을 때때로 자신의 동시대에 더 가깝게 가져온 방식이다. 때는 1895년, 정확히는 그가 과일바구니를 든 기를란다요의 〈닌파〉(〈그림 67〉)를 카메라 앞에서 항아리를 머리에 인 젊은 아메리카 원주민 모습으로 재구성하던 때였다.158 그리고 신화적 뱀과 싸우는 〈라오콘〉(〈그림 36〉)을 왕성하게 살아 있는 뱀과 싸우는 호피족 제사장 모습(〈그림 37〉)으로 재구성하던 때이기도 했다.

가장 동시대적인 사후성 속에서 가장 고대적인 기억을 면밀히 조사하고, 반대로 가장 오래된 잔존의 비시간성 속에서 가장 최근의 현재를

라는 의미로 영어와 프랑스에서는 투자를 뜻하는 investment, investissement으로 번역되거나 성적 에너지의 집중을 뜻하는 그리스어 유래의 단어 cathexis로 번역하고 한국어에서도 '리비도 집중'으로 번역하고 있다. 그러나 이 단어는 리비도의 집중만이 아니라 무의식의 다른 관심이나 에너지로의 투자라는 의미로 활용되는 것이 더 풍부할 수 있다. 프로이트의 리비도 개념이 성적 에너지의 양적 교환을 의미하는 일종의 경제적 개념으로 쓰이고 있기 때문이다. 따라서 이 책에서는 경제적 뉘앙스를 살려 réinvestissement을 '재집중' 대신 '재투자'라고 옮겼다. Besetzung 개념에 대한 보다 자세한 설명은 강우성(2019년), 『불안은 우리를 삶으로 이끈다 — 프로이트 세미나』, 문학동네. 1강 마지막 부분 참조.

떠올리는 방법, 이 모든 것은 바르부르크가 타일러적 인류학의 **잔존**과 프로이트적 정신분석의 **징후형성** 사이에서 발전시킬 수 있던 연결고리를 더욱 단단하게 만들어주었다. 부르크하르트부터 니체에 이르기까지 모든 중요한 역사학자가 예언자Seher라는 주장은 더 이상 "로맨틱하거나"159 환상적이지 않다. 왜냐하면 사후성이 구성되는 것은 기억의 재료 자체에 있기 때문이다. 즉 일반화된 치환인 시간적 우회와 기표적 우회의 변증법적 게임을 통해서이다. 지연, 이주, 형상.

사실 의미의 공간에서 **형상** 없이는 시간의 **지연**도 존재하지 않는다. 프로이트의 사후성과 바르부르크의 잔존의 유사성은 분석의 모든 측면에 스며든다. 1893년에 바르부르크가 잔존 개념에 도달하기 위해 떠난 동일한 길, 즉 '움직이는 부속물'이라는 중간 단계(우회로, 형상)를 따라 1895년에 프로이트가 사후성 개념에 도달했음을 나는 우연으로 보지 않는다. 사실 프로이트를 기억의 재료로 가는 길 위에 올려놓은 것은, '성적 배출'(억압된 장면에서 엠마의 **파토스**)을 그녀가 **입은 옷의 다른 상태**, 즉 '폭행' 장면에서 호색한이 촉각적·성적으로 탐닉한, 시선을 끄는 장신구나 드레스의 옷감으로 치환한 것이었다.160 (〈그림 64〉)

마찬가지로 바르부르크는 보티첼리 작품에서의 파토스적 강렬함이 드레스의 주름과 머리카락의 일렁임으로 치환되는 바로 그 지점에서 **고대의 잔존**으로 드러남을 보여줄 것이다.161 고대의 님프는 **사후에야** '원시적 형성'으로 바뀐다. 하지만 그녀가 보티첼리의 그림이나 기를란다요의 프레스코화에서 입고 있는 옷의 움직이는 주름을 드러냈을 때 그것은 옷감의 접힌 곳과 틈새 사이에 감춰져 있던 것을 전달한다. 그것은 바로 고대의 잔존, 즉 오래전에 화석화된 욕망의 역량기록이다.

05

표준 화석 또는
매장된 시간의 춤

형태를 지닌 존재는 천년을 지배한다. 모든 형태는 생명을 보존하고 있다. 화석은 더 이상 단지 한때 살아 있던 존재가 아니다. 그것은 여전히 살아 있는 형태 속에 잠들어 있는 존재이다.162

화석 개념이 바르부르크의 모든 사유를 관통하고 있음을 이해하기는 쉽다. 그것은 은밀하지만 고집스러운 잔존의 패러다임이자 중요하게 반복되는 중심악상Leitmotif 중 하나이다. 그와 같은 패러다임이 횡단하며 움직이고 거의 음악적이지만 어느 시점에서도 확정되지 않고 '굳어지거나' 완전히 결정화되기를 거부한다는 사실에서 잔존의 역설 그리고 야망이 비롯된다. 즉 화석 개념을 다루면서도 그는 다른 모든 곳에서 하던 일을 계속 시도하고 있는 것처럼 보인다. 어떤 것도 딱딱하게 석화시키지 않으며 오히려 모든 것을 움직임이라는 관점에서 인식한다. 하지만 어떻게 화석을 움직이는 것으로 인식할 수 있을까?

먼저 **표준화석**Leitfossil163이라는 아름다운 표현을 선택하면 가능해진
다. (음악에서) **중심악상**이 멜로디 전개의 연속성 속에 존재하듯 표준화
석은 지질학적 시간의 깊이 속에 존재할 것이다. 표준화석은 여기저기에
서 불규칙하지만 고집스럽게 돌아온다. 그래서 돌아올 때마다 우리는 그
것이 변형되었더라도 잔존이 지닌 최고의 힘으로 인식한다. 지질학에서
'표준화석' 또는 '특징적 화석'이라고 불리는 것은, 서로 완전히 분리된
장소에서 발견되더라도 동일한 시대 및 동일한 '층'에 속하는 형태로 간
주되는 화석이다.164 따라서 표준화석은 시간을 견디는 형태의 강인함을
가정하지만 균열, 지진 그리고 지각판의 움직임의 불연속에 의해 횡단된
것이다.

바르부르크는 잔존의 증거이자 '형태 속에 잠들어 있는 생명'의 증거
로 간주되는 화석에 대한 관심을 또다시 괴테의 형태학으로부터 끌어냈
을 것이다.165 그러나 '특징적 화석'이라는 개념은 사실 퀴비에Georges
Cuvier 그리고 1806년에 생명과학과 지구과학, 즉 고생물학과 지질학의
연계를 강화하려던 시도로 거슬러 올라간다. 완전히 화석 연구에만 초점
을 맞춘 퀴비에의 연구 프로그램은 표준 화석이라는 기술적 개념의 일관
성을 끌어내는 층위학적 고생물학stratigraphic paleontology의 창립 선언문
으로 간주된다.166

'문화학'에 전념하는 도서관이 지질학과 고생물학 관련 서적을 이미
많이 확보한 것 역시 이상하면서도 의미심장하다. '인류학' 섹션 한가운
데 '물리적 지리학'과 지질학에 관한 리히트호펜Ferdinand von Richthofen
의 고전적 저술이 놓여 있는 것은 더 이상하다.167 거기서 우리는 침식
현상의 역동성, 지질학적 '지층의 접힘Shichtenfaltungen', 장기지속과 지
구 지각의 재앙적 변화의 변증법, 즉 바르부르크의 '지진학'이 **잔존**의 진

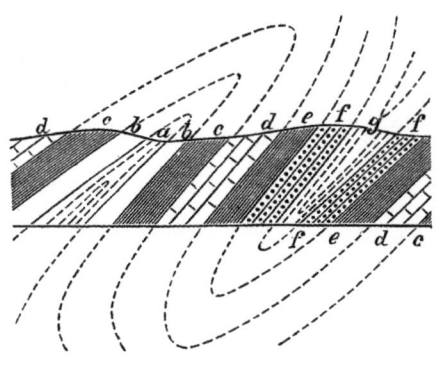

⟨그림 65⟩ 지질학적 지층 다이어그램. 리히트호펜Ferdinand von Richthofen, 『탐험가를 위한 안내서: 물리적 지리학 및 지질학 대상에 대한 관찰 지침Führer für Forschungsreisende: Anleitung zu Beobachtungen über Gegenstände der physischen Geographie und Geologie』(베를린, 1886년), 그림 85.

정한 인식론적 모델로 환영할 만한 모든 것을 찾을 수 있다.(⟨그림 9⟩, ⟨그림 13⟩, ⟨그림 65⟩) 또 우리는 리히트호펜의 저술이 ⟨바르부르크문화학도서관⟩의 무의식적인 것(꿈, 상징, 정신병리학)을 다루는 섹션 그리고 몸짓의 기억, 즉 **파토스형성**을 다루는 섹션 사이 어딘가의 책장에 놓인 이유를 더 잘 이해하게 된다.[168]

바르부르크에 따르면 파토스형성은 다름 아닌 **화석 운동**이다. 1884년에 콰트라파지Armand de Quatrafages가 '화석 인간'과 '야생 인간'을 동시에 언급한 이래 인류학과 고생물학은 이미 이 개념을 받아들였다.[169] 화석 인간과 살아 있는 화석이라는 표현은 생물학자들과 선사학자들의 용어에서 오래지 않아 보편적인 것이 되었다.[170] 우리 조상은 단순한 분기로 역추적할 수 있는 나무 모양의 계보도나 연속적 선이 아니라 오히려 절단된 층, 불연속적 단층, 불규칙한 블록으로 우리 앞에 존재했다.

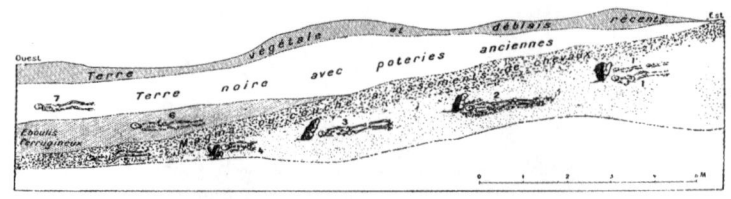

〈그림 66〉 프랑스의 솔뤼트레Solutré 지역의 구석기 매장지. 뤼케G. H. Luquet, 『화석 인류의 미술과 종교L'art et la religion des hommes fossiles』(파리, 마송, 1926년), 그림 103.

(〈그림 66〉) 지질학적 형성물들과 마찬가지로 계보학은 언제나 지진, 분출, 홍수 및 다른 재앙적 파괴라는 정반대 작용을 겪어야만 한다.

그러나 그는 습관처럼 자신의 이론적 모델을 이동시키기 위해 끊임없이 움직이고 있었다. 지질학적 패러다임은 우리가 이미 정신 영역에서 발견한 계보학 또는 인류학에는 거의 도입되지 않았다. 그는 사실상 '**육체를 얻음**', 즉 몸짓을 '결정화' 또는 '육체화'할 수 있는 정신적 기억이라는 측면에서 잔존을 환기시키기 위해 **표준화석**을 언급했다. 그것은 현재의 표현적 움직임에서 작동하는 성층화된 시간을 설명하기 위해서이기도 했다.[171]

화석 운동 또는 움직이는 화석. 여기서 우리는 다시 프로이트적 의미의 징후에 대해 이야기하고 있다. 징후가 나타났을 때 사실상 그것은 완전히 예기치 않게 깨어나서 움직이고, 흔들리고 날뛰면서 정상적 사물의 흐름을 방해하는 화석, 즉 '형태 그대로 잠들어 있는 생명'이다. 갑자기 현존하게 된 선사시대의 덩어리이다. 갑작스레 생명력을 획득한 '생명력을 지닌 잔류물'이다. 춤추고 소리치기 시작한 화석이다.

1892년부터 프로이트는(브로이어Breuer와 함께 샤르코에 맞서) 히스테리 징후의 새로운 이론을 도입했다. 그것은 **묻혀 있던 것의 회귀**(화석처럼 끈질기고 석화되어 있으며, 어떤 우연한 원인에 의해 표면으로 떠오르는 무의식적 기억의 요소)와 **분리**(특히 트라우마적 '인상'과 징후적 '배출'의 분리)라는, 동시에 진행되는 두 원리에 입각한 이론이었다.172 (프로이트 말대로 '모든 연대기를 뒤집는' 화석으로부터 현재가 출현하기 때문에 주제적으로나 연대기적으로 분리된) **이 묻혀 있던 것의 분리된 회귀**는 신체적 몸짓의 "운동언어langage moteur"173에 주로 고정된다고 프로이트는 나중에 덧붙였다.

바르부르크는 나름대로 **파토스형성** 문제를 정교한 정식, 즉 "분리된 역량기록Abgeschnürte Dynamogramme"174으로 요약했다. 여기서 '역량기록'이라는 단어는 고대 에너지가 새겨진 화석적 각인의 존재, 다시 말해 잔존을 나타낸다. 반면에 '분리된'이라는 형용사는 '표준화석'의 시대착오적이고 징후적인 상태를 나타낸다. 표준화석이 토양, 즉 원래의 상징성과 분리된 요소이기 때문이다. 잔존하는 시간은 사라진 시간이 아니다. 오히려 우리의 발 바로 밑에 묻힌 시간이며, 우리 역사의 과정을 비틀거리고 쓰러지게 만들면서 다시 출현하는 시간이다. 이 비틀거림 속에서는 '징후'라는 단어가 어원학적으로 여전히 공명하고 있다.*

(무의식적) 환상은 운동언어로 번역되었고 운동성에 투영되었으며 무언극

* 어원학적으로 징후symptom라는 단어는 그리스어 sumptoma(σύμπτωμα)에서 비롯되었다. 이 그리스 단어의 어근인 sumpipto(συμπίπτω)는 sum(together)+pipto(I fall)이라는 말에서 나온 것이다. 즉 내가 어떤 것과 함께 특정한 상태로 떨어지게 된 것, 즉 어떤 일이 일어나거나 닥쳐서 비틀거리게 되는 것을 의미하는 말이었다. 내게 어떤 일이 닥쳤다는 단어의 의미가 복합적으로 작용해 징후를 뜻하는 말이 된 것으로 보인다. 따라서 어원학적으로 symptom이라는 단어는 떨어지다, 쓰러지다라는 의미를 내포한다. 이 문장에서 사용된 trébucher(비틀거리다, 쓰러지다)라는 말과 symptom이 어원학적으로 공명한다는 말은 이런 의미이다.

으로 묘사되었다ins Motorische übersetzte, auf die Motilität projizierte, pantomimisch dargestellte.175

프로이트에 따른 히스테리 징후는 (바르부르크에 따른 **파토스형성**처럼) 평범한 의미의 화석이 아니라 **움직이는 화석**처럼 작동한다.176 이 움직임은 몸짓의 현재적 에너지와 기억의 고대적 에너지를 결합시킨다. 달리 표현하자면 위기의 **사후발생**survenance과 영원회귀의 **잔존**survivance을 결합시킨다. 따라서 비극적 춤과 같은 것이다.

이 시점에서 이미지의 디오니소스적 안무 그리고 그것을 넘어 이미지가 "기억의 흔적의 원재료"177처럼 보이는 몸짓의 메타심리학 같은 것을 생각할지도 모르겠다. 그런 (역설적) 몸짓은 아무리 강렬하더라도 유령으로서의 본성을 드러낸다. 즉 현재를 춤추게 하는 **유령의 움직임**으로 태곳적에 형성된 현재적 움직임이다. 요컨대 몸짓은 덧없이 지나가는 **화석**fossile fugace이다. 모든 관상학적·도상학적 '문법'에 반대하며 바르부르크의 **파토스형성** 이론은 신체 이미지와 그것의 표현 문제를 층화된 시간의 모호한 춤 문제로 열어 놓았다.

* * *

이제 우리는 닌파의 우아함, 즉 움직이는 신체의 바르부르크적 중심 악상을 **표준화석**의 패러다임적 구현, 즉 화석화의 거의 음악적, 멜로디적, 리듬적 개념으로 이해해야 한다. 수백만 년의 격차를 통해 우리가 인식하는 가장 아름답고 (가장 잘 움직이는) 화석은 가장 연약하고 가장 덧없는 형태의 생명이 아닐까? 선사시대에 살던 어린 새의 흐릿한 발자국,

연체동물의 몸이 지나간 흔적, 땅 위에 떨어진 빗물 자국, 바람에 흔들린 이름 모를 나뭇잎, "물이 남긴 파도의 흔적"[178]같은 것 말이다.

님파는 이 모든 것을 일깨운다. 한편으로 바르부르크는 박물학자의 수집망에서 항상 도망치려던 나비처럼 그녀를 계속해서 잃어버리고 있었다. 욜레스와 손잡고 피렌체에서 시작한 원고를 마무리하는 게 불가능했을 때부터였다.[179](〈그림 67〉) 다른 한편으로 가는 곳마다 그녀를 계속해서 찾아냈다. 잔존하는 시간의 **중심악상**이자 역사적 시간의 **표준화석**인 그의 님파는 모순되는 두 시간성을 언제나 결합시켰다. 님파는 강박관념idée fixe처럼 고집스럽고 '관념의 흐름fuite des idée'처럼 유약했다. (그가 시도한) 분류법에 대한 강박적 탐구 속에서 방향을 잡았으며, 모든 요정과 모든 상상 동물처럼 방향을 잃었다. 그리스 조각상에 고정된 형상을 통해 고대적인 것이 되었으며, 세기말적 미학과의 직접적 관계를 통해 현대적인 것이 되었다.[180] 쾨르너Joseph Koerner가 님파를 "바르부르크의 전문학술적 연구의 대상이자 상징"[181]이라고 말한 것은 매우 타당하다.

> 내가 수집한 가장 아름다운 나비가 갑자기 유리를 깨고 튀어나와 파란 하늘 속으로 조롱하듯 춤추며 날아간다. …… 이제 나비를 다시 잡아야 하지만 나는 그런 식으로 움직일 수 없다. 아니 정확히는 나도 그러고 싶지만 지적 훈련이 나를 금지시킨다. …… 발걸음 가벼운 소녀가 다가오면 나는 기꺼이 그녀와 함께하고 싶다. 하지만 그런 격정은 내 것이 아니다.[182]

기를란다요의 〈님파〉(〈그림 67〉)가 고대의 형식적 어휘를 단순히 르네상스식으로 사용하는 것보다 훨씬 더 많은(훨씬 더 골치 아픈) 무언

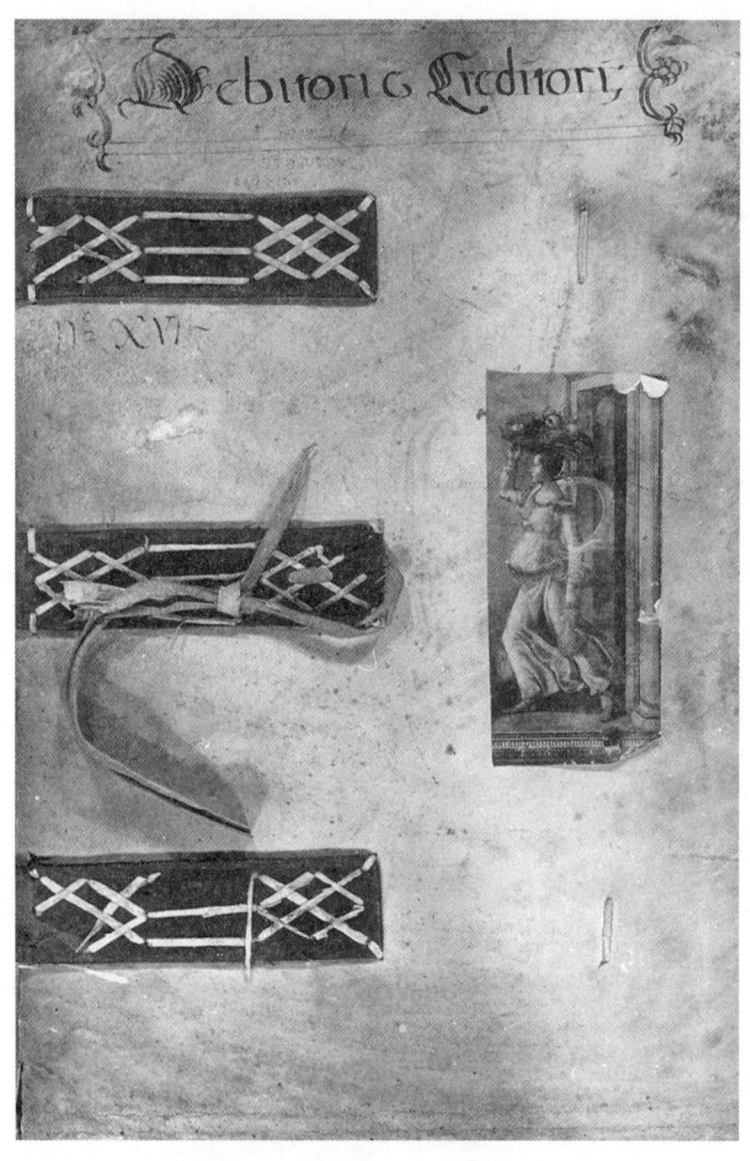

〈그림 67〉 바르부르크와 올레스, 『닌파 피오렌티나』, 1900년. 원고 표지. 런던, 〈바르부르크연구소〉 아카이브.

가를 제공하는 이유는 무엇일까? 이해를 위해 우리는 이 그림에서 바르부르크를 매혹시킨 것(그리고 그만큼 프로이트를 매혹시킨 것)을 더 자세히 살펴봐야만 한다. 그것은 먼저 '운동언어로 번역되고, 운동성에 투영되며, 무언극 방식으로 재현되는' 형태의 기억이다. 기를란다요의 그림은 분명 **움직이고 있다.** 바르부르크의 발견은 그것이 또한 **화석**이기도 하다는 것이다. 두 개의 텍스트가 그런 통찰에 이르는 데 도움을 주었을 것이다.

첫 번째 텍스트는 하이네의 『망명한 신들』로, 분명히 **고대의 잔존**183이라는 모든 개념의 확립에서 핵심적인 텍스트이다. 이 글은 고대의 주신제Bacchanalia의 에너지로 여전히 흥분되어 있는 그리자이유 기법*으로 그려진 유령, 즉 조각상처럼 이상하게 보이는 여성들에 관한 것이다. '술 취한 유령의 무리', 수 세기가 흐른 뒤 움직임이 '세속적 석관에서 나타나' 동시대인들이 보기에는 여전히 '관능적 전율 같은 것'을 자아내는 마에나드의 "창백한 집회"184 말이다.

바르부르크가 본 두 번째 텍스트는 곰브리치가 이미 지적한, 음식을 나르는 하녀의 동일한 형상에 대한 텐의 설명이다. 그것은 피렌체에 있는 기를란다요의 프레스코화에서 매우 특별한 우아함으로, 과일바구니를 든, 드물게도 기독교도인 하녀의 그림이다.(〈그림 67〉)

〈세례자 요한의 탄생〉의 현장에 …… 조각상 같은 옷을 입고 과일을 가져오는 하녀는 고대 님프의 충동, 생명력, 힘을 지니고 있다. 그에 따라 두 시대와 두 아름다움은 동일한 진실된 감정의 순수함 속에서 만나고 통합된다. 상쾌한 미소가 그녀 입가에 감돈다. 절반쯤 굳어 있으며 미완성 그림에 남겨

* 회색조의 색상만 이용해 명암과 농담으로 그리는 기법. 마치 조각상처럼 보이는 그림을 그릴 수 있다.

진 뻣뻣함의 잔해 아래서 우리는 온전한 정신의 잠재된 격정을 짐작할 수 있다.185

이 텍스트는 **표준화석**에 대한 대표적 설명을 제공한다. 옷, 정신, 격정, 힘은 사실상 **움직인다.** 하지만 남겨진 모든 것은 '잠재'로 남으며, 마치 '절반쯤 굳어 있는' 것처럼 고대의 얕은 돋을새김한 돌 위에 얼어붙어 있다. 요컨대 모든 것은 **화석으로만 움직인다.** 기를란다요가 만들어 내는 파토스의 핵심적 조형 요소, 즉 옷 주름이라는 '움직이는 부속물'을 보았을 때 우리는 '조각상 같은 옷'이라는 텐의 표현이 얼마나 적절한지 알게 된다. 옷은 몸짓과 바람에 따라 흔들린다. 하지만 옷이 단색이라는 사실은 이미 돌과 석관의 고대로 모든 것을 끌어당긴다(같은 예배당에 있는 근처의 프레스코화에서 기를란다요는 모든 '님프'를 그리자이유 기법으로 그렸다. 이 그림에서는 살과 옷 그리고 과일바구니까지도 대리석의 석회화된 창백함을 띠고 있다).186

그것은 사실 이중적 힘이자 잔존하는 것의 이중적 끈질김이다. 파묻히더라도 석화 작용으로 잔존하는 것의 끈질김이며 망각되더라도 풍화 작용이나 유령의 움직임으로 회귀하는 것의 끈질김이다. 바르부르크가 강박관념처럼 닌파를 불러낸 것은 우연이 아니다. 그가 말했듯이 그녀는 "**우아한 악몽**ein anmutiger Alpdruck"187이었다. 바르부르크는 그녀를 어디서나 보았고 누구인지도 모르고 어디서 오는지도 정확히 알 수 없었으며 결과적으로 그녀 때문에 미쳐버렸다ich verlor mein Verstand고 고백했다. 그는 그녀가 지닌 변신의 힘(나중에 바르부르크가 〈므네모시네 아틀라스〉 도판에서 언급하게 될 현상), 특히 거의 '날아갈 듯이' 춤추는 걸음걸이의 반복되는 세부에 스스로가 매료되었음을 인정했다.188

***

이 부분에서 바르부르크의 님파와 프로이트의 그라디바 간의 유사성은 훨씬 더 분명해진다.189 그가 사용한 도상학적 레퍼토리, 특히 고대 무용에 관한 엠마뉘엘과 베게Fritz Weege의 저술에는 틀림없이 옌젠Jensen과 프로이트가 열정적으로 흥미를 갖고 있는 바로 그 형상이 실제로 존재했다.190 바르부르크가 님파를 어디서나 본다고 말했다면 프로이트는 진료실 소파 바로 위쪽의 잘 보이는 벽 위에 붙여놓은 그라디바의 주형을 언제나 바라볼 수 있었다.(〈그림 68〉)

우리가 보기에 님파와 그라디바는 '잔존하는 이미지'에 관한 개념 전체를 구성할 수 있을 만큼 적절한 두 개의 이름이다. 그것은 요정과 반여신半女神의 이름이다. 두 이름은 모두 어떤 **몸짓**, 즉 육체적 움직임의 특별한 매력을 제공한다. 두 이름 모두 무의식에 대한 정신적 가설을 통해서만 이해할 수 있는 **시간**과 함께한다. 마지막으로 두 이름 모두 **지식의 양식**, 즉 분석가의 엄격하고 제한된 행동을 통해 이미지의 뒤얽힘, 기표의 과잉결정, 꿈의 전파 및 관념연합을 다루는 새로운 해석의 실천을 요구한다.

이렇게 보았을 때 그라디바에 대한 프로이트의 언급이 바르부르크의 **파토스형성**의 몇몇 기본 속성을 명료하게 설명해준다는 사실은 그리 놀랍지 않다. 프로이트는 그라디바의 저 유명한 '흔치 않고, 특히 유혹적인 걸음걸이'를 상기시키면서 곧바로 그러한 몸짓의 이상함과 매력을 동시에 뒷받침하는 시간적 역설을 강조한다. 비록 '**살아 있는 행동에서 포착한 것**'처럼 보이더라도 그러한 몸짓은 "**현실에서**"191 어떤 경험과도 단절된

〈그림 68〉 빈의 프로이트 진료실 벽에 주조된 그라디바, 1938년. Edmund Engelmandr, © Thomas Engehnan.

채 존재한다는 것이다. 아마 그것에 대해 **징후**의 '일시적' 구조(시간이

'스스로 해방되는' 갑작스러운 순간)와 **절편음란중**fetish의 '화석적' 구조(시간이 '갇히게 되는' 영원한 순간)를 하나로 결합시킨 것이라고 말할 수도 있을 것이다. 옌젠의 묘사에서 걸음걸이의 매우 '들떠 있지만' 또한 '고정되고' "땅에 발을 딛고 있는"192 측면이 강조되었듯이 이 이중적 구조는 걸음걸이 자체의 형상적 역설과도 일치한다.

프로이트가 표현한 대로 그런 '**이중적 본성**Doppelnatur'에서 잔존을 만드는 사건의 근원적 시대착오가 아니면 무엇을 볼 수 있겠는가? 그러한 사건들이 암시하는 바를 전파하는 것이 바로 옌젠이 들려주는 이야기의 의미화 놀이이다(생명을 뜻하는 **조에**Zoé, 힘겨운 삶을 뜻하는 하르트레벤Hartleben, 다시 살아남을 뜻하는 레디비바Rediviva 등)*. 주인공 하놀트Norbert Hanold가 그라디바를 만났을 때 그러한 만남의 '일시적' 현재는 그동안 묻혀 있던 기억과 영원회귀의 '화석적' 요소 속에서 완전히 드러난다. 심지어 마주치는 님프가 **어릴수록** 그녀가 회귀하는 (정신적) 장소는 더 멀고 더 오래된 **고대**처럼 보이기도 한다. 그것이 유령의 역설적 본성이다. 유령의 출현에서 두 부분은 표준화석의 두 가지 구조적 리듬을 결합한다.

그렇게 회귀하는 이미지의 **가시적** 상태에 관한 몇 가지 연구 결과가 존재한다. 가령 그라노프Wladimir Granoff는 『그라디바』에 대한 프로이트식 시나리오의 특징적 장면에서 일종의 '위장' 또는 '감추기' 작업을 감지했다.193 그리고 레이Jean-Michel Rey는 이 시나리오의 인식론을 위버제

* 조에 베르트강Zoe Bertgang은 주인공 하놀트가 찾아 헤매던 여주인공 그라디바의 본명으로 '아름답고 활기찬 걸음걸이'라는 뜻이다. 베르트강은 '그라디바'와 같은 뜻이다. 하르트레벤은 하놀트의 기자 친구인 여성의 이름이다. 그라디바 레디비바는 '다시 살아난 그라디바'란 의미이다. 그녀는 폼페이 유적에서 하놀트가 만난 고대의 현대적 형상(실제로는 조에 베르트강)이다.

헨übersehen*이라는 관점으로 정의했는데, 이 동사는 '포괄적 응시'와 '간과'라는 두 가지 사실 모두를 나타낸다. 실증주의자라면 여기서 관찰 상의 오류로 간주할 만한 것은 실제로는 가시성과의 **비판적** 관계 속에서 "정신분석의 출현을 위한 필수조건"194에 불과하다.

 (잔존Nachleben과 생존Überleben의 힘을 드러낼 수 있는 이미지 속에서) 잔존하는 것의 동기를 분석하면서 바르부르크는 위버제헨 개념을 통해 지식의 한 유형을 구축하려고도 했다. 그런 점에서 그는 프로이트보다 더 멀리 나갔다. 닌파에 대한 그의 논평은 시각적 재료를 대하는 프로이트식 인식épistémè의 근본 측면 중 하나를 (상호작용적 움직임을 통해) 조명할 수 있게 해준다. 그것을 다음과 같은 중요한 두 가지 사례를 통해 살펴볼 수 있을 것이다.

 첫 번째는 잔존하는 것의 본질적 **물질성**에 관한 것이다. (보티첼리가 그린 것이든 기를란다요 또는 만테냐가 그린 것이든 또는 도나텔로가 얕은 돌을새김으로 조각한 것이든 상관없이) 닌파 이미지에서의 그리자이유의 위상을 자문했을 때 바르부르크는 시각적 재료에 대한 훨씬 더 현상학적 이해의 길로 나아가고 있었다.195 이 시점에서 그는 어떤 색 또는 심지어 어떤 '분위기'를 선택하는 것이 어떻게 주어진 이미지 속에서 (비록 움직이더라도) 멀리 떨어진 모든 것과 더불어 안개(분위기를 말하는 경우)나 화석(돌을 말하는 경우)의 물질적 모호함이라는 특징을 포착할 수 있는지에 의문을 가졌다. 실증주의적 미술사학자라면 그리자이유가 다만 색채의 불충함이나 좀 더 낮게는 경제적 활용만 보여준다고 생각할 것이다.

* über와 sehen의 합성어인 이 단어는 영어의 oversee처럼 '지켜보다, 두루 살피다, 감시하다'라는 뜻과 함께 '얼핏 보다, 간과하다, 대충 훑어보다, 못보고 빠뜨리다, 묵과하다'라는 뜻도 함께 갖고 있다.

〈그림 69〉 바르부르크, '마에나드'의 임시 섹션 준비, 〈므네모시네 아틀라스〉(1927~1929년). 런던, 〈바르부르크연구소〉 아카이브.

하지만 바르부르크는 바로 그러한 손실 때문에 잔존하는 것의 특권적 위버제헨 같은 것에 우리가 접근할 수 있다고 생각했다.

두 번째 사례는 형상의 본질적 **양극성**에 관한 것이다. 프로이트는 옌젠을 따라 그라디바의 형상을 고립시키고 그녀의 매력을 돌아보는데 만족하는 반면 바르부르크는 님파를 긴장, 대립, 양가성, '동적인 전도'의 거대한 네트워크 속에 던져 넣는다. 사실 프로이트는 옌젠의 '죽은 여동생'을 괴롭혔던 어떤 기형(그는 곤봉발[내반족증club foot]을 상상한다)의 가능한 전도 중 하나인 "매혹적인 발"196에 대한 성격분석적 가설을 세웠다. 하지만 그는 두 가지 방법으로 이 분석으로부터 벗어난다. 우선 이 가설을 자신의 해석적 설명으로부터 분리시키고, 다음으로 특별히 하나의 이미지만 응시하는 것이다.

바르부르크는 그라디바가 님파와 마찬가지로 결코 혼자 걷지 않았음을 잘 알았다. 정신분석가의 진료실을 장식한 형상(〈그림 68〉)은 긴 시리즈의 분신일 뿐이다. 이미지의 아틀라스에서, 아무리 에로틱하게 그려졌더라도, 어린 소녀가 머리 위로 위협적인 단검을 드러내 놓은 버전을 바르부르크가 선호한 사실은 중요하다.(〈그림 69〉) 그러한 이미지 밑에는 무아지경(그리스) 또는 고통(기독교)의 상태에 놓인 님프의 다양한 이미지가 존재한다. 그러한 이미지는 존스Ernest Jones가 불러낸 순수하게 '**매혹적인**' 모습이나 퐁탈리스J.-B. Pontalis가 동경한 순수한 '사랑의 지식'으로 웃고 있는 "어린 소녀"197 모습과는 이미 거리가 멀다.

〈므네모시네 아틀라스〉의 몇몇 도판은 님파가 완전한 시리즈, 즉 가능성 있는 변신의 모음 속에서 출현할 수 있게 해준다.198 가령 도판 6에서 단검을 손에 쥔 마에나드는 (도판 맨 위에서 두 번이나 표현된 폴릭세네' 같은) 희생 장면이나 (아약스에게 쫓기는 카산드라**, 두 아들과 함께 뱀에게

목 졸리는 라오콘 같은) 폭력 장면에 둘러싸여 있다.199(〈그림 70〉)
도판 45에는 '움직이는 님프'의 모음 전체가 등장한다. 그녀들은 한 무리의 로마 병사에게 쫓겨 살해당하는 장면에 출현하는데, 병사들은 아이들까지도 산 채로 토막 냈다. 이 그림은 산타마리아노벨라성당에 있는 성모의 생애를 그린 기를란다요의 유명한 프레스코화 중 하나이다(사실 이 그림은 〈헤롯왕의 영아 대학살〉을 그린 그림이다).200 도판 47번에는 또 다른 잔혹 행위가 그려진다. 마에나드의 단검은 도나텔로가 조각한 유디트***의 손에 들린 큰 칼이 된다. 기를란다요의 하녀가 너무나 우아하게

* 폴릭세네Polyxena 또는 폴리크세나는 트로이아의 공주로 프리아모스Priamos 왕과 헤카베Hecabe 왕비의 딸이다. 프리아모스 왕은 죽은 아들 헥토르의 시체를 아킬레우스에게서 돌려받아 장례를 치르는데, 장례가 끝나고 오빠의 무덤 앞에서 서럽게 울고 있던 폴릭세네를 본 아킬레우스가 사랑에 빠져 자신과 결혼하면 전쟁을 끝내겠다고 약속한다. 청혼을 받아들인 폴릭세네는 결혼식이 열린 아폴론 신전에 파리스Paris가 미리 숨었다가 아킬레우스를 죽이도록 돕는다. 트로이아가 함락되자 아킬레우스의 아들 네오프톨레모스Neoptolemus가 폴릭세네를 아킬레우스의 제단에 산제물로 바친다. 순결한 처녀의 몸으로 죽게 해달라는 그녀의 요구대로 네오프톨레모스는 단검으로 가슴을 찔러 죽이고 아킬레우스 무덤에 순장시킨다.

** 카산드라Kassandra 역시 트로이아의 공주로 예언가 헬레노스Helenus와 쌍둥이남매이다. 그녀도 마찬가지로 아폴론으로부터 예지 능력을 받았지만 아폴론의 사랑을 받아들이지 않아 아무도 그녀의 말을 믿어주지 않는 저주도 함께 받았다. 목마를 성안으로 들이면 멸망하리라고 예언했지만 아무도 믿어주지 않았다. 〈아약스에게 쫓기는 카산드라〉는 목마에 숨어 있던 그리스군에 의해 성이 함락될 때 끌려가지 않으려고 아테나 여신상에 매달렸던 카산드라를 그리스 군의 소(小)아약스가 끌어내 겁탈하며 아테나 신상까지 함께 넘어뜨리는 장면을 말한다. 아테나 여신을 모독한 벌로 아약스는 귀환하지 못하고 죽게 되고, 전쟁 후 미케네 왕 아가멤논 차지가 된 카산드라는 그의 아내 클리타임네스트라Klytaimnestra에게 살해당한다.

*** 르네상스 이후 바로크와 근현대 미술에 이르기까지 수많은 화가의 그림의 소재가 된 유디트Judith는 『구약성경』 「유딧기」에 등장하는 인물로, 앗시리아의 장수 홀로페르네Holofernes가 군대를 끌고 유대 지방의 베툴리아Bethulia까지 침략하자 아름다운 치장을 하고 연회에 참가해 칼로 그의 목을 잘라 하녀와 함께 달아난 이야기로 잘 알려져 있다. 보티첼리(1470년경)와 기를란다요(1489년경)가 그린 유디트와 하녀 모습은 홀로페르네스의

머리에 얹은 과일바구니(〈그림 67〉)는 유디트 …… 또는 보티첼리와 기를란다요의 그림에서처럼 그녀의 하녀가 나르고 있는 잘라낸 머리가 된다.201(〈그림 71〉)

이 이미지는 무의식의 힘에 의해 조절되기 때문에 논리적 모순을 갖고 논다. 미술사학자가 연구 대상으로 삼는 이 재료의 염려스러운 불안정성을 날마다 관찰하기 위한 프로이트 이론이 바르부르크에게는 필요하지 않았던 것 같다. 그에게는 '님프'의 문학적 전통과 도상학적 치환을 바라보는 '포괄적 시선'만으로도 충분했던 것이다. 기록보관소를 구축하는 것만으로도 훗날 뒤메질Georges Dumézil이 "**님프들**Nymphai의 규모와 불명확성"202이라고 부르게 될 것과 같은 것에 연루되게 되었다. 필멸**이자** 불멸의, 잠들**면서** 춤추는, 사로잡히**면서** 사로잡는, 비밀스**럽고** 개방적인, 정숙하**면서** 도발적인, 강간당하**면서** 색정광적인, 도움이 되**면서** 치명적인, 영웅의 보호자**이자** 남성을 겁탈하는, 상냥한 존재**이자** 귀신처럼 들러붙는 존재인203 **님파**는, 구현되는 각각의 특이한 본성에 따라 '양극화'와 '탈극화'를 오고가는 안티테제적 가치 사이에서 **변환 실행자**라는 구조적 기능을 매우 잘 수행하고 있다. 바르부르크는 자신이 수집한 인본주의적 텍스트(특히 보카치오의 텍스트)에서부터 들라크루아와 마네 그림의 현대성에 이르기까지 님파의 운명을 추적했다.204

『님파 피오렌티나』의 원고를 훑어보다가 그가 두 라틴어 단어 tem-

잘라낸 목을 하녀가 머리에 이고 달아나는 장면을 묘사하고 있다. 바로크 양식인 카라바지오Caravaggio(1598~1599년경)와 젠틸레스키Artemisia Gentileschi의 그림(1614~1620년)에서는 머리를 자르고 있는 생생한 현장의 모습이, 알로리Cristofano Allori의 그림(1613년)에서는 잘라낸 머리(화가 자신의 모습)를 손에 든 모습이 묘사된다. 상징주의 화가 클림트Gustav Klimt가 그린(1901, 1909년), 팜므파탈적 이미지가 훨씬 강렬하게 드러나는 그림도 있다.

〈그림 70〉 바르부르크, 〈므네모시네 아틀라스〉(1927~1929년), 6번 패널. 런던, 〈바르부르크연구소〉 아카이브.

〈그림 71〉 바르부르크, 〈므네모시네 아틀라스〉(1927~1929년), 47번 패널(세부). 런던, 바르부르크연구소 아카이브.

pus[시간]와 amissio(돌이키고, 연기하고, 도망치도록 내버려 두고, 포기하는 행위)를 접하면서 그린 (거의 그래프라고 볼 수 있는) 스케치를 찾아낼 때 우리는 곧바로 **역설적 정식** 같은 것에 직면하게 된다.(〈그림 72〉) 두 발이 뒤집히는 방식은 뒤틀림을 환기시킨다. 그림의 회색 부분이 그림자가 아닌 한, 그것이 각인이 아닌 한 그렇게 된다. 바로 거기서 우리는 (옷 주름 안에 있는) 바람과 화석(현재 속에 결정화된 고대의 외곽선) 사이에, 움직임과 마비 사이에, 우아한 몸짓과 공포의 몸짓 사이에 놓이게 된다. 매력은 확실히 거기 있다. '님프'의 매력. 하지만 위협은 그리 멀지 않다.

만약 바르부르크가 **님파**를 만났을 때 '이성을 잃었다'고 고백했다면 이유는 틀림없이 그녀와 함께 **모든 것을 할 수 있는 이미지**를 경험했기 때문일 것이다. 그녀의 아름다움은 공포로 바뀔 수 있었다. 그녀가 가져다주는 과일은 잘린 머리로 바뀔 수 있었고, 바람에 나부끼는 아름다운 머리카락은 절망으로 갈기갈기 뜯길 수 있었으며(〈그림 54〉), 에로틱한 전리품은 살아 있는 뱀이 될 수도 있었다.(〈그림 55〉) 간단히 말해 메두사는 결코 멀리 있지 않았다. 또한 우리는 바르부르크를 사로잡은 이 형상 앞에서 그가 말 그대로 "마비되었음"205을 안다. 그는 의심의 여지없이 님프를 **바라보는** 인간이 이성을 **잃게** 만드는 힘을 고전적 전통 자체가 그녀에게 부여했음을 알고 있었다.206 그것이 잔존하는 이미지를 보는 모든 **위버제헨**(응시와 간과)이 치러야 할 대가일까? 잔존의 힘을 이해하려면 정신을 잃어야만 할까?

엄밀히 바르부르크적 용어로 말하자면 이 '동적인 전도' 능력은 **님파**가 '괴물의 변증법'에 얼마나 가까운지를 보여준다. 만약 이 형상이 불러일으키는 매혹이 이중적이라면(움직임과 마비, 생명의 불꽃과 치명적 위험을 동시에 수반한다면) 이유는 그녀가 지닌 **아우라** 자체가 **악마적** 힘으로

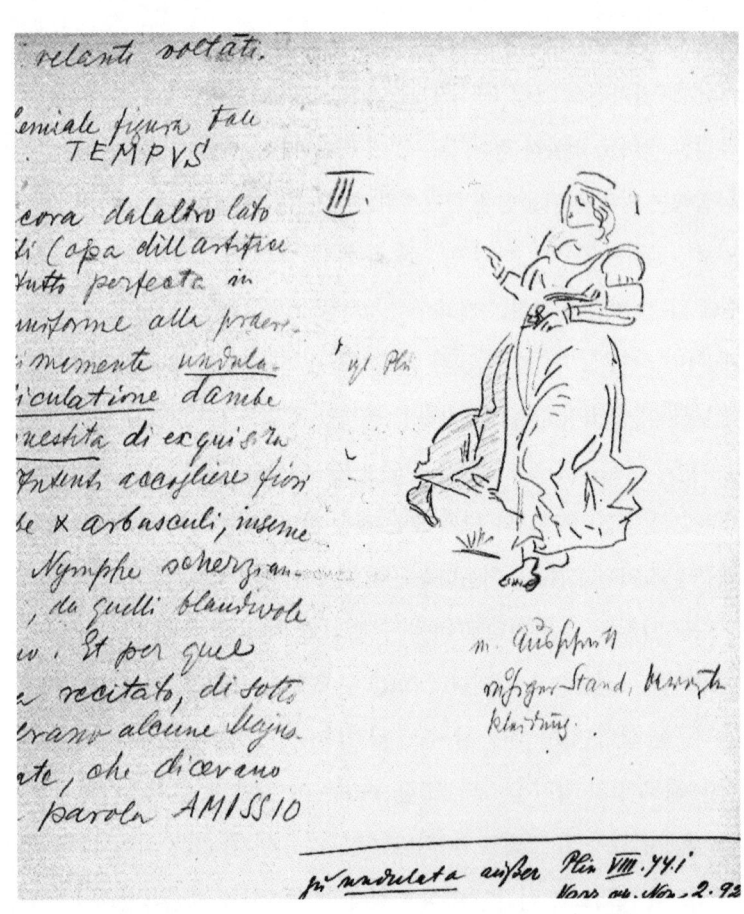

〈그림 72〉 바르부르크, 〈닌파〉, 1900년, 연필화. 『닌파 피오렌티나』, 6페이지, 런던, 〈바르부르크 연구소〉 아카이브.

조성되어 있어서가 아니라 바르부르크가 쫓아내고 싶어도 그러한 형상이 계속해서 회귀하기 때문은 아닐까?207 닌파는 물론 춤춘다. 하지만 블랙홀 주위를 빙글빙글 돈다. 그녀는 매몰된 시간이 돌출되는 과정의 **시각적 끌어당김** l'attracteur visuel 으로 우리를 매혹시킨다. 그것은 마치 화석의 결처럼 닌파의 옷 주름 사이로, 바람에 나부끼는 머리카락 사이로 이

리저리 내달린다.

 이 과정은 물론 우리에게 친숙한 낯섦에 대해 말해준다. 즉 프로이트의 **운하임리히**Unheimliche는 바르부르크가 말한 **표준화석**Leitfossil과 직접 연결된다. 두 사례 모두에서 갑자기 밝혀진 비밀스러운(혹은 묻혀졌던) 무언가의 차원에서 "옛날부터 친숙한 것"208이 불쑥 나타난다. 닌파는 그녀를 친숙한 유령으로 '인식하게' 만드는 바로 그 움직임으로 우리를 더 불안하게 만든다. 왜냐하면 그녀로 인해 불분명한 시간성에 속하는 사물이나 존재를 연결시키는 '이상한 유사성'이 불쑥 나타나기 때문이다. 하이네의 『망명하는 신들』209에 대한 프로이트의 솔직한 언급은 우리를 불안하게 만드는 이상함의 결정적 문제가 의심할 여지없이 **잔존**survivance과 **유사성**resemblance의 관계 자체에서 비롯됨을 말해준다.

 우리를 아찔하게 하고 시간의 분화구에 빠져들게 하는 이 '시각적 매력'은 **퇴행**과 **욕망**에 대해서도 말해준다. 바르부르크가 『닌파 피오렌티나』의 출간을 포기한 바로 그 해에 프로이트는 『꿈의 해석』에서 이렇게 썼다.

> 생각을 시각적 이미지로 변환시키는 것은 부분적으로는 시각적 형태로 웅크리고 있으면서 되살아나고 싶었던 기억들이 의식과 분리되어 자신을 표현하려는 생각에 발휘한 매력의 결과일 수 있다.210

 나중에 프로이트는 이 과정의 메타심리학적 용어를 명확히 했다. 즉 '잔존물의 강화renforcement des restes'(바르부르크가 연구한 르네상스 미술가들의 파토스형성에서 발견되는 전형적 강화intensification)는 "[억압된] 욕망의 수립"211과 함께 진행됨으로써 매몰된 파편인 화석이 **미래**에 고유한 긴장을 갖게 만든다.

꿈의 이미지(바르부르크는 아마 잔존하는 이미지 일반이라고 말했을 것이다)는 프로이트가 같은 페이지에 썼듯이 시간에서 '역행하는' 방향을 미래지향protension의 방향으로 되돌릴 수 있는 비상한 능력을 갖고 있다. 또 억압된 재료의 '파괴 불가능성'을 즉각성과 순간성의 방향으로 되돌릴 수 있는 능력도 갖고 있다. 따라서 모든 잔존하는 이미지에서 **화석은 춤을 춘다**. 그리고 그는 이 역설의 핵심이 '**재현 가능성의 고려**Rücksicht auf Darstellbarkeit'라는 유명한 문장 속에 있다고 지적한다. 그것은 **단어와 이미지 간의 교환 능력**을 말한다. 바르부르크는 그것을 위한 기록보관소를 명시적으로 추구했으며212, 우리가 수사학적으로 사용하는 '비유trope'는 그것에 대해 단지 매우 미약한 근사치만 제공한다. 여기서 기표는 퇴행이 모든 것을 시각적 재료인 "조형적 형상화"213로 끌어당기는 환경 속에서 순환한다.

여기서 '조형적 형상화'란 추상적 아이디어가 훌륭한 시각적 은유나 '문학적 이미지'를 찾았다는 의미가 아니다. 그보다 에너지가 시간의 퇴적으로 형태를 갖추고 **화석화되었지만** 여전히 움직이고 **변형될 수 있는** 모든 힘을 보존하고 있다는 의미이다. 프로이트는 다른 책에서 정신적 삶의 과정 동안 굳어진 '용암이 연속적으로 분출'한 모든 지층과 '서로 나란히' 지속될 수 있는 표본의 사례로 "**시각충동**Schautrieb"214을 이야기한다. 그에 따라 (**표준화석**으로 이해되는) 이미지를 응시하는 것은 **언제나 함께 춤추는 것을 보는 것**과 같다.

* * *

그런데 그것이 정확히 1895년에 바르부르크가 뉴멕시코에 하러 갔던 일이다. 바로 '화석의 춤'을 직접 관람하는 것이었다. 실제로는 두 개의 분리된 의례 행위였지만 바르부르크는 함께 사유하고 싶어 했다. 하나는 **가면**의 춤(영혼으로 가장한 인간들)이었고, 다른 하나는 **장기**臟器의 춤(무용수들이 손으로 조작하는 파충류들)이었다. 가면의 춤은 바르부르크가 직접 촬영한 **카치나스**Kachinas로 알려진 인형의례였으며215, 장기의 춤은 바르부르크 자신이 직접 볼 수는 없었지만 대규모 사진 모음집(특히 보스H. R. Voth가 1893년에 찍은 사진)216을 바탕으로 논한 저 유명한 뱀 의례였다.

석관 벽에 새겨진 고전적 님프의 춤에서부터 메사 사막의 먼지 속에서 본 '야만적인' 아메리카 원주민의 춤에 이르기까지 대조적인 모습은 총체적인 것 같다. 살아 있는 육체의 그림과 대조되는 대리석 그리자이유, 호전적 무언극과 대조되는 에로틱한 매력, 턱 사이로 꽉 물고 있는 혐오스러운 뱀(〈그림 37〉)과 대조되는 팔찌처럼 감겨있는 장식용 뱀(〈그림 55〉) 등이 그렇다. 그러나 폼페이에서 오라이비(두 지역 모두 화산 지형 위에 건설된 것은 우연이 아니다)까지 그러한 대조는 바르부르크가 대면하고 싶어 한 동일한 문제의 매듭이다.217 (서양의 경우처럼) 그런 기념물에 잔존하는 문화든 아니면 (아메리카 원주민의 경우처럼) 사회의 구체적 삶 속에 잔존하는 문화든 이교적 문화란 무엇인가? 무엇보다 (인본주의자 집단의 엘리트 구성원처럼) 부유한 소수에서든 아니면 (뉴멕시코의 식민지 부족처럼) 가난한 소수에서든 그런 잔존은 어떻게 모습을 드러낼 수 있었을까?218 바르부르크는 인류학자 무니James Mooney에게 쓴 편지에서* 일반

---

* 무니(1861~1921년)는 미국 남동부 지역 및 대평원의 인디언 부족을 주로 연구한 미국의 인류학자이다. 이 때문에 바르부르크의 편지에서 '당신의 인디언'이라고 칭하고 있다.

적으로 그의 '방법'이 1895년의 아메리카 여행으로부터 얼마나 큰 영향을 받았는지를 숨기지 않았다.

나는 당신의 인디언에게 계속 빚을 지고 있다고 느낍니다. 그들의 원시문화에 대한 연구가 없었다면 나는 르네상스의 심리학을 위한 광활한 기반을 찾을 수 없었을 겁니다. 언젠가 내가 활용한 방법을 당신께 증명해 드리겠습니다. 말하자면 전례가 없는 것이고, 그 때문에 아직 인정받지 못한 방법입니다. 예상했던 일입니다[219]

우선 이 '방법'은 잔존이 겨우 '오염시킬 수 있던' 상당한 영역을 측정하는 것이었다. 그가 '화석들의 춤'의 첫 번째 사례를 발견한 것은 한 아이의 도움 덕분이었다.(〈그림 73〉)「하늘만 보는 장 이야기」*에서 영감을 받은 그림에서 우리는 학교에서 주입된 서양의 재현 규칙을 준수하려고 애쓰는 어린 원주민 소년의 노력을 볼 수 있다. 소년은 다소 성공적으로 정육면체 굴뚝으로 집을 표현하기 위해 원근법 공간을 활용하려고 했다. 그러나 **번개**를 표현하는 자리에 아이는 두 마리 **뱀**을 그려놓았다. 호피인디언의 태곳적 우주론적 상징은 유럽 동화의 서사적 재현을 깨뜨린다. **표준화석**은 방금 아이 손 사이로 빠져나왔다(더구나 이 '하늘의 화석'은 하늘이 아니라 산 **중턱**에 그려져 있다. 이 화석은 집을 향해 내려올지도

---

* 호프만의 동화책 『더벅머리 페터』(1845년)에 나온 「하늘만 보는 한스 이야기」를 말한다. 앞서 2부 7장의 옮긴이 주에서도 잠시 언급한 대로 바르부르크가 원주민 소년에게 들려준 이야기는 실제로는 이 책의 마지막 이야기인 「날아가 버린 로베르트 이야기」인 듯 보인다. 왜냐하면 이 동화책에 등장하는 10편의 이야기 중 폭풍이 언급되는 이야기는 그것이 유일하며, 동화책의 원본 삽화에 집과 폭풍우, 우산을 쓰고 날아가는 소년 모습이 그려져 있기 때문이다.

〈그림 73〉 두 마리 독사 모양의 번개를 그린 (아메리카)인디언 남학생의 그림, 1895년. 바르부르크, 『푸에블로인디언 지역의 사진』(1923년), 그림 1. 〈바르부르크연구소〉 사진.

모르는 살아 있는 뱀들과 관련이 있으며, 호피 지역 전체에 걸쳐진 지진 단층과도 관련이 있음을 염두에 두어야 한다).220

따라서 그가 오라이비의 '원시적' 상징의 **잔존**을 본 것은 **삶** 자체(사회적 삶) 속에서였다. 그는 마치 기를란다요의 프레스코화에서 과일바구니를 머리에 인 아름다운 소녀를 보듯이 장식품, 특히 인디언이 머리에 인 단순한 도자기를 관찰하고 수집했다.221 그의 눈앞에서 **잔존은 구현되어** 재현-대상(미술사로 연구한 기념물)과 재현-행동(인류학으로 연구한 재료, 즉 가면의례, 페스티벌, 춤, 육체적인 기술) 간의 밀접한 일치에 대한 젊은 연구자의 직관 전체를 확인시켜주었다.222 번개-뱀이 호피 무용수의 피부에 그려져 있는 것도 놀라운 일은 아니다.223

그러나 **표준화석**의 변신 능력(치환과 구현)은 결국 그가 직접적인 '운

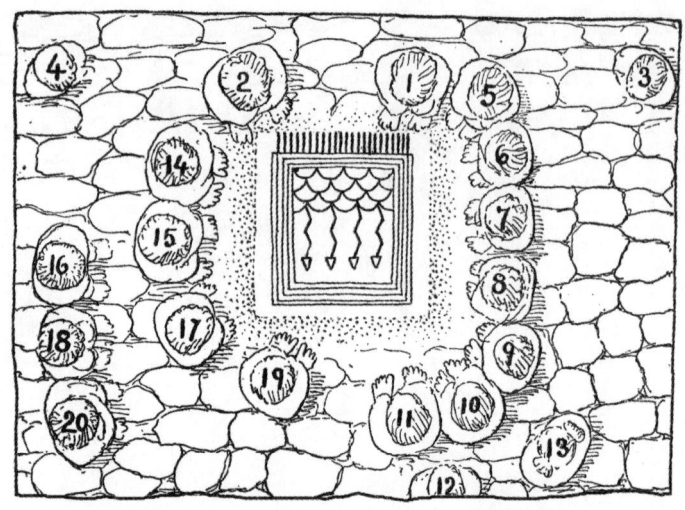

〈그림 74〉 왈피의 뱀 의식: 모래 모자이크의 위치와 사제들의 위치도. 퓨크스J. W. Fewkes, "The Snake Ceremonials at Walpi", *Journal of American Ethnology and Archaeology*, 4, 1894년, 76페이지.

동언어로 번역', 다시 말해 활성animalité, 몸짓, 유기체적 뒤틀림으로 번역하는 과정에서 관찰한 것이다. 그의 정보 제공자가 그렸고(〈그림 35〉), 인디언 소년이 그렸으며(〈그림 73〉), 왈피 뱀 의식의 모래 위에 그려졌던 우주적 뱀(〈그림 74〉)은 오라이비와 미숑노비Mishongnovi의 의례에서 살아 있는 무더기로 떼지어 존재한다.(〈그림 75〉, 〈그림 76〉)

복잡하게 뒤엉켜 움직이는 파충류들은 의문의 여지없이 그가 뉴멕시코로 찾으러 온 모든 것의 극단적 패러다임을 제공한다. '순수한 힘Ganze Kraft'의 즉각적 구현이 바로 그것으로, 그것에 기반해 훌륭한 니체주의자로서 상징 개념을 정립하려고 한다.224 이 살아 있는 뱀들의 뒤엉킴 앞에 선 인간은 (지배할 뿐만 아니라 예속되는 방법으로) 꿈, 상징 그리고 믿음을 괴롭히는 저 '괴물의 변증법'을 양손으로 움켜쥔다.

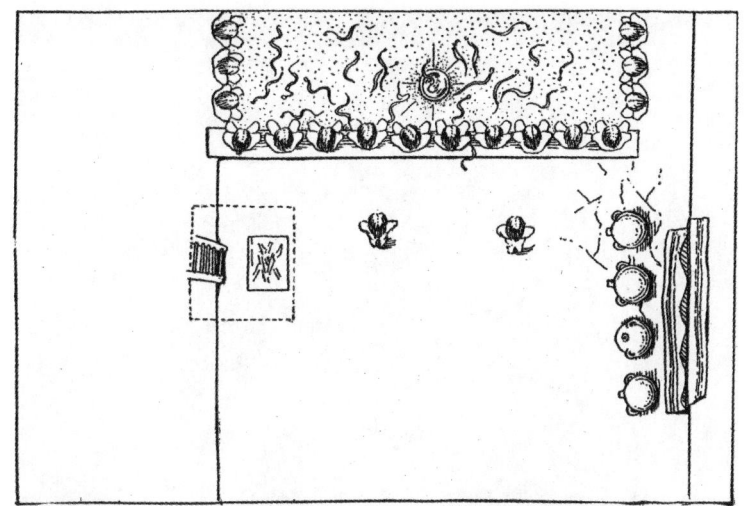

〈그림 75〉 미송노비의 뱀 의식: 뱀과 사제들의 위치도. 퓨크스J. W. Fewkes, "Tusayan Flute and Snake Ceremonies", *The 19th Annual Report of the Bureau of American Ethnology, 1897~1898*, 1901년, 971페이지.

최대한의 움직임과 최소한의 표면적을 갖는 뱀과 번개 간의 공통점은 그것들의 형태, 수수께끼 같은 움직임, 명확한 출발점이나 도착점이 없는 위험한 특성들이다. 실제로 인디언들처럼 가장 위험한 형태로 방울뱀을 맨손으로 붙잡았을 때 그리고 스스로 물린 후에 뱀을 죽이지 않고 사막에 풀어주었을 때 그것은 사실상 인간의 조작 기술을 벗어나는 무언가를 인간의 힘Menschenkraft인 맨손으로 붙잡아 이해하려는 시도이다durch handmässtiges Erfassen zu begreifen versucht. 따라서 마법의 효과를 발휘하려는 시도는 무엇보다 살아 있는 비슷한 형태 안에 자연적 현상을 적용하려는 시도이다 In seinem lebendigen ähnlichen Umfangsgebilde. 225

〈그림 76〉 미숑노비의 뱀 의식: 뱀을 옥수수 가루로 만든 원 안으로 던지고 난 후. 도시와 보스 George A. Dorsey and H. R. Voth, *The Mishongnovi Ceremonies of the Snake and Antelope Fraternities*(시카고, 1902년), 도판 142.

그리고 그런 '살아 있는 형태'를 모방함으로써 인간은 차츰 움직이고 변신할 수 있다. 그것의 형태와 유사한 춤을 추면서 '운동언어로 번역'되는 것이다.

…… 자연 현상의 이해할 수 없는 특성 앞에서 아메리카 원주민들은 의지에 반해 스스로를 개인적으로 변화시키고 사물의 원인Ursache Der Dinge이 되어 이해하려고 한다. …… 가면무용은 춤으로 표현된 인과성Getanzte Kausalität이다.226

그러나 이 춤은 더 깊은 수준에서는 뒤틀림이기도 하다. 뱀이 스스로 움직이는 이미지 또는 히스테리 증상에 이르기까지 그것은 뒤엉킨 기관 또는 유기체의 갈등과 변신의 조형성을 결합한다. 서로 유사한 것들의 뛰어난 솜씨는 서로 다른 것의 분열 없이는 결코 생겨나지 않는다.

변신의 조형성을 고대 석관의 디오니소스적 풍부함에서 발견했든 아메리카 원주민 춤의 '원시적' 강렬함에서 발견했든 피렌체의 봉헌용 가면이나 오라이비의 의례용 가면에서 발견했든 상관없이, 바르부르크는 이제 레비-스트로스를 넘어 **상상의 효율성**efficacité imaginaire이라고 부르는 유사성의 마법적 힘을 관찰할 수 있었다. 이 발견은 바르부르크의 작업에서 비롯되었는데, 반드시 필요했던 만큼이나 까다로운 이 프로젝트는 모든 이국적 취향227이나 원형주의와는 무관하게 내용과 맥락뿐만 아니라 형태라는 기준에도 기반한 인류학적 비교 연구였다. 이런 점에서 바르부르크는 분명 마르티노Ernesto de Martino의 직접적 선구자인 것처럼 보인다228.

유기체의 갈등과 서로 다른 것의 분열. 바르부르크는 왈피인디언이 호피 우주론의 **기하학적 뱀**을 모래 그림으로 재현해놓은 제단인 키와Kiwa의 바다 위로 **살아 있는 뱀**을 무더기로 던지는 방식을 이야기하면서 구체적 사례를 제시한다.(〈그림 74〉)

첫 번째 모래 그림 위로 각각의 뱀은 매우 힘차게 내던져진다. 그렇게 하면 그림은 지워지고 뱀은 모래 속에 흡수된다.229

이 사례에서 '현존'이 '재현'을 파괴했다고 말하는 것으로는 충분하지 않다. 여기서 상징은 모든 곳에서 작용하고 있다고 말해야만 한다. 그러나 그것은 계속해서 뻗치고 다시 조이며 멀어지고 다시 가까워지는 순환 고리의 작용이다. 요컨대 그것은 뱀의 움직이는 뒤엉킴이다.

바르부르크는 1923년의 초고에서 해결해야 할 모든 문제는 '상징적 연결 문제Problem der symbolischen Verknüpfungen'라고 정확히 명시한다. 그러나 곧이어 이 '관계' 자체가 오직 '생성'과 '쇠퇴', '창조Schöpfung'와 "파괴Zerstörung"230의 리듬을 통해서만 형성된다고 지적한다. 만약 그에게 영양의 춤과 카치나스의 춤이 그토록 희극적이면서도 비극적이며 하찮으면서도 근본적으로 보였다면 이유는 무엇보다 상징 자체가 '작동'함으로써 "혼돈에 맞서 질서를 지키려는 필사적 시도ein verzweifelter Ordnungversuch dem Chaos gegenüber"231의 **위기**를 초래하기 때문이다.

이 위기는 구조적이다. 위기는 각각의 살아 있는 상징을 징후의 운명에 바치는 **분열**을 형성한다. '모든 인류는 영원히 그리고 언제나 정신분열적이다die ganze Menschheit ist ewig und zu allen Zeiten schizophren'라고 그는 같은 노트에 쓴다. 그것으로부터 문화에 매우 큰 끈기를 부여하는 **표준화석**이 지표를 **찢은** 대가, 즉 지진을 감수하고서야 나타난다는 사실(지표로부터 추출된다는 사실)을 이해해보자. '문화 간의 구분선 위에 놓인 영혼의 지진계.' 우리의 이미지의 역사학자는 분열과 접촉할 때 스스로 찢겨질 위험 그리고 스스로 열릴 위험에 다다를 때까지 이 분열을 기록할 것이다.232

06

빈스방거와 함께 바르부르크를: 광기 속의 구성물들

1895년에 아메리카 원주민 거주 지역을 여행하는 동안 바르부르크는 몇 년 전에 〈켄타우로스의 전투〉의 고대적 재현물 앞에서 직감한 것을 직접 만져볼 수 있었다. 〈켄타우로스의 전투〉에서 그는 이미 **로고스**와 **파토스** 그리고 인간과 동물의 (대립과 통합의 동시성으로 구성된) 왜곡된 상호작용을 감지했다.233(〈그림 17〉) 그리스의 대리석 형상에서부터 오라이비의 살아 있는 의례로 옮겨가면서 그는 (도서관, 자료보관소, 박물관 등 **폐쇄된 공간**에 해당하는) **연구**를 **경험**(또는 **실험** expérience*)으로 변화시키고 있던 것이다. 그는 거기서 고고학적 현장 보고서와 사진자료를 비교하면서 활발하게 관찰할 수 있었다. 뉴멕시코의, 사막과 크레바스로 가득한, **열린 공간** 속, 타오르는 태양 아래, 가까이서 직접 촬영한 가면 쓴 무용수들의 '수수께끼 같은 유기체들'을 향한 거의 촉각적 시선을 갖추

---

* 프랑스어 expérience에는 경험, 체험이라는 의미 외에도 실험, 시험이라는 의미도 포함되어 있다.

게 되었다. 마침내 그는 오랫동안 찾아 헤매던 '원시적 상징'의 '살아 있는 힘'과 균열까지도 문자 그대로 만질 수 있었다.

잘 아는 대로 이제 바르부르크는 30년 정도 더 기다려서야만 이 경험이 그에게 무엇을 말해주는지 이해하게 될 것이다. 그리고 그는 콘스탄스 호수 둑 위의 크로이츠링엔에서 루드비히 빈스방거가 지휘하는 정신병원의 벽 안에 갇힌 채 정신병 속으로 아찔하게 추락한 깊은 바다 속에서만 그렇게 할 수 있었다(빈스방거는 나중에 니체가 광기에 빠졌을 때 담당의였던 오토 루드비히 빈스방거Otto Ludwig Binswanger234의 조카다). 그것은 역설적 상황이었다. 환자는 "벨뷰Bellvue"*라는 적절한 이름을 지닌 이 정신병원에서 자료를 자세히 들여다보면서 그것이 지식, 즉 '통찰Übersicht'이 될 수 있도록 심리학적 검사 또는 시련épreuve의 파괴적 힘을 겪어야만 했다.

그러므로 1921~1924년 사이에 그가 맨손으로 '괴물'을 움켜쥔 곳 또는 라오콘처럼 치명적 뱀의 힘과 맞서 싸운 곳이 바로 거기였다. 그가 한 번에 몇 시간 동안 온 힘을 다해 소리 지르거나 착란에 빠져 혼잣말로 계속 지껄이면서 운동언어로 강렬하게 번역한 '괴물의 변증법'을 **춤춘** 곳이 정확히 이 벽 안이었던 것이다. 그곳은 몇 달 후에 무용수 니진스키Nijinsky가 빈스방거 앞에서 똑같은 행동을 한 곳이었다.235 빈스방거가 프로이트와 편지를 주고받으면서 내린 전혀 가망 없는 진단 내용은 다음과 같았다.

교수님께.

* 프랑스어로 bell(아름다운, 좋은 훌륭한)+vue(시야, 견해, 전경, 안목, 통찰, 조망)이라는 의미이다.

V 교수는 어린 시절에도 불안과 강박 증상을 보였고, 학창 시절에 망상적 생각을 드러냈으며 강박적 공포, 강박적 행동 등에서도 결코 자유롭지 못했습니다. 그 결과 저서를 쓰는 데서도 심한 고통을 받았던 것으로 보입니다. 그것을 근거로 1918년에 심각한 정신병을 진단받았는데, 아마도 초로기初老期 치매로 촉발되었을 것이며, 그때까지 신경증으로 전개되던 내용은 정신병 형태로 발현되었습니다. 강한 변화가 있지만 그런 상태는 여전히 강렬한 정신운동성 흥분을 동반합니다. 그는 이곳의 폐쇄된 구역에 머물지만 보통 오후엔 방문객을 맞이하고 차를 마시며 소풍을 갈 정도로 차분합니다. 최근에 여전히 강박과 망상에 가까운 공포와 경계심에 사로잡혀 있어서 비록 그의 형식 논리가 완전하게 기능하고 있음에도 불구하고 그가 다시 학문 활동을 할 만한 여지는 없습니다. 사실 그는 모든 것에 관심을 가지며 인간과 사물에 대한 뛰어난 판단력과 놀라운 기억력을 갖고 있지만 제한된 시간 동안만 학문적 주제에 집중할 수 있습니다. 저는 그의 정신운동성 흥분이 조금씩 줄어들 거라고 생각합니다. 하지만 급성 정신질환이 발병하기 전의 상태로 회복되거나 학문적 활동을 재개할 수 있으리라고는 생각하지 않습니다. 물론 이 정보를 전달할 때 제가 말했다고는 하지 말아주셨으면 합니다. 루터에 관한 그의 글을 읽어보았는지요? 그가 방대한 지식의 저장고나 거대한 도서관으로부터 더 이상 아무것도 끌어낼 수 없으리라는 사실은 정말로 유감입니다.[236]

하지만 이 절망적 진단은 사실에 의해 부정되었다. 게다가 그것은 진단한 바로 그 의사의 치료 기술 덕분이었다. 1922년 10월에 바르부르크는 아들 아돌프Max Adolf에게 빈스방거와 벨뷰 정신병원에 있는 다른 환자를 위한 강의, 즉 호피인디언 사이에서 겪은 초기 경험에 관한 강의를 준비하면서 자기 생각의 일부 요소를 재구성해보려고 한다는 편지를 썼다.237 몇 주간의 열띤 준비가 뒤따랐고, 그 기간 동안 작슬은 함부르크에서 슬라이드를 조달하고 정신질환에 걸린 학자가 필요로 하는 모든 자료를 가능한 만큼은 공급하기 위해 크로이츠링엔으로 여행하는 등 조수로서의 핵심적 역할을 수행했다.

강의는 1923년 4월 21일, 정신병원 직원들과 소수의 초대 손님으로 구성된 청중 앞에서 열렸다.238 강의가 '저자가 제정신임을 증명하기 위한 것'이라거나 지적 '승화sublimation'라는 마법지팡이의 도움으로 그날 그의 이성이 완전히 회복되었다고 논객들이 낙관적으로 주장하는 것을 볼 때239 나는 그들이 오해했다고 생각한다. 몇 시간의 '승화' 과정으로 정신병을 '해결'하는 것은 도저히 불가능하다. 비록 이 강의를 자기의 사유의 진정한 "르네상스"240의 시작으로 생각했지만 그는 춤꾼이 입에 문 왈피의 뱀(보스의 사진에 등장하는)241을 보여줌으로써 그가 자신이 처한 상황에 대한 일종의 우화를 제시하고 있음을 잘 알고 있었다. '괴물의 변증법'은 여전히 그의 몸을 붙잡고 있었던 것이다.

그로부터 16개월 후인 1924년 8월에야 바르부르크는 빈스방거의 정신병원을 떠날 수 있었다. 1925년에 (그동안 청중은 강연자의 혼란 상태와 [그것의 극복을 위해] 요구되는 신체적 노력에 충격을 받았다) 함부르크에서 더 많은 강의 요청이 있었으며, 그에 따라 빈스방거는 마침내 그에게 다음과 같은 편지를 쓸 수 있었다.

나는 귀하를 더 이상 '정상 소견en permission de normalité'이 아니라 완치되었다고 생각합니다.242

바르부르크의 1923년 강의노트에는 자신의 징후와 싸우고 있는 사유 과정의 뒤틀림과 진정한 고통의 흔적이 고스란히 담겨 있다. 이 스케치의 첫 단어는 '살려줘Hilfe!'였는데, 약리적 세부사항이 이렇게 뒤따른다. "…… 아편 기운이 남아 있을 때 씀."243 게다가 강의 제목과 소재('푸에블로인디언 문화에서의 원시 인류의 잔존')를 쓰기 전부터 그는 이 텍스트를 '결코 인쇄되어서는 안 되는 개요'라고 말하면서 대중에게 전달되지 않기를 바랐다. 그에 따라 그는 지금까지 기울여온 노력이 도달한 상태와 문학 장르를, 이렇게 표현해도 좋다면, "영혼의 의사가 보관하고 있는 (불치의) 정신분열증 환자의 고백Bekenntnis"244으로 특징지었다. 그리고 1895년의 아메리카 원주민 **경험**expérience이 1923년의 왜곡과 **실험**épreuve에 어떻게 통합되는지에 대해 이렇게 말하고 있다.

> 그렇기에 내가 보고 체험한 것은 사물의 겉모습만 전달할 뿐입니다. 그에 대해 무언가 말할 자격이 내게 있다면 이 풀리지 않는 문제가 내 영혼에 너무나 큰 부담을 주었기 때문입니다. 건강한 시절이었다면 이 주제에 대해 어떤 과학적 진술도 감히 하지 않았을 것입니다. 하지만 지금 1923년 3월에 여기 크로이츠링엔의 폐쇄된 시설 안에서 나는 내가 동방으로부터 비옥한 북부 독일의 평원에 이식되어 이탈리아산 가지가 접목된 묘목에서 자라난 나무의 조각으로 조립된 지진계라는 인상을 받습니다. 나는 이곳에서 내가 감지한 신호die Zeichen를 나로부터 나오도록 했습니다. ……245

이것이 1923년의 강연이었다. 그보다 앞선 니체처럼 그리고 그의 뒤를 따르는 아르토처럼 한 사상가가 붕괴된 계보학의 '정신분열적' 실험 속에서 투쟁하고 있던 것이다. 그러나 '망가진 지진계'에서는 혼란스러운 방식으로나마 여전히 신호가 새어나오고 있었다. 몇몇 '신호'는 지난 몇 년간의 결정적 경험 동안 받았던 것이며, 일관된 사유로 **구성**되고 정돈해야만 하는 신호였다. 그럼에도 불구하고 그는 작슬에게 보낸 편지에서 자신의 강의노트에 대한 공개금지를 거듭 반복했다.246 그렇다면 **뱀의식**Schlangenritual 텍스트가 그렇게나 많은 판본으로 출간되어 그토록 많은 논평을 받은 사실에 또는 심지어 최근까지 그것이 영어로 된 바르부르크의 유일한 텍스트였음에 놀라워해야 할까?

아마 아닐 것이다. 모든 사람이 이 강의에 결정적인 뭔가가 걸려 있음을 감지했다. 몇몇은 그 속에서 지식 문제를 보았으며(이탈리아 르네상스가 아메리카 원주민 문화에 의해 재고되었다는 사실), 다른 이들은 정체성 문제를 보았다(바르부르크의 유대주의가 인디언 문화를 만났거나 심지어 관련되었다는 사실).247 그런데 정확히 바로 그것이 1923년의 강의에서 제쳐둔 모든 것이었다. 정체성에 대한 언급은 오로지 고통('내 어머니의 심각한 질병', '내가 만난 반유대주의' 등 ……) 또는 역설('아테네-오라이비의 친족성')과 관련될 뿐이었다.248 또 역사적이든 인류학적이든 지식의 측면에 기여하는 내용은 단편적인 것뿐이었다. 게다가 '자료'에 대한 위대한 탐구자 바르부르크가 자신의 연구에서 근본적인 문헌학적 한계, 즉 아메리카 원주민 방언에 대한 무지를 언급한 사실, 더 나아가 '서로 이해할 수 없었다고'까지 언급한 사실은 거짓된 겸손함에서 비롯된 것이 아니다. 그것은 주어진 문화의 '상징'을 이해하려는 어떤 시도에도 분명히 장애가 되었다.249

그렇다면 무엇이 1923년의 강의를 결정적인 것으로, 나아가 근본적인 저술로 만들었을까? 이상하게 보일지 모르지만 나는 그의 교훈이 인식론적이며, 심지어 방법론적이라는 것이 밝혀졌기 때문이라고 말하고 싶다. 강의에서 바르부르크는 '퇴행'을 '발명'으로 변형시켰다. 호피 거주 지역을 통과하는 초기 탐험의 아찔함으로 되돌아감으로써 그는 **광기를 통해** 자신의 모든 연구를 갱신하고 심화시킬 조건으로 돌아갈 수 있던 것이다. 정신 상태의 어려움에도 불구하고 놀랄만한 풍부한 창조성을 가진 여러 프로젝트에 착수한 것은 사실상 크로이츠링엔에서 돌아온 직후였다. 여기에는 물론 〈므네모시네 아틀라스〉뿐만 아니라 이론적 글쓰기, 방법론 세미나, 현대사로의 갑작스런 침투 그리고 전시회 등이 포함된다. 가장 주목할 만한 것만 언급해도 이 정도다.

따라서 벨뷰에서 바르부르크는 엄청난 도전에 성공했다. 그것은 (우리와는 아무 관계 없는 문제인) 자신만의 **뒤틀림**contortion을 (오늘날 모든 역사학자가 그로부터 혜택을 받는 방법을 알아야 하는) **건설**construction로 바꾸는 것이었다. (빈스방거 덕분에) 상기想起, anamnesis*라는 놀라운 작업을 통해 그는 여행한 경로를 역행해 **시련**(또는 **실험**épreuve)으로부터 **경험**으로 되돌아가고, **경험**으로부터 일종의 **지식**으로 되돌아갈 수 있었던 것이다. 그것은 새로운 양식의 지식이었다(여기에 저 유명한 '이름 없는 과학'이 있다). 왜냐하면 이 지식이 지닌 실효성의 근거는 그것이 노출되는 독특한 위험에 뿌리내리고 있기 때문이다.250 그것은 '정신분열증 환자의 고백Bekenntnis'을 일종의 상징적 분열의 문화 이론으로 바꿀 수 있는 깨달음Erkenntnis이었다.**, 즉 그것은 **파토스**(또는 징후)를 **파토스**(또는 징후)

* 아남네시스Anamnesis는 플라톤의 용어로, 인간의 혼은 태어나기 전에 본 이데아의 세계를 되돌아보고 기억하고 떠올림으로써만 참된 앎에 다가설 수 있다는 것이다. 플라톤은 아남네시스만이 진정한 인식이라고 생각했다. 본서에서는 고대로부터 이어지는 이미지의 잔존이 추동하는 기억의 연쇄, 즉 〈므네모시네 아틀라스〉라는 작품을 언급하기 위해 사용되었다.
** 이것은 저자의 언어유희인데, 독일어에서 Kenntnis는 kennen(알다, 인지하다)의 명사

의 문화 이론으로 바꿀 수 있는 지식이었다. 나는 들뢰즈가 그런 움직임에 얼마나 깊이 매혹되었을지 상상하지 않을 수 없다. 틀림없이 푸코 못지않게 거기서 『광기의 역사』가 어떻게 『지식의 고고학』을 낳을 수 있는지를 관찰했기 때문이다. 이제 우리가 좀 더 정밀하게 재구성해봐야 할 것은 바로 그런 움직임이다.

* * *

벨뷰에 도착했을 때 '지진계' 바르부르크는 산산조각 나 있었다. 무엇이 그를 망가뜨렸을까? 주요한 역사적 격변이 있었다. 본인의 개인사가 아니라 개인사와 서양사 전체의 만남이 그것이었다. 지진계가 망가진 것은 제1차세계대전의 한복판에 뛰어들었을 때부터였다. 처음에 바르부르크는 모든 충격을 기록하려고 애썼다. 1914년에 분쟁이 시작된 직후부터 상당량의 기록을 모으기 시작했다. 수천 개의 기사를 잘라내고 범주를 설정했으며 전략적 위치, 최전선을 추적해 인간 지진의 지리적 진화를 스케치했다.251(〈그림 77〉) 다시 말해 **참호선**, 수백만 명의 인간을 집어삼키면서 유럽 땅에 생성된 '균열'을 추적했던 것이다.

당시 바르부르크는 여전히 부르크하르트적 유형의 지진계였다. 그는 자신을 보호하기 위해 징후를 기록했으며, 쫓아내기 위해 균열을 진단했던 것이다. 그에 따라 이 전쟁의 『일러스트 잡지*Rivista illustrata*』에 참여했

형이고 여기에 무엇인가가 끝나서 결과물이 바뀐다는 의미를 가진 접두사 er-를 붙인 명사형 Erkenntnis는 알게 된 것, 깨달음, 지각, 지식 등을 의미한다. kenntnis에 동사를 만드는 접두사 be-를 덧붙인 Bekenntnis는 (상대방이 몰랐던 나에 대한 것을) 알게 하는 것, 즉 고백, 참회, 자백 등의 의미가 된다.

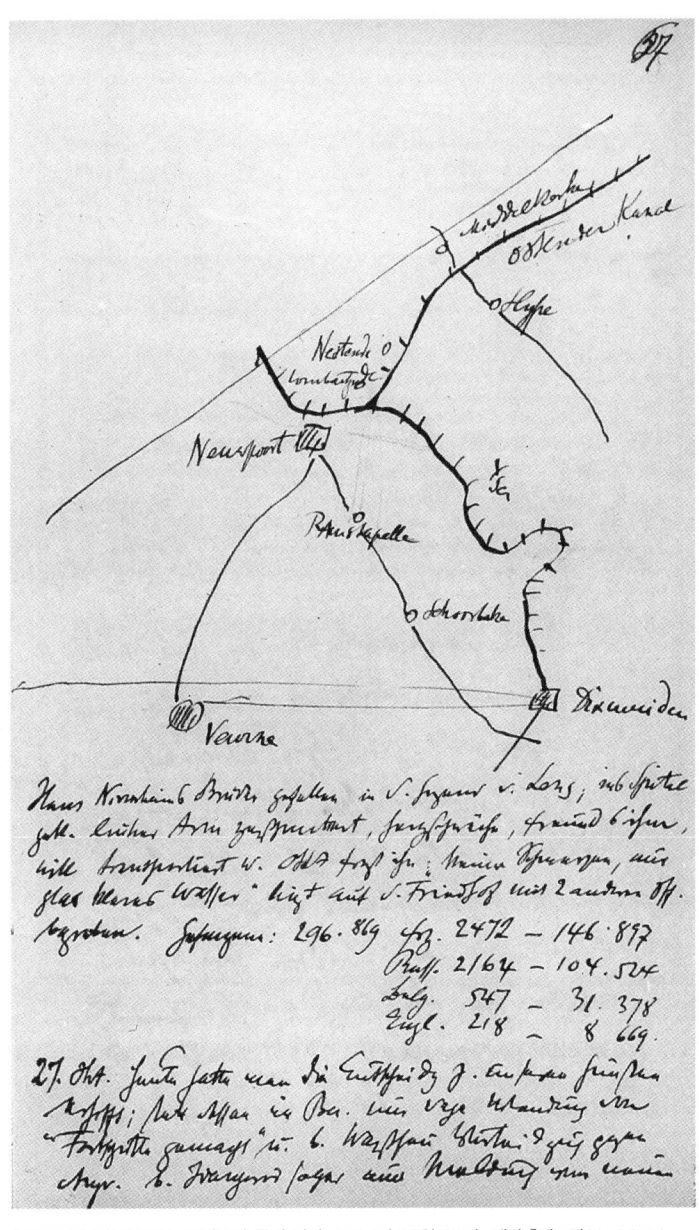

〈그림 77〉 바르부르크, 프랑스와 독일 전선, 1914년 10월 26일. 펜화 『메모장Notizbücher』, 런던, 〈바르부르크연구소〉 아카이브.

〈그림 77-1〉 『일러스트 잡지*Rivista illustrata*』 '1914년의 전쟁, 8월부터 10월까지'. 표지. 출처 http://www.engramma.it/eOS/resources/images/127/Rivista%20%20finanziata%20da%20Warburg.jpg.

다. 이 잡지는 두 나라 지식인 사이에서 생길 균열을 피하려는 목적으로 독일에서 출판되었지만 이탈리아어로 쓰인 것이었다.[252] 동시에 그는 루터 시대의 선전 팸플릿을 연구하고 있었으며, 그런 과정에서 바르케 Martin Warnke가 보여주었듯이 미술사의 새로운 분야, 즉 정치적 도상해석학을 확립하고 있었다.253

하지만 이 비판적 인식에 이제부터는 폭력과 편집증적 망상에 전념하게 된 서양 문화에 대한 예언적 탄식이 더해졌는데, 이 모든 것이 이 잡지를 위한 호전적 행동 그리고 그의 애국적 입장과 모순되었다(그동안 바르부르크 가문의 은행은 독일의 전쟁 활동을 재정적으로 지원하고 있었다). 마침내 그는 자신이 역사 내부의 이 균열 속에 삼켜지고 있는 걸 느꼈다.

이제 와서 그런 유령이 공중에 가득 차 있어
어찌하면 피할 수 있을지 모르겠다.

괴테는 『파우스트』에서 이렇게 썼다.254 참호전에 관한 25,000권의 노트를 편찬하는 도중에 바르부르크는 각 개인의 죽음에 괴로워하면서도 누가 유죄이고 누가 무죄인지도 알지 못한 채 유령과 하나가 되기 시작했다. 그는 반계몽주의의 이교적 악마들, 즉 16세기의 점성술적 잔존에 대한 그의 학문적 연구 대상을 깨우면서 자신이 전쟁의 원인이라고 믿기 시작했다.255 최전선, 균열은 바로 자신 속에 있다고 그는 생각했다. 그러다가 니체의 지진계처럼 그는 갑자기 무너져 내렸다.

1918년에 독일이 항복한 지 몇 주 후에 바르부르크의 절망은 정치적·신화적·종교적 차원의 망상증으로 발전했다. 볼셰비키들은 그를 '자본주의 지식인'으로 박해하고 있었고, 고대의 복수의 여신들은 그를 '무신론적 유대인'이라고 몰아붙였다. 반유대주의라는 옛 게르만족의 악마들이 출몰하고 있던 것이다. 그로 인해 가족과 자신의 생명을 권총으로 위협할 지경에까지 이르렀다.256 이 사건이 있은 후 바르부르크는 먼저 함부르크, 다음에는 예나(여기는 니체도 강제 입원되었던 곳이다)의 정신병원에 2년 반 동안 강제 입원될 수밖에 없었다. 1921년이 되어서야 그는 크로이츠링엔으로 이송되었다.

그가 최악의 순간에 도달한 곳이 바로 거기였다. 또 빈스방거 덕분에 최악의 구렁텅이에서 되돌아올 수 있던 곳도 거기였다. 그곳에서 그는 어린 시절의 '만성적 공포'의 분위기뿐만 아니라 1874년에(병든 어머니의 고통을 대했을 때) 그가 확립한 **이미지와 징후** 간의 기본적 연결고리도 다시 찾아냈다. 판타지의 살아 있는 매듭 속에서 그는 뒤죽박죽일 뿐이지만 아메리카 원주민에 대한 매혹, 유대교 율법에 따른 음식만 먹는 것에 대한 거부, 그리스도 수난의 도상학 그리고 발자크의 『부부 생활의 작은 불행Petites misères de la vie conjugale』*의 기괴한 에로티시즘 ― 6살 때부터 그를 괴롭혀온 책의 삽화 ― 등을 찾아냈던 것이다.257 (〈그림 84〉, 〈그림 85〉)

벨뷰에서 그는 정신착란의 가장 깊은 곳까지 가라앉았고, 이제 그것은 '운동언어로 번역되었다.' 무시무시한 그의 비명은 시설 전체에서 들

---

* 이 책은 발자크가 1830~1846년에 쓴 에세이 모음집으로 2부 37장으로 구성되어 있다. 여러 저널에 나누어서 발표되었으며, 발자크가 자신의 작품 전체를 '인간희극La Comédie humaine'이라는 총서로 엮고자 했을 때 '분석적 연구Études analytiques' 범주에 포함되었다. 1842년부터 파리의 출판업자 퓌른Charles Furne 주도로 '인간희극' 시리즈로 출판될 무렵 새롭게 삽화가 포함되었다. 이 시리즈의 하나로 클렌도프스키Chlendowski 출판사에서 1846년에 출간된 『부부 생활의 작은 불행Petites misères de la vie conjugale』에는 베르탈Bertall로 알려진 당대의 삽화가 다르누Charles Albert d'Arnoux(1820~1882년)의 삽화가 실렸다. 베르탈은 이 책 이외에도 발자크의 소설 『고리오 영감』의 삽화를 그리기도 했다(Mainardi, P., *Another World: Nineteenth-Century Illustrated Print Culture*, Yale University Press, 2017, pp. 174~175 참조).

렸다.258 그가 우연히 빈스방거의 책상 위에서 본 작은 책 한 권, 실제로는 서재에서 가장 작은 책과는 거리가 먼 프린츠호른Hans Prinzhorn의 책*은 바르부르크에게는 "그를 고문하기 위해 거기 놓였고, 그를 위해 또 그에 관해 쓰인 책"259처럼 보였다. 그는 가족 모두가 정신병원에 수감되었다고 믿었다(그의 아들이 그곳에 잠시 수감된 것은 사실이다. 그도 아버지가 지르던 참을 수 없는 절규를 기억했다). 그는 저녁식사에 나오는 고기가 빈스방거가 직접 잘라낸 자기 아이들의 살이라고 생각했다.260 그는 나비들에게 '영혼'의 친구로 속마음을 털어놓으며 말을 걸었다.

밤에 방을 날아다니는 작은 나비와 나방으로 제사 의식을 행했다. 그것들과 몇 시간이고 이야기를 나누었다. 그는 자신의 '살아 있는 작은 영혼Seelentierchen'이라고 부르며 그것들에게 병증을 털어놓았다. 나방 한 마리에게는 자신의 병이 어떻게 시작되었는지를 이야기하기도 했다.261

이 기간 내내 그는 멈추지 않고 글을 썼다. 1919년부터 함부르크로 되돌아온 해인 1924년까지 그는 검은 천으로 제본하고 수작업으로 일일이 페이지를 매긴 69권 이상의 노트에 일기를 썼다. 그는 때때로 아무런 체계가 없는 신경증적인 원고를 마치 큰 고통을 받거나 어둠 속에서 글을 쓰고 있는 사람처럼 7,345페이지 이상 기록했다.262 이 일기는 해독할 수 없는 언어의 홍수, 폭풍 또는 눈보라처럼 보인다. 그런 그래픽적

---

* 프린츠호른(1886~1933년)은 독일의 정신과의사이자 미술사학자로 아마 이 책은 1922년에 출판된 『정신질환자들의 조형예술품Bildnerei der Geisteskranken』이라는 책일 것이다. 1921~1924년에 크로이츠링엔에 머문 바르부르크가 빈스방거의 책상 위에서 본 400페이지에 가까운 이 책은 결코 작은 책이 아니다.

불안의 한가운데서 두 페이지 사이로 미끄러져 내리는 말라붙은 꽃 한 송이를 찾아내는 일은 감동적이다.263

크로이츠링엔에서 쓴 모든 노트북은 연필로 기록되었다(바르부르크는 함부르크로 되돌아온 1924년까지는 다시 펜을 잡을 수 없었다). 이 페이지에는 여유 공간이 없다. 여백도 없고 단락도 없다. 하지만 글쓰기는 무시무시한 에너지를 드러낸다. 수많은 단어에 한 번, 두 번, 세 번씩이나 난폭하게 밑줄이 그어져 있다. 또 다른 단어는 "파국적Katasrophal"264이라는 단어처럼 읽기 쉽도록 갑자기 튀어나오거나 강한 경고나 도움을 요청하는 애처로운 요청처럼 대문자로 써져 있다. "나의 사탄 같은 식탐MEINE SATANISCHE FRESSLUST", "단식FASTEN."265(〈그림 78〉) 느낌표는 무수하게 많다. 종종 글씨가 무너지거나, 서두르거나, 나눌 수 없는 그물망에 겹쳐질 정도로 선이 뒤엉킨다.266

이 노트북을 훑어보면 그는 갑작스레 산산이 부서져 버린 정신적 세계 속에서 자신만의 **건축 공간**을 찾고 있던 것 같다. 그는 각 노트북의 처음과 끝부분에 자신의 광기의 기록을 요약하며 예전에 작업하던 원고에서 사용한 표의 배열로 돌아가려고 한다. 하지만 사유를 조직하려는 이 시도는 계속 붕괴되며 미칠 지경이 된다.267 특히 30번째 노트북(1921년)을 기점으로 페이지 사이에 많은 메모가 곧 쌓이기 시작한다. 요약표는 너무 많이 채워져 있어 아무것도 식별할 수 없다. 몇 가지 형태가 텍스트 중간에서 자연스레 나타나며, 예전의 이론적 설계도를 환기시킨다.268 몇몇 부분에서는 의심의 여지없이 모종의 음악적 기억을 기록한 오선이 등장하고, 다른 부분에서는 어떤 냉소적인 캐리커처가 눈길을 끈다.269

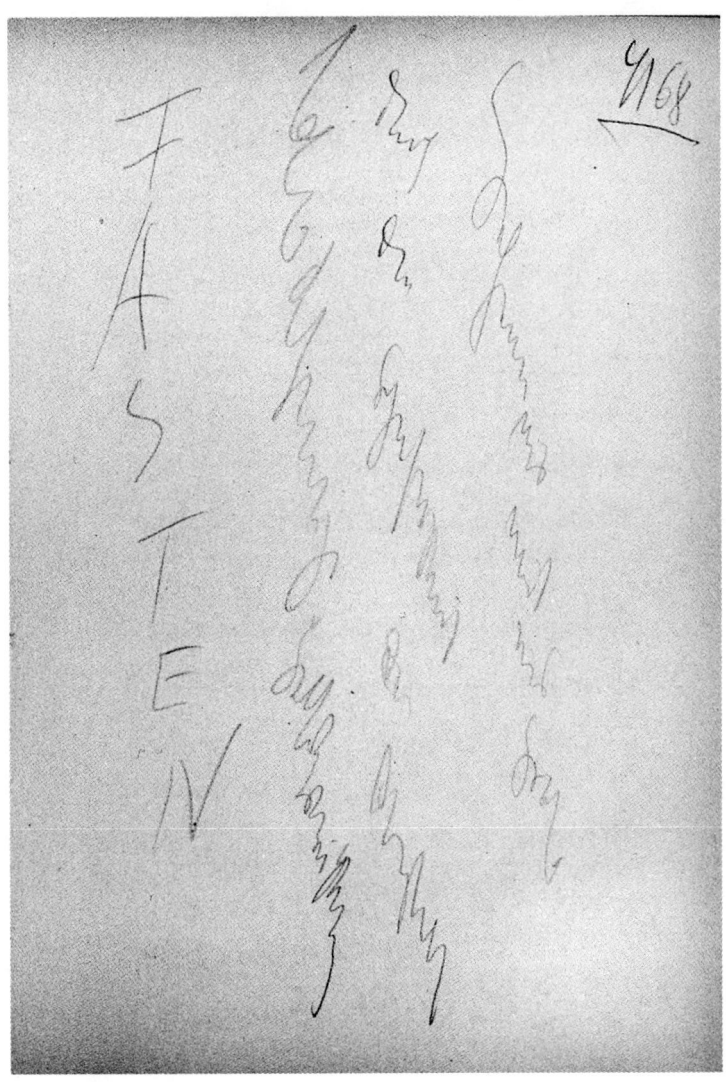

〈그림 78〉 바르부르크, 일기(1919~1924년), 『노트북』, 47, 크로이츠링엔, 1922년 7월 7일~8월 1일, 4168페이지. 런던, 〈바르부르크연구소〉 아카이브.

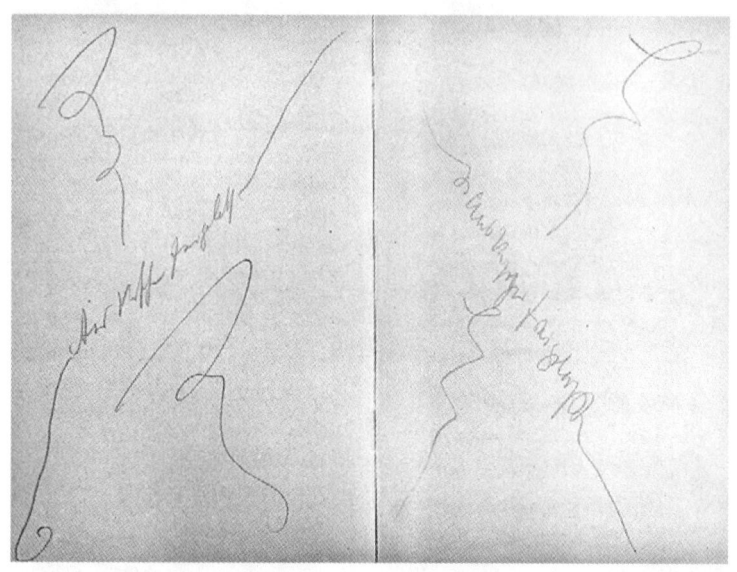

〈그림 79〉 바르부르크, 일기(1919~1924년), 『노트북』, 33, 크로이츠링엔, 1921년 7월 27일~8월 18일, 발행지명 없음. 3167~3168페이지. 런던, 〈바르부르크연구소〉 아카이브.

하지만 거의 분간할 수 없는 이 텍스트의 특성에 좌절하고 조바심을 낼 독자에게 가장 충격적인 것은, 징후의 재발, 즉 종이의 표면에 선을 긋는 **그래픽적 분열**의 재발이다(우리는 아르토의 '저주'를 재빨리 떠올리게 된다). 거기서 우리는 이제 진정한 균열을 본다. 거기서 우리는 최선선, 즉 바르부르크가 무너진 이 정신적 전쟁의 참호 속에 있다. 처음에 페이지 번호를 매길 때 무심코 건너뛰어 빈 페이지로 남게 된 노트북의 2페이지에 걸쳐 크로이츠링엔의 '정신분열증'은 창이나 거울 같은 것이 대칭으로 부서진 듯 보이는 두 종류의 나선형 선을 남겼다. 하지만 좀 더 자세히 살펴보면 우리는 공간을 가로지르는 선이 비록 거울에 반사된 것처럼 대칭적으로 그려졌더라도(여기서 우리는 바르부르크가 잘 알고 있던 다빈치를 떠올리게 된다270) 여전히 길을 트고 있는 단어임을 알아차리게 된

다.(〈그림 79〉)

라캉이 거의 10년 뒤에야 이름을 붙인271 이 **분열 쓰기**schizography는 파괴와 건설의 중간쯤에서 작동하는 것처럼 보인다. 처음에 그것은 쓰기의 위기로서만 등장했다. 신경질적이거나 기괴한 장식물, 어리둥절하게 만드는 나선형 그리고 1921~1922년에 더 빈번해진 페이지 전체에 걸친 줄무늬 모양의 번쩍이는 번개(〈그림 80〉)로 이야기의 연속성은 갑자기 무너졌다.272 전기, 폭력, 직진 또는 왜곡, 다방향 및 모순 같은 그런 '번개'는 물론 페이지를 파괴한다. 우리는 가끔 바르부르크가 분리된 두 개의 단어나 이야기 요소를 **연결**시키려고 한다는 인상을 갖는 반면 실제로 그는 페이지 전체에서 **균열**을 만든다. 분열 쓰기는 구성하고 있다고 생각하는 바로 그 장소를 파괴한다.

그러나 그 반대도 마찬가지다. 왜냐하면 스스로의 글쓰기를 금지하면서(**글쓰기의 위기**) 특정한 표식을 전면에 내세웠기 때문이다. 그는 선입견, 박학다식 그리고 환상 속에서 주요 **기표의 제거**levée d'un signifiant를 촉발했다. 이 줄무늬 선은 사실 꽤 분명하게 인식할 수 있다. 그것은 반복된 기억, 즉 그를 평생 사로잡았고, 1923년의 '고백' 강의에서 좀 더 길게 이야기한 **뱀-번개**의 '단절된 역량기록'을 해방시켰던 것이다.(〈그림73〉, 〈그림 74〉, 〈그림 80〉) 그래픽적 분열은 **광기에 의한 파괴**를 의미하지만 또한 **광기의 한복판에서 건설**하는 작업이기도 하다.

그것은 변증법적 작업이며, 정확하게는 '혼합된 조울증 상태manisch depressiver Mischzustand'에 해당하는데, 이 용어는 빈스방거가 바르부르크의 정신분열증 진단을 더 정밀하게 하기 위해 의료 기록에서 사용한 용어이다.273 이 이중구조는 꽤 고전적 **모순 상태의 리듬**으로, 이 기간 동안 바르부르크의 상태를 목격한 모든 사람이 이야기하는 것이다. 아침마

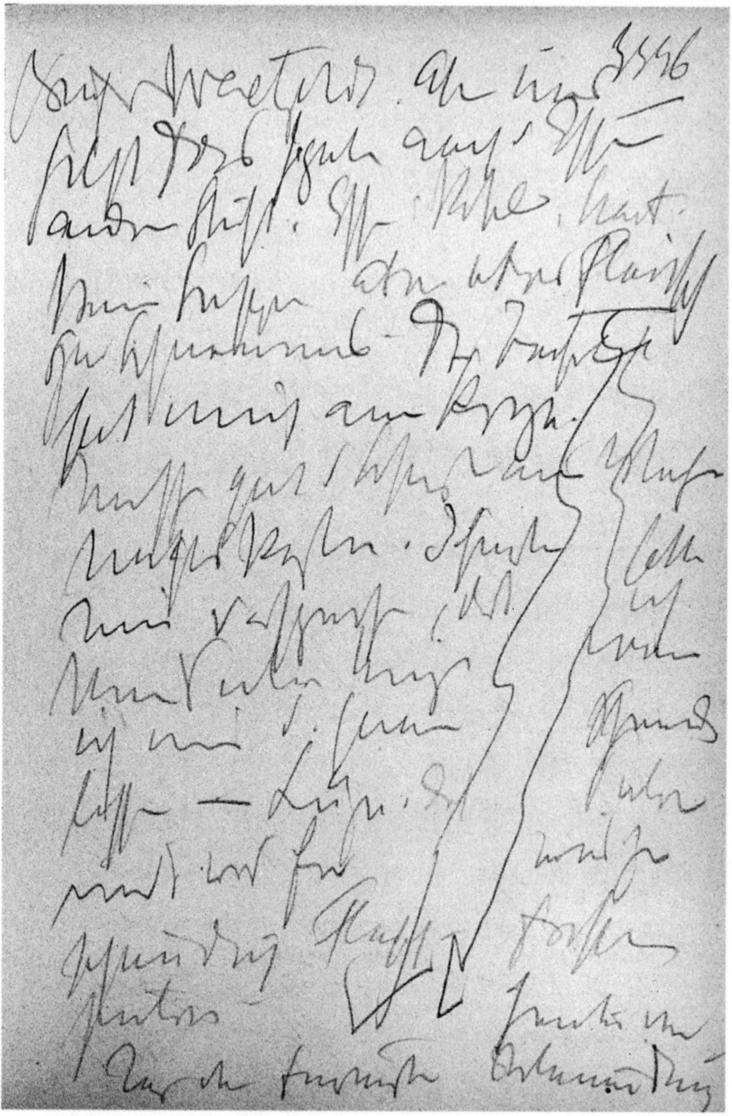

〈그림 80〉 바르부르크, 일기(1919~1924년), 『노트북』, 40, 크로이츠링엔, 1922년 1월 5일~31일, 3336페이지. 런던, 〈바르부르크연구소〉 아카이브.

다 보통 그는 착란에 빠졌으며, 오후 무렵이 되면 빈스방거의 동료들과 함께 티타임에 둘러앉아 지적 대화를 할 만큼 충분히 "정신 능력을 회복했고"274, 심지어 카시러 같은 손님도 맞이했다.

빈스방거가 1923년에 크레펠린Kraepelin에게 확인을 요청한275 '혼합 상태Mischzustand'라는 진단은 바르부르크의 모든 독자에게 분명 충격을 주었다. '이질적 요소의 혼합Mischung heterogener Elemente'을 지닌 잔존의 기본적 불순성에서부터 피렌체의 르네상스 미술에서 알아낸 '혼합양식Mischstil'에 이르기까지276 문화사학자로서 그가 관심을 가졌던 것의 대부분은 '혼합 상태'라는 그러한 표현에서 실제로 찾을 수 있던 것이다. 그런 모순의 변증법을 표현하는 방법은 틀림없이 수백만 가지가 있을 것이다. 그것은 자신의 점성술적 기호(생일인 6월 13일이 태곳적부터의 전통에 의해 그를 쌍둥이자리의 이중적 기호의 지배를 받는 곳에 놓아두었음을 그가 어떻게 생각하지 않을 수 있을까?)부터 1918년에 일어난 정신착란의 알려진 모든 요소가 나중에는 실제 역사에서 주변 사람들에게 일어날 일을 예견했다는 훨씬 더 골치 아픈 관찰까지도 포함한다. 가령 벨뷰에서 치료받는 동안 극우 운동가들이 남동생 막스Max M. Warburg를 위협하고 있었으며, 결국 가족과 가까운 친구인 외무장관 라테나우Walter Rathenau를 1922년 6월 24일에 암살했다. 이런 사실은 그가 역사학자를 단순히 과거를 기록하는 서기가 아니라 전체성 속에서 시간을 "보는 자Seher"277라고 말한 이유를 더 잘 이해할 수 있게 해준다.

* * *

원인이 섬망증적인 것이든, 공포증적인 것이든, 파괴적인 것(가령 뱀과 같은 것)이든 환자의 사유 전체를 근원으로 되돌릴 수 있는 진실의 핵을 되찾게 해주는 것이 빈스방거의 일이었다. 이를 위해 그는 세 가지 수단을 동시에 사용했다. '아편 치료Opiumkur', 프로이트의 정신분석 그리고 모든 것에도 불구하고 광기의 한가운데서도 작업하도록 만드는 인센티브인 지적 교류의 복구가 그것이었다. 1923년의 강의는 그 결과에 불과했다. 카시러를 초대하거나 방금 함부르크대학교 명예교수로 임명된 사실을 알려주는 일 등은 정신과의사에게는 약리학적 결과나 정신적 '저항해제' 만큼이나 중요해 보였을 것이다.

빈스방거는 광인을 위한 '정신병원'의 원장이 되는 걸 항상 거부했다.278 1932년에 출판된 이야기에서 로트Joseph Roth는 벨뷰를 "산파처럼 상냥한 간호사들의 보살핌에 익숙한 부유층 출신의 정신병 환자들에게 열성적이지만 비싼 치료를 한 정신병원"279으로 기억했다. 지식계층의 몇몇 유명인사가 그곳에 입원했는데, 화학자 베르너Adolf Werner, 언어학자 바이Charles Bally(소쉬르의 편집자이자 제자), 시인 프랑크Leonhard Frank, 페미니스트 파펜하임Berta Pappenheim(그녀는 '안나 O'라는 이름으로 프로이트 저술에서 알려졌다) 그리고 화가 키르히너Kirchner와 앞서 언급한 무용수 니진스키 등이었다. 벨뷰에서의 치료법은 다른 곳보다 더 인도적이었고, 그처럼 작은 사회는 신뢰와 친근함의 분위기 속에서 생활했다. 특히 환자와 의사는 함께 식사했다.

하지만 (적어도 우리가 설명하려고 하는 과정과 관련해) 가장 중요한 것은 빈스방거가 바르부르크에게 **사유의 징후**symptôme du pensée를 전도시키는 데 성공한 방식으로 남아 있다. 그러한 징후는 위대한 역사학자의 저서 속에서 오랫동안 찾고 있던 **징후에 대한 사유**pensée du symptôme를 불러일으킬, 정확히는 다시 불러일으킬 만한 것이었다. 빈스방거의 정신

치료는 환자의 병력anamnèse과 그것의 변증법적 전도를 잘 설명해준다. 바르부르크가 받은 **시련**을 자기의 존재 방식의 완전한 실패나 오작동이 아니라고 이해시켜 줄 필요가 있었다. 그것을 **경험**으로 생각하도록, 다시 말해 1923년 강의의 학술적 측면을 포함한 생애 전체의 '경험'과 관련된 것으로 바라보게 해줄 필요가 있었다. 마지막으로 이 경험 자체는 진리 효과 속에서 **지식**과 사유가 담긴 모든 풍요로움 속에서 모습을 드러내야만 했다.

이런 의미에서 바르부르크와 빈스방거는 서로의 연구 대상이 동일함을 인정할 수밖에 없었다. '괴물의 변증법'. 바르부르크는 그것을 간단히 이렇게 불렀다. 빈스방거는 프로이트의 무의식이 '**현존재**Dasein'의 기본 행동을 지배한다고 주장했다. 당연히 우리는 이 용어를 간단하게나마 설명해야 한다. 빈스방거는 프로이트의 저술 전체에서 처음부터 끝까지 실제적 **경험**에 기반한 최초의 **해석** 방법을 올바르게 인식했다.

> 나는 프로이트가 해석deuten이라고 부르는 것이 심리학적 결론을 끌어내고, 그것을 이해할 수 있는 방법을 찾는 것뿐만 아니라 경험 행위Erfahrungsakte 까지 포함한다는 점에서 처음으로 경험에 기반한 '해석 작업opération herméneutique'을 했다는 결론에 도달했다.280

이 단순한 변동이 나머지 모든 것을 초래하게 된다. 왜냐하면 이제부터 징후는 더 이상 단순히 '질병의 신호'가 아니라 경험의 기반이 되는 구조이자 빈스방거가 주장한 '역사적으로 결정된 존재의 영원한 순간'으로 간주되기 때문이다. 그 결과 이제 정신분석은 더 이상 샤르코가 여전히 하고 있듯이 **질병**을 탐구하는 일이 아니라 **질병에 걸린 존재**를 존재 전체와 운명 전체의 맥락 속에 두는 일이 되었다. 더 이상 정신분석은 교정이 필요한 결핍으로서가 아니라 '유기체의 총체적 기능의 표현'이자 "모든 것의 사활이 걸린 사실fait vital global"281로서 징후를 탐구한다. 여기서 빈스방거는 전통적으로 '의료화된' 정신의학에 대한 급진적 비판을 프로이트와 공유한다.282 스승 블로일러Eugene Bleuler 그리고 (예나에 살았으며 앞서 니체와의 인연을 언급한 루드비히 오토라는 이름의) 삼촌의 회의적인 (그러나 이해는 하는) 입장에도 불구하고 빈스방거는 정신병 치료 기관에 프로이트 정신분석을 도입한 최초의 정신과의사였다.283

(특히 융과 공통으로 결별한 것을 배경*으로) 프로이트와 빈스방거는 30년 이상 변함없는 친구였음은 잘 알려져 있다.284 바르부르크가 정신병원 안에서 세계대전에 대해 정신없이 떠들어대던 시기에 빈스방거는 자신의 경험과 프로이트의 『전쟁과 죽음의 시간에 대한 고찰』을 읽으면서 생긴 우울한 견해를 저자와 편지로 교환했다. 1920년에 프로이트는 그에게 "우리 중 누구도 부모보다 아이들이 먼저 죽는 끔찍한 사실을 극복하지 못했다"285고 털어놓았다. 그리고 나중에 '하지만 이렇게 오래 산다면 살아남는 걸 피할 수는 없을 것'이라고 덧붙였다. 빈스방거가 『프로이트: 우정의 회고』를 복수 및 잔존과 관련된 힘에 대한 성찰로 끝마치고 있음에 놀라지 말자.286

하지만 잘 알려져 있듯 빈스방거는 모든 정통 프로이트주의와는 다르게 독자적으로 자신의 작업을 발전시켰다. 맹목적인 제자도 또 프로이트에게 등을 돌린 변절자도 아닌 그는 철학적 인류학 및 후설과 하이데

• 융은 모든 것을 성욕으로 설명하려던 프로이트의 입장과 대립했었다. 1912년에 융이 『리비도의 변환과 그 상징들』에서 리비도와 근친상간을 프로이트의 성욕과 다른 각도로 고찰한 것이 결별의 직접적 원인으로 알려져 있다.

거의 저술에서 도구로 찾았던 (하지만 완전히 찾지는 못한) 현상학 형태로 프로이트의 비전을 확장시켰다. 이후 '실존 분석' 또는 '**현존재 분석** Daseinsanalyse'이라고 부르는 것을 만들어 냈다. 맞든 틀리든 그는 프로이트의 인식론에서 자기가 대상으로 삼고 있던 것, 즉 무의식에 대한 이해의 (그가 '자연주의'라고 부른) 본질적 한계를 보았던 것이다. 게다가 그는 프로이트가 '사람을 **교화**하는 것보다 (징후에서) 사람을 **분석**하는 것을 훨씬 더 중요하게 여긴다'라고 말했다. 틀림없이 그는 프로이트의 '정신분석'에서 사용하는 **분석**이라는 개념이 평범한 실증주의 과학자가 이해하는 의미와 여전히 너무 가깝다고 생각했을 것이다.287

그것이 나중에 빈스방거가 현상학의 근본개념 및 무엇보다 하이데거의 『존재와 시간』에 출현하는 번역 불가능한 '현존재' 개념 쪽으로 방향을 틀게 된 이유이다.288 그럼에도 불구하고 빈스방거는 계속 정신분석을 실천했으며, 프로이트에 대한 자신의 비판은 프로이트의 발견 자체에 모든 것을 빚지고 있다고 생각했다.289 하지만 정신분석과 현상학의 복잡한 관계가 무엇이든 여기서 우리 흥미를 끄는 유일한 것은 빈스방거의 사유에서 이제 **막 생성되고 있는**statu nascendi 변화이다. 바르부르크는 문자 그대로 이론적 수준과 치료적 수준 모두에서 그러한 사유의 직접적 수혜자가 되었다. 왜냐하면 그것은 함부르크로 되돌아온 이 미술사학자가 다시 받아들인 **잔존**과 **파토스형성** 개념 자체에 새로운 통찰력을 제공했기 때문이다.

* * *

그와 빈스방거 간의 지적 대화(두 대화자 중 한 사람의 정신적 구출작전

이 포함되었음에도 격렬한 대화)가 존재했다는 가설이 확인되면 우리는 이 두 사람의 매우 다른 저술 체계가 지닌 **인식론적** 관계의 기준점을 확립할 수 있을 것이다. 모든 진솔한 대화는 상호적이어야 한다. 따라서 빈스방거는 바르부르크가 '표현의 역사심리학'을 계속 연구하도록 부추겼다. 그는 바르부르크의 점성술 연구를 정신착란증 환자가 표현하는 확실성에 관한 자신의 임상 연구와 비교했다. 또 사세티에 관한 연구를 특히 가깝게 느꼈는데, 거기서 이 역사학자는 바로 '개인 성격의 해석학die auf die individuelle Persönlichkeit zielende Hermeneutik'을 확립하기 위해 노력하고 있었다. 이 늙은 역사학자가 치료소를 떠난 후에도 빈스방거는 그로부터 계속 책을 받았다. 거기에는 '〈바르부르크도서관〉 강연' 출판물과 함께 그가 잘 모르던 칼라일의 매혹적인 『의상철학』도 포함되어 있었다. 1924년 8월에 그는 바르부르크에게 "당신과 이야기를 나누지 않는 데 익숙해지지 않습니다"290라고 편지를 썼다.

1928년에 출판된 저술에서 꿈을 이해하려는 빈스방거의 역사적·문화적 노력만 보더라도 그의 저술에서 "바르부르크적"291 요소를 분명히 찾을 수 있을 것이다. 하지만 물론 우리에게 더 흥미로운 것은 상호적인 방향성이다. 어떤 방식으로 정신적인 것에 대한 빈스방거적 이해가 이미지에 대한 바르부르크적 이해의 방향을 바꾸거나 명확하게 만들었을까? 바로 그것이 문제이다.

무엇보다 바르부르크 또한 집으로 돌아오자마자 빈스방거만큼이나 일상적 교류의 부재에 익숙해지지 못했음에 주목하자. 1925년에 바르부르크는 이 부재 상황에 대해 불평하고 있었다. 소중히 여기던 도서관에 돌아왔을 때 그는 그곳을 '환자' 또는 '동료 환자들meine Mitleidenden'을 위한 장소로 묘사했다. 1926년에 그는 아이러니하게도 서서히 다시 엮여지는 '나의 가장 존경받는 정신meine hochverehrte Psyche'을 떠올렸다. 다른 지면에서 그는 수집한 우표들 ……의 '생명의 역사Lebensgeschichte'(빈스방거가 발전시킨 개념)를 연구하고 있다고 말했다. 빈스방거의 충고 또는 더 그럴듯하게는 명령에 따라 1927년에 그는 두 번째 미국여행 계획을 포기한다. 그리고 건강에 관한 다양한 문제를 말하는 도중에 빈스방거에게 〈므네모시네 아틀라스〉에 대해서도 이야기한다.292

그들의 공통된 지적 관심을 보여주는 증거가 〈바르부르크연구소〉에서 아직도 눈에 띈다. 연구소는 빈스방거의 저술 대부분을 소유하고 있는데, 적어도 우리가 흥미를 갖고 있는 시기부터 헌정본 형태로 되어 있으며, 몇몇 저술은 주석까지 달려 있다. 하지만 이 저술들은 너무 개념적이고 너무 전문적이며 철학적으로 어렵고 임상적 방향이기 때문에 우리의 미술사학자가 어떻게 이용할 수 있었는지를 처음에는 알기 어렵다. 하지만 좀 더 자세히 살펴보면 1921년부터 사망하기 직전까지 그가 자신의 정신과의사가 만든 정신병리학 개념을 얼마나 많이 공유하고 있었는지를 알 수 있다.

여기서 중요한 것은 물론 징후이다. 빈스방거는 종종 환자의 **시간에 작용하고 변형시키는 이미지**라는 관점으로 징후에 접근했다. 주요 패러다임은 꿈으로부터 추론되며, 세 가지 측면에서 고찰되었다. 꿈이 나타나는 방식, 꿈의 '현재 내용contenu manifest' 그리고 무엇보다도 꿈의 본질적 역동성이 그것들이다.

사람은 꿈의 현재적 내용 속에 스스로를 숨김으로써 (잠재된 꿈의 재구성에 관해 프로이트가 획기적인 주장을 하고 난 오늘날에는 너무 멀리 뒷전으로 밀려났지만) 조화된 존재 …… 와 회화적 실현, 즉 감정과 이미지의 원초적이고 본능적인 상호의존성die ursprüngliche enge Zusammengehörigkeit von Gefühl und Bild에 대한 적절한 평가를 배운다. 또 꿈의 이미지와 분위기에서 반영되는 짧은 리듬에 적합한 변화는 정상 및 정신병리적 상태에서 조증과 우울증의 '분위기 변화Alteration de l'humeur'라는 더 크고 깊은 리듬에도 적합하다.293

(수수께끼 그림rébus의 **기호학적** 본질에 관한 '프로이트의 기억에 남을 만한 가정'을 넘어) 꿈의 **현상학적** 즉각성으로의 그러한 회귀는 바르부르크의 1893년 저서에서도 정확히 유사하게 등장한다. 이 시기는 그가 보티첼리의 인본주의적 원천에 대한 판독을 넘어 훨씬 더 뒤로, 즉 보티첼리가 그린 인물들이 **꿈속에 빠진 인물**로 보인다는, 훨씬 더 강화되고 '실존주의적' 관찰로까지 거슬러 올라간 시기로, 그 결과 **이미지의 전체적 시간성**이 위에서 아래로 흩어진다.294

이 과정에 주목해보면 바르부르크와 빈스방거는 니체의 『선악을 넘어서』에서 제시한 교훈을 이미 얻고 있었다(하지만 이게 놀랄 일일까?)

우리가 꿈속에서 체험하는 것은 …… 결국 우리 영혼의 살림살이 전체에 속하게 된다.*

* Nietzsche, 1886, p. 106. 김정현 역[2002]. 148페이지, 193절. "사람은 낮에 있던 일을 밤에 행한다. 그러나 또 반대도 있다 Quidquid luce fuit, tenbris agit: aber auch umg-kehrt ……." 『선악을 넘어서』 193절에 등장한 이 구절에서 니체가 'GesammtHaushalt unsrer Seele'이라고 표현한 부분이 영어로는 'total household', 'total economy 또는 'general blongings'(H. Zimmern 번역판, 1911), of our soul 등으로 번역되고 있다. 저자가 본서에서 재인용하는 불어판(C. Heim 번역, 1971)에서도 'économie générale de notre âme'라고 번역되어 있다. 그것을 우리말로 '경제 전체'나 '일반 소유물' 등으로 번역할 경우 어떤 범위인지 모를 경제 활동이라는 의미로 한정되기에 김정현의 번역어를 따라 '가

그리고 니체가 제시하는 사례, 즉 날거나 떨어지는 꿈은 정확히 빈스방거가 『꿈과 실존』에서 자신만의 성찰로 구축하려 했던 것이다.295

푸코의 개념에 따르면296 '상상의 인류학'을 개시했기 때문에 빈스방거의 분석은 잠자고 있는 상태만큼이나 깨어 있는 상태에 속하며, 크로이츠링엔에 있는 환자의 정신병리학만큼이나 그리스의 '문화적 공간'에 속하게 된다. 꿈의 이미지와 환자 자신의 **현존재**는 하나이자 동일한 것이다. 유일한 차이가 있다면 꿈의 이미지는 (검열 의무가 있는) 환자 자신이 항상 숨기는 것을 내재성과 '경험의 활동'으로 즉각 드러낸다는 사실이다. 빈스방거는 (미술작품을 포함해) **아이스테시스**aïsthèsis[미적 지각]*, **므네메**mnèmè[기억] 그리고 **판타지아**phantasia[환상]라고 부른 것들 간의 관계에 대해 조울증환자의 "기분 조율 공간Gestimmter Raum"297에 대한 관찰을 통해 보다 일반적으로 질문했다.

바르부르크 또한 루터 시대의 점성술과 델 코사에 대한 저술에서 미학, 기억, 상상이 결합된 힘을 분석하려고 했다.298 이미지의 역사에 정신분열증과 조울증이라는 정신병리학적 주제를 포함시킴으로써(빈스방거는 여전히 이 주제에 관한 위대한 이론가 중 한 명으로 여겨졌다) 그는 마침내 문화적인 〈므네모시네 아틀라스〉를 메타심리학 영역에 위치시켰

계家計 전체'로 번역하는 것이 가장 적합할 것이다. 하지만 이 단어는 지금 이 책에 많이 등장하고 있는 가계와 혼동될 여지가 있기에, 여기서는 대신 '우리 영혼의 살림살이'라고 번역했다. economy가 그리스어 oikonomia에서 비롯된 단어이며, 의미가 oikos(가정)와 nomia(다스림, 관리)임을 알고 있다면 'Haushalt'를 economy(économie)로 번역했을 때 이 맥락에서 꿈의 체험을 우리 영혼의 내적 관리 전체와 관련시키고 있는 니체의 의미를 보다 잘 전달할 수 있을 것이다. 이 용어에 대한 우리말 번역어 선택은 사소할 수도 있지만 큰 의미의 차이를 나타낼 수 있기에 여기서 잠시 밝혀둔다.
• 아이스테시스는 고대 그리스어로 감각 또는 지각을 의미하는 용어이다. 전통적 미학에서 참된 실재에 대한 올바른 지각을 의미한다.

다.299 그는 이미지의 '파토스적' 힘에 주목하려 했는데, 그것은 자신의 정신과의사가 그를 관찰하면서 이후 여러 해 동안 계속 연구하던 것이었다.300

만약 ('파토스적' 힘으로서의) 이미지가 환자의 모든 시간적 차원에 작용해 변형시킨다면 분명 우리는 평범한 의미에서 정신적 '역사'에 대해 더 이상 이야기할 수 없을 것이다. 꿈 속에서는 징후 속에서와 마찬가지로 더 이상 과거가 주어진 상태의 현재시간 '뒤에' 위치하지 않는다. 과거는 회귀하고 잔존하며, 각 경험에 스스로의 양식, 심지어 미래까지 제공한다. 하지만 빈스방거에게서 (니체나 부르크하르트에게서처럼) 역사의 거부를 가정하는 것은 오류이다. 그는 '정신분석은 다른 과학과 마찬가지로 인간 정신의 역사 과정Vom Gang der Geschichte Des menschlichen Geiste을 추상화할 권리가 없다'라고 반복해서 말하곤 했다. 또 딜타이를 인용해 "인간이 무엇인지는 오직 역사에서만 배울 수 있다"301고 말했다. 차이가 있다면 이 역사는 파토스 및 잔존과 뒤얽힐 만큼 훨씬 더 복잡하게 드러난다는 것이다.

프로이트처럼 (1909년부터 연구한) 히스테리 징후에서 출발함으로써 빈스방거는 '**고통의 역사**Leidensgeschicht'와 '**생의 역사**Lebensgeschicht' 간의 근본적 관련성을 이해하게 되었다. 환자의 모든 경험(바르부르크가 미술적 경험에 관해 말했듯이 모든 '결정적 위기')은 분석을 다시 다음과 같은 것으로 이끌어야 한다.

원초적 현상, 즉 모든 경험의 원초적 알맹이만큼 각 정신적 개인이 체험한 내용의 독특한 역사적 질서. 요컨대 인생과 사람의 내적인 역사.302

빈스방거는 그로부터 '생의 역사'의 풍부한 매 순간은 잔존의 끊임없는 파도로 계속해서 작용하는 이 '경험의 알맹이'에 의해 방향이 정해지는 것이라고 결론 내렸다. 그는 피히테에 근거해 이렇게 썼다.

새롭고 위대하고 아름다운 모든 것은 처음부터 세상에 속했고 세상에 나왔으며, 세상 끝까지 나타날 모든 것은 오고 또 오게 될 것이다.303

잠재와 위기, 반복과 반시간성의 물에서 태어나는 (아프로디테 같은) 리듬을 따라서 말이다.

한편 바르부르크는 우표(그리고 일반적인 문화적 기록보관소)의 '생의 역사Lebensgeschichte'를 재구성하고 싶다고 빈스방거에 털어놓으면서 (아이러니한 것은 제쳐놓고서라도) 진실에 도달하고 있음을 잘 알고 있었다. 잘 알려진 대로 그것은 더 정확히는 **'잔존의 역사**Nachlebengeschichte' 였다. 바르부르크가 시각적 조형 재료로 발현되는 **'감정의 역사**Leiden-schaftsgeschichte' 전체를 결정화시킨 '파토스형성'을 통해 형태의 기억 속에 작동하는 모순적 '생의 기능'을 탐구한 바로 저 '잔존의 역사' 말이다. 그렇기 때문에 1893년에 첫 출판된 텍스트의 「서문」에서 이미 바르부르크는 '양식 형성의 힘stilbildende Macht'의 원동력을 이해할 수 있는 "심리학적 미학Psychologisch Aesthetik"304에 호소했던 것이다.

* * *

여기서 바르부르크와 빈스방거 간의 '학제적' 노선에서 분열이 존재한다고 믿는 것은 잘못일 것이다. 실제로 한 사람은 양식의 원동력(즉 마술의 원동력)만 찾고, 다른 한 사람은 징후의 원동력(즉 정신질환의 원동력)만 찾고 있었다고는 말할 수 없다. 그들의 접점은 정확히 바르부르크가 미술적 **양식의 징후적 내용**Teneur symptomale des Styles을 드러낸 곳에서 빈스방거는 정신적 **징후의 양식적 내용**Teneur stylistique des Symptomes을 드러낸 데 있다.

빈스방거는 정신착란의 내용에 (바르부르크적 도상해석학자처럼) 신경을 너무 많이 써 '불일치incohérence'(그것은 정신의 세계를 부적절한 자연주의와 실증주의 모델에 종속시키는 방식이라고 그는 말하곤 했다)라는 전통적인 심리학적 개념을 그리 많이 희생시키지는 않았다. 그에 따르면 정신적 징후는 환자의 (가령 지적) 기능의 결함을 드러내지 않는 만큼 의미의 부족도 드러내지 않았다. 징후가 **무엇이 아닌지**가 아니라 징후가 **무엇인지**를 이해해야만 한다는 것이다. 이 의미에서 모든 주요한 **인류학적 구조**와 동일한 자격으로 (동일한 위엄을 갖고) 질문해야만 한다. 이 태도는 바르부르크 사후 4년 뒤에 출판된 빈스방거의 권위 있는 저서 『사고의 비약에 관해Über Ideenflucht』에서 특히 뚜렷이 드러난다.305

왜 그런 식으로 인류학적 위엄에 관심을 가져야 하는가? 왜냐하면 빈스방거에 따르면

> 어떤 의미에서 환자는 진짜 현기증에 사로잡힌 경우라도 우리보다 훨씬 더 현존재에 가깝기 때문이다.306

그런 인류학적 구조가 현기증을 일으킬 수도 있지만 추상적이지는 않다. 다시 말해 그것은 하나의 **형태**로 드러난다. 이 때문에 푸코는 빈스방거의 글이 애매한 '실존' 철학과는 달리 **"존재 형태**와 조건이 뚜렷이 나타나는

곳"307을 찾고 있다고 말한 것이다. 정신착란을 현실에의 부적합으로 평가하는 것은 무의미하다. 빈스방거가 『사고의 비약에 관해』에서 쓰고 있듯, 필요한 것은 "미학적 체험 형태ästhetisch Erlebnisform를 이해하는 일"308이다.

그것이 바로 **양식**이라고 불리는 것이다.309 징후에 관한 빈스방거의 모든 연구는 이때부터 양식 연구 형태를 취하기 시작한다. 가장 좋은 사례는 '매너리즘' 연구에 등장한다. 이 연구는 정신과의사 블로일러와 밀접한 문제, 즉 정신분열증 환자의 행동의 반복된 '매너리즘'에서 출발해 궁극적으로는 폰토르모Jacopo da Pontormo, 브론치노Agnolo Bronzino, 엘 그레코El Greco 등의 매너리즘 미술 양식 화가들의 그림, 마리노Giambaista Marino, 공고라Luis de Góngora, 그라시안Baltasar Gracián y Morales의 시, 그리고 드보라크Max Dvorak, 제들마이어, 쿠르티우스의 전문 연구를 다루는 미학 연구로 귀결된다.310 이로써 또다시 빈스방거는 바르부르크와 밀접하게 관련된다. 1899년에 바르부르크는 미술의 매너리즘을 형식의 강화 현상(가령 장식)뿐만 아니라 정신적 행동의 특정 유형(가령 미신)과 연결시켰던 것이다.311

이 모든 유사성과 '학제적 영역' 간의 경계가 모호해진 결과 우리는 한 가지 주요한 문제에 봉착하게 된다. **미술의 존재**L'aître de l'art와 **실존의 불안**malheur de l'êtree 간의 관계 설정 문제가 바로 그것이다. 바르부르크와 빈스방거는 양식과 징후에 대해 동시에 질문하곤 했다. 왜냐하면 그들의 견해에 따르면 불안의 모든 사례와 존재의 모든 분열은 뚜렷한 형태를 취하기 때문이다. 또한 모든 형태는 어느 순간이든 양식 구성과 같은 미학적 영역을 활용해야 하기 때문이기도 하다. 반대로 그들은 모든 미술은 우리의 가장 깊은 고통 속으로 과감히 뛰어들 만큼 '치유의 미술'(징후의 변신)이라고 생각했다. 바르부르크는 미술 속에서 **파토스**와 **에토스**의 변증법을 보았다. 빈스방거는 "미술을 통한 자기실현 과정"312에 대해 이야기했다.

이런 징후와 양식의 변증법으로부터 처음으로 가르침을 받은 사람이 다름 아닌 라캉이라는 사실은 흥미롭다.『사고의 비약에 관해』에서 방금 읽은 것이 편집증적 정신병에 관한 자신의 연구에 수렴된다는 사실에 착안해 라캉은 1933년 초에 미술잡지『미노타우르스Minotaure』에 "양식 문제"313에 관한 뛰어난 논문을 게재했다. 이 논문에서 그는 빈스방거의 글과 현상학적 정신의학을 근거로 징후는 정신적 기능의 지엽적 결핍으로 축소될 수 없으며 오히려 '환자의 체험 전체'와 관련되어 있다고 주장했다. 또 "정신의학 연구가 오늘날 택한 방향은 이 문제(인류학적인 동시에 미학적 문제인 양식 문제)에 몇 가지 새로운 데이터를 제공한다"314고도 지적했다.

라캉에 따르면 징후는 실증주의적 심리학자의 객관화에 저항한다. 징후는 의미보다는 **표현**과 연결되어 있는데, 단순한 '지엽적 반응'보다는 전체적 **양식**과 연결된 "체험의 기본 형태"315에 의존하기 때문이다. 하지만 양식을 어떻게 인식할 수 있을까? 관찰된 현상의 두 요인을 동시에 세밀하게 주목함으로써 가능하다. 첫 번째 요인은 **역동적**이다.

주기적 반복, 편재적 증식, 동일한 사건의 끝없는 주기적 회귀 현상을 해방시킨다. 가끔 이 현상은 동일한 사람의 이중화 또는 삼중화를 띠기도 하고 때때로 주체의 인격을 분열시키는 환각으로 나타나기도 한다.

이 모든 것을 라캉은 "양식을 형성하는 양식화의 조건"316의 특징으로 간주한다. 여기서 어떻게 잔존의 '주기적' 또는 '역량기록적' 형상으로서의 닌파의 복합적 화신 또는 뱀을 생각하지 않을 수 있을까? 여기서 어떻게 바르부르크와 그의 '혼합 상태'를 생각하지 않을 수 있을까?

두 번째 요인은 **상징적**이다. 그것은 ('망상적 사고'로 치장되더라도) '민속의 신화적 창조'뿐만 아니라 '조형적·시적인 생산의 의미작용'과 비교할 만한 징후를 만들어 낸다. 따라서 (바르부르크의 프로젝트 같은) 문화인류학, 형태의 양식학(미술사) 또는 사회 현실의 심층을 다루는 정치사 없이는 원칙적으로 정신병리학적 분석은 더 이상 실행될 수 없다. 라캉이 결론에서 지적하는 대로 정신병의 징후는 "역사적으로 실재하는 사회적 긴장의 중추에서 매우 자주 발생"317하기 때문이다. 그것은 바르부르크의 "지진학"318을 참조하는 또 다른 방법이다.

또한 그것은 그의 방법론적 교훈을 참조하는 또 다른 방법이다. 왜냐하면 그는 자신만의 '실존적 불안'을 '미술의 존재' 연구를 새롭게 갱신할 (동시에 근거로 삼을) 기회로 만들었기 때문이다. 그는 징후와 양식의 뒤얽힘을 사유하면서 마침내 할 수 있는 한 가장 풍부한 의미로 **파토스적인** 만큼 '인본주의적'(여기서 누군가는 파노프스키의 격언을 알아볼 것이다)이지는 않은 학문으로 미술사를 재창조할 것이다.319 크로이츠링엔에서 강연하고 나서 5일이 지난 후 그는 「카타르시스」라는 제목의 짧은 원고를 썼다. 거기서 정확히 다음과 같은 문제를 제기한다. 어떻게 (자유롭고 보편적인) **로고스**가 (정신 나가고 유아론적인) **파토스**를 정복하는가?320 무엇보다 어떻게 하면 이 **로고스**가 **파토스**에 대해서는 아무것도 잊어버리지 않고 반대로 시련의 가장 깊은 곳에서 **파토스**를 (인류학적이고 현상학적으로) 사유하게 할 수 있을까?

이 '파토스적' 지식의 도전은 그의 **인식적 양식**에서 필수적인 역설을 이해할 수 있도록 해준다. 한편으로 그는 역사적 자료의 '출처'의 제시 뒤로 '나'에 대한 모든 주장을 배경 속에 숨긴다. 그것이 '나는', '내가 생각하기에는 ……' 같은 자세를 결코 취하지 않는 그의 공식적 글쓰기에서 그가 매우 겸손하고 사실상 거의 지워진 것처럼 보이는 이유이다. 하지만 다른 한편으로 그는 깨달음Erkenntnis과 고백Bekenntnis 간의 근본적 관련성을 통해 자신의 정신분석적 경험이 도움이 되었음을 완벽히 알고 있었다.

요컨대 그는 지식을 하나의 몸체처럼 구성하려는 모든 시도에는 자서전적 차원이 들어있음을 알고 있었다. 가령 그의 젊은 시절 환상인 인디언스러움은 "원시적 인간의 불멸성die Unzerstörbarkeit des primitiven Menschen" 321이라는 가설을 구성하는 재료가 된다. 자신만의 착란적 '충동'은 '육화를 통한 연결 충동Verknüpfungszwang durch Verleibung'의 특징, 즉 그가 아메리카 원주민과 이탈리아의 의례에서 연구한 조형적·마법적 활동의 특징을 이해하는 경험적 토대가 된다.322 그리고 일반적으로 잔존에 대한 지식은 이미 유령으로 가득 채워진 경험에 기초해야만 출현할 수 있다. 슐레겔Schlegel에 따르면

> 모든 사람은 바라고 원한 것, 무엇보다 자기 자신에 대한 모든 것을 옛사람에게서 찾아냈다.323

그는 이 관점을 전도시킨다. 즉 각각의 '자기 자신' 속에는 고대를 포함한 우리 문화 전체의 유령이 살아서 잔존한다.

광기의 한가운데서 만들어진 구조가 문화와 역사의 형태에 대한 엄격한 지식의 토대를 형성할 수 있던 이유가 바로 그것이다. 말년에 프로

이트는 히스테리증자처럼 모든 정신이상자가 '자신의 기억으로 고통받는다'는 사실을 알았다. 왜냐하면 우리가 어쩌면 바르부르크와 함께 므네모시네라는 이름을 붙일 수 있는 동일한 질병으로 고통받는 것은 인류 일반이기 때문이다.324 같은 글 「분석 속의 구성물들」에서 프로이트는 여러 차례 지적한 다음과 같은 임상적 관찰을 제시했다. 어떤 해석적 구성물들이 징후의 '진실의 핵'을 건드리거나 단순히 '진실을 향해 나아갈 때' 환자는 "징후와 일반적 상태의 분명한 악화로 어김없이 그것에 반응한다."325

'살아 있는 뱀 무더기'와 '괴물의 변증법'에 감정이입적으로 빠져들면서 크로이츠링엔의 바르부르크는 자신이 찾던 지식의 궁극적 대상에 최대한 가까워졌다고 결론 내릴 수는 없을까?

07

동감
또는 육화에 의한 지식

크로이츠링엔에서 한 강연은 바르부르크가 오랫동안 '**육화**incorporation' 또는 '**구현**incarnation'으로 이해해온 것에 대한 구체적 실험과 이론적 심화의 계기가 되었다. 그는 종종 **육체화**Verkörperung라는 용어로 이미지에 대해 이야기하곤 했다. 하지만 빈스방거와 만났을 때 그는 **육화** Verleibung라는 용어에 특권을 부여했는데, 이 용어는 그가 이미 『일원론적 미술심리학의 기초에 관한 단상』에서 사용한 것이지만 여기서는 좀 더 직접적으로 현상학적 의미로, 즉 모든 문화의 '상징'에서 작동하는 '[살아 있는] 육신(살)을 얻음prise de chair'을 표현하는 방법으로 이해되었다.*

* anthropomorphisme/Anthropomorphismus, personnification, incorporation/Verleibung, incarnation/Verkörperung 등 이 책에 등장하는 유사하지만 아주 조금씩 다른 의미를 표현하는 이 단어들에 대한 번역어의 선택은 가장 까다로운 부분 중 하나이다. 이 단어들의 어원적 의미와 실제로 문장의 맥락에서 사용되는 뉘앙스를 모두 고려해야 하기 때문이다. 먼저 anthropomorphisme은 anthropo의 어원적 의미를 유지하고, 사용되는 문장의 맥

무엇이 그의 최초의 문제였을까? 기본적으로는 인류학적 용어로 이미지의 효능, 즉 이미지의 생애사Lebensgeschichte 그리고 이미지가 지닌 잔존의 힘을 이해하는 문제였다. 출발점에서 바르부르크는 인간이 '사물을 조작하는 동물'이라고 말한다. 인간은 생명을 유지하기 위해 대상의 무기체적 성질을 만지고 활용하고 변형시킨다. 그는 무기체를 자신의 유기체에 더 가까이 가져와서 결합한다. 그에 따라 문제가 정식화되는 것은 '**감정이입**Einfühlung'이라는 용어를 통해서이다. 하지만 이미 '괴물의 변증법'이 거기 있었다. 즉 무기체를 육화시켰기 때문에 인간이라는 동물은 더 이상 자신의 경계가 어디까지인지 정확히 알지 못하게 되는 것이다. 언어, 종교, 예술, 지식 등 **문화**를 낳는 이 조작은 또한 근본적 **비극** 그리고 근본적 정신분열증을 낳기도 한다.

무생물적 자연에 대한 이 모든 질문과 감정이입의 수수께끼diese Fragen und Rätsel der Einfühlung는 어디서 올까? 사실 인간에게는 무언가와 자신을

락상 주로 신-인간-사물 간의 형태변형morph을 나타내기에 '의인화'로 번역했다. personnification은 사람person으로의 변형이라는 의미를 더 강조하기에 인격화로 번역했다. 가장 모호한 단어가 incarnation/Verkörperung과 incorporation/Verleibung이다. 어원적으로 보면 독일어 Körper가 신체, 육체를 의미하고 이것이 프랑스어와 영어의 corps와 관련되어 있기에 incorporation으로 번역될 수 있을 것 같지만 저자는 그것을 incarnation으로 번역했다. 여기에 어원상 육체, 살carne이라는 단어가 포함되어 있지만 실제로 맥락상 사용되는 뉘앙스는 '육체의 구현', '육체의 형상을 갖춤' 등을 의미하기 때문일 것이다. 대신 여기서 바르부르크가 새롭게 쓰기 시작했다고 설명한 Verleibung에는 어원상 leib, 즉 '생명', '살아 있는 육체를 갖춘'이라는 의미가 포함되어 있다. 이를 바탕으로 이 단어는 (일반적으로) 무기체를 '살아 있는 육체로 일체화시키다'라는 뜻을 나타내기에 incorporation으로 번역한다. 이에 따라 한국어 번역어는 incarnation/Verkörperung은 형상을 구현한다는 의미에 강조를 둔 '육체화'로, incorporation/Verleibung은 현상학적 의미의 '살chair 즉' '살아 있고 서로 관계하는' 살의 의미에 더 강조를 둔 '육화'로 번역했다.

(정확히는 조작하고 운반하는 행위 속에서) 통합시켜 자신에게 속하지만 자기 혈관을 통해 흐르지는 않는 상태가 존재하기 때문이다. …… **육화의 비극. 현상학. 개성의 변동하는 경계. 육화에 의한 전용轉用**. 출발점은 다음과 같다. 나는 인간이 **사물을 조작하는 동물**이라고 생각하며, 그의 활동은 조립하고 분해하는 것Verknüpfen und Trennen이다. 그것은 인간이 유기체적 자아 감각sein Ich-Organgefühl을 잃게 만드는 방식이다. 무기체이기에 신경 장치가 없지만 무기체적 방식으로 자아를 확장시키는die sein Ich unorganisch erweitern 구체적 대상을 사실상 손으로 붙잡을 수 있기 때문이다. 거기에 사물을 다루고 조작하면서 자신의 유기체적 경계를 넘어서야 하는 인간의 비극die Tragik이 있다. …… 모든 인류는 영원히 그리고 언제나 정신분열적schizophren이다.326

거기에 바르부르크의 관점에서 상징 일반의 '구조적 생체표현struktureller Biomorphismus'이라고 불려야 하는 것에 대한 일반적 조건이 존재한다. 그런 경우 또는 그로 인해 인간의 생명은 사물의 무기체적 특성과 대면하더라도 말이다.327 이 맥락에서 감정이입은 매우 중요하다. 단지 무기체적 형태가 유기체적 형태로 육화되는 과정, 즉 '생명'이 '사물'에 투영되는 과정을 가리키기 때문에라도 그렇다.

따라서 우리는 조형적 제작, 의례적 행위, 또는 심지어 주어진 문화에 의해 생산된 물질적 형상 언어 속에 그런 형태의 (상상적이고 상징적인) 효율성을 위치시킬 수 있는 **유사성의 인류학**을 구축할 필요성을 이해할 수 있다. 육화 개념은 이 영역들 어디서나 찾을 수 있다. 이 개념은 자연의 기술적 전용에 내재해 있으며 희생, 춤, 마스크 및 이미지 일반의 사용처럼 '모방적 변신' 현상 속에서 지배적이다(심지어 이질적이다). 또 어느 정도까지는 문화적 언어의 구문과 논리를 뒷받침하기도 한다.

1. 원시문화의 논리적 행동으로서의 육화die Verleibung als logischer Akt der primitiven Kultur는 인간과 외적 존재, 생물과 무생물 사이에서 발생하는 과정이다. …… 우리는 만약 연결사가 없어지면 주어(주체)와 목적어(대상)가 서로 합쳐지거나 억양이 달라지면 주어(주체)와 목적어(대상)가 서로를 무효화시키는 **생성 단계에 있는**in statu nascendi 단순한 문장을 갖고 있다. 세 가지 요소로 이루어진 불안정하고 기초적인 문장의 상태는 원시부족의 종교적 미술 관행에 반영되어 어떤 대상을 구문의 목적어와 유사한 과정으로 육화시키는 경향을 관찰할 수 있을 정도가 된다. ……
2. 육화를 통한 전용 상태Zustand der Anverleibung. 대상의 일부가 외관상 낯선 육체 상태로 남아 있으므로 자아-감각Ich-Gefühl을 무기체적 영역으로 확장시킨다. 조작 및 운반Hantieren und Tragen.
3. 주체가 조작과 운반, 상실과 긍정 간의 중간 상태에 있는 대상 속에서 사라진다das Subjekt geht an das Objekt verloren. 인간은 운동적으로Kinetisch 거기 있지만 그의 자아는 모든 무기체적 확장에 완전히 포섭된다. 대상에서의 주체의 상실Verlust des Subjekts an das Objekt은 대상의 일부를 육화시킨 희생 행위에서 완벽하게 나타난다. 모방적 변신: 사례: 가면 무용 의례.328

바르부르크에게서 육화는 확실히 일종의 '총체적인 정신적 사실'(여기서 나는 사물의 '전용'에 의해 정체성, 즉 자아-감각Ich-Gefühl을 구성할 만큼 강력한 과정을 의미한다)로 보였을 뿐만 아니라 '대상 속에서의 주체의 상실Verlust des Subjekts an das Objekt'을 초래해 그것을 붕괴시키는 것으로도 보였다. 따라서 이 상황에서 자기를 찾는 것은 길을 잃을 수도 있다.

구축은 광기와, 지식은 비극과, **로고스**는 **파토스**와, 지혜는 정신분열과 함께 짝을 이룬다. 우리는 뱀 무더기나 '괴물의 변증법'으로부터 도망칠 수 없다. 기껏해야 가끔 그것과 관련해 방향을 잡거나 표지판 같은 것을 향해 움직일 수 있을 뿐이다. 하지만 **뒤얽힘**이 이 인류학적 · 메타심리학적 모델, 주체와 대상 간의 관계의 비칸트적 모델을 지배한다.

생을 마칠 때까지 바르부르크는 계속 더 깊이 침투해 들어갔으며, 적어도 문제들의 그러한 결합을 재정식화했다. 마지막 원고, 특히 『므네모시네 아틀라스의 근본개념』에서는 잔존 자체의 본질적 기능인 이 '에너지적 감정이입'으로, 그것이 고전고대라는 모티브에 의미를 부여하는(또는 재부여하는) 방식으로 되돌아왔다.329 다른 곳에서는 '밖으로 밀어내는ex-pressive' 것, '아래로 밀어 내는de-pressive' 것 그리고 "함께 밀어 내는sym-pressive"330 것 간의 미학적 · 정신병리학적 차이를 보여주었다.

간단히 말해 감정이입과 육화 개념은 결국 그의 이미지 이해에서 필수적 위치를 차지한다. 이 학자의 사후 일부 논평가가 이 두 개념을 그의 저술 전체의 본질적 요소로 볼 정도로까지 말이다. 1929년 6월 19일에 로마의 헤르치아나 도서관Bibliotheca Hertziana*에서 그가 한 강연을 매우 생생하게 설명하며 당시 26살이던 영국의 미술사학자 클라크Kenneth Clark는 이 늙은 연사의 인상적인 감정이입 능력에 관한 인상을 이렇게 전한다.

---

* 독일 출신의 자선가이자 미술 수집가인 헤르츠Henriette Hertz가 〈카이저빌헬름협회 Kaiser Wilhelm Gesellschaft〉에 기부한 자금으로 1913년에 로마에 세워진 세계 최대의 미술사 관련 도서관이다. 제2차세계대전 이후 〈카이저빌헬름협회〉의 기능들은 〈막스프랭크협회〉로 넘어갔는데, 그 결과 현재 이 도서관은 〈막스프랭크미술사연구소Max Planck Institute for art History〉로도 불린다.

본인은 만약 한 10센티미터만 더 컸다면[그는 심지어 베렌슨Bernard Berenson보다 키가 작았다] 배우가 되었을 거라고 말했는데, 그럴 수 있을 것이다. 왜냐하면 그에게는 묘할 만큼 모방의 재능이 있었기 때문이다. 그는 어떤 인물을 '자기 것으로 만들' 수 있었다. 그리하여 사보나롤라˙를 인용할 때는 이 수도사의 설득력 있는 목소리를 듣는 것 같았으며, 폴리치아노를 읽었을 때는 메디치가의 모든 우아함과 가벼운 작위성까지도 느껴졌다.331

바르부르크의 장례식에서 한 장엄한 연설에서 카시러는 물론 '파토스형성'과 그것의 '잔존'에 온전히 바친 저술에 깃든 이 감정이입적 분위기의 가장 깊은 원인을 찾으려고 했다. 카시러는 우선 바르부르크가 아직 크로이츠링엔에서 '괴물'과 싸우고 있던 동안 두 사람을 하나로 묶었던 즉각적이고 불가사의한 이해에 대해 이야기했다. 그러고 나서 자신이 연구하던 문제의 '비극적 웅장함'에 완전히 '소진된' 이 학자의 생애를 환기시켰다. 그리고 바르부르크를, 괴테가 읽은 셰익스피어 못지않은 인물에 비유하며 바르부르크의 **시선의 예민함**과 **고통의 예리함**에 대한 감정이입적 등식을 확립하는 것으로 연설을 끝맺었다.

그리고 제가 5년 전 크로이츠링엔을 방문해 마침내 우리가 처음 만났을 때 우리 사이에는 이미 친밀한 유대가 있었습니다. 아주 짧은 시간 동안 이야기

• Girolamo Savonarola(1452~1498년). 페라라 출신의 도미니쿠스회 수도사이자 종교개혁가이다. 피렌체의 산마르코 수도원장이 된 1491년부터 당시 피렌체의 실질적 지도자였던 로렌초 데 메디치와 교회의 부패를 강하게 비판했다. 1494년에 프랑스의 샤를 8세의 공격으로 메디치가가 무너지자 피렌체의 중산계급을 기반으로 하는 정치지도자가 되어 정권을 잡았지만 당시 교황 알렉산더 6세와의 대립으로 파문당한 후 끝내 화형에 처해졌다. 마키아벨리의 『군주론』에서 '무장하지 않은 예언자'의 실패 사례로 거론된다.

를 나눈 후 우리는 서로를 잘 알게 되었고, 보통 몇 년간 함께 작업해야만 할 수 있는 방식으로 서로를 이해했습니다. 저는 이제 그가 제 앞에 서 있는 만큼 지칠 줄 모르는 탐구의 의미 그리고 그의 노력과 연구에 대해 이전보다 훨씬 더 완전하게 파악했습니다. 저는 이제 완전한 중력, 완전한 힘과 비극적 웅장함 속에서 그의 삶을 사로잡고 그의 삶을 소진시킨 문제가 바로 제 앞에 드러나는 것을 보았습니다. …… 다른 이들이 뚜렷하고 구분된 형태 그리고 그 자체로 편안한 형태를 보는 곳에서 그는 움직이는 힘을 보았습니다. 그는 거기서 고대가 인류의 영원한 유산으로 창조한 위대한 '파토스의 형태'라고 부르는 것을 보았던 것입니다 …… 거기에서 가장 깊고 가장 개인적인 삶의 경험Aus tiefster, eigenster Lebenserfahrung을 끄집어냈습니다. 그는 자신의 내면을 체험하고 눈앞에서 본 것을 직접 익혔습니다(그리고 진실로 자신의 존재와 자기 삶의 핵심에서 파악하고 해석할 수 있는 것만 볼 수 있었습니다). 일찍이 그는 이런 가혹한 문구를 읽었습니다 ─ '그는 고통과 죽음에 익숙했다.' 하지만 바로 이 고통Leiden의 한가운데 비교할 수 없는 힘Kraft과 시선Schauen의 특이함이 나타났습니다. 연구자가 자신의 가장 심오한 괴로움을 자신의 시선 속에 더 완전하고 깊이 녹여 해방시킨 경우는 흔치 않습니다. …… 그는 언제나 삶 자체의 폭풍과 혼란 한가운데 서 있었습니다. 그는 삶의 궁극적이고 가장 심오한 비극의 문제를 이해하려고 했습니다. 또 거기에는 무엇보다 몇 번이고 반복해서 되돌아왔고 끝까지 계속 고심한 한 가지 문제가 있었습니다. 셰익스피어에 대한 강연에서 젊은 괴테는 평범하게 말해 셰익스피어의 줄거리는 사실 줄거리가 아니며, 대신 그의 연극은 모두 어떤 철학자도 보지 못하고 정의하지 못한 비밀스러운 지점을 둘러싸고 있다고 주장합니다. 거기서 우리 자아의 특수한 본성, 소위 우리의 자유의지는 세계의 필연적 행로와 충돌하게 됩니다. 바르부르크의 연구는 계속해서 이 비밀스러운 지점Geheimer Punkt을 향했으며, 그의 시선Blick은 마치 마법에 걸린 것처럼 그것에 붙잡혀 있었습니다.332

이 문장을 읽으면 바르부르크가 사망하기 몇 달 전 일기장에 무엇보다 먼저 아무래도 자기는 '정신역사학자Psychohistoriker'라고 느껴진다고 털어놓을 수 있던 이유를 더 잘 이해할 수 있다. 즉 그는 정신병에 시달리는 역사학자였지만 바로 그런 이유로 (그리고 빈스방거와 함께한 분석 덕분에) "자서전적 반영을 통해 서양 문화의 정신분열증을 이미지로부터 보다 잘 진단"333할 수 있었던 것이다. 바르부르크의 '이름 없는 과학'이 비극적 과학, 파토스적 과학, **병리학**이었음은 더 이상 의심의 여지가 없다. 그가 "영원한 불안의 영역Region der ewigen Unruhe"334이라고 부른 곳을 탐사할 운명이던 이 과학은 정확히 아이스킬로스의 정식에 상응하는 것이었다. **파테이 마토스**patheï mathos*, 바로 '시련을 통해 지식을 얻는다'는 정식 말이다. 그것은 수학소mathème**는 아닐지라도 경험된 **파토스**에 기반해 형태, **형성**을 끌어낼 수 있는 내재적 지식을 말한다.335

---

* 그리스어로 patheï(πάθει)는 고통을 겪다, mathos(μάθος)는 교훈, 지식, 앎을 의미한다. 이 단어는 수학mathematics의 어원인 mathemata 또는 mathema와도 관련이 있다. '배우는 모든 것'이라는 의미의 mathemata 역시 앎, 배움, 지식 등을 의미하는 그리스어 mathesis에서 비롯된 것이다.
** 수학소mathème는 라캉이 제안한 용어로, 그의 강의에서 공리처럼 사용되는 방정식, 그래프, 도표, 상징 등을 가리킨다. 특정한 문제나 개념을 표현할 때 언어를 부정확하다고 여겼던 라캉과 바디우Alain Badiou 등은 언어보다 수학소를 더 선호한다. 라캉은 수학소를 "선험적 언어가 아니라 절대적 의미화의 색인"(Lacan, 1966, *Écrits*, p. 691)이라고 정의했다. 사실 여기서도 mathème는 수에 관한 학문이라는 의미보다는 의미와 앎에 접근하기 위한 다른 요소라는 의미에 더 가깝다.

* * *

그런 '파토스적 지식'은 명백히 우리 상식에 어긋난다. 어떻게 알면서 **동시에** 고통받을 수 있을까? (일정한 거리두기가 필요한) 지식과 (거리 지우기를 함축하는) 고통에 고유한 리듬을 어떻게 찾을 수 있을까? 그에 대한 해답은 이미 빈스방거가 이 **박식한 환자**의 '혼합된 상태Mischzustand'와 관련해 정식화시킨 진단 속에서 엿볼 수 있을 것이다. 하지만 더 근본적으로 그것은 정신분석적 상기想起, anamnèse로, 그가 크로이츠링엔에서 겪은 모든 경험이 증언하는 **인식론적 치환** 속에서도 찾아볼 수 있다. 나는 이 시기부터 시작해 현존재 분석Daseinsanalys의 창안자가 그런 유형의 상기를 실행하려 한 매우 정확하고 독창적인 방법을 이야기하려고 한다.336

최고의 정식은 1925년 말에 빈스방거가 바르부르크에게 보낸 — 아마 우연이 아닐 것이다 — 논문에 잘 나타나 있는데, 그것은 두 사람 간의 왕복서한에서 이미 1925년 말부터 등장한다. 이 논문은 프로이트의 70세 생일을 맞이해 잡지 『이마고』에 기고한 것이다. 논문이 정면으로 제기하는 문제는 정신이 지식을 확립하는 수단일 뿐만 아니라 정신 자체가 지식의 대상이 될 때 우리가 받아들여야만 하는 특이한 지식에 관한 것이다. 이 과정을 설명하기 위해 빈스방거는 세 개의 동사가 핵심적 역할을 수행하는 특이한 변증법을 만들어 냈다. '경험하다Erfahren', '이해하다Verstehen' 그리고 '해석하다Deuten'가 바로 그것이다.337

우선 빈스방거는 프로이트의 기본적 공헌 중 하나라고 생각한 것으로 되돌아간다. 즉 프로이트의 해석Deutung 행위는 경험Erfahrung 행위에 의해 전적으로 결정된다는 것이다(Erfahrung이라는 단어는 세 요소를 전제한다.* 누군가가 겪고 있는 시련, 획득된 경험 그리고 현재 발생되고 있는 실험이 바로 그것이다). 하지만 어떻게 경험으로부터 해석으로 나아가게 될까? 우리가 알고 있듯 바르부르크는 오랫동안 이 질문에 사로잡혀 있었다. 어떻게 (플라톤 용어로) **광기**mania를 **지혜**sophia로, (아리스토텔레스 용어로) **파토스**를 **로고스**로, (니체 용어로) 디오니소스적 광기를 아폴론적 지식으로 바꿀 수 있을까? 빈스방거는 너무나 미묘하고도 불가피한 이 과정은 오직 현상학으로만 이해할 수 있다고 응답했다.

빈스방거는 그것을 '이해Verstehen'라고 부르며 그와 관련해 야스퍼스가 『정신병리학 총론』에서 이미 정식화시킨 몇 가지 주장338을 확장시킨다. 누군가를 '이해'하는 일은, 물론 그러한 '역사적' 기록보관소가 필요하지만 누군가에 관한 최대한의 정보를 모으거나 합성하는 일이 아닙니다.339 그에 따르면 '이해하기'란 예기치 않게 '갑작스러운 번쩍임auf-blitzt'을 통해 '동기부여의 맥락Motivationszusammenhang'에 접근하는 것으로, 이 맥락에서 주체는 갑작스럽게 **열려 현존재**의 모방할 수 없는 차원을 해방시킨다.340 말디니Henri Maldiney는 그것을 '자신 밖으로 나가기'라는 역설적 행동이 일어나는 순간으로 가정한다. 즉 '밑바닥에 도달하기 위해[진상규명]'라는 일반적 정식으로 매우 잘 표현되는 행동이다.

여기서 **밑바닥에 도달한다**는 것은 가라앉는다는 의미 그리고 모든 것이 **안착**

• 독일어 Erfahrung은 '가다 또는 여행하다, 겪다'는 단어 fahren에 '무언가가 성공적으로 완성되고, 원하는 성공을 끌어내고, 무언가를 얻고, 성취한다'는 개념을 나타내는 접두사 Er-이 붙은 명사형으로, '무엇인가를 한 번 해보다가 얻게 된 것, 실험 또는 시도의 결과'를 의미한다. 보들레르와 벤야민의 논의에서 Erlebnis(체험)와 대비되어 매우 중요하게 논의되는 개념이다. 이에 대해서는 김병선(2020년), 「낯선 타인의 죽음 이미지 앞에서」, 『언론과 사회』, 20권 2호, 77~83페이지를 참조하라.

해 있는 궁극적이고 원시적인 깊이로 내려간다는 이중적 의미를 가진다. 그것은 빠져드는 것과 (바닥을 딛는다는 의미에서) 무엇 위에 기반하는 일을 동시에 하는 것이다.341

바르부르크는 분명 이 정신병리학적 '이해'를 매우 흥미롭게 생각했을 것이다. 이유는 첫째로, 빈스방거가 그것을 정신의학이 어떤 특권도 누리지 못하는 수준, 즉 신비주의 담론부터 시, 철학, 시각예술에 이르기까지 문화의 다른 모든 형태에 귀를 기울이는 매우 일반적인 **인류학적** 수준에 두었기 때문이다.342 둘째로는 **양식** 문제가 이해 행위 자체의 핵심으로 남아 있었기 때문이다. 사실상 이해는 표현에서 추론되는 의미가 아니라 정반대로 표현이 등장하는, 즉 의미의 재료 속에서 파악되거나 만져지는 표현의 '존재 형태'로만 발생한다. 또 이해는 주체가

> 형태와 모방an ihrer Gestalt und Mimik, 말로 하는 '표현'뿐만 아니라 몸짓과 태도 등 표현 영역Ausdruckssphäre 속에서 우리에게 제시되는 만큼만 발생한다.343

여기서 빈스방거는 미술작품의 본성에 대한 논의에 분명히 매우 가까워지고 있다.344 바르부르크는 **파토스형성** 개념이 그러한 접근법으로부터 놀랄만한 현상학적 해명을 얻었으며, 그 결과 인류학적 관련성이 확인되었음을 분명히 보았다.

따라서 크로이츠링엔에 머물던 그가 얻은 또 다른 혜택은, 자신과 마찬가지로 **뒤얽힘을 통해 지식을 얻은** 과학자와 동등한 파트너로 계속 대화할 수 있는 기회를 가질 수 있었던 것이다. 이 말은 그가 권위주의와

전통주의 없이 작업하며 지식과 지식이 아닌 것, 의미와 의미가 아닌 것, 건설과 파괴를 동시에 다루는 그의 연구에서 **지식은 뒤얽힌 것**이 될 수밖에 없음을 의미했다. 그런 종류의 지식은 의학적 **기호학**의 실증주의와는 정반대되는 것으로, 거기서 징후 개념은 언제나 병증의 '기호', 즉 **세메이온**séméion과 긴밀하게 묶여 있다. 또한 그것은 (분석적 식별, **해석** 행위를 전제하는) 꿈과 미술작품의 도상해석학적 '그림 수수께끼'가 뒤엉켜 있으며, '살아 있는 뱀 무더기'로 육화됨으로써 결국 **이해**밖에는 다른 도리가 없는 영역에서 스스로의 기호학적 차원을 넘어서는 **양식적 특징**을 찾는 지식이었다.

더구나 두 가지 양식적 특징이 그와 빈스방거 모두에게서 특화되었다. 그들이 쓴 글은 복잡하고, 반복적이며, '뱀장어 스프'(여기서 우리는 그가 자기 산문의 특징을 말한 방식을 기억한다)처럼 종잡을 수 없다. 무엇보다도 과잉결정과 뒤얽힘에 대한 그들의 존중은 연구하는 현상에 대한 접근을 일종의 '무한 분석'으로 만들었다. 즉 감히 **결론을 내리기를 포기하는** 것이었다.

> 어디서나 우리를 안내해야 할 것은 …… 플로베르가 '결론을 내리고 싶은 강렬한 욕망'이라고 부른 것을 포기하는 것, 즉 (우리의 일방적으로 자연주의적인 지적 훈련을 고려하면 쉽게 실행할 수 없는) 결론을 도출하고 의견이나 판단을 형성하려는 열정적 욕구를 포기하는 것이어야 한다. 간단히 말해 주어진 사물을 숙고하려는 욕구를 포기하는 대신 사물 자체가 말을 하게 하거나 다시 플로베르를 인용하자면 '어떤 사물을 있는 그대로 표현'하는 것이어야 한다.[345]

'어떤 사물을 있는 그대로 표현하는 것.' 그것은 사실 1920년대 초(따라서 바르부르크와 만났던 거의 같은 시기)에 현상학자가 된 빈스방거의 과제였다.346 그는 도스토옙스키를 읽다가 후설을 발견하고 있었으며, 정신병을 연구하다가 마르크Franz Marc와 반 고흐를 찾고 있었다.347 그는 다시 한 번 플로베르를 인용했다.

돌, 동물, 그림을 보는 것으로 나는 그 속으로 들어가고 있다고 느꼈다.348

따라서 빈스방거는 **이해를 통한 지식**을 육화라고 생각하고 있었다. 그것이 바로 감정이입 과정이다.

'어떤 사물을 있는 그대로 표현하는 것'은 자기 판단의 정확성을 확신하고 위대한 개념적 높이에서 그것의 진실을 말하는 문제가 아니다. 오히려 사물에 고유한 표현방식, 즉 사물의 **존재 양식**과 감정이입적으로 융합되는 것이다. 다시 말해 사물의 '유령phasme'이 되는 것이다. 그것은 플로베르가 잘 표현했듯이 사물에 의해 '침투되기 위해' 사물로 침투하는 것이다. 그것은 빠져나갈 수 없는(빠져나가게 할 수 없는) 위험을 감수한다는 뜻이다. 뒤얽힘에 의한 지식은 깊은 틈을 통해 얻는 지식이고, 사물의 세계로 향하는 끝없는 여행이며, 그 속에 연루된다는 예민한 의식, 즉 주름 속의 삶에 대한 깊은 욕망이다. 그것이 바로 정신적 문제의 두 탐험가인 바르부르크와 빈스방거가 해석의 범위 안에 있는 어떤 것에 대해 결과적인 결론에 도달하기가 그렇게 힘들었던 이유이다.

* * *

하지만 그와 빈스방거 둘 모두가 각자의 저술에서 사용했고, 1923년 즈음 크로이츨링엔에서 쉽게 논의했을 수도 있는 **감정이입**이라는 이 용어는 정확히 무엇을 다루고 있는가? 먼저 감정이입은 신체의 움직임과 그것의 표현가치에 기초한 원시적 커뮤니케이션 방식을 가리킨다. 그와 관련해 그는 1888년에 접한 다윈의 『인간과 동물의 감정표현』을 (평생 그랬던 것처럼) 여전히 생각하고 있었다. 반면 빈스방거는 이미 부이텐다이크Frederik Jacobus Johannes Buytendijk, 플레스너Helmuth Plessner, 폰 윅스퀼Jakob Johann Freiherr von Uexküll 그리고 스트라우스Erwin Straus가 수행한 윤리학과 심리학의 최신 연구를 잘 알고 있었다.349

그는 후설을 따라 **감정이입**의 보다 특수한 현상학적 의미를 알고 있었을 것이다. 여기서 핵심은 『현상학의 이념 2권』에서 '동물적 본성의 구성'이 자체를 넘어 '정신적 세계의 구성'과 다름없는 것이 되는 순간이다. 후설에 따르면 감정이입은 (물리적) 육체의 순수한 '감각적 인상'이 '사물의 간주관적 객관성'을 대신하도록 해주는 변형을 가리킨다. 마치 다른 사람에게 내면과 영혼을 빌려주는 듯 사람은 자기 자신을 정신적 존재로 구성한다.350 『현상학의 이념 2권』 원고가 출판되기 전에 참고할 수 있던 슈타인Edith Stein은 1917년에 감정이입 개념의 '선험적transcendental' 급진화를 시도했다. 또 셸러Max Scheler는 당시에 '공감sympathy'의 윤리학과 형이상학 전체를 정교화하고 있었다.351

한편 바르부르크도 젊었을 때 받아들인 감정이입에 대한 특정한 이해방식을 빈스방거에게 말해줄 수 있었다. 사실 그것은 1893년의 보티첼리 논문을 위한 예비 메모Vorbemerkung에서 가장 먼저 출판된 문장의 내용이었다. 즉 만약 **잔존** 문제가 **파토스형성**과 '움직이는 부속물의 표현 Darstellung …… bewegten Beiwerks'에 초점을 맞추었다면 그리고 주어진 문화의 현재 속에서 이미지는 고대 석관의 **화석화된 생명**을 육화함으로써만 **잔존**한다면 이유는 감정이입 현상이 이미지와 시간 속에서의 '생명'의 전송 전체를 지배하기 때문이다. 따라서 그는 "'감정이입'이라는 미학적 행위를 하고 있던 [르네상스] 예술가들이 존재하던 분위기 속에서 막 등장하고 있던 의미를 양식 형성의 힘으로 관찰den Sinn für den ästhetischen Akt der 'Einfühlung' in seinem Werden als stilbildende Macht beobachten"352하고 싶다는 선언으로 작업을 시작한 것이다.

그렇다면 그는 주로 무엇을 관찰했을까? 즉각 발견한 것은 무엇이었을까? 1923년에 마침내 '정신분열적'이라고 부르게 될 분열적 구조가 그것이었다. 다른 한편으로 고전풍을 흉내 낸 15세기 회화에서 너무나 풍부하게 나타나는 **기본 몸짓**을 보았다(이 모든 것을 담고 있는 한 점의 그림, 즉 폴라이올로Pollaiuolo의 〈헤라클레스와 데이아네이라〉[뉴헤이븐, 예일대학교 미술관 소장]를 감상하는 것만으로 충분할 것이다).* 그것은 붙잡기-도망치기, 욕망하기-거절하기, 애무-살해 등 유기체의 즉각적 반응에 의해 유발된다.353 다른 한편으로 그는 (처음에는 보티첼리에게서, 다음으로는 기를란다요와 다른 많은 미술가에게서) **치환의 형성**을 찾아냈는데, 그것을 통해 '파토스적 생명'은 바람에 나부끼는 옷과 머리카락의 반유기체적이거나 무기체적 주름 속에도 머물 수 있음을 보여주었다. 그것은 감정이

---

* 폴라이올로의 이 그림은 1470년경의 유화 작품으로, 켄타우로스 네소스Nesus가 헤라클레스의 아내 데이아네이라를 안고 에우에노스Euenos 강을 건네주다가 겁탈하려고 붙잡는 장면을 묘사하고 있다. 강을 사이에 두고 네소스에게 붙잡혀 몸을 뒤틀고 있는 데이아네이라가 왼쪽 편에 보이고, 오른편에는 히드라의 독을 묻힌 화살 시위를 힘껏 당기고 있는 헤라클레스가 보인다. 신화는 여기서 헤라클레스가 네소스를 죽이고, 히드라의 독이 섞인 네소스의 피를 사랑의 묘약으로 알고 보관하던 데이라네이라가 헤라클레스의 속옷에 그것을 발라 결국 그를 죽음에 이르게 했다고 전한다.

입의 또 다른 측면으로, '무생물적인 것의 생물화'라고 부를 수 있을 것이다.

그는 **감정이입**의 그런 효과를 가능한 한 명확히 설명할 수 있는 이론적 도구를 만들려는 (또는 최소한 어설프게나마 엮어보려는) 노력을 포기하지 않았다. 비록 출판된 글에서는 어떤 종류의 것이든 학설에 대한 상술은 자제하고 이론적 '자아'는 배경과 박식함, 전거의 강조 뒤에 겸손하게 감추어 두었지만 원고들의 고독 속에서 그는 주저하지 않고 분명히 이미지의 육화 이론을 모색하는 글로 수천 페이지의 노트를 채웠다. 1888~1905년에 쓴 『일원론적 미술심리학의 기초에 관한 단상』은 조숙한 만큼 야심찬 그러한 노력의 좋은 사례를 제공한다.354

1896년 1월~3월 사이, 즉 아메리카 여행 동안 기록된 몇몇 노트에서 그는 가령 주술적·종교적 '육화Verleibung'와 '흡수Absorption'의 유형 분류 체계를 도입한다. 그는 '대상object'을 정향된 영역(축으로 가로지른 사각형)으로, '주체subject'를 기계적 스프링, 전기 필라멘트 또는 똬리를 튼 뱀처럼 보이는 이상한 작은 나선형으로 그린, 세 가지 이형을 가진 도식을 끌어냈다.355(〈그림 81〉) 첫 번째 그림에서 대상을 운반하는 것은 주체이다. 바르부르크가 사용하는 독일어 동사 tragen은 버틴다는 의미를 갖고 있는데, 겪거나 고통에 시달린다는 함축적 의미도 함께 가진다. 두 번째 그림에서 상황은 전도된다. 그리고 세 번째 그림에서 주체는 대상 내부에 그려진 영역의 방향 설정의 축을 형성한다. 바르부르크는 이 마지막 그림을 '동일시에 의한 모방nachahmen …… identifizieren' 사례라고 부르며 (덮거나, 감싸거나, 어쩌면 묻어둔다는 의미의) einhüllen이라는 동사로 주석을 완성한다. 이 단어는 감정이입하다einfühlen라는 동사(게다가 이것은 원고의 다른 곳에서 논의되는 주제이기도 하다)와 특히 잘 어울린다.

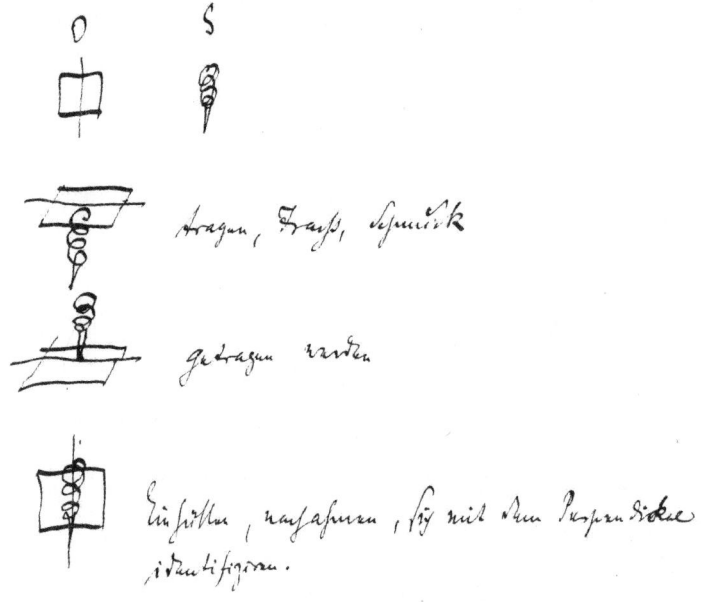

〈그림 81〉 바르부르크, 〈견디다, 견디게 하다, 동일시되다/tragen, getragen werden, sich identifizieren/porter, périmer, s'identifier/to bear, to be borne, to identify with〉, 1896년, 펜화. 바르부르크, 『일원론적 미술심리학의 기초에 관한 단상』 II, 3페이지, 런던, 〈바르부르크연구소〉 아카이브.

이 도식은 바로 이어서 '주체'와 '대상'이 훨씬 더 자의적인 방식으로, 더 성性적인 방식으로 재현되는 듯 보이는 두 번째 도식으로 이어진다. 거기에는 튀어나온 돌기(주체)로 전구를 기다리는 열린 전등 갓(대상) 같은 것이 그려져 있다. 여기서 그는 다시금 감정이입이라는 용어로, 즉 대상 속에서의 주체의 '**동일시**identification', '**머무름**Einkehr'이라는 용어로 모방에 대해 이야기하고 있다.356(〈그림 82〉) 우리는 1923년의 텍스트에서 매우 강력하게 이야기하게 될 모든 것을 이미 이해할 수 있다. 즉 이미지와의 관계는 지금부터 투사, 육화, 나아가 상호침투라는 용어로 사유

07 동감 또는 육화에 의한 지식 517

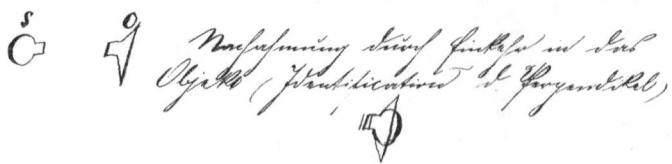

〈그림 82〉 바르부르크, 1896. 〈대상 안에 머무름에 의한 모방(동일시)〉. 펜화. 출처 『일원론적 미술심리학의 기초에 관한 단상』 II, 3페이지, 런던, 〈바르부르크연구소〉 아카이브.

해야 함을 말이다. 사람들이 눈앞에 두는 것(프레스코화, 회화, 조각), 다른 사람들에게 과시하기 위해 몸에 두르는 것(장신구, 보석, 옷), 이 모든 것은 바르부르크에 따르면 '물질적 문화stoffliche Kultur'와 '정신적 문화'를 더 이상 구분할 수 없는 지점까지 육체적 이미지와 정신적 이미지의 상호침투를 목표로 삼는다.

> 축적Haüfung[모아둠과 장식]을 필요로 하는 …… 촉각에 의한 전용die abtastende Aneignung은 …… 모방적 감정이입mimische Einfühlung의 육체적 과정에 의해 대체되고 있다.357

모든 이미지는 육체를 떠나 육체로 되돌아온다. 15세기 피렌체에서는 프라 안젤리코Fra Angelico의 그림이나 [반 데르 구스Hugo van der Goes가 그린] 포르티나리Tomaso Portinari의 제단화에서 뚜렷이 드러나는 전례상의 위치, 기베르티나 도나텔로의 파토스적 군중 그리고 보티첼리나 폴라이올로의 춤추는 누드는 모두 그런 '모방적 감정이입'과 그에 수반되는 기초적 몸짓을 유도했다. 하지만 장식 자체(화환, 느슨하게 걸친 옷, 가문의 문장, 헤어스타일, 캘리그래피, 보석, 가짜 대리석) 또한 치환 형성 덕분에 이 감정이입 과정의 일부분이 되었다. 수집품과 '진기한 골동품 수납

장cabinet de curiosité' 문제를 신체 전리품과 유물이라는 마법적 축적의 인류학적 관점에 둔 슐로서도 정확히 동일한 전제에서 출발했다.358

모든 이미지는 육체를 떠나(즉 육체로부터 스스로를 분리해) 육체로 되돌아온다. 바르부르크는 이에 대한 또 다른 놀라운 사례를 1913년의 괴팅겐 강연에서 제시한다. 16세기 목판화를 이야기하면서 그는 점성술적 이미지(별의 신체)와 유기체적 이미지(해부학적 신체)의 상호침투를 보여주는 '공감적 마법sympathie-Zaubermittel'을 환기시켰다. 이 목판화에서 12궁도 표시는 그것을 사용하는 사람, 특히 이발사-외과의사에게 환자의 사혈瀉血 훈련을 위한 가이드가 되었다.359(〈그림 83〉) 따라서 인간 형상의 여러 부분에 배치된 천체와 환상 동물 그림의 '이질적 신체'는 동시에 깊은 곳의 유기체적 지형을 나타내는 지표가 되기도 한다. 즉 몸에서 불순물을 제거하기 위해 나쁜 피를 뽑아내는데 필수적인 지점을 표시한 것이다.

〈그림 83〉 익명, 〈황도 12궁 인체도(사혈을 위한 차트)〉, 목판화, 1503년. 바르부르크, 『이탈리아 초기 르네상스로 진입하기 전 고대 신들 세계의 이주Wanderungen der antiken Götterwelt vor ihrem Eintritt in die italienische Frühreissance』, 1913년, III. 84~85. 1. 런던, 〈바르부르크연구소〉 아카이브.

따라서 이 이미지는 (아우라적) 간격과 그것의 (감정이입적) 해소의 변증법을 전달한다. 게다가 그것은 **잔존**의 정신적·시간적 과정(16세기 기독교 달력에 등장하는 12궁의 이교도의 신들)과 **감정이입**의 정신적·육체적 과정(유기체와의 근접성 그리고 내밀함까지 부여된 별의 신체)을 결합시킨다. 따라서 이제부터 우리는 **동감**Nachfühlung 에 대해 이야기할 수 있을 것이다. 시간의 복잡하고 육체적인 감정이입, 육체적으로 작용하는 시간적인 감정이입이 그런 것이다. 그것은 감각적 현재와 상징적 기억의 뒤얽힘이다.

* * *

그가 이 모든 용어를 만든 것은 전혀 아니다. 피렌체에서 그의 스승이던 슈마르조프가 몸짓과 표현 문제로 그를 이끌었다. 바르부르크 이상으로 그는 심리학에 기반한 미술학을 지지했는데, 거기서는 감정이입의 역할이 중심적이었다. 슈마르조프에 따르면 '몸이라는 이미지Körperbild' 없이 '공간이라는 형태Raumgestalt'는 있을 수 없다. 바르부르크가 박사학위논문 심사를 받던 해인 1893년, 슈마르조프는 건축 형태의 감정이입적 힘에 대한 논문 전체를 출간했다.360 바르부르크는 시벡Hermann Siebeck의 신중한 독자이기도 했다.361 그러나 무엇보다도 그의 사유가 이 분야에서 가장 직접적인 동시대인이자, 심지어 가장 경쟁적이던 '형식주의' 미술사학자들의 사유와 예기치 않게 융합되는 것은 정말 충격적이다.

놀랍게도 우리는 뵐플린이 1886년에 출간한 책에서 미적 판단과 순수한 시각적 범주의 용어가 아니라 '신체적 세계', '충동', '신화적 상상력'이라는 용어로 미술작품에 접근하는 몇 가지 이론적 명제를 읽을 수 있다.

육체의 형태는 우리 자신이 육체를 지니고 있음을 통해서만 특징을 가질 수 있다. 만약 우리가 단지 시각적으로만 수용되는 본질이라면 물리적 형태의 세계에 대한 미적 판단은 영원히 우리 손아귀를 벗어나 있을 것이다. ……
우리는 부지불식중에 모든 사물에게 영혼을 부여한다. 그것이 오늘날까지도
신화적 환상에 동기를 부여한 인류의 원시적 강박이다. 그리고 정말로 이
강박은 사라지게 될까? 그럴 수 없다고 생각한다. 그것은 아마 미술의 죽음
일 것이다.362

10년 뒤에 (바르부르크가 이 시기에 알고는 있었지만 혐오한 것처럼 보이는) 베렌슨363은 유명한 『르네상스의 피렌체 화가들*Florentine Painters of the Renaissance*』(1896년)이라는 저서 「서문」에서 '상징주의'와 '촉각적 가치'를 결합시켜 조토의 작품을 분석한 글을 발표했다. 감정이입의 미학이 명시적으로 언급되지는 않았지만 피렌체 미술의 그런 미학적 접근의 지적인 틀을 구성하고 있던 것이다.364

상호 분리된 듯 보이는 모든 혹은 거의 모든 접근의 이 이상한 유사성은 무엇을 의미할까? 거기서 '시대정신' 같은 것을 보고 싶어 할지도 모르겠다. 이 시기에 미학적 영역의 모든 새로운 사상은 감정이입이라는 **통일된 개념**에 필연적으로 영향을 받지 않았을까? 사실 미술적 의미와 표현 문제를 형태라는 관점에서 해결할 수 있는 **미술학**의 정립을 바라며 19세기 말 독일에서 이루어진 시도 대부분에서 감정이입을 핵심 개념으로 찾아볼 수 있다. 이 관점에서 감정이입의 미학은 '생명'(활성화, 감각화, 육화, 표현, 의도성 또는 충동)을 심리학적 내재성과 효능 속에서 현재 사유되고 있는 '형태'에 부여하려는 시도로 나타난다.

하지만 감정이입 개념으로의 전환이 얼마나 쉬운지, 얼마나 다양한 의미[방향](즉 원하는 어떤 의미[방향]로든)로 활용할 수 있는지를 고려하면 그것은 통일된 개념이라기보다는 조형적 개념이라고 말할 수 있을 것

이다. 이 개념의 철학적 뿌리들은 복합적이며 때로는 모순적이기도 하다. 가령 아리스토텔레스(카타르시스)부터 시작해 흄David Hume(정념의 전염 contagion of passion), 비코(인간 신체의 '전송transport')와 버크(숭고한 공감 sublime sympathy), 칸트(형태의 우위Primat der Form)와 헤르더(신체의 우위 Primat des Körpers)로 이어지며, 위대한 낭만주의자들, 즉 노발리스Novalis, 실러, 셸링Friedrich Wilhelm Joseph von Schelling, 모리츠Karl Philipp Moritz는 말할 것도 없을 것이다. 어쩌면 이 계보 전체의 핵심 저자인 쇼펜하우어 역시 말할 필요도 없을 것이다.365

늘 그렇듯이 바르부르크는 감정이입 개념에서 자기 이미지의 '정신적 역사'에 즉각 필요한 것만 취했다. 그는 그때까지만 해도 엄격하게 강단철학 영역(정전, 이데아적 실재, 선험적 개념의 창조자) 안에서 정식화된 미학의 문제들이 정신psyché의 현상학이라는 내재적·비규범적 관점으에 의해 새로워진 이해를 통해 이득을 얻으리라고 확신했다. 따라서 그는 위대한 철학이라는 폐쇄적 체계 속에서 감정이입 개념을 재정립하려고 한 다른 모든 시도와는 입장이 달랐다. 립스Theodor Lipps, 폴켈트Johannes Volkelt 등의 이론적 야망에 그가 상대적으로 무관심했던 이유가 그것이다.

감정이입을 새로운 능력으로 추가하는 것을 통해 칸트의 『판단력비판』을 개조하려는 수많은 시도에 직면해 철저한 반칸트주의자였던 그는 감정이입 경험의 어떤 기준학적criteriological '도덕화'도 단호히 거절했다. 바쉬Victor Basch는 1896년에 출판된 주목할 만한 『칸트의 미학에 관한 비판적 에세이*Essai critique sur l'esthétique de Kant*』에서 칸트에게서 '미적 감정ästhetisches Gefühl'이란 "독특한 지적 감정, 반성의 감정, 판단 감정"366이라고 썼다. 바쉬가 보기에 **감정**을 정화시키려고 하는 것, 항상 혼합된 상태인 **감정을** 무엇인가를 느끼는 행위로부터 끊어내려 하는 것은 경험 자체에 대한 배신이다. 다시 말해 감정은 언제나 인식과 감각, 환상과 행동, 욕망과 충동에 의해 동요하는 혼합된 상태Mischzustand, 요컨대 하나의 '무[이해]관심적' 판단으로 축소될 수 없는 온갖 움직임을 특징으로 한다는 것이다. 바쉬는 '사색적 탐미주의자는 평범한 존재가 아니다'라고 말한다. 그리고 좀 더 나아가 이렇게 지적한다.

> 우리의 정상적 삶의 모든 드러냄에 수반되지만 지적·의지적 활동에 의해 질식당하는 많은 감정은 미적 상태에서는 해방되어 무한한 부를 과시한다. 왜냐하면 [미술작품을] 사색하는 동안 관념이라는 음울하고 황량한 감옥과 정언명령이라는 악덕에서 탈출하기 때문이다.367

그렇게 본다면 바르부르크가 1907년에 나온 보링거Wilhelm Worringer의 유명한 에세이 「추상과 감정이입Abstraktion und Einfühlung」에 특별한 관심을 기울이지 않은 이유를 이해하기는 쉽다. 바르부르크에게 관심 있을 만한 몇몇 주제가 이 에세이에서 전체적으로 등장하는 것은 사실이다. 이탈리아 르네상스, 자연주의 문제 그리고 원시미술과 장식 문제 등이 그것이다. 하지만 보링거의 웅장한 양극성은 시간과 상관없는 두 거대 양식의 구체화만 목표로 했다. 그중 하나는 '유기적 존재의 달콤한 조화'로 지탱되는 자연주의적인 배양된 **감정이입**이며, 다른 하나는 "공간을 대하는 정신적 불안"368으로 측정되는 원시의 기하학적 **추상**이었다.

바르부르크의 모든 경험은 이 도식과 상충된다. 그가 찾은 감정이입은 '양식의 형태'가 아니라 '양식 형성의 힘'이며, 〈라오콘〉의 자연주의적 뱀들에서나 왈피 의식의 기하학적 뱀들에서나 모두 강력한 것이다.

그것은 유기적 불안만큼이나 많은 공간적 조화를, '공간을 대하는 불안' 만큼이나 많은 '유기적 존재의 조화'를 낳는다. 감정이입 개념에 대한 보링거의 유일한 개념적 참조가 립스의 지나치게 경직된 뒤늦은 정의였던 것은 우연이 아니다.369 바르부르크는 더 멀리 나아가고 있었다. 그는 감정이입의 토착적이고 창의적인 순간에서 출발했다. 그것은 (아직은 공리화되지 않은) 여전히 발견적이고 (아직은 학문적 개념으로 고착되지 않은) 열려 있는 순간이었다. 그것은 아직 모든 신쇼펜하우어적 반계몽주의로부터 자유로운 만큼 모든 신칸트주의적 전제로부터도 자유로웠다.

* * *

이 지점에서 우리는 비셔Robert Vischer가 1873년에 출판한『광학적 형태감각에 관해Über das optische Formgefühl』라는 제목의, 기껏해야 50페이지에 불과한 짧은 책에 의지할 필요가 있다. 바르부르크가 1893년에 보티첼리 논문의「서문」에서 재인용한 것이 바로 이 책이다. 그리고 인류학적 육화 개념의 종합을 제시한 순간인 1923년에 다시 언급하는 것도 이 책의 내용이다.370 그는 왜 이렇게 이 책에 몰두했을까? 무엇보다 (19세기의 매혹적인 인물이자 기념비적인『미학Esthétique』의 저자 테오도르 비셔Friedrich Theodor Vischer의 아들인)371 비셔가 비록 이론적이긴 해도 경험 많은 사람의 성찰을 제공했기 때문이다. 그는 바르부르크처럼 조토와 시뇨렐리Luca Signorelli 그리고 라파엘로와 뒤러를 통해 르네상스를 이해하려고 한 미술사학자였다.372

다른 한편으로는 그는 바르부르크와 같은 자료에 의존했다. 칸트 이론의 무미건조한 추상화는 그에게 몹시 지루했다. 그는 미술가들의 글

(특히 호가스William Hogarth의 글들), 헤르더의 대담한 발언, 니체의 충격 요법 그리고 무엇보다 괴테의 빛나는 직감을 더 좋아했다.373 바르부르크처럼 그는 모든 종류의 이데아주의와 모든 종류의 형식주의(형식주의가 헤르바르트Johann Friedrich Herbart나 짐머만Robert Zimmermann이 옹호하는 형태의 또 다른 결벽주의를 의미하는 한)에 알레르기가 있었다. 빈스방거가 프로이트의 정신분석에서 경험 행위에 기초한 해석 행위를 인식하기 훨씬 전에 비셔는 본인의 정신적·육체적 힘의 경험에 기초해 형태를 해석하려고 했다.

이를 위해서는 **시선을 열어두는** 위험을 감수할 필요가 있었다. 그것은 이름에 걸맞은 모든 시각적 사건에서 이중적 도식 같은 것을 인식하는 일이었다. 분열에 의해 교차되는 '혼합 상태Mischzustand'가 바로 그것이다. 어떤 이미지가 마침내 우리 시선에 주어지는 '통일성Einheit'(비셔는 그것을 **전체상**Gesamtbild이라고 불렀), 이 통일성은 수동적 '보기Sehen'와 능동적 "살피기Schauen"374라는 분열에 의해 교차되는 복잡한 혼합물일 뿐이다. 더구나 이 과정은 거기에 수반되는 감각의 포괄적 활성화로 이해되어야 한다. 이 감각에는, 비셔가 명확히 말했듯이, '모든 신체가 관여한다.' 이미지와 마주하면 '육체적 존재 전체der ganz Leibmensch'가 움직이게 되는 것이다. 그것이 지중해 풍경의 압도적 열기 아래에서 선글라스를 쓰면 열기가 조금이나마 줄어든다는 느낌을 갖게 되는 이유이다.375

보는 것이 응시하는 것이 되고, 응시하는 것이 느끼는 것이 되며, 느끼는 것이 몸으로 움직이는 것이 되고, 몸으로 움직이는 것이 감정적으로 움직이는 것이 되는, 경험의 그러한 '총감각성omnisensorialité'이라는 인식을 통해 비셔는 형태를 상호침투의 힘으로 이해했다. 다음 단계는 시선이 어떻게 대상을 육화시키는지를 이해하는 일이다. 만약 이미지가 우리에게 경험하게 해주는 것이 '혼종Mischerin'이라면 세계의 모순(정지와 운동, 자아와 비자아)은 "수수께끼 같은 전체in einem rätselhaften Ganzen"376 속에서 결합된 유동적 매개체가 된다. 그렇다면 그런 '재결합'의 힘을 어떻게 묘사해야 할까? 그것이 바로 감정이입의 역할이다.

비셔는 그 속에서 '유사성Ähnlichkeit'이라는 인류학적 기본 요소를 인식했다. 하지만 이 '유사성'은 이미지의 '자연주의'와는 아무 관련이 없으며, 어떤 종류의 양식적 기준이나 내적 '조화'와도 관련이 없다. 오히려 그것은 '시각적 감각Gesichtsempfindung'이 모든 형태에 제공하는 즉각적 반응에 관한 문제이다. 우리는 어쩔 수 없이 우리 자신의 '**인간**' 형태라는 유리한 위치에서 다른 모든 형태를 바라본다. 우리는 오직 우리 자신의 육체적·정신적 "운동 형태Bewegungsformen"377라는 매개를 통해서만 다른 형태를 파악할 수 있다. 요컨대 유기체적이든 기하학적이든, 조형적이든 추상적이든, 어떤 형태든 감정이입적 '반응réponse'(비셔는 이를 **동감**Nachfühlung이라고 불렀다) 또는 (Einfülung을 문자 그대로 정의하는) 감정이입적 "육화"378 과정에 따라 시선에 의해서만 부여된다. 그것은 모든 사례에서 '인간이라는 의미의 내용menschliche …… Gehaltsbedeutung'과 함께 형태를 부여하는 문제였다. 그것은 모든 사례에서 무기체를 유기체로 '육화'시키고 자아를 비자아로 '투사'하는 문제였다.

따라서 우리는 자신의 형태를 객관적 형태로 투사하고 육화시키는 놀라운 능력을 지니고 있다unsere eigene Form einer objektiven Form zu unterschieben und einzuverleiben. …… 따라서 나는 다른 사람, 즉 살아 있는 나 아닌 것lebendiges Nichtich과 하듯이 내 자신의 개별적 생명mein individuelles Leben을 생명 없는 형태leblose Form로 투사한다. 비록 대상은 나와 구별되어 뚜렷이 남아 있지만 나 자신의 정체성Ich mich selbst을 겉으로만 간직하고 있을 뿐이다. 나는 한 손이 다른 손을 잡는 것처럼 대상에 적응하고 달라붙어 있다고 느낀다. 하지만 나는 신비롭게 이식되어 마법처럼 내가 아닌 것으로 변신한다.379

이미지는 우리에게 손을 내미는 것 이상의 역할을 한다. 이미지는 우리의 것을 취하고 감정이입적 매력과 육화의 '마법적'이고 '수수께끼 같은' 움직임으로 우리를 끌어들인다(이미지는 우리를 빨아들이고 집어삼킨다). 50년 후에 바르부르크는 이미지의 힘은 대상을 주체 속으로, 더 나쁘게는 주체를 대상 속으로 상호침투시키는 힘이라고 썼다. 우리는 그가 여기서 '정신분열적' 구조를 추론했음을 기억한다. 비자아와 섞인 자아는 더 이상 자신의 경계가 어디인지 모른다.380

1873년에 비셔는 이미 유사한 방식으로 추론했다. '감정Gefühl'이 형태를 띠면 그에 대한 반작용으로 자아는 특히 분열이라는 상태 변화를 겪는데, 그것은 촉진 또는 장애Förderung oder Störung 중 하나일 수 있다는 것이다.381 따라서 감정이입과 상상력의 흔들림 아래서 바라보는 주체는, 비셔가 썼듯이, "순수하게 미적인 행동과 병적인 행동Zwischen rein ästhetischem und pathologischem Verhalten"382 간의 구별이 모호해지는 상황을 경험하게 된다. 이미지에서 감정이입의 힘을 인식하는 것은 본다는 행위를 열어젖히고 대상을 육화시키는 데만 그치지 않는다. 그것은 또한 주체를 열어젖히는 일이기도 하다.383 그리고 그것이 바로 이론적 결론이다.

따라서 비셔의 설명 전체를 통해 꿈이 차지했던 패러다임의 역할을 더 잘 이해할 수 있다. 꿈에서[그리고 나중에 프로이트와 빈스방거가 덧붙이는 징후에서] 이미지의 상호침투력은 가장 크게 나타난다. 비셔에 따르면 그러한 힘은 의지를 통제할 수 없는 행동에 의해 지배되는 '제2의 자아'를 만든다. 여기서 형태는 핵심일 뿐만 아니라 '공명한다Klangformen.' 여기서 '이미지와 내용의 통일성'은 총체적이다. 곡선을 갖고 움직이지 않거나 수직선을 갖고 상승이나 좌절을 표현하지 않기란 불가능하다.384

여기서 비셔의 주장 전체는 셰르너Karl Albert Scherner가 1861년에 출판한 『꿈의 삶Das Leben des Traums』이라는 저서에 기초하고 있다.385 프로이트는 『꿈의 해석』에서 몇몇 비판적 언급을 제외하고는 끊임없이 이 저서에 경의를 표했다. 욕망이 꿈의 기원이라는 생각을 셰르너에게 빚지고 있다고 프로이트는 생각했다. 또 셰르너의 저서에서 우리는 꿈속의 이미지와 유기체적 움직임 간의 지속적 관계를 찾을 수 있다. 궁극적으로 (꿈을 푸는 고대의 열쇠에서 해방되어) '꿈의 상징'이라는 현대적 개념을 만들어 낸 사람 역시 셰르너이다.386 그를 통해 비셔는 심리학적 용어로 상호침투compénétration, 즉 꿈속에서 '대상의 표상Objektvorstellung'과 '자아의 표상Selbstvorstellung'에 기초한 감정이입 개념을 설정할 수 있었다. 꿈이라는 모델을 이용해 이미지의 '충동하는 힘die treibende Kraft'을 인식할 수 있던 것이다.387

무엇보다 비셔는 형태, 힘 그리고 의미를 함께 사유할 수 있었다. 그것은 바르부르크가 평생 시도한 것이다. 비셔의 첫 번째 텍스트에 등장하는 **감정이입**에 관한 가장 아름다운 가르침 중 하나는 **형태**에 관한 것으로, 형태는 감정이입적 움직임과 육화의 **힘**으로 파악되며 궁극적으로는 **상징**에 관한 사유를 불러일으킨다는 것이다. 비셔는 그것을 "감정의 형태적 상징성Formsymbolik des Gefühls"388이라는 표현으로 잘 설명하고 있다. 그가 감정이입 개념의 사례를 꿈뿐만 아니라 신앙과 신화에서도 제시하고 있는 사실은 놀랍지 않다. 바로 거기서 감정이입 개념은 일반화된 표현, 즉 인류학적인 최상급의 표현을 찾아냈다.389

틀림없이 바르부르크는 비셔의 에세이에서 미학적 원리 또는 심리학적 설명뿐만 아니라 구조적 도구도 인식했을 것이다. 감정이입은 막 태어나는 순간에도 모든 가능성에 열려 있었다. 그것을 통해 우리는 이미지라는 바로 그 개념 속에 **파토스**와 **로고스**, 감정적인 것과 인지적인 것, 물리적인 것과 기호적인 것, 감각과 의미가 통합되길 바란다.390 그러나 **감각** 없이 얻어지는 **의미**란 무엇일까? 상징 개념(그리고 그것과 함께 문화 개념 일반)은 감정이입의 원리에서 어떤 이론적 수정을 받아들이게 될까?

08

감정이입에서 상징으로:
비셔, 칼라일, 비놀리

바르부르크가 상징 이론 또는 인류학에 그토록 강한 욕망을 갖고 있던 이유를 이해하기는 쉽다. 왜냐하면 오라이비의 인디언 원주민과 그들의 살아 있는 뱀 무더기를 대하든 아니면 라오콘과 대리석으로 만든 뒤얽힘을 대하든 아니면 '님프'와 그녀의 움직이는 옷자락을 대하든 어떤 경우에도 미술사를 '순수한 형태'로 다루려는 생각을 거부했기 때문이다. 이미지를 살아 있는 생명 문제라고 생각하는 누구에게도 '순수한 형태'란 존재하지 않는다. 형태는 순수하지 않은 상태로만 존재한다. 다시 말해 강단철학이 반대하려고 한 모든 것, 즉 '물질', '내용', '의미', '표현', '기능'의 네트워크 속에 뒤얽혀 있는 것이다. 아메리카 원주민이 입에 물거나 라오콘의 신체를 휘감은 뱀들처럼, 님파의 옷자락 주름 속 바람처럼 모든 것은 엉망진창으로 뒤섞일 정도로 형태를 관통한다.

여기서 바르부르크는 헤르바르트의 관점에 반대하면서 '순수 형식 Reine Form'이라는 칸트식 개념을 거부하는 비셔의 전제를 공유한다. 비셔에게 내용 없는 형태는 존재하지 않는다(더구나 감정이입이 우리에게 알려주듯 의인화된 내용이 없는 형태는 존재하지 않는다). 추상적으로는 대립하지만 구체적으로는 뒤얽혀 있는 이 두 사물의 신비로운 통합을 비셔는 '형태적 상징Formsymbolik'이라고 부른 바 있다.391

또 1893년에 바르부르크는 감정이입 이론을 통해 이전에 칸트와 헤겔이 상정한 것을 넘어 상징 개념을 토대에서부터 재고할 수 있음을 이해했다. 즉 상징은 피폐해진 '개념의 간접적 표상'과는 전혀 다르며 '관념이 여전히 미술적 표현을 찾고 있는' 기호의 '원시적'이고 "모호한"392 단계와도 사뭇 다른 것이다. 그러나 비셔는 결코 이 '상징'에 대한 분명한 정의를 제시하지 않았다. 말하고 상상하는 존재로 구성되는 정신적 육화 과정으로 그가 상징을 다시 사유했다는 사실만 알려져 있다. 대신 그는 아버지 테오도르 비셔의 저서를 암묵적으로 언급하는데, 이 문제에 대한 가장 종합적인 설명이 「상징」이라는 진지한 제목의 1887년도 글에 등장한다.393

빈트에 따르면 이 텍스트는 바르부르크가 계속 '반복해서 읽은' 일종의 '일일기도서Breviary'로, 이제 막 연구를 시작한 그에게는 '개념적 틀'이나 다름없었다.394 이 책이 즉각 바르부르크의 주목을 끌게 된 이유는 쉽게 알 수 있다. 왜냐하면 이 책은 무엇도 '틀 지우지' 않으며, 어떤 것도 '도식화시키지' 않기 때문이다. 정반대로 모든 상징 형성이 보여주는 **뒤얽힘** 자체를 출발점으로 삼고 있다. 테오도르 비셔에 따르면 상징은 '여러 형태를 가진 프로테우스ein gestaltwechselnder Proteus'*이다. 제기되는 문제는 처음에는 무척 간단해 보였다. 문제는 비교지점Vergleichung-

* 그리스 신화에 등장하는 프로테우스Πρωτεύς는 초기 바다의 신 중 하나로, 어떤 형태로든 모습을 변화시킬 수 있는 능력을 가졌다고 한다.

spunkt의 매개를 통한 이미지Bild와 내용Inhalt 간의 '연결Verknüpfung'에 관한 것이었다. 하지만 제시된 답변은 우리의 일상적 개념 틀에 도전할 정도로 복잡했다.395

문제 전체는 상징의 구성적 **불충분성** 속에 놓여 있었다. 그러나 헤겔이 결함이나 조건의 박탈로 간주한 것을 비셔는 다양성, 풍부함, 발명의 조건, 요컨대 **양식**과 역사성의 조건이라는 발견적 장점으로 간주했다. 뒤얽힘과 **불충분성**은 개념을 거스르지만 정확히는 상징의 **힘** 자체를 구성하는 것으로 파악되어야 한다.396 그것은 더 이상 진리의 공통된 규칙, 즉 '사물과 지성의 일치adaequatio rei et intellectus'에 종속되지 않을 만큼 충분하다. 따라서 비셔는 '상대방과 서로 뒤섞인 사고Ineinanderdenken'를 주장한다. 그는 (바르부르크가 나중에 하게 되듯) '이미지와 의미의 연결Verbindung zwischen Bild und Sinn'을 위한 상이한 결과들(가령 동일시-연합 또는 비교-분열)을 구별함으로써 그것이 만들어 내는 뒤엉킴과 양극성을 명료화하려고 시도했다.397

이 단순한 양극성은 이미 상징의 본질적 모호함인 '불충분성'을 언어, 신화, 의례, 미술에서 진정한 "이미지를 만들어 내는 에너지 능력Energie des Bildvermögens"398에 대한 인식으로 변형시킬 수 있도록 해준다. 비셔의 사례(특히 이교도 희생제와 기독교 성찬 의례)에 바르부르크는 죽을 때까지 계속해서 매혹된다.399 그런데 이 모든 사례는 상징 형성에서 인간의 신체를 **감정이입적으로** 직접 포함시킨다는 공통점을 갖는다. 비셔에 따르면 '영성靈性'이라는 추상어를 사용할 때조차도 우리는 라틴어 spiritus를 가리키는 것을 넘어 우리 자신의 호흡이라는 내밀한 경험에 기초한 고통을 가리키는 상징도 함께 다루게 된다.

이런 행동은 자유롭고도 자유롭지 못한unfrei/frei 어스름dunkel/hell에서 발생하는데, 그것이 바로 상징이다.400

이 '어스름'과 '자유롭고도 자유롭지 못한' 상징의 그러한 상태에서 우리는 이미지와 문화 일반에 대해 바르부르크가 가졌던 불안의 본질을 인식할 수 있다. 비셔는 고전 미술의 가장 '자유로운' 상징이 왜 마법적 육화나 신화적 투사라는 어두운 바다 속에 돌이킬 수 없을 만큼 '달라붙은' 상태로 남아 있는지를 이해했다.401 시간적·정신적 용어로 표현된 이 해석은 **잔존과 감정이입이 상징 자체를 구성**한다는 주장이나 마찬가지이다. 즉 잔존과 감정이입의 '불충분성' 그리고 모호함(그리고 다양함과 풍부함)은 언제나 둘이 육화하는 '생명의 잔류물'의 지표일 뿐으로, 이 잔류물들이 둘을 불순한 기호로, 어스름한clair-obscur 상태로 존재하는 기호로 전환시킨다.

('자유롭든', '예술적이든', '현대적이든') 모든 이미지에서 감정이입적으로 우리를 **사로잡는** 것은 사실 매우 **모호한 것**, 즉 이미지 속에서 작용하는 상징의 장기지속에서 비롯된 매력의 힘일 뿐이다. 비셔가 상징론의 마지막 절 전체를 감정이입 개념에 바친 것은 우연이 아니다.402 **형태적 상징**Formsymbolik은 실제로 오직 **감정이입**의 경험 속에서만 나타난다. 꿈에서처럼 상징은 처음엔 무기체적 사물에 '영혼을 부여하는 것'만 목표로 한다. 라파엘로의 〈시스티나 마돈나Sistine Madonna〉는 결국 생명 없는 커다란 캔버스 조각에 불과할까? 하지만 이 그림이 지닌 상징적 효력의 '살아 있는' 특성은 현재의 미적 체험인 **감정이입**과 태고로부터의 회귀인 **잔존**과 결합해서 나타난다. 그러한 잔존은 '신의 어머니', 비셔가 표현하는 대로 "영원히 여성적인 것"403이다. **동감**Nachfühlung이라는 단어가 또

다시 이 모든 용어의 필수적 부분이 될 수 있다는 사실에 놀라지 말자(아버지 비셔로부터 아들 비셔에게로 전달된 용어지만 단 한 번으로는 관습이 되지 않는다[404]).

어쨌든 이제 감정이입적 경험(징후적 순간)을 시간의 두께 그리고 강박과 출몰의 힘으로 파악할 수 있는 상징과의 '접촉'으로 이해할 필요가 있다. 바쉬Victor Vasch가 순수하게 개인적 수준에서 이미 주장하고 있던 것("감정이입의 느낌은 재현의 매개를 통한 감정 상태의 부활이다"[405])은 이제 역사적·인류학적 용어로 사유되어야만 한다. 이제 바로 그것이 바르부르크가 처음부터 의도한 일이다. 감정이입을 **양식 형성의 힘**으로 제시하는 것은 동일한 지적 조작 속에서 그것을 **상징의 잔존하는 힘**으로 파악하는 것이다.

* * *

따라서 젊었을 때부터 바르부르크는 테오도르 비셔가 1887년의 글에서 주장한 접근법을 채택했다. 그것은 '순수 형식'이라는 칸트식 개념을 거부하고 19세기 말에 완전히 새로워진 심리학과 인류학 분야에 부합하는 **과학적** 도구와 분석 도구의 일관성을 **낭만주의적** 상징 개념으로 되돌리는 접근법이었다.[406]

관련된 낭만주의자 중에는 물론 괴테도 있었다. 또 1833~1834년에 출간된 『의상철학』이라는 화려한 작품을 쓴 칼라일도 있었는데, 이 책은 평생 바르부르크를 매료시켰다.[407] 그것은 스위프트Jonathan Swift와 스턴 Laurence Sterne부터 바르부르크와 동시대인이던 조이스James Joyce까지 이어지는 지성사의 계통 위에 놓인 책이다. 이 책의 주인공인 토이펠스드뢰크 교수는 정기적으로 'Weissnichtwo'sche Anzeiger', 즉 '어딘지 모를 곳의 홍보 신문'*을 읽는데 몰두한다.408 미친 학자이자 (측근을 'Warburgismen'**라고 부른)409 재담才談의 대가인 바르부르크는 칼라일이 묘사한 인물에서 손쉽게 자기 자신을 알아볼 수 있었을 것이다.

> 대체적으로 토이펠스드뢰크 교수는 세련된 저술가는 아니다. 그의 문장 중 아마 90% 이상은 똑바로 서 있지 않을 것이다. 나머지는 완전히 기울어진 자세로 [괄호와 대시 등의] 받침대에 받혀져 있고 항상 이런저런 누더기를 걸치고 서 있다. 심지어 몇몇 문장은 아주 허리가 부러지고 사지가 끊긴 채 사방에 힘없이 널브러져 있다. 하지만 거의 최악의 이런 분위기 속에서도 그에게는 독특한 매력이 있다. 열정적 어조가 그의 표현 전체에 퍼져 있는데 …… 때로는 정령의 노래처럼 또는 악마의 날카로운 조롱처럼 솟구친다.410

* 칼라일의 『의상철학』(원제: Sartor Resartus[다시 재단된 재단사])에서는 가시적인 모든 것을 가시적이지 않은 것의 상징인 '의상'으로 생각한다. 그에 따라 전통적 그리스도교라는 의상을 대신해 칼뱅주의와 독일 철학을 기반으로 한 새로운 신앙의 옷을 다시 재단하려 한다는 것이 이 책의 주된 내용이다. 부제인 '토이펠스드뢰크의 생애와 견해'에서 볼 수 있듯이 칼라일은 자신의 사상을 대변하는 토이펠스드뢰크라는 가상의 독일 철학 교수의 새 저서를 영국 잡지에 소개하는 형식으로 글을 전개한다(실제로 이 책은 1830~1831년 사이에 집필되어 1833년 11월부터 1834년 8월까지 잡지 『프레이저의 매거진Frazer's Magazine』에 연재되었다). 따라서 도입부에서는 독일어를 활용한 여러 비유가 제시된다. 가령 1831년에 출간되었다고 하는 가상의 책 『의복, 기원과 경향』의 작가 토이펠스드뢰크라는 이름은 '악마의 배설물Teufel(악마)+Dreck(배설물)'이라는 뜻이고, 가상의 책이 출간된 지역은 '어딘지 모를 곳Weiss nicht wo'이며, 출판사 이름은 침묵Stillschweigen, 토이스펠스드뢰크의 생애에 대한 정보를 준 사람은 호이슈레케Heuschrecke(귀뚜라미, 메뚜기 등 허물벗기로 성장하는 곤충목)라는 이름을 가진 독일 궁정고문관이다.
** Warburgismen은 독일어 '바르부르크주의Warburgismus'를 낮추어 말하는 '바르부르크의 단순 이론'이라는 의미와 함께 영어로 '바르부르크는 사람이다Warburg is men' 또는 '바르부르크의 사람들' 등과 같은 중의적 의미가 있는 말이다.

그런 누더기와 쓰레기의 변증법(이 문구를 바르부르크 원고의 물리적 상태에 대한 아주 적절한 묘사로 생각할 수도 있을 것이다) 속에서도 새로운 사고방식, 즉 누더기와 쓰레기의 변증법을 위한 진정한 프로젝트가 구체화되었다. 토이펠스드뢰크 교수는 우선 움직이는 액세서리 철학의 대가 그리고 존재와 사물의 '직물'을 (알레고리적으로) 추적하는 대가였다.411 칼라일에게서 인간은 말하는 동물인 만큼 '옷 입은 동물'임은, 자체로 모든 것의 부질없음 그리고 존재론적 순수성에 대한 모든 이야기의 부질없음으로 이어진다. 존재의 질감이란 다양한 모양으로 된 커다란 천이 끝없이 닳아지는 것에 불과하기 때문이다. 거기에 중심은 없다. (양파 모델처럼) 겹침과 끝없는 주름이 서로 반대되고 서로 뒤얽혀 있을 뿐이다. 따라서 '영원한 긍정everlasting Yea' 속의 '영원한 부정everlasting No', 존재론적 '햇살 속의 맹점 a black spot in our sunshine', "모든 형태 속에는 항상 카오스가 존재한다"412는 주장이 항상 존재할 것이다. '인간 삶의 공정한 직물fair tapestry of human life'을 살펴본 토이펠스드뢰크 교수는 저자가 우울하고 아이러니하게 주장하는 '세습주의descendentalism'를 통해서만 "최상급superlative"413 수준의 사유에 접근할 수 있음을 잘 이해하고 있었다.

자기만의 방식으로 바르부르크 또한 누더기와 쓰레기의 변증법을 연구했다. 그가 '최상급 님프'를 파악하길 바란 유일한 방법은 15세기의 부르주아를 위한 화관 제작자˙가 그린 시중드는 소녀의 옷 주름(〈그림 67〉)이라는 (실제로는 재료의 물질성인) 소박함을 통해서였다. 그는 사물의 잔

* 기를란다요라는 이름은 이탈리아어로 화관花冠 또는 화환ghirlanda에서 비롯된 화관 제작자라는 의미이다. 금세공사인 아버지가 금속 화관을 만들었기 때문에 붙여진 이름이다.

존이라는 장기지속에 역사학자가 접근할 수 있는 유일한 기회는 **역사의 넝마**로 역사를 만들 정도로 대담하게 행동하는 '넝마주이chiffonnier'의 무례한 시선에 있음을 벤야민보다 먼저 이해했다.414 그는 우피치미술관의 걸작 앞에서 피렌체교회의 '타락한' 봉헌물을, 『신곡』 앞에서 은행가의 회상록ricordanze을, 위대한 문학작품 앞에서 미국의 싸구려 소책자chap-book415를, 렘브란트의 판화 앞에서 선전 간판, 점성술 별자리표, 광고전단, 우표 같은 것을 들고 서 있을 사람이었다.

칼라일은 이 문제를 매우 정확히 제시했다. 『의상철학』과 동시대적으로 전개한416 그의 역사비판은 상징철학에서 절정에 달했다. 거기서 그는 상징을 비단의 화려함과 누더기의 누추함을 차례로 겪을 수 있는 '옷' 또는 강박적이고 증식하는 '매개체'로 여겼다. 보들레르보다 약 30년 전에 칼라일은 인간이 상징의 숲을 거닐 듯 세계를 산책한다고 주장했다.

> 따라서 인간은 상징에 의해 인도되고, 명령받고, 행복해지고, 비참해진다. 상징으로 인식된 것이든 그렇지 않든 인간은 어디서나 상징에 둘러싸여 있다.417

(너무 헐렁하거나 너무 꽉 끼어) 옷이 항상 몸에 맞지 않듯이 상징은 단어와 침묵 사이 그리고 계시와 신비 사이 어딘가에 놓인 논리적 모호함일 뿐이다.418 그럼에도 불구하고 칸트와 헤겔 모두에게 맞서 칼라일은 이렇게 단언한다. 즉 그런 부적절함이야말로 상징이 존재를 **유지하게** 만드는 것이라고. …… 그리고 물론 상상력이 다른 능력들보다 전형적으로 낭만적으로 탁월한 덕분이기도 하다.

논리적·계산적 능력이 아니라 상상력이 우리의 왕이다. 내가 말하려는 것은 그것이야말로 우리를 천국으로 인도하는 사제이자 예언자이며 또는 우리를 지옥으로 인도하는 마술사이자 마법사라는 것이다. …… 이해력은 그대의 창문이며 아무리 닦아도 지나치지 않다. 그러나 상상은 그대의 눈이며, 색채를 느끼게 해주는 (건강하든 병들어 있든) 망막이다. …… 의식하든 의식하지 못하든 사람이 살고 일하고 존재하는 모든 것은 상징을 통해, 상징 안에서 일어난다. 가장 고상한 시대는 상징의 가치를 가장 잘 인식하고 높이 평가하는 시대이다. 그것을 분간하는 눈을 가진 사람에게는 모든 것이 상징이 아니었던가?419

인간은 자신의 **이미지**가 **기호**의 풍부함을 지배하기 (그리고 끊임없이 바꿔놓고 선동하기) 때문에 **상징**을 사용해야 하는 운명이다. 인간이 시간과 맺는 관계 전체가 상징의 작동 방식에서 영향을 받는다는 사실을 인식했을 때 칼라일의 이론적 틀은 비로소 완성될 수 있었다. 따라서 그는 상징에 (독일어가 요구하는 진지한 철학을 탁월하게 패러디한) '**시간의 이미지**Zeitbild' 또는 "Time-Figure시간-그림"420이라는 이름을 붙였다. 이 시점부터 그는 상징의 역사성, 즉 풍부한 천이 망각의 먼지 속에서 너덜너덜한 옷이 되어 버리듯 스스로를 변형시킬 수 있는 상징의 능력 그리고 늙고 소모될 수 있는 상징의 능력을 인식하게 된다.

그러나 대체로 시간은 상징의 신성함에 여러 가지를 덧붙여주기도 하지만 시간이 지나면서 결국에는 상징을 훼손하거나 심지어 모독하기도 한다. 그렇게 상징은 지상의 모든 의복처럼 낡은 것이 되어버린다. 호메로스의 서사시는 여전히 진실이다. 하지만 이제 더 이상 우리의 서사시는 아니다. 그것은 비록 멀리서 선명하게 빛나지만 동시에 희미해지는 별처럼 점점 작아진다. 그것이 한 때 태양이었음을 알려면 과학이라는 망원경이 필요하며 새롭게 재해석하고 일부러 우리 가까이로 가져와야 한다. …… 아아, 우리가 어디로 움직이든 (이 누더기 같은 세상에서는) 이 낡고 오래되어 너덜너덜한 상징이 도처에서 눈을 싸매고, 목을 졸라매고, 속박하지 않는가? 아니, 떨쳐버리지 않으면 쌓여서 질식시키려 들지 않는가?421

이 텍스트에서 우리는 구식이든 잔존하는 것이든 **고대적 상징의 재해석**에 대한 이중적 요청을 엿볼 수 있다. 한편으로 현대의 예술가는 '먼지를 빗자루로 쓸어내야 한다.' 또는 칼라일이 더 정확히 표현하듯 쌓여온 먼지를 '떨쳐버려야 한다shake aside.' 그것이 미술이 신화와 종교의 상징을 재해석하게 된 방법이다. 모두가 알고 있듯 여기서 조이스는 율리시스의 서사시 전체를 재해석함으로써 그의 말을 받아들이게 될 것이다. 다른 한편 그가 불러내는 '과학이라는 망원경'은 현재의 먼지 속에 고대의 화려함이 잔존함을 알게 해준다. 박식한 '보는 자'인 바르부르크는 이 프로그램을 말 그대로 받아들였다.

* * *

이를 위해서는 칸트의 **논리**와 **도식**에 맞서 낭만주의가 주장하는 **이미지**와 **상징** 개념에 '과학적', 심지어 '실증적' 내용을 부과해야만 했다. 보들레르가 이미지에 기반해 그런 지식의 프로그램을 기획한 것(얼마나 천재적인지!)만으로는 충분치 않았다. 1857년에 보들레르는 이렇게 썼다.

상상은 환상[의 능력]이 아니다. 상상력이 풍부하면서도 예민하지 않은 사람을 떠올리기도 어렵지만 상상은 감각도 아니다. 상상은 어떤 철학적 방법, 사물들의 내밀하고 비밀스러운 관계, 관련성 및 유사성과는 별개로 바로 지각하는 신과 비슷한 능력이다. 이 능력에 부여되는 명예와 기능은 …… 상상력 없는 학자를 가짜 학자 또는 최소한 불완전한 학자로밖에 보이지 않게 만들 정도의 가치를 그것에 부여한다.422

상상력이 풍부한 학자인(게다가 상상력의 역사과학을 확립하려고 한) 바르부르크는 이미지와 상징의 장기지속에서 잔존에 내재하는 이 '사물들의 내밀하고 비밀스러운 관계, 관련성 및 유사성'에 도달하기 위한 가용한 모든 수단을 동원했다. 곰브리치는 여기서 비뇰리라는 무명의 이탈리아 실증주의 학자가 수행한 계시적 역할을 밝히고 있다(그러나 그와 관련해 곰브리치의 평가가 상당히 과대평가되었음을 지적할 수 있을 것이다. 이유는 분명하다. 다시 한 번 바르부르크의 사유를 정신분석학으로부터 안전한 거리에 두고자 했기 때문이다). 비뇰리의 책 『신화와 과학*Mito e scienza*』에는 실제로 아버지와 아들 비셔가 이미 확립한 감정이입의 힘 그리고 상징형식 간의 연결을 뒷받침할 수 있는 몇 가지 요소가 포함되어 있었다.423

우제너는 1881년에 이 책을 서평하면서 신화를 '사유의 원초적 형태'로 다루는 이 책의 핵심적으로 중요한 논지를 지지했지만 동시에 그가 보기엔 너무 모호한 "인격화"424로서의 신화 개념에는 반대했다. 비뇰리의 시도에서 바르부르크의 관심을 끈 것은 무엇보다 상징의 출현을 위한 모델을 제시하기 위해 일종의 심리학화된 다윈주의를 사용한 것이었다. 그보다 앞선 작업에서 비뇰리는 "유기체 왕국의 일반 경제와 관련된 정신적 능력의 발생"425을 정식화했다. 이 시대의 다른 많은 과학자처럼 그는 감각, 연상, 공감각 그리고 독일에서 이미 '**감정이입**'이라고 부르던 "자아의 객관화"426에 근거해 정신적 이미지의 형성을 설명했다.

이제 비놀리는 적어도 두 측면에서 자연스럽게 바르부르크의 흥미를 끌게 되는 감정이입(그리고 일반적으로 '정신적 힘'이라고 불리는 것) 개념을 갖게 되었다. 첫 번째로 그는 **상징의 내재성**을 인간 사회의 유기적, 심지어 동물적 조건으로 간주할 수 있을 정도로까지 밀어붙이는 데 주저하지 않았다.427 타일러를 따르는 그의 **애니미즘**에 대한 언급은 그가 '정신-유기체'라고 주장하는 관점을 통해 칸트의 **선험성**A priori을 강력히 거부하는 정신적 **동물성** 이론으로 이어졌다.428 나중에 그는 철학적 관념론에 뿌리를 둔 철학적 이데아주의의 모든 '선험적 미학'에 대응하려고 (동물형태학 분석에서 보다 풍부해지는) "진화론적 미학"429을 제안했다.

이처럼 비놀리는 각인이라는 다윈주의 원리를 극단적인 생물학적 한계까지 밀어붙이려고 했다. 하지만 그는 또한 안티테제의 원리도 발전시켰는데, 이 두 번째 측면은 바르부르크의 사유에서 훨씬 더 강한 반향을 얻게 된다. 왜냐하면 비놀리는 전도 능력과 상징의 내재성을 중첩시켰기 때문이다. 그에 따르면 감정이입의 힘은 단순히 대상을 향한 '자아의 투사'가 아니라 대상 앞에서 생긴 **근원적인 공포의 전도**, 다시 말해 **회피하려는** 보다 이전의 움직임이 **매력**으로 변환된 것이다. 비놀리에 따르면 그것이 동일한 힘이 문화의 **상징**(신화, 종교, 미술) 그리고 정신적 질환의 **징후**를 좌우한 이유 중 하나이다.430 1923년에 바르부르크는 강연 원고 초안에서 이미지와 징후의 뒤얽힘이라는 공포가 자신이 보기에는 자서전적·철학적으로 원초적이며 결정적인 역할을 했다고 털어놓았다(또는 '고백'했다).

〈그림 84〉 베르탈Bertall, 마지막 싸움, 발자크, 『부부 생활의 작은 불행』(파리, 1846년), 335페이지의 삽화.

여기서 말하고 싶은 것은 어떤 책도 프랑스인[베르탈Bertall]의 삽화가 그려진 발자크의 『부부 생활의 작은 불행』만큼 내 어린 상상력에 요란하게 낭만적인 영향을 끼치지는 못했다는 사실이다. …… 이 삽화 중 1870년에 발진 티푸스에 걸리기 전에 다시 보았고, 열병 망상증 속에서 **기이한** 악마적 역할을 한 사탄숭배[원문에서 썼다가 지워졌다]의 이미지, [원문에서 읽을 수 없는 단어] 속의 괴상한 사례를 찾을 수 있다. 신화적 사고(비뇰리, 『신화와 과학』을 보라)에서는 자극이 발생하면 그에 대한 방어 조치로 최대치로 강화된 **생물학적** 형태의 (**언제나 상상적인**) 원인이 환기된다. 가령 문이 삐걱거릴 때 누군가는 늑대의 으르렁거리는 소리를 들었다고(또는 무의식적으로 듣고 싶어 한다고) 믿는 것이다.[431]

따라서 이미지는 공포를 매력으로 변형시킨다. 하지만 이미지는 기억의 힘을 갖고 있으며, '무의지적 기억으로부터 고통받기' 때문에 **공포를 매력 속에서 잔존**하게 만든다. 그것의 힘 전체(잔존의 '생명력')는 거기서부터 나온다. 그것의 힘 전체는 이 **잔존**을 **감정이입**으로 만드는 데 있다. 그것은 우리에게 너무나 먼 지나간 과거의 "태고의 소리Rumeur des âges"*가 마치 현재처럼 가까이서 새로운 신체적·정신적 감각으로 우리 안에서 생겨나는 순간이다. 바르부르크는 이 과정의 발견법을 이렇게 간략하게 설명한다. 즉 그것은 심지어 어렸을 때 『부부 생활의 작은 불행』의 삽화(〈그림 84〉, 〈그림 85〉) 때문에 빠져들게 된 환상('기이함'과 '사탄 숭배')의 자서전적 회상에서도 확인된다.432

치명적이고 거의 초현실적인(특히 삽화 중에는 수수께끼 같은 그림이 많다) 그러한 이미지를 바탕으로 바르부르크는 감정이입이 작동하는 과정의 한 가지 사례를 자세히 보여주었다. 처음에는 거기서 결혼생활이 야기한 영원한 갈등의 '확장된 생물학적 형태'를 보게 된다. 삽화가 베르탈은 여기저기서 서로 쳐다보고 춤추고 껴안고 같은 침대에서 자면서도 알레고리적으로 일종의 '영원한 시소'를 유지할 운명인 같은 커플을 묘사했

* 이 표현은 릴케가 1919년에 발표한 짧은 에세이 「근원적 소리Ur-Geräusch」를 번역가 베츠Maurice Betz가 프랑스어로 번역할 때 붙인 제목이다. 이 에세이에서 릴케는 어린 시절, 수업 시간에 만들어본 축음기의 실린더에 새겨진 흔적 그리고 청년 시절 파리에서 해부학 수업에서 본 두개골의 관상봉합선coronal suture 간의 유사성에서부터 새로운 상상을 시작한다. 즉 만약 축음기의 바늘을 자연에 원래부터 존재하던 트랙, 가령 두개골의 관상봉합선 위에 올려두었을 때 어떤 소리가 나올지를 상상하면서 그것은 어떤 감정일지를 묻는다. 이후 키틀러Friedrich Kittler는 『축음기, 영화, 타자기』(1986년)에서 릴케의 이 글에 주목하면서 "축음기가 생겨난 이후에 존재하게 된 주체 없는 문자"(71페이지)의 출현을 이야기하기도 한다.

다.(〈그림 25〉 참조) 그러다가 갑자기 이 커플의 이미지는 거대한 메피스토펠레스 형상의 손아귀 안에서 히스테릭하게 싸우고 몸부림치는 두 인형 모습이 된다.433(〈그림 84〉) 그것이 바로 비놀리가 '인격화'라고 부른 것으로, 바르부르크는 거기서 틀림없이 '열병 망상증 속에서 악마가 하는 기이한 역할'이라고 부른 것을 알아보았을 것이다.

그러나 반대 과정 또한 존재하며 앞의 과정과 함께 체계를 형성한다. 그에 따라 '잔인한 계시Le révélations brutales'라는 제목을 단 '작은 불행'이라는 장은 작은 두 악마 같은 생명체가 눈을 강제로 뜨게 하는 클로즈업 장면으로 시작된다.434(〈그림 85〉) 그러므로 여기서 공포는 '늘어나는' 대신 너무 가까이서 바라보아서 과도해 보이는 장기의 생물학적 형태로 줄어든다. 더 이상 그것은 인형들과 함께 노는 사악한 종교적 상징이 아니다. 오히려 우리를 볼 수 있게 하는 동시에 울게 만드는 불쾌하고 미약한 육체적 징후이다. 따라서 상징의 발견적 분석은 마치 감정이입의 발견적 분석이 상징의 모든 수준에서 작용하는 것과 마찬가지로 감정이입의 모든 척도를 활용한다.

* * *

위에서 논의된 양극성을 넘어서면 종교적 상징과 히스테리 징후 모두의 소외를 피할 수 있도록 해주는 제3의 길, 유일한 길이 출현하는 것을 일별할 수 있다. 사유의 과정이 그것이다. 우리는 상징에 의해 지탱되는 비지식 그리고 상징을 불러일으키거나 되살리는 공포를 갖고 창조적 작업을 해야 한다. 따라서 (계몽주의 그리고 그에 필요한 '이성의 진보'에 대한 대안으로) 생애를 마칠 때까지 바르부르크는 그에게 소중했던 개념인

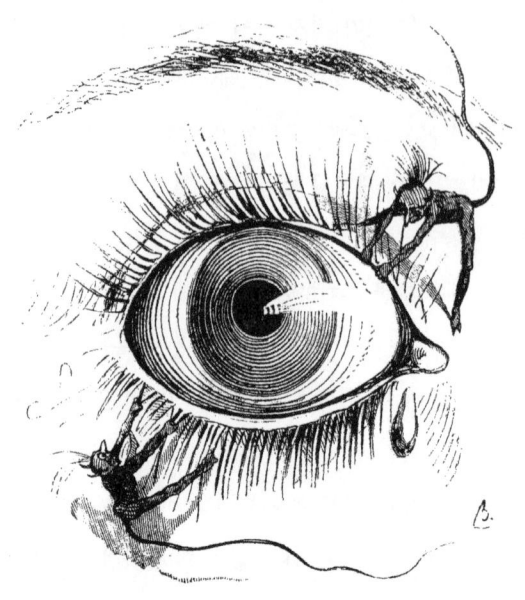

〈그림 85〉 베르탈, 잔인한 계시, 발자크, 『부부 생활의 작은 불행』(파리, 1846년), 273페이지의 삽화.

악마적인 것에 대한 이론을 구축해야 했다. 또한 빈스방거가 함께 작업하면서 그러한 방법을 메타심리학적으로 새롭게 활용했기에 한층 더 그러했다.435

비뇰리의 실증주의에 이어 그리고 정신분석적 접근법의 출현에 앞서 바르부르크는 상징과 감정이입 간의 관계를 명료화시키는 그처럼 어려운 작업에 도움을 줄 또 다른 개념적 도구를 찾아냈다. 그것은 바로 레비-브륄이 몇몇 실천을 설명하기 위해 정식화시킨 **참여의 법칙**loi de particip-ation인데, 바르부르크 또한 다른 맥락이지만 그것에 대한 연구에 몰두해오고 있었다. 인형, 망자 숭배와 그들의 '잔존'에 대한 믿음, 신화적 계보, 병에 대한 태도, 점술, 숫자의 상징적 조작 그리고 인체 장기에 대한

마법적 해석 등이 그것들이었다.436

레비-브륄에게 가장 중요한 것은 마법적·신화적 사고(우리가 기억하듯 바르부르크는 그것을 "원초적 인과 형태Urkausalitätform"437라고 불렀다)에서 채택된 인과관계 모델을 가능한 한 정확히 기술하고, "집단적 재현"438의 지위와 관련해 그것의 결과들을 분석하는 문제였다. 타일러의 애니미즘 개념을 재해석하면서 레비-브륄은 여전히 '원시적'이라고 불리는 사고방식에서 각 사물이 자신이 아닌 **다른 것**으로, 등장할 곳이 아닌 **다른 곳**에서 그리고 나타날 때보다 **더 오래전**의 존재가 되는 당황스러운 방법을 설명하려고 했다.

> 다양한 형태와 수준에서 모든 것[이 현상들]은 집합적 재현의 일부를 형성하는 개인과 사물 간의 '참여'를 포함한다. 그런 이유로 나는 더 나은 용어가 없기 때문에 그런 재현의 연결 및 사전연결을 지배하는 '원시적' 정신에 특유한 원리를 **참여의 법칙**이라고 부를 것이다. …… 나는 원시적 정신세계의 집합적 재현에서 사물, 존재, 현상은 우리에게는 이해할 수 없는 방식이지만 그들 자신일 뿐만 아니라 그것들이 아닌 다른 존재일 수도 있다고 말하고 싶다. 우리로서는 더 이상 이해할 수 없는 방식으로 그것들은 있던 곳에 계속 머물며 외부에서 자신을 느끼게 만드는 신비로운 힘, 미덕, 자질, 영향력을 발산하거나 수용한다.439

이 주장의 핵심은 객관적 세계가 **차이**를 제시하는 곳마다 마법적 세계는 이 여러 **차이** 간의 연결을 만들어 낸다는 것이다. 자연이 이질성을 드러내자마자 문화는 그것을 모종의 체계로 조립한다. 레비-브륄은 처음에는 "2차적 원인에 대한 원시적 정신세계의 무관심"440이라고 불렀던 것을 나중에는 훨씬 더 흥미롭고 더 형태론적 용어인 **유동성**fluidité과 **변형**이라고 부른다.

> 신화적 세계는 자연 속에서 어떤 법칙도, 심지어 이처럼 유연한 종류의 법칙도 인정하지 않는다. 신화적 세계의 '유동성'은 동물과 식물이라는 종 자체의 모습과 형태가 둘을 지배하는 '법칙'만큼 가변적인 것처럼 보이는 데 있다. 따라서 언제든, 무슨 일이든 일어날 수 있다. 마찬가지로 모든 생명체는 언제든 새로운 형태를 취할 수 있다. …… 신화적 세계에 결합되어 있는 유동적 불안정성은 [시간적 측면에도 영향을 미친다]. 하지만 신화가 이야기하는 너무 먼 과거는 과거이자 현재이다. …… 신화적 작업은 결코 작동하는 것을 멈추어 본 적이 없으며, 여전히 매 순간마다 현재의 사실의 세계에 영향을 미치고 그것과 관련을 맺는다.441

형태의 **잔존,** 즉 시간이 지나도 끈질기게 살아남는 것은 상징적 물질의 본질적 **조형성** 없이는 존재할 수 없음을 이해하기는 쉽다. 조형성 덕분에 현재, 역사적 시간('오래전'), 신화적 시간('아주 오래전') 간에 연결과 리좀 같은 몽타주가 성립될 수 있는 것이다.442 1896년에 자신만의 '상징 이론'을 명료화시킬 의도로 200페이지짜리 커다란 노트북(결국 그중 24페이지만 썼다)을 쓰기 시작했을 때 바르부르크는 처음부터 이 문제의 **변증법적** 측면dialektische Vorfrage을 잘 알고 있음을 보여주었다.443

바르부르크는 상징 연구가 언제나 두 가지 모순적 움직임의 경계에 서 있음을 이해했다. 하나는 끈질기게 살아남는 것으로서의 '정적인 것'이고, 다른 하나는 조형성으로서의 '동적인 것'이다. 하나는 감정이입적 경험 속에서 '**흡수**absorbierend'되고, 다른 하나는 논리적으로 구성된 형태의 지식으로 '**구별**differenziert'된다. 하나는 꿈의 이미지로 '**동화**angleichend'되고, 다른 하나는 구별의 기호로 "**비교**vergleichend"444되는 움직임이다.

'역동적 양극성'에 대한 바르부르크의 이론 전체는 상징의 '진동' 또는 맥동 상태에 관한 그와 같은 기본적 성찰에서 출발한다. 보티첼리를 연구하던 1893년 즈음에 이 상태는 아폴론적 정태와 디오니소스적 움직임이라는 용어로 표현되었다. 피렌체 부르주아의 초상화를 연구하던 1902년 즈음에는 (근엄하고, 사실적이며, 북방적인) 기독교적 현재와 (감정적이고, 고전적이며, 남방적인) 이교도적 잔존 간의 진동을 보았다. 동일한 변증법이 나중에 점성술에 관한 그의 모든 연구를 뒷받침하게 된다. 동양적 악마와 함께 진동하는 올림포스의 고전적 신들(1912년경) 그리고 **괴물들**monstra의 악마적 잔존과 함께 진동하는 **별들**Astra의 이성적 정복(1920년경) 등이 그것들이다.445

상징을 자연에 대한 문화의 승리 또는 본능에 대한 이성의 승리를 증명하는 것으로 보아야 할까? 의심할 여지없이 그럴 것이다. 하지만 잔존은 상징 속에서 작동한다. 상징은 본의 아니게 자신이 쫓아버리려는 것을 모두 기억하기 때문에 그리고 '무의지적 기억으로부터 고통받기' 때문에 바르부르크는 오직 변증법과 징후라는 용어로만 상징을 사유할 수 있다. 그것들은 그가 **이미지**Bild와 **기호**Zeichen의 "**섬뜩하게 모순되는 이중적 힘**Unheimlich entgegengesetzte Doppelmacht"446이라고 부르는 것을 집중적으로 탐구하게 해준다. 요컨대 **상징**은 역사 속에서 **징후**로 잔존함으로써만 힘과 계보(시간적 복잡성, 잔존의 두께, 신체적 고정 축)를 드러낸다.

정신분열증, 조울증, 우울증 등과 같은 정신병리학적 패러다임으로 문화 전체를 특징짓고 싶어 하기도 전에447 그는 크로이츠링엔에 머물

동안 이미 인간의 조건 전체를 일종의 춤으로 상상했다. 그것은 인간이 번갈아가며 동물을 손으로 (감정이입적·병리적으로 동물과 신체를 결합시키는 방식으로) '잡고' (간격을 유지하고 개념적으로 재현하는 방식으로) '이해'하는 **괴물과의 춤**이었다. 이 춤은 생명적이며 모든 문화에 내재해 있다. 이 춤은 심지어 심장박동처럼 보이기도 한다.

…… 의식적이고 반성적인 인간은 심장의 수축기와 확장기 사이에 있다. 포착과 이해Greifen und Begreifen 사이. 인간은 말하자면 지상 위로 올라갔다가 다시 내려오는 원호 속에서 움직이고 있다. 그리고 이 원호의 꼭대기에서 직립했을 때(인간이 동물에 비해 가진 장점) 본능적 자기-상실과 의식적 자기-확신 간의 과도기적 상태가 인간에게 뚜렷해진다.[448]

신체적 '포착Greifen'과 거리를 두는 '이해Begreifen' 사이*. — 상징은 그런 식으로 작동하고 '진동한다.' 모든 **상징형식**Formsymbolik을 통한 감정이입적인 것과 기호적인 것의 (서로 접촉하고 대립하는) 충돌은 그런 식으로 발생한다. 바르부르크는 '미술적 과정' 자체가 이 '모방과 지식 사이에Zwischen Mimik und Wissenschaft', 즉 사람들이 경험하는 **파토스**와 사람들이 정교화시키는 **로고스** 사이에 위치한다는 주장으로 이 추론을 결론짓는다. 그보다 몇 페이지 앞에서 그는 프로이트의 책을 손에 넣을 수 없었다고 불평한다.[449] 내가 이런 세부사항을 언급하는 이유는 단지 그

* 독일어로 '파악하다, 쥐다, 붙잡다'라는 의미를 지닌 Greifen과 이 단어에 '-에 관해'라는 의미 및 타동사로 만드는 접두사인 be-가 붙은 Begreifen은 '~을 붙잡게 되다, ~에 관해 파악하게 되다, 이해하다'의 의미를 갖는다. 영어 및 프랑스어에서는 붙잡다, 파악하다는 뜻의 라틴어 prehendere에서 비롯된 prehension과 여기에 com-이라는 접두사가 붙은 com-prehension으로 번역된다.

가 어떤 정신분석적 맥락 속에서 상징과 관련된 이러한 일반적 가설을 표현하게 되었는가를 보여주기 위해서일 뿐이다. 1923년에 그는 **포착**과 **이해** 간의 진동이 사실상 '출생의 외상성 정신장애[트라우마]Traumatism'라는 정신분석 모델과 직접 관련이 있는 것으로 이해했다.

'인과론적 사유 형태의 원초적 범주die Urkategorie kausaler Denkform'는 출산이다. 출산은 한 생명체와 다른 생명체를 분리Loslösung시키는 이해할 수 없는 재앙unbegreifliche Katastrophe 그리고 물질적으로 규정 가능한 연결 Zusammenhang의 수수께끼가 서로 관련되어 있음을 보여준다. 주체와 대상 간의 추상적 사유공간은 이 절단된 탯줄의 경험에 바탕을 두고 있다.450

주체와 대상 간의 관계를 지배하는 칸트적 추상화에 대한 논박을 더 이상 계속할 수는 없을 것이다. 하지만 잔존의 인류학과 무의식적 기억의 메타심리학이 그러한 논박의 도구가 되어 왔다. 그 외에도 그것들은 상징에 대한 징후적(파토스적·감정이입적·정신병리학적) 이해 전체를 확립할 수 있게 해주었다. 따라서 1923년에 바르부르크가 그토록 열심히 『토템과 터부』를 다시 읽은 사실은 놀랍지 않다. 마법적인 것과 '악마적인 것'에 대한 바르부르크의 분석은 강박 구조에 기초해 프로이트가 이론화한 "사고의 전능성"451과 여러 가지 면에서 겹쳤다. 가령 프로이트에게 상징 생산의 패러다임적 상황이 '망자와 관련된 살아남은 자들의 상황die Situation des Überleben den gegen den Toten'인 출산과 유사하다는 사실을 어떻게 잊을 수 있을까? 동료 인간의 사체를 접한 생존자는 '이해할 수 없는 분리의 재앙'은 사유의 **연결**로 그리고 '상황으로의 감정이입'은 거리 두기와 상징적 양극성 전체가 흘러나올 수 있는 "영혼의 원시적 재현"452으로 변형시켜야 하지 않을까?

　다른 한편 정신착란 및 빈스방거가 수행한 정신분석 치료와 동시에 진행된 바르부르크의 점성술 연구의 높은 전문성(또는 상징성)때문에 우리가 별이 빛나는 하늘로 더 높이 올라갈수록 '괴물들'의 물질로, 우리 자신의 내장의 격동들에 대한 상상 속으로 추락한다는 사실을 잊어서는 안 된다. 점성술의 별자리들은 유기체의 영역 속에 존재하는 요소들을 모델로 할 뿐만 아니라(〈그림 83〉) **예언** 또한 잔존 상태에서 존재하는 **욕망**, 다시 말해 이름을 말하지 않는 욕망으로 나타난다. 프로이트는 이 과정을 1901년에 조명했는데, 미신이 "외부 세계로 치환됨으로써 배분되는 무의식적 지식의 지표"453를 제공한다고 주장했다. 우리의 가장 내밀한 '**괴물들**monstra'은 그런 식으로 계속해서 길을 만들어 **천상의 별들**astra의 에테르 속에 있는 아름다운 별자리를 묘사한다.

　한 가지는 확실하다. 상징에 대한 바르부르크의 이해는 정신적 육화의 에너지론과 '운동언어로의 번역'이 없었다면 발전할 수 없었을 것이다. 그가 이 에너지론을 니체와 함께 디오니소스적 **파토스**로 이해했는지, 비셔와 함께 **감정이입**으로 이해했는지 아니면 프로이트 및 빈스방거와 함께 **정신병리학**의 징후로 이해했는지는 중요하지 않다. 이 모든 경우에 종합적 통일성은 산산조각 나 버렸는데, [지금까지] 일반적으로 상징 개념은 그에 따라 이해되어오고 있었다. 그렇다면 모든 문화사 그리고 한층 더 강력한 이유에서 모든 형태의 미술사의 지위에 그것은 어떤 결과를 가져오게 될까?

09

징후적 힘과 상징형식:
카시러와 함께 바르부르크를?

위에서 제기된 질문은 여전히 '이름 없는' 이미지들의 역사과학이라는 관점에서 바르부르크가 택한 **개념의 생성**에 관한 것이다. 이 노력의 궁극적 목표는 무엇이었을까? 이 모든 이론적 차용의 맥락에서 그리고 그에 따라 칼라일이나 비셔, 비뇰리, 레비-브륄의 특정한 어휘를 넘어서 미술의 시각적 형태에서 상징의 '잔존'을 어떻게 이해할 수 있을까? 보다 구체적으로, 여전히 19세기의 인식론적 영역에 속해 있던 비셔의 저 유명한 **상징형식**이 겪은 당시의 운명은 무엇이었을까?

개념의 생성의 결정적 순간은 또다시 1923년이었다. 몇 달 안에 하나로 묶여야 할 가닥들은 함께 묶였고, 일어날 필요가 있는 분리가 발생했다. 이 시기에 바르부르크는 아직 크로이츠링엔에 머무르고 있었지만 이미 '심리학과 미술적 실천에서의 원시인의 잔존'에 관해 다시 한 번 생각을 모으는 지적 프로젝트를 수행하느라 바빴던 시기로, 그때 그는 소속 없이 유배된 학자의 끔찍한 고독을 경험했다. "살려줘!"454라고 그는 노트의 첫머리에 썼다. 이 말은 바로 이렇게 말하는 것처럼 들렸다. 즉 내 자신의 사고의 가닥이 아직 이렇게 잘 풀리는데 또는 정반대로 이렇게 서로 뒤얽혀 있는데 어떻게 그런 일을 떠맡을 수 있을까? (프로이트의 『토템과 터부』뿐만 아니라 다른) 핵심적 참고문헌이 부족했을 때 그는 어떻게 생각했을까? 더구나 가장 중요한 도구, 즉 도서관 없이 어떻게 작업할 수 있었을까?

크로이츠링엔에 머물던 환자의 고독과는 대조적으로 함부르크에 있는 도서관은, 이렇게 말해도 된다면, 결정적인 역사의 한 페이지를 넘겼다. 왜냐하면 작슬이 부재중인 설립자의 개인적 도구를 이 도시의 새로운 대학과 연계된 공공기관으로 변형시켰기 때문이다.455 그리하여 1921년에 카시러가 이 대가의 서가들 사이를 처음 방문한 것은 유명한데, 그는 자신이 본 것에 황홀해했다.456 우리는 나중에 카시러가 (1924년의 크로이츠링엔에서의) 바르부르크와의 만남을 이미 있었던 만남처럼 환기시켰던 일을 기억할 것이다. 그것은 지적 만남이자 관련된 문제와 문제가 부딪히는 학자 간의 대결이었다.457

두 사람의 만남은 실제로는 1923년으로 거슬러 올라간다. 그해, 요양소에서 광기의 한복판에 있던 바르부르크는 육화, 무의식, 징후 개념에 의지해 **상징적 힘**에 대한 생각을 다시 전개시킬 수 있었다. 한편 함부르크에서 당시 지적 능력의 정점에 있던 카시러는 **상징형식**이라는, 곧 유명해질 개념을 확립해준 훌륭한 논문과 함께 '〈바르부르크도서관〉 강연' 시리즈를 시작했다.458

이 우연의 일치(뿐만 아니라 바르부르크와 카시러가 각자 시도한 작업 간의 위상 차이)는 전혀 다른 두 가지 방식으로 해석할 수 있다. 첫 번째 해석은 이 만남의 이유, 심지어 최종 원인까지 찾아낼 수 있는 '원' 또는 범위를 그려보는 것이다. 바르부르크가 모은 풍부한 문헌자료를 찾아낸 것이 카시러가 수행한 철학적 연구 양식에 일정한 방향을 부여하고 지속적으로 영향을 미쳤음은 분명하다. 동시에 그의 연구의 야심 찬 성격은 미술사라는 분과학문을 새로운 토대 위에 정초하려던 당시의 독일 미술사학자들의 전반적 운동에도 기여했다.459 그런 맥락에서 저 함부르크도서관은 미술사학자들이 철학자들과, 고고학자들이 문헌학자들과, 과학사가들이 민속학자들과 함께 만날 수 있는, 설립자가 그토록 열망하던 "작업공동체Arbeitsgemeinschaft"460로 순식간에 성장했다. 그리하여 바르부르크와 카시러는 공동의 제자들을 가질 수 있었는데, 그중에는 가령 파노프스키나 솔미츠Walter Solmitz처럼 무시할 수 없는 제자도 있었다.461

이런 '작업공동체'의 조짐은 카시러가 '강연' 시리즈를 「상징형식의 개념der Begriff der symbolischen Form」이라는 논문으로 시작한 데서 뿐만 아니라 「신화적 사고에서의 개념 형태die Begriffsform im mythischen Denken」라는 에세이로 '⟨바르부르크도서관⟩ 연구Studien der Warburg Bibliothek'라는 권위 있는 시리즈를 창간한 데서도 찾아볼 수 있다.462 그리고 1927년에 출판된 그의 (같은 시리즈의 또 다른 책인)『르네상스 철학에서의 개인과 우주Individuum und Kosmos in der Philosophie der Renaissance』는 바르부르크에 대한 3페이지 분량의 헌정사를 "60회 생일"463에 바쳤다. 한편『상징형식의 철학Philosophie der Symbolischen Formen』전체는 베를린에서 출판되었지만 ⟨바르부르크연구소⟩의 지속적인 물질적 지원을 받았다.

이 모든 점으로 미루어볼 때 이 '작업공동체'를 사상의 동일성 또는 아무리 적어도 일관된 이론적 틀 — 그로부터 **도상해석학**으로 알려지게 되는 혁명적인 방법론적 원리가 나오게 되는데, 그것은 곧 미술사에서 지배적인 원리가 된다 — 과 등치시키는 것보다 더 유혹적인 것은 없을 것이다. 무엇보다 먼저 상징 개념을 통해 두 사람이 공동으로 갖고 있던 관심으로부터 출발해 "기질적 차이에도 불구하고 두 사람은 인간 문화의 본성과 발전에 관한 매우 유사한 개념을 주창했다"464라는 생각으로 넘어가고 싶은 사람들이 있을 것이다. 그리고 우리는 '도상해석학 프로그램'이라는 이상적 틀을 만드는 과정에서 역할 배분의 차이만 있다고 인식하며, 재빨리 '바르부르크적인' 카시러와 '카시러적인' 바르부르크를 발명해야 할 것이다. 그리하여 "바르부르크라는 사람의 천재적 **열정** 그리고 그가 아주 오랜 세월 동안 극도로 **모호한** 직관만 갖고 있던 것에 대해 **명확하게** 진술할 수 있던 사람들(무엇보다 먼저 카시러와 파노프스키) 간의 지적 **역량**의 결합"465이라는 말을 듣게 되는 것이다.

한편에는 고통받는 '열정'과 다른 한편에는 적극적 '역량'이 있는 그런 식의 역할 배분은 널리 만연된 만큼이나 자연발생적인 목적론적 접근법에 해당한다. 다시 말해 바르부르크의 지나치게 낭만적이거나 반대로 지나치게 실증적인 방황 이후466 카시러가 상징 개념을 **철학적으로** 정립했으며, 그것에 기초해 나중에 파노프스키가 도상해석학 분야 자체를 **과학적으로** 구축할 수 있었다고 가정하는 것이다. 그런 식으로 마치 카시러를 통해 바르부르크부터 파노프스키까지 이 분야의 창시자들이 엄격한 규칙을 제시할 수 없던 지식의 표준 '개발' 과정을 목격하는 듯하다.

이후 도상해석학이 취한 두 방향은 이 위계적이면서도 목적론적인 역할 배분을 확정하고, 심지어 강화시켰다. 도상해석학의 **역사학적** 발전은 시대착오적 개념인 **잔존** 때문에 바르부르크를 거부한다. 도상해석학의 **기호학적** 발전은 **파토스형성** 때문에(다시 말해 파토스적 육화와 상상력의 현상학 때문에) 그를 거부한다.467

그런 '역할 배분'이 오늘날까지도 도상해석학이 품고 있는 듯한 낙인의 기묘한 **계보학적 구분**에 정확히 부합함을 볼 수 있을 것이다. 이 학문 분야에는 사실상 창시자가 최소한 두 명이나 있었다. 바르부르크는 **유령적 창시자**라고 불릴 수 있을 것이다. 1912년에 열린 〈국제미술사학회〉에서 현대적 의미로 "도상해석학적 분석ikonologische Analyse"468이라는 용어를 제시한 사람이 바로 그였음에 이의를 제기하는 사람은 아무도 없다. 네덜란드의 미술사학자 후게베르프Godefridus Hoogewerff는 1931년에 이 사실을 인정했다.469 나중에 헤크셔는 아인슈타인의 상대성이론, 프로이트의 정신분석 그리고 영화의 발명과 만나는 맥락에 위치시킴으로써 바르부르크의 발명이 지닌 인식론적 중요성을 완전히 복원시키려고 했다.470

이 변덕스럽고 유령 같은 (더군다나 미쳐버린) 창시자, 자신이 낳은 '이름 없는 과학'에 최종적으로 세례를 줄 수 없던 이 아버지는 파노프스키라는 인물을 (자리매김하기 위해) 거부되어야만 했다. 두 번째 창시자 파노프스키는 모든 도상해석학자에게 진정한 **사령관의 모습**으로 나타났다. 미술작품 해석의 방법론적 지위에 관한 논의 대부분은 파노프스키의 기념비적 저서를 반드시 참조해야만 했다. 하지만 바르부르크의 도상해석학에 대한 **파노프스키식 변화**라는 오해를 검토하기 전에 우선 그런 변화가 시작된 결정적 순간을 파악하는 것이 중요하다.

1923년, 카시러가 '상징형식'에 대한 저 유명한 개념화를 발표하던 때가 바로 그 순간이었다. 이 순간이 바로 파노프스키가 본인의 도상해석학의 이론적·실천적 체계를 구성하기 전에 카시러의 개념에 명시적으로 의지해 1927년에 구축하기 시작한 일련의 단계의 출발점이 되었다.471 하지만 이 주기(또는 이 원)는 의외로 빨리 깨져버렸다. 바르부르크가 '이름도 없는' 사유로 부숴버렸던 바로 그 지점에서 말이다. 카시러의 구성물('정신과학'의 기초에 대한 일반 이념)은 바르부르크의 영향력에 아무것도 빚지지 않았을 뿐만 아니라472 바르부르크 또한 카시러의 빛나는 철학적 업적에 대한 애정을 다소 유보하고 있었다. 그는 그것에 대해 직접적 반응을 보이지 않았으며, 심지어 언급조차 하지 않았다. 또 자신의 용어를 바꾸지도 않았다(특히 1927~1929년의 『일반 이념들』과 『근본 개념』에서 카시러의 용어는 부재한다).

1923년에 존재론적 격차가 이미 바르부르크와 카시러를 분리시켰다. 이후 몇 년 동안 바르부르크는 특히 자기 연구소가 간행하는 유명한 '강연'에 단 한 줄도 기고하지 않을 정도로 출판에서는 (이미 유령처럼) 신중한 만큼 지적 프로젝트에는 열광적이었을 것이다. 어쩌면 그는 자기 이름을 둘러싸고 형성된 모임이 사실상 자기 사상의 움직이는 지형을 그리 많이 포함하고 있지 않음을, 아마, 이미 알았을 것이다. 상징에 대한 새로운 개념화는 이제 겨우 자리 잡는 과정에 있었는데, 그것은 그가 정신착란 지경으로 뛰어든 문제에 접근하게 해줄 명확한 형태는 어떤 식으로든 제공하지 않았다. 대신 이 개념은 실제로는 관련된 문제들을 완전히 회피하는 형태만 제공했을 뿐이다. 그것은 칸트식 또는 신칸트식 형태, 다시 말해 **힘**을 **기능**으로 대체하고, **징후**를 **종합**으로 대체하도록 고안된 형태였다.

* * *

논문을 시작하자마자 카시러는 마치 작슬의 「서문」에 응답하기라도 하듯473 바르부르크의 사유에는 아니지만 〈바르부르크도서관〉에 경의를 표하고 싶어 했다. 비록 바르부르크의 프로젝트가 '철학의 체계적 측면을 건드린다systematisch-philosophisch Art'는 점에서 '문화과학'이라는 역사학 분야를 뛰어넘는 것처럼 보였지만 카시러는 서가에서 생긴 자신의 철학적 질문들의 '발아' 또는 갑작스런 '활성화'라는 생생한 이미지를 제공하면서 〈바르부르크도서관〉을 처음 방문한 때를 회상했다.

그리고 보라, 그것들은 갑자기 내 앞에 일어나 살과 피로 육체화되었다 gleichsam verkörpert.474

따라서 바르부르크의 문제들은 카시러가 제기한 철학적·'체계적' 질문들을 역사적, '비유적'으로 '육체화'시킨 것인지도 모른다. 〈바르부르크도서관〉과 같은 도서관이 '책 수집Sammlung von Büchern'보다는 '문제 수집Sammlung von Problemen'으로 조직되었음을 재빨리 이해하려면 철학자의 눈이 필요하지 않았을까? 분명 그럴 것이다. 그러나 칼라일이나 니체 같은 철학자와는 거리가 멀었던 이 특수한 철학자는 바르부르크의 수집품이 제시하려는 "정신철학의 일반적, 체계적 문제allgemeines systematisches Problem der Philosophie des Geistes"475가 무엇인지를 즉각 찾아내려고 했다.

관련된 **장들**champs 문제와 관련해 카시러는 이 도서관에서 '미술사, 종교사, 신화사, 언어와 문화사'가 수렴되고 상관관계를 맺고 있음을 관찰한다. **시간** 문제에 대해서는 물론 **고대의 잔존**도 포함시켰다. 그는 이 **장들**을 곧바로 '정신적 영역의 통일성die Einheit eines geistigen Gebietes'이라고 번역함으로써 바르부르크의 수집품 전체가 '공통된 이데아적 중심ideeler Mittelpunkt을 둘러싸고' 조직된 원을 형성한다고 가정한다. 그런 다음 잔존의 **시간**은 '존재와 생성 관계die Beziehung des Seins auf das Werden', 즉 '영속성Dauer'과 '변화'의 규범적(플라톤적) 표현으로 번역한다.476

내가 보기엔 자료에 접근하는 그런 방식이 이미 모든 것을 말해준다. 즉 비록 그가 낭만주의적 상징 이론, 특히 테오도르 비셔가 전하는 괴테의 이론에 잊지 않고 경의를 표하고 있지만477 바르부르크적 문제에 대한 그런 즉각적(배신적 또는 오히려 무례한) 번역에서 그들의 사유방식과는 너무나 모순되는 용어로 이야기하고 있기 때문이다. 그런 **분기**는 어디서도 드러내놓고 언급되지는 않았지만 명백하다. 본인의 연구소의 '강연'과 관련해서는 주변인이던 바르부르크는 (크로이츠링엔에 유폐되어) 거기 없었을 뿐만 아니라 그로 인해 이 정신철학에 대해 논쟁할 수도 없었다. 바르부르크의 문제들에 대한 이데아주의적 번역과 축소는 조수였던 작슬의 허락, 심지어 열정과 함께 실행되었다.

바르부르크의 문제들을 잘못 '명료화'시킴으로써, 다시 말해 부적절한 만큼이나 아카데미적인 개념적 주제들과 곧바로 연결시킴으로써 카시러는 말하자면 **잔존에서 불안을 제거**하고, 그에 따라 상징이 이미지, 신체, 정신과 맺는 관계를 망쳐버렸다. 바르부르크가 탐구 대상을 마주해 오직 **영혼 속의 분열**만 찾았던 곳에서 카시러는 **정신의 통일성**을 단숨에 찾으려고 했다. 심지어 그는 비셔가 그랬듯이 상징의 구체적 삶이 드러내는 '다양한 형태의 프로테우스'가 아니라 처음부터 이 다양한 형태를 '기능의 통일성'으로 축소시키는 정의에서 출발한다.

'정신적 영역의 통일성die Einheit eines geistigen Gebietes'은 대상에 대한 검토로부터 출발해서는 결코 규정되거나 보장될 수 없으며, 오직 대상의 기초가 되는 기능von der Funktion으로부터 출발할 때만 그렇게 될 수 있다. …… 상징적 표현은 감각적 '기호'와 '이미지'durch sinnliche 'Zeichen' und 'Bilder'를 통한 '정신적인 것ein Geisteges'의 표현 같은, 가장 넓은 의미로 이해되어야 한다. 또한 가능한 모든 적용의 다양성에도 불구하고 이 표현 형태가 자기 완결적이고 통일된 기본 과정ein in sich geschlossenes und einheitliches Grundverfahren으로서의 원리에 기반하고 있는지를 이해하는 문제이다. …… '상징형식'이란 정신적 의미의 내용이 구체적 감각 기호와 연결되어 이 기호에 내재적으로 적응되는 모든 정신적 에너지를 의미한다.[478]

'상징형식'에 대한 이 정의는 문제를 구체화된 '감각적인 것'과 정신적인 '의미'라는 강단의 철학적 이원론으로 ─ 그리고 암묵적으로 그것을 조직하고 있는 위계로 ─ 축소시키려는 욕망을 통해 바르부르크의 접근법에서 벗어난다. 뿐만 아니라 이 정의는 '감각적sensible' 및 '감각 혹은 의미sens'라는 용어, 경험적 및 이성적이라는 용어, 특이한 및 보편적이라는 용어 등으로 지정되는 관계의 모호한 군群 전체를 바라보는 내재적 방식에 의해서도 바르부르크와 구별된다. 그가 상징적 자료를 연구하면서 **뒤얽힘** 수준에서 이해하려고 한 모든 것(〈라오콘〉과 호피 의식에서 인간과 뱀의 뒤얽힘을 다시 한 번 떠올려보자)을 문제를 잘 체계화시키는 사람이던 카시러는 풀어버리려고 한 것이다.

마찬가지로 〈바르부르크도서관〉은 지식의 서로 다른 영역 간에 **순환**을 만들려고 노력했지만 카시러는 지식을 자기 저서의 각 권 제목(1권 '언어' ─ 2권 '신화적 사유' ─ 3권 '인식의 현상학')처럼 뚜렷이 구분되는 재구성된 영역으로 계속 **분리**시켰다. 마지막으로 바르부르크가 (단지 〈므네모시네 아틀라스〉의 도판만 훑어보기만 해도 금방 알 수 있는 것과 같은 종류의) **전파**dissémination라는 영구적이고 시대착오적인 움직임의 관점에서 바라보는 모든 것을 카시러는 통상적인 역사적이고 백과사전적인 헤겔식 **분류**로 되돌려버렸다.

그러나 카시러는 〈바르부르크도서관〉의 책들 사이에서 여러 해를 보내면서 본인의 철학적 담론에 아직까지도 비견될 수 없는 역사적 박식함과 문화적 차원을 부여했다. 아마 그에게서 보편과 특수의 관계가 계층적 포함 관계로 단숨에 해결되지 않았기 때문이었을 것이다. '정신적 통일성'은 결코 '형태의 다양성'을 축소시키지 않는다. "정신이 형태 각자와 맺는 관계"479에 대한 개별적 사유로 다양성은 다시 출현한다. 특이점의 다양성과 환원 불가능한 특성을 존중하려고 한 것은 카시러 사상의 위대함 중 하나이다. 따라서 그는 '이성'의 일반화에 근거해 경험적으로 주어진 것을 통일시키려는 시도를 항상 거부했다. 1938년에 철학자 마르크-보가우Konrad Marc-Wogau와 벌인 논쟁 전체는 바로 이 지점에 집중되었다.480 생을 마감할 때까지 카시러는 **다수성**Mehrheit, 즉 긴장 그리고 심지어 '불협화음'으로 가득 차 있는 다양성을 잊지 않고 '정신적 세계'의 **통일성**Einheit을 사유하려고 했다.481

하지만 카시러는 어떻게 이 문제를 해결했을까? 이미 1910년에 **실체의 통일성**인 전통적인 형이상학적 통일성을 사물 또는 형태 간의 관계에 내재적인 구조적 통일성으로 대체해 그렇게 했다. 그는 그것을 **기능의 통일성**이라고 불렀다. 그것은 "대상에 대한 기능의 칸트식 우위"482의 인식론적 확장으로 간주되었기 때문에 역사적, 문화적 현상에 새롭게 접근할 수 있게 해주었다. 이런 방식으로 카시러는 '특수한 관용구'에 적용 가능한 일반 '문법' ― 그가 보기에는 언어, 신화, 미술이란 이것을 말한

다 — 을 모델로 **상징적 기능**을 바라볼 수 있었다.483

이렇게 해서 칸트가 일찍이 정식화한 '이성비판'은 '문화비판'으로 변형되는데, 이를 위해 카시러는 '철학적 이데아주의의 근본 원리'를 지지하길 요구했다. 이 철학자는 다만 그토록 갈망하던 해안, 즉 '보편자Allgemeines'의 해안에 이르기 위해서만 특수한 상징적 표현의 다양성을 탐구했던 것이다.484

> 우리는 이 형태들의 특수성(즉 언어, 신화 또는 미술) 속에서만 실재를 이해할 수 있는 것 같다. 하지만 세계를 절대적 통일die Welt als absolute Einheit로 파악하고자 하는 철학적 시선 앞에서 상징의 다수성은 모든 다수성처럼 결국 해체되어야 한다. 궁극적 실재, 물자체라는 실재가 가시화되듯이 말이다.485

이제 그러한 야망을 바르부르크의 프로젝트와 분리시키는 전체적 차이를 더 잘 이해할 수 있을 것이다. 카시러는, 바르부르크가 돌이킬 수 없이 모순되는 **힘**의 변증법만 찾은 곳에서 **기능**의 통일성을 찾고 있었다. 바르부르크가 말하는 힘은 (니체 그리고 곧이어 바타이유에게서와 마찬가지로) 소비와 **과잉**을 상정하는 반면 카시러가 말하는 기능은 궁극적으로 **적분**[통합]integral이라는 수학적 모델로 사유된다.486 카시러가 언어, 신화, 미술의 맥락에서 '정식Formel'이라는 단어를 사용할 때 그는 무엇보다도 '추상적인 화학적 정식'을 생각하고 있다. 그것이 '더 이상 감각적 관점에서의 내용, 즉 직접적인 감각 데이터에 따라 지정되는 것이 아니라' 대신 **시간을 벗어난 규칙적 안정성**, 즉 "일반 규칙에 의해 규정되는 가능한 인과관계의 총체"487속에서 파악되기 때문이다. 바르부르크에게서는 그와 정반대로 '정식[형성]'이 (반복 속에서) 끈질기게 살아남는 동시에 (차이 속에서) 일시적으로만 존재하는 **형태의 잔존하는 순간**을 가리킨다는 것을 우리는 알고 있다.

카시러에 따르면 상징적 **기능**은 그가 '정신의 특수한 행동 체계'라고 부르는 기능의 통일성과 "법칙"[488] 없이는 존재할 수 없다. 반면 바르부르크에 따르면 상징의 기능은 잔존이 역사 속에서 형태의 규칙적 전개에 부여하는 **기능장애** 없이는 결코 작동하지 않는다. 카시러의 모델은 다양성을 감싼 원에 비교될 수 있다. 그것은 의미의 양면성을 기능의 통일성으로 축소시키는 **종합**이다. 반대로 바르부르크의 모델은 결코 진정되지 않는 침입의 모델이다. 거기서 **징후**는 가능한 기능의 모든 통일성을 파괴하는 지점까지 양면성을 강화시킨다.

1922년에 카시러는 (바르부르크를 인용해) 신화적 사유에 특징적인 '악마에 대한 공포'를 환기시켰지만, 그것은 단지 '기능적 수nombre fonctionnel[함수]'라는 수학적 개념에서 그 공포가 사라지는 것을 설명하기 위해서일 뿐이었다. 그리고 그는 "점성술은 숫자의 새롭고 결정적인 의미를 아직 알지 못한다"[489]고 주장한다. 하지만 1920년에 바르부르크는 이미 이성의 정복이 어떤 양면성도 결코 감소시키지 않으며, '악마에 대한 공포'는 기본적으로 정신적 질서로부터 유래한다고 주장했다. 그 공포는 '원시적인 것'처럼 끈질기고, 따라서 언제나 잔존하며 이성의 활동에 징후적으로 침입할 수 있다.[490]

요컨대 철학자가 다양성 속에 질서 그리고 '구조'를 만들고자 한 곳에서, '이름 없는 과학'의 인간은 필연적 장애, 양극성의 확산, 다양성 속에 내재적인 구조적 뒤얽힘을 기꺼이 받아들였다. 계몽주의적 인간이 칸트의 '이성비판'을 '문화비판'으로 확장할 정도로까지 과학의 진보를 믿었던 곳에서, (이렇게 부를 수 있다면) 명암의Chiaroscuro 인간*은 '순수이성비판Kritik der reinen Vernunft'을 과감히 '순수**비**이성비판Kritik der reinen Unvernunft'으로 뒤집어 놓는다.491 그것은 여전히 계몽주의를 추구하는 방식이었다. 하지만 비극적 방식으로. ― '괴물들'이 저항하거나 오히려 모든 '이성의 진보' 단계에 잔존한다는 우울한 관찰 속에서 말이다.

* * *

1929년 이후 도상해석학자들의 '모임'은 바르부르크적 지식이 휩쓸고 간 광범위한 문화 영역에 필수적인 설명을 카시러의 '상징형식' 속에서 찾을 수 있었다. 실제로 그런 **설명**은 단지 **도식화**일 뿐으로, 거기서 '정신적 영역'은 아마 자율성을 회복할 수 있었을 것이다. 하지만 그런 설명은 또한 도상해석학의 최전선이기도 했다. 그 결과 카시러적 재현은 역설적으로 도상해석학자들 사이에서 문화 영역들 간의 관계(접촉, 침입, 혼란)를 모호하게 만들어버렸다. 이 관점에서 보자면 바르부르크의 원고와 〈므네모시네 아틀라스〉에 대해『상징형식의 철학』이 한 역할은 노발리스의 뛰어난『일반 초고Das allgemeine Brouillon』에 대해 헤겔의『철학강요Enzyklopädie der philosophischen Wissenschaften im Grundrisse』가 한 역할과 유사하다. 거기서 가장 두드러져 보이는 것은 각 영역의 통일성이

---

* 라틴어 밝은clarus과 어두운obscúrus에서 유래한 이탈리아어 키아로스쿠로chiaroscuro는 빛과 그림자 또는 명암을 의미하는 단어로, 불어는 clair-obscur이다. 주로 미술에서 명암만으로 표현하는 기법인데, 본서에서 강조되는 단색조의 그리자이유와 유사한 기법이다. 여기서는 빛을 의미하는 계몽lumières과 대조해 카시러와 바르부르크의 학문적 성향 차이를 표현하면서 잔존의 조형적 특징인 그리자이유를 강조하기 위해 이 용어를 사용한 것으로 보인다.

아니라 영역 간의 관계의 순환이다.492

게다가 이 영역의 도식화는 시간의 도식화이기도 하다. 1923년의 논문에서 카시러는 '시간 형식Form der Zeit' 전체를 '탄생'과 '지속'이라는 개념 쌍으로 축소시켰다.493 그에 따라 그는 형태와 상징에 관한 바르부르크적 문화학Kulturwissenschaft의 근본적 가르침, 즉 형태와 상징 또한 죽을 수 있으며 자신의 죽음에서 잔존할 수 있다는 가르침을 망각했다. 카시러가 '르네상스'라는 관점으로만 15세기 철학에 관심을 둔 것은 우연은 아니다. 그에게서 사유의 체계적 통일성의 탄생은 다름 아니라 우리의 현대적 세계의 등장이었다. 그는 고대나 중세에서 비롯된 미검토된 요소나 '잔존'에는 거의 관심을 기울이지 않았다.494

더구나 카시러는 현재와 과거 간의 **화해**라는 거의 헤겔적 관점에서 문화 현상을 역사적으로 이해한다는 견해를 이렇게 제시했다.

> 시간의 깊이를 보는 이 관점은 오직 행동이 순수한 시각das reine Schauen으로 대체될 때만, 다시 말해 우리의 현재가 과거로 관통되고 현재와 과거가 즉각적 통일성als unmittelbare Einheit으로 경험될 때만 열린다.495

이와 정반대로 바르부르크의 역사적 실천은 (곧 등장할 벤야민의 실천처럼) 스스로의 명백한 계보에서 분리되어 갑작스레 현재를 분열시키는, 다가오는 과거의 **실험**[시련]épreuve을 전제한다.

마지막으로 그가 죽음에서 돌아온 **망령**의 유령적fantomale 불순함을 주장함으로써 역사의 의미를 불안하게 만든 곳에서, 카시러는 헤겔식 **목적론**의 모든 가상Schein을 띠는 질서를 확립함으로써 역사의 의미를 실체화시켰다.496 1923년 논문에서 이 목적론은 신화에서 미술로 그리고 미술에서 과학으로 나아가는 진행 과정을 따라 조직화된다. 카시러에 따르면 신화에서 상징은 '이미지와 사물의 무차별화nondifférenciation'에 따라 생성된다. 미술은 '차이화의 결여를 이미지와 의미 간의 지속적 긴장으로 대체'한다. 마지막으로 과학만이 개념의 절대적 통일성, 다시 말해 우리가 세계와 맺는 모든 관계의 "이데아적 형태"497를 생산한다.

『상징형식의 철학』에서 이 진보는 중요한 수정 과정을 거친다. 3권으로 된 이 저술은 연속해서 언어, 신화, 인식을 다루며, 그 결과 미술 문제(바르부르크의 연구를 카시러의 종합에 포함시키도록 이끌었을 문제)가 '그림'에서 사라진다. 그러나 '인식의 현상학'이란 부제가 붙은 3권에서는 이 상징적 기능의 그런 '삼위일체'에 대해 새로운, 보다 개념적인 용어를 제안함으로써 문제를 원점에서 재구성하고 있다. 구체적으로, '표현Ausdruck 현상'은 이후부터 '재현Darstellung'에 의해, 이어 '의미Bedeutung' 자체에 의해 계승되는데, 그는 그것을 또한 '순수 의미'라고도 부른다. 왜냐하면 그가 보기엔 그것만이 "과학적 인식을 구성하기"498 때문이다.

'표현 현상'은 분명히 고대와 르네상스 미술의 '파토스형성'에서 바르부르크가 흥미롭게 발견한 모든 것을 떠올리게 해준다. 그는 **감정이입의 힘**과 **상징형식**을 결합하는 연결고리를 정의한다. 게다가 그것은 카시러가 1929년에 제시한 '표현'에 대한 엄격하게 감성이입석인 정의였다.

…… 어떤 현상이 단순한 '소여성所與性'과 가시성Sichtbarkeit 속에서 내부로부터 살아 움직이는 것als ein innerlich-Beseeltes으로 동시에 인식되게 해준다는 사실이 그것이다.

이 맥락에서 그가 비뇰리가 묘사한 신화적 표현의 "동물적 뿌리"499를 환기시킬 수 있던 것은 놀랍지 않다.

왜냐하면 그가 여기서 논의하고 있는 것은 사실 신화가 아니라 미술이기 때문이다. 그리고 그는 신화가 정신적인 것과 육체적인 것, 내용과 형식, 이미지와 사물 간의 불분명한 구분에 기반을 두고 있다고 간주한다. 그의 설명에서 신화는 이미지의 '살아 있는 힘', 꿈같은 감정이입이며, 모든 경계의 '유동적이고 모호한 성격', 어디에나 있고 악령적인 '그것ça'의 지배, 친숙한 사물을 **낯선 섬뜩함**Unheimliche의 힘으로 끊임없이 변형시키는 것 등을 특징으로 한다. 그는 신화를 지식이 '뿌리'를 끌어내는 — 동시에 신화는 당연히 어떤 대가를 치르더라도 지식과는 구별되어야 한다 — "진정한 원시적 현상"500이라고 부른다.

'실재에 대한 의식의 원시적 형태'인 표현은 헤겔적 의미에서 **지양되기 위해서**만 존재한다. "세계관의 보다 풍부하고 높은 형태zu reicheren und höheren Formen der Weltansicht"501 속에서 그렇게 되는데, 카시러는 재현을 그것의 첫 번째 지위에 놓는다. 이 재현이 '의식의 구축der Aufbau des Bewusstseins' 및 "의식 자체의 형태적 통일성die Bedingung seiner eigenen Formeinheit"502을 조건 짓는다.

상징형식의 체계의 핵심인 재현은 이미지의 '감각 재료sinnliches Material'에서처럼 감정이입적 힘에서 분리된다. 재현 덕분에 감각 재료는 꿈의 혼란과 신화 세계의 유동성과는 거리가 먼 "고정적 본성Feste …… Wesenheit"503을 마침내 획득하게 된다. 여기서 카시러는 칸트적 어투로 완전히 되돌아가 오직 재현으로부터만 모든 공간과 시간의식을 끌어낸다.504 하지만 바르부르크라면 결코 빠지지 않았을 **정신의 도식화**, 철학적 함정이 아니라면 이 재현의 지배는 우리를 무엇으로 이끌고 갈까?

카시러의 가장 큰 실수는 어쩌면 정확한 지식이라는 암묵적 모델에 기초해 상징형식을 파악한 것일지도 모른다. '비지식'과 무의식적 지식은 부정, 부재, 폐지라는 용어 말고는 거기서 아무런 자리도 갖지 못한다. 재현이 표현을 대체할 때 표현은 오직 오류로만 존재하게 된다. 원시 상태는 항상 정신의 **진보** 속에서 **지양**된다. 따라서 결코 **회귀**하지 않는다. 말하자면 카시러는 잔존에 관한 바르부르크의 교훈을 배우지 못했듯이 징후에 대한 프로이트의 교훈도 배우지 못했다. 그의 '**분석**'은 칸트식의 선험적인 것으로, 전적으로 '정신의 철학'에 힘입은 것이다. 반면 바르부르크의 분석은 내재적인 것으로, 리좀과 '순수한 비이성'으로의 회귀에 힘입고 있다. 이 접근법은 상징적 삶이 결코 투쟁을 멈추지 않는 정신적 뒤얽힘의 역학인 에너지학을 가정한다.

이제 카시러가 상징형식으로서의 미술에 대한 (처음부터 예견된) 유명한 책을 쓰지 않은 이유를 보다 잘 이해할 수 있을 것이다. 자신의 작업 도구, 즉 〈바르부르크도서관〉의 조직화는 저 끊임없는 **논쟁**, 저 끈질긴 뒤얽힘, 바르부르크의 모든 연구에 의해 드러난 미술적 형태의 저 근본적 불순함에 직면하게 만듦으로써 아마 그의 **진보적** 도식을 파괴했을 것이다. 1942년 5월 13일에 쉴프Paul Arthur Schilpp에게 보낸 편지에서 그는 '호의적이지 않는 시대가 항상 집필을 연기시켰다'고 쓰면서 이 "빈 곳"505을 정당화시켰다. 하지만 서 유명한 '4권'의 재발견된 원고는 미술 문제에 겨우 몇 페이지밖에 할애하고 있지 않다.

따라서 문제는 카시러의 사유에 내재하고 있다. 처음부터 끝까지 오랜 철학적 전통에 따라 그는 미술 문제의 모든 측면을 미학의 관할 하에 두었다(바르부르크는 정반대 전제로부터 출발했음을 기억하라). 1917~1922년까지 카시러는 낭만주의 시詩부터 독일관념론의 위대한 개념 체계로

이어지는 길을 차근차근 따라갔다. 그리고 플라톤적 전통으로 되돌아가 '아름다움'과 '이데아'의 우위가 미술에 대한 모든 접근을 지배해야 한다는 입장에 도달했다506(바르부르크는 정반대 결론에 도달했음을 기억하라). 상징형식의 체계는 물론 미술의 이 이데아화를 통합시켜야만 했는데, 그것은 이제부터 표현적 '모방'을 넘어 "순수한 상징"507으로 나아가는 것으로von der Nachahmung zum reinen Symbol 간주되었다.

'순수한 상징'으로서의 미술? 그는 그것을 '의식에 알려진 가장 지고하고 순수한 정신 활동'으로 이해했다. 그 속에서 정신은 감각세계와 화해한다. 그것은 "신화적 세계의 악마적 요소가 패배하고 파괴되었다"508는 말이나 마찬가지이다(우리는 피렌체 초상화부터 뵈클린Böcklin의 저서에509 이르기까지 바르부르크가 정반대 현상을 관찰한 사실을 기억한다). 따라서 미술에 대한 카시러의 이후의 모든 고찰은 '순수 형태 분석'을 향하게 된다. 이제 미술사에서 그가 주로 참조하는 사람은 바르부르크가 아니라 뵐플린일 것이다.510 어떤 '어른을 위한 유령 이야기'에서도 멀리 떨어지게 된 카시러는 1940년대까지 미학적 가치 또는 윤리적 또는 '교육적' 가치라는 "순수한"511 관점에 따라 미술 연구를 계속하게 될 것이다.

* * *

그러나 하이데거가 칸트에 대해 어딘가에서 말한 것처럼 카시러에 대해서도 그가 속임수를 쓰지 않는 철학자임을 반드시 언급해야만 한다. 그는 결코 자신이 생각하는 진리를 향하면서 장애물을 피하려 들지 않는다. 물론 그는 (다양성과 특이점에 대한 존경에도 불구하고 그리고 〈바르부르크도서관〉을 자주 방문했음에도 불구하고) 단 한 점의 그림도 자세히 들여다 보고 분석하려 하지 않았다. 그러나 단 한 차례 어떤 **징후**의 세부 속으로 들어가는 위험은 감수했다. 물론 그는 그것을 **상징의 부정태**, 본인 말대로 하자면 '상징적 의식의 병리학'으로 간주했다. 하지만 그것에 너무나 큰 중요성(100페이지로, 『상징형식의 철학』 3권에서 가장 길다)512 을 부여하기 때문에 해당 페이지의 내용에서 뭔가 중요한 것을 느낄 수 있을 것이다. 마치 그의 체계가 스스로를 해체하지는 않더라도 시험에 맡기는 것 같다.

카시러의 이 장은 주로 실어증Aphasia에 대해 다루고 있다. 그것을 쓰던 때는 바르부르크가 잔존이나 파토스형성이라는 관점에서 바라본 서양 미술의 거대한 '음소거된' 종합인 〈므네모시네 아틀라스〉를 구성하던 시기였다. 그는 나름대로 잭슨John Hughlings Jackson, 베르니케Karl Wernicke, 프로이트 그리고 무엇보다도 겔브Adhemar Gelb와 골드스타인Kurt Goldstein이 수집한 임상 자료를 출발점으로 삼았다. 그의 주장은 혼란스러울 정도로 열정적이다. 왜냐하면 거기서 **상징** 이론이 자신의 부정적 맞짝인 징후의 **상징실어증**asymbolie에 사로잡혀 있음을 느낄 수 있기 때문이다. 여기서 우리는 갑작스레 바르부르크(이미지의 감정이입적 '육화') 또는 빈스방거(망상의 '기질적' 순간)가 탐구하던 영역에 매우 가까이 다가서게 된다.

내가 강박증에 대해 이야기하는 이유는 여기서 징후가 상징의 단순한 반대모티브contre-motif 이상의 것을 구성하기 때문이다. 카시러는 그것이 제기하는 문제가 이미 "자신의 경계를 훌쩍 뛰어넘는다"513는 사실을 시인한다. 이 말은 그의 질병분류적 경계를 의미한다. 마침내 징후가 **상징의 부정태**(실패 또는 기능의 총체적 붕괴라는 의미)인 만큼 처음부터 **상징의 모델** 자체를 구성하는 것은 아닌가 의심하게 된다. 게다가 크로이스

John Michael Krois는 주목할 만한 논문에서 카시러가 '자연적 상징주의'라는 개념을 구성할 때 의학적·정신병리학적 패러다임이 얼마나 중요했는지를 보여준다.[514]

그런데 바로 이 '상징적 의식의 병리학'을 정교화하기 직전에 카시러는 일종의 짧은 여담을 추가로 썼는데, 앞 장에서 다룬 시간 문제와 연결시키기 위해서였다. 이 지점에서 우리는 그의 사유가 수미일관되어 있음을 파악하게 된다. **시간 문제**는 의심할 여지없이 신칸트적 용어, 즉 의식과 재현이라는 용어로 표현된다. 하지만 **징후 문제**는 이 도식 전체를 은밀히 수정하고 재구성하는 과정 속에 있었다. 내가 말하는 '여담'은 그런 수정의 불확실한 스케치일 뿐이다(그것은 카시러에게는 매우 드문 순간이다). 그는 거기에 "상징적 함축symbolische Prägnanz"*이라는 제목을 붙였다.[515]

거기서 무슨 일이 일어나는지를 우리가 곧바로 이해하지 못한다는 사실을 인정하자. 이 지점에서 이 철학자는 '경험의 구성'이라는, 분명히 두려운 문제에 직면해 일종의 불안에 사로잡히는 것처럼 보인다. 그는 처음에는 최상의 보호막을 찾는다. 따라서 칸트가 '선험적 통각', '종합', '이해'를 갖고 이 장면으로 돌아온다. 그러나 속임수를 쓰지 않는 카시러는 칸트의 그런 도식이 '**죽은** 감각에 생기를 불어넣어 의식의 삶으로 깨어나게 하는 마법사와 주술사를 닮았다'는 사실을 갑작스럽게 인정한다. 이 활성화 과정에 사용된 마법은 설명하지 않은 채 말이다. 그런 다음 '현대의 현상학'으로 향하는데, 그것에 대해 '칸트보다 브렌타노Franz

* Prägnanz라는 독일어는 '간결', '함축', '의미심장'이라는 뜻을 갖지만 프랑스어 prégnance, 영어 pragnancy, 즉 임신이라는 의미도 포함하고 있다. '임신한', '가득 찬', '함축하는'이라는 의미의 라틴어 prægnans를 어원으로 한다.

Brentano와 훨씬 더 많이 관련되어 있다'고 말한다. 거기에는 사물의 경험과 그것의 상징적 구성 간의 신비로운 관계를 설명할 기회가 몇 번 더 있다는 것이다.516

마침내 카시러는 한 쌍의 주사위를 던지듯 자기 가설을 던진다.

> 우리는 상징적 함축symbolische Prägnanz 개념을 도입함으로써 이 상호 규정을 표현하려고 시도할 것이다.517

우리는 다음에 이어지는 두 페이지 반에서 그에 관해 거의 아무것도 알아낼 수 없다. 마치 이 철학자 본인이 그토록 참을성 있게 정교화시킨 신칸트적 체제 속에 갑작스럽게 열린 이 균열의 가능한 결과에 직면해 현기증에 사로잡힌 것처럼 말이다.

왜냐하면 이 균열은 '표현'의 해안에 확실히 난파되었다고 믿었던 용어 전체를 완전히 벗어나거나 오히려 ('재현'의 통치 바로 한가운데서) 되돌아오기 때문이다. 그러나 여기서 검토 중인 문제는 다름 아닌 '생명'과 '의미' 간의 가장 기본적인 연결 문제이다. 더군다나 여기서 관건이 되고 있는 "의미 속의 생명vie dans le sens"518이라는 문제이기도 하다. 이 지점에서 1923년에 바르부르크가 문화와 상징주의의 모든 수준에서 완강하게 지속되고 (힘축된다고) 주장한 모든 '구조적 생체표현'이 다시 등장한다.

'함축Prägnanz'에 대해 이야기하면서 카시러는 각인, 그리고 무엇보다도 생명의 잠재성, 임신 그리고 미래의 출생에 대해 우리에게 이야기하고 있다.

> 현재는 미래로 가득 차고 포화되었다. 라이프니츠의 용어로는 미래를 위한 함축Praegnans futuri.

카시러가 이 과정에서 원시적 뒤얽힘의 특성을 인식했음을 고려하면 또한 현재는 과거로 포화되었다고 말할 수 있을까? 이 두 페이지를 읽으면서 '맥동Pulsschlag', '흐름Bewegtheit', '참여Teilhabe' 그리고 무엇보다 '엮임' 또는 '뒤섞임Verwobenheit' 등과 같은 용어의 출현에 우리는 놀란다.[519] 카시러가 징후에 관한 장에서 가장 정확한 정식에 도달하는 것이 우연은 아니다.

> 우리는 감각적인 것이 의미를 포함하고, 그것을 즉시 의식에 제시한다는 점에서 이 관계를 '상징적 함축'이라고 부른다.[520]

그의 이런 진술이 유난히 체계적이지 못함에도 불구하고 '상징적 함축'은 주로 재발견된 원고를 기반으로 카시러 전문가들에 의해 최근에 "상징형식의 철학에서 가장 근본적인 개념"[521]으로 등급이 승격되었다. 이 개념이 왜 그토록 중요해졌을까? 이 개념이 정확히 카시러의 저술에서 **상징** 문제가 **유기체** 문제와 결부되는 지점이기 때문이다. 여기서 카시러는 육체적 움직임에 의해 '즉시' 표현되는 의미를 이해하려고 시도했다(이 점에서는 그는 슈트라우스Erwin Straus의 견해에 근접한다). 그것은 감정이입으로 회귀하고, 최상급의 상징형식인 분절된 언어의 우위에 의문을 제기하는 방법이었다.

그것을 바탕으로 이제 바르부르크가 이미지 속에서 발견한 **징후적 힘**과 카시러가 문화의 다른 모든 영역에서 발견한 **상징형식** 이론을 하나의 실로 엮을 수 있을까? 아마 못할 것이다. 왜냐하면 두 사상가의 이론적 스타일은 각각 상대방을 깊이 존중함에도 불구하고 완전히 달랐기 때문이다. 바르부르크는 개념적·기능적 용어로 발견의 '범위'를 구축할 수 있는 가능성과 관련해 의심할 여지없이 몇 걸음 뒤처져 있었다. 하지만 단지 자신의 도서관을 위한 역사학적·인류학적 재료를 모은 것만으로도 큰 발걸음을 내디뎠다.

이런 이유로 바르부르크는 **얽힌 것을 풀지 않기로 했다**. 그는 연구 대상들의 분할선(카시러가 끈질기게 집착한 분할선)을 만들기 위해 가용한 철학적 개념을 활용하지 않기로 했다. 그에게 자연과 문화 또는 육체와 상징 간의 전통적 구별522은 별로 상관이 없었다. 그는 그것을 무시했다. 왜냐하면 이 모든 개념은 19세기에 유래하는 만큼 그가 관찰한 뒤얽힘에 엄밀한 형식을 부여하기에는 부적합함을 알았기 때문이다. '살아 있는 뱀 무더기'를 마주한 바르부르크는 평생 **이 뒤얽힘을 드러낼 수 있는** 형식이나 원형을 기다리고 있었다고 말할 수 있을 것이다. 엄격하고(즉 이론적으로 잘 정초되어 있고) 도식화되지 않는(즉 빈약하지 않고 오히려 각각의 특이점을 존중할 수 있는) 형식 말이다.

몽타주 므네모시네:
도판, 폭죽불꽃, 세부, 간격

그런 형태의 전시가 실제로 존재한다. 확실히 역설적이고 **가설적 작품** 상태인 점을 고려하며, 돌이킬 수 없을 정도로 임시적이다. 크로이츠링엔에서 돌아온 1924년부터 사망한 1929년까지 바르부르크가 지칠 줄 모르고 작업한 이미지의 집합체인 〈므네모시네 아틀라스〉가 바로 그것이다.

작슬은 스승이 연구한 몇몇 주제를 '이미지로 요약'하는 일련의 사진을 한데 모으려 했다고 일반적으로 알려져 있다. 핵심은 바르부르크의 연구가 그런 잿더미에서 또는 오히려 광기의 구렁텅이에서 다시 태어날 수 있도록 도와줄 수 있는 비망록aide-mémoire을 배치하는 작업이었다. 아틀라스라는 아이디어는 1905년으로 거슬러 올라간다.523 하지만 1924년에는 그것 이상으로, 극심한 **발작** 같은 어떤 것이었다. 갑자기 그의 눈에는 '이미지를 요약'할 뿐만 아니라 **이미지를 통한 사유**이기도 한 형태 하나가 드러났다. 그것은 '비망록'일 뿐만 아니라 **작동하는 기억**이었

〈그림 86〉〈바르부르크문화학도서관〉 열람실, 함부르크, 〈중세와 르네상스 시대 속의 고대의 몸짓Die Geste der Antike in Mittelalter und Renaissance〉에 관한 전시회 즈음, 1926~1927년. 런던, 〈바르부르크연구소〉 아카이브.

다. 다시 말해 기억 자체, '살아 있는' 기억으로, 그것으로부터 그는 기획 전체에 붙일 고유명을 끌어냈다. 므네모시네, 기억의 고전적 인격화, 아홉 뮤즈의 어머니. 그리고 익히 예상할 수 있듯, 그것은 닌파와도 막연한 관련이 있었다.

무엇보다도 〈므네모시네 아틀라스〉는 사진 장치이다. 바르부르크가 모은 방대한 수집품에서 뽑아낸 이 종이 인쇄물들524은 처음에는 함부르크의 〈바르부르크문화학도서관〉 열람실의 타원형 공간 전체에 걸쳐서 테마별로 분류되어 나란히 진열된 커다란 검은 판지에 붙어 있었다.(〈그림 86〉) 그러나 바르부르크와 작슬이 액자틀로 펼친 검은 캔버스의 대형 스크린(가로 1미터 반, 세로 2미터) 위에 작고 다루기 쉬운 집게로 사진을 고정해 그룹화시키기 시작했을 때 전시회는 결정적 형태를 띠게 되었다.(〈그림 69~71〉, 〈그림 90~91〉)

따라서 엄밀히 말해 그들이 한 것은 **사진으로 '도판**tableau'을, 이 단어가 뜻하는 두 가지 의미 그대로, **만든 것**이었다.* 먼저 **회화적** 의미에서 틀로 펼친 캔버스는 (연대기에서처럼 주제적으로도) 이례적으로 다양한 이미지의 버팀대가 된다. 하지만 동일한 흑백 색조의 선택 또는 정확히는 일종의 그리자이유에서 재결합되는 것은 멀리서 보면 모든 사진이 함께 모여 만들어 내는 효과였다. 그렇기에 바르부르크의 〈아틀라스〉는 무엇보다도(푸코가 매우 잘 정의한 "시리즈의 시리즈"525라는) 결합적 의미의 '도판'이다. 서로 연결된 이미지의 집합을 만들기 때문이다. 하지만 이 도판은 샤르코나 롬브로소가 사용한 유형과는 달랐다. 그렇다면 그것의 양식은 무엇이었을까?

* 프랑스어 tableau는 그림, 회화라는 의미와 함께 판, 게시판, 도표라는 의미도 함께 갖고 있다.

특별히 〈므네모시네 아틀라스〉에서의 그룹화 및 겹침의 기술에 관한 유용한 연구를 해볼 수도 있을 것이다. 거기서는 많은 종류의 연쇄적 효과와 대조가 공존하기 때문이다. 같은 크기로 촬영된 동일한 세트의 이미지는 테이블에 펼쳐진 카드 한 벌의 효과를 만들어 낸다.526 반대로 몇몇 패널은 자체가 '누적적' 이미지들의 혼란스런 '축적'을 쏟아내는 것처럼 보이기도 한다.527 그룹화 방식은 형태(원 또는 구)를 따를 수도 있고 몸짓(죽음 또는 탄식)을 따를 수도 있다.528 하나의 이미지가 자신의 세부를 반복적으로 해체하는 과정 속에 분해될 수도 있다.529 (〈그림 91〉) 리미니Rimini의 말라테스타Malatesta 사원이나 로마의 키지Chigi 예배당의 도판에서 볼 수 있듯이530 동일한 장소를 멀리서 또는 가까이서 혹은 소위 '이동 촬영'을 통해 체계적으로 탐색할 수 있다. 사진 인화물들은 한 패널에서 다른 패널로 여러 차례, 여러 형식 또는 여러 프레임으로 사용될 수도 있다.

그룹화된 총체ensemble의 색채적 통일성은, 역설적으로, 모든 가능한 이질성을 무대에 올리는 데 사용된다. 전체(조각상)와 그것의 세부(기반의 모티브)의 대조, 사진(미술의 오브제)과 사진을 찍은 사진(자신의 몽타주 효과를 몽타주하는 미술책)의 미장아빔*531, 크기의 폭력적 전환(아우구스투스의 카메오 보석Gemma Augustea 옆의 콘스탄티누스 개선문)532, 공간적 방향의 전도(지하에서 보는 시점 바로 옆에 있는 공중에서 보는 시점)533, 마지막으로 시대착오(마네와 함께 있는 조르조네Giorgione**, 우표를 붙인 고

* 미장아빔mise en abyme은 '심연으로 밀어 넣는 구성'을 의미하는 말로, 틀 속의 틀, 그림 속의 그림, 이야기 속의 이야기 등과 같이 한 작품 안에 다른 작품을 밀어 넣는 구조를 말한다.
** 마네의 〈풀 밭 위의 점심le déjeuner sur l'herbe〉(1863년)과 조르조네의 〈전원의 콘서트Concerto campestre〉(1509년경)를 말한다. 〈전원의 콘서트〉는 티치아노 작품 또는 두

대 메달), 심지어 현실과 모순되는 수준의 자발적 몽타주(교황 비오 11세의 비공식 사진 옆의 라파엘로가 그린 〈볼세나의 미사(Mass at Bolsena)〉)도 있다.534

사진(특히 도판을 찍은 사진)으로 도판 만들기? 그것은 가장 실천적 관점에서 미술사를 정의하는 최소의 정의가 될 수 있다. 일반적으로 이 분과학문을 실천하는 사람은 무엇을 할까? 무엇보다 상상 가능한 한 가장 혼란스럽고 가장 뚜렷이 대조되는 요소들의 다양성을 제시하는 영역들을 탐구한다. 그는 한 문화에서 다른 문화로, 한 시기에서 다른 시기로, 익숙한 주제에서 이국적 주제로, 한 박물관에서 다른 박물관으로, 교회에서 도서관으로, 미니어처에서 프레스코화 연작으로, 예배당에서 대성당으로 …… 계속 나아간다. 이 모든 것의 공통분모는 사진의 크기이다. 그로 인해 작업대 위에 모든 것을 펼쳐놓을 수 있으며, 그런 다음 가설에 따라 배열하고, 마침내 실제 공간과 시간 속에서는 그토록 멀리 떨어져 있던 모든 대상을 비교하는 시리즈를 만들 수 있기 때문이다.

자기 도서관을 사진 수집품 ― 그것을 구성하기 위해 그는 (사세티 예배당에서 알리나리Alinari 형제가 한 것과 같은)* 사진 촬영 작업을 주도한 바 있다 ― 과 결합시키면서 바르부르크는 미술사가 최신의 사진 복제능력에 적응해야만 인식론적 변이를 달성할 수 있음을 일찌감치 이해했다.

사람의 합작이라는 주장도 있다. 〈므네모시네 아틀라스〉 패널 55에는 이 그림들과 함께 라이몬디Marcantonio Raimondi가 라파엘로의 〈파리스의 심판〉을 동판화로 복제한 작품도 포함되었다. 이 그림의 오른쪽 하단에 묘사된 세 바다의 신은 마네의 그림과 똑같은 포즈를 취하고 있다.

* 알리나리 형제Fratelli Alinari는 레오폴도Leopoldo, 주세페Giuseppe, 로무알도Romualdo 알리나리가 1852년에 피렌체에 설립한, 세계에서 가장 오래된 사진 회사로, 이탈리아의 회화, 조각, 건축물, 인물, 전통의상, 이탈리아 풍경 등을 찍은 약 550만 장의 사진 아카이브를 보유하고 있다.

이미 1894년에 말Émile Mâle은 이 새로운 인식론을 이렇게 매우 명료하게 표현했다.

> 그때까지 호기심 많은 일부 개인의 열정이던 미술사는 사진의 존재 이후에야 비로소 과학이 되었다고 말할 수 있을 것이다. …… 사진은 미술작품을 제약했던 조건, 즉 간격과 고정성으로부터 그것을 부분적으로 해방시켰다. 사진은 비교, 즉 하나의 과학을 창조할 수 있게 해주었다. 사진(그러나 아마추어가 아니라 고고학자들이 찍은 사진) 자료실의 설립은 짧은 시간 내에 분명 학자들에게 필수품이 될 것이다.535

당대의 다른 역사학자들처럼 바르부르크는 사진 조작이 제공하는 새로운 발견술적 가능성을 계속해서 탐구하고 있었다. 1912년에 〈국제미술사학회〉의 유명한 강연에서 그는 컬러 슬라이드를 활용한 최초의 미술사학자가 되었다고 전해진다.536 그는 매 강의를 이미지가 제공하는 논증보다는, 논증으로 조명된 일련의 이미지로 구상했다. 따라서 1923년에 한 크로이츠링엔에서의 강의 전체를 이중의 기호 — 이것은 〈므네모시네 아틀라스〉의 특징을 이룬다 — 아래 배치했다. 즉 '대부분 직접 찍은' 일련의 사진 그리고 이미지의 인류학적 의미에 관한 근본질문과 관련된 '오래된 기억을 새로 고치고 재작업Alte Erinnerungen …… auffrischen und durcharbeiten'하기 위한 시도가 바로 그것이다.

저의 이 오래된 기억에 대한 몇 가지 생각을 전하는 것 이상은 약속드리기 힘듭니다. 적어도 여러분이 이 사진의 직접성을 통해durch die Unmittelbarkeit der Aufnahmen 제가 말할 수 있는 것을 넘어 이들의 문화에서조차 죽어

〈그림 87〉〈바르부르크문화연구소〉 도서관 열람실, 함부르크, 〈오비디우스를 주제로 한 전시회〉 즈음, 1927. 런던, 〈바르부르크연구소〉 아카이브.

가는 이 세계die aussterbende Welt에 대한 인상을 얻기를, 그래서 우리의 문화사 서술 전체에서 결정적인 문제를 감지할 수 있기를 바랄 뿐입니다. 원시적이고 이교적인 인류의 본질적 특성을 어디서 찾아야 할까요?537

이런 관점에서 〈므네모시네 아틀라스〉는 '강의' 형태가 강요하는 제약(또는 이점)을 철저하게 극복하기 위한 방법으로 등장했다. 왜냐하면 그것은 어떤 주제의 아무것도 축소하지 않고, 요약하지 않는 **개요적 전시**였기 때문이다. 뵐플린은 자신이 확립하려고 하고 있던 개념적 극성에 잘 들어맞는 슬라이드의 이중투영법을 도입해 유명해졌다.538 그와 반대로 〈므네모시네 아틀라스〉는 뒤엉킴을 유지한 채 이미지의 역사에서 작동하는 **과잉결정을 감지할 수 있도록** 고안된 도구였다. 그것은 2개가 아니라 10개, 20개, 30개의 이미지를 하나의 판 안에서 한눈에 비교할 수 있게 해준다.

나는 자기가 수집한 재료의 특이점들에서 감지한 다중적 의미의 어떤 측면을 제거하는 것이 바르부르크에게 얼마나 고통스러운 일이었는지를 자주 지적해왔다. 따라서 강의는 종종 화자가 어쩔 수 없이 선택, 요약, 축소하고, 다루는 주제를 선형적으로 제시해야만 하지만 〈므네모시네 아틀라스〉는 화자가 **아카이브 전체를 드러내도록**, 다시 말해 서류서랍에 담긴 여러 층을 한꺼번에 펼칠 수 있게 해주었다. 도서관이나 사진 수집품 속에 무작정 쌓여 있던 것이 갑자기 사방을 둘러싸고 **펼쳐진 시각적 환경**이 되었는데, 그 결과 넓게 펼쳐진 〈므네모시네 아틀라스〉의 도판들은 함부르크도서관의 독자를 둘러싼 일종의 타원형 이중벽을 구성했다.(〈그림 87〉)

이미 1926년에 바르부르크는 렘브란트에 대해 강의하면서539 강의의 진행에 따라 이미지를 하나씩 투사하지 않고 처음부터 한꺼번에 저 유명한 검은 천 스크린 위로 투사했다. 이에 따라 강연자는 마치 자기가 주장하는 개념적 공간 내부를 이리저리 돌아다니듯 이 그림에서 저 그림으로 옮겨가면서 이야기할 수 있었다. 1929년까지 이 연구소의 가장 강렬한 활동 중 하나는 이 아카이브에 이론적 힘을 회복시켜 줄 전시를 설치하는 것이었다. 이 전시는 점성술과 천문학적 이미지, 고대의 몸짓('격정적 몸짓언어의 원어Urworte leidenschaftlicher Gebärdensprache'가 정확한 제목이다), 오비디우스의 『변신』, 우표 등에 관한 것이었다.540

따라서 바르부르크는 생애의 마지막 기간 전체를 **자기 사유를 전시하는데** 몰두했는데, 그것은 일련의 이미지, 시리즈의 시리즈로 제시되었다. 전시는 단지 작품을 요약하는 것, 결론을 맺는 방식의 문제가 아니라 아직 탐지되지 않은 가능성을 발견하기 위해 그것을 모든 방면으로 펼치는 문제였다. 원래 바르부르크의 '전집'을 위해 구상된 계획Anlage der Gesamtausgabe에서 작슬은 스승이 상상한 수많은 제목(또는 부제) 중 하나로 〈므네모시네 아틀라스〉를 출판할 계획이었다. 아래 제목이 그것이었다.

'유럽 르네상스 미술에서 움직이는 생명의 묘사에 미리 각인된 고대적 표현 가치의 기능을 탐구하는 일련의 이미지eine Bilderreihe zur Untersuchung der Funktion vorgeprägter antiker Ausdruckswerte bei der Darstellung bewegten Lebens in der Kunst der europäischen Renaissance'541

이 프로젝트는 중요하다. 그것은 바르부르크의 저술은 그의 작품 전체의 일부에 불과하다는 인식에 대한 응답이기 때문이다. 따라서 우리는 〈므네모시네 아틀라스〉를 삽화가 아니라 반대로 (도서관이 그것의 텍스트적 골조를 제공하듯이) 그의 사유 전체의 시각적 골조로 간주해야 한다.

* * *

바르부르크의 해설자 중 누구도 〈므네모시네 아틀라스〉의 중요성을 간과하지 않았다. 작슬이 최초로 그 속에서 바르부르크의 학술적 작업의 모든 풍부함을 '통일성'과 도상학적 '풍부함' 형태로 제시하는 독창적 방법을 보았다. 작슬이 보기에 이 '통일성Einheit'이 하나의 '중심 질문einer zentralen Fragestellung'을 둘러싸고 진행된다는 것은 두말할 필요도 없었다. **고대의 잔존**이 사실상 그와 같은 아틀라스의 존재 이유와 일관성 그리고 심지어 그런 논쟁의 여지까지 제공하지 않았던가? 작슬은 〈므네모시네 아틀라스〉로 인해, 우리는 이미지 그리고 그것이 시간 속에서 전송되는 양식을 바르부르크가 파악하는 방식 전체에 대한 "눈앞의 증거ad oculos demonstriert"542를 갖게 된다고, 정확하게, 말한다.

하지만 그와 같은 진술들의 카시러적 어조는 주의 깊은 독자의 주의를 피해갈 수 없을 것이다. 바르부르크의 사유 과정 전체에서 〈므네모시네 아틀라스〉가 갖는 중요성과 일관성을 인정하는 것543 또는 심지어 그것의 진정한 철학적 중요성을 강조하는 것544과 그런 일관성에 순환적, 종합적 또는 통일적 관념을 부여하는 것은 전혀 다른 문제이다. 곰브리치는 바르부르크의 아틀라스가 지닌 '만화경'같이 변화무쌍한 측면을, 정확하게, 강조해왔다.545

어쩌면 벤야민이 사용한 의미로 '성좌'에 대해 이야기하는 것이 훨씬 더 정확할 것이다. 물론 각각의 구성은 일단 얻게 되면 항상 **바꿀 수 있는** 특성을 가졌음을 강조해야 하지만 말이다. 만약 바르부르크가 추가적인 사진의 **미장아빔**을 통해 소재를 새로운 변형에 유리한 방식으로 완전히 바꾸기 전에 각각의 배열을 촬영하는 습관을 가졌다면, 그것은 그의 몸짓의 일관성이 **변화 가능성** 자체에 놓여 있었기 때문이다. 요컨대 (절대지 형태의 시각적 등가물인) 모종의 '최종 지점'이 아니라 도판에서 도판으로 이어지는 이미지의 부단한 **결합에 의한 변화** 과정 속에 놓여 있기 때문이라는 것이다. 만약 이 문제를 주의 깊게 살펴본다면 우리는 어떤 단일할 '결과'에 만족할 수 없을 것이다. 왜냐하면 이 맥락에서 각각의 해석은 항상 원칙적으로 수정 가능하고, 새로 주어지는 것의 놀라움을 기대하며, 그에 따라 결코 어떤 종류의 '통일성'으로도 결론적으로 이어질 수 없기 때문이다.

바르부르크는 철학자가 자기 의견을 영원히 바꾸지 않고 유지해야 한다는 생각을 버려야 하듯이 **이미지를 고정적으로 배열하려는 생각을 버려야 함**을 이해했다. 사유는 조형성, 이동성, 변신 문제이다. 그것이 나중에 작슬이 런던의 연구소 본사에서 열린 다른 전시회를 위해 어쩔 수 없이 했듯이 심지어는 사진을 판지에 붙이는 것도 포기해야만 하는 이유이다. 이미지의 이동성을 유지하면서도 결코 '게임'을 끝내지 못하게 만드는 작은 집게라는 단순한 기술적 장치가 그 자체로 모든 잠재적 종합이나 결정적 상태의 반증을 구성했다. 다시 한 번 사진은 각각의 버전을 기억하면서도 어느 버전으로도 결정적으로 결론을 내리지 않게 해주었다.546

〈므네모시네 아틀라스〉는 틀림없이 '프로그램'으로 간주될 수 있다. 그러나 열린 프로그램이다. 그것이 '눈앞에 증명하는 것'은 고전적 삼단논법 형태를 취하지 않는다. 또한 다양성을 논리적 기능의 '통일성' 속으로 다시 집어넣지 않는다. 그렇다면 이 아틀라스의 **형식**, 이 전시의 **스타일**은 무엇인가? 바르부르크 자신은 처음부터 펼치는 작업, 즉 서양 문화의 이미지에 내재된 기억의 기능을 펼치기 위해 고안된 작품이라고 응답했다.

> 빙 박사가 열성적으로 도와준 덕분에 나는 연속으로 배열Zusammenbringen함으로써 내적이든 외적이든 격렬하게 움직이는 생명의 묘사에 미리 각인된 고대의 표현가치의 기능을 펼치게 될die Funktion …… ausbreiten 이미지 아틀라스를 위한 재료를 모을 수 있었습니다. 동시에 그것은 인류의 이미지의 기억 기능에 대한 새로운 이론적 토대가 될 것입니다eine neue Theorie der Funktion des menschliche Bildgedächtnisses.547

〈므네모시네 아틀라스〉는 이 정도로 장엄하다. 그 속에서 바르부르크는 자신이 연구해온 주제들에 대한 요약을 미래의 연구를 위한 진정한 이론적 프로그램으로 전환시키게 될 것이다. 크로이츠링엔의 강연에서보다 훨씬 더 많이 분열이 이곳에서 구성으로 바뀌고, 마비는 극복되어 현실의 운동이 되었다. 1924년에 벨뷰 정신병요양소에서 돌아온 그는 더 이상 새로운 학문적 여정은 시작할 수 없다고 느꼈다. 심지어는 여전히 불완전하다고 생각한 점성술에 관한 저서도 완성할 수 없다고 생각했다.[548] 이 시점에서 그는 (빈스방거와의 정신분석적 연구에 근거해) 자신의 사유를 상기하는 것만이 이론적 발명 능력을 회복시킬 수 있음을 이해하게 되었다.

따라서 〈므네모시네 아틀라스〉는 사적 언어와 자서전적 탐구의 모든 흔적을 담고 있다. 그것은 수천 점의 조각으로 폭발한 일종의 자화상이다. 63개의 검은 스크린에 고정된 수천 개의 이미지가 그것으로, 거기서 우리는 이미지 조각들 간의 무수한 순환과 연결 속에서 그의 사유 — 이 사유의 역사 자체 — 를 인식할 수 있다. 아감벤 말대로 〈아틀라스〉는 "사적 활용을 위한 기억 체계로, 정신병에 걸린 학자는 그것 속에 자신의 개인적 갈등을 투영하고 해결하려고 했다."[549] 그러나 〈아틀라스〉의 내재적 힘은 오히려 이 개인적인 무의지적 내성內省의 특수한 요소를 '이미지의 기억 기능에 대한 새로운 이론'을 위한 재료로 전환시키는 데 있다.

이 '이미지의 기억 기능'이란 무엇인가? 처음부터 바르부르크의 **잔존** 개념이 답하려고 한 것이 바로 이 질문이다. 그것은 이미지가 잔존해 동일한 움직임 속에서 **되돌아오는** 방식인데, 그것은 바로 징후의 움직임,

즉 변증법적 시간이다. 따라서 여러 가지 이유로 우리는 〈므네모시네 아틀라스〉를 **징후의 지도**라고 생각해야 한다. 그것은 무엇보다도 바르부르크 자신의 특징적인 징후의 지도이다. 그것은 미술사를 순차적으로 일어난 일련의 사건이나 바사리 방식대로 매혹적인 가족 전설로 설명하려는 역사학자에게는 너무나 이상하게 보일 무능력이다(같은 시기에 무질 Robert Musil은 『특성 없는 남자』를 쓰면서 이야기를 들려줄 없는 무능력을 경험하고 있었다). 그러나 보다 분명히 〈므네모시네 아틀라스〉는 바르부르크가 평생 서양 문화를 탐구하면서 탐지한 '**파토스형성**'의 집합체로서의 **징후의 지도**이다.550

> 기원이 과거든 현재든 상관없이 **미리 각인된 표현가치의 형태적 세계**에 직면해야 할 그러한 필요성은 자신만의 양식을 확고히 하려는 열망을 가진 모든 미술가에게 결정적 위기를 나타낸다. 이 과정이 유럽의 르네상스 양식의 형성에서 매우 특별한 의미가 있지만 지금까지는 간과되어 왔다는 사실에 대한 인식이 우리를 〈므네모시네 아틀라스〉로 이끌었다. 이 프로젝트는 이미지 재료를 기반으로in ihrer bildmateriellen Grundlage 무엇보다 미리 설정되고 식별 가능한 형태의 목록 — 이것은 개별 미술가에게 이 이중으로 흐르는 미리 각인된Vorprägungen 덩어리를 무시하거나 흡수할 것을 요구할 것이다 — 이 되기만을 원할 것이다.551

앞서 1905~1911년에 바르부르크가 (범위, 가로좌표, 세로좌표가 있는) 일군의 **반듯한 표**에 파토스의 '미리 각인된 형태'의 어휘를 정리하고자 했음을 기억해보자. 또한 '파토스형성의 도식'(〈그림 47〉, 〈그림 48〉)이라는 제목을 단 그런 시도가 실패했음도 기억하자.552 그때부터 바르부르크는 이미지의 파토스형성의 역사는 물론 이미지의 역사를 '도식화' 할 수 없음을 분명히 이해했다. 이미지는 변신 능력과 과잉결정에 열린 상태를 잃어버려야 하는 대가를 치르지 않고는, 감히 이렇게 표현해 본다면, '정리함에 넣을' 수 없기 때문이다.

중식하는 도판으로 조직된 〈므네모시네 아틀라스〉는 이미지가 어떤 분류적 추론에도 대처하는 도전에 더 잘 대응한다. 말하자면 합리성과 비합리성이 혼합된 이미지 속에서 어떻게 질서를 상상할 수 있을까? 징후의 '순수비이성' 한가운데서 어떻게 방향을 잡을 수 있을까? 상징의 무의식을 어떻게 제시해야 할까? 어떻게 상징의 뒤얽힘을 펼치고, 다중적 힘을 설명할 수 있을까? 어떻게 상징의 전파에 형태를 부여할까? 크로이츠링엔 그리고 '광기의 한가운데서의 구성'에 애쓰던 힘든 작업에서 돌아온 지 얼마 되지 않아, 바르부르크는 이제 서양 문화의 긴 역사에서 그것의 잔존 자체가 끊임없이 계속 변해왔다는 '미리 각인된 표현가치'에 대한 (거의 프로이트적인) '끝이 없는' 분석에 애쓰고 있었다.

〈므네모시네 아틀라스〉의 작가는 그때부터 자신이 메를로-퐁티 Maurice Merleau-Ponty가 "사유한다는 것은 사유 대상을 소유하는 것이 아니라 아직 사유하지 않고 있는 영역을 사유를 통해 한정하는 것"553이라고 썼을 때 제안한, 매우 고상한 의미에서의 진정한 **사유의 상실**dépossession de la pensée에 직면해 있음을 알게 되었다. 바르부르크가 그런 과제 앞에서 속수무책은 아니었음을 기억해야 한다. (빈트가 적절하게 표현한 바와 같이, 히브리어 어근에 대한 탈무드적 해석을 연상시키며 항상 '연구의 새로운 발전'을 인정하는 세 개의 변경 가능한 대문자 분류 체계로 된) 그의 도서관 분류는, 리좀 같은 영역의 혼돈으로, 한계는 있지만 원칙적으로는 무한한, 공간의 질서를 이미 절묘하게 구축하고 있었다.554

* * *

　〈므네모시네 아틀라스〉의 도판만 보아서는 그가 그것을 어떻게 보이도록 만들고 싶었는지 또는 이웃하는 이미지 간의 관계에 부여한 것이 정확히 어떤 의미였는지 명확히 알 수 없다. 더 많이 볼수록 밀도는 더 높아지고 관계는 더 뒤얽히기 시작한다. 동시에 여러 사진은 불꽃놀이처럼 사방으로 터져나간다. 포화 상태에 이른 '이미지의 꾸러미'조차 곧 폭발할 것 같은 빛발처럼 보인다. 따라서 〈므네모시네 아틀라스〉는 이미지 전달에 관한 기존 해석의 도해라기보다 가능한 해석 수준을 증가시키려는 시각적 매트릭스처럼 보인다.
　〈아틀라스〉의 위대한 미덕은 무엇보다도 리듬적이라는 것이다. 도판들을 보고 있을 때 우리는 마치 잔존을 훑어보고 있는 듯하다. 그에 따라 〈아틀라스〉는 문화사의 긴 기간을 축소시켜 보여주는 것 같다. 그것은 각 이미지가 다른 모든 이미지와 맺는 관계에서 관찰 가능한 놀라움과 반복, 현저함과 함축, **잔존**과 **회귀**로 구성된 리듬이다. 그리고 우리에게 **가시적으로** 드러나는 모든 것은 모든 설명 도식과 역사적 결정론 개념보다 앞선 것처럼 보인다. 현대의 사진의 관점에서 보자면, 〈므네모시네 아틀라스〉는 아무런 안내문도, 심지어 사진 설명도 없는 이미지 모음으로 등장한다.
　〈므네모시네 아틀라스〉만의 시각적 특성은 자주(너무 자주) 강조되어왔으며, 이와 관련해 '텍스트 없는 미술사', 심지어 "음소거된"555 미술사라고까지 이야기되기도 했다. 그런 해설은 곰브리치가 택한 접근법에 부합하는데, 그가 보기에 〈므네모시네 아틀라스〉는 무엇보다 언어에 대한 정신병적('마비적') 관계에서 부딪힌 막다른 길에 대한 바르부르크의 응답이다.556 하지만 그것은 〈아틀라스〉의 당초 계획이 이미지 뭉치를 약 2천 장까지 확대시키는 것뿐만 아니라 2권 이상의 글로 쓴 해설을 함께 싣는 것이었음을 잊고 있는 것이다.557 또한 무엇보다도 (모든 혼돈과 질서, 중심으로의 밀집과 외부로의 확산, 포화와 분산이 교차하는) 〈아틀라스〉의 **시각적 레이아웃**이 그가 이미지 모음의 개발과 동시에 작성한 수많은 원고의 **텍스트적 레이아웃**과 정확히 일치함을 잊고 있는 것이다.

(물론 마침내 출간되면 자연스럽게 훨씬 더 풍부하게 논의할 수 있을) 이 원고들은 특히 1927~1929년의 엄청나게 치열한 집필 기간을 증명한다. 이 원고의 제목들은 그가 '고대의 영향'의 **역사**가 아니라, 오히려 **잔존** 현상으로 이해되는 이미지와 상징의 **기억**에 대한 이론적 정교화가 〈므네모시네 아틀라스〉와 함께하길 원했음을 충분히 보여준다. 바로 『일반 이념들』, 『근본개념』, 『문화학을 위한 방법론Kulturwissenschaftliche Methode』 등이 그러한 제목들이었다.558

이 원고들을 읽는 것은 거기서 명확히 정식화된 이론적 틀을 찾으려는 사람들에게는 매우 실망스러운 경험이 될 것이다. 그는 이미 오래전에 그런 틀을 폭파시켰다. 따라서 이 원고들에서 〈므네모시네 아틀라스〉의 저자는 어떤 설명도 제공하지 않는다. 오히려 그는 변덕스럽지만 지치지 않고 설명의 양식 자체에서 일관성을 찾는 **이론적 경험**(시련인 동시에 실험)에 전념한다. 〈므네모시네 아틀라스〉가 표준적인 역사적 설명과 관련되어 있는 것처럼 원고들은 정확히 표준적인 철학 논문과 관련되어 있다. 원고들은 전적으로 천재의 일필휘지(돌발적 출현survenance) 뿐만 아니라 거대한 빈 공간(빈 공간, 침묵, 간격)이 교차하는 반복(회귀revenance)으로만 구성된다."

이 원고들을 읽는 일은 피곤하고, 흥미롭고, 불안감이 교차하는 일이다. 가령『근본개념』의 두 권은 거의 전부 〈므네모시네 아틀라스〉의 부제에 대한 (강박적, 망상적 지경에까지 이르는) 탐구에 할애되어 있다. 이 부제에는 수십 가지 버전이 있다.559『문화학 방법론』의 2절판 222페이지는 대략 (조이스의『피네간의 경야Finnegans Wake』가 리얼리즘 소설과 맺는 것과) 비슷한 관계를 방법론과 맺고 있다. 이론적 직관은 사방으로 날아가며, 연결성은 어디에도 없고, 논증의 명시화도 전혀 찾아볼 수 없다.560 아이디어들은 〈므네모시네 아틀라스〉의 검은 스크린 위의 이미지처럼 하얀 페이지 위에 배치된다. 살아 있는 더미, 성좌, 폭발하는 꾸러미 속에.

1929년에 작성된 이 원고 중 하나에는 매우 의미심장한『도망자 노트Flüchtige Notizen』라는 제목이 붙어 있다.561 여기서 바르부르크는 〈아틀라스〉의 배치에 대한 몇 가지 가설을 세우려고 한다. 도판에는 임시 번호가 매겨져 있으며, 주제에 대한 간략한 요약과는 순서가 반대로 정렬되어 있다. 가령 1929년 9월 19일자 메모(〈그림 88〉)는 다음과 같다(물론 다른 가능한 예시도 많이 있다).

므네모시네. 도[판]Pl[anches].

1~9. 고대 동양A[ncienté] Or[ientale].

2~17. 그리스Greiche.

3~9. 소아시아 천구 야만Kleinasien Sph[aera] barb[arica].

* survenance는 sur(over)+venir(come)의 명사형, 즉 불시에 나타나거나 사후에 출현하는 것을 의미하며, revenance는 re+venir의 명사형, 즉 다시 돌아오는 것, 유령, 귀신 등을 의미한다.

4~22. 석관 비극Sarcoph[age] tragedy.

5~24. 석관 비극Sarcoph[age] tragedy.

6~16. 의례 (무용-)Kult (Tanz).

7~26. 로마, 승리Rome, Triumph.

8~32. 미트라[빛, 진리의 신]Mithra.562

이 산만한 노트에서 바르부르크가 사용하는 독일어 형용사 '도주 중인[일시적인]flüchtig'이 뜻하는 의미의 모든 색조를 찾을 수 있다. 그가 구성하려고 시도하는 것은 사실 피할 수 없이 단명하고, 일시적이며, 덧없고, 변덕스러운 상태로 남아 있을 것이다. …… 그래서 항상 불완전하며 항상 다시 시작해야 한다.563 아이디어는 **터져 나오지만**fusent 동시에 **도망친다**fuient. 그런 이중적 상태는 〈므네모시네 아틀라스〉를 정교화하려고 할 때마다 그의 사유방식 전체, 즉 천재성과 고통을 잘 요약해준다.

천에 고정된 이미지 문제든 종이 위에 쓰인 작품 문제든 〈므네모시네 아틀라스〉 프로젝트는 분명히 **폭발적 유형의 사유**pensée en fusées라고 부를 수 있을 것에서 유래한다. 이 말은 'fusée'라는 단어가 프랑스어로 의미할 수 있는 모든 것을 의미한다. 1) 그것은 먼저 **시간적인 어떤 것**으로, 'fusée'는 시계를 다시 감는 데 필요한 시계 메커니즘을 가리키는 전문용어이기 때문이다. 2) 또한 **뒤얽힌 어떤 것**으로, 'fusée'는 또한 직조기의 방추紡錘 한 개에 감긴 실 무더기를 가리키기 때문이다(이 때문에 미스터리를 꿰뚫어 보거나 '푸는 것'을 프랑스어 표현에서 비유적으로 '방추를 푼다démêler une fusée'고 말하거나 '생을 마감하는 것'을 '방추를 끝낸다achever sa fusée'라고 말하기도 한다). 또는 3) 불꽃놀이의 덧없는 아름다움이나 포병전에서 적을 결정적으로 죽이기 위해 이용되는 **투사된 어떤 것**,

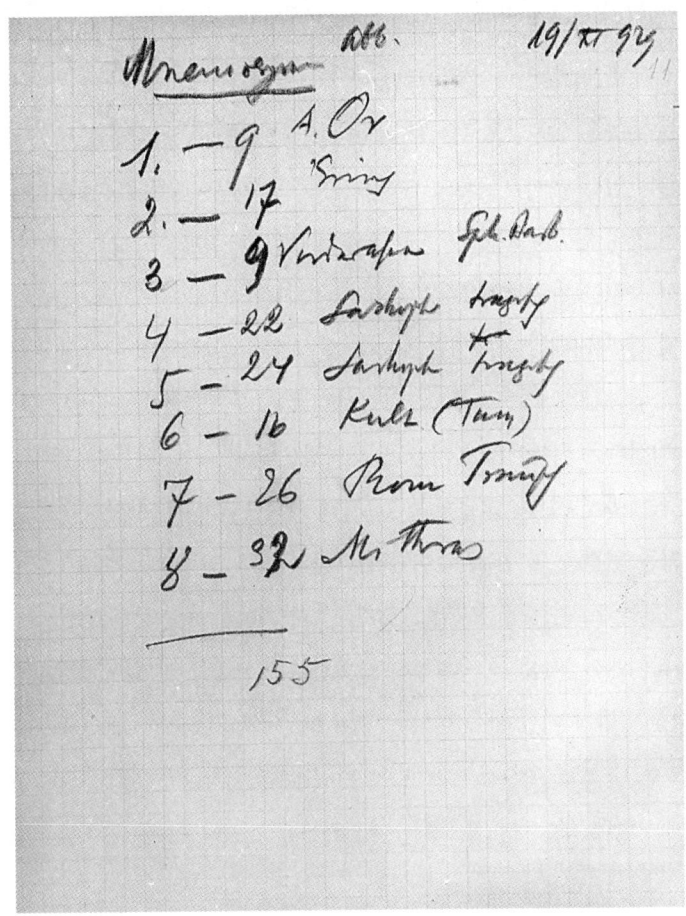

〈그림 88〉 바르부르크, 『도망자 노트』 1929, III. 12~32, II면. 런던, 〈바르부르크연구소〉 아카이브.

조명된 어떤 것이라는 의미도 있다. 음악에서 'fusée'는 몇몇 위대한 가수만 터득했다고 자랑할 수 있는 **매우 빠른 온음계의 음정 변화**이다. 그러나 무엇보다도 이 단어는 독일어 Witz에 해당하는 프랑스어로, **재치 있거나 기발한 말**을 의미하기도 한다.

계몽주의의 인간homme des Lumières 볼테르는 이 단어를 좋아했고, 자주 사용했다. 그러나 변덕스러운 사유를 묶은 책에 『불꽃폭죽Fusées』이라는 제목을 사용함으로써 이 단어에 진정한 문체적 위엄을 부여한 것은 명암의 인간homme des Clairs-obscurs의 대표자 보들레르였다. 그의 이 책은 어조의 친밀감에서 독단적이지는 않은 만큼 철학적으로 심오했다. 거기서 우리는 바르부르크라면 분명히 거부하지 않았을 이교도 문화와 잔존에 관한 이해방식 전체를 찾아낼 수 있다. 보들레르에 따르면 무엇보다도 신성함은 모든 것을 넘어, 심지어 신의 부재에서도 살아남는다. 그런 범신론은 현대에도 살아남는다. 마법은 언어 속에서, 특히 대중적 격언 속에서 눈에 띄지 않는 특징으로 살아남는다. 그리고 마지막으로 문명화된 인간은 아메리칸인디언과 다름없는 "야만 상태"564에 있다.

보들레르는 분출하지만 도망치는 『폭죽불꽃』이 완성된 어떤 것이라는 의미에서 '작품'을 구성하지는 못한다는 사실을 잘 알고 있었다. ― 『사진 앨범에 대한 사유Pensées d'album』, 『아포리즘Aphorismes』 또는 『벌거벗은 내 마음Mon coeur mis à nu』의 간략한 주석들과 마찬가지로 말이다.* 보들레르는 이렇게 썼다.

* 1855~1862년에 보들레르가 쓴 짧은 사유와 아포리즘의 모음집인 『폭죽불꽃』 그리고 1859~1865년에 다른 작품을 쓰기 위해 쓴 메모들의 조각인 『벌거벗은 내 마음』은 출판되지 못하고 1867년, 보들레르 사후까지 여러 형태와 크기의 낱장 원고 뭉치로 남아 있었다. 1887년에 최초의 보들레르 연구자 크레페Eugène Crépet가 『유고집 œuvres posthumes』을 펴낼 때 한데 묶여 『내면 일기Journaux intimes』라는 새로운 제목으로 발간되었다. 국내에서는 『벌거벗은 내 마음』(이건수 역[2001], 문학과 지성)이라는 제목으로 출판되었다. 한편 『앨범에 대한 사유』는 친구이자 시인 부아예Philoxène Boyer의 앨범에 붙인 '자기모순에 빠질 권리le droit de se contredire'에 관한 짧은 사유, 작가이자 사진가 나다르Nadar의 앨범에 붙인 '진실을 위한 삶Vitam Impendere vero을 모토로 활용하는 작가들은 거짓말쟁이라는데 내기를 걸겠다'는 비판 등 『유고집』에 실린 짧은 사유 등을 가리킨다. 보들레르의 모든 작품은 『전집』(갈리마르)으로 정리되어 있으며, wikisource에서도 이전에 발간

나는 전문가들이 전채요리hors-d'œuvre라고 부르는 것을 만들어 냈다고 믿는다. 하지만 나는 이 페이지를 내버려 둘 것이다. 왜냐하면 나는 내 분노를 기록하고 싶기 때문이다.565

바르부르크 역시 모든 『도망자 노트』를 조심스럽게 보존하며, 매일매일 불안을 기록하기 위해 신경 썼다. 그는 〈므네모시네 아틀라스〉의 배치물들 그리고 상징의 구조에 대한 가장 복잡한 가설을 내면의 일기 속에 있음직한 긴급성과 취약성을 함께 지닌 채 서둘러 기록했다. 따라서 그는 미래의 미술사의 '전채요리' 같은 것만 쓰고 있음을 잘 알고 있었다. **사유 이상의 것**plusque-pensée이라는 특징을 가진 그것의 깊이 자체는, **광기에 가까운**presque-folie 상태라는 영구적 분리로 대가를 치러야 했다.

빈스방거는 어느 날 바르부르크의 아들에게 쓴 편지에서, 나중에 아버지의 정신병이 엄청난 생산력 때문에 설명되고 분석될 가치가 있을 것이라고 말했다. 하지만 빈스방거 자신은, 사유에 의해 생성된 폭죽불꽃과 사유 불가능성에 의해 생성된 폭죽불꽃을 동일한 파토스적 양식 내부에서 분리시키는 것이 분명 너무나 어려웠기 때문에, 결코 그렇게 하지 않았다. 하지만 본인의 저명한 환자가 사망한 지 불과 4년 후에 그는 권위 있는 저서를 출판하는데, 이 책의 몇몇 페이지가 1921~1924년까지 바르부르크의 사유 양식을 매일 관찰한 덕분에 가능했다는 평이 종종 뒤따랐다. 이 책은 실제로 도망자Flüchtige라는 이중적 개념을 주제로 하고 있다. 즉 **분출하는**fusent 사유가 어떻게 저자(등장인물)로 하여금 **도망치는**

된 원본을 찾아볼 수 있다.

fuient 사유만 하는 위험을 감수하게 하는가에 관한 책이다.

이 책『사유의 비약에 관해 *Über Ideenflucht*』는 처음에는 **광적인 양식**의 사유와 존재에 관한 연구서처럼 보인다.

광인에게 결정적인 것은 아무것도 없다.

분열, 반대, 모순이 지배하는 세상밖에 없다는 것이다. '한 극단에서 다른 극단으로, 어떤 때는 기쁨으로 또 어떤 때는 치명적으로 애착을 느끼는' 광인의 상태 변화를 심리학적으로 묘사하는 대신 그는 '문제적 인간der poblematische Mensch'의 전형이라고 부른 이 탁월한 광인의 인류학적 특성을 제시하려고 시도하고 있다.566 이런 식으로 문제를 고찰하면 이 광인은 본인이 경험하는 상상의 세계뿐만 아니라 실재 세계를 구조화하고 있는 "대립에 관해 가장 명확한 정신을 지닌"567 사람이 된다.

따라서 '비약하는 사유'는 환자를 비상한 투시력을 지닌 관찰자로 만든다. 그는 세계를 '덧없음'과 구성된 조형성 속에서 바라본다. 그는 사물 자체를 지각하는 것보다 사물들 간의 관계를 더 잘 지각한다. 그 결과 '그러한 사유의 대상의 윤곽은 더 이상 뚜렷하지 않게' 되고, 전반적으로 "활기 없음"568(바르부르크를 그토록 매료시킨 **그리자이유**)의 경향을 띠게 된다.

그러나 양극성과 이율배반으로 가득 찬 그런 일반적 뒤엉킴, 모든 사물의 그런 유동성을 곰곰이 생각하면서 (베르그송과 딜타이뿐만 아니라 릴케와 프루스트의 도움으로) 빈스방거는 이 모든 것이 시간, 리듬, 속도 문제임을 이해했다.569 따라서 비약하는 사유를 하는 사람은 갑작스럽게 변화하는 사람, 빠른 사람, '폭죽' 같은 사람이다. 그의 리듬은 **한 사유에**

서 **다른 사유로의 비약**이다. 비약이 축제 같은 것이 될 때 그것은 춤이 된다(그리고 바르부르크가 춤에 부여한 중요성을 우리는 안다). 비약이 축제 같지 않을 때 그것은 상실, 추락 그리고 (바르부르크가 크로이츠링엔에서 자주 보여주던 유형의) "울부짖음과 폭력적 몸짓"570의 회오리바람이 된다. 하지만 이 모든 경우에 비약은 방법론이다. 무엇보다 먼저 '사유의 (광적인) 연결'을 해석해야만 하는 발견술적 방법론이다.

> 심지어 **도망자적** 태도에서조차 환자는 개념적 주제로 규정된 **규칙**이나 **방법** 그리고 **사유의 연결**에 언제나 주의를 기울인다. …… 원래의 행동이라는 유리한 입장에서 보면, 그의 사유는 중간 요소를 건너뛰려는 경향이 아니라 **비약 자체의 결정적 태도**만 분명히 드러낸다. 그것은 환자에게서는 모든 것(사유, 사람, 사물)이 '공간 속에서' 훨씬 더 가까워져, '손을 뻗을 수 있는 모든 것'에 일반적인 경우보다 훨씬 더 가깝고 쉽게 닿을 수 있다는 사실에서 비롯된다.571

이것이 〈므네모시네 아틀라스〉가 바르부르크에게 좋았던 이유이다. 바로 다중적인 이미지 전체를 '손에' 넣는 방법이자 하나에서 다른 하나로 쉽게 '비약'하기 위한 실용적 도구였던 것이다. 그러나 빈스방거에 따르면 이 비약에는 신속성(내가 보기에 잔존이 분출되도록 해주는 능력) 이외에도 **반복**, 즉 **회귀**의 속도라는 두 번째 특성이 포함된다. 비약하는 사유를 하는 사람은 완전히 되돌아오지 못한다는 사실을 제외하고는 회귀하는 사유를 한다. 그 결과 끊임없이 새로운 시도를 하도록 부추겨진다.572 그것이 바로 일반적으로 바르부르크의 원고를 읽은 뒤에 남는 인상, 고통스러운 인상이다.

빈스방거의 천재성은 거기서 멈추지 않았다. 베르니케Wernicke가 "비약하는 사유"573의 불일치와 해체에 관해 단언한 모든 것과는 정반대로 빈스방거는 이 사유 양식에 내재된 **연속적 일관성, 즉 지식적 가치**를 밝히려고 시도했다. '광인의 문법'에 대한 빈스방거의 설명에서 바르부르크의 후기 스타일에 대한 비교적 정확한 통찰을 보는 것은 매우 충격적이다. 정식의 '압축' 또는 간결함을 활용하고 남용하는 '언어적 장황함.' (교대로 시와 허튼소리에 가까운) 단어 간의 각운, 모음운, 유사의 풍부함과 함께 연쇄를 지나치게 좋아하는 취향. 수정이나 전도 및 부정의 반복적 사용. 명사의 축적을 선호하는 바람에 동사 형태가 유난히 드문 특성(빈스방거는 그것을 '동사의 후퇴'라고 지적했다). 단어의 파편화 및 '다른 단어의 새로운 형성'을 허용하는 음절연쇄의 공존. '구문 분절의 궁핍화'에 포함될 정도로 과도한 의미의 복잡성. 우스꽝스럽고 때로는 시적인 말장난. 심지어 예언 같은 "떠벌이는 말"574의 특성 등이 그것들이다.

따라서 비약하는 사유를 하는 사람은 빈스방거 말대로 자신만의 '공중의 성Luft-Schlösser'을 건설한다. 이 말은 그가 환상의 세계에 살고 있음을 의미할까? 전혀 그렇지 않다. 왜냐하면 심리학적·실증주의적 관점(여기서 징후는 결핍이고 오류이다)을 뒤집어 현상학적 방법으로 '상상Phantagie의 실존적 의미 문제'를 검토해야 하기 때문이다. 비약하는 사유를 하는 사람의 사유 양식에서 상상은 너무 지배적이어서 그가 성취할 수 있는 유일한 지식은 이미지에 관한 것뿐이다(하지만 이 영역에서 그는 주인이다). 빈스방거에 따르면 그것은 '정신적 삶'이 '충동적 삶'과 어떻게 뒤얽혀야 하는지 다른 어떤 곳보다 잘 아는 **미학적 지식**이다.575

실제로 빈스방거는 그런 상태에 있는 사람이 지닌 '지적 품격뿐만 아니라 도덕적 품격까지' 인정하는 데 주저하지 않았다. 그리고 요점을 말하기 위해 두 가지 사례를 인용했다. 앞서 살펴본 바와 같이 바르부르크에게 평생 중요한 사례였던 니체와 괴테였다. 빈스방거에 따르면 두 사람은 모두 정신병과 천재를 가르는 예리한 구분선으로서의 '광적 양식'에 대한 문제를 분명히 제기했다.576 빈스방거의 결론은 바르부르크의 저술에 편재하는 주제와 다시 한 번 일치한다. 즉 그는 '사유의 비약'이 '형태 창조와 형태 파괴 간의 긴장Spannung zwischen Formschöpfung und Formzerstörung'에 의해 정확히 특징지어지는 '존재의 **악마 같은 형태**'를 드러낸다고 쓰고 있기 때문이다.577 〈므네모시네 아틀라스〉는 페넬로페이아의 수의*처럼 그런 진동의 리듬(수축과 확장)에 정확히 대응하지 않는가?

* * *

바르부르크 자신도 자기 작업에 대해 그와 비슷한 해석을 내놓았다. 1927년 12월에 (새로운 재정 보조금을 정당화시키기 위해 은행가 형제들과 마주 앉아야 하는) 〈도서관〉 운영위원회의 연례회의를 열성적으로 준비하면서 그는 지적 자서전 형태의 짧은 발표문을 작성했다. 거기에는 「무기고에서 실험실까지Vom Arsenal zum Laboratorium」라는 제목이 붙어 있었다.

거기에는 그가 구성하려고 하는 〈므네모시네 아틀라스〉의 과학적

• 그리스 신화에서 오뒷세우스의 아내 페넬로페이아는 트로이아 전쟁에 참전한 오뒷세우스를 오랫동안 기다린다. 오뒷세우스가 없는 동안 수많은 청혼자가 찾아와 결혼을 조를 때 시아버지 라에르테스Laertes의 수의를 완성하고 나면 결혼하겠다고 말하며, 낮에는 수의를 짜고 밤에는 풀어 시간을 번다. 천을 짜고 풀어내는 일의 영원한 반복, 영원히 완성되지 못하는 리듬을 뜻하는 용어가 바로 '페넬로페이아의 수의'이다.

토대로 사용될 변증법(그리고 도박) 전체가 매우 압축된 형태로 등장한다. 먼저 그는 자기 작업이 항상 **모순**에 의해 자극받았음을(그러나 영원히 위협받았음을) 주장한다. 그리고 '지적 발전의 출발점der Anfangspunkt meiner wissenschaftlichen Entwicklung', 즉 자기 자신에 대한 최초의 확인을 그를 숨 막히게 하던 "심각하게 독단적인 정통파에 맞선 투쟁der Kampf mit einer dogmatisch strengen Orthodoxie"578에서 찾는다. 모든 가능한 차원에서 이 투쟁을 이해해볼 수 있을 것이다. 우선 그것은 가족이라는 차원의 투쟁이었다. 왜냐하면 삶('지배적 열정')을 이미지에 바치려는 그의 프로젝트에서 극복해야 할 최초의 장애물이 정통 유대교였기 때문이다. 또한 그것은 지적 차원의 투쟁이기도 했다. 왜냐하면 인류학 또는 문화학으로 이해되는 미술사를 정립하려는 그의 프로젝트에서 극복해야 할 최초의 장애물은 빙켈만의 역사적 정통성과 레싱의 미학적 정통성이었기 때문이다.579

동시에 바르부르크는 자기 작업이 **뒤얽힘** 그리고 그것이 상정하는 자아의 상실에 의해 자극받았음을(그러나 영원히 위협받았음을) 인정한다. 그는 초기 프로젝트의 본질적 광기를 알고 있었다. 그것은 모든 이미지를 가능한 모든 관계와 함께 사유하려 한 것이다. 그는 또한 이렇게 덧붙였다.

> 내 프로젝트가 무한히 분산될 위험을 피하기 위해dass mein Forscherwille sich nicht ins Unendliche verlor 내 연구의 핵심으로 고대의 영향이라는 주제를 유지해왔다.580

그러나 그것은 단지 명목상의 한계였다. 왜냐하면 그는 **잔존** 개념과 함께 무한히 분기된 역사적 자료의 덩어리(폭죽) 전체를 풀어놓았음을 매우 잘 알고 있었기 때문이다.

(바르부르크가 당시 자기를 지칭했던) 크로이츠링엔의 '유령' 또한 **자기의 지식의 양식**이 언제나 동일한 변증법에 의해 자극받는 동시에 위협받아 왔음을 잘 알고 있었다. 이미지의 힘에 대한 체질적 민감성 때문에 그는 감정이입, 매력, '신경성 질환Nervöse Erkrankung'의 정신이상을 경험해야 했지만 바로 이 민감성은 동시에 "연구에 대한 열정을 자유롭게 펼칠 수 있는 기회Glück der freien Hingabe an die Forschung"581를 갖게 해주었다. 마치 (뒤얽힘의 과잉을 통해) 그를 파멸시키겠다고 위협한 광기는 또한 (부단한 상충을 통해) 당시를 지배하던 모든 정통에 맞선 투쟁에서 그를 지켜주었던 듯하다.

그는 이 짧고 웅장한 '자기서술Selbstdarstellung'을 결론지으며 모순과 뒤얽힘의 변증법이 처음부터 **자기의 지식의 대상**을 지배했기 때문에 그만큼 강력하게 자기의 지식의 양식까지도 지배했음을 보여주었다. 보티첼리와 기를란다요를 연구하던 때 당시의 미술사에 대한 그의 첫 번째 공헌은 '양식 형성의 양극화 과정der Prozess der Polarität der Stilbildung'을 밝히는 것과 관련되지 않았던가? 거기서 그가 찾아낸 모순은 남유럽과 북유럽, 리얼리즘과 고전주의, 아폴론적인 것과 디오니소스적인 것을 포함해 어디에나 존재하지 않았던가? 하지만 항상 움직이는 하나의 동일한 '수수께끼 같은 유기체' 안에 존재하듯 이 모든 이율배반과 긴장은 서로 복잡하게 뒤얽혀 있지 않았던가? 그는 그것에 대해 너무나 확신했기에 "미술작품을 삶 자체의 역동성과 함께 뒤얽힌 양식적 산물로 간주해야 한다eine Verflochtenheit mit der Dynamik des Lebens"582고 썼다. 여기서 그는 호피인디언 땅을 여행하는 동안 자기 눈으로 본 것이 바로 그것이라고 주장한다.

이렇게 질문할 수 있을 것이다. 왜 그는 그런 변증법을 관찰하기 위한 장소를 **실험실**이라고 부를까? 왜냐하면 — 즉흥적이든, 실증주의적이든, 역사주의적이든 상관없이 — 직접적 관찰은 (한 덩이로 된 현상이든, 서로 엉켜 있든, 유동적이든) 뒤얽힘과 모순(파열, 긴장, 양극화 현상)을 함께 이해할 수 없게 만들기 때문이다. 이해를 위해서는 **실험** 매뉴얼을 발명할 필요가 있다. 그것이 바로 일련의 문제를 설정해 개별적 문제를 해결하기 위해 매우 특수한 분류 체계를 만든 도서관이 성취하려고 했던 것이다. 그것은 또한 〈므네모시네 아틀라스〉의 역할이기도 하다. 아틀라스는 **고대의 잔존**의 뒤얽힘과 양극성을 시각적으로 함께 제시하기 위해 고안된 실험 매뉴얼이었던 것이다.

이를 위해서는 수집과 전시의 새로운 형태를 발명해야만 했다. 그것은 (거의 아무런 차이도 없는 것을 이성이라는 전체주의적 원리에 의거해 함께 배치하는) **배열**도, 또 (최대한 서로 다른 것을 어떤 권한도 없이 완전히 자의적인 방식으로 함께 배치하는) **장식**도 아닐 것이다. 끊임없는 흐름은 오로지 긴장으로만 구성되며, 그동안 축적된 꾸러미가 폭발로 마무리됨을 보여주어야만 한다. 하지만 마찬가지로 차이들 또한 특수한 성좌를 형성하고, 차이들을 함께 모았을 때는 전에는 인식되지 않았던 일관성의 질서를 만들어 낸다는 사실도 보여주어야만 한다. 이 새로운 형태를 **몽타주**로 부르도록 하자.583

적어도 여기서 우리를 흥미롭게 하는 의미의 몽타주는 연속적으로 배치된 불연속적 '판들plans'에 기반해 만들어진 시간적 연속성의 인위적 창조물이 아니다. 반대로 그것은 모든 역사에서 **시간의 단절을 시각적으로 펼쳐내는** 방법이다. 패배한 고대의 인물의 고뇌와 르네상스 정복자의 승리(〈그림 44〉)를 〈므네모시네 아틀라스〉의 동일한 도판 위에 '몽타주' 했을 때, 바르부르크는 오직 이 운명의 시간적 **통일성을 깨기 위해서만** 동일한 몸짓 형성의 사용가치를 '다시 계산'하고 있는 것이다. 이 형성은 근본적 단절을 대가로만 잔존하게 되는데, 이 단절은 여기서는 의미의 '동적인 전도' 속에서 발견된다.

〈므네모시네 아틀라스〉에서 작동하는 각각의 몽타주는, 내가 보기에는, 그런 종류의 역설을 풀어놓는다. 명백한 차이들은 거의 항상 잠재된 연결의 표식이며, 명백한 동일성은 거의 항상 잠재된 이율배반의 표식이다. 따라서 이 맥락에서 '이미지의 몽타주'는 흩어진 현상을 통일하기 위한 인위적 서사 장치가 결코 아니며, 정반대로 서양의 조형적 전통의 명백한 통일성을 분열시키는 변증법적 도구이다.

다시 한 번 바르부르크가 〈아틀라스〉 구축과 병행하면서 작업한 원고는 바르부르크적 몽타주의 특징인 '분열적 연결'과 해체적(강한 의미로는 분석적) 실천을 뒷받침해준다. 따라서 '매트릭스에 따른 형성'과 '사후 형성'을 단일한 잔존의 형성 속에서 결합시키는 것처럼 보이는 잔존형성 Nachgestaltung 개념은 '미리 각인된 것의 목록inventar der Vorprägungen'이라는 선존재先存在와 모든 "양식 형성 기능stilbildende Funktion"584에 필수적 변형을 동시에 상정한다.

앞의 단편을 읽을 때 우리는 〈므네모시네 아틀라스〉에서 시작된 몽타주 형태가 비교를 기본으로 하는 표 중심의 정통적 배열을 대체하는 경향이 있음을 즉시 이해하게 된다. 그것은 마치 비정통적 형태의 변증법인 '확산하는 변증법'이 (헤겔적인 화해의 변증법이건, 카시러가 제안한 '기능적 통일'이건) '통합하는 변증법'의 모든 의향을 대체하듯이 말이다. 1905~1911년까지 바르부르크는 여전히 복식부기 형식의 비교표 (그리고 나중에는) 삼식부기 형식의 비교표(〈그림 47〉)를 사용하고 있었다.585 그러나 사망하기 전의 마지막 몇 해 동안에는 마치 뱀 무더기가 서로 뒤얽힌 동물을 나타내듯, 그가 사용한 몽타주 형태는 서로 비교할 수 있는 여러 요소를 동시에 제시한다.

〈므네모시네 아틀라스〉는 도상학적 재료로 이 과정을 설명하기 위한 것인데, 그것은 격렬하게 움직이는 생명을 재현함으로써 미리 각인된 표현가치를 흡수하려는 시도로 묘사될 수도 있을 것이다. 무엇보다 〈므네모시네 아틀라스〉는 이 아틀라스의 복제품이 보여주듯 르네상스 시대에 격렬하게 움직이는 생명을 묘사하는 양식의 발달을 알려주는, 고대로부터 물려받은 사전에 미리 만들어진 형태의 목록이 되길 원한다. 기억에 의해 보존된 그러한 표현가치가 정신적 기술 속에서 수행하는 중요한 기능을 파악하려면 그와 같은 비교 분석eine solche vergleichende Betrachtung은 ······ 사회심리학에 대한 보다 철저한 검토에 기반해야 한다.586

그가 〈므네모시네 아틀라스〉와 함께 발명한 것은 진정으로 새로운 형태의 비교론이다. 〈아틀라스〉의 부제목을 만들려고 여러 차례 시도하던 중 어느 순간에 그는 그것을 "문화학을 위한 역사 속의 미술 이미지의 상호비교Vergleich Kunstgeschichtlicher Kulturwissenschaft"587라고 불렀다. 이 맥락에서 어떻게 현상의 변증법적 음역이 관계들의 증식을 낳지 않을 수 있겠는가? 따라서 이 양극성 또는 모순성은 각 유기체 그리고 이 살아 있는 총체의 각 기관에 영향을 미치게 된다. 모든 기능은 적어도 '이중적으로 지향될 것doppeltendenziös'이며, 모든 '사유공간Denkraum'은 이 기능을 안내하는 동시에 혼란시키는 '욕망공간Wunschraum'으로 둘러싸이게 될 것이다. 이제부터는 이미지가 새겨지는 동시에 그것을 방해하는 맥락을 분석하지 않고서는 더 이상 이미지를 이해할 수 없을 것이다. 그에 따르면 모든 에너지는 퍼져 나가려고 시도하지만 동시에 퇴행하거나 심지어 전도되기도 한다. 이 모든 유형의 작용은 부단한 변신의 놀이 속에서 계속될 것이다.588

따라서 모든 예술은 기억의 예술로 이해될 것이다. 하지만 바르부르크가 '이미지의 이주Bilderwanderung'라고 부르는 기억의 전송은 의식적 기억과 무의식적 기억의 흔적의 분열에 의해 야기되는 "영혼의 드라마 Seelen drama"589 속에 휩싸일 것이다. 그 결과 모든 **역사적 가닥**은 기억의 폭죽fusées de la memoire 덩어리(또는 번개 속에 투사된 무언가) 안에 뒤얽히게 된다. 우리는 동일한 도판에서 시간적으로 멀리 떨어진 시대가 공존하는 것을 본다. 따라서 〈므네모시네 아틀라스〉의 근본적 시대착오성은 이 작업에 바로 그런 제목을 제공한 개념에 의해 전적으로 정당화된다. 즉 기억은 역사적 연속을 지향하는 텍스트를 통해서가 아니라 우표 옆에 있는 석관이든 현대의 여성 골퍼 옆에 있는 고대의 님프든, '고대의 잔존'이라는 시대착오적 퍼즐 속에서 해독되는 것이다.

* * *

〈므네모시네 아틀라스〉는 몽타주이지만 이야기를 전하는 기억 이미지의 단순한 수집품과는 완전히 다른 어떤 것을 분명히 제공한다. 그것은 역사에서 사유되지 않은 기억, 즉 그가 끊임없이 **잔존**이라고 부른 것의 시각적 이정표를 제공하기 위해(열기 위해) 고안된 복잡한 메커니즘이다. 그 결과로 나온 지식은 인문학 분야에서는 너무 새로운 것이어서 그것을 위한 모델이나 유사한 것조차도 찾기가 매우 어려워 보인다.

그러나 아틀라스, 즉 지도책은 19세기 말에 급증했다. 다윈의 『인간과 동물의 감정표현』(1872년)은 여전히 선조화線彫畵(〈그림 40〉, 〈그림 41〉)와 몇 장의 사진이 중간에 삽화로 들어간 책 형태로 출판된 반면, 불로뉴의 저서 『인간 표정의 메커니즘』(1862년)은 이미 '일반적 고찰' 텍스트 그리고 '미학적 부분partie esthétique'이라고 부르는 사진 '아틀라스' 두 부분으로 나뉘어져 있었다. 1875년에 샤르코는 『살페트리에르의 사진도상학iconographie photographique de la Salpêtrière』을 만들었고, 1878년에 롬브로소는 자체만으로 별권으로 된 아틀라스로 '범죄인류학' 연구 결과를 기록했다.590

독일에서는 1887년에 출판된 바스티안Adolf Bastian의 『인류학적 사진책Ethnologisches Bilderbuch』이 아마 레퍼토리 형태로 배열된 인류학적 모티브의 요약 및 비교, 제시에 대해 바르부르크가 어떻게 생각하고 있었는지를 잘 보여주었을 것이다.591 그러나 바스티안이 우주론적 도해에 할당한 도판(〈그림 89〉) 그리고 그와 유사한 바르부르크의 도판(〈그림 90〉)을 비교해보면 둘 간의 차이를 즉시 분명하게 알 수 있다. 전자의 경우에서 재현의 통일(〈그림 89〉에서 모든 이미지는 동일한 유형의 선조화로 축소된다)은 의미의 통일이라는 가설을 위한 지지대 역할을 한다. 즉 인간 역사의 모든 시대에 사람들은 세계를 순환으로 재현하는 경향을 가진다는 가설이 그것이다. 후자의 경우에서 재현의 차이(〈그림 90〉에서 보듯 각각의 이질적 포맷과 재료로 몽타주된 대상, 즉 바빌로니아의 테라코타, 에트루리아의 청동 또는 로마의 석재, 그것 옆의 프톨레마이오스의 미니어처 또는 이집트의 돋을새김)는 다루어지는 모티브에 대한 인식을 즉각적으로 복잡하게 만들고 문제화시킨다.

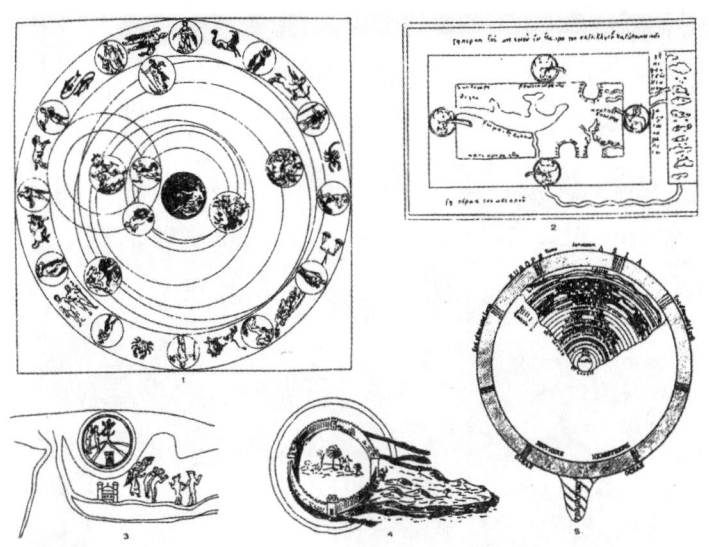

〈그림 89〉 우주 및 지리학적 그림, 바스티안, 『인류학적 사진책』(베를린, 1887), 도판 15.

바스티안이 동일한 크기로 축소된 **상징적 도식**을 비교하는데 만족하는 반면 바르부르크는 '코스모스'라는 개념 자체가 제기하는 인류학적 질문의 핵심(그리고 그것의 불균형) 속으로 뛰어들었다. 인간 그리고 그가 가진 우주의 이미지 간의 관계가 **상상적으로 뒤얽혀 있음**을 이해하게 되는 곳은 오직 〈므네모시네 아틀라스〉의 도판을 볼 때뿐이다. 그렇기 때문에 우리는 이 도판에서 나란히 놓인 하늘의 재현뿐만 아니라 한 사람(정확히는 거인 아틀라스)의 등에 업힌 세계 전체와 우리의 내장 속에 만들어진 세계까지도 함께 볼 수 있는 것이다(2번 패널 도판 맨 위에는 바빌로니아인들과 에트루리아인들이 '점占'칠 때 사용한 간肝 사진 네 장이 있다).(〈그림 90〉)

〈므네모시네 아틀라스〉의 기묘한 외양을 설명하기 위해 바르부르크

〈그림 90〉 바르부르크, 2번 패널의 임시 버전, 〈므네모시네 아틀라스〉, 1927~1929년. 런던, 〈바르부르크연구소〉 아카이브.

에 대한 가장 박식한 해설자 중 몇몇은 앞서의 학술적·실증적 모델과 상충되는, (어쩌면 보완적인) 예술적·전위적 모델을 제시해왔다. 처음으로 그렇게 한 사람은 헥셔로, 그는 바르부르크의 〈아틀라스〉가 브라크Braque와 피카소의 입체과 콜라주, 뒤샹Marcel Duchamp의 〈계단을 내려오는 누드Nude Descending a Staircase〉 등 바르부르크와 동시에 행해진 몇 가지 예술적 실험 그리고 20세기 초반에 이루어진 시네마토그래피 실험 등과 동등한 (누군가에게는 비구성적 실험으로 보이기도 하는) 구성적 형태를 택했다고 주장했다.592 이어 바른케, 호프만Werner Hofmann 등과 같은 사람들은 콜라주라는 개념을 바르부르크의 모델로 발전시키며, 다다이스트와 초현실주의자들의 실험을 상기시켰다.593 최근에는 아감벤 그리고 그에 뒤이어 미쇼Philippe-Alain Michaud가 가장 특수한 의미로 '몽타주' 개념을 취해 바르부르크의 노력을 포토그램photogram의 진정한 조작, 즉 "시네마토그래피 시대의 미술사"594로 보았다.

그런데 앞의 비교들은 논쟁의 여지가 있다. 단지 바르부르크가 초현실주의나 뒤샹의 몽타주를 전혀 알지 못했기 때문만이 아니라, 심지어는 자신이 살던 시대의 영화적 실험에도 전혀 관심이 없던 것처럼 보이기 때문이다. 가령 이탈리아의 피아첸자Piacenza에서는 점치는데 사용하는 간의 주형을 얻으려고 열심히 시도한 반면595 딕슨Dickson이 만든 인디언 춤에 대한 단편영화는 구하려고 하지 않았다. 그에 따라 부클로Benjamin Buchloh는 "미술적 아방가르드에서 사용하는 몽타주 기법과 바르부르크를 비교하는 것"596에 날카롭게 의문을 제기한다.

부클로의 주장은 세 갈래다. 첫째로 〈므네모시네 아틀라스〉에서의 재료 배치와 모든 아방가르드 유형의 아상블라주assemblage'를 분리시키는 절차적 차이를 강조하는 점에서 그의 주장은 특수하거나 또는 기술적이다. 이와 관련해 그가 바르부르크의 몽타주를 로드첸코Aleksander Rodchenko의 사진 몽타주와 구별하는 것은 타당하다. 바르부르크의 몽타주는 동일한 방식으로 만들어지지 않았으므로 동일한 것을 의미하지도 않는다. 두 번째 주장은 '사진의 기술복제의 평등주의적 효과가 지닌 해방적 힘'에 부여된(또는 부여되지 못한) 신뢰에 대한 **이데올로기적** 구분선 문제와 관련된 것인데, 당시 이 논쟁에 대해 크라카우어Siegfried Kracauer와 몇몇 러시아 아방가르드 예술가는 정반대 입장을 취하고 있었다.597

하지만 그렇게 첨예한 구분선을 유지하는 것은, 게다가 변증법적 인식은 전혀 결여한 채 그렇게 하는 것은 오래지 않아 곧 오류로 이어진다. 기술이 한 영역에서 제공하는 해방은 다른 영역에서의 제한에 의해 상쇄된다. 바르부르크는 현대 기술, 특히 전화기가 "거리감의 숙명적 파괴자 verhängnisvolle Ferngefühl-Zerstörer"598가 되어버린 방식을 가혹하게 비판했지만, 그의 도서관은 전화기 그리고 책을 빠르게 전송할 수 있는 정교한 수단을 갖추고 있었다. 그는 수천 장의 사진을 조작해 얻은 것이 그렇게 해서 잃어버린 모든 것에 비추어 가늠되어야 함을 아마 잘 알고 있었을 것이다. 즉 사물의 크기, 색과의 감정이입적 관계, 구체적 공간 그리고 심지어 그가 15세기 남자와 여자의 '목소리의 음색'을 들었다고 말했던 저 피렌체 기록보관소Archivio의 먼지투성이 공기 같은 것들이 그것이다.599

훨씬 더 일반적이고 **철학적인** 주장이 부클로가 몽타주 관점에서 〈므네모시네 아틀라스〉를 이해하길 거부하는 입장을 지지한다. 그것은 정확

• 잡동사니나 일상적인 사물을 본래의 용도에서 분리해 한 화면에 입체적으로 조합하는 것을 말한다. 일반적으로 평면 형태보다는 입체적 콜라주를 지칭하는 말이다.

히 한편으로는 〈아틀라스〉에 그리고 다른 한편으로는 '아방가르드' 사상에 내재된 시간 모델에 관한 것이다. 〈아틀라스〉는 '사회적 기억의 구축'과 '문화 전달의 다양한 층'을 재구성하려는 시도의 일부이다. 부클로에 따르면 〈므네모시네 아틀라스〉의 그런 시도는 '즉각적 현존, 충격, 지각의 파열을 제공하는' 현대성의 모델과는 모든 면에서 반대되는 "역사적 기억과 경험의 연속성 모델"600을 채택한다고 가정한다.

완전히 명백한 것처럼 제시된 부클로의 이 세 번째 대립(한편에는 즉각성과 파열, 다른 한편에는 기억과 연속성)은, 특히 보드리야르의 의심스러운 권위에서 영감을 받은 포스트모더니즘적 신조에 동조한다는 큰 결함을 갖는다.601 아방가르드 자체의 **역사**를 지나치게 도식화하는 것 외에도602 이 접근법은 바르부르크가 (그리고 프로이트나 벤야민 같은 동시대 인물이) 기억 개념에 부여하는 의미를 완전히 오해하고 있다.

부클로는 실제로는 잔존을 '전통의 연속성'과, 기억을 '지나간 사물들의 회상'과 혼동하는 통상적 방법을 연장시키는 데 만족한다.603 따라서 그는 기억하는 행위가 그것이 반대하려는 모든 것의 뒤얽힘을 가정한다고는 — 이것은 징후의 이론적 교훈이다 — 상상도 못한다. 기억하는 행위는 '역사적 기억'과 함께하는 '충격' 그리고 '문화적 전달'과 함께하는 '파괴'이다. 바르부르크의 〈아틀라스〉가 『도퀴망』* 방식의 초현실주의적 몽타주처럼 철저하게 '충격적'이고 시대착오적인 무엇인가를 만들어 내지 않은 이유는 그것이 기억 장치이기 때문이 아니다.

따라서 〈므네모시네 아틀라스〉는 그 나름대로 분명히 아방가르드의 대상이다. 물론 **과거와 단절**하기 때문은 아니다(〈아틀라스〉는 끊임없이 과

---

* 『도퀴망Documents』은 1929~1930년까지 파리에서 발행된 초현실주의 잡지 이름이다.

거 속으로 뛰어든다). 그보다는 **과거에 대한** 특정한 **사유**방식과 단절하기 때문이다(이와 관련해 우리 시대의 포스트모더니스트들은 알지도 못한 채 비록 **이전**과 **이후**일 뿐인데도 극히 진부한 도식을 제안하고 있다). 바르부르크의 단절은 정확히 **시간 자체를** 이질적 요소들의 **몽타주로 사유**하는 데 있다. 그것이 '잔존의 형성물'의 인류학적 교훈이며, 메타심리학 수준에서는 '징후의 형성물'이라는 매우 유사한 교훈에 해당한다.

〈므네모시네 아틀라스〉에서 문제시되는 몽타주는 분명히 바르부르크가 아틀라스로 만들기 위해 브라크, 쉬비테스Kurt Schwitters 또는 로드첸코로부터 차용해왔음직한 **절차**가 아니다. 〈므네모시네 아틀라스〉에서 몽타주가 작동되고 있음을 보게끔 강요하는 것은 단순히 대상을 만드는 방법만이 아니다. 무엇보다도 그것을 뒷받침하는 사유 자체 그리고 그로 인한 지식의 **패러다임** 자체이다. '탈구획화décompartmentalization'와 '상호침투interpénétration'라는 관점에서 바르부르크적 구성을 논하는 데서 알 수 있듯이 헤크셔는 그것을 이해해왔다. 게다가 이와 관련해 그는 "사유는 통행료를 낼 필요 없이 국경을 넘나든다Gedanken sind zollfrei"604는 바르부르크 말을 인용한다. 그렇게 보면 **사유 형태**로 간주되는 몽타주만이 지식의 대상의 그런 '탈영토화déterritorialization'를 공간화시킬 수 있게 해준다.

〈므네모시네 아틀라스〉는 아방가르드의 대상이다. '고대의 영향력'의 역사주의적인 **추억의 앨범**을 감히 해체해 **기억의 아틀라스로** 대체한다는 의미에서 그렇다. 하지만 이 아틀라스는 불완전하고 무의식의 지배를 받으며, 이질적 이미지로 포화된 채 시대착오적이거나 태곳적 요소로 침범당한 스크린의 암흑으로 둘러싸인 **기억의 아틀라스로**, 때때로 텅 빈 공간, **잃어버린 링크**, 기억의 공백을 가리킨다. 기억이 공백으로 이루어져 있기 때문에 바르부르크가 문화사학자에게 부여하는 새로운 역할은 억압의 통역자, 즉 기억의 검은 공백을 "보는 자Seher"605로서의 역할이다. 〈므네모시네 아틀라스〉는 실증주의와 역사학이 승리한 시대에 통상적인 규칙을 따르지 않는(카드놀이를 하는 데서 무제한적인 패 섞기와 무한히 가변적인 카드 숫자를 허용하는) 퍼즐이나 타로 게임으로, 감히 기능하려 하기 때문에 시대에 맞지 않는 대상이다. 차이는 결코 모종의 더 우월한 동일성에 흡수되지 않는다. '참여'의 유동적 세계에서처럼 차이는 시간을 갖고 노는 카드 점쟁이가 (항상 새로운 실험을 통해) 찾아내는 **상호 차이 간의 연결에 의해 활성화된다**.

따라서 〈므네모시네 아틀라스〉는 최상급의 **시대착오적** 대상이다. 그것은 (첫 번째 도판의 바빌로니아 점성술에서처럼) 태곳적 시간 속으로 뛰어들고, 나중에는 (마지막 도판에 있는 파시즘과 반유대주의의 폭발적 증가에 대한 예언에서처럼) 미래로 뛰어간다.606 〈아틀라스〉는 탈무드와 인터넷 중간에 놓인다고도 말한다.607 무엇보다 먼저 〈아틀라스〉는 **잔존의 관찰을 통해 완전히 새로운 인식론적 배치를 만들어 낸다. 몽타주를 통해 얻은 지식**이 바로 그것으로, 벤야민이 구상한 지식과 가까울 뿐만 아니라 바타이유와 에이젠슈타인의 어떤 측면과도 관련되어 있다.608 **잔존을 담고 있는 이미지는 다름 아닌 몽타주로**, 이질적 의미와 시간성의 몽타주일 뿐이다.

이런 의미에서 〈므네모시네 아틀라스〉는 시대를 초월한 대상이다. 왜냐하면 알려고 하는 바로 그것, 즉 모든 '잔존의 형성물'에 의해 구성되는 시간의 몽타주를 모방하기 때문이다. 바르부르크는 아주 일찍부터 이런 종류의 직관을 갖고 있었다. 1890년부터 기록한 원고의 한 노트에서 그는 르네상스의 인물들의 '살아 있는 움직임'(폴라이올로를 생각해볼 수 있을 것이다)은 '고립된 이미지'가 아니라 언제나 '이미지의 연속'에서 힘을 얻었다고 기록하고 있기 때문이다.

움직임의 부여. 움직이지 않는 형상에 움직임을 부여하려면 고립된 이미지가 아니라kein einzelnes Bild 서로 연결된 일련의 이미지를 일깨울 필요가 있다: 고요한 사색의 상실.609

한 가지 사례를 살펴보자. 기를란다요의 사세티 예배당(〈그림 91〉)을 다룬 〈므네모시네 아틀라스〉의 도판 43번은 분명히 회화적 앙상블 자체의 탈몽타주démontage(〈그림 92〉)인 것처럼 보인다. 다시 말해 그것의 주요한 배치의 해석적 재몽타주remontage이다. 도판의 오른쪽 상단에 있는 예배당의 공간 전체에는 바르부르크의 부인인 화가 헤르츠가 그린 3장의 그림이 그려져 있다. 바로 옆에는 양식적·도상학적 역사가 제시되어 있는 것을 볼 수 있는데, 그것은 특히 조토의 〈성프란체스코수도회의 회칙 허가〉와 기를란다요가 그것을 다시 그린 그림을 비교해 보여주는 방식으로 배치되어 있다.610 그는 또 다른 비교를 설정한다. 기를란다요의 (북부적이고, 고전화된) 제단화와 (오롯이 물랭Moulians의 마스터*의 전통에서만 영감을 받은) 그의 동생 베네데토가 그린 동시대의 성모 간의 비교** 그리

* 물랭성당Cathédrale Notre-Dame de Moulins의 〈세 폭짜리 제단화〉(1498년경)를 그린 정체불명의 화가에게 붙여진 별명이다. 프랑스에서 활동한 초기 네덜란드풍 화가로, 아직도 정체에 대해서는 이견이 많다.
** 기를란다요가 그린 제단화는 피렌체의 산타트리니타성당의 사세티 예배당에 있는 〈목자들의 숭배〉(1483~1485년, 167x167cm)라는 제목의 그림을 말한다. 43번 도판 하단의 왼편 그림이다. 기를란다요가 그린 동일 주제의 그림은 〈예수 탄생Natividad〉(1490년, 147x147cm)으로 알려져 있으며, 현재 프랑스의 에그페르세의 노트르담성당Église Notre-Dame d'Aigueperse에 소장되어 있다. 43번 도판 하단의 오른편 위쪽 그림이다.

고 기를란다요의 〈성 히에로니무스〉와 보티첼리의 〈성 아우구스티누스〉 간의 비교*가 그것이다. 이 몽타주의 다른 모든 단편은 초상화와 관련되어 있다. 무릎을 꿇은 기증자, 아이들 그리고 화가가 발명한, 지하계단에서 쏟아져 올라오는 저 유명한 그들의 인문학 가정교사들 그리고 마지막으로 명사 무리가 그것이다. 바르부르크는 이 명사들 중에서 프란체스코 사세티와 그의 형 바르톨로메오 사이에 있는 로렌초 드 메디치Lorenzo de Medici의 모습을 찾아낸다.611

따라서 〈므네모시네 아틀라스〉의 도판들은, 양극성이나 연속적 세부사항('포토그램photogrammes')에 따라 조직된 시각적 지표들을 흑백 화면 위에 배치해 해석적으로 하나의 몽타주를 **만들어 낸다**. 동시에 도판은 예배당이 기억의 예술, 즉 피렌체 교회의 벽을 따라 펼쳐진 거대한 앨범이자 도상적·시간적 몽타주 공간으로 스스로를 드러낸다는 사실을 비록 부분적이지만 **명백하게 해준다**. 이 초상화들의 '현재'는 기증자들의 '미래'의 죽음을 예견한다. 이 예배당은 사세티와 그의 아내 모습이 석관 근처에 배치되어 있어 장례식에 적합하다. 프란체스코의 전설이나 그리스도 이야기라는 '과거'는 부활이라는 '미래'를 위한 모델 역할을 한다. 하느님의 아이는 고대의 석관에 머리를 기대고 제단 위에서 태어나며, 사세티 가문의 가족 드라마를 암시하는 죽은 아이는 다음에 있는 가로줄무늬 아래 묘사된 장면 속에서 소생한다. 반면 예배당의 장식품 중 가장 높은 위치에 있는 가로줄 아래로부터 많은 아이가 땅 속에서 올라온다. 이 모든 일이 (성체성사의 도움으로) 제단의 전례적 권위와 그것의 무한히 재생 가능한 '진정한 현존' 아래 일어난다.

* 43번 도판 오른편 최하단의 작은 그림.

〈그림 91〉 바르부르크, 〈므네모시네 아틀라스〉, 1927~1929년, 43번 도판. 런던, 〈바르부르크 연구소〉 아카이브.

그리하여 기를란다요는 성과 속, 사적인 것과 공적인 것, 멀리 떨어진 공간(베들레헴)과 지역적 공간(피렌체), 그리스도의 역사와 (그것을 모방한) 성프란체스코수도회의 역사, 북부의 사실적 양식과 남부의 고전화된 양식, 중세적 가치와 르네상스적 가치, 인문주의적 지식인들과 부르주아적 '유물론', 모든 유형의 탄생과 죽음의 모든 수준을 프레스코화로 **몽타주**했다. — 그리고 고대의 이교적 잔존이 출몰하는 기독교의 웅장한 조형적 체계로 이 모든 것을 통합시켰다.612

따라서 〈므네모시네 아틀라스〉의 첫 번째 모델은 그것이 분석적으로 탐구하고, '탈몽타주démonte'하고 '재몽타주remonte'하는 대상의 구조 자체에서 찾아야 한다. 〈므네모시네 아틀라스〉는 '잔존의 형성물'을 몽타주로 이해할 수 있도록 해준다. 그것은 기를란다요에게서도 사실이지만 스키파노이아 궁전Palazzo Schifanoia의 수수께끼 같은 프레스코화, 콘스탄티누스 개선문 안에 액자화된 얕은 돋을새김, 뒤러의 판화 〈멜랑콜리아 I〉에 등장하는 수수께끼 같은 아상블라주assemblages에서도 마찬가지다. 그런 조형적 전통의 이미지들이 몽타주(벤야민의 말을 살짝 바꾸자면 바로 이 지식의 새로움이 우리로 하여금 '기원의 소용돌이tourbillon de l'origine'*로 되돌아가게 한다)를 통해 습득하고 이 몽타주 속에 뿌리내리고 있는 이 지식의 중요성을 이해할 수 있게 해준다. 〈므네모시네 아틀라스〉는 정확히 예술과 지식, 감각적인 것과 지적인 것 간에 이처럼 서로를 풍부하게 해주는 관계를 만들지 않는가?613 어떤 경우든 그것은 바르부르크 본인

---

* 이 말은 벤야민이 『독일비애극의 원천』(1928년)의 「인식비판적 서론」에서 한 주장이다. 그에 따르면 원천[기원]Ursprung은 전적으로 역사적 범주이기는 해도 발생과는 아무런 공통점이 없다. 원천이란 생겨난 것의 생성Werden이 아니라 오히려 생성과 소멸에서 지금 생겨나고 있는 것을 의미한다. 원천은 생성의 흐름 속에 **소용돌이**Strudel로서 있으며, 그러한 리듬 속으로 발생 과정에 있는 자료를 끌어당긴다. 사실적인 것의 적나라하고 명백한 존립 속에서 원천적인 것을 인지할 수 없으며, 그것의 리듬은 오로지 이중적 통찰에만 열려 있다. 즉 원천적인 것의 리듬은 한편으로 복원Restauration과 복구Wiederherstellung로서, 다른 한편으로는 미완의 것, 완결되지 않은 것으로 인식되어야 한다(GS, I-1, 226; 최성만, 김유동 역[2009], 62페이지를 참조하라).

이 〈아틀라스〉로 구현하려 했던 것이다.

> [〈아틀라스〉에 대한] 이 연구 덕분에 나는 오늘날 구체적 사유와 추상적 사유가 엄격하게 서로 대립되는 것이 아니라 반대로 인간의 지적 능력의 유기적 범위를 규정한다는 사실을 이해하고 증명할 수 있었다네. 〈므네모시네 [아틀라스]〉에서 나는 그와 같은 변증법을 역사적 발전 속에서 재현할 수 있기를 희망한다네.[614]

* * *

그렇다면 몽타주는 무엇으로 만들어지는가? **구성요소**는 무엇인가? '포토그램 로루엣 사진' 기법을 맘대로 쓸 수 없던 바르부르크는 종종 '세부'라는 용어로 그것에 대해 말하곤 했다. 세부. 즉 프레스코화의 그리자이유에서 잃어버린 이산적 모티브처럼 거의 눈에 띄지 않는 것. 미지의 메달의 뒷면 또는 그의 〈아틀라스〉 속 여기저기에서 볼 수 있는 조각상의 수수한 받침대. 세부는 무엇보다 먼저 이렇다. 즉 〈므네모시네 아틀라스〉의 도판 43(〈그림 91〉)에 있는 위대한 로렌초Lorenzo il Magnifico의 세 아이의 동떨어져 있는 얼굴처럼 이미지의 방대한 영역 속에 모여 있는 잘라내기, 오려내기, 재프레이밍하기.

여기서 우리는 그의 가장 유명한 **모토**로 되돌아간다(불행하게도 이 모토는 유명한 만큼이나 오용되는 것으로 유명하다). 그는 1925년 10월에 열린 함부르크 세미나에서 '선한 신은 세부에 머문다der liebe Gott steckt im Detail'라는 격언을 만들었다. 곰브리치는 몇몇 원고에서 프랑스어로 쓰인 것을 보고는 이 말을 플로베르의 것으로 돌렸다.[615] 그러나 부트케

Dieter Wuttke에 따르면 직접적 출처는 실제로는 우제너의 문헌학적 **격언**이다. 즉 "가장 큰 힘은 가장 작은 지점에 머문다."616 그러나 이 이론적 또는 신학적 개념의 기원을 훨씬 더 멀리(비코와 라이프니츠의 '작은 지각들petites perceptions')까지 거슬러 올라가봤다는 점에서 헥크셔가 옳았다.617 왜냐하면 그것은 **한 방울 속의 세계**mundus in gutta라는 이미지, 심지어 아무리 비천할지라도 진리는 만물 속에 숨겨져 있다는 문제에 사로잡힌 전통 전체를 담고 있음을 감지할 수 있기 때문이다.618

세부는 내재적으로 어떤 인식론적 지위를 갖고 있지 않다. 모든 것은 세부에서 무엇인가를 기대하는 방식 그리고 세부가 이용되는 방식에 달려있다. 따라서 바르부르크의 격언을 이해하려면 〈므네모시네 아틀라스〉 작업에 적용된 세부의 **사용가치**를 질문해야만 한다. 만약 43번 도판이 기를란다요의 프레스코화에서 땅속에서 쏟아져 나오는 아이들 얼굴에 '접근'한다면 이유는 바르부르크가 얼굴을 세부로 제시해 개별화시키려고 했기 때문이다. 먼저 이름을 붙여 얼굴의 신원을 확인하는 것부터 시작된다. 피에로, 조반니, 줄리아노 데 메디치. 따라서 세부는 처음에는 **정체성의 지표**가 될 것이다. 역사학자는 얼굴들을 꼼꼼히 살펴보고, 그림과 메달을 비교하고, 시간이 흐르면서 일어난 얼굴 모습의 변화를 따라가고, 가문의 문장, 회상록ricordanze, 족보를 연구했다. 그렇게 해서 산타트리니타성당에 기를란다요가 그렸거나 〈최후의 심판〉의 외부 패널에 멤링Hans Memling이 그린 얼굴 거의 모두에게 이름을 붙여줄 수 있었다.619 바르부르크는 이 인물 연구적 복원 행위를 (어쩌면 어설프게) '유명론Nominalismus'이라는 용어로 불렀는데, 그것의 어려움은 '탐정의 조사'에 가까웠다.

[이 경우] 미술사적 탐정 조사durch die Künste historischer Detektivarbeit를 통해 우리가 갖게 된 자료는 처음에는 움직이지 않고 죽은 덩어리처럼 우리 앞에 놓여 있다. 이 고고학적 발굴 과정 동안 기울인 노력에도 불구하고 반쯤 지워지고 오랫동안 묻혀 있던 도로 이정표 이외에는 아직 아무것도 나타나지 않았다. 하지만 우리가 과거를 되살리는 간접적 방법indirekte Wiederbelebungsmittel을 찾아다니고 있을 때 마침내 역사적 유명론der historische Nominalismus이 권리를 되찾는다. 카타리나Catarina의 결혼 전 이름에 대한 지식 같은 외부 데이터는 그녀를 피와 살을 가진 인격으로 되살린다 lässt Catarina als leibhafte Persönlichkeit auferstehen.620

'간접적 방법'이나 '외부 데이터'를 통해, 다시 말해 주로 기록보관소의 교차 검색을 통해 그림 속의 이 모든 인물의 신원을 성공적으로 확인함으로써 바르부르크는 익숙한 장소에서 실증주의자들을 능가했던 것 같다. 따라서 미술의 '과학 탐정들'의 무기고에 그의 세부를 포함시키고 싶은 유혹은 크다. 가령 카스텔누오보Enrico Castelnuovo는 꾸밈없는 감탄과 함께 "바르부르크는 그림 속의 인물들이 자기 이름을 말하게 하는 데 매우 능숙했다"621고 쓰고 있다. 그 결과 그의 '세부'를 (프로이트의 '징후'와 함께) 셜록 홈스가 사용하는 유형의 (또는 더 나쁘게는 골턴Galton과 베르티옹Bertillon*이 사용하던 방식의) '단서' 또는 모렐리Morelli 같은 '원작자 규명 전문' 역사학자의 식별에서 사용되는 '기준점'으로 축소시키고 싶은 유혹 또한 강렬하다.622

* 골턴Francis Galton(1822~1911년)은 영국의 인류학자이자 유전학자로 우생학을 창시했다. 베르티옹Alphonse Bertillon(1853~1914년)은 프랑스 경찰이자 생체 인식 연구원으로, 인체 측정 기술을 적용하는 범죄자 식별 체계를 구축했다.

바르부르크에 따르면 세부는 단순한 정체성의 지표index가 아니다. 미술작품을 양식의 질병분류학에 포함시킬 수 있도록 해주는 병증의 기호인 **세메이온**sêméion도, 또 이미지의 숨겨진 의미를 드러내는 도상해석학적 '열쇠'도 아니다. 세부는 언제나 **징후적** 본성에 기초해 이해되어야 하는데, 거기에는 적어도 4개의 엄밀한 조항이 들어있다. 첫 번째로 그림 속의 인물의 식별은 결코 바르부르크적 해석의 목적이 아니다. 프로이트에게 정체성의 선언('그건 엄마야!')이 분석 작업의 결과를 표시하는 것이 아니라 반대로 시작을 나타내듯, 바르부르크에게도 '카타리나의 결혼 전 이름'은 단지 해석 작업을 시작하는 역할만 수행할 뿐이다. 그는 이 작업은 유령을 '소생시키는 것auferstehen', 상실된 '화신Leibheit'에게 무언가를 돌려주는 것을 목표로 한다고 말한다. 바르부르크적 역사가 지향하는 궁극적 대상은 이미지 속의 인물들의 정체(인물 연구 또는 사회학)가 아니라 수수께끼 같은 화석으로서의 역설적 '삶Leben', 다시 말해 잔존Nachlenben이다.

두 번째로 그의 세부는 언제나 침입 효과 또는 그것이 대변하는 예외에 기초해, 요컨대 **역사적 특이점**으로 이해되어야 한다.[623] 그가 1902년에 자신의 초상화 비문으로 귀차르디니Francesco Guicciardini의 "예외 찬미"[624]를 고른 것은 우연이 아니다. 그것은 그의 진짜 관심이 르네상스 프레스코화에 재현된 개인의 정체가 아니라 초상화가와 의뢰인 그리고 초상화와 재현된 인물 간의 비밀스런 관계에서 생겨나게 되는 '특수성Besonderheit', 심지어 비정상성(병적인 성격) 임을 암시한다. 그가 탐구하기를 원하는 것은 화가가 성취한 '결과물Resultat'이 아니라 오히려 이미지 제작에서 간주관적으로 "작동하는 과정der Prozesse im Werke"[625]이었다.

세 번째로, 이 특이점 그리고 현재 속의 이 균열은 **잔존의 구조**의 지표로 차례차례 이해되어야 한다. 만약 기를란다요가 제단 장식화에서 그처럼 풍부한 세부로 목자들의 헌신을 재현한다면(그것의 기원을 플랑드르 사실주의로까지 거슬러 올라가면서 추적하는 것으로 역사학자들은 만족한다) 바르부르크에 따르면 그런 재현은 부분적으로 에트루리아와 고대 로마 이후 (망자 자체의 몸으로 주형을 뜨는) 사실주의적으로 봉헌물을 만드는 관행과 연결된 이교도 미신의 태곳적 근거를 되살리고 잔존하게 만드는 일이었다. 따라서 화가의 작품에서 보이는 '세부에 대한 예리한 관찰'은 아주 오래된 인류학적 현상의 기능으로, '종교적 배경' — 거기서 남부와 북부의 풍습의, 기독교와 이교도의, 역사적 현재와 잔존하는 과거가 '수수께끼처럼' 뒤얽힌 것을 발견할 수 있을 것이다 — 으로 해석되어야만 한다.

네 번째로 세부의 그런 사용은, 그것의 기능을 이해하기 위해 학자는 **무의식적 힘**의 안내를 받아야 함을 가정한다. 프로이트의 작업에서와 마찬가지로 바르부르크의 작업에서 세부는 '관찰의 거부' 속에서 드러난다. 즉 그것은 **치환을 통한 세부**이지 **확대를 통한 세부**가 아니다. 가령 저 유명한 '움직이는 부속물', 거의 장식적이며 보티첼리가 파토스적 표현의 모든 '선한 신'을 머물게 한 세부를 생각해보자.626 마찬가지로 그가 판화 같은 '소수 예술' 또는 태피스트리 같은 '응용미술'에 부여한 결정적 (양식적이지만 인류학적이고 상징적인) 중요성을 생각해보자.627

따라서 그에게 세부란 보이고 식별되는 것을 정확하게 확정하는 것을 목표로 하는 **세밀한 인식** 문제가 아니다. **세부를 미학적 관점으로 비판하는** 수많은 논의가 그의 텍스트 여기저기서 발견되는 것은 이 때문이다. 가령 이탈리아 화가 프란체스카Piero della Francesca는 '자연적 세부'로 구성되는 '비본질적인 것을 포기했다'고 찬사받는 반면 가디Agnolo Gaddi는 자연적 세부에 여전히 탐닉한다고 비판받는다.628 '정확성으로 간주되는' 세부에 대한 그런 비판이 뵈클린Arnold Böcklin 또는 클링거Max Klinger 629 같은 현대 화가에 대한 그의 찬사도 끌어냈다는 사실은 (빈트가 1931년에 이미 주장한 대로) 그의 이론적 모델이 다른 곳에서처럼 여기서도 얼마나 '파토스적'이거나 심지어 정신병리적인지를 잘 보여준다.630 그것은 세부가 이름을 밝히지 않는 욕망의 움직임 또는 치환과 관련되어 있다고 말하는 방식이다. 따라서 세부는 '세부사항에 대한 의식'이라기보다는 찾지 않고 있는 곳에 항상 신속하게 자리를 잡는 **교활한 무의식**이다.

그렇다면 그의 아포리즘에 등장하는 '선한 신'은 교활한 천재성과 유령의 힘을 갖고 있을까? 사실 이 신은 실증주의자가 바라듯이 모든 것을 보거나 모든 것을 알지는 못한다. 세부는 불확실, 무지, 방향감각상실을 가져오는 경우에만 의미가 있다. 그가 기독교적 초자아와 이교도적 잔존 사이에서 기를란다요가 겨우 만들어 낸 '타협'을 연구하던 때와 같은 시기에, 프로이트는 확실성을 전달하는 것 같은 세부가 단지 억압과의 타협의 가면이자 "스크린"631일 뿐임을 발견했다. 바르부르크의 유명한 정식 '선한 신은 세부에 머문다'가 정확히 **무지**와 관련된 다른 정식 바로 옆에 쓰여 있는 것은 우연이 아니다.

> 우리 자신은 우리가 모르는 것을 찾고 있으며, 그것을 찾아낸 곳에서 그것과 싸운다.632

왜 우리는 이 **모르는 것**의 요소를 부단히 찾으며, 그런 다음 그것과 싸울까? 아주 단순히 말해, 왜 모든 학자가 하듯 **아는 것**에 만족하지 않는가? 바르부르크는 크로이츠링엔에서 겪은 정신분석적 경험에서 그에 대한 대답을 찾았다. 모르는 것은 우리(또는 우리 문화) 안에서 가장 중요한 것뿐만 아니라 가장 많이 '반박되고', 가장 억압되고, 가장 배제된 것의 흔적을 담고 있기 때문이다. 이런 이유에서 '선한 신'이란 역설적 지식, 무지로 짜여진 지식, 거기에 연루되어 완전히 뒤섞이지 않고서는 대상을 구성할 수 없는 지식을 생성하는 '세부' 속에 우리가 알지 못하는 모든 악마가 출현하는 것일 뿐이다.

어쨌든 세부가 징후적 가치를 갖고 있다는 그의 가정은 〈므네모시네 아틀라스〉의 기이한 **비도상학적** 구조를 쉽게 이해할 수 있게 해준다. 1891~1892년에 그는 실제로 J 아래에 '유다Judas', K 아래에 '왕King'처럼 '도상학적 메모Ikonographische Notizen'라는 제목의 목록에 따라 몇몇 형상적 주제를 알파벳 순서로 분류하려고 했다. 그러나 이 목록은 그가 해온 종류의 다른 여러 시도와 마찬가지로 거의 완전히 텅 비어 있다.633 사전 모델(즉 리파Cesare Ripa의 유명한 『도상해석학』의 구성 그 자체에 기반한 모델)은 분명 잔존의 인식론 연구에는 적합하지 않다. 그의 리좀적·비교적 접근법은 모티브의 **식별**과 역사적 진화의 법칙보다는 **오염** 그리고 잔존이 시간에 미치는 영향과 더 많이 관련되어 있었기 때문이다.634

〈므네모시네 아틀라스〉는 도상학적 가드레일을 부숨으로써 그가 창시자라고 하는 유형의 **도상해석학**의 야망을 애초부터 어떻게 퇴거시켰는지를 매우 분명하게 보여준다. '도상해석학'은 확실히 그가 평생 창조할 수 있기를 바란 '이름 없는 과학'이 아니다. 무엇보다 먼저 '도상해석학'은 다른 많은 도구 중의 하나에 불과했기 때문이다. — 바로 그것이 1912년의 〈국제미술사학회〉 연설에서 발언한 유명한 결론이 의미하는 바다.635 두 번째로 그리고 가장 중요한 것은 파노프스키가 당당하게 개발한 도상해석학은 바르부르크의 저술 전체가 견디고 있는 모든 위대한 이론적 도전을 **은밀히** 제거했기 때문이다. 파노프스키는 이미지의 '의미'를 정의하고 싶어 했지만 그와 반대로 바르부르크는 이미지의 '생명Leben', 즉 역설적 '잔존' 자체를 파악하고 싶어 했다. 파노프스키는 이미지가 표현하는 것을 넘어 그것의 내용과 조형적 '주제'를 해석하고 싶어 했지만 그와 반대로 바르부르크는 이미지가 의미하는 것을 넘어 그것의 '표현가치'를 이해하고 싶어 했다.

간단히 말해 파노프스키는 특정한 징후를 하나의 구조 속에 포함되는 **상징**으로 축소시키고자 했다. — 그것은 카시러에게 소중한 '상징 기능의 통일성'과 일치한다. 하지만 바르부르크는 정반대 길을 따르기로 했다. 상징의 외견상의 통일성 속에서 징후의 구조적 분열을 드러내는 길이었다. 파노프스키는 소위 **정복으로서의 지식**savoir-conquête이라고 부를 수 있는 길을 따라 칸트로부터 출발하길 바랐으며, 이 접근법의 성공은 그의 연구의 비범한 풍부함, 끊임없는 자기 인식, 그가 얻어낸 결과의 인상적 분량에서 입증된다. 반대로 바르부르크는 소위 **비극으로서의 지식**savoir-tragédie이라고 부를 수 있는 길을 따라 니체로부터 출발했고, 그 결과는 연구의 불규칙성, 사유 속에 들어 있는 비참한 고통, 사유 속에서 무지와 감정이입이 차지하고 있는 장소 그리고 그가 남긴 인상적인 분량의 대답 없는 질문들로 입증된다. 지식의 확립을 위해 파노프스키는 (그의 뒤를 이어 도상해석학이라는 학문 영역에서 권위를 끌어낸 다른 모든 사람과 마찬가지로) 내용과 형식을 계속해서 분리시켰다. 반대로 바르부르크는 내용과 형식을 끊임없이 뒤엉키게 만들었다. **도상학적 식별**에 파노프스키가 점점 더 커다란 중요성을 부여한 것만 보아도 그것을 알 수 있다. 본질적으로 그가 하고자 하는 말은 특정한 어떤 인물이 유디트나 살로메 중 누구를 재현하는지를 확실히 알지 못하는 한 어떤 연구도 시작할 수 없다는 것이다.636 반대로 닌파부터 〈므네모시네 아틀라스〉까지 뒤얽힘 (살로메와 유디트 그리고 다른 가능한 수많은 육화와 함께)에 기반해, 다시 말해 **도상학적 식별 불가능성**으로 부를 수 있는 것에 기초해 작업하기 위해 바르부르크는 그러한 종류의 식별 또는 차별을 계속해서 해체시켰다.637

* * *

그럼에도 바르부르크도 1912년의 선언이 입증하는 대로 '도상해석학'을 요구한다. 하지만 그것은 실제로 도상해석학을 계승한 모든 파노프스키적 또는 신파노프스키적 해독과는 구별되는 상당한 정도의 정확성을 동반하는 것이었다. 표준적 도상해석학에서 공표된 목표는 조형미술 작품에 의해 구성된 수수께끼를 푸는 것이었지만 그는 이 야망에 미리 격렬하게 항의했다.

> 동료 여러분! 제 강의가 회화의 수수께끼를 푸는 일 그 자체die Auflösung eines Bilderrätsels에 관한 것이 아님은 굳이 말할 필요가 없을 것입니다. — 특히 그것은 여기서 느긋하게 조명될 수 없으며, 단지 영화 같은 조명 Kinematographisch Scheinwerfen 속에서만 포착될 수 있기 때문입니다.638

〈므네모시네 아틀라스〉는 그의 '무–목표'를 완벽하게 밝혀준다. 그는 작업할 때 수수께끼를 해독하려고 하는 것이 아니라 대신 **수수께끼 자체를**, 다시 말해 몽타주를 만들려고 한다. 몽타주는 복잡성을 줄이지 않고 오히려 보여주고, 노출시키며, 고도의 예상치 못한 수준의 복잡성을 드러내는 방식으로 전개시키는 해석이기 때문이다. 그것은 필연적으로 불연속적인 '영화 프로젝터로부터의 숏들'을 통한 몽타주의 구성을 전제한다. 강연자가 '숏fusées' 형태로 투사하는 슬라이드필름의 준-영화적 성격을 떠올리게 하는 이 은유에서, 베르토프Dziga Vertov(1896~1954년)와 에이젠슈타인(1898~1948년) 같은 그의 동시대의 몇몇 영화계 거물이 정교화시킨 몽타주 이론뿐만 아니라 벤야민이 '변증법적 이미지'라는 본인 개념을 특징지을 때 언급한 '**도약적**sprunghaft' 흐름을 떠올리지 않을 수 없을 것이다.

실제로 그의 도상해석학은 **이미지 간의 관계에 대한 변증법적 이미지**와 같은 어떤 것을 만들어 내려고 한다. 그것은 조형적 연속체의 해체(탈몽타주), 비약적 세부의 '폭발fusées', 독창적인 시각적 리듬에 따른 이 재료의 재조립(재몽타주)에 의해 작동한다. 그는 심지어 〈므네모시네 아틀라스〉 이전에도 강연으로 유명했는데, 그는 강연에서 짧은 소개 후 마치 감독이 '액션!'이라고 외치듯이 '불 끄세요dunkel!'라고 외쳤다. 어두워진 방의 자기 자리에 앉아 그는 연속적인 이미지의 비약하는 리듬 속에서 이미지에 대해 논평했다. 그리고는 '불, 켜세요Licht!'라고 외치며 결론을 내렸고, 그러면 강연은 끝났다.639

〈므네모시네 아틀라스〉와 함께 그런 '비약적' 특성은 동시적으로 지각 가능한 특징적 도표가 되었다. 슬라이드가 하얀 스크린 위에 분출되는 영사실의 어스름은 일련의 검은색 스크린에 자리를 내주며, 거기서는 잔잔한 조명 속에서 흑백과 회색 음영으로 인화된 사진 프린트가 핀으로 꽂혀진 스크린 위에서 합쳐지는 경향을 띤다. 이제부터 모든 '매력'과 대비는 동시에 작은 꾸러미 속에서 시각적으로 제시되는 반면, 화면의 배경의 어둠은 이 몽타주에 기본적인 **외양의 환경**milieu을 부여한다.

처음 볼 때부터 〈므네모시네 아틀라스〉의 레이아웃은 검은 스크린의 시각적 함축 덕분에 당시의 다른 모든 과학적 아틀라스의 레이아웃과 뚜렷이 대조된다.(〈그림 44〉, 〈그림 69~71〉, 〈그림 90〉, 〈그림 91〉)

그렇다면 심지어 바르부르크 본인의 제자들조차 중요성을 충분히 이해하지 못한 것 같은 이 어스름의 기능은 무엇일까?640 이 맥락에서 '외양의 환경'이란 무엇을 의미할까? 우선 그것은 **배경**fond을 의미한다. 〈므네모시네 아틀라스〉의 스크린의 검은 천은 물리적으로 **이미지 밑**에 놓이기 때문에 우리에겐 이미지가 앞에 있는 것처럼 보인다. 하지만 여기서 문제가 되는 '환경'은 단순히 형상을 두드러지게 하는 광학적 영역이 아니다. 그것은 형상의 물질적 공간, 역동적 환경, '거주지séjour'를 동시에 구성한다. 따라서 어두운 환경은 〈아틀라스〉의 스크린에 장착된 이미지의 **움벨트**Umwelt, 즉 주변 환경으로 이해되어야 한다. 마치 다른 여러 시기에 발생한 해변의 표류물과 잡동사니가 어두운 물밑에 쌓여 있는 바다처럼 말이다.

이 '환경' 또한 마찬가지로 색채 **재료**matière로 이해될 수 있을 텐데, 그렇게 되면 이미지는 흰 바탕에 검은 획을 긋는 것(〈그림14〉)부터 가장 혼란스러운 흔적과 그림자인 그라자이유(〈그림 90〉 맨아래 이미지)에 이르는 질감의 변형으로 나타나게 된다. 따라서 '환경'은 (물리적, 심지어 화학적 의미에서) **매체**Meidum로 이해될 수도 있다. 즉 **이미지 자체에서조차** 나타날 수 있는 시각적 분위기로 말이다.

마지막으로 '환경'은 각 도판의 **이미지**, '세부' 또는 '모나드monades' 사이에서 발생하는 **간격**intervalle으로 이해될 수 있을 것이다. 이 간격은 사진 프린트를 분리하는 경계에서 처음 등장한다. 그것은 종종 검은 천 위에 커다란 빈 공간을 형성한다. 독일어로 Zwischenraum['사이 공간',

〈그림 92〉 기를란다요, 〈사세티 예배당〉, 1479~1485년, 산타트리니타성당, 피렌체. 프레스코화로 된 벽과 나무에 템페라로 그려진 제단. 사진: Wikimedia Commons, Sailko.

'간격']이라고 부를 수 있을 '환경milieu'이라는 단어의 후자의 의미는 〈므네모시네 아틀라스〉가 이미지를 조작하고, 그것이 낳는 지식에서 발명하고 채택하는 모든 것을 이해하는 데 필수적이다. 그가 배열한 이 검은 구역은 사진들 사이에 '배경'과 '매체' 그리고 심지어 '통로'를 만들기 때문에 퍼즐의 다양한 요소를 배치하는 단순한 뒷배경arrière-plan과는 다름을 우리는 안다. 그것은 퍼즐 자체의 필요불가결한 부분으로, 몽타주에 베르토프가 (물론 전혀 다른 맥락에서) 1922년 초에 주장한 **작업 공간** 자체를 제공한다.

> 움직임 자체가 아니라 간격(한 움직임에서 다른 움직임으로의 이행)이 재료(움직임의 미술의 요소)를 구성한다. …… 운동의 조직화는 요소, 즉 간격의 조직화이다.641

그렇다면 바르부르크가 그의 도상해석학의 특수성(심지어 목표)을 "간격의 도상해석학Ikonologie des Zwischenraums"642으로 정의한 것이 놀라운가? 이 표현은 여러 해설자에게 매우 수수께끼 같은 인상을 주었다. 그것이 1929년에 〈아틀라스〉라는 프로젝트를 '원인의 규정 속에서의 진화'라는 그의 가설적 '심리학'의 시각적 자료집corpus을 형성하는 이미지의 '질료'를 함께 묶는 것으로 정의한 것처럼 보인다. 이 표현 속에서 우리는 그가 〈므네모시네 아틀라스〉의 가능한 부제로 고려한 무수히 많은 정식화 중의 하나를 인식할 수 있다.643 또 괴테에게서 영감을 얻은 **격언**과도 관련 있는 듯한데, 그에 따르면 '문제'(하지만 바르부르크는 또한 '진리'라고도 썼다)는 "중간에 있다."644

'간격의 도상해석학'에서 인식론적으로 쟁점이 되고 있는 것을 파악하기 위해 우리는 〈므네모시네 아틀라스〉에서 사용되는 있는 몽타주 과정 자체에 대한 고찰에서 출발해야 한다. 도판 43(〈그림 91〉)을 다시 보자. 각각의 '세부'는 다소 강렬한 어두운 '간격'에 의해 옆에 있는 것과 뚜렷이 분리되며, 그것은 **몽타주** 자체의 **시각적 골조**를 소극적으로 스케치한다. 그러나 각각의 '세부'는 자체로 피렌체예배당 벽 위에서 재현의 모든 요소의 배치를 조직하고 있는 '간격'의 체계 전체를 포함하도록 재프레임된다. 가령 사세티 부부는 두 사람을 틀 짓고 무엇보다 먼저 간격 Zwischenraum 역할을 하는 두 가짜 대리석 돌림띠corniche 사이에서, 초상화가 그려진 시간(피렌체, 1480년)과 바로 옆의 경배(베들레헴, 서기 0년)의 제단으로 재현된 시간 사이에서 시각화된다.

〈므네모시네 아틀라스〉의 각각의 '세부'는 분명히 자체의 프레이밍으로 산출된 '간격'의 네트워크에 따라 분석될 수 있을 것이다. 그러나 바르부르크는 훨씬 더 나아갔다. 왜냐하면 사진의 프레임은 다름 아니라 지시 대상, 즉 프레스코화 자체를 구조화하는 '간격'의 골조를 가시화하기 위해 선택되었기 때문이다. 따라서 43번 도판 위에 있는 메디치가의 세 아이의 '세부'는 〈성프란체스코수도회의 회칙 허가〉의 땅속에서 기를란다요가 발명한 큰 틈(최상급의 간격 공간)을 클로즈-업으로 찾을 수 있게 해준다.

이에 주목하면서 예배당 전체를 참조한다면(〈그림 92〉) 화가 자신이 만들어 낸 조형적 몽타주 속에서 '간격'의 본질적 역할을 이해할 수 있을 것이다. 화가가 일을 처리한 방식은 이렇다. 진짜 제단과 제단 뒤 선반 위에 그려진 석관을 분리하는 구역 만들기, 도금한 나무 액자틀의 붙임 기둥과 그림으로 재현된 기둥의 미장아빔 설정, 기증자의 석관과 그의 초상화를 전시한 벽의 움직이는 주름 만들기, 벽의 서로 다른 영역 간에 생긴 간격에 극적인 역할 부여하기. 다시 말하자면 **지옥에 있던** 형상이 **경배**의 하늘 위로 솟아오르고, 죽은 아이를 소생시키는 성프란체스코의 천상 출현 **위**에 위치한 **지하층**으로부터 등장하는 살아 있는 아이들의 묘사 등이다. 이 모든 것은 '간격'이 재현의 전체 체계를 조직화하는 **조형적 전환점의 네트워크**임을 이해할 수 있도록 해준다.

따라서 위 서술로부터 사실을 왜곡하지 않고 바르부르크에게 '선한 신은 간격에 머문다'라고 추론할 수 있을 것이다. 이제 그것은 그가 **간격의 존재**에 기초한 **간격 개념**을 갖고 있었으며, 다시 그것은 **간격에 대한 상세한 분석**을 요구함을 가정한다. 간격의 존재에 기반한 세부라는 입장을 옹호하면서 바르부르크는 벤야민의 핵심 아이디어를 예견한다. 그에 따르면 잔존할 수 있는 사물들의 외적으로 동일한 측면이 드러나는 것은 다름 아닌 "**중간 지역**intermédiaire의 세밀한 세부"645에서이다. 또 간격에 대한 상세한 분석에 기초해 바르부르크는 특이점들에 대한 구조적 분석이라는 프로젝트를 예견한다. **세부**는 특이점인 한에서만 유효하다. 다시 말해 이질적이지만 그럼에도 하나의 총체ensemble로 함께 **조립되어야만** 하는 현실 질서 간의 경첩이나 중심축(즉 **통과**를 유발시킬 수 있는 **간격**)으로서만 가치가 있다.

1912년의 연설의 결론에서 그는 도상해석학적 분석에 "국경수비대에게 위협받거나 두려워하지 말 것, 그리고 고대, 중세, 현대 세계를 하나로 연결된 시기als zusammenhängende Epoche로 생각하길 두려워하지 말 것"646을 요구했다. 따라서 이미 화가 기를란다요로 하여금 로마 석관의 고대, 중세 특유의 종교적 헌신 그리고 부르주아의 초상화로 드러난 현대를 동일한 구성 속에 함께 모을 수 있도록 해준 간격은 그가 평생 사용한 최상급의 **분과학문적 탈영토화의 인식론적 도구**가 될 것이다. 잘 알려진 대로 국경선은 종종 한 나라의 지질학적 리듬에서 자의적으로 구분된다. 국경을 넘고 싶을 때 은밀한 여행자는 무엇을 할까? 그는 이미 존재하는 간격, 즉 균열선, 단층, 침식으로 형성된 통로 그리고 가능하다면 세관원들이 눈치 채지 못한 '세부'를 활용한다. 그리고 그것이 '간격의 도상해석학'이 작동하는 방식이다. 분과학문 간에 인위적으로 부여된 한계를 뛰어넘기 위해 문화의 지질학적 리듬을 따르는 것이다.

그가 자기 집, 도서관 입구 현관 위에 **므네모시네**라는 단어를 새기려고 한 이유는 문화적 사실은 근본적으로 기억이라는 본질을 이해하고 있었기 때문이다. 이제 기억은 최상의 **조립공**monteuse이 된다. 이질적 요소들('세부')을 배열하고, 새로운 통로를 열기 위해 역사의 연속체에 균열('간격')을 초래하며, **영역 간의 간격**을 갖고 논다(또한 갖고 작업한다). 도서관이 아틀라스처럼 인류 역사의 다양하지만 서로 뒤얽힌 모든 영역 간의 연결을 형성해야만 하는 이유가 그것이다. 다시 한 번 빈트가 올바로 이해한 셈이다. 왜냐하면 그는 현실 속에 편재하며, 총체적인 것으로 고려된 특정한 문화의 '함축된 순간fruchtbaster Augenblick'으로 간주되는 "일시적인transitorisch"647 간격들이 이 풍경 속에서 수행하는 본질적 역할을 완전히 이해했기 때문이다.

기억과 관련된 모든 현상은 영역, 의미, 시간의 뒤얽힘으로 표현된다. 그런데 만약 주어진 뒤얽힘의 내부에서 일어나는 일을 보려고 한다면, 뱀 무더기의 살아 있는 내밀함에 가까이 다가가려 한다면, 뒤얽힌 몸의 움직임 자체가 움직이는 간격 전체의 네트워크를 만들어냄을 알게 될 것이다. 그것이 바르부르크가 프레스코화, 봉헌 의식 또는 점성술적 신앙을 연구하면서 원한 바이다. 간격에 주의를 기울임으로써 주어진 뒤얽힘의 요소들이 어떻게 어우러지고 분리되는지, 어떻게 서로 싸우고 뒤섞이는지, 어떻게 서로 거리를 두고 장소를 교환하는지를 관찰할 수 있던 것이다.

그렇기 때문에 간격은 그가 그것과 관련시킨 도상해석학의 개념을 즉각 변화시킨다. 간격은 미술사학자 사이에서 여전히 널리 받아들여지는 이미지icono-와 텍스트-ology 간의 관계라는 개념을 완전히 바꾸어버렸다. 파노프스키와 그의 제자들이 이미지를 해석하는 '원자료' 또는 '열쇠'로 텍스트를 읽으려고 한 곳에서 그리고 프라즈Mario Praz 같은 역사학자가 이미지를 문학 텍스트와 "병렬적"648 관계 속에 묶어두려고 한 곳에서 바르부르크는 나름대로 "단어와 이미지의 자연스러운 연결Zusammengehörigkeit von Wort und Bild"649로서 기능하는 간격의 '환경'을 즉각 밝혀내려고 시도했다.

그렇다고 해서 모든 것이 뒤섞인다거나 '상징적 형태'가 더 높은 '통일성'으로 이미지와 텍스트를 장악한다는 의미는 아니다. 오히려 **차이**(그리고 양극성과 그것이 전제하는 모순)650가 현실의 한 질서에서 다른 질서로의 가능한 전환이나 **통로**를 탐지할 수 있는 간격적 과정을 여기저기에 풀어놓는다는 의미이다. 그는 1923년 강연에서 "비유적 태도란 **생성 단계에서** 이미지의 교환 기능을 관찰할 수 있게 해주는 정신 상태"651라고 지적했다. 그리고 여기서 고대인들이 **피구라**figura라고 불렀고 나중에 프로이트가 '**재현 가능성**Darstellbarkeit'이라고 부를 기능을 정확히 지적해냈다. (미술, 꿈 또는 징후에서) 단어와 이미지의 교환이 가능해지는 것은 바로 이 기능 덕분이다. 하나 또는 다른 하나에서 (즉 서로를 분리시키는 간격으로서의 환경milieu-Zwischenraum에서) 실행되는 징후적 열림을 제외하면 '단어와 이미지 간의 자연적 연결'(하나로 모으는 가설적 주변세계로서의 환경milieu-Umwelt)은 존재하지 않는다.

〈므네모시네 아틀라스〉는 지식의 여러 영역의 간격을 갖고 놀이를 하고 작업하듯이 **의미의 간격**으로도 똑같이 한다. "간격distance"652의 창조 없는 상징적 세계는 불가능하며, 육화(감각으로서의 의미sens-sensible)와 함께 이 간격(뜻으로서의 의미sens-signification)의 리드미컬한 움직임 없이는 어떤 이미지도 창조될 수 없다. 따라서 간격이 모든 곳을 지배한다. 그것이 **정신**의 기본 **법칙**으로, 비뇰리는 이미 그것을 눈치 채고 있었으며653 프로이트는 나중에 징후 이론에 그것을 통합시켰다. 가령 "[무의식적 욕망이] 자아의 조직화에 침투하는 지점"654, 즉 '두 국가가 동시에 점유한 국경초소'에 비유한 지점의 중요성을 지적한 것이다.

그가 항상 이미지의 정신적 징후학, 즉 정신-도상해석학Psycho-iconologie 관점에서 '도상해석학'을 구상한 것은 분명하다.655 그리고 그는 주저하지 않고 그것을 자신을 분석하는데 이용했는데, 이론적이고 자서전적인 자기의 모든 도식을 세심하게 보존했다. 그것들 속에서 풍부한 균열선(〈그림 13〉, 〈그림 15〉, 〈그림 77〉, 〈그림 80〉), 열림, 진동운동(〈그림 23〉, 〈그림 25〉)을 찾아볼 수 있을 것이다. — 그것들은 무엇보다 간격의 힘을 조명하는 방법들이다. 따라서 그의 사유방식 전체(그것의 힘과 비극)는 다름 아닌 **간격 문제**라고 할 수 있을 것이다. 그가 연구한 이미지의 세부에서 발견되는 무수한 극성을 통해 마침내 그는 '한편에 있는 황홀경에 빠진 (조증의) 님파'와 "다른 한편에 있는 애도하는 (울증의) 강의 신"656이 그곳에 각인시킨 영원한 진동에 시달리고 있는 서양 문화의 '정신분열증' 전체를 이해했다.

크로이츠링엔에서 그는 정확히 이 간격 속에서 자신과 싸워나갔다. 그것은 조증 상태와 우울증 상태, 비약하는 사유와 움트는 생각, 숙고의 오후와 정신착란의 아침을 분리시키는 싸움이었다. 그와 대면하면서 빈스방거는 이 급증하는 간격으로부터 포괄적 해석 그리고 재발견해야 할 리듬 같은 것을 끌어내야 했다. 페디다는 빈스방거와 함께 "이름에 걸맞은 정신병리학이 — **'사이에서' 일어나는** — 만남의 상황에 현상학적 차원을 개방시켰다"657라고 쓰고 있다. 마치 또다시 바르부르크와 빈스방거를 하나로 모으는 것 같은 그런 해석은 몽타주와 마찬가지로 간격 자체로부터만 구성될 수 있는 것처럼 보인다.

> 여기서 우리는 이 현상을 영화적 몽타주나 회화에 사용되는 콜라주 기법과 비교할 수 있을 것이다. 따라서 결과적으로 **해석**에 적절하게 속하는 것은 **간격**의 질서를 따른다. …… 해석은 언제나 **두 의미 사이**에서, 다시 말해 의미가 아직 주제적으로 구성되지 않은 곳에서 이루어진다고 말하는 것으로 충분하다.658

이로써 '두 의미 사이'라는 영역은 구절의 조음에서든 이미지의 연속에서든 운율의, 리듬적 동기화의 '두 시간 사이'l'entre-deux temps'에서만 발생할 수 있게 된다. 연구든 직접 겪었든 바르부르크가 심장박동(확장기와 수축기)에 비교한 모든 진동 현상은 침묵의 '무' 또는 생명의 정지로 구성되는 이 시간적 간격 덕분에만 간신히 '유지될 수 있다.' 심장 박동수는 2진수(강박, 약박)가 아니라 3진수(강박, 약박, 침묵)이다.

> '무' 또한 최소한 박동만큼 세어야만 한다. 아마 심지어 그 이상일 것이다. '무' 없이는 박동도 존재할 수 없을 것이기 때문이다.659

따라서 바르부르크가 제시한 변증법적 몽타주의 궁극적 의미는 리듬적으로 파악되어야 한다. 결국 간격은 무엇보다 시간 내의 간격으로 이해해야만 한다.

이 관점에서 볼 때 바르부르크의 경험은 한곳에서는 고조되고 다른 곳에서 붕괴되는 영원한 리듬의 춤으로 드러난다. 그것은 간격을 둘러싼 춤으로, 거기서 시간은 바로 우리 존재의 구조, 즉 구멍 뚫린 골조를 엮어간다. 빈스방거에게 중요하고 바르부르크가 받아들인 '생명의 내적 역사 histoire intérieure de la vie'라는 개념은 전체적으로 그런 **불연속적인 시간적 질감**에 기초하는데, 다른 현상학적 정신의학자들은 다음 세대의 정신분석가들과 마찬가지로 그것을 가능한 한 최대한 정확하게 표현하려고 시도해왔다.660 하지만 바르부르크는 그의 핵심적인 인식론 모델인 최상급의 중심 주제[악상]Leitmotif로 이미 요점을 건드렸다. 즉 만약 〈므네모시네 아틀라스〉가 '간격의 도상해석학'에 호소한다면 이유는 무엇보다 먼저 **잔존** 자체가 시간 내부에서 간격을 고려하는 시간 이론, 더 정확히 말해 **시간 자체가 간격들로 구성된다는** 이론을 전제하기 때문이다.

간격은 내부로부터 잔존을 구성한다. 잔존nachleben은 사실상 Nach-('이후' 또는 '그에 따라')와 생명Leben 사이에 발생하는 모든 것이다. 간격은 그것에 지연된 그리고 차이 나는 존재를 부여하는 지나간 '생명'이다. 분리된 두 순간을 연결시키며 다른 순간을 기억하게 만든다. 간격은 화석의 몸을 과거의 살아 있던 몸으로, 여전히 땅속에 묻혀있던 유기체에서 되살아난 흔적으로 되돌리는 것이다.(〈그림 66〉) 간격은 오늘의 사유 없는 몸짓과 지나간 과거의 의례적 몸짓 사이에서(〈그림 30〉, 〈그림 31〉), 르네상스적인 승리의 몸짓과 고대적인 죽음의 몸짓 사이에서(〈그림 44〉), 고통받는 막달라 마리아와 성적으로 흥분한 마에나드 사이에서(〈그림 54〉, 〈그림 55〉), 젊은 피렌체의 하녀와 로마 종교의 잊혀진 여신

사이에서(〈그림 67〉, 〈그림 70〉) 일어난다.

간격은 그의 모든 대상에 개입한다. 그것은 피렌체 축제의 수명 짧은 **간주곡**이나 르네상스 회화 속에 그려진 두 **역사적 장면**istorie을 구분하는 그리자이유의 한 영역에 속한다.661 간격은 조각된 예복의 주름 하나하나를 펴는 기억이 깃든 바람이다.(〈그림 21〉, 〈그림 22〉) 순수한 그래픽적 노력을 우주의 상징으로 변형시키는 에너지이다.(〈그림 34〉, 〈그림 35〉) 라오콘의 절박한 몸짓이나 아메리카 원주민 사제의 무용에 등장하는 인간과 동물의 잔인한 포옹을 마치 내부에서처럼 흔드는 일그러짐이다. (〈그림 36〉, 〈그림 37〉) 천체의 별자리와 해부학적 재현을 함께 사유할 수 있게 해주는 내밀함의 네트워크이다.(〈그림 83〉) 이미 바르부르크 초기 연구에서 무표정한 비너스와 그녀의 파토스적 머리카락을 분리하는 미묘한 움직임이다.

요컨대 이런 맥락에서 간격은 **징후의 작업 전체를 시간의 성취**라고 부른다(우리는 '성취'라는 말을 두 가지, 즉 파토스적 의미와 인식론적Gnoseological 의미로 이해한다. 즉 상처받은 것뿐만 아니라 감동받거나 알게 된 것 또한 성취될 수 있다). 간격은 시간을 불순하고, 구멍 나고, 다중적이며, 잔존하는 것으로 만든다. 그것은 두꺼운 고고학적 층위의 서로 다른 지층의 접점이다. 유령적 운동의 환경이다. '역량기록'의 진폭, 극성의 편차, 잠재와 위기의 놀이이다. 지진의 갈라짐과 역사의 균열에 의해 출입구이다. 역사학자의 이성이 고통받더라도 탐색해야만 하는 심연이다. 계보의 파열 또는 급증으로 만들어진 단층이다. 반시간성, 반복의 톱니바퀴 속에 있는 차이의 알갱이이다. 시대착오의 틈새, 기억의 구멍 난 그물 조직이다. 간격은 '원시적인 것'에 역설적 '현실성'을 부여한다. 시간이라는 해골로부터 실타래(또는 뱀)를 얽히게 하다가 다시 풀어낸다. 간격은 미리 각인된 것이 육체화/육화Verkörperung/Verleibung를 향해 가는 길이다. 상징을 그것의 징후로부터 분리시키는 균열이다. 억압의 재료이자 후유증의 리듬이다. 소용돌이의 눈, 시간의 회오리바람의 눈이다.

이제 그곳은 바르부르크가 역사학자들에게 단단히 발 딛고 서거나 최소한 시선을 고정하라고 요청한 곳, 사물의 회색 간격, 태풍의 눈 속이다. 그리고 이처럼 어려운 상황 속에서 비록 '간격의 도상해석학'의 자료집corpus이 원칙상 무한하지만 **아는 것을** 두려워하지 말고, 태풍의 눈이 정의상 자의식이 없는 장소이므로 **알지 못하는 것**을 두려워하지도 말 것을 요청한 곳이다.

11

진주조개잡이 어부의 후기

이것이 정말 미술사를 위해 채택해도 좋을 **현명한 방법**일까? 통상적 의미나 실용주의적 의미로 받아들인다면 분명 그렇지 않다. 바르부르크의 추종자가 거의 없다는 사실, 그가 뵐플린이나 파노프스키 같은 사람들이 만든 역사학파를 만들지 않은 사실662은 (게다가 도서관이라는 불멸의 도구, 위대한 방법의 징표인 끈질김 그리고 위대한 지혜의 징표인 사물에 대한 변증법적 인식에도 불구하고 그랬다면) 그가 다른 모든 유령처럼 여전히 따르기가 어려운 사람으로 남았기 때문이다. 그는 우울증적 결핍과 조증적 증식 사이에 있는 **아무도 없는 질문의 땅**에서 여전히 방황하고 있다. 우울증적 결핍은 정확히 '방법'이라는 제목을 붙인 1929년의 마지막 원고 일부에서 절정에 달했다. 방법이라는 단어는 첫 번째 페이지 위에 고립된 채로 있고, 니체의 이름은 다음 페이지에서 눈에 띈다. 세 번째 페이지에서는 '끝Schluss', '탈주Flucht', '운명Schicksal'을 불러낸다. 그리고 이어진 다음 20페이지는 비어 있다.663

한편 조증적 증식은 형상의 새로운 성좌와 이 형상 간의 가능한 관계들이 함께 계속 분출되는 〈므네모시네 아틀라스〉에서 작동하고 있다. 상상적·상징적 과잉결정의 진정한 지도인 〈므네모시네 아틀라스〉는 물론 방법에 관한 어떤 담론도 제공하지 않는다. 단지 각각의 이미지를 다른 모든 이미지와 관련해 사유하고, 그런 생각 자체가 그때까지 숨겨져 왔지만 어쩌면 그에 못지않게 중요했을지도 모를 다른 이미지, 다른 관계 그리고 다른 문제를 발생시키도록 만들라고 하는 **정신 나간 요구**뿐이다. 바르부르크의 '이름 없는 과학'은 풍부한 특이점, 예외, 간격, 징후 그리고 역사의 사유되지 않은 측면에 의해 제기되는 근본 문제들의 과학이기 때문에 약 10년 후 프로이트 또한 의지하게 되는 '끝이 없는unendlich' 분석처럼 "한계가 없는"664 것처럼 보인다.

그러나 확실히 해두자. 바르부르크의 학문적 요청은 일종의 '광기'나 현기증을 그의 개인적 자아의 불행한 이력 탓으로 돌리지 않으며, 오히려 그가 열정적으로 연구한 대상, 즉 이미지의 초개인적 역사에 관한 그의 경이로운 명쾌함 탓으로 돌린다. 그런 관점에서 '미친' 학자(바르부르크)와 '광기'의 과학자(프로이트)는 〈므네모시네 아틀라스〉의 작가가 그토록 많이 이야기한 '영혼의 드라마Seelendrama'의 (울퉁불퉁하고 리좀 같고 경계가 없는) 정확히 동일한 땅 위를 걷고 있었다. 그 드라마는 상징에서 징후로, 문화적으로 생성된 이미지에서 모호한 꿈의 이미지로, 영토에서 이주로, 형성에서 변형으로, 역사적 참신함에서 잔존하는 후유증 …… 등으로 항상 다시 새로워졌다. 하지만 이 공간에서 어떻게 방향을 잡을까?

* * *

그러한 공간의 좌표를 정하는 것은 불가능하다. 따라서 바르부르크가 한동안 이성을 잃을 정도까지 그랬듯이 거기로 바로 뛰어드는 위험을 감수해야만 한다. 한계도 모르는 바다 속에 뛰어들어 가장 깊은 물속에 있게 되듯이, 이미 〈므네모시네 아틀라스〉의 스크린에 너무 가까이 다가가 어두운 배경 한가운데 서 있게 되듯이, 그 속으로 감정이입해 뛰어들어야 한다. 이렇게 비교하는 것은 바르부르크가 — 너무 자주 그런 식으로 묘사된 — '탐정'이나 '헤드 헌터'와는 전혀 다른 종류의 연구자였음을 암시한다. 오히려 그는 **진주조개잡이 어부**에 비유할 만한 연구자였다고 말하고 싶다.

진주조개잡이 어부가 바다로 자맥질하는 장면을 상상해보자. 이 순간에도 그는 틀림없이 자신을 여전히 바다의 '탐정'이라고 생각하고 있다. 어두운 심연에서 그는 마치 풀어야 할 수수께끼인 양 보물을 찾아 헤매고 다닌다. 어느 날 진주를 발견한다. 즉시 그것을 바다 위로 끌어올려 트로피처럼 흔든다. 기쁘고 자랑스럽게 승리를 만끽한다. 바다의 보물을 훔친 그는 모든 것을 이해했다고 믿는다(왜냐하면 그의 트로피는 의미이며, 바다의 **의미**는 진주의 세부에 담겨져 있을 것이기 때문이다). 그는 이제 심연과는 그만이라고 생각한다. 집으로 돌아와 최종적이라고 생각하는 카탈로그를 정성 들여 만든 후 진주를 진열장에 넣는다. 그는 수수께끼를 넘어 완전히 다른 종류의 신비가 있다고는 아직 의심하지 않는다. 그러던 어느 날(아주 늦게 그리고 우연히) 진주를 결코 **본** 적이 없음을, 완전히 당황하면서, 깨닫게 된다. 그날 꿈결처럼 곰곰이 생각하다가 문득 그것이 무엇인지 알아차리게 된 것이다. 셰익스피어의 『템페스트』에서 아리엘이 부르는 잊을 수 없는 예언에 의하면 진주는 다름 아닌 죽은 아버지의 눈이다.

> 다섯 길 깊이에 그대의 아버지가 누워 있다.
> 뼈는 산호가 되고
> 그의 눈이었던 진주는 저기 있다
> 이제 누가 그 몸을 희미하게 하랴
> 바다의 변화를 겪을 뿐,
> 풍요롭고도 기이한 것으로[665]

    그 질문(불안, 분열, 지나간 시간의 탐색)은 진주조개잡이 어부의 마음을 사로잡으며, 그는 그것에 집착하기 시작한다. 그리하여 다시 물에 뛰어들기로 결심한다. 해조류, 해파리, 짙어지는 어둠 가운데 심연으로 천천히 잠수하면서 그는 세 가지를 이해하게 된다. 첫째 바다의 보물은 계속 증식하며, 숫자가 무한하다는 것이다. 익사한 그의 아버지는 처음에 발견된 진주 하나 이외에도 다른 경이로운 것, 가령 산호가 된 뼈와 '기이한 보물'이 된 다른 많은 세부도 남겨주었다. 뿐만 아니라 여전히 거기에는 가깝거나 먼 모든 조상 세대의 진주와 온갖 산호가 해저를 따라 뒤죽박죽 흩어져 있다. 수많은 아버지가 바다 밑바닥의 헤아릴 수 없는 보물로 누워 있다. 수 세기 동안 조류와 불순물로 뒤덮인 이 유산은 인식되고 수집되며 다시 사유되기를 기다린다.
    그리고 어부는 자신이 뛰어든 곳이 의미가 아니라 시간 속임을, 그리고 그것이 두 번째 요점임을 이해한다. 과거의 모든 존재는 난파되었다. 물론 모든 것이 타락했지만 기억으로 변형되어, 다시 말해 더 이상 동일한 재료나 동일한 의미로 만들어지지 않은 어떤 것으로 바뀌어 여전히 거기 있다. 매번fois 새로운 보물이 만들어진다. 한때autrefois가 매번 변형됨으로써 새로운 보물이 만들어진다. 마지막으로 우리 영웅은 가장 중요한 것을 이해하게 된다. 자기가 헤엄치는 바로 그 환경, 바다가 그것이다. — 탁한 어머니 같은 물, 굳지 않은 '보물'인 모든 것, 사물들의 '간격', 진주와 산호 사이를 지나는 보이지 않는 흐름이 그것이다. 시간이 흐르면서 아버지의 눈을 진주로, 뼈를 산호로 바꾸어 놓은 바로 그것이다. 죽은 눈을 살아 있는 보물로 바꾸는 모든 변신을 책임지는 간격, (여기서는 흐르고 저기서는 고여 있는) 시간이라는 재료가 그것이다.

그것을 이해하는 순간 진주조개잡이 어부는 압도적 욕망에 사로잡힌다. 바로 영원히 거기에 남아 자기가 헤엄치고 있는 유기적 환경을 탐구 대상으로 바꾸려는 욕망이다. 그가 찾고 있는 것은 보물 자체의 **의미**가 아니라 그 의미를 가능하게 만든 끊임없는 흐름의 **생명**Leben이다. 그는 그러한 욕망이 가져다줄 광기를 잘 안다. 생명의, 잔존의 이 환경을 완전히 알기 위해서는 그 속에서 살다가 그 속에서 익사해 그 속에서 목숨을 잃어야만 한다. 바사리적 '부흥Renaissances' 또는 '부활Resurrection' 모델(〈그림 1〉)을 거꾸로 뒤집어놓은 이 비유에서 어쩌면 우리는 무엇인가를 아는 것에 대한 바르부르크의 '정신 나간 요구'의 크기 그리고 역사의 시간과 잔존의 시간을 잇는 변증법적 관계 앞에서 그가 보여준 비극적 명쾌함을 인식할 수 있을 것이다.

이 생각은 과거의 심연을 파고들지만 과거를 예전에 존재한 그대로 되살리고 소멸된 시대를 새롭게 하기 위해서가 아니다. 이 사고를 인도하는 것은 비록 살아 있는 것은 시간에 따라 파멸하지만 부패 과정은 동시에 결정화 과정이며, 한때 살아 있던 것이 가라앉아 용해되는 바다의 심연에서 어떤 것은 '바다의 변화를 겪으며' 그 요소들에 면역이 된 새로운 결정 형태와 모양으로 살아남는다는 확신이다. 언젠가 밑으로 내려와 다시 살아 있는 것의 세계로 데려다줄 진주조개잡이 잠수부만 기다리듯이 말이다. — '생각의 파편'으로, 또는 '풍요롭고도 기이한' 어떤 것으로, 어쩌면 영원한 '원原현상 Urphänomene'으로 말이다.666

* * *

따라서 바르부르크적 지식의 대상은 과거의 낡아빠진 대상이 아니라 원현상Urphänomene, 즉 대상의 잔존 속에서 관찰되는 '본래의 현상'처럼 보인다. 그것은 항상 움직이며, 특정한 해양 동물처럼 먹물의 흔적, 즉 정확히 측정하거나 침착하게 조사하기 어렵게 만드는 어둠의 구름을 주변에 퍼뜨린다. 그것은 명확한 한계가 없으며, 어두운 에너지를 주변과 우리 자신의 내부에까지 투사한다. 석회화된 판타지, 결정화된 픽션, 기억의 산호, 이런 것들은 시간의 흐릿한 물속에서는 분명히 유령적이다. 따라서 바르부르크적 역사의 대상인 이미지는 단순한 대상이 아니다. 그런 이미지를 단순한 대상의 지위로 축소시키면 그것의 '생명' 자체, 다시 말해 변신 능력, 이미지의 물질성 자체가 참여하는 환경 속에서 움직이는 능력 그리고 페디다가 그토록 적절하게 이름 붙인 "이미지의 희미한 숨결"667을 부정하는 것이 된다. 이 숨결은 **이미지**인 동시에 **시간**이다. 바르부르크는 사망하기 몇 달 전에 이미지의 역사는 "어른을 위한 유령 이야기Gespenstergeschichte f[ür] ganz Erwachsene"668로 이해되어야 한다는 주장 속에서 그와 같은 개념을 표현했다.

〈그림 93〉 바르부르크 1929년, 런던, 〈바르부르크연구소〉 아카이브.

이미 자신을 '유령'(〈그림 93〉)이라고 생각한 사람이 내놓은 이 마지막 제안은 분명히 그것과 가까운 다른 두 가지 제안을 불러일으키고 확대시킨다. 첫 번째 제안은 니체로부터 비롯된 것으로, "진정한 '**역사적**' 해석은 유령에게 유령처럼 말하는 것"669이라고 주장한다. 두 번째 제안은 프로이트로부터 비롯된 것으로 (여전히 폄하되고 있는) 정신분석의 지위를 '과학적 동화'로 할 것을 주장하는데, 이 지위는 이후 이론적 기초를 메타심리학 개념에서 찾게 된다.670 1923년 12월에 크로이츠링엔에서 아내에게 썼던 편지에서 바르부르크 또한 자신의 연구 대상을 '현실에서 끌어낸 마법의 동화ein Zaubermärchen Aus der Wirklichkeit'라는 관점에서 환기시켰다. 그러나 그가 연구한 유령은 비록 '그런 동화에서 끌어온 모티브Märchenmotive'였지만 문화사 전체를 휩쓸 수 있었기에 당시 그가 선택한 예시였던 페르세우스는 메두사와 대립하는 신화적 인물이라는 본성만으로 "유럽의 지성사 전체"671를 자기 안에 오롯이 담을 수 있었다.

동화 속 등장인물들은 유령처럼 언제나 우울한 기색을 보인다. 그들은 결코 죽을 수 없다. 본질적으로 생존자인 존재로서 그들은 과거에 일어난 일에 대한 태곳적 지식과 미래에 일어날 일에 대한 비극적 예언 사이의 어딘가에서 마치 악령처럼 떠돌아다닌다. 크로이츠링엔에서의 바르부르크는 정신적 고통의 가장 깊은 지점에서 적어도 일시적으로나마 자기 아이들을 먹는 일을 피할 수 있다는 인상을 가진 채, 강박적으로 작은 초콜릿 조각을 먹었다.672 그것은 분명히 자신이 크로노스Chronos, 곧 **시간이었다**는 무시무시한 생각의 공포 속에서 몸부림치고 있었기 때문이다.

프로이트는 자기 작업의 생존 자체, 따라서 자신이 '불멸'할 기회가 여전히 매우 의심스러웠을 때 "(명성보다) 오래 살아남지 않은 사람은 축복받았다"673라고 썼다. 그로부터 45년 후, 죽음에 매우 가까워졌지만 이제 '스스로 살아남을' 운명임을 안 프로이트는, 친구 츠바이크Arnold Zweig에게 근사한 편지를 썼는데, 거기서는 두 번의 말실수가 이성이 이끈 이야기를 비틀어 놓고 있다. 그는 '이번에는diesmal 누가 더 강하게 될

지wird 당연히 예측할 수 없다'고 쓰고 싶었다. 물론 병마와의 싸움을 환기시키는 것이었다. 그러나 실제로는 "과거에는damals 누가 더 강했을지 Würd ('will be'라는 의미의 wird와 'would have been'라는 의미인 wurde의 압축형) 당연히 예측할 수 없다"674라고 썼다. 이 문장은 역사(및 이성)의 관점에서는 결함이 있지만 잔존(및 그것을 뒷받침하는 무의식적 욕망)의 관점에서 보면 완벽히 정당화되지 않는가? 과거로부터 무엇이 살아남고 미래에는 무엇이 우리에게 출몰할지 예측할 수 있을까?

1929년 10월 26일, 사망하던 날, 바르부르크도 비슷한 말실수를 했다. 역설적이게도 운명이 그러하듯 그것은 잔존의 징후였다. 그리고 이 역설은 이중적이다. 그런 실수를 한 것은 그가 아니라 자연 자체였다. 사실 그날 그는 오랫동안 병들어 말라 희끗희끗해진 (모든 사람이 죽었다고 생각한) 정원의 사과나무가 갑자기 다시 푸른빛으로 변하고, 심지어는 더 놀랍게도 계절에 맞지 않게 새싹을 돋우고 있음을 알아차렸다. 그가 급히 일기에 쓴 마지막 말은 이 살아난 나무에 관한 것이었다(그러나 그것은 실제로 그의 계보나 혈통에 관한 문제였음이 분명하다).

> 이렇게 늦게 꽃피우는 과일나무를 찬양하는 감사의 찬가를 누가 내게 불러 줄 것인가?Wer singt mir den Paean, den Gesang des Dankes, zum Lobe des so spät blühenden Obstbaumes?675

이런 점에서 그의 작업은 사과나무와 같다. 많은 가지는 이미 오래전에 죽은 것 같다. 특히 〈런던도서관〉 맨 꼭대기 층 뒤편에 모여 있는 야심 차고, 어렵고, 어쩌면 위험할 수도 있는 '이론적 지식의 가지들'이 그렇다. 그곳만은 유일하게 먼지가 덮여 있는데, 적어도 지난 60년간 미술사학자들의 관심이 얼마나 결여되어 있었는지를 잘 보여준다. 그러나 아무도 기대하지 않는 계절에 이 가지들이 갑자기 새싹을 돋울 가능성은 충분히 있다.

그것이 도서관의 마법이다(특히 〈바르부르크도서관〉의 마법이다). 모든 것은 책꽂이 바닥에 진주와 산호처럼 쉬고 있지만 완전히 죽은 것은 없다. 모든 것은 인식되길 기다리며, 언젠가 새로운 용도로 다시 읽히길 바랄 것이다. 모든 도서관이 쇠퇴를 경험하지만 완전히 타버리지 않는 한(바르부르크의 도서관은 1933년에 거의 그렇게 될 뻔했으며, 그런 이유로 비밀리에 런던으로 옮겨졌다) 도서관은 가장 시든 나뭇가지에 가장 예상치 못한 열매를 맺게 할 수도 있다.

1927년에 바르부르크는 피렌체의 〈독일미술사연구소〉의 재개관 기념 연설을 했다. 거기서 그는 문이 닫히고 어떤 어부도 가장 작은 진주조차도 발견할 수 없던 제1차세계대전 시기를 우울하게 회상했다(잘 알려져 있듯, 같은 기간 동안 정신병을 앓고 있던 그는 더 이상 자신의 도서관에 몰입할 수 없었다). 그리고 그는 말러Gustav Mahler의 교향곡에 맞추어 작사된 베트게Hans Bethge의 시를 떠올리게 하는 어조로 삶 자체인 끊임없는 '삶의 이별 교향곡Abschiedssymphonie des Lebens'을 이야기했다. 도서관은 이 교향곡을 위한 '악기instrument'로, 어느 누구도 소유권을 주장할 권리가 없다고 그는 말한다(개인 도서관을 설립하기 위해 평생을 바친 사람에게서 나오는 말은 물론 특정한 억양을 띤다). 그런 악기는 소유하는 것이 아니라 연주하는 것이다. 그것은 모든 연구, 더더구나 시간에 관한 모든 연구의 본질적 "음악성Musikalität"[676]을 촉진한다. 여전히 니체적 바르부르크의 '즐거운 지식'은 이미지가 시간을 들을 수 있도록 해주는 다중리듬, 교향곡에 대한 음악적 지식이다.

나는 바르부르크가 바다의 심연 속으로 자맥질하는 어부의 느낌을 가진 채 매일 아침 책장의 미로 속으로 걸어 들어가는 것을 상상한다. 그때마다 바다의 조류가 마치 모든 것을 지배하는 힘을 되찾아 약간만 움직이더라도 진주, 산호 그리고 다른 가능한 모든 보물을 완전히 재분배하는 것처럼 보인다. 의문의 여지없이 바로 그것이 1927년에 피렌체에서 한 연설이 매 시간, 매 시대, 심지어 연구의 매 순간마다 가치 있는 이유일 것이다. 그는 특히 좋아한 연구 언어인 이탈리아어로 이렇게 연설을 끝맺었다.

> Si continua — coraggio! — ricominciamo la lettura![계속 용기를 이어 나갑시다! 다시 읽기 시작합시다!]677

그는 이런 식으로 매 시대마다, 심지어 매 순간마다 미술사는 항상 다시 읽고 새로 시작해야 한다고 말하고 있는 것이다.

감사의 말과 서지 노트

바르부르크에 대한 본 연구는 1990년에 시작되었으며 (『시간 앞에서』 와 함께) 『이미지 앞에서』의 후속 연구로 알려져 있다. 본 연구는 1990 ~1992년에 사회과학고등연구원 세미나에서 처음 발표되었고, 초기 결과물은 1992~1998년에 출판된 10편의 논문으로 나왔으며, 1997년 9월과 1998년 6월에 (런던대학교) 고등연구대학School of Advanced Study과 〈바르부르크연구소〉의 보조금 덕분에 주제를 더 깊이 탐구하고 본서에 현재와 같은 형태를 부여할 수 있었다. 그곳에서는 무엇보다 만Nicholas Mann 소장의 예외적 환영과 비할 데 없는 학문적 관대함 덕분에 가능한 최상의 조건에서 작업할 수 있었다. 그리고 퀴비거François Quiviger의 우정, 언제든 도움을 준 개방성 그리고 '즐거운 지식'에 대한 완벽한 이해 덕분이기도 하다. 연구의 최종 단계는 1999년 10~11월에 똑같이 따뜻한 환영을 받은 코톨드미술연구소Courtauld Institute of Art 초청으로 마무리되었다. 또한 맥그라스Elizabeth McGrath, 리고타Christopher R. Ligota 그리고 바르부르크 아카이브의 큐레이터 맥이완Dorothea McEwan의 귀중한 조언을 받았는데, 특히 그녀의 능력과 인내심에 감사한다. 마지막으로 주격 형태로 된 독일어 텍스트 인용문을 독일어 독자를 위해 복구해주고 또 내 영원한 초보 독일어를 수없이 수정해준 파우스트Hella Faust에게도 감사하고 싶다. 이 책의 일부 발췌문은 다음과 같은 다양한 저널과 공동 간행물에 실렸다.

— 「미술사학자와 유령: J. J. 빙켈만에 관한 메모L'historien d'art et ses fantômes: Note sur J. J. Winckelmann, *L'Inactuel*, n. s., no. 1(1998), 75~88.

— 「시간의 지진계: 바르부르크, 부르크하르트, 니체Sismographies du temps: Warburg, Burckhardt, Nietzsche, *Cahiers du Musée national d'Art moderne*, no. 68(1999), 5~20.

— 「미술사, 유령의 역사: 르네상스와 잔존, 부르크하르트부터 바르부르크까지Histoire de l'art, histoire de fantômes: Renaissance et survivance, de Burckhardt à Warburg, *Le corps évanoui, les images subites*(ed) C. de Ribaupierre & V. Mauron, Lausanne-Paris: Musee de l'Elysee-Hazan(1999), 60~71.

— 「잔존하는 이미지: 바르부르크와 타일러주의 인류학L'image survivante: Aby Warburg et l'anthropologie Taylorienne, *L'Inactuel*, n. s., no. 3(1999), 39~59.

— 「우리의 악령: 역사의 다른 시간 속에 있는 바르부르크Notre Dibbouk: Aby Warburg dans l'autre temps de l'histoire, *La Part de l'oeil*, no. 15~16(1999), 219~235.

— 「생성의 조형성과 역사의 균열: 니체와 함께 바르부르크를Plasticité du devenir et fracture dans l'histoire: Warburg avec Nietzsche, *Plasticité*(ed) C. MalabouParis: Léo Scheer(2000), 58~69.

— 「문화의 비극: 니체와 함께 바르부르크를La tragedie de la culture: Warburg avec Nietzsche, *Visio*, no. 4(2001), 9~19.

— 「잔존 또는 시간의 무의식: 이미지 또한 무의지적 기억으로부터 고통받는다Nachleben, ou l'inconsrient du temps: Les images aussi souffrent de reminiscences, *L'Animal, Littératures, arts et philosophie*, no. 10, 2001, 40~48.

— 「바르부르크와 강렬함의 아카이브Aby Warburg et l'archive des intensités, *Études photographiques*, no. 10(2001), 144~163.

현재 본문의 첫 번째 버전은 자꾸만 늘어나는 노트라는 비평적 장치, 즉 바르부르크적 양식 자체에 대한 감정이입의 표식 또는 더 간단히 말해 〈바르부르크도서관〉이 제공하는 보물의 방출에 따른 부담을 안고 있었다. 최초 버전은 〈도서관〉 자료만으로도 200페이지에 달했다. 따라서 이미 방대한 저술의 편집을 용이하게 하기 위해 최소한의 간결한 문체로 축소했다.

G. D. H

■ 그림 목록

<u>1부</u>
1 조르조 바사리, 『르네상스 미술가 평전』 2판의 권두 삽화, 1568년(23페이지).
2 요한 요하임 빙켈만, 『고대미술사』 2권 권두 삽화, 1764년(24페이지).
3 알브레히트 뒤러, 〈오르페우스의 죽음〉, 1494년(44페이지).
3-1 므네모시네, 〈바르부르크문화학도서관〉 현관 사진(74페이지).
4 흑요석 화살촉, 선사시대(80페이지).
5 칼집이 있는 투계용 쇠 발톱, 19세기(81페이지).
5-1 뒤러, 〈렁세호 지방의 괴물 돼지〉, 1496년경(98페이지).
6 야콥 부르크하르트, 『르네상스 시대의 미술』 프로젝트를 위한 개요서, 1858년 8월 10일 (109페이지).
7 바르부르크, 메모 상자(110페이지).
8 야콥 부르크하르트, 대성당의 조각들, 1835년경(148페이지).

<u>2부</u>
9 칠레 지진의 지진계. 지진학자 에밀 비헤르트의 무정위 진자를 이용해 얻은 지진 기록, 1911년(161페이지).
10 에티엔-쥘 마레, 액체 현탁액에 밝은 방울로 시각화시킨 물방울의 운동 그리고 표면과 마주친 물줄기, 1892~1893년(162페이지).
11 에티엔-쥘 마레, 카메라로부터 멀어지면서 걷는 사람의 허리 높이에 달린 밝은 점의 입체적 궤도, 1894년(164페이지).
12 히스테리 징후 여성의 근운동 기록도: 몽유병 중의 근육 경련, 1885년(168페이지).
13 바르부르크, 메사 베르데 국립공원, 1895년 12월 5일(182페이지)(182페이지).
14 바르부르크, 토르나부오니 가문의 가계도, 1927~1929년(23페이지)(184페이지)..
15 바르부르크, 개인 지리학의 도식, 1928년(185페이지).
16 프리드리히 니체, 시간의 동적 도식, 1873년 봄(187페이지).

17 바르부르크, 아테네 테세우스 신전(헤파이스테이온 신전)의 서쪽 프리즈에 있는 〈켄타우로스의 전투〉 돋을새김 스케치, 1887년(198페이지).
18 아고스티노 디 두치오, 〈성 지기스문트의 생애〉, 돋을새김의 일부, 1456년경(201페이지).
19 익명의 독일인, 송아지 수도사, 1608년(216페이지).
20 익명의 독일인, 전갈자리의 점성술 기호, 1488년(218페이지).
21 익명의 소아시아 그리스인, 〈리키아의 크산토스에 있던 네레이데스(바다의 요정) 기념당〉(세부), 기원전 4세기(236페이지).
22 니콜로 델라르카, 〈죽은 그리스도를 애도함〉(마리아 막달레나 세부), 1480년경(237페이지).
23 바르부르크, 이데아주의-사실주의 양극성의 진동 도식, 1892년(239페이지).
24 바르부르크, 장식적 '불안정성'과 '리듬'의 진동 도식, 1900년(241페이지).
25 바르부르크, 영구적 시소, 1890년(242페이지).
26 익명의 그리스인, 〈오르페우스의 죽음〉, 기원전 5세기(259페이지).
27 익명의 이탈리아인, 〈오르페우스의 죽음〉, 1497년(260페이지).
28 익명의 이탈리아인, 〈오르페우스의 죽음〉, 15세기(261페이지).
29 익명의 로마인, 〈라오콘 군상〉, 약 50년경(272페이지).
29-1 폴라이올로 형제, 〈성 세바스찬의 순교〉, 1475년경(279페이지).
29-2 안토니오 델 폴라이올로, 〈전투〉, 1489년경(280페이지).
30 익명의 그리스인, 〈디오니소스와 함께 있는 님프와 사티로스〉, 기원전 5세기(285페이지).
31 나폴리의 상징적 몸짓, 1832년(286페이지).
32 나폴리의 a부터 f까지와, 아메리카인디언의 I부터 n까지 상징적 몸짓, 1832년(287페이지).
33 픽토그램으로 쓴 북미 인디언의 교역 편지, 1881년(289페이지).
34 아이의 낙서, 1927년(293페이지).
35 클레오 유리노(바르부르크의 미국 원주민 정보 제공자), 번개 모양의 독사 그림, 1895년(294페이지).
36 익명의 로마인, 〈라오콘 군상〉(세부), 50년경(297페이지).
37 익명의 미국인(사진작가), 뱀 의식을 하는 호피인디언, 1924년(298페이지).
38 지롤라모 프란지니, 〈라오콘〉, 1596년(300페이지).
39 니꼴로 볼드리니, 아마도 티치아노가 그린 후에 인쇄된 라오콘 캐리커처 판화(세부), 1550~1560년경(301페이지).
40 M. 울프, 시노피테쿠스 니제르[볏이 있는 검은짧은꼬리원숭이] '애무해서 기분 좋을 때',

실물화, 1872년(304페이지).
41 T. W. 우드, 공포, 1872년(305페이지).
42 G. -B. 뒬로뉴, 이마와 눈썹의 표현 몸짓(세부), 1852~1856년(311페이지).
43 산드로 보티첼리, 〈비너스의 탄생〉, 1484~1486년경(세부)(317페이지).
44 바르부르크, 〈비탄〉(세부), 1927년(318페이지).
45 바르부르크, '장식물의 정도'에 대한 역동적 도식, 1890년(319페이지).
46 바르부르크, 도구, 신념, 미술 및 지식 간 관계에 대한 역동적 도식, 1899년(320페이지).
47 바르부르크, '파토스형성'의 표, 1905~1911년(325페이지).
48 바르부르크, '파토스형성의 도식' 노트북 표지, 1905~1911년(327페이지).
49 익명의 로마인, 스키로스의 여장한 아킬레우스, 그리스 원형의 복제(세부), 1893년(330페이지).
50 토바스 리비에르, 백합 춤을 추는 로이 풀러, 1896년(334페이지).
51 조르주 드메니, 발끝에 탄성을 준 낙하, 1884년(335페이지).
52 익명의 그리스인, 〈춤추는 님프〉, 기원전 5세기 말(341페이지).
53 익명의 그리스인, 〈마에나드와 사티로스〉, 헬레니즘시대(342페이지).
54 베르톨도 디 조반니, 〈십자가 처형〉, 1485년경(세부)(346페이지).

3부
55 익명의 그리스인, 〈춤추는 마에나드〉, 신-아티카 양식의 부조(376페이지).
56 리쉐, 주요 히스테리 발작의 전조 단계, 1881년(377페이지).
57 리쉐, 주요 히스테리 발작: 뒤틀림 또는 터무니없는 몸짓, 1881년(379페이지).
58 리쉐, 주요 히스테리 발작: 뒤틀림 또는 터무니없는 몸짓, 1881년(379페이지).
59 리쉐, 주요 히스테리 발작: 뒤틀림 또는 터무니없는 몸짓, 1881년(380페이지).
60 리쉐, 주요 히스테리 발작: 뒤틀림 또는 터무니없는 몸짓, 1881년(380페이지).
61 후설, 시간의 다이어그램, 1905년(412페이지).
62 프로이트, 징후와 '작업'의 다이어그램, 1897년(413페이지).
63 프로이트, 반복, 억제 및 경로의 다이어그램, 1895년(419페이지).
64 프로이트, 억압과 기억의 다이어그램, 1895년(420페이지).
65 지질 지층 다이어그램, 1886년(435페이지).
66 프랑스 솔뤼트르 지역의 구석기 매장지, 1926년(436페이지).
67 바르부르크와 앙드레 욜레스, 『닌파 피오렌티나』, 1900년(440페이지).
68 빈의 프로이트 진료실 벽에 주조된 그라디바, 1938년(444페이지).
69 바르부르크, '마에나드' 임시 섹션 준비, 〈므네모시네 아틀라스〉, 1927~1929년(447페이지).

70 바르부르크, 〈므네모시네 아틀라스〉, 6번 패널 1927~1929년(451페이지).
71 바르부르크, 〈므네모시네 아틀라스〉, 47번 패널(세부), 1927~1929년(452페이지).
72 바르부르크, 닌파, 1900년(454페이지).
73 두 마리 독사 모양의 번개를 그린(미국) 인디언 남학생의 그림, 1895년(459페이지).
74 왈피의 뱀 의식, 모래 모자이크의 위치와 사제들의 위치도, 1894년(460페이지).
75 미슝노비의 뱀 의식: 뱀과 사제들의 위치도, 1897~1898년(461페이지).
76 미슝노비의 뱀 의식: 뱀을 옥수수 가루로 만든 원 안으로 던지고 난 후, 1902년(462페이지).
77 바르부르크, 프랑스와 독일 전선, 1914년 10월 26일(473페이지).
77-1 『일러스트 잡지』, [1914년의 전쟁, 8~10월까지]. 표지(474페이지).
78 바르부르크, 『일기 1919~1924』, 노트북 47, 크로이츠링엔, 1922년 7월 7일~8월 1일(479페이지).
79 바르부르크, 『일기 1919~1924』, 노트북 33, 크로이츠링엔, 1921년 7월 27일~8월 18일(480페이지).
80 바르부르크, 『일기 1919~1924』, 노트북 40, 크로이츠링엔, 1922년 1월 5일~31일(482페이지).
81 바르부르크, 견디다, 견디게 하다, 동일시하다, 1896년(517페이지).
82 바르부르크, 대상 안에 머무름에 의한 모방(동일시), 1896년(518페이지).
83 익명, 황도12궁 인체도 [사혈을 위한 차트], 1503년(519페이지).
84 베르탈, 〈마지막 싸움〉, 1846년(543페이지).
85 베르탈, 〈잔인한 계시〉, 1846년(546페이지).
86 바르부르크 문화 연구 도서관 열람실, 함부르크, 〈중세와 르네상스 시대 고대의 몸짓〉에 관한 전시회 즈음, 1926~1927년(578페이지).
87 바르부르크 문화 연구 도서관 열람실, 함부르크, 오비디우스를 주제로 한 전시회 즈음, 1927년(583페이지).
88 바르부르크, 『도망자 노트』, 1929년(595페이지).
89 우주 및 지리학적 그림, 1887년(609페이지).
90 바르부르크, 2번 패널의 임시 버전, 〈므네모시네 아틀라스〉, 1927~1929년(610페이지).
91 바르부르크, 〈므네모시네 아틀라스〉, 43번 패널, 1927~1929년(618페이지).
92 도메니코 기를란다요, 사세티 예배당, 산타트리니타성당, 피렌체, 1479~1485년(631페이지).
93 바르부르크 1929년(649페이지).

■ 참고문헌

1. 바르부르크가 쓴 1차 문헌

나는 바르부르크의 텍스트를 가능하면 언제든 가장 쉽게 접근할 수 있는 판본에서 재인용했다. 우선 각 텍스트의 원본을 복사하듯 동일하게 제공한다는 장점을 가진 독일어 판본은 다음과 같다.

1980. *Aby. M. Warburg: Ausgewählte Schriften und Würdigungen*[바르부르크: 선집 및 평가], edited by D. Wuttke. Baden-Baden: Valentin Koerner.

그와 동일한 프랑스어 판본은 다음과 같다.

1990. *Aby Warburg. Essais florentins*[바르부르크. 피렌체 에세이], translated by S. Muller, with an introduction by E. Pinto, Paris: Klincksieck.

그런데 본서를 집필하는 동안 바르부르크 연구를 위한 4개의 핵심적 작업 도구가 등장했는데, 나는 그것을 참고문헌에 최대한 통합시켰다. 본서가 거의 완성되었을 때 출판된 저술부터 제시하면 다음과 같다.

2001. *Tagebuch der Kulturwissenchaftlichen Bibliothek Warburg*[1926~1929][바르부르크 문화 도서관 일지], *Gesammelte Schriften*, VII, edited by K. Michels & C. Schoell-Glass, Berlin: Akademie Verlag.
2000. *Der Bilder atlas Mnemosyne*[이미지 아틀라스 므네모시네], *Gesammelte Schriften*, II-1, edited by M. Warnke & C. Brink, Berlin: Akademie Verlag.
1998. *Aby M. Warburg-Bibliographie 1866 bis 1995. Werk und Wirkung. Mit Annotionen*[1866~1995년까지 바르부르크 서지. 저술과 영향력. 주석 추가], edited by D. Wuttke. Baden-Baden: Valentin Koerner.

1998. *Gesammelte Schriften*, vol. I, 1~2, *Die Erneuerung der heidnischen Antike: Kulturwissenschaftliche bei träge zur Geschichte der europäischen Renaissance* 전집, 이교도 고대의 부흥: 유럽 르네상스 역사에 대한 문화학적 논고], edited by H. Bredekamp and M. Diers, Berlin: Akademie reprint of 1932, edited by G. Bing & F. Rougemont, Leipzig-Berlin: Teubner, 1932).

그리고 최초의 선집인 1932년 출판본의 영문 번역판은 다음과 같다[옮긴이].

1999. *The Renewal Pagan Antiquity: Contribution to the Cultural History of the European Renaissance*[부흥하는 이교도 고대: 유럽 르네상스 문화사에 대한 논고], translated by David Britt with an introduction by Kurt W. Foster. LA: The Getty Research Institute for the History of Art and the Humanities.

바르부르크의 저술을 출간된 순서로 제시하면 다음과 같다.

1887. *Über die Darstellung des Centaurenkampfes*[켄타우로스 전투의 표현에 대하여]. *WIA*, III, 32. 3. 1, London.
1888~1905. *Grundlegende Bruchstücke zu einer monistischen Kunstpsychologie*[일원론적 미술심리학의 기초에 관한 단상]. *WIA*, III, 43. 1~2, London.
1889. *Entwurf zu einer Kritik des Laokoons an Hand der Kunst des Quattrocento in Florenz*[15세기 피렌체 예술에서 본 라오콘 비평 초고]. *WIA*, III, 33. 2. 4, London.
1891~1892. *Ikonographische Notizen*[도상학 메모]. *WIA*, III, 6. 1, London.
1893. *Sandro Botticellis ⟨Geburt der Venus⟩ und ⟨Frühling⟩. Eine Untersuchung über die Vorstellungen von der Antike in der Italienischen Frührenaissance*[산드로 보티첼리의 ⟨비너스의 탄생⟩과 ⟨봄⟩: 초기 이탈리아 르네상스에서 고대의 표상에 관한 연구]. *Ausgewählte Schriften*, in Warburg, 1999. *The Renewal Pagan Antiquity: Contribution to the Cultural History of the European Renaissance*, translated by David Britt, 89~156, LA: Getty Center.
1894~1929. *Tagebuch*[일기]. *WIA*. III, 10.1~2(1894~1918), III, 11~5(1918~1929, London.
1895. *I costumi teatrali per gli intermezzi del 1589. I disegni di Bernardo Buontalenti e il Libro di Conti di Emilio de'Cavalien*[1589년의 막간극을 위한 무대 의상: 베르나르도 본탈레티의 그림들과 에밀리오 데 카발리에리의 회계장부]. *Gesammelte Schriften*, 1~1. The Theatrical Costumes for the Intermedi of 1589, in War-

burg 1999, 앞의 책, 349~401.
1896~1901. *Symbolismus als Umfangsbestimmung*[경계 결정으로서의 상징주의]. WIA, III, 45. 1~2, London.
1897. *Amerikanische Chap-Books*[미국 소책자]. *Gesammelte Schriften*, 1~2, in Warburg, 1999, 앞의 책, 703~710.
1899a. *Die Bilderchronik eines florentinischen Goldschmiedes*[피렌체 금세공인의 그림 연대기]. *Gesammelte Schriften*, I-1. The Picture Chronicle of a Florentine Goldsmith, in Warburg 1999, 앞의 책, 165~168.
1899b. *Leonardo als fortschreitendes künstlerisches Organ der Florentinischen Kunst* [피렌체 예술의 진보하는 예술 기관인 레오나르도]. *WIA*, III, 4. 1, London.
1900. *Ninfa Fiorentina*[닌파 피오렌티나]. *WIA*, III, 118. 1, London.
1901. *Arnold Böcklin*[아놀드 뵈클린]. *WIA*, III, 52. 3, London.
1902a. *Bildniskunst und florentinisches Bürgertum: Domenico Ghirlandaio in Santa Trinita. Die Bildnisse des Lorenzo de'Medici und seiner Angehörigen*[초상 미술과 피렌체 부르주아. 성삼위일체성당의 도미니코 기를란다요. 메디치가의 초상화와 그 친척들]. *Ausgewählte Schriften*. The Art of Portraiture and the Florentine Bourgeoisie, in Warburg 1999, 앞의 책, 185~221.
1902b. *Flandrische Kunst und florentinische Frührenaissance*[플랑드르 미술과 피렌체 초기 르네상스]. *Ausgewählte Schriften*. Flemish Art and the Florentine Early Renaissance, in Warburg 1999, 앞의 책, 281~303.
1903. *Art Historians*[미술사학자]. *WIA*, III, 57. 2. 2, London.
1903~1906. *Festwesen*[축제]. *WIA*, III, 57. 2. 2, London.
1905a. *Austausch künstlerischer Kultur zwischen Norden und Süden im 15 Jahrhundert*[15세기 남북 간 미술 문화 교류]. *Gesammelte Schriften*, I-1. Artistic Exchanges Between North and South in the Fifteenth Century, in Warburg, 1999, 앞의 책, 275~280.
1905b. *Delle ⟨Imprese amorose⟩ nelle più antiche incisioni fiorentine*[초기 피렌체 판화의 ⟨사랑의 문장⟩에 관해]. *Gesammelte Schriften*, I-1. On Imprese Amorose in the Earliest Florentine Engravings, in Warburgm, 1999, 앞의 책, 169~183.
1905~1911. *Schemata Pathosformeln*[파토스형성의 구도]. *WIA*, III, 138. 1, London.
1906. *Dürer und die italienische Antike*[뒤러와 이탈리아 고대]. *Ausgewählte Schriften*. Dürer and Italian Antiquity, in Warburg, 1999, 앞의 책, 553~558.
1906~1907. *Versuch einer Phänomenologie der Stilwandels im 15 Jahrhundert als Comparationserscheinung*[비교 표현으로서의 15세기 양식 변화 현상에 관한 연

구]. *WIA*, III, 72. 1. 1, London.

1907a. *Arbeitende Bauern auf burgundischen Teppichen*[부르고뉴 태피스트리에 등장하는 일하는 농민]. *Gesammelte Schriften*, I-1. Peasants at Work in Burgundian Tapestries, in Warburg, 1999, 앞의 책, 315~323.

1907b. *Francesco Sassettis letztwillige Verfügung*[프란체스코 사세티의 유언]. *Ausgewählte Schriften*. Francesco Sassetti's Last Injunctions to His Son, in Warburg, 1999, 앞의 책, 223~262.

1908. *Die antike Götterwelt und die Frührenaissance im Süden und im Norden*[고대의 신의 세계와 남북유럽에서의 초기 르네상스]. *Gesammelte Schriften*, I-1. The Gods of Antiquity and the Early Renaissance in Southern and Northern Europe, in Warburg, 1999, 앞의 책, 559~560.

1911. *Zwei Szenen aus König Maximilians Brügger Gefangenschaft auf einem Skizzenblatt des sogenannten 〈Hausbuchmeisters〉*[소위 〈하우스북〉 장인이 그린 스케치에 등장하는 막시밀리안 1세의 벨기에 브뤼헤 유폐생활(1488년)의 두 장면]. *Gesammelte Schriften*, I-1, Two Scenes from King Maximilian's Captivity in Bruges on a Sheet of Sketches by the So-Called Master of the Housebook, in Warburg 1999, 앞의 책, 325~331.

1912. *Italienische Kunst und internationale Astrologie im Palazzo Schifanoja zu Ferrara*[페라라의 스키파노이아 궁전의 이탈리아 미술과 국제적 점성술]. *Ausgewählte Schriften*. Italian Art and International Astrology in the Palazzo Schifanoia, in Warburg, 1999, 앞의 책, 563~591.

1913. *Wanderungen der antiken Götterwelt vor ihrem Eintritt in die italienische Frührenaissance*[이탈리아 초기 르네상스로 진입하기 전 고대 신들 세계의 이주]. *WIA*, III, 84~85. 1, London.

1914. *Der Eintritt des antikisierenden Idealstils in die Malerei der Frührenaissance*[초기 르네상스의 회화에서 이데아화된 고전주의 양식의 등장]. The Entry of the Idealizing Classical Style in the Painting of the Early Renaissance, in Richard Woodfield (ed) 2001, Art History As Cultural History: Warburg's Projects, 7~32. Amsterdam: G+B Arts International.

1918. *Das Problem liegt in der Mitte*[중간에 있는 문제]. *Gesammelte Schriften*, I-2. The Problem in Between, in Warburg, 1999, 앞의 책, 727~728.

1920. *Heidnisch-antike Weissagung in Wort und Bild zu Luthers Zeiten*[루터 시대 언어와 이미지에 등장하는 이교도-고대 예언]. *Ausgewählte Schriften*. Pagan-Antique Prophecy in Words and Images in the Age of Luther, in Warburg, 1999, 앞의

책, 597~697.

1923a. *Katharsis*[카타르시스]. *WIA*, III, 93. 6, London.

1923b. *Reise-Erinnerungen aus dem Gebiet der Pueblos*[푸에블로 지역 여행의 기억]. *WIA*, III, 93. 4, in Michaud, Philippe-Alain, 2004. *Aby Warburg and the Image in Motion*, translated by Sophie Hawkes, New York: Zone Books. 293~330. 김남시 역[2021], 『뱀 의식 – 북아메리카 푸에블로 인디언 구역의 이미지들』, 153~170, 임다.

1923c. *Schlangenritual Ein Reisebericht*[뱀 의식 여행]. *Images from the Region of the Pueblo Indians of North America*, translated with an interpretive essay by Michael P. Steinberg, 1995. Ithaca: Cornell University Press. 김남시 역[2021], 『뱀 의식 – 북아메리카 푸에블로 인디언 구역의 이미지들』, 89~151 임다.

1925. *Hepatoscopia*[헤파토스코피아(희생 제물의 간을 살펴서 점을 치는 고대의 예언술)]. *WIA*, III, 132. 3, London.

1926a. *Italienische Antike im Zeitalter Rembrandts*[렘브란트 시대의 이탈리아 고대]. *WIA*, III, 12. 11~12, London.

1926b. *Orientalisierende Astrologie*[동양적 영향의 점성술]. *Gesammelte Schriften*, I-2, in Warburg, 1999, 앞의 책, 699~702.

1927a. *Allgemeine Ideen*[일반 이념들]. *WIA*, III, 102. 1, London.

1927b. *Begrüssungsworte zur Eröffnung des kunsthistorischen Instituts im Palazzo Guadagni zu Florenz am 15. Oktober 1927*[피렌체 구아다니 궁전에서 열린 미술사 연구소 개막 연설, 1927년 10월 15일]. *Gesammelte Schriften*, I-2. Speech on the Opening of the Kunsthistorisches Institut at the Palazzo Guadagni, Florence, 15 October 1927, in Warburg 1999, 앞의 책, 723~724.

1927c. *Mediceische Feste am Hofe der Valois auf flandrischen Teppichen in der Galleria degli Uffizi*[우피치미술관의 플랑드르 태피스트리에 있는 발루아 궁 메디치가 행사]. *Gesammelte Schriften*, I-1. Medician Pageantry at the Valois Court in the Flemish Tapestries of the Galleria Degli Uffizi, in Warburg, 1999, 앞의 책, 343~348.

1927d. *On Planned American Visit*[미국 방문 계획에 관해]. *WIA*, III, 93. 8, in Michaud 2004, 앞의 책, 331~336.

1927e. *Seminarübungen über Jacob Burckhardt im Sommersemester*[야콥 부르크하르트에 관한 세미나 연습], in Bernard Roeck(ed) 1991. *Idea: Jahrbuch der Hamburger Kunsthalle*, X, 86~89.

1927f. *Vom Arsenal zum Laboratorium*[무기고에서 실험실까지]. *WIA*, V, 2. 3. 1. 1,

London.
1927~1928. *Kulturwissenschaftliche Methode*[문화학적 방법론]. *WIA*, III, 99. 5, London.
1927~1929. *Der Bilder atlas Mnemosyne*[이미지 아틀라스 므네모시네], *Gesammelte Schriften*, Vol. II-1, edited by Martin Warnke and Claudia Brink 2000, Berlin: Akademie.
1928a. *Mnemosyne: Grundbegriffe* I[므네모시네: 근본개념 I]. *WIA*, III, 102. 3, London.
1928b. *Pathos, Pneuma, Polarität*[파토스, 프노이마, 양극성]. *WIA*. III, 12. 31, London.
1928~1929. *Mnemosyne: Grundbegriffe* II[므네모시네: 근본개념 II]. *WIA*. III, 102. 4, London.
1929a. *Bilderwanderung*[이미지의 이동]. *WIA*, III, 12. 27, London.
1929b. *Einleitung zum Mnemosyne-Atlas*[므네모시네 아틀라스 서문], in I. Barta-Fliedl, 1992. *Die Beredsamkeit des Leibes: Zur Körpersprache in der Kunst*[몸의 웅변: 예술의 신체 언어]. 171~173. Residenz Verlag. *The Absorption of Expressive Values of the Past*, in Uwe Fleckner(ed) 1998. *The Treasure Chests of Mnemosyne: Selected Texts on Memory Theory from Plato to Derrida*, translated by Matthew Rampley, 248~252. Dresden: Verlag der Kunst.
1929c. *Flüchtige Notizien*[도망자 노트]. *WIA*, III, 12. 32, London.
1929d. *Grisaille-Mantegna*[그리자이유 기법의 만테냐]. *WIA*, III, 12. 41, London.
1929e. *Manet's Déjeuner sur l'herbe: Die vorprägende Funktion heidnischer Elementargottheiten für die Entwicklung modernen Naturgefühls*[마네의 〈풀밭 위의 점심 식사〉: 자연의 현대적 감각 발달을 위한 이교도 초급 신들의 사전 정의 기능]. *WIA*, III, 101. 5, London.
1929f. *Triumph-Energetische Inversion*[승리-에너지적 도치]. *WIA*, III, 101. 4, London.
1929g. *Wenige Notizien*[몇 가지 메모]. *WIA*, III, 12. 33, London.
Korrespondenz[서신]. *WIA*, London.
Tagebuch[일기]. *WIA*, III, 10. 1~2. & 11. 1~5, London.
Warburgismen[바르부르크주의]. *Gesammelt von Max Warburg*바르부르크 선집. *WIA*, III, 17. 2, London.

2. 이차문헌

Adhémar, J. 1939, *Influences antiques dans l'art du Moyen Age français. Recherches* sur les sources et les thèmes d'inspiration, London: The Warburg Institute.

Agamben, G. 1984, Aby Warburg et la science sans nom, in 1999, *Potentialities: Collected Essays in Philosophy*, translated by Daniel Heller-Roazened, Standford University Press, 89~103.

Agamben, G. 1992, Notes sur le geste, in *Moyens sansfins: Notes sur la politique*, 김상운·양창렬 역[2009], 「몸짓에 관한 노트」, 『목적 없는 수단: 정치에 관한 노트』, 난장.

Agamben, G. 1998, L'image immémoriale, *Image et mémoire: Arts et esthétique*, translated by G. A. Tiberghien, 77~93, Paris: Hoebeke.

Agosti, G. 1985, Qualche voce italiana della fortuna storica di Warburg, *Quaderni storici*, 20(1): 39~50.

Alberti, L. B. 1435, *On Painting*, translated by John R. Spencer, 1956. http://www.noteaccess.com/fexts/Alberti/2a.htm.

Andler, C. 1958, *Nietzsche, Sa vie et sa pensée*, vol. 3, Paris: Gallimard.

Antal, F. and Wind E., 1937. The Maenad under the Cross, *Journal of The Warburg Institute* 1: 70~73.

Arasse, D. 1992, *Le detail: Pour une histoire rapprochée de la peinture*, Paris: Flammarion.

Arendt, H. 1968, Walter Benjamin(1892~1940), *Illuminations*, by Walter Benjamin, translated by Harry Zohn, 1~51, New York: Schocken. 홍원표 역[2019], 『어두운 시대의 사람들』, 한길사, 8장(아렌트의 「서문」을 제외한 벤야민의 *Illumination*의 번역본은 이태동 역[1987], 『문학비평과 이론』, 문예출판사.

Argan, G. C. 1975, Ideology and Iconology, *Critical Inquiry* 2(2): 297~305.

Aristotle. 1972, *de Anima*, translated by J. Tricot, Paris: Vrin. 오지은 역[2019], 『영혼에 관해』, 아카넷.

Arnold, A. 1980, Wilhelm Wundt, S*ein philosophisches System*, Berlin: Akademie-Verlag.

Artaud, A. 1948, *Ci-gît, précédé de la culture indienne*, Oeuvre *complètes*, vol. 12, 1974, Paris: Gallimard.

Aschheim, S. E. 1992, *The Nietzsche Legacy in Germany, 1890~1990*, Berkeley: University of California Press.

Attali, J. 1986, *A Man of Influence: Sir Siegmund Warburg, 1902~1982*, London: Weidenfeld and Nicolson.

Aubenque 1962, *Le probème de l'être chez Aristote*, Paris: PUF.

Auerbach, E. 1938, *Figura*, translated by M. A. Bernier, 1993, Paris: Belin.

Bachelard, G. 1952, La poétique de l'espace, Paris: PUF. 곽광수 역[2003], 『공간의 시학』, 동문선.

Baden, H. J. 1962, *Gott ist im Detail*, Gütersloh: Gerd Mohn.

Balan, B. 1979, *L'Ordre et le temps: L'anatomie comparée et l'histoire des vivants au XIXe siècle*, Paris: Vrin.

Balzac, H. de. 1846, *Petites misères de la vie conjugate, illustrées par Bertall*, Paris: Chlendowski.

Bander a Viani, M. C. 1984, La 'Ninfa': Continuita di rapporti tra Antichita e Rinascimento nelle arti visive, in *Scritti di storia dell'arte in onore di Roberto Salvini*, 265~269. Florence: Sansoni.

Barasch, M. 1985, Pathos Formule: Some Reflections on the Structure of a Concept, in 1994, *Imago Hominis: Studies in the Language of Art*, 119~127, New York: NYU Press.

Barnes, E. 1895, The Art of Little Children, *Pedagogical Seminary* 3(2): 302~306.

Baron, H. 1960, Burckhardt's *Civilization of the Renaissance* a Century after its Publication, *Renaissance News* 13: 207~222.

Baron, H. 1960~1973, The Limits of the Notion of 'Renaissance Individualism': Burckhardt after a Century, in 1988, *Search of Florentine Civic Humanism: Essays on the Transition from Medieval to Modern Thought*, vol. 2, 155~181. Princeton: Princeton University Press.

Barta-Fliedl, I. & Geissmar-Brandi, C(eds) 1992, *Die Beredsamkeit des Leibes: Zur Körpersprache in der Kunst*, Salzbourg-Vienna: Residenz Verlag.

Barta-Fliedl, I., Geissmar-Brandi, C. & Naoki Sato(eds) 1999, *Rhetorik der Leidenschaft: Zur Bildsprache der Kunst im Abendland*, Hamburg-Munich: Dölling und Galitz.

Basch, V. 1896, *Essai critique sur l'esthétique de Kant*, Paris: Alcan.

Basch, V. 1921, Le maître-problème de l'esthétique, in 1934, *Essais d'esthétique, de philosophie et de littérature*, 35~66, Paris: Alcan.

Bassan, F. 1998, Il pathos delle immagini in Aby Warburg, *Simbolo, metafora, linguaggi*, G. Coccoli & C. Marroneeds(eds), 185~201, Rome: Gutenberg.

Bastian, A. 1887, *Ethnologisches Bilderbuch: Die Welt in ihren Spiegelungen unter dem Wandel des Völkergedankens*, Berlin: E. S. Mittler.

Baudelaire, C. 1850~1965. *Fusées*, in 1975, *Oeuvres complètes*, vol. 1, C. Pichois (ed), 649~667, Paris: Gallimard. 이건수 역[2001], 『벌거벗은 내 마음』, 문학과지성사.

Baudelaire, Charles. 1857, Notes nouvelles sur Edgar Poe, in 1976, *Oeuvres complètes*, vol. 2, C. Pichois(ed), 319~337, Paris: Gallimard.

Bauerle, D.. 1988, *Gespenstergeschichten für ganz Erwachsene: Ein Kommentar zu Aby Warburgs Bilderatlas Mnemosyne*, Münster: Kunstgeschichte.

Bazin, G. 1986, *Histoire de l'histoire de l'art*, de Vasari à nos jours, Paris: Albin Michel.

Becatti, G. 1971, *Ninfa e divinità marine: Ricerche mitologiche iconografiche e stilistiche*, Rome: De Luca.

Becquemont, D. 1996, Survivance du plus apte, in P. Torteds, 1996, *Dictionnaire du darwinisme et de l'évolution*, vol. 3, 4173~4175, Paris: PUF.

Bell, C, Sir. 1806, *The Anatomy and Philosophy of Expression as Connected with the Fine Arts*, London: John Murray.

Benjamin, W. 1927~1940, *Paris: capitale du XIXe siècle: Le livre des passages*, translated by Jean Lacoste, Paris: Le Cerf. 조형준 역[2005], 『아케이드 프로젝트』, 새물결.

Benjamin, W.. 1928, *Origine du drame baroque allemand*. 조만영 역[2008], 『독일비애극의 원천』, 새물결.

Berenson, B. 1896, *The Florentine Painters of the Renaissance*, New York-London: Putnam's Sons.

Berenson, B. 1948, *Aesthetics and History in the Visual Arts*, New York: Pantheon Books.

Berger K. 1960, Jacob Burckhardt as an Art Historian, *Jacob Burckhardt and the Renaissance, 100 Years After*, Lawrence: The University of Kansas, 38~44.

Bertozzi M. 1985, La tirannia degli astri: Gli affreschi astrologici di Palazzo Schifanoia, *Livourne, Sillabe*, edited by Augmentée, 1999.

Bezold F. Von, 1922, *Das Fortleben der antiken Götter im mittelalterlichen Humanismus*, Bonn-Leipzig: Schroeder.

Bialostocki J., 1965, 'Thèmes-cadres' et images archétypiques, translated by S. Brun-Fabry, *Style et Iconographie. Pour une théorie de l'art*, Paris: Gérard Monfort, 1996, 101~114.

Bialostocki J., 1973, The Door of Death: Survival of A Classical Motif in Sepulchral Art, *Jahrbuch der Hamburger Kunstsammlungen*, XVII, 7~32.

Bialostocki J., 1981, Aby M. Warburgs Botschaft: Kunstgeschichte oder Kulturgeschichte? *Übergabe des Aby-M.-Warburg-Preises*, Hamburg: Hans Christians, 25~43.

Bing G., 1957, Fritz Saxl(1890~1948). A Memoir, *A Volume of Memorial Essays from His Friends in England*, D. J. Gordon(ed), London: Thomas Nelson, 1~46.

Bing G., 1960, Aby M. Warburg, *Rivista storica italiana*, LXXII(1). 100~113

Bing G., 1965, A. M. Warburg, *Journal of the Warburg and Courtauld Institutes*, XXVII, 299~313.

Bing G., 1966, Introduzione, in A. Warburg, *La rinascita del paganesimo antico. Contributi alla storia della cultura*, translated by E. Cantimori, Florence, La Nuova Italia, IX-XXXI. Editorial Foreword, in Warburg 1999, 81~87.

Binswanger L., 1920, *Psychanalyse et psychiatrie clinique*, translated by R. Lewinter, *Analyse existentielle, psychiatrie clinique et psychanalyse. Discours, parcours, et Freud*, Paris: Gallimard, 1970, 123~154.

Binswanger L., 1922, De la phénoménologie, translated by J. Verdeaux, *Introduction à l'analyse existentielle*, Paris: Minuit, 1971, 79~117.

Binswanger L., 1924, Fonction vitale et histoire intérieure de la vie, translated by J. Verdeaux, *Introduction à l'analyse existentielle*, 앞의 책, 49~77.

Binswanger L., 1926. Erfahren, Verstehen, Deuten in der Psychoanalyse, *Imago. Zeitschrift für Anwendung der Psychoanalyse auf die Natur- und Geisteswissenschaften*, XII, no. 2~3, 223~237. translated by R. Lewinter, Apprendre par expérience, comprendre, interpréter en psychanalyse, *Analyse existentielle*, 앞의 책, 155~172.

Binswanger L., 1928, *Wandlungen in der Auffassung und Deutung des Traumes. Von den Griechen bis zur Gegenwart*, Berlin: Springer.

Binswanger L., 1930, Le rêve et l'existence, translated by J. Verdeaux et R. Kuhn, *Introduction à l'analyse existentielle*, 앞의 책, 199~225. *Dream and Existence*, edited by Keith Hoeller, translated by Jacob Needleman, with an introduction by Michel Foucault, 81~105. Atlantic Highlands, NJ: Humanities Press.

Binswanger L., 1933a, *Le problème de l'espace en psychopathologie*, translated by C. Gros-Azorin, Toulouse: Presses universitaires du Mirail, 1998.

Binswanger L., 1933b, *Sur la fuite des idées*, translated by M. Dupuis, C. Van Neuss & M. Richir, Grenoble: Jérôme Millon, 2000.

Binswanger L., 1935, De la psychothérapie, translated by J. Verdeaux, *Introduction* à l'analyse existentielle, 앞의 책, 119~147.

Binswanger L., 1936a, La conception freudienne de l'homme à la lumière de l'anthropologie, translated by R. Lewinter, *Analyse existentielle*, 앞의 책, 201~237.

Binswanger L., 1936b, Freud et la constitution de la psychiatrie clinique, translated by R. Lewinter, *Analyse existentielle*, 앞의 책, 173~200.

Binswanger L., 1942, *Grundformen und Erkenntnis menschlichen Daseins*, Zurich: Max Niehaus.

Binswanger L., 1945, Sur la direction de recherche analytico-existentielle en psychiatrie, translated by R. Lewinter, *Analyse existentielle*, 앞의 책, 51~84.

Binswanger L., 1949, *Henrik Ibsen et le problème de l'autoréalisation dans l'art*, translated by M. Dupuis, Bruxelles: de Boeck, 1996.

Binswanger L., 1952, *Le Cas Suzanne Urban. Étude sur la schizophrénie*, translated by J. Verdeaux, Paris: Desclée de Brouwer, 1957.

Binswanger L., 1954, Analyse existentielle et psychothérapie, translated by R. Lewinter, *Analyse existentielle*, 앞의 책, 115~120.

Binswanger L., 1956a, *Drei Formen missglückten Daseins*, edited by M. Herzog, *Ausgewählte Werke*, I, Heidelberg: Roland Asanger, 1992, 324~418.

Binswanger L., 1956b, Souvenirs sur Sigmund Freud, translated by R. Lewinter, *Analyse existentielle*, 앞의 책, 263~366. *Sigmund Freud: Reminiscences of a Friendship*, translated by Norbert Guterman, New York: Grune and Stratton.

Binswanger L., 1957, Mon chemin vers Freud, translated by R. Lewinter, *Analyse existentielle*, 앞의 책, 241~262.

Binswanger L., 1958a, Analyse existentielle et psychothérapie, II, translated by J. Verdeaux, *Introduction à l'analyse existentielle*, op., cit., 149~157.

Binswanger L., 1958b, Importance et signification de l'analytique existentielle de Martin Heidegger pour l'accession de la psychiatrie à la compréhension d'elle-même, translated by J. Verdeaux & R. Kuhn, *Introduction à l'analyse existentielle*, 앞의 책, 24~263.

Binswanger L., 1960, Mélancolie et manie, *Études phénoménologiques*, translated by J.-M. Azorin & Y. Totoyan, Paris: PUF, 1987.

Binswanger L., 1965, *Délire. Contribution à son étude phénoménologique et daseinsanalytique*, translated by J.-M. Azorin & Y. Totoyan, Grenoble: Jérôme Millon, 1993.

Binswanger L., 1992~1994, *Ausgewählte Werke*, edited by M. Herzog, H.-J. Braun

& A. Holzey-Kunz, Heidelberg: Roland Asanger.

Binswanger L. & Freud S., 1908~1938, *Correspondance 1908~1938*, translated by R. Menahem & M. Strauss, Paris: Calmann-Lévy, 1995.

Binswanger O. L., 1886~1890, *Über die Beziehungen des moralischen Irreseins zu der erblich degenerativen Geistesstörung*, Leipzig: Breitkopf und Härtel.

Binswanger O. L., 1896, *Zur Reform der Irrenfürsorge in Deutschland*, Leipzig: Breitkopf und Härtel.

Binswanger O. L., 1899, *Die Epilepsie*, Vienne: Holder.

Binswanger O. L., 1914, *Die Seelischen Wirkungen des Krieges*, Stuttgart-Berlin: Deutsche Verlags-Anstalt.

Blanckaert C., 1999, Les fossiles de l'imaginaire. Temps de la nature et progrès organique(1800~1850), *Romantisme*, no. 104, 85~101.

Bloch M., 1941~1942, *Apologie pour l'histoire ou métier d'historien*, edited by É. Bloch, Paris: Armand Colin, 1993. 고봉만 역[2007], 『역사를 위한 변명』, 한길사

Blunt A., 1938, A Method of Documentation for the Humanities, *Transactions of the International Federation for Documentation*, XIV.

Boas F., 1927, *Primitive Art*, Oslo, Aschehoug. reedited in New York: Dover, 1955.

Bodar A., 1991, Aby Warburg en André Jolies: een Florentijnse vriendschap, *Nexus*, no. 1, 5~18.

Bodei R., 1982, Hermann Usener nella filosofia moderna: tra Dilthey e Cassirer, *Aspetti di Hermann Usener, filologo della religione*, edited by G. Arrighetti & al., Pise: Giardini, 23~42.

Boehm G., 1991, La Critique de l'historicisme par Jacob Burckhardt: genèse et validité, translated by M. Charrière, *Revue germanique internationale*, no. 2, 1994, 73~81.

Boerlin-Brodbeck Y., 1994, *Die Skizzenbücher Jacob Burckhardts*, Bâle-Munich: Schwabe-Beck.

Boule M., 1921, *Les Hommes fossiles. Éléments de paléontologie humaine*, Paris: Masson.

Bourneville D. M. & Régnard P(eds), 1876~1880, *Iconographie photographique de la Salpêtrière*, I-III, Paris: Progrès Médicaldelahaye & Lecrosnier.

Braden G. & Kerrigan W., 1989, *The Idea of the Renaissance*, Baltimore-London: The Johns Hopkins University Press.

Brandstetter G., 1995, *Tanz-Lektüren. Körperbilder und Raumfiguren der Avant-*

garde, Frankfurt: Fischer, translated by Elena Polzer. 2015. *Poetics of Dance: Body, Image, and Space in the Historical Avant-gardes*, Oxford University Press.

Brandstetter G., 2000, 'Ein Stück in Tüchern': Rhetorik der Drapierung bei A. Warburg, M. Emmanuel, G. Clérambault, *Vorträge aus dem Warburg-Haus*, IV, 105~139.

Bredekamp H., 1991, 'Du lebst und thust mir nichts'; Ammerkungen zur Aktualität Aby Warburgs, in *Aby Warburg. Akten des internationalen Symposions Hamburg 1990*, edited by H. Bredekamp, M. Diers & C. Schoell-Glass, 1991. Weinheim: Vchacta Humaniora, 1~6.

Bredekamp H., 1995, Words, Images, Ellipses, *Meaning in The Visual Arts: Views From The Outside. A Centennial Commemoration of Erwin Panofsky(1892~1968)*, I. Lavin(ed) Princeton: Institute For Advanced Study, 363~371.

Brosius C., 1993, *Kunst und Denkraumschöpfung. Eine Studie zu Aby Warburgs Bildungsbegriff im Spiegel von Kunsterziehung und Kunstwissenschaft*, Diss., Frankfurt: Goethe-Universität.

Brosius C., 1997, *Kunst als Denkraum. Bildungsbegriff von Aby Warburg*, Pfaffenweiler, Centaurus.

Brush K., 2001, Aby Warburg and The Cultural Historian Karl Lamprecht, *Art History As Cultural History. Warburg's Projects.*. R. Woodfield(ed). Amsterdam: Gordon & Breach, 65~92.

Buchloh B., 1999, Gerhard Richter's *Atlas*: The Anomie Archive, *October*, no. 88, 117~145.

Buck A., 1987, Die Auseinandersetzung mit Jacob Burckhardts Renaissancebegriff, *Respublica Guelpherbytana. Wolfenbütteler Beiträge zur Renaissance- und Barockforschung: Festschrift für Paul Raabe*, edited by A. Buck & M. Bircher, Amsterdam: Rodopi, 7~34.

Buck A., 1989, Der Beginn der modernen Renaissanceforschung im 19. Jahrhundert: Georg Voigt und Jacob Buckhardt, *Il Rinascimento nell'Ottocento in Italia e Germania*, edited by A. Buck & C. Vasoli, Bologne-Berlin: Il Mulino-Duncker & Humblot, 23~36.

Buck A., 1990, Burckhardt und die Italienische Renaissance, *Renaissance und Renaissancismus Von Jacob Burckhardt bis Thomas Mann*, edited by A. Buck, Tübingen, Max Niemeyer, 5~12.

Bullen J. B., 1994, *The Myth of the Renaissance in Nineteenth century Writing*, Oxford: Clarendon Press.

Burckhardt J., 1818~1897, *Briefe: vollständige und kritisch bearb. Ausg. mit Benutzung des handschriftlichen Nachlasses*, 2.vol, edited by M. Burckhardt, Bâle: Schwabe, 1949~1994.

Burckhardt J., 1853, *Die Zeit Constantins des Grossens*, Bâle: Schweighauser.

Burckhardt J., 1855, *Le Cicerone*, vol. 2, translated by A. Gérard sur l'édition revue et complétée by W. Von Bode, Paris: Firmin-Didot, 1892.

Burckhardt J., 1860, *Die Cultur der Renaissance in Italien. Ein Versuch*, Bâle: Schweighauser(Édition Amplifiée, Leipzig: Seemann, 1869), translated by H. Schmitt(1885) reviewed by R. Klein(1958), *La Civilisation de la Renaissance En Italie*, Paris: Livre de Poche, 1966. 이기숙 역[2003], 『이탈리아 르네상스의 문화』, 한길사.

Burckhardt J., 1865~1885, *Fragments Historiques*, translated by M. Chevalier, Genève: Droz, 1965.

Burckhardt J., 1868~1871, *Weltgeschichtliche Betrachtungen*, edited by R. Marx, Leipzig: Alfred Kroner, 1929, translated by S. Stelling-Michaud, *Considérations sur L'histoire Universelle*, Genève: Droz, 1965. 안인희 역[2008], 『세계 역사의 관찰』, 휴머니스트.

Burckhardt J., 1874~1886, *The Letters of Jacob Burckhardt*, edited & translated by A. Dru, London: Routledge & Kegan Paul, 1955.

Burckhardt J., 1874~1897, *L'arte Italiana del Rinascimento*, edited & translated by M. Ghelardi et S. Müller, Venise: Marsilio, 1991~1995, translated by B. Kreiss Très Partielle, *Leçons sur l'art occidental*, Paris: Hazan, 1998.

Burke P., 1986, Cultural History: Past, Present and Future, *Theoretische Geschiedenis*, XIII, no. 2, 187~196.

Burke P., 1991, Aby Warburg as Historical Anthropologist, in H. Bredekamp et al., 앞의 책, 39~44.

Buschendorf B., 1998, Zur Begründung der Kulturwissenschaft: Der Symbolbegriff bei Friedrich Theodor Vischer, Aby Warburg und Edgar Wind, in H. Bredekamp, edited by B. Buschendorf, F. Hartung & J. M. Krois, *Edgar Wind: Kunsthistoriker und Philosoph*, Berlin: Akademie Verlag, 227~248.

Butler S., 1880, *Unconscious Memory*, London: Jonathan Cape.

Buytendijk F. J. J. & Plessner H., 1925~1926, Die Deutung des mimischen Ausdrucks, *Philosophischer Anzeiger*, I, 72~126.

Calabrese O., 1984, La geografia de Warburg. Note su linguistica e iconologia, *Aut aut*, no. 199~200, 109~120.

Calasso R., 1994, La folie qui vient des Nymphes, *Res. Anthropology and Aesthetics*, no. 26, 125~133.

Caliandro S., 1997, *Nachleben* de Warburg, *Visio*, II, no. 3, 87~103.

Caliandro S., 1999, Empathie, signification et art abstrait, *Visio*, IV, no. 2, 47~58.

Camper P., 1792, *Discours prononcés par féu Mr. Pierre Camper en l'Académie de dessin d'Amsterdam sur le moyen de représenter d'une manière sûre les diverses passions qui se manifestent sur le visage*, Utrecht: Wild et Altheer.

Canguilhem G., 1977, *Idéologie et rationalité dans l'histoire des sciences de la vie. Nouvelles études d'histoire et de philosophie des Sciences*, Paris: Vrin.

Capeillères F., 1995. Postface, in Cassirer, *Oeuvres*, XII. *Écrits sur l'art*, Paris: le Cerf, 1995, 193~253.

Capeillères F., 1997a, À propos de Trois essais sur le symbolique, postface in Cassirer, *Oeuvres*, VI. *Trois essais sur le symbolique*, Paris: le Cerf, 143~155.

Capeillères F., 1997b, Fonction et système: sur le paradigme mathématique de l'intégrale et de la dérivée dans le concept de 'forme symbolique', *Études de Lettres*, no. 1~2, 9~30.

Carchia G., 1984, Aby Warburg: Simbolo e Tragedia, *Aut aut*, no. 199~200, 92~108.

Carlyle T., 1829, Signs of Times in the Works of Thomas Carlyle, XXVII, *Critical and Miscellaneous Essays*, London: Chapman & Hall, 1896~1899, II, 56~82.

Carlyle T., 1830, On History, 앞의 책, II, 83~95.

Carlyle T., 1833, On History Again, 앞의 책, III, 167~176.

Carlyle T., 1833~1834, *Sartor Resartus*, K. Mcsweeney & P. Sabor(ed) Oxford-New York: Oxford University Press, 1987, translated by E. Barthélémy, Sartor Resartus, Paris: Mercure de France, 1904. 박상익 역[2008], 『의상철학: 토이펠스드뢰크 씨의 생애와 견해』, 한길사.

Cassirer E., 1910, *Substance et fonction. Éléments pour une théorie du concept*, translated by William Curtis Swabey and Marie Taylor. *Substance and Function, and Einstein's Theory of Relativity*, 1923c. Swabey. Chicago: Open Court.

Cassirer E., 1922, *La forme du concept dans la pensée mythique*, translated by J. Carro & J. Gaubert, *Oeuvres*, VI. *Trois essais sur le symbolique*, Paris: le Cerf,

1997, 39~139.

Cassirer E., 1923a, Der Begriff der Symbolischen Form im Aufbau der Geisteswissenschaften, *Vorträge der Bibliothek Warburg*, 1921~1922, Leipzig-Berlin: Teubner, 11~39, translated by J. Carro et J. Gaubert, Le concept de forme symbolique dans l'édification des Sciences de l'esprit, *Oeuvres*, VI. *Trois essais sur le symbolique*, 앞의 책, 7~37.

Cassirer E., 1923b, *La Philosophie des formes symboliques*, I. *Language*, translated by Ralph Manheim, *The Philosophy of Symbolic Forms*, vol. I. *Language*, New Haven: Yale University Press, 1953. 박찬국 역[2011], 『상징형식의 철학』(1권), 아카넷.

Cassirer E., 1924, *Eidos et eidôlon*: Le problème du beau et de l'art dans les dialogues de Platon, translated by C. Berner, *Oeuvres*, XII. *Écrits sur l'art*, Paris: le Cerf, 1995, 27~52.

Cassirer E., 1927, *Individuum und Kosmos in der Philosophie der Renaissance*, Leipzig-Berlin: Teubner, translated by Mario Damandi. Mineola, *The Individual and the Cosmos in Renaissance Philosophy*, NY: Courier Dover, 2000.

Cassirer E., 1929a, *Éloge funèbre du professeur Aby Warburg*, translated by C. Berner, *Oeuvres*, XII. *Écrits sur l'art*, 앞의 책, 53~59.

Cassirer E., 1929b, *La Philosophie des formes symboliques*, translated by Ralph Manheim. *The Philosophy of Symbolic Forms*, vol. 3. *The Phenomenology of Knowledge*. New Haven: Yale University Press. 박찬국 역[2019], 『상징형식의 철학』(3권), 아카넷.

Cassirer E., 1938, *De la logique du concept de symbole*, translated by J. Carro & J. Gaubert, *Oeuvres*, VI. *Trois essais sur le symbolique*, 앞의 책, 113~141.

Cassirer E., 1939, *Oeuvres*, XLVII. *Éloge de la métaphysique. Axel Hägerström: Une étude sur la philosophie suédoise contemporaine*, translated by J. Carro & J. Gaubert, Paris: le Cerf, 1996.

Cassirer E., 1942, *Logique des sciences de la culture. Cinq Études,* translated by J. Carro et J. Gaubert, Paris: le Cerf, 1991.

Cassirer E., 1942~1943, Qu'est-ce que la beauté?, translated by F. Capeillères, *Oeuvres*, XII. *Écrits sur l'art*, 앞의 책, 123~127.

Cassirer E., 1943, La valeur éducative de l'art, translated by F. Capeillères, 앞의 책, 175~191.

Cassirer E., 1944, *Essai sur l'homme, An Essay on Man: An Introduction to a Philosophy of Human Culture, New Haven: Yale University Press, 1944. 최명관 역 [2008], 『인간이란 무엇인가』, 창.

Cassirer E., 1950, OEuvres, XVIII. Le problème de la connaissance dans la Philosophie et la science des temps modernes, IV. De La mort de Hegel à l'époque présente. The Problem of Knowledge: Philosophy, Science, and History since Hegel, New Haven: Yale University Press, 1950.

Castelnuovo E., 1973, Portrait et société dans la peinture italienne, translated by S. Darses, Paris: Gérard Monfort, 1993.

Castelnuovo E., 1977, Per una storia sociale dell'arte, II, Paragone, No. 323, 3~34.

Cauer P., 1911, Das Altertum im Leben der Gegenwart, Leipzig: Teubner.

Cernia Slovin F., 1995, Aby Warburg. Un banchiere prestato all'arte: Biografia di una passione, Venise: Marsilio.

Cestelli Guidi B. & Del Prete F., 1999, Mnemosyne o la collezioneastratta, in Via dalle Immagini. Verso un'arte della storia, translated by S. Puglia, Salerne, Menabè, 17 24.

Cestelli Gurnr B. & Mann N(eds), 1998, Photographs at the Frontier. Aby Warburg in America, 1895~1896, London: The Warburg Institute-Merrell Holberton.

Charcot J.-M. & Richer P., 1887, Les Démoniaques dans l'art, éd. & présentation G. Didi-Huberman & P. Fédida, Paris: Macula, 1984.

Charcot J.-M. & Richer P., 1889, Les Difformes et les malades dans l'art, Paris: Lecrosnier et Babé.

Chastel A., 1987, L'art du geste à la Renaissance, Revue de l'art, no. 75, 9~16.

Chernow R., 1993, The Warburgs: A Family Saga, The Twentieth Century Odyssey of a Remarkable Jewish Family, London: Chatto & Windus.

Chervet B., 1997, Temps et processus de temporalisation. Se mourir ou les amours d'Éros, Revue française de psychanalyse, 61, no. 5, 1689~1698.

Cieri Via C., 1986, Rinascita e sopravvivenza dell'antico, Aspetti della tradizione classica nella cultura artistica fra Umanesimo e Rinascimento, Rome: Il Bagatto, 5~10.

Cieri Via C., 1994, Nei dettagli nascosto: Per una storia del pensiero iconologico, Rome: La Nuova Ltalia Scientifica.

Clark K., 1974, Another Part of the Wood. A Self Portrait, London: John Murray.

Clarke L. C. G., 1934, Modern Survivals of the Sumerian Chatelaine, in Essays Presented To C. G. Seligman, edited by E. Evans-Pritchard et al., London: Kegan

Paul, Trench & Trubner, 41~47.

Claussen P. C., 1977, Ein Freies Knie. Zum Nachleben eines antiken Majestas-Motivs, *Wallraf-Richartz-Jahrbuch, Westdeutsches Jahrbuch für Kunstgeschichte,* XXXIX, 11~27.

Cohen C., 1994, *Le Destin du mammouth,* Paris: Le Seuil.

Cohn D., 1999, Et in Arcadia ego, preface in Panofsky, 1930, *Herculeà la croisée des chemins et autres matériaux figuratifs de l'Antiquité dans l'art plus récent,* translated by D. Cohn, Paris: Flammarion, 5~12.

Cohn S. K., 1995, *Burckhardt Revisited From Social History, Language and Images of Renaissance Italy,* edited by A. Brown, Oxford: Clarendon Press, 217~234.

Contarini S., 1992, 'Botticelli ritrovato': frammenti di dialogo tra Aby Warburg e André Jolies, *Prospettiv*a, no. 68, 87~93.

Cook S. A., 1913, The Evolution and Survival of Primitive thought, *Essays and Studies Presented To William Ridgewa,* E. C. Quiggin(ed), Cambridge: Cambridge University Press, 375~412.

Cristaldi R. V., 1980, 'Gott Ist im Detail', *Rivista di studi crociani, 17,* no. 2, 202~203.

Crozier W. R. & Greenhalgh P., 1992, Beyond Relativism and Formalism: The Empathy Principle, *Leonardo, XXV,* no. 1, 83~87.

Curtius E. R., 1947, *La Littérature européenne et le Moyen Âge latin,* translated by J. Bréjoux, Paris: PUF, 1956. reedited in Agora, 1991.

Curtius E. R., 1950, Antike Pathosformeln in der Literatur des Mittelalters, in *Estudios dedicados a Menéndes Pidal,* Madrid, Consejo Superior de Investigaciones Cientificas, I, 257~263. reedited to *Gesammelte Aufsätze zur romanischen Philologie,* Bern, Francke, 1960, 23~27.

Cuvier G., 1806, Séance du 11 août 1806, *Procès-verbaux des séances de l'Académie des Sciences,* III, 1804~1807, 410~415.

Cuvier G., 1812, *Recherches sur les ossements fossiles de quadrupèdes,* Paris: Deterville.

Cyssau C., 1995, *Au lieu du geste,* Paris: PUF.

Dacos N., 1973, Sopravvivenza dell'antico, *Enciclopedia dell'arteantica. Supplemento,* Rome: Istituto dell'Enciclopedia Italiana, 725~746.

Dagognet F., 1987, *Étienne-Jules Marey. La passion de la trace,* Paris: Hazan.

Dale P. A., 1981, *Sartor Resartus* and the Inverse Sublime: the Art of Humorous

Deconstruction, *Allegory, Myth, and Symbol*, edited by M. W. Bloomfield, Cambridge-London: Harvard University Press, 293~312.

Dal Lago A., 1984, L'arcaico e il suo doppio. Aby Warburg e l'antropologia, *Aut aut*, no. 199~200, 67~91.

Damisch H., 1971, Le gardien de l'interprétation, *Tel Quelno*, no. 44, 70~84 & no. 45, 82~96.

Damisch H., 1992, *Le Jugement de Pâris. Iconologie analytique*, I, Paris: Flammarion.

Därmann I., 2000, Quand la mémoire devient image de souvenir: Husserl et Freud, translated by J. Kessler, *Phénoménologie Fançaise et phénoménologie Allemande-Deutsche und Franzosische Phänomenologie*, edited by É. Escoubas et B. Waldenfels, Paris: l'Harmattanp. 271~293.

Darwin C., 1859, *The Origin of Species by Means of Natural Selection*, translated by E. Barbier reviewed by D. Becquemont, *L'Origine des espèces au moyen de la sélection naturelle ou la préservation des races favorisées dans la lutte pour la vie*, Paris: Flammarion, 1992. 장대익 역[2019], 『종의 기원』, 사이언스북스.

Darwin C., 1872, *The Expression of the Emotions in Man and Animals*, New York~London: Appleton, 1910. reedited in Chicago-London: The University of Chicago Press, 1965, translated by S. Pozziet R. Benoit, *L'Expression des émotions chez l'homme et les animaux*, Paris: Reinwald, 1877. 김홍표 역[2014], 『인간과 동물의 감정표현』, 지만지.

David-Ménard M., 1994, Symptômes et fossiles. La référence à l'archaïque en psychanalyse, *Les Évolutions. Phylogenèse de l'individuation*, edited by P. Fédida et D. Widlèicher, Paris: PUF, 245~254.

Davis W., 1993. Winckelmann Divided, *Replications: Archaeology, Art History, Psychoanalysis*, University Park, The Pennsylvania State University Press, 1996, 257~265.

Dechazelle P.-T, 1834, *Études sur l'histoire des arts, ou tableau des progrès et de la décadence de la statuaire et de la peinture antiques au sein des révolutions qui ont agité la Grèce et l'Italie*, Paris: Cormon & Blanc.

Décultot É., 2000, *Johann Joachim Winckelmann. Enquête sur la genèse de l'histoire de l'art*, Paris: PUF.

Dehio G., 1895, *Ein Proportionsgesetz der antiken Baukunst und sein Nachleben im Mittelalter und in der Renaissance*, Strasbourg: Trübner.

Deleuze G., 1962, *Nietzsche et la philosophie*, Paris: PUF. 이경신 역[2001], 『니체와

철학』, 민음사.

Deleuze G., 1968a, *Différence et répétition*, Paris: PUF. 김상환 역[2004], 『차이와 반복』, 민음사.

Deleuze G., 1968b, *Spinoza et le problème de l'expression*, Paris: Minuit. 박기순 역 [2001], 『스피노자와 철학』, 민음사.

Deleuze G., 1985, *Cinéma 2. L'image-temps*, Paris: Minuit. 이정하 역[2005], 『시네마 2: 시간이미지』, 시각과언어.

Delsol M., 1996, Monstres prometteurs, *Dictionnaire du darwinisme et de l'évolution*, edited by P. Tort, Paris: PUF, II, 3042~3044.

Delsol M. & Flatin J., 1996, Formes panchroniques, 앞의 책, 1714~1717.

De Martino E., 1958, *Morte e pianto rituale nel mondo antico: dal lamento pagano al pianto di Maria*, Turin: Boringhieri, 1975.

Descamps J.-L. et al., 1976, *Dictionnaire contextuel de français pour la géologie*, Paris: Crédif-Didier.

Detienne M., 1981, *L'Invention de la mythologie*, Paris: Gallimard.

Devillers C., 1996a, Formes intermédiaires(chaînons manquants), *Dictionnaire du darwinisme et de l'évolution*, edited by P. Tort, Paris: PUF, II, 1710~1713.

Devillers C., 1996b, Hétérochronies, 앞의 책, II, 2215~2217.

Didi-Huberman G., 1982, *Invention de l'hystérie. Charcot et l'Iconographie photographique de la Salpêtrière*, Paris: Macula, translated by A. Hartz, *Invention of Hysteria: Charcot and the Photographic Iconography of the Salpêtrière*, MIT Press, 2004.

Didi-Huberman G., 1984, Charcot, l'histoire et l'art Imitation de la croix et démon de l'imitation, Postface à *J.-M. Charcot et P. Richer, Les Démoniaques dans L'art*, Paris: Macula, 125~188.

Didi-Huberman G., 1985, *La Peinture incarnée*, Paris: Minuit.

Didi-Huberman G., 1990a, *Devant l'image. Question posée aux fins d'une histoire de l'art*, Paris: Minuit, translated by J. Goodman, Confronting Images: Questioning the Ends of a Certain History of Art, Penn State University Press, 2004.

Didi-Huberman G., 1990b, Puissances de la figure. Exégèse et visualité dans l'art chrétien, *Encyclopaedia Universalis-Symposium*, Paris: E. U., 596~609.

Didi-Huberman G., 1991, L'observation de Célina(1876~1880): esthétique et expérimentation chez Charcot, *Revue internationale de psychopathologie*, no. 4, 267~280(suivi de l'édition du cas, 281~322).

Didi-Huberman G., 1994, Ressemblance mythifiée et ressemblance oubliée chez Vasari: La légende du portrait 'sur le vif', *Mélanges de l'École Française de Rome-Italie et Méditerranée*, CVI, no. 2, 405~432.

Didi-Huberman G., 1995a, *Dialogue sur le symptôme*(with Patrick Lacoste), *L'Inactuel*, no. 3, 191~226.

Didi-Huberman G., 1995b, *La Ressemblance informe, ou le gai savoir visuel selon Georges Bataille*, Paris: Macula.

Didi-Huberman G., 1996a, L'image-matière. Poussière, ordure, saleté, sculpture au XVIe siècle, *L'Inactuel*, no. 5, 63~81.

Didi-Huberman G., 1996b, Imitation, représentation, fonction. Remarques sur un mythe épistémologique, *L'image. Fonctions et usages des images dans l'Occident Médiéval*, edited by J. Baschet et J. C. Schmitt(actes du colloque d'Erice, 1992), Paris: le Léopard d'Or, 59~86.

Didi-Huberman G., 1996c, Pour une anthropologie des singularités formelles. Remarque sur l'invention warburgienne, *Genèses. Sciences sociales et histoire*, no. 24, 145~163.

Didi-Huberman G., 1997, *L'Empreinte*, Paris: Centré Georges Pompidou.

Didi-Huberman G., 1998a, *Phasmes. Essais sur L'apparition*, Paris: Minuit.

Didi-Huberman G., 1998b, Savoir-mouvement(L'homme qui parlait aux papillons), préface à P.-A. Michaud, *Warburg et l'image* en mouvement, Paris: Macula, 7~20, translated by S. Hawkes, Aby *Warburg and the image in Motion*, 2007.

Didi-Huberman G., 1998c, Viscosités et survivances. L'histoire de l'art à l'épreuve du matériau, *Critique*, LIV, no. 611, 138~162.

Didi-Huberman G., 1999, *Ouvrir Vénus. Nudité, rêve, cruauté(L'image ouvrante 1)*, Paris: Gallimard.

Didi-Huberman G., 2000, *Devant le temps. Histoire de l'art et anachronisme des images*, Paris: Minuit.

Di Donato R, 1982, 'Usener n'habite plus ici': Influenze tedesche negli studi francesi di storia comparata delle religioni antiche, in *Aspetti di Hermann Usener, filologo della religione*, edited by G. Arrighetti & al., Pise: Giardini, 213~228.

Di Donato R, 1999, *I Greci selvaggi. Antropologia storica di Ernesto de Martino*, Rome: Manifestolibri.

Diers M., 1979, Kreuzlinger Passion, *Kritische Berichte*, VII, 5~14.

Diers M(eds), 1993, *Porträt aus Büchern. Bibliothek Warburg und Warburg Institute*,

Hamburg-London, Hamburg: Dolling & Galitz.

Dilly H., 1979, *Kunstgeschichte als Institution. Studien zur Geschichte einer Disziplin*, Frankfurt: Suhrkamp.

Dilly H., 1991, Sokrates in Hamburg. Aby Warburg und seine kultmwissenschaftliche Bibliothek, *Aby Warburg. Akten des internationalen Symposions Hamburg 1990*, edited by H. Bredekamp, M. Diers et C. Schoell-Glass, Weinheim: VCH-Acta Humaniora, 125~140.

Dilthey W., 1877, Lessings "Laokoon", *Gesammelte Schriften*, XVII, Göttingen: Vanderhoeck & Ruprecht, 1974, 103~104.

Dilthey W., 1890, Thomas Carlyle, *Gesammelte Schriften, IV*, Leipzig-Berlin: Teubner, 1921, 507~527.

Dippie B. W., 1992, Representing The Other: The North American Indian, *Anthropology and Photography, 1860~1920*, edited by E. Edwards, New Haven-London: Yale University Press, 132~136.

Djuric M., 1989, Das Philosophische Pathos, *Nietzsche-Studien*, XVIII, 221~241.

Dorsey A. & Voth H. R., 1902, *The Mishongnovi Ceremonies of the Snake and Antelope Fraternities*, Chicago: Field Columbian Museum Publications Anthropological Series, III. 3.

Drommert R., 1995, Aby Warburg und die Kulturwissenschaftliche Bibliothek in der Heiligstrasse, *Aby M. Warburg. 'Ekstatische Nymphe ······ trauernder Flussgott'. Portrait eines Gelehrten*, edited by R. Galitz & B. Reimers, Hamburg: Dölling & Galitz, 14~18.

Duchenne de Boulogne G.-B., 1862, *Mécanisme de la physionomie humaine, ou analyse électro-physiologique de l'expression des passions. Avec un atlas composé de 74 figures électro-physiologiques photographiées*, Paris: Renouard.

Dumézil G., 1975, *Fêtes romaines d'été et d'automne, suivi de Dix questions romaines*, Paris: Gallimard.

Einem H. Von, 1986, Winckelmann und Die Wissenschaft der Kunstgeschichte, *Johan Joachim Winckelmann, 1717~1768*, edited by T. W. Gaehtgens, Hamburg: Felix Meiner, 315~326.

Eisler C., 1969, Kunstgeschichte American Style: A Study in Migration, *The Intellectual Migration. Europe and America, 1930~1960*, edited by D. Fleming et B. Bailyn, Cambridge: Harvard University Press, 544~629.

Eisler C., 1985, Panofsky and His Peers in a Warburgian Psyche Glass, Source, *Notes* in the History of Art, IV, no. 2~3, 85~88.

Eldredge N. & Stanley S. M(eds), 1984, *Living Fossils*, New York: Springer.

Embach M., 1989, Kunstgeschichte und Literatur. Zur Winckelmann-Rezeption des deutschen Idealismus, *Ars et Ecclesia. Festschrift für Franz J. Ronig zum 60. Geburtstag*, edited by H.-W. Stork, Trier: Paulinus-Verlag, 97~113.

Emmanuel M., 1896, *La Danse grecque antique d'après les monuments figurés*, Paris: Hachette. reedited in Genève: Slatkine Reprints, 1987.

Engel J. J., 1785~1786, *Idées sur le geste et l'action théâtrale*, translated by anonyme, Paris Jansen, 1795. reedited in Genève: Slatkine Reprints, 1979.

Erichsen J., 1980, *Antique und Grec. Studien zur Funktion der Antike in Architektur und Kunsttheorie des Frühklassizismus*, Diss. Université de Cologne.

Ernst J., 1954, Geschichtsbegriff und Geschichtskritik bei Jacob Burckhardt. Die Grundlagen der 'Weltgeschichtlichen Betrachtungen', *Zeitschrift für Religions- und Geistesgeschichte*, VI, 323~341.

Ernst W, 1984, J. J. Winckelmann im Vor(be)griff des Historismus, Von der Aufklärung zum Historismus, *Zum Strukturwandel des Historischen Denkens*, edited by H. W. Blanke & J. Rüsen, Padeborn: Schöningh, 255~260.

Espagne M., 1995, Antiquité, nature et nation chez Winckelmann, *XVIIIe Siècle*, no. 27, 143~158.

Espagne M., 1998, Wilhelm Wundt. La 'psychologie des peuples' et l'histoire cultuelle, *Revue germanique internationale*, no. 10, 73~91.

Espinas A., 1877, *Des sociétés animales. Étude de psychologie comparée*, Paris: Baillière.

Fancelli M(eds), 1993, J. J. *Winckelmann tra letteratura e archeologia*, Venise: Marsilio.

Farrer D., 1974, *The Warburgs: the Story of a Family*, New York: Stein and Day.

Farulli L., 1990, Nietzsche und die Renaissance: Die Reflexion über 'Grenze' und 'Grenzüberschreitung', *Renaissance und Renaissancismus von Jacob Burckhardt bis Thomas Mann*, edited by A. Buck, Tübingen, Max Niemeyer, 54~70.

Fèbvre L., 1950, Comment Jules Michelet Inventa la Renaissance, *Pour une histoire à part entière*, Paris: Sevpen, 1962, 717~729.

Fédida P., 1969, Le discours à double entente, *Le Concept et la violence*, Paris: UGE, 1977, 185~196.

Fédida P., 1970, Binswanger et l'impossibilité de conclure, préface à L. Binswanger,

Analyse existentielle, psychiatrie clinique et psychanalyse. Discours, parcours, et Freud, Paris: Gallimard, 7~37.

Fédida P., 1977, *Corps du vide et espace de séance*, Paris: Delarge.

Fédida P., 1978, *L'Absence*, Paris: Gallimard.

Fédida P., 1985, Passé anachronique et présent réminiscent. Épos et puissance mémoriale du langage, *L'Écrit du temps*, no. 10, 23~45.

Fédida P., 1991, Présentation, *Psychiatrie et existence. Décade de Cerisy, 1989*, edited by P. Fédida et J. Schotte, Grenoble: Jérôme Millon, 7~10.

Fédida P., 1992, *Crise et contre-transfert*, Paris: PUF.

Fédida P., 1995, *Le Site de l'étranger. La situation psychanalytique*, Paris: PUF.

Fédida P., 2000, *Par où commence le corps humain. Retour sur la régression*, Paris: PUF.

Ferguson W. K., 1948, *La Renaissance dans la pensée historique*, translated by J. Marty, Paris: Payot, 1950. *The Renaissance in Historical Thought*, New York: AMS Press

Ferguson W. K., 1963, *Renaissance Studies*, New York-London: Harper & Row.

Ferrarl M., 1986, Ernst Cassirer e la 'Bibliothek Warburg', *Giornale critico della filosofia italiana, LXV*, no. 1, 91~130.

Ferrari M., 1988, Das Problem der Geisteswissenschaften in den Schriften Cassirers für die Bibliothek Warburg(1921~1923). Ein Beitrag zur Entstehungsgeschichte der Philosophie der Symbolischen Formen, *Über Ernst Cassirers Philosophie der Symbolischen Formen*, edited by H.-J. Braum, H. Holzhey & E. W. Orth, Frankfurt: Suhrkamp, 114~133.

Ferretti S., 1984, *Il demone della memoria. Simbolo e tempo storico in Warburg, Cassirer, Panofsky*, Casale Monferrato, Marietti, translated by Richard Pierce, 1989. *Cassirer, Panofsky, and Warburg: Symbol, Art, and History*. New Haven: Yale University Press.

Fewkes J. W., 1894, The Snake Ceremonials At Walpi, *Journal of American Ethnology and Archaeology*, IV, 1~126.

Fleckner U., Galitz R., Naber C., & Nöldeke H(eds), 1993, *Aby M. Warburg. Bildersammlung zur Geschichte von Sternglaube und Sternkunde im Hamburger Planetarium*, Hamburg: Dölling und Galitz.

Flem L., 1982, L'archéologie chez Freud, *Nouvelle revue de psychanalyse*, no. 26, 71~93.

Forster K., 1976, Aby Warburg's History of Art: Collective Memory and the Social Mediation of Images, *Daedalus*, CV, no. 1, 169~176.

Forster K., 1991, Die Hamburg-Amerika-Linie, oder: Warburgs Kulturwissenschaft zwischen den Kontinenten, *Aby Warburg. Akten des Internationalen Symposions Hamburg 1990*, edited by H. Bredekamp, M. Diers et C. Schoell-Glass, Weinheim: VCH-Acta Humaniora, 11~37.

Forster K. W., 1995, Warburgs Versunkenheit, *Aby M. Warburg. 'Ekstatische Nymphe ······ trauernder Flussgott'. Portrait eines Gelehrten*, 앞의 책, 184~206.

Forster K. W., 1996, Aby Warburg: His Study of Ritual and Art on Two Continents, *October*, no. 77, 5~24.

Forster K. W, 1999, Introduction to A. Warburg, *The Renewal of Pagan Antiquity. Contributions To The Cultural History of European Renaissance*, translated by D. Britt, Los Angeles, The Getty Research Institute for the History of Art and the Humanities, 1~75.

Foucault M., 1954, Introduction à L. Binswanger, Le Rêve et l'existence, edited by D. Defert et F. Ewald, *Dits et Écrits* 1954~1988, I, Paris: Gallimard, 1994, 65~119. 'Dream, Imagination, and Existence', in *Dream and Existence*, translated by Forrest Williams, 31~78. Atlantic Highlands, NJ: Humanities Press.

Foucault M., 1966, *Les Mots et les choses. Une Archéologie dessciences Humaines*, Paris: Gallimard. 이규현 역[2012], 『말과 사물』, 민음사.

Foucault M., 1969. *L'Archéologie du savoir*, Paris: Gallimard. 이정우 역[2000], 『지식의 고고학』, 민음사.

Foucault M., 1971, Nietzsche, la généalogie, l'histoire, edited by D. Defert et F. Ewald, *Dits et Écrits*, 1954~1988, II, Paris: Gallimard, 1994, 136~156. *Language, Counter-Memory, Practice: Selected Essays and Interviews*, edited and translated by Donald F. Bouchard, 138~164. Ithaca: Cornell University Press.

Francastel P., 1945, *L'Histoire de l'art, instrument de la propagande germanique*, Paris: Librairie de Médicis.

Francastel P., 1965, *La Réalité figurative. Éléments structurels de sociologie de l'art*, Paris: Denoël-Gonthier.

Francastel P., 1967, *La Figure et le lieu. L'ordre visuel au Quattrocento*, Paris: Gallimard.

Fratucello C. & Knorr C(eds), 1998, *Il cosmo incantato di Schifanoia. Aby Warburg e la storia delle immagini astrologiche*, Ferrare: Palazzo Schifanoia.

Frege G., 1892, Sens et Dénotation, translated by C. Imbert, *Écrits logiques et philosophiques*, Paris: Le Seuil, 1971, 102~126.

Freud S., 1887~1902, *La Naissance de la psychanalyse*, edited by M. Bonaparte, A. Freud et E. Kris, translated by A. Berman, Paris: PUF, 1956, edited by Revue, 1973. 임진수 역[2005], 『정신분석의 탄생』, 열린책들.

Freud S., 1895, *Études sur l'hystérie*, with J. Breuer, translated by A. Berman, Paris: PUF, 1973. 김미리혜 역[2004], 『히스테리 연구』, 열린책들

Freud S., 1896a, L'étiologie de l'hystérie(「히스테리의 병인학」), translated by J. Bissery et J. Laplanche, *Névrose, psychose et perversion*, Paris: PUF, 1973, 83~112. The Aetiology of Hysteria, in *Collected Papers: Authorized Translation Under the Supervision of Joan Riviere*, vol. I, 183~219, New York: Basic Books

Freud S., 1896b, L'hérédité et l'étiologie des névroses(「신경증의 유전과 병인」)[프랑스어 원본 텍스트], *Névrose, psychose et perversion*, pp. 47~59. Heredity and the Aetiology of the Neuroses, *in Collected Papers: Authorized Translation Under the Supervision of Joan Riviere*, vol. I, 138~154, New York: Basic Books

Freud S., 1896c, Nouvelles remarques sur les psychonévroses de défense(「방어의 정신신경증에 관한 새로운 고찰」), translated by J. Laplanche, *Névrose, Psychose & Perversion*, pp. 61~81, in *Early Psycho-Analytic Publications, The Standard Edition of the Complete Psychological Works of Sigmund Freud*, Volume III(1893~1899), 159~188.

Freud S., 1898, Sur le Mécanisme psychique de l'oubli(「망각의 심리 기제에 관해」), translated, collected, & directed by J. Laplanche, *Résultats, Idées, Problèmes*, I. 1890~1920, Paris: PUF, 1984, 99~107. 임진수 역[2005], 『끝이 있는 분석과 끝이 없는 분석』, 열린책들.

Freud S., 1899, Sur les Souvenirs-écrans(「덮개-기억에 관해」), translated, collected, & directed by J. Laplanche, *Névrose, psychose et perversion*, 앞의 책, 113~132. 임진수 역[2005], 『끝이 있는 분석과 끝이 없는 분석』, 열린책들.

Freud S., 1900, *L'interprétation des rêves*, translated by I. Meyerson reviewed by D. Berger, Paris: PUF, 1971. 김인순 역[2004], 『꿈의 해석』, 열린책들.

Freud S., 1901, *La Psychopathologie de la vie quotidiennesur l'oubli, le lapsus, le geste manqué, la superstition et l'erreur*, translated by D. Messier, Paris: Gallimard, 1997. 이한우 역[2004], 『일상생활의 정신병리학』, 열린책들.

Freud S., 1905, Fragment d'une analyse d'hystériedora(「도라의 히스테리분석 단편」), translated by M. Bonaparte et R. M. Loewenstein reviewed by A. Berman, *Cinq psychanalyses*, Paris: PUF, 1954, 1~91. 김재혁·권세훈 역[2004], 『꼬마 한스와 도라』, 열린책들.

Freud S., 1907, *Le délire et les rêves dans la Gradiva de W. Jensen*(「빌헬름 옌센의 '그라디바' 나타난 망상과 꿈」), translated by R.-M. Zeitlin, Paris: Gallimard, 1986. 정장진 역[2004], 『예술, 문학, 정신분석』, 열린책들.

Freud S., 1908a, Le créateur littéraire et la fantaisie(「창조적 작가와 몽상」), translated by B. Féron, *L'Inquiétante étrangeté et autres essais*, Paris: Gallimard,1985, 29~46. 정장진 역[2004], 『예술, 문학, 정신분석』, 열린책들.

Freud S., 1908b, Les fantasmes hystériques et leur relation à la bisexualité(「히스테리 성 환상과 양성성의 관계」), translated by J. Laplanche & J.-B. Pontalis, *Névrose, psychose et perversion*, 앞의 책, 149~155. 황보석 역[2004], 『정신병리학의 문제들』, 열린책들.

Freud S., 1910, Du sens opposé des mots originaires(「원어의 반대 의미에 대하여」), translated by B. Féron, *L'Inquiétante étrangeté et autres essais*, 앞의 책, 47~60. 'The Antithetical Sense of Primal Words: A Review of a Pamphlet by Karl Abel' in *Five Lectures on Psycho-Analysis, Leonardo da Vinci and Other Works, The Standard Edition of the Complete Works of Sigmund Freud*, vol. XI.(1910), 1953, 153~162, London: Hogarth.

Freud S., 1913a, L'intérêt de la psychanalyse(「정신분석의 관심」), translated by P.-L. Assoun, *Résultats, idées, problèmes*, I, 앞의 책, 187~213. The Claims of Psycho Analysis to Scientific Interest, in the *Standard Edition of the Complete Psychological Works of Sigmund Freud*, vol. XIII(1913~1914), 1955, 163~190, London: Hogarth.

Freud S., 1913b, *Totem et tabou, Quelques concordances entre la vie psychique des sauvages et celle des névrosés*(「토템과 터부, 원시인과 신경증 환자의 정신생활에서 몇 가지 일치점들에 관해」), translated by M. Weber, Paris: Gallimard, 1993. 이윤기 역[2004], 『종교의 기원』, 열린책들.

Freud S., 1914, Remémoration, répétition et perlaboration(「기억하기, 반복하기, 극복하기」), translated by A. Berman, *La Technique Psychanalytique*, Paris: PUF, 1953, 105~115. 「기억하기, 되풀이하기 그리고 훈습하기」, 이덕하 역[2004], 『끝낼 수 있는 분석과 끝낼 수 없는 분석』, 도서출판b.

Freud S., 1915, *Métapsychologie*(『메타심리학』), translated by J. Laplanche & J.-B. Pontalis, Paris: Gallimard, 1968. 「초심리학에 관한 논문들」, 윤희기 역[2004], 『정신분석학의 근본개념』, 열린책들.

Freud S., 1916, Une relation entre un symbole et un symptôme(「상징과 징후의 관계에 관해」), translated, collected, & directed by J. Laplanche, *Résultats, Idées, Problèmes*, I, 앞의 책, 237~238, in *On the History of the Psycho-Analytic Movement, Papers on Metapsychology and Other Works, The Standard Edition of the Complete Psychological Works of Sigmund Freud*, Volume XIV(1914~1916), 1957, 339~340, London: Hogarth.

Freud S., 1916~1917, *Conférences d'introduction à la psychanalyse*, translated by F. Cambon, Paris: Gallimard, 1999. 홍혜경·임홍빈 역[2004], 『정신분석강의』, 열린책들.

Freud S., 1919, L'inquiétante étrangeté(「두려운 낯섦」), translated by B. Féron, L'Inquiétante étrangeté et autres essais, 앞의 책, 209~263. 정장진 역[2004], 『예술, 문학, 정신분석』, 열린책들.

Freud S., 1920, Au-delà du principe de plaisir(『쾌락 원칙을 넘어서』), translated by J. Laplanche et J.-B. Pontalis, *Essais de Psychanalyse*, Paris: Payot, 1981, 41~115. 윤희기 역[2004], 『정신분석학의 근본개념』, 열린책들.

Freud S., 1925, Note sur le 'Bloc-Notes Magique'(「신비스런 글쓰기 판에 대한 소고」), translated by J. Laplanche et J.-B. Pontalis, *Résultats, idées, problèmes*, II, 1921~1938, Paris: PUF, 1985, 119~124. 윤희기 역[2004], 『정신분석학의 근본개념』, 열린책들.

Freud S., 1926, *Inhibition, symptôme et angoisse*(「억압, 징후 그리고 불안」), translated by M. Tort, Paris: PUF, 1978. 황보석 역[2004], 『정신병리학의 문제들』, 열린책들.

Freud S., 1929, *Malaise dans la civilisation*, translated by C. & J. Odier, Paris: PUF, 1971. 김석희 역[2004], 『문명 속의 불만』, 열린 책들.

Freud S., 1933, *Nouvelles Conférences d'introduction à la psychanalyse*, translated by R.-M. Zeitlin, Paris: Gallimard, 1984. 홍혜경·임홍빈 역[2004], 『새로운 정신분석강의』, 열린책들.

Freud S., 1937a, L'analyse avec fin et l'analyse sans fin, translated & directed by J. Laplanche, Résultats, idées, problèmes, II, 앞의 책, 231~268. 임진수 역[2005]. 『끝이 있는 분석과 끝이 없는 분석』, 열린책들.

Freud S., 1937b, Constructions dans l'analyse(「분석에서 구성의 문제」), translated, collected, & directed by J. Laplanche, *Résultats, idées, problèmes*, II, 앞의 책, 269~281. 임진수 역[2005], 『끝이 있는 분석과 끝이 없는 분석』, 열린책들.

Freud S., 1938, Résultats, idées, problèmes, translated, collected, & directed by J. Laplanche, Résultats, idées, problèmes, II, 앞의 책, 287~288.

Freud S., 1939, *L'Homme Moïse et la religion monothéiste*(「모세와 유일신교」), translated by C. Heim, Paris: Gallimard, 1986. 이윤기 역[2004], 『종교의 기원』, 열린책들.

Freud S. et al., 1906~1908, *Les premiers psychanalystes. Minutes dela société psychanalytique de Vienne*, I, *1906~1908*, translated by N. Schwab-Bakman, Paris: Gallimard, 1976. 박성수·한승완 역[2004], 『정신분석학개요』, 열린책들.

Frey-Sallmann A., 1931, *Aus dem Nachleben antzker Göttergestalten. Die antiken Gottheiten in der Bildbeschreibung des Mittelalters und der Italienischen Frührenaissance*, Leipzig: Dieterich.

Fried M., 1986, Antiquity Now: Reading Winckelmann on Imitation, *October*, no. 37, 87~97.

Friedländer L., 1897, Das Nachleben der Antike im Mittelalter, *Deutsche Rundschau*, XXIII, 210~240 & 370~401.

Friman M., Jansson P. et Souminen V., 1995, Chaos or Order? Aby Warburg's Library of Cultural History, *Knowledge Organization*, XXII, no. 1, 23~29.

Frizot Meds. 1977, *Étienne-Jules Marey. La photographie du mouvement*, Paris: Centre Georges Pompidou.

Fuhrmann H., 1991, Jacob Burckhardt und Die Zunft der Historiker, Das andere Wahrnehmen, *Beiträge zur europäischen Geschichte*, edited by M. Kintzinger, W. Stürner & J. Zahlten, Cologne: Bohlau, 23~38.

Füssel S(eds), 1979, *Mnemosyne*, Göttingen: Gratia-Verlag.

Ganz P., 1994, Jacob Burckhardts *Kultur der Renaissance in Italien*: Handwerk und Methode, *Umgang mit Jacob Burckhardt*, edited by H. R. Guggisberg, Bâle-Munich: Beck, 37~78.

Gebhart É., 1887, *Études méridionales. La Renaissance italienne et la philosophie de l'histoire*, Paris: Le Cerf.

Gerhardt V., 1989, Die Renaissance im Denken Nietzsches, *Il Rinascimento nell'-Ottocento in Italia e Germania*, edited by A. Buck & C. Vasoli, Bologne-Berlin: Il Mulino-Duncker & Humblot, 93~116.

Ghelardi M., 1991, *La scoperta del Rinascimento. L' 'Età di Raffaello' di Jacob Burckhardt*, Turin: Einaudi.

Ghelardi M., 1998, Una torretta girevole corazzata in terra straniera. Aby Warburg Per Firenze, *Belfagor*, LIII, no. 6, 649~662.

Ghelardi M., 1999, Un germe selvaggio della scienza: Franz Boil, Aby Warburg e la storia dell'astrologia, préface à F. Boil & C. Bezold, *Interpretazione e fede negli astri. Storia e carattere dell'astrologia*(1917), translated by M. Ghelardi et S. Müller, Livourne: Sillabe, 7~23.

Ghelardi M., 2001, Un bilancio vissuto, *Belfagor,* LVI, no. 2, 183~186.

Gilbert F., 1972, From Art History To The History of Civilization: Gombrich's Biography of Aby Warburg, *Journal of Modern History,* XIIV, no. 3, 381~391.

Ginzburg C., 1966, De A. Warburg à E. H. Gombrich. Notes sur un problème de méthode, translated by C. Paolini, *Mythes, emblèmes, traces. Morphologie et histoire,* Paris: Flammarion, 1989, 39~96. From Aby Warburg to E. H. Gombrich: A Problem of Method, translated by John and Anne C. Tedeschi, *Clues, Myths, and the Historical Method,* 1989. 17~59. Baltimore: Johns Hopkins University Press.

Ginzburg C., 1979, *Traces. Racines d'un paradigme indiciaire,* translated by M. Aymard, 앞의 책, 139~180. *Clues: Roots of an Evidential Paradigm,* 앞의 책, 96~125.

Ginzburg C., 1996, *Jean Fouquet. Ritratto del buffone Gonella,* Modène: Panini.

Ginzburg C., 1999, Oltre l'esotismo: Picasso e Warburg, *Rapporti di forza. Storia, retorica, prova,* Milan: Feltrinelli, 2000, 127~147.

Glashoff M., Neumann A. et Deppner M., 1987, *Aby M. Warburgs Bilderatlas zwischen Talmud und Netzwerk,* Hamburg: INSEA-Kongress.

Glasmeier M., 1994, Aby M. Warburg, der Kulturwissenschaftler als Künstler, *Neue bildende Kunst,* IV, no. 4, 47~50.

Goebel-Schilling G., 1990, Zur Kritik der 'hysterischen Renaissance' im Frühwerk Heinrich Manns, *Renaissance und Renaissancismus von Jacob Burckhardt bis Thomas Mann,* edited by A. Buck, Tübingen, Max Niemeyer, 78~88.

Goethe J. W., 1798, *Sur Laocoon,* translated by J.-M. Schaeffer, *Écrits sur L'art,* Paris: Flammarion, 1996, 164~178. *On the Laocoon Group,* edited by John Gearey, translated by Ellen von Nardroff and Ernest H. von Nardroff, *Essays on Art and Literature,* 1986. 15~23, New York: Suhrkamp.

Goethe J. W., 1821, *Fossiler Stier, Werke, XIII. Naturwissenschaftliche Schriften,* edited by D. Kuhn, Hamburg: Christian Wegner, 1971, 196~203.

Goldschmidt A., 1921~1922, Das Nachleben der antiken Formen im Mittelalter, *Vorträge der Bibliothek Warburg,* I, 40~50.

Gombrich E. H., 1961, The Style all'antica: Imitation and Assimilation, *Norm and Form. Studies in the Art of the Renaissance,* I, London: Phaidon, 1966, 122~128.

Gombrich E. H., 1964, Moment and Movement in Art, *The Image and the Eye. Further*

Studies in the Psychology of Pictorial Representation, London: Phaidon, 1982, 40~62.

Gombrich E. H., 1966a, The Ambivalence of the Classical Tradition. The Cultural Psychology of Aby Warburg, *Tributes. Interpreters of Our Cultural Tradition*, Oxford: Phaidon, 1984, 117~137.

Gombrich E. H., 1966b, Ritualized Gesture and Expression in Art, *The Image and the Eye*, 앞의 책, 63~77.

Gombrich E. H., 1969, *In Search of Cultural History, Ideals and Idols. Essays on Values in History and in Art*, London: Phaidon, 1979, 24~59.

Gombrich E. H., 1970, *Aby Warburg. An Intellectual Biography*, London: The Warburg Institute(2nd edition, Chicago-Oxford: The University of Chicago Press-Phaidon, 1986)

Gombrich E. H., 1972, Action and Expression in Western Art, *The Image and the Eye*, 앞의 책, 78~104.

Gombrich E. H., 1994a, Aby Warburg and A.-F. Rio, *Studi in onore di Giulio Carlo Argan*, Florence, La Nuova Italia, 48~52.

Gombrich E. H., 1994b, Aby Warburg e l'evoluzionismo ottocentesco, *Belfagor*, XlIX, no. 6, 635~649.

Gombrich E. H., 1999, Aby Warburg: His Aims and Methods. An Anniversary Lecture, *Journal of the Warburg and Courtauld Institutes*, LXII, 268~282.

Gramaccini N., 1996, *Mirabilia. Das Nachleben antiker Statuen vor der Renaissance*, Mainz, Philipp Von Zabern.

Granoff W., 1976, *La Pensée et le féminin*, Paris: Minuit.

Green A., 1982, *Après coup, l'archaïque, La Folie privée. Psychanalyse des cas-limites*, Paris: Gallimard, 1990, 225~253.

Greenhalgh M., 1989, *The Survival of Roman Antiquities in the Middle Ages*, London: Duckworth.

Greimas A. J. et Fontanille J., 1991, *Sémiotique des Passions. Des états de choses aux états d'âme*, Paris: Le Seuil.

Grolle J., 1994, *Walter Solmitz(1905 bis 1962), Schüler von Aby Warburg und Ernst Cassirer. Bericht von einem schwierigen Leben*, Berlin-Hamburg: Dietrich Reimer.

Grosse J., 1997, *Typus und Geschichte. Eine Jacob-Burckhardt Interpretation*, Köln: Böhlau.

Halm-Trsserant M. & Siebert G., 1997, Nymphaï, *Lexicon iconographicum mythologiae classicae*, VIII-1, Zürich-Düsseldorf, Artemis, 891~902.

Hammerstein R., 1980, *Tanz und Musik des Todes. Die Mittelalterlichen Totentänze und ihr Nachleben*, Berne-Munich: Francke.

Haar, M. 2010, Heidegger and the Nietzschean 'Physiology of Art', in *Exceedingly Nietzsche Aspects of Contemporary Nietzsche Interpretation*, Routledge, 19~30.

Harrold C. F., 1934, *Carlyle and German Thought: 1819~1834*, New Haven: Yale University Press.

Hartmann E. Von, 1869~1871, *Philosophie de l'inconscient*, translated by D. Nolen, Paris: Baillière, 1877.

Haskell F., 1991, Winckelmann et son influence sur les historiens, *Winckelmann: la naissance de l'histoire de l'art à l'époque des Lumières*, edited by É. Pommier, Paris: La Documentation Française, 83~99.

Haus A., 1991, Leidenschaft und Pathosformel: auf der Suche nach Bezügen Aby Warburgs zur barocken Affektenlehre, *Europäische Barock-Rezeption*, edited by K. Garber, Wiesbaden, Harrassowitz, II, 1319~1339.

Hay D., 1982, Historians and The Renaissance During the Last Twenty-Five Years, *The Renaissance. Essays in Interpretation*, London-New York: Methuen, 1~32.

Hecker J. F. C., 1832, *Die Tanzwuth: eine Volkskranheit im Mittelalter*, Berlin: Enslin.

Heckscher W. S., 1937, Relics of Pagan Antiquity in Mediaeval Settings, *Journal of The Warburg Institute*, I, 204~220.

Heckscher W. S., 1963, *Ancient Art and Its Echoes in Post-Classical Times*, Amsterdam: The Netherlands Classical Association.

Heckscher W. S., 1967, The Genesis of Iconology, *Art and Literature. Studies in Relationship*, Baden-Baden: Valentin Koerner, 1985, 253~280.

Heckscher W. S., 1974, *Petites Perceptions*: An Account of sortes Warburgianae, 앞의 책, 435~480.

Heftrich E., 1967, *Hegel und Jacob Burckhardt. Zur Krisis des geschichtlichen Bewusstseins*, Frankfurt: Klostermann.

Hegel G. W F., 1807, *La phénoménologie de l'esprit*, translated by J. Hyppolite, Paris: Aubier-Montaigne, 1941. 임석진 역[2005], 『정신현상학』, 한길사.

Hegel G. W. F., 1830, *Encyclopédie des sciences philosophiques en abrégé*, translated by M. de Gandillac, Paris: Gallimard, 1970. 박병기 역[2008], 『헤겔 자연철학』 1, 2. 나남.

Hegel G. W. F., 1835~1842, Cours d'esthétique, translated by J.-P. Lefebvre & V. Von Schenck, Paris: Aubier, 1995. 두행숙 역[2010]. 『헤겔의 미학강의』 1, 2, 3, 나남.

Heine H., 1853, Les dieux en exil, De l'allemagne, Paris: Gallimard, 1998, 383~422.

Heise C. G., 1947, Persönliche Erinnerungen an Aby Warburg, New York: Eric M. Warburg.

Herbst W., 1852, Das Classische Altertum in der Gegenwart. Eine geschichtliche Betrachtung, Leipzig: Teubner.

Herder J. G., 1778, Le Tombeau de Winckelmann, translated by M. Charrière, Nîmes: Jacqueline Chambon, 1993.

Herding K., 1990, Warburgs "Revenants": psycho-ikonographisch gezähmt, Kritische Berichte, XVIII, no. 3, 27~37.

Hering E., 1870, Über das Gedächtniss als eine allgemeine Funktion der organisierten Materie, Leipzig: Engelmann.

Herter H., 1937, Nymphai, Paulys Real-Encyclopädie der classischen Altertumswissenschaft, XVII, edited by G. Wissowa, Stuttgart: Metzler, col. 1527~1581.

Hester M., 1976, The Structure of Tragedy and the Art of Painting, Studies in Nietzsche and The Classical Tradition, edited by J. C. O'flaherty, T. F. Sellner & R. M. Helm, Chapel Hill: The University of North Carolina Press, 71~88.

Hinde J. R., 1994, Jacob Burckhardt and Art History: Two New Interpretations, Storia della storiografia, no. 26, 119~123.

Hinde J. R., 1996, Jacob Burckhardt and the Art of History, 앞의 책, no. 30, 107~123.

Hodgen M. T., 1936, The Doctrine of Survivals. A Chapter in the History of Scientific Method in the Study of Man, London: Allenson.

Hoffmann K., 1992, 'Angst und Methode' nach Warburg: Erinnerung als Veränderung, L'Art et les révolutions, vol. V. Révolution et évolution de l'histoire de l'art de Warburg à nos Jours, edited by H. Olbrich, Strasbourg: Société alsacienne pour le Développement de l'Histoire de L'Art, 7~14.

Hofmann W., 1980, Warburg et sa Méthode, Cahiers du Musée national d'Art Moderne, no. 3, 60~69.

Hölder H., 1960, Geologie und Paläontologie in Texten und ihrer Geschichte, Munich-Fribourg: Karl Alber.

Holly M. A., 1988, Burckhardt and the Ideology of the Past, History of the Human

Sciences, I, no. 1, 47~73.

Holly M. A., 1993, Unwriting Iconology, *Iconology at the Crossroads*, edited by B. Cassidy, Princeton: Princeton University Press, 17~25.

Holly M. A., 1996, *Past Looking. Historical Imagination and the Rhetoric of the Image*, Ithaca-London: Cornell University Press.

Hoogewerff G. J., 1931, L'iconologie et son importance pour l'étude systématique de l'art chrétien, *Rivista di archeologia cristiana*, VIII, 53~82.

Horster M., 1980, *Andrea del Castagno*, Oxford: Phaidon.

Howard S., 1990, *Antiquity Restored. Essays on the Afterlife of the Antique*, Vienne: IRSA.

Huber G., 1993, Warburgs Ninfa, Freuds Gradiva und Ihre Metamorphose bei Masson, *Denkräume. Zwischen Kunst und Wissenschaft*, edited by S. Baumgart et al., Berlin: Dietrich Reimer, 443~460.

Huisstede P. Van, 1995, Der Mnemosyne-Atlas. Ein Laboratorium der Bildergeschichte, *Aby M. Warburg. 'Ekstatische Nymphe ······ trauernder Flussgott'. Portrait eines Gelehrten*, 앞의 책, 130~171.

Huizinga J., 1920, The Problem of the Renaissance, translated by J. S. Holmes & H. Van Marle, *Men and Ideas. History, The Middle Ages, the Renaissance*, Princeton: Princeton University Press, 1984, 243~287. 이광주 역[2013], 「르네상스의 문제」, 『역사의 매력』, 길.

Huizinga J., 1929, The Task of Cultural History, 앞의 책, 17~76. 김원수 역[2016], 『문화사의 과제』, 아모르문디.

Husserl E., 1905. *Leçons pour une phénoménologie de la conscience intime du temps*, edited by E. Stein et M. Heidegger(1928), translated by H. Dussort, Paris: PUF, 1964. 이종훈 역[1996]. 『시간의식』, 한길사.

Husserl E., 1912~1928, *Idées directrices pour une phénoménologie et une philosophie phénoménologique pures, II. Recherches phénoménologiques pour la constitution*, translated by É. Escoubas, Paris: PUF, 1982. 이종훈 역[2009], 『순수현상학과 현상학적 철학의 이념들』, 2. 한길사.

Imbert C., 1992, *Phénoménologies et langues formulaires*, Paris: PUF.

Immisch O., 1919, *Das Nachleben der Antike*, Leipzig: Dieterich.

Iversen M., 1991, Aby Warburg and the New Art History, Aby Warburg. *Akten des Internationalen Symposions Hamburg 1990*, edited by H. Bredekamp, M. Diers et C. Schoell-Glass, Weinheim: Vchactahumaniora, 281~287.

Iversen M., 1993, Retrieving Warburg's Tradition, *Art History*, XVI, no. 4, 541~553.

Jaeger F., 1994, *Bürgerliche Modernisierungskrise und historische Sinnbildung. Kulturgeschichte bei Droysen, Burckhardt und Max Weber*, Göttingen, Vandenhoeck & Ruprecht.

Jaeschke E., 1900, *Die Antike in der bildenden Kunst der Renaissance*, I. *Die Antike in der florentine, Malerei des Quattrocento*, Strasbourg: Heitz.

Janitschek H., 1877, *Leone Battista Albertis kleinere kunsttheoretische Schriften*, Vienne: Braumüller.

Janitschek H., 1879, *Die Gesellschaft der Renaissance in Italien und Die Kunst*, Stuttgart: Speman.

Janitschek H., 1892, *Die Kunstlehre Dantes und Giottos Kunst*, Leipzig: Brockhaus.

Janner A., 1948, Il pensiero storico di Jacopo Burckhardt, *Quaderni Italo-svizzeri*, no. 9, 3~58.

Janshen F., 1993, Spurenlesen. Um Aby Warburgs 'Schlangenritual', *Denkräume. Zwischen Kunst un Wissenschaft*, edited by S. Baumgart et al., Berlin: Dietrich Reimer, 87~112.

Janson H. W., 1946, Titian's Laocoon Caricature and the Vesalian Galenist Controversy, *Apes and Ape Lore in the Middle Ages and the Renaissance*, London: The Warburg Institute, 1952, 355~368.

Janssen E. M., 1970, *Jacob Burckhardt und die Renaissance*, Assen: Van Gorcum-Prakke.

Janz C. P., 1978~1979, *Nietzsche. Biographie*, translated by M. B. de Launay et al., Paris: Gallimard, 1984~1985.

Jaspers K., 1913, *Psychopathologie générale*, translated by A. Kastler & J. Mendousse, Paris: Alcan.

Jesinghausen-Lauster M., 1985, *Die Suche nach der symbolischen Form. Der Kreis und die Kulturwissenschaftliche Bibliothek Warburg*, Baden-Baden: Valentin Koemer.

Joël K., 1918, *Jacob Burckhardt als Geschichtsphilosoph*, Bâle: Helbing & Lichtenhahn.

Jones E., 1955, *La Vie et l'oeuvre de Sigmund Freud*, II. *Les années de maturité*, 1901~1919, translated by A. Berman, Paris: PUF, 1961.

Jorio A. de, 1832, *La mimica degli Antichi investigata nel gestire napoletano*, Naples, Fibreno.

Jullian R., 1931, Les survivances antiques dans la sculpture lombarde du XIIe Siècle, *Études Italiennes*, I, no. 3~4, 131~140 & 217~228.

Justi C., 1898, *Winckelmann und Seine Zeitgenossen*, Leipzig: Vogel.

Kaegi W., 1933, Das Werk Aby Warburgs. Mit einem unveröffentlichten Brief Jacob Burckhardts, *Neue Schweizer Rundschau*, I, no. 5, 283~293.

Kaegi W., 1956, *Jacob Burckhardt. Eine Biographie*, III. *Die Zeit der klassischen Werke*, Bâle-Stuttgart: Schwabe.

Käfer M., 1986, *Winckelmanns hermeneutische Prinzipien*, Heidelberg: Carl Winter.

Kant E., 1790, *Critique de la faculté de juger*, translated by A. Philonenko, Paris: Vrin, 1979.

Kany R., 1985, Lo sguardo filologico. Aby Warburg e i dettagli, *Annali della Scuola normale superiore di Pisa*, 3rd series, XV, no. 4, 1265~1283.

Kany R., 1987, *Mnemosyne als programm. Geschichte, Erinnerung und die Andacht zum Unbedeutenden im Werk von Usener, Warburg und Benjamin*, Tübingen, Max Niemeyer.

Kany R., 1989, *Die religiongeschichtliche Forschung an der kulturwissenschaftlichen Bibliothek Warburg*, Bamberg: Stefan Wendel.

Katritzky M. A., 2001, Aby Warburg and the Florentine Intermedi of 1589: Extending The Boundaries of Art History, *Art History as Cultural History. Warburg's Projects*, edited by R. Woodfield, Amsterdam: G+B Arts International, 209~258.

Kaufmann R., 1932, *der Renaissancebegriff in der deutschen Kunstgeschichtsschreibung*, Winterthur: Schonenberger & Gall.

Kekulé Von Stradonitz R., 1883, *Zur Deutung und Zeitbestimmung des Laokoon*, Berlin-Stuttgart: Spemann.

Keller H., 1970, *Das Nachleben des antiken Bildnisses von der karolingerzeit bis zur Gegenwart*, Fribourg-en-Brisgau: Herder.

Kemp M., 1975, Walter Benjamin und Die Kunstwissenschaft, 2. Walter Benjamin und Aby Warburg, *Kritische Berichte*, III, no. 1, 5~25.

Kimura B., 1988, *L'Entre. Une approche phénoménologique de la schizophrénie*, translated by C. Vincent, Grenoble: Jérôme Millon, 2000.

Klages L., 1923, *Ausdrucksbewegung und Gestaltungskraft. Grundlegung der Wissenschaft vom Ausdruck*, Leipzig: Barth.

Klein R., 1970, *La Forme et l'intelligible. Écrits sur la Renaissance et l'art moderne*, Paris: Gallimard.

Klemperer E. G. von, 1980, *The Survival of Antiquity*, Northampton: Smith College Studies in History.

Klossowski P., 1969, *Nietzsche et le cercle vicieux*, Paris: Mercurede France. 조성천 역[2009], 『니체와 악순환』, 그린비.

Koerner J. L., 1997, Paleface and Redskin, *The New Republic*, 24 Mars, 30~38.

Königseder K., 1995, Aby Warburg im 'Bellevue', *Aby M. Warburg. 'Ekstatische Nymphe ······ Trauernder Flussgott'. Portrait eines Gelehrten*, 앞의 책, 74~98.

Kratheimer R., 1929, Die Anfange der Kunstgeschichtsschreibung in Italien, *Repertorium für Kunstwissenschaft*, L, 49~63.

Kristeller P. O., 1961, Changing Views of the Intellectual History of the Renaissance since Jacob Burckhardt, *The Renaissance. A Reconsideration of the Theories and Interpretations of the Age*, edited by T. Helton, Madison: The University of Wisconsin Press, 27~52.

Krois J. M., 1988, Problematik, Eigenart und Aktualität der Cassirerschen Philosophie der Symbolischen Formen, *Über Ernst Cassirers Philosophie der Symbolischen Formen*, edited by H.-J. Braumh. Holzhey & E. W. Orth, Frankfurt: Suhrkamp, 15~44.

Krois J. M., 1995, L'art, une forme symbolique, translated by F. Capeillères, dans E. Cassirer, *Oeuvres*, XII. *Écrits sur l'art*, Paris: Le Cerf, 7~26.

Krois J. M., 1999, Cassirer's "Prototype and Model" of Symbolism: Its Sources and Significance, *Science in Context*, XII, no. 4, 531~547.

Krüger P. W., 1930, *Das Dekadenzproblem bei Jacob Burckhardt*, Bâle: Schwabe.

Kultermann U., 1993, *The History of Art History*, New York: Abaris Books.

Lacan J., 1931, Écrits 'Inspirés': schizographie(with J. Lévy-Valensi & P. Migault), *De la psychose paranoïaque dans ses rapports avec la personnalité*, suivi de *Premiers écrits sur la Paranoïa*, Paris: Le Seuil, 1975, 365~382.

Lacan J., 1933, Le Problème du style et la conception psychiatrique des formes paranoïaques de l'expérience, Minotaure, no. 1,1933, 68~69, translated by Carolyn Asp and Jon Anderson, The Problem of Style and the Psychiatric Conception of Paranoiac Forms of Experience, *Critical Texts* 5, vol. 3, 1988, 4~6.

Lacan J., 1953~1954, *Le Séminaire*, I. *Les écrits techniques de Freud*, edited by J.-A. Miller, Paris: Le Seuil, 1975. 맹정현 역[2016], 『자크 라캉 세미나 1: 프로이트의 기술론』, 새물결.

Lacan J., 1957~1958, *Le Séminaire*, V. *Les formations de l'inconscient*, edited by J.-

A. Miller, Paris: Le Seuil, 1998.
Lacan J., 1964, *Le Séminaire*, XI. *Les quatre concepts fondamentaux de la psychanlyse*, edited by J.-A. Miller, Paris: Le Seuil, 1973. 맹정현·이수련 역[2008], 『자크 라캉 세미나 11: 정신분석의 네 가지 근본개념』, 새물결.
Lacan J., 1966, *Écrits*, Paris: Le Seuil. 홍준기·이종영·조형준·김대진 역[2019], 『에크리』, 새물결.
Lacan J., 1975, Le sinthome, *Ornicar?*, no. 6, 1976, 3~20.
Lacoste P., 1989, Le sens de l'observation, *Contraintes de pensée, contrainte à penser. La magie lente*, Paris: PUF, 1992, 47~79.
Lacoste P., 1990, La mémoire à l'oeil nu, *Liberté sur paroles. Actualités frediennes*, Belfort, Circé, 1998, 104~127.
Lacoste P., 1994, Sur les théories freudiennes de l'évolution, *Les Évolutions. Phylogenèse de l'individuation*, edited by P. Fédida & D. Widlöcher, Paris: PUF, 21~43.
Lacoue-Labarthe P., 1986, *L'imitation des Modernes(typographies, II)*, Paris: Galilée.
Lacoue-Labarthe P., 1998, La leçon de Burckhardt, préface à J. Burckhardt, *Leçons sur l'art accidental*, translated by B. Kreiss, Paris: Hazan, 5~13.
Lacoue-Labarthe P. & Nancy J.-L., 1978, *L'Absolu littéraire. Théorie de la littérature du Romantisme allemand*, Paris: Le Seuil.
Lagrange J., 1988, Problématiques du Temps: phénoménologie et psychanalyse, *Psychanalyse à l'Université*, XIII, no. 52, 575~607.
Laing G. J., 1931, *Survivals of Roman Religion*, London: Harrap.
Lamprecht K., 1882, *Initial-Ornamentik des VIII. bis XIII. Jahrhunderts*, Leipzig: Dürr.
Lamprecht K., 1896~1897, Was ist Kulturgeschichte? Beiträge Zu einer empirischen Historik, *Deutsche Zeitschrift für Geschichtswissenschaft*, N. F., I, 75~150.
Lamprecht K., 1897, Individualitat, Idee und sozialpsychische Kraft in der Geschichte, *Jahrbücher für Nationalökonomie und Statistik*, XXVII, 880~900.
Lamprecht K., 1900, *Die kulturhistorische Methode*, Berlin: Gaertners.
Lamprecht K., 1905a, *Aufforderung zum Sammeln von Kinderzeichnungen*, Leipzig: Voigtlander Verlag, translated by Anonyme, Les dessins d'enfants comme source historique. Suivi de: De l'étude comparée des dessins d'enfants, *Académie royale de Belgique. Bulletins de la Classe des Lettres et des Sciences morales et politiques, et de la Classe des Beaux-Arts*, 1906, 457~469.
Lamprecht K., 1905b, *Moderne Geschichtswissenschaft*, Fribourg-en-Breisgau: Hey-

felder (2nd edition, Berlin: Weidmann, 1909).

Lamprecht K., 1912, *Einführung in das historische Denken*, Leipzig: Voigtlander.

Landauer C. H., 1981, Das Nachleben Aby Warburgs, *Kritische Berichte*, IX, no. 4~5, 67~71.

Landauer C. H., 1984, *The Survival of Antiquity. The German Years of The Warburg Institute*, Ph. D., New Haven: Yale University.

Laplanche J., 1981, La psychanalyse: histoire ou archéologie? *Le Primat de l'autre en psychanalyse. Travaux, 1967~1992*, Paris: Flammarion, 1997, 185~211

Laplanche J., 1992, Notes sur l'après-coup, *Entre séduction et inspiration: l'homme*, Paris: PUF, 1999, 57~66.

Lash S., 1984, Genealogy and the Body: Foucault/Deleuze/Nietzsche, *Theory, Culture and Society*, II, no. 2, 1~17.

Laurent G., 1987, *Paléontologie et évolution en France de 1800 à 1860. Une histoire des Idées de Cuvier et Lamarck à Darwin*, Paris: CTHS.

La Valley A. J., 1968, *Carlyle and the Idea of the Modern. Studies in Carlyle's Prophetic Literature and Its Relation to Blake, Nietzsche, Marx, and Others*, New Haven-London: Yale University Press.

Lavater J. C., 1782~1803, *L'Art de connaître les hommes par la physionomie*, translated by M. Moreau, Paris: Depélafol, 1820.

Leclerc J. & Tarrète J., 1988, Fossile directeur, *Dictionnaire de la préhistoire*, edited by A. Leroi-Gourhan, Paris: PUF(ed. augmentée, 1994), p. 419.

Lefèbvre J., 1989, Renaissance, Réforme et Moyen Âge dans la philosophie de l'histoire chez Broch, *Cahiers d'études germaniques*, XVI, 129~152.

Le Goff J., 1983, Préface à M. Bloch, *Les Rois thaumaturges. Étude sur le caractère surnaturel attribué à la puissance royale, particulièrement en France et en Angleterre*(1924), Paris: Gallimard, I-XLI. 박용진 역[2015], 『기적을 행하는 왕』, 한길사.

Le Goff J., 1985, *L'Imaginaire médiéval. Essais*, Paris: Gallimard.

Le Goff J., 1988, *Histoire et mémoire*, Paris: Gallimard.

Leopold J., 1980, *Culture in Comparative and Evolutionary Perspective: E. B. Tylor and The Making of Primitive Culture*, Berlin: Dietrich Reimer.

Lepenies W., 1986, Johan Joachim Winckelmann: Kunst und Naturgeschichte im 18. Jahrhundert, *Johan Joachim Winckelmann, 1717~1768*, edited by T. W. Gaehtgens, Hamburg: Felix Meiner, 221~237.

Leroi-Gourhan A., 1943, *Évolution et techniques, I. L'homme et la matière*, Paris:

Albin Michel, edited by Revue, 1971.
Lessing G. E., 1766, *Laocoon, ou des frontières de la peinture et de la poésie*, translated by M. Courtin(1866) reviewed and corrected by J. Bialostocka, Paris: Hermann, 1990. 윤도중 역[2008], 『라오콘 – 미술과 문학의 경계에 관해』, 나남.
Levinstein S., 1905, *Kinderzeichnungen bis zum 14. Lebensjahr. Mit Parallelen aus der Urgeschichte, Kulturgeschichte und Völkerkunde*, Leipzig: Voigtländer Verlag.
Lévi-Strauss C., 1949, Histoire et ethnologie, *Anthropologie structurale*, Paris: Plon, 1958, 3~33. Introduction: History and Anthropology, in *Structural Anthropology*, vol. I, translated by Claire Jacobson and Brooke Grundfest Schoepf, 1~27, New York: Basic Books. 김진욱 역[1983], 『구조인류학』, 종로서적.
Lévi-Strauss C., 1952, La Notion d'archaïsme en ethnologie, 앞의 책, 113~132. English version, 101~119.
Lévy-Bruhl L., 1910, *Les Fonctions mentales dans les sociétés inférieures*, Paris: Alcan, translated by Lilian A. Clare, with an introduction by C. Scott Littleton. *How Natives Think*. Princeton: Princeton University Press.
Lévy-Bruhl L., 1922, *La Mentalité primitive*, Paris: Alcan, translated by Lilian A. Clare. *Primitive Mentality*, New York: Macmillan. 김종우 역[2011], 『원시인의 정신세계』, 나남.
Lévy-Bruhl L., 1927, *L'Âme primitive*, Paris: Alcan, translated by Lilian A. Clare. *The 'Soul' of the Primitive*, New York: Macmillan.
Lévy-Bruhl L., 1935, *La mythologie primitive. Le Monde mythiquedes Australiens et des Papous*, Paris: Alcan, translated by Brian Elliott. St. Lucia. *Primitive Mythology: The Mythic World of the Australian and Papuan Natives*, University of Queensland Press.
Lévy-Bruhl L., 1938, *L'Expérience mystique et les symboles chez les primitifs*, Paris: Alcan.
Lévy-Bruhl L., 1938~1939, *Carnets*, Paris: PUF, 1949, edited by 1998, *The Notebooks on Primitive Mentality*, New York: Harper and Row, 1975.
Liebschütz H., 1971, Aby Warburg(1866~1929) as Interpreter of Civilization, *Year Book of the Leo Baeck Institute*, XVI, 225~236.
Lippincoit K., 1991, Aby Warburg, Fritz Saxl and The Astrological Ceiling of the Sala di Galatea, *Aby Warburg. Akten des internationalen Symposions Hamburg 1990*, edited by H. Bredekamp, M. Diers Etc. Schoell-Glass, Weinheim: VCH-Acta humaniora, 213~232.

Lippincoit K., 2001, *Urania redux*: A View of Aby Warburg's Writings on Astrology and Art, *Art History as Cultural History. Warburg's Projects*, edited by R. Woodfield, Amsterdam: G+B Artsinternational, 151~182.

Livingstone R. W, 1912, *The Greek Genius and Its Meaning to Us*, Oxford-London: Oxford University Press-Humphrey Milford.

Lloyd-Jones H., 1982, *Classical Survivais. The Classics in the Modern World*, London: Duckworth.

Lombroso C., 1878, *L'Homme criminel. Atlas,* Turin: Bocca, reviewed edition, 1888.

Long T. A., 1989, Nietzsche's Philosophy of Medicine, *Nietzsche Studien*, XIX, 112~128.

Lowie R. H., 1937, *The History of Ethnological Theory*, New York: Holt, Rinehart & Winston.

Löwith K., 1928, Burckhardts Stellung zu Hegels Geschichtsphilosophie, *Sämtliche Schriften*, VII, Stuttgart: Metzler, 1984, 9~38.

Löwith K., 1935~1958, *Nietzsches Philosophie der ewigen Wiederkehr des Gleichen*. Stuttgart: Kohlhammer, translated by A.-S. Astrup, *Nietzsche: Philosophie de l'éternel retour du même*, Paris: Calmann-Lévy, 1991.

Löwith K., 1936, Jacob Burckhardt. Der Mensch inmitten der Geschichte, *Sämtliche Schriften*, VII, 앞의 책, 39~361.

Luquet G.-H., 1926, *L'Art et la religion des hommes fossiles*, Paris: Masson.

Maikuma Y., 1985, *Der Begriff der Kultur bei Warburg, Nietzsche und Burckhardt*, Konigstein/Ts.: Athenäum.

Maldiney H., 1961, Comprendre, *Regard, parole, espace,* Lausanne: L'Âge d'homme, 1973, 27~86.

Maldiney H., 1991, *Penser l'homme et la folie. À la lumière de L'analyse existentielle et de l'analyse du destin*, Grenoble: Jérôme Millon.

Mâle É., 1894, L'enseignement de l'histoire de l'art dans l'université, *Revue universitaire*, III, no. 1, 10~20.

Mallery G., 1879~1880, Sign Language Among North American Indians Compared with that Among Other Peoples and Deaf-Mutes, *Bureau of American Ethnology. First Annual Report*, 263~552.

Mallery G., 1882, *Forschungen und Anregungen über die Zeichensprache der Indianer Nord-Amerikas*, translated by A. Brauer, Halle: Waisenhaus.

Mallgrave H. F. et Ikonomou E., 1994, Introduction, *Empathy, Form, and Space. Pro-*

blems in German Aesthetics, 1873~1893, Santa Monica, Getty Center for the History of Art and the Humanities, 1~85.

Mann N., 1995, Kulturwissenschaft in London: englisches Fortleben einer europäischen Tradition, *Aby M. Warburg. 'Ekstatische Nymphe ······ trauernder Flussgott', Portrait eines Gelehrten*, 앞의 책, 210~227.

Mann T., 1929, Freud dans l'histoire de la pensée Moderne, translated by L. Servicen, *Sur le mariage. Lessing. Freud et la pensée moderne. Mon temps*, Paris: Aubier-Flammarion, 1970, 106~149.

Mannoni L., 1999, *Étienne-Jules Marey. La mémoire de l'oeil*, Milan-Paris: Mazzotta-Cinémathèque Française.

Mantegazza P., 1885, *La physionomie et l'expression des sentiments*, Paris: Alcan.

Mantion J.-R., 1991, L'histoire de l'art a-t-elle(un) lieu? Winckelmann depuis Rome, *Winckelmann: la naissance de l'histoire de l'art à l'époque des Lumières*, edited by É. Pommier, Paris: La Documentation Française, 195~216.

Marey É.-J., 1866, *Études graphiques sur la nature de la contraction musculaire*, Paris: Martinet.

Marey É.-J., 1868, *Du mouvement dans les fonctions de la vie*, Paris: Baillière.

Marey É.-J., 1878, *La Méthode graphique dans les sciences expérimentales et principalement en physiologie et en médecine*, Paris: Masson.

Marey É.-J., 1885, *Le Développement de la méthode graphique par la photographie*, Paris: Masson.

Marey É.-J., 1894, *Le Mouvement*, Paris: Masson.

Martin A. Von, 1945, *Nietzsche und Burckhardt. Zwei geistige Welten im Dialog*, Bâle: Reinhardt.

Martin F.-R., 1998, Images pathétiques. Aby Warburg, Carlo Ginzburg, et le travail de l'historien de l'art, *Les Cahiers du Musée national d'Art moderne*, no. 63, 5~37.

Marx K., 1857, Introduction générale à la critique de l'économie politique, translated by M. Rubel & L. Évrard, *Oeuvres. Économie*, I, edited by M. Rubel, Paris: Gallimard, 1965, 231~266. 김호균 역[2017], 『정치경제학 비판을 위하여』, 중원문화.

Maslyczyk M., 1990, La troisième phase de l'attaque hystérique à l'origine de la théorie du souvenir de Freud, *Revue française de psychanalyse*, LIV, no. 4, 1079~1091.

Mastroianni G., 2000, Il buon Dio di Aby Warburg, *Belfagor*, LV, no. 4, 413~442.

Mauss M., 1898, H. Usener, *Götternamen, Oeuvres*, II, edited by V Karady, Paris: Minuit, 1968~1969, 290~296.

Mauss M., 1900, H. Usener, *Sinthfluthsagen*, 앞의 책, 299~303.

Mauss M., 1903, La Volkskunde comme science, *Oeuvres*, III, edited by V. Karady, Paris: Minuit, 1969, 372~374.

Mauss M., 1904, H. Usener, *Drezheit, Oeuvres*, II, 앞의 책, 308~313.

Mauss M., 1905, H. Usener, *Mythologie, L'année sociologique*, VIII, 224~225.

Mauss M., 1913, La magie selon Frazer, *Oeuvres*, I, edited by V. Karady, Paris: Minuit, 1968, 154~157.

Mauss M., 1923~1924, Essai sur le don. Forme et raison de l'échange dans les sociétés archaïques, *Sociologie et anthropologie*, Paris: PUF, 1950, 143~279. 이상률 역[2002], 『증여론』, 한길사.

Mauss M., 1925, La théorie de la diffusion unicentrique de la civilisation, *Oeuvres*, II, 앞의 책, 522~523.

Mauss M., 1936, Les techniques du corps, *Sociologie et anthropologie*, 앞의 책, 363~386.

Mcewan D., 1998, Excerpts from Aby Warburg's Diary, *Photographs at the Frontier. Aby Warburg in America, 1895~1896*, edited by B. Cestelli Guidi & N. Mann, London: The Warburg Institute Merrell Holberton, 150~155.

Mcewan D., 2001, Making a Reception for Warburg: Fritz Saxl and Warburg's Book, *Heidnisch-antike Weissagung in Wort und Bild zu Luthers Zeiten, Art History as Cultural History. Warburg's Projects*, edited by R. Woodfield, Amsterdam: G+B Arts International, 93~120.

Mcnamara K. J., 1982, Heterochrony and Phylogenetic Trends, *Paleobiology*, VIII, 130~142.

Meier H., Newald R. & Wind(eds), 1934, *Kulturwissenschaftliche Bibliographie zum Nachleben der Antike: A Bibliography on the Survival of the Classics*, London: Cassell.

Merleau-Ponty M., 1960, *Signes*, Paris: Gallimard, translated by Richard C. McCleary, *Signs*. Northwestern University, 1987.

Mesnil J., 1926, La Bibliothèque Warburg et ses publications, *Gazette des Beaux-Arts*, 5th Période, XIV, 237~241.

Meyer A. M., 1987, Concerning Warburg's 'Costumi teatrali' and Angelo Solerti, *Journal of the Warburg and Courtauld Institutes*, L, 171~188.

Meyer A. M., 1988, Aby Warburg and his Early Correspondence, *The American Scholar*, LVII, 445~452.

Meynert T., 1884, *Psychiatrie. Klinik der Erkrankungen des Vorderhirns*, Vienne: Braumüller.

Michaud P.-A., 1998a, *Aby Warburg et l'image en mouvement*, Paris: Macula, translated by Sophie Hawkes, *Aby Warburg and the Image in Motion*, New York: Zone Books, 2004.

Michaud P.-A., 1998b, Florence in New Mexico. The Intermezzi of 1589 in the Light of Indian Rituals, translated by N. Mann, *Photographs at the Frontier. Aby Warburg in America, 1895~1896*, 앞의 책, 53~63.

Michaud P.-A., 1999, Zwischenreich. Mnemosyne, ou l'expressivité sans sujet, *Les Cahiers du Musée national d'Art Moderne*, no. 70, 43~61.

Michelet J., 1855, *Histoire de France Au XVIe siècle. Renaissance et Réforme*, Paris: Laffont, 1982.

Minkowski E., 1933, *Le temps vécu. Études phénoménologiques et psychopathologiques*, Paris: PUF, 1995.

Momigliano A., 1950, Ancient History and The Antiquarian, *Contributo alla storia degli studi classici*, Rome: Edizioni di Storiae Letteratura, 1955, 67~106.

Momigliano A., 1955, Introduzione alla *Griechische Kulturgeschichte* di Jacob Burckhardt, *Secondo contributo alla storia degli studi classici*, Rome Edizioni di Storia e Letteratura, 1960, 283~298.

Momigliano A., 1982, *New Paths of Classicism in the Nineteenth Century*, Chicago: Wesleyan University Press.

Momigliano A., 1984, Premesse per una discussione su Hermann Usener, *Settimo contributo alla storia degli studi classici e dal mondo antico*, Rome: Edizioni di Storia e Letteratura, 233~244.

Montessus de Ballore F. de, 1911, *La Sismologie moderne. Les tremblements de terre*, Paris: Armand Colin.

Morpurgo-Tagliabue G., 1994, La crisi estetica del Settecento: Winckelmann, Hemsterhuis, Herder, *Rivista di estetica*, XXXIV-XXXV, no. 47, 77~92.

Moscovici M., 1986, Le roman secret, *Il est arrivé quelque chose. Approches de l'événement psychique*, Paris: Ramsay, 1989, 353~385.

Müller-Lauter W., 1978, L'organisme comme lutte intérieure. L'influence de Wilhelm Roux sur Friedrich Nietzsche, translated by J. Champeaux, *Nietzsche: Physio-*

logie de la volonté de puissance, Paris: Allia, 1998, 111~164.

Müntz E., 1887~1888, La tradition antique chez les artistes du Moyen Âge, *Journal des savants*, 3th series, 629~642(1887), 40~50 & 162~177(1888).

Muraro M. & Rosand D., 1976, *Tiziano e la silografia Veneziana del Cinquecento*, Venise: Neri Pozza.

Naber C., 1988, Pompeji in Neu-Mexico. Aby Warburgs amerikanische Reise, *Freibeuter*, XXXVIII, 88~97.

Naber C., 1991, Der Hamburger Kreis um Ernst Cassirer und Aby Warburg, *Die Juden in Hamburg: 1590 bis 1990*, edited by A. Herziget S. Rhode, Hamburg: Dölling und Galitz, 393~406.

Naumann B., 1999, The Genesis of Symbolic Forms: Basic Phenomena in Ernst Cassirer's Works, *Science in Context*, XII, no. 4, 575~584.

Nesselrath A., 1988, Simboli di Roma, *Da Pisanello alla nascita dei musei Capitolini. L'antico a Roma alla vigilia del Rinascimento*, Milan-Rome: Mondadori-De Luca, 195~205.

Neumeyer A., 1971, Four Art Historians Remembered: Wölfflin, Goldschmidt, Warburg, Berenson, *Art Journal*, XXXI, 33~36.

Newald R., 1931, Nachleben der Antike, *Jahresbericht für Altertumswissenschaft*, CCXXXII, 1~144.

Newald R., 1960, *Nachleben des antiken Geistes im Abendland bis zum Beginn des Humanismus. Eine Überschau*, Tübingen: Niemeyer.

Nietzsche F., 1869~1872, *Fragments posthumes(Automne 1869-Printemps 1872)*, translated by M. Haar & J.-L. Nancy, *Oeuvres Philosophiques complètes*, I-1, edited by G. Colli et M. Montinari, Paris: Gallimard, 1977, 157~476. 최상욱 역[2001], 『유고(1869년 가을-1972년 가을)』, 책세상.

Nietzsche F., 1870, *La vision dionysiaque du monde*, translated by J.-L. Backès, *Oeuvres Philosophiques Complètes*, I-2, edited by G. Colli et M. Montinari, Paris: Gallimard, 1975, 47~70. 『디오니소스적 세계관』, 이진우 역[2001], 『유고(1870~1873년)』, 책세상.

Nietzsche F., 1872, La Naissance de la tragédie, translated by P. Lacoue-Labarthe, *Oeuvres philosophiques complètes*, I-1, edited by G. Colli et M. Montinari, Paris: Gallimard, 1977, 23~156. 김남우 역[2014], 『비극의 탄생』, 열린책들.

Nietzsche F., 1872~1874. *Fragments posthumes(Été 1872~Hiver 1873~1874)*, translated by P. Rusch, *Oeuvres philosophiques complètes*, II-1, edited by G.

Colli et M. Montinari, Paris: Gallimard, 1990, 171~475. 이상엽 역[2002], 『유고(1872년 여름-1874년 말)』, 책세상.

Nietzsche F., 1874, *Considérations inactuelles*, I et II, translated by P. Rusch, *Oeuvres philosophiques complètes*, II-1, edited by G. Colli et M. Montinari, Paris: Gallimard, 1990, 17~169. 이진우 역[2005], 『비극의 탄생. 반시대적 고찰』, 책세상.

Nietzsche F., 1878, *Humain, trop humain. Un livre pour esprits libres*, translated by R. Rovini reviewed by M. B. de Launay, *Oeuvres philosophiques complètes*, III-1, edited by G. Colli et M. Montinari, Paris: Gallimard, 1988. 김미기 역[2001], 『인간적인 너무나 인간적인』, 책세상.

Nietzsche F., 1886, *Par-delà bien et mal. Prélude d'une philosophie de l'avenir*, translated by C. Heim, *Oeuvres philosophiques complètes*, VII, edited by G. Colli et M. Montinari, Paris: Gallimard, 1971, 15~212. 박찬국 역[2018], 『선악의 저편』, 아카넷.

Nietzsche F., 1887, *La Généalogie de la morale*, translated by I. Hildenbrandet J. Gratien, *Oeuvres philosophiques complètes*, VII, edited by G. Colliet M. Montinari, Paris: Gallimard, 1971, 213~347. 김정현 역[2002], 『선악의 저편/도덕의 계보』, 책세상.

Nietzsche F., 1888, *L'Antéchrist. Imprécation contre le christianisme*, translated by J.-C. Hémery, *Oeuvres philosophiques complètes*, VIII-1, edited by G. Colli et M. Montinari, Paris: Gallimard, 1974, 157~235. 박찬국 역[2013], 『안티크리스트』, 아카넷.

Nietzsche F., 1888~1889, *Fragments posthumes(début 1888~début janvier 1889)*, translated by J.-C. Hémery, *Oeuvres philosophiques complètes*, XIV, edited by G. Colli et M. Montinari, Paris: Gallimard, 1977. 백승영 역[2004], 『유고(1888년 초-1889년 1월 초)』, 책세상.

Nietzsche F., 1889a, *Crépuscule des Idoles, ou comment philosopher à coups de marteau*, translated by J.-C. Hémery, *Oeuvres philosophiques complètes*, VIII-1, edited by G. Colli et M. Montinari, Paris: Gallimard, 1974, 57~155. 박찬국 역[2015], 『우상의 황혼』, 아카넷.

Nietzsche F., 1889b, *Dernières lettres*, translated by C. Perret, Paris: Rivages, 1989.

Nigro Covre J., 1977, La teoria della Einfühlung secondo Robert Vischer, *Ricerche di storia dell'arte*, no. 5, 3~24.

Nijinski V., 1919, *Cahiers. Le sentiment. Version non expurgée*, translated by C. Dumais-Lvowski & G. Pogojeva, Arles, Actes Sud, 1995.

Nock A. D., 1961, Nymphs and Nereids, *Mélanges de l'Université Saint-Joseph*, XXXVII, 297~308.

Norden E., 1924, *Die Geburt des Kindes. Geschichte einer religiösen Idee*, Leipzig-Berlin: Teubner.

Novalis, 1798~1799, *Oeuvres Philosophiques*, IV. *Le Brouillon général*, translated by O. Schefer, Paris: Allia, 2000.

Nurdin J., 1992, Jakob[sic] Burckhardt et le refus de la Modernité, *La Révolution conservatrice allemande sous la République de Weimar*, edited by L. Dupeux, Paris: Kimé, 129~135.

Orbigny A. D'-, 1849~1852, *Cours élémentaire de paléontologie et de géologie stratigraphiques*, Paris: Masson.

Osrnoff H., 1899, *Vom Suppletivwesen der indogermanischen Sprachen*, Heidelberg: Homing.

Osrnoff H., 1901, *Etymologische Parerga*, Leipzig: Hirzel.

Ostwald P., 1991, *Vaslav Nijinski. Un saut dans la folie*, translated by B. Poncharal, Paris: Passage du Marais, 1993.

Paetzold H., 1995, *Ernst Cassirer: Von Marburg nach New York. Eine philosophische Biographie*, Darmstadt, Wissenschaftliche Buchgesellschaft.

Panoff M., 1996, Tylorsir Edward Burnett, 1832~1917, *Dictionnaire du darwinisme et de l'évolution*, edited by P. Tort, Paris: PUF, III, 4363~4365.

Panofsky E., 1921~1922, Dürers Stellung zur Antike, *Jahrbuch für Kunstgeschichte*, I, 43~92, translated by M. & B. Teyssèdre[영문판 번역서], *L'Oeuvre d'art et ses significations. Essais sur les arts visuels*, Paris: Gallimard, 1969, 201~254. 'Albrecht Dürer and Classical Antiquity.' *Meaning in the Visual Arts: Papers in and on Art History*, 236~295. Garden City, NY: Doubleday Anchor. 『알베르트 뒤러와 고전 고대』, 임산 역[2013], 『시각예술의 의미』, 한길사.

Panofsky E., 1927, La perspective comme forme symbolique, translated by G. Ballangé, *La Perspective comme forme symbolique et autres essais*, Paris: Minuit, 1975, 37~182, translated by Christopher S. Wood. *Perspective as Symbolic Form*, New York: Zone Books. 심철민 역[2014], 『상징형식으로서의 원근법』, 도서출판b.

Panofsky E., 1928, Two 'Lost' Drawings by and after Sebastiano del Piombo, *Old Master Drawings*, II, 31~34.

Panofsky E., 1929, Professor A. Warburg, *Das Johanneum*, III, no. 9, 248~251.

Panofsky E., 1931, Le problème du temps historique, translated by G. Ballangé, *La Perspective comme forme symbolique et autres essais*, 앞의 책, 223~233, translated by Johanna Bauman. Reflections on Historical Time. *Critical Inquiry* 30, no. 4, 691~701.

Panofsky E., 1932, Contribution au problème de la description d'oeuvres appartenant aux arts plastiques et à celui de leur contenu, translated by G. Ballangé, 앞의 책, 235~255.

Panofsky E., 1939, *Meaning in the Visual Arts*, Oxford-New York: Oxford University Press. reedited in Chicago-London: The University of Chicago Press, 1982, translated by C. Herbette & B. Teyssèdre, *Essais d'iconologie. Les thèmes humanistes dans l'art de la Renaissance*, Paris: Gallimard, 1967. 임산 역[2013], 『시각예술의 의미』, 한길사.

Panofsky E., 1944, Renaissance and Renascences, *The Kenyan Review*, VI, 201~236.

Panofsky E., 1953, Three Decades of Art History in the United states: Impressions of a Transplanted European, *Meaning in the Visual Arts*, 앞의 책, 321~346.

Panofsky E., 1960, *Renaissance and Renascences in Western Art*, Stockholm, Almqvist & Wisksells, translated by L. Verron, *La Renaissance et ses avant-courriers dans l'art d'Occident*, Paris: Flammarion, 1976.

Panofsky E. & Saxl. F., 1926, A Late Antique Religious Symbol in Works by Holbein and Titian, *The Burlington Magazine*, 49, 177~181.

Panofsky E. & Saxl. F., 1933, *Classical Mythology in Mediaeval Art*, Metropolitan Museum Studies, IV, no. 2, 228~280, translated by S. Girard, *La Mythologie classique dans l'art médiéval*, Brionne: Gérard Montfort, 1990.

Parente A., 1980, A proposito di Croce e di Aby Warburg, *Rivista di studi crociani*, XVII, no. 2, 203~205.

Pasquali G., 1930, Ricordo di Aby Warburg, *Pegaso*, II, 484~495.

Pfotenhauer, H., 1985, Das Nachleben der Antike. Aby Warburgs Auseinandersetzung mit Nietzsche, *Nietzsche-Studien*, XIV, 298~313.

Pinotti A., 1997, Arcipelago empatia. Per una introduzione, *Estetica ed empatia. Antologia*, edited by A. Pinotti, Milan: Guerini, 9~59.

Pinto É., 1987, Mécénat familial et histoire de l'art: Aby Warburg et l'iconologie critique(1866~1929), *Revue de synthèse*, 4th Series, no. 1, 91~107.

Pinto É., 1990, Aby Warburg: essais florentins et autres textes, préface à A. Warburg, *Essais florentins*, Paris: Klincksieck, 9~42.

Pinto É., 1992, Aby Warburg Postmoderne?, L'Art et les révolutions, IV. *Révolution et évolution de l'histoire de l'art de Warbug à nos jours,* edited by H. Olbrich, Strasbourg: Soctété alsacienne pour le développement de l'Histoire de l'Art, 2 7~42.

Pizer J., 1990, The Use and Abuse of Ursprung: On Foucault's Reading of Nietzsche, *Nietzsche-Studien,* XIX, 462~478.

Pline L'Ancien, XXXV. *Histoire naturelle,* XXXV, edited & translated by J.-M. Croisille, Paris: Les Belles Lettres, 1985.

Podro M., 1982, *The Critical Historians of Art,* New Haven-London: Yale University Press.

Pommier É., 1994, Winckelmann: l'art entre la norme et l'histoire, *Revue germanique Internationale,* no. 2, 11~28.

Pontalis J.-B., 1977, *Entre le rêve et la douleur,* Paris: Gallimard.

Pontalis J.-B., 1986, La jeune fille, *Perdre de vue,* Paris: Gallimard, 1988, 217~228.

Potts A., 1982, Winckelmann's Construction of History, *Art History,* V, no. 4, 377~407.

Potts A., 1994, Vie et mort de l'art antique: historicité et beau idéal chez Winckelmann, *Winckelmann: la naissance de l'histoire de l'art à l'époque des Lumières,* edited by É. Pommier, Paris: La Documentation Française, 9~38.

Potts A., 1994, *Flesh and the Ideal. Winckelmann and the Origins of Art History,* New Haven-London: Yale University Press.

Praz M., 1967. *Mnémosyne. Parallèle entre littérature et arts plastiques,* translated by C. Maupas, Paris: Gérard-Julien Salvy, 1986.

Press J., 1997, Temps et Pulsion, *Revue française de psychanalyse,* LXI, no. 5, 1707~1720.

Prinzhorn H., 1922, *Expressions de la folie. Dessins, peintures, sculptures d'asile,* translated by A. Brousse & M. Weber, Paris: Gallimard, 1984.

Quatrefages de Bréau J.-L.-A. DE, 1884, *Hommes fossiles et hommes sauvages. Études d'anthropologie,* Paris: Baillière. reedited in Paris: J.-M. Place, 1988.

Quatremère de Quincy A. C., 1796, *Lettres à Miranda sur le déplacement des monuments de l'art de l'Italie,* edited by É. Pommier, Parts, Macula, 1989.

Radnóti S., 1985, Das Pathos und der Dämon. Über Aby Warburg, *Acta Historiae Artium Academiae Scientiarum,* XXXI, 91~102.

Ragusa I., 1951, *The Re-Use of Roman Sarcophagi during the Middle Ages and the*

Rampley M., 1999, Archives of Memory: Walter Benjamin's Arcades-Project and Aby Warburg's Mnemosyne Atlas, *The Optic of Walter Benjamin, III. De-, dis-, ex-*, edited by A. Coles, London: Blackdog, 94~117.

Rampley M., 2001, Mimesis and Allegory. On Aby Warburg and Walter Benjamin, *Art History as Cultural History. Warburg's Projects*, edited by R. Woodfield, Amsterdam: G+B Arts International, 121~149.

Rank O., 1923, *Le Traumatisme de la naissance. Influence de la vie prénatale sur l'évolution de la vie psychique individuelle et collective*, translated by S. Jankélévitch, Paris: Payot, 1968.

Raulff U., 1988a, Aby Warburg: Ikonische Prägung und Seelengeschichte, *Wegbereiter der historischen Psychologie*, edited by G. Jüttemann, Munich-Weinheim: Beltz-Psychologie-Verl.-Union, 125~130.

Raulff U., 1988b, Nachwort, in A. Warburg, *Schlangenritual Ein Reisebericht*, Berlin: Klaus Wagenbach, 1988(edited by 1996), 59~95.

Raulff U., 1991a, Parallel gelesen: Die Schriften von Aby Warburg und Marc Bloch Zwischen 1914 und 1924, *Aby Warburg. Akten des Internationalen Symposions Hamburg 1990*, edited by H. Bredekamp, M. Diers & C. Schoell-Glass, Weinheim: VCH-Acta Humaniora, 167~178.

Raulff U., 1991b, Zur Korrespondenz Ludwig Binswanger-Aby Warburg im Universitätsarchiv Tübingen, 앞의 책, 55~70.

Raulff U., 1998, The Seven Skins of the Snake. Oraibi, Kreuzlingen and Back: Stations on a Journey into Light, translated by D. Mcewan, *Photographs at the Frontier. Aby Warburg in America, 1895~1896*, edited by B. Cestelli Guidi & N. Mann, London: The Warburg Institute-Merrell Holberton, 64~74.

Reboul-Lachaux C., 1921, Du maniérisme dans la démence précoce et dans les autres psychoses, *Sémiologie clinique et psychogénèse*, Montpellier, Firmin & Montané.

Recht, R(eds), 1992, *L'Art et les révolutions, VI. Survivances et réveils de l'architecture gothique*, Strasbourg: Société alsacienne pour le Développement de l'Histoire de l'Art.

Recht R., 1995, Du style aux catégories optiques, *Relire Wölfflin*, edited by M. Waschek, Paris: Musée du Louvre-École nationale supérieure des Beaux-Arts, 31~59.

Régnard P. & Richer P., 1878, Études sur l'attaque hystéro-épileptique faites à l'aide de la méthode graphique, *Revue mensuelle de médecine et de chirurgie*, II, 641~661.

Rehm W., 1929, Der Renaissancekult um 1900 und seine Überwindung, *Zeitschrift für deutsche Phiologie*, LIV, 296~328.

Reinach S., 1924, L'histoire des gestes, *Revue archéologique*, XX, 64~79.

Requeno V., 1784, *Saggi sul ristabilimento dell'antica arte de' greci e romani pittori*, Venise: Gatti.

Requeno V., 1797, *Scoperta della chironomia, ossia l'arte di gestire con le mani*, edited by G. R. Ricci, Palerme, Sellerio, 1982.

Reumont A. Von, 1883, *Lorenzo di Medici*, Leipzig: Duncker & Humblot.

Rey J.-M., 1979, *Des mots à l'oeuvre*, Paris: Aubier-Montaigne.

Ribot T., 1881, *L'Hérédité psychologique*, Paris: Alcan, edited by Revue,1890.

Ribot T., 1914, *La Vie inconsciente et les mouvements*, Paris: Alcan.

Ricci C., 1887, *L'arte dei bambini*, Bologne: Zanichelli.

Richer P., 1881, *Études cliniques sur la grande hystérie Ou hystéro-épilepsie*, Paris: Delahaye & Lecrosnier, edited by Revue, 1885.

Richer P., 1902, *L'Art et la médecine*, Paris: Gaultier, Magnier et Cie.

Richter S., 1992, *Laocoon's Body and the Aesthetics of Pain: Winckelmann, Lessing, Herder, Moritz, Goethe*, Detroit: Wayne State University Press.

Richthofen F. F. Von, 1886, *Führer für Forschungsreisende. Anleitung zu Beobachtungen über Gegenstände der physischen Geographie und Geologie*, Berlin: Oppenheim.

Riegl A., 1893, *Questions de style. Fondements d'une histoire de l'ornementation*, translated by H.-A. Baatsch & F. Rolland, Paris: Hazan, 1992.

Riegl A., 1901, Die *Spätrömische Kunstindustrie*, Vienne: Österr. Staatsdruckerei, edited by 1927, translated by Rolf Winkes. *Late Roman Art Industry*, Rome: Brethneider.

Rilke R.-M., 1929, *Lettres à un Jeune poète*, translated by B. Grasset & R. Biemel, Paris: Grasset, 1956. 송영택 역[2018], 『젊은 시인에게 보내는 편지』, 문예출판사.

Rio A.-F., 1861~1867, *De L'art chrétien*, Paris: Hachette.

Ritvo L. B., 1990, *L'Ascendant de Darwin sur Freud*, translated by P. Lacoste, Paris: Gallimard, 1992.

Ritzenhofen H., 1979, *Kontinuität und Krise. Jacob Burckhardts ästhetische Geschi-*

chtskonzeption, Cologne: thèse de l'Université.

Robling F. H., 1996, Plastische Kraft. Versuch über Rhetorische Subjektivität bei Nietzsche, *Nietzsche-Studien*, XXV, 87~98.

Roeck B., 1996, Psychohistorie im Zeichen Saturns. Aby Warburgs Denksystem und die moderne Kulturgeschichte, *Kulturgeschichte heute*, edited by W. Hardtwig & H.-U. Wehler, Göttingen: Vandenhoeck & Ruprecht, 231~254.

Roeck B., 1997, *Der junge Aby Warburg*, Munich: Beck.

Rosenberg J. D., 1985, *Carlyle and the Burden of History*, Oxford: Clarendon Press.

Roth J., 1932, *La Marche de Radetzky*, translated by B. Gidon & A. Huriot, Paris: Le Seuil, 1982(edited by 1995).

Saintyves P., 1930, *En marge de la Légende dorée: songes, miracles et survivances. Essai sur la formation de quelques thèmes hagiographiques*, Paris: Nourry.

Salin E., 1948, *Jacob Burckhardt und Nietzsche*, Heidelberg: Schneider.

Salin E., 1959, *Vom deutschen Verhängnis. Gespräch an der Zeitenwende: Burckhardt-Nietzsche*, Hamburg: Rowohlt.

Salis A. Von, 1947, *Antike und Renaissance. Über Nachleben und Weiterwirken der Alten in der neueren Kunst*, Erlenvach-Zurich: Rentsch.

Sapori A., 1963, Considerazioni sul 'Rinascimento' un secolo dopo l'opera di Jacob Burckhardt, *Atti della Accademia nazionale dei Lincei*, CCCLX, 363~376.

Sardo D(eds), 2000, *Projecto Mnemosyne*, Coimbra: Encontros de Fotografia.

Sassi M. M., 1982, Dalla scienza delle religioni di Usener and Aby Warburg, *Aspetti di Hermann Usener, filologo della religione*, edited by G. Arrighetti et al., Pise: Giardini, 65~91.

Sauerländer W., 1988, *Pour la délivrance du passé: Aby Warburg, une biographie intellectuelle*, par E. H. Gombrich, translated by E. Jollet, *Histoire de l'art*, no. 5~6, 1989, 5~10.

Sauvanet P., 2000, *Le Rythme et la raison*, I. *Rythmologiques*, Paris: Kimé.

Sax B. C., 1989, Foucault, Nietzsche, History: Two Modes Of the Genealogical Method, *History of European Ideas*, XI, 769~781.

Saxl F., 1920, Das Nachleben der Antike. Zur Einführung in die Bibliothek Warburg, *Hamburger Universitäts-Zeitung*, II, no. 11, 1~4.

Saxl F(ed), 1921~1932, *Vorträge der Bibliothek Warburg*, I-IX, Leipzig-Berlin: Teubner.

Saxl F., 1922, Rinascimento dell'antichità. Studien zu den Arbeiten A. Warburgs,

Repertorium für Kunstwissenschaft, XLIII, 220~272.

Saxl F., 1923, Die Bibliothek Warburg und ihr Ziel, *Vorträge der Bibliothek Warburg, 1921~1922*, Leipzig-Berlin: Teubner, 1~10.

Saxl F., 1929~1930, Warburg's Visit to New Mexico, *Lectures*, London: The Warburg Institute, 1957, I, 325~330.

Saxl F., 1930a, Die Bildersammlung zur Geschichte von Sternglaube und Sternkunde, in A. Warburg, *Ausgewählte Schriften und Würdigungen*, edited by D. Wuttke, Baden-Baden: Valentinkoerner, 1980, 327~329.

Saxl F., 1930b, Die kulturwissenschaftliche Bibliothek Warburg in Hamburg, 앞의 책, 331~334.

Saxl F., 1930c, Warburgs Mnemosyne-Atlas, 앞의 책, 313~315.

Saxl F., 1931, *Mithras. Typengeschichtliche Untersuchungen*, Berlin: Heinrich Keller.

Saxl F., 1932, Die Ausdrucksgebärden der bildenden Kunst, *Bericht über den XII. Kongress der deutschen Gesellschaft für Psychologie in Hamburg*, edited by G. Kafka, Iena, Fischer, 13~15, translated by P. Rusch, Les gestes expressifs dans les arts plastiques, *Trafic*, no. 38, 2001, 133~143.

Saxl F., 1935, The Origin and Survival of a Pictorial Type(the Mithras Reliefs), *Proceedings of the Classical Association*, XXXII, 32~35.

Saxl F., 1936, Veritas Filia Temporis, Philosophy and History, *Essays Presented to Ernst Cassirer*, edited by R. Klibansky & H. J. Paton, Oxford: Clarendon Press, 197~222.

Saxl F., 1938, *Classical Antiquity in Renaissance Painting*, London: The National Gallery.

Saxl F., 1938~1939, Pagan Sacrifice in the Italian Renaissance, *Journal of the Warburg Institute*, II, 346~367.

Saxl F., 1941, Mithras — The History of an Indo-European Divinity, *Lectures*, London: The Warburg Institute, 1957, I, 13~44.

Saxl F., 1944, The History of Warburg's Library, in E. H. Gombrich, *Aby Warburg. An Intellectual Biography*, London: The Warburg Institute(2nd edition, Chicago-Oxford: The University of Chicago Press-Phaidon, 1986), 325~338.

Saxl F., 1947, Continuity and Variation in the Meaning of Images, *Lectures*, London: The Warburg Institute, 1957, I, 1~12.

Saxl F., 1948, Why Art History?, 앞의 책, I, 345~357.

Schade S., 1993, Charcot and the Spectacle of the Hysterical Body. The 'Pathos

Formula' as an Aesthetic Staging of Psychiatrie Discourse — A Blind Spot in the Reception of Warburg, translated by A. Derieg, *Art History*, XVIII, 1995, 499~517.

Scheler M., 1913, *Zur Phänomenologie und Theorie der Sympathiegefühle und von Liebe und Hass*, Halle: Niemeyer.

Scheler M., 1923, *Wesen und Formen der Sympathie*, Bonn: Friedrich Cohen.

Scherner K. A., 1861, *Das Leben des Traums*, Berlin: Schindler.

Schiller F., 1792a, Sur l'art tragique, *Textes esthétiques*, translated by N. Briand, Paris: Vrin, 1998, 307~338. Upon the Tragic, in *The Aesthetic Letters, Essay, and the Philosophical Letters of Schiller*, translated by John Weiss, 199~238, Boston: C. C. Little and J. Brown.

Schiller F., 1792b, Sur le pathétique, 앞의 책, 151~172. 'Upon the Pathetic', in *The Aesthetic Letters, Essay, and the Philosophical Letters of Schiller*, translated by John Weiss, 199~238, Boston: C. C. Little and J. Brown.

Schlaffer H. & H., 1975, *Studien zum ästhetischen Historismus*, Frankfurt: Suhrkamp.

Schlink W., 1997, Jacob Burckhardt et le 'rôle' de l'historien de l'art, translated by A. Virey-Wallon, *Relire Burckhardt*, Paris: Musée du Louvre-ENSBA, 21~53.

Schlosser J. Von, 1894, Heidnische Elemente in der christlichen Kunst des Altertums, *Präludien*, Berlin: Bard, 1927, 9~43.

Schlosser J. Von, 1908, *Die Kunst- und Wunderkammern der Spätrenaissance. Ein Beitrag zur Geschichte des Sammelwesens*, Leipzig: Klinkhardt & Biermann.

Schlosser J. Von, 1911, *Geschichte der Porträtbildnerei in Wachs. Ein Versuch*, edited by T. Medicus, Berlin: Akademie Verlag, 1993, translated by É. Pommier, *Histoire du portrait en cire*, Paris: Macula, 1997

Schlosser J. Von, 1924a, *Ein Lebenskommentar*, translated by G. Federici Ajroldi, Commentario della mia vita, *La storia dell'arte nelle esperienze et nei ricordi di uno sua cultore*, Bari: Laterza, 1936.

Schlosser J. Von, 1924b, *La Littérature artistique. Manuel des sources de l'histoire de l'art moderne*, translated by J. Chavy, Paris: Flammarion, 1984.

Schmarsow A., 1886, *Donatello. Eine Studie über den Entwicklungsgang des Künstlers und die Reihenfolge seiner Werke*, Breslau-Leipzig: Breitkopf & Hartel.

Schmarsow A., 1893, *Das Wesen der architektonischen Schöpfung*, Leipzig: Hiersemann, 1894.

Schmarsow A., 1899, *Beiträge zur Ästhetik der bildenden Künste, III. Plastik, Malerei* und Reliefkunst in ihrem gegenseitigen Verhältnis, Leipzig: Hirzel.

Schmarsow A., 1905, Grundbegriffe der Kunstwissenschaft am Übergang vom Altertum zum Mittelalter, kritisch erörtert und in systematischem Zusammenhange dargestellt, Leipzig-Berlin: Teunbner.

Schmarsow A., 1907a, Erläuterungen und Kommentar zu Lessings Laokoon, Leipzig: Quelle & Meyer.

Schmarsow A., 1907b, Kunstwissenschaft und Völkerpsychologie. Ein Versuch zur Verständigung, Zeitschrift für Ästhetik und allgemeine Kunstwissenschaft, II, 306~339 & 469~500.

Schmarsow A., 1921, Gotik in der Renaissance. Eine kunsthistorische Studie, Stuttgart: Ferdinand Enke.

Schmarsow A., 1923, Sandro del Botticello, Dresden: Carl Reissner.

Schmarsow A., 1929, Vom Organismus Unserer Kunstwelt, Zeitschrift für Ästhetik und allgemeine Kunstwissenschaft, XXIII, 209~230.

Schmidt J. F. J., 1879, Studien über Erdbeben, Leipzig: Georgi(2nd edition, 1881).

Schmidt P., 1993, Aby M. Warburg und die Ikonologie, Wiesbaden: Harrassowitz.

Schmitt J.-C., 1990, La Raison des gestes dans l'Occident médiéval, Paris: Gallimard.

Schnapp A., 1993, La Conquête du passé. Aux origines de l'archéologie, Paris: Carré. (reedited in Le Livre de Poche, 1998).

Schneider C. M., 1990, Wilhelm Wundts Völkerpsychologie. Entstehung und Entwicklung eines in Vergessenheit geratenen, wissenschaftshistorisch relevanten Fachgebietes, Bonn: Bouvier.

Schoell-Glass C., 1998a, Aby Warburg und der Antisemitismus. Kulturwissenschaft als Geistespolitik, Frankfurt: Fischer.

Schoell-Glass C., 1998b, An Episode of Cultural Politics During the Weimar Republic: Aby Warburg and Thomas Mann Exchange a Letter Each, Art History, XXI, no. 1, 107~128.

Schoell-Glass C., 1999, Aby Warburg: Forced Identity and 'Cultural Science', Jewish Identity in Modern Art History, edited by C. M. Soussloff, Berkeley-Los Angelesondon: University of California Press, 218~230.

Schoell-Glass C., 2001, 'Serious Issues': The Last Plates of Warburg's Picture Atlas Mnemosyne, Art History as Cultural History. Warburg's Projects, edited by R. Woodfield, Amsterdam: G+B Arts International, 183~208.

Schopenhauer, A. 1819, Die Welt als Wille und Vorstellung. 홍성광 역[2009], 『의지와

표상으로서의 세계』, 을유문화사.

Schulin E., 1994, Kulturgeschichte und die Lehre von den Potenzen. Bemerkungen zu zwei Konzepten Burckhardts und ihrer Weiterentwicklung im 20. Jahrhundert, *Umgang mit Jacob Burckhardt*, edited by H. R Guggisberg, Bâle-Munich: Schwabe-Beck, 87~100.

Schuller M., 1993, Unterwegs. Zum Gedächtnis. Nach Aby Warburg, *Denkräume. Zwischen Kunst und Wissenschaft*, edited by S. Baumgart & al., Berlin: Dietrich Reimer, 149~160.

Schur M., 1972, *La Mort dans la vie de Freud*, translated by B. Bost, Paris: Gallimard, 1975.

Secchil L., 1996, Il metodo iconologico di Erwin Panofsky e le sue origini nel modello interpretativo dell'Istituto Aby Warburg, *Accademia Clementina. Atti e memorie*, N. S., XXXV-XXXVI, 207~245.

Seeba H. C., 1985, Geschichte als Dichtung. Herders Beitrag zur Ästhetisierung der Geschichtsschreibung, *Storia della Storiografia/History of Historiography*, no. 8, 50~72.

Seeba H. C., 1986, Winckelmann: Zwischen Reichshistorik und Kunstgeschichte. Zur Geschichte eines Paradigmawechsels in der Geschichtsschreibung, *Aufklärung und Geschichte. Studien zur deutschen Geschichtswissenschaft im 18. Jahrhundert*, edited by H. E. Bodeker & al., Göttingen: Vandenhoeck & Ruprecht, 29 9~323.

Semon R. W., 1904, *Die Mneme als erhaltendes Prinzip im Wechsel des organischen Geschehens*, Leipzig: Engelmann.

Semon R. W., 1909, *Die mnemischen Empfindungen in ihren Beziehungen zu den Originalempfindungen*, Leipzig: Engelmann, edited by 1922.

Semper G., 1878~1879, *Der Stil in den technischen und tektonischen Künsten, oder praktische Ästhetik. Ein Handbuch für Technzker, Künstler und Kunstfreunde*, Munich: Bruckmann.

Semper H., 1906, *Das Fortleben der Antike in der Kunst des Abendlandes*, Esslingen: Neff.

Settis S., 1981, Presentazione à J. Seznec, La sopravvivenza degli antichi dei, *Saggio sul ruolo della tradizione mitologica nella cultura e nell'arte rinascimentali*, Turin: Boringhieri, XIX-XXIX.

Settis S., 1985, Warburg *continuatus. description d'une bibliothèque*, translated by

H. Monsacré, *Le Pouvoir des bibliothèques. La mémoire des livres en Occident*, edited by M. Baratin & C. Jacob, Paris: Albin Michel, 1996, 122~173.

Settis S., 1993, Künstgeschichte als vergleichende Kulturwissenschaft: Aby Warburg, die Pueblo-Indianer und das Nachleben der Antike, Künstlerischer Austausch-Artistic Exchange, *Akten des XXVIII. internationalen Kongresses für Kunstgehichte*, edited by T. W. Gaehtgens, Berlin: Akademie Verlag, 139~158.

Settis S., 1997, Pathos und Ethos, Morphologie und Funktion, *Vorträge aus dem Warburg-Haus*, I, 31~73.

Settis S., 1999, *Laocoonte. Fama e stile*, Rome: Donzelli.

Seznec J., 1940, *La survivance des dieux antiques. Essai sur le rôle de la tradition mythologique dans l'humanisme et dans l'art de la Renaissance*, London: The Warburg Institute. reedited in Paris: Flammarion, 1980. *The Survival of Pagan Gods: The Mythological Tradition and its Place in Renaissance Humanism and Art*, New York: Harper.

Shakespeare W., 1610, *The Tempest*, translated by P. Leyris, *La Tempête*, Paris: Flammarion, 1991. 이경식 역[2009], 『템페스트』, 문학동네.

Siebeck H., 1875, *Das Wesen der ästhetischen Anschauung. Psychologische Untersuchungen zur Theorie des Schönen und der Kunst*, Berlin: Dümmler.

Siebeck H., 1877, *Das Traumleben der Seele*, Berlin: Habel.

Siebeck H., 1906, *Über Musikalische Einfühlung*, Leipzig: Voigtlander sverlag.

Siebert I., 1991, *Jacob Burckhardt. Studien zur Kunst- und Kulturgeschichtsschreibung*, Bâle: Schwabe.

Simmel G., 1892~1907, *Les Problèmes de la philosophie de l'histoire. Une étude d'épistémologie*, translated by R. Boudon, Paris: PUF, 1984.

Simmel G., 1911, *Le Concept et la tragédie de la culture*, translated by S. Cornille & P. Ivernel, *La Tragédie de la culture et autres essais*, Paris: Rivages, 1988, 177~215. 김덕영 역[2007], 『게오르그 짐멜의 문화이론』, 길.

Sitt M., 1992, *Kriterien der Kunstkritik. Jacob Burckhardts unveröffentlichte Ästhetik als Schlüssel seines Rangsystems*, Vienne: Bohlau.

Sitt M., 1994, Jacob Burckhardt as Architect of a New Art History, *Journal of the Warburg and Courtauld Institutes*, LVII, 227~242.

Spagnolo-Stiff A., 1999, L'appello di Aby Warburg a un'intesa italo-tedesca: La guerra del 1914~1915, *Rivista Illustrata, Storia dell'arte e politica culturale intorno al 1900. La fondazione dell'Istituto Germanico di Storia dell'arte di Firenze*, edited by M. Seidel, Venise: Marsilio, 249~269.

Spencer H., 1873, *The Study of Sociology*, edited by T. Parsons, Ann Arbor, University of Michigan Press, 1961, translated by Anonyme, *Introduction à la science sociale*, Paris: Baillière, 1874.

Springer A., 1848, *Die Hegel'sche Geschichtsanschauung*, Tübingen: Fues.

Springer A., 1867, *Bilder aus der neueren Kunstgeschichte*, Bonn: Adolph Marcus.

Stein E., 1917, *Zum Problem der Einfühlung*, Halle: Waisenhaus.

Steinberg M. P., 1995, Aby Warburg's Kreuzlingen Lecture: a Reading, in *A. Warburg, Images from the Region of the Pueblo Indians of North America*, translated by M. P. Steinberg, Ithaca-London: Cornell University Press, 59~114.

Stockhausen T. Von, 1992, *Die kulturwissenschaftliche Bibliothek Warburg. Architektur, Einrichtung und Organisation*, Hamburg: Dölling & Galitz.

Straus E., 1935, *Du sens des sens. Contribution à l'étude des fondements de la psychologie*, translated by G. Thinès & J.-P. Legrand, Grenoble: Jérôme Millon, 1989.

Syamken G., 1980, Warburgs Umwege als Hermeneutik, More Majorum, *Jahrbuch der Hamburger Kunstsammlungen*, XXV, 15~26.

Symonds J. A., 1881, *Renaissance in Italy. Italian Literature*, London: Smith.

Szondi P., 1974, *Poésie et poétique de l'idéalisme allemand*, translated & directed by J. Bollack, Paris: Minuit, 1975.

Taine H., 1866, *Voyage en Italie. Florence et Venise*, Paris: Julliard, 1965.

Tanturli G., 1976, Le biografie d'artisti prima del Vasari, *Il Vasari storiografo e srtista. Atti del congresso internazionale nel IV centenario della morte(1974)*, Florence: Istituto nazionale di Studi sul Rinasdmento, 275~298.

Tatar G., 1989, The Gates of Hades: World History and European Classical Philology, *History of European Ideas*, X, 161~173.

Thode H., 1885, *Franz von Assisi und die Anfänge der Kunst der Renaissance in Italien*, Berlin: Grote.

Topel R., 1982, *Die allgemeine Psychologie Wilhelm Wundts. Wundt und Helmholtz. Zwei beiträge zur Theorie der Sinneswahrnehmung*, Leipzig: Thèse de l'Université.

Tort P., 1983, *La Pensée hiérarchique et l'évolution*, Paris: Aubier Montaigne.

Tort P., 1992, L'effet réversif de l'évolution. Fondements de l'anthropologie darwinienne, *Darwinisme et société*, edited by P. Tort, Paris: PUF, 13~46.

Tort P., 1996a, Évolution Régressive, *Dictionnaire du darwinisme et de l'évolution*, edited by P. Tort, Paris: PUF, I, 1594~1597.

Tort P., 1996b, Rétrogression, 앞의 책, III, 3677.

Trottein S., 1983, Aby Warburg: esquisse d'une iconologie de l'iconologie, *Urbi. Arts, histoire et ethnologie des villes*, VII, 34~47.

Tylor E. B., 1861, *Anahuac: Or Mexico and the Mexicans, Ancient and Modern*, London: Green, Longman & Roberts.

Tylor E. B., 1865, *Researches into the Early History of Mankind and the Development of Civilization*, London: Murray.

Tylor E. B., 1869a, On Traces of the Early Mental Condition of Man, *Proceedings of the Royal Institution of Great Britain*, V, 1866~1869, 83~93.

Tylor E. B., 1869b, On the Survival of Savage Thought in Modern Civilization, 앞의 책, 522~535.

Tylor E. B., 1871, *Primitive Culture. Researches into the Development of Mythology, Philosophy, Religion, Art, and Custom*, London: Murray, translated by P. Brunet, *La Civilisation primitive*, Paris: Reinwald, 1876~1878. 유기쁨 역[2018], 『원시문화: 신화, 철학 종교, 언어, 기술 그리고 관습의 발달에 관한 연구』, 아카넷.

Tylor E. B., 1874, Conservatism-Variation-Invention, *The Collected Works of Edward Burnett Tylor*, VII, London: Routledge-Thoemmes Press, 1994, 137~138(원문 페이지).

Tylor E. B., 1881, *Anthropology: An Introduction to the Study of Man and Civilization*, London: Macmillan.

Uekermann G., 1985, *Renaissancismus und Fin de Siècle. Die italienzsche Renaissance in der deutschen Dramatik der letzten Jahrhundertwende*, Berlin-New York: Waer de Gruyter.

Uexküll J. Von, 1934, *Mondes animaux et monde humain*, translated by G.Kriszat, Paris: Gonthier, 1965.

Usener H., 1882, *Philologie und Geschichtswissenschaft*, Bonn: Maxcohen.

Usener H., 1887, *Altgriechischer Versbau. Ein Versuch vergleichen der Metrik*, Bonn: Max Cohen.

Usener H., 1889, *Christlicher Festbrauch. Schriften des ausgehenden Mittelalters*, Bonn: Max Cohen.

Usener H., 1896, *Götternamen. Versuch einer Lehre von der religiösen Begriffsbildung*, Bonn: Friedrich Cohen.

Usener H., 1904, *Mythologie*, Archiv für Religionswissenschaft, VII, 6~32.

Usener H., 1912~1913, *Kleine Schriften*, Leipzig-Berlin: Teubner.

Vasari G., 1550~1568. *Les Vies des meilleurs peintres, sculpteurs et architectes*, translated & directed by A. Chastel, Paris: Berger-Levrault, 1981~1988. 이근배 역[2018], 『르네상스 미술가 평전』(1~6권), 한길사.

Vernant J.-P., 1975, Religion grecque, religions antiques, *Religions, histoires, raisons*, Paris: Maspero, 1979, 5~34.

Vertov D., 1922, *Nous(variante du manifeste)*, translated by S. Mossé & A. Robel, Articles, journeaux, projets, Paris: Cahiers du cinéma, 1972, 15~20.

Vestuti G., 1994, *Considerazioni sociologiche sulla scuola di Warburg*, Milan: Pubblicazioni dell'ISU-Università cattolica.

Vietta S(eds), 1994, *Romantik und Renaissance. Die Rezeption der italienischen Renaissance in der deutschen Romantik*, Stuttgart-Weimar: Metzler.

Vignoli T., 1877, *Della legge fondamentale dell'intelligenza nel regnoanimale. Saggio di psicologia comparata*, Milan: Dumolard.

Vignoli T., 1879, *Mito e Scienza. Saggio*, Milan: Dumolard.

Vignoli T., 1895, *Peregrinazioni psicologiche*, Milan: Hoepli.

Vignoli T., 1898, *Peregrinazioni antropologiche e fisiche*, Milan:Hoepli.

Vischer F. T., 1846~1857, *Ästhetik oder Wissenschaft des Schönen*, Leipzig-Reutlingen: Macken.

Vischer F. T., 1861~1873, *Kritische Gänge*, Stuttgart: Cotta.

Vischer F. T., 1887, Das Symbol, *Kritische Gänge*, IV, Munich: Meyer & Jessen, 1922, 420~456.

Vischer R., 1873, Über Das optische Formgefühl. Ein Beiträg zur Ästhetik, Leipzig: Hermann Credner, 1873, translated by H. F. Mallgrave & E. Ikonomou, On the Optical Sense of Form: A Contribution to Aesthetics, *Empathy, Form, and Space. Problems in German Aesthetics, 1873~1893*, Santa Monica: Getty Center For The History of Art and The Humanities, 1994, 89~123.

Vischer R., 1879, *Luca Signorelli und die Italienische Renaissance Eine Kunstistorische Monographie*, Leipzig: Veit.

Vischer R., 1886, *Studien zur Kunstgeschichte*, Stuttgart: Adolf Bonz.

Voth H. R., 1903, *The Oraibi Summer Snake Ceremony*, Chicago: Field Museum Publications(Anthropological Series, III, 4).

Vouilloux B., 1996, Winckelmann et l'être-plastique du corps, *Critique*, LII, no. 588,

384~397.

Vozza M., 1990, Ricognozione della Lebensphilosophie, *Rivista di estetica*, XXIX, 91 ~104.

Vuojala P., 1997, Pathosformel, *Aby Warburg ja avain tunteiden taidehistoriaan, Jyväskylä*[Finlande], Jyväskylän Yliopisto.

Vyverberg H., 1958, *Historical Pessimism in the French Enlightenment*, Cambridge: Harvard University Press.

Waetzoldt W., 1921, *Deutsche Kunsthistoriker*, Leipzig: Seemann.

Waetzold W., 1930, In Memoriam Aby Warburg, *Mitteilungen des kunsthistorischen Institutes in Florenz*, III, no. 5, 197~200.

Warburg, 1988, *Warburg und die Warburgs*, Warburg, Hermann Hermes.

Warnke M., 1980a, Der Leidschatz der Menschheit wird Humaner Besitz, *Die Menschenrechte des Auges. Über Aby Warburg*, Frankfurt: Europäische Verlagstalt, 113~186.

Warnke M., 1980b, Vier Stichworte: Ikonologie — Pathosformel — Polarität und Ausgleich — Schlagbilder und Bilderfahrzeuge, *Die Menschenrechte des Auges. Über Aby Warburg*, Frankfurt: Europaische Verlagsanstalt, 53~83.

Warnke M., 1991, Warburg und Wölfflin, *Aby Warburg. Akten des internationalen Symposions Hamburg 1990*, edited by H. Bredekamp, M. Diers & C. Schoell-Glass, Weinheim: VCH-Acta Humaniora, 79~86.

Warnke M., 1994, *Aby Warburg(1866~1929)*, translated by O. Mannoni, *Revue germanique internationale*, no. 2, 123~135.

Warnke M., 1999, Aby Warburg als Wissenschaftspolitiker, *Storia dell'arte e politica culturale intorno al 1900. La Fondazione dell'Istituto Germanico di Storia dell'arte di Firenze*, edited by M. Seidd, Venise: Marsilio, 41~45.

Weege F., 1926, *Der Tanz in der Antike*, Halle-Saale: Max Niemeyer.

Weigall A., 1928, *Survivances païennes dans le monde chrétien*, translated by A. Flournoy, Paris: Payot, 1934. *The paganism in Our Christianity*, London: Hutchinson.

Weigel S., 1992, Lesbarkeit. Zum Bild-und Körpergedächtnis in der Theorie, *Manuskripte. Zeitschrtft für Literatur*, XXXII, No. 115, 13~17.

Weigel S., 1995, Aby Warburg's *Schlangenritual*: Reading Culture and Reading Written Texts, *New German Critique*, XXII, no. 2, 135~153.

Weigel S., 2000, Aby Warburgs 'Göttin im Exil'. Das 'Nymphenfragment' zwischen

Brief und Taxonomie, gelesen mit Heinrich Heine, *Vorträge aus dem Warburg-Haus*, IV, 65~103.

Weitzmann K., 1960, The Survival of Mythological Representations in Early Christian and Byzantine Art and their Impact on Christian Iconography, *Classical Heritage in Byzantine and Near Eastern Art*, London: Variorum Reprints, 1981, 45~68.

Weitzmann K., 1978, The Classical Mode in the Period of the Macedonian Emperors: Continuity or Revival?, 앞의 책, 71~85.

White H., 1973, *Metahistory. The Historical Imagination in Nineteenth-Century Europe*, Baltimore-London: The Johns Hopkins University Press.

Wilkins B. T., 1959, Some Notes On Burckhardt, *Journal of the History of Ideas*, XX, 123~137.

Wilson T. H., 1995, Foucault, Genealogy, History, *Philosophy Today*, XXXIX, no. 2, 157~170.

Winckelmann J. J., 1755, *Gedanken uber die Nachahmung der griechischen Werke in der Malerei und Bildhauerkunst,* translated by M. Charrière, Nîmes: *Réflexions sur l'imitation des Oeuvres grecques en peinture et en sculpture*, Nîmes: Jacqueline Chambon, 1991. 민주식 역[1995], 『그리스 미술 모방론』, 이론과 실천.

Winckelmann J. J., 1764, *Geschichte der Kunst des Alterthums*, Dresden: Walther, translated by M. Huber, *Histoire de l'art chez les Anciens,* Paris: Bossange, Masson & Besson, 1794~1803, translated by G. Henry Lodge, *The History of Ancient Art*, 4 vols, Boston: Osgood.

Wind E., 1931, Warburg's Concept of Kulturwissenschaft and its meaning for Aesthetics, *The Eloquence of Symbols. Studies in Humanist Art*, Oxford: Clarendon Press, 1983, 21~35.

Wind E., 1934, Introduction, in *Kulturwissenschaftliche Bibliographie zum Nachleben der Antike — A Bibliography on the Survival of the Classics,* I, London: Cassell, V-XII.

Wind E., 1935, Warburg Institute Classification Scheme, *Library Association Record*, II, 193~195.

Wind E., 1971, On A Recent Biography of Warburg, *The Eloquence of Symbols. Studies in Humanist Art*, Oxford: Clarendon Press, 1983, 106~113.

Winners R., 1929, *Weltanschauung und Geschichtsauffassung Jacob Burckhardts*, Leipzig-Berlin: Teubner.

Witikower R., 1977, *Allegory and the Migration of Symbols,* translated by D. Hechter,

La Migration des symboles, Paris: Thames & Hudson, 1992.
Wölfflin H., 1886, *Prolégomènes à une psychologie de l'architecture*, translated & directed by B. Queysanne, Paris: Carré, 1996, translated by Florian von Buttlar and Ken Kaiser, *Prolegomena to a psychology of architecture*, Cambridge: MIT, 1976
Wölfflin H., 1899, *Die Klassische Kunst*, translated by C. de Mandach, *L'Art classique. Initiation au génie de la Renaissance italienne*, Paris: Stock, 1970. 안인희 역 [2002], 『르네상스의 미술』, 휴머니스트.
Wölfflin H., 1941, *Réflexions sur l'histoire de l'art*, translated by R. Rochlitz, Paris: Klincksieck, 1982.
Worringer W., 1907, *Abstraktion und Einfühlung: Ein Beiträg zur Stilpsychologie*, translated by E. Martineau, *Abstraction et Einfühlung. Contribution à une psychologie du style*, Paris: Klincksieck, 1978, translated by Bullock, M., *Abstraction and Empathy: A Contribution to the Psychology of Style*, Martino: Fine Books, 2014.
Wotling P., 1995, *Nietzsche et le problème de la civilisation*, Paris: PUF.
Wundt W., 1874, *Grundzüge der physiologischen Psychologie*, Leipzig: Engelmann (edited and reviewed in 1880), translated by E. Rouvier, *Éléments de psychologie physiologique*, Paris: Alcan, 1886, translated by E. B. Titchener, *Principles of Physiological Psychology*, Wentworth Press, 2016.
Wundt W., 1900, *Völkerpsychologie. Eine Untersuchung der Entwicklungsgesetze Von Sprache, Mythus und Sitte*, I. *Die Sprache*, Leipzig: Köneredition 1922.
Wundt W., 1908, *Völkerpsychologie. Eine Untersuchung der Entwicklungsgesetze von Sprache, Mythus und Sitte*, III. *Die Kunst*, Leipzig: Engelmann(2nd edition).
Wundt W., 1910, *Völkerpsychologie. Eine Untersuchung der Entwicklungsgesetze Von Sprache, Mythus und Sitte*, IV-1. *Mythus und Religion*, Leipzig, Engelmann(2nd edition).
Wuttke D., 1977, *Aby M. Warburgs Methode als Anregung und Aufgabe*, Wiesbaden: Harrassowitz(edited by 1990).
Wuttke D., 1986, Ernst Robert Curtius and Aby M. Warburg, in *Acta Conventus Neo-Latini Sanctandreani. Proceedings of the Fifth International Congress of Neo-Latin Studies, Binghamton*, New York: Mcfarlane, 627~635.
Wuttke. D(eds), 1989, *Kosmopolis der Wissenschaft. E. R. Curtius und das Warburg Institute. Briefe 1928 bis 1953 und andere Dokumente*, Baden-Baden: Valentin

Koerner.

Wuttke D., 1993, Aby M. Warburgs Kulturwissenschaft, *Historische Zeitschrift*, 256, 1~30.

Wuttke D., 1998, Aby *M. Warburg — Bibliographie 1866 bis 1995. Werk und Wirkung. Mit Annotationen*, Baden-Baden: Valentin Koerner.

Yates F. A., 1966, *The Art of Memory*, University of Chicago Press, translated by D. Arasse, *L'Art de la Mémoire*, Paris: Gallimard, 1975.

Zanetti G., 1985, La filologia dell'Uomo non sapiens: Aby Warburg, *Intersezioni*, V, no. 1, 173~188.

Zusanek H., 1998, *Die Nymphen. Untersuchungen zum dios-Begriff*, II, Frankfurt-New York: Peter Lang.

■ 저자의 출판 저술 목록(출판 연도순)

1. *Invention de l'Hysterie: Charcot et l'Iconographie photographique de la Salpetriere*. Macula, 1982(영어판: *Invention of Hysteria: Charcot and the Photographic Iconography of the Salpêtrière*, MIT Press, 2004)[히스테리의 발명: 샤르코와 살페트리에르의 사진도상학](박사학위논문)
2. *Memorandum de la Peste. Le fléau d'imaginer*. Christian Bourgois, 1983[페스트의 각서. 상상의 재앙]
3. *Les Démoniaques dans l'art*, de J.-M. Charcot et P. Richer(édition et présentation avec Pierre Fédida). Macula, 1984[샤르코와 리쉐의 미술 속의 악마]
4. *La Peinture incarnée: Suivi de le chef-d'œuvre inconnu par Honoré de Balzac*, Minuit, 1985[육체로 구현된 그림: 발자크의 소설 『미지의 걸작』에 이어서]
5. *Fra Angelico: Dissemblance et Figuration*. Flammarion, 1990(영어판: *Fra Angelico: Dissemblance and Figuration*, Univ. of Chicago Press, 1995)[프라 안젤리코: 비유사성과 형상화])
6. *Devant l'Image: Questions posée aux fins d'une histoire de l'art*, Minuit, 1990(영어판: *Confronting Images: Questioning the Ends of a Certain History of Art*, Penn State Univ. Press, 2004)[이미지 앞에서: 어떤 미술사의 종말을 묻는 질문들]
7. *Ce que nous voyons, Ce qui nous regarde*, Minuit, 1992[우리가 보는 것, 우리를 응시하는 것]
8. *Á Visage découvert*(director et présentation). Flammarion, 1992[드러난 얼굴]
9. *Le Cube et le visage: Autour d'une sculpture d'Alberto Giacometti*. Macula, 1992 (영어판: *The Cube and the Face: Around a Sculpture by Alberto Giacometti*, Diaphanes, 2015)[큐브와 얼굴: 알베르트 자코메티의 조각 주변에서]
10. *Saint Georges et le dragon: Versions d'une legende*(with R. Garbetta & M. Morgaine), Adam Biro, 1994[성 조지와 용: 전설의 버전들]
11. *L'Empreinte du Ciel*(édition et présentation des *Caprices de la foudre*, de

Camille Flammarion). Antigone, 1994[천국의 각인]

12. *La Ressemblance informe, ou Le Gai savoir visuel selon Georges Bataille*, Macula, 1995[형태가 일정치 않은 유사성 또는 바타이유의 즐거운 시각적 지식]
13. *L'Empreinte, du centre Georges Pompidou*, 1997[각인]
14. *Phasmes, Essais sur l'apparition*, Minuit, 1998[대벌레, 유령에 관한 에세이]
15. *L'Étoilement, Conversation avec Simon Hantaï*, Minuit, 1998[별 모양: 한타이와의 대화]
16. *Ouvrir Vénus: Nudité, rêve, cruauté(l'Image Ouvrante, I)*, Gallimard, 1999[비너스를 열다. 누드, 꿈, 잔인함](오프닝 이미지, 1)
17. *La Demeure, La souche: Apparentements de l'artiste, sur Pascal Convert*, Minuit, 1999[체류, 그루터기: 예술가의 연합, 콩베르에 대하여]
18. *Être crâne: Lieu, contact, pensée, sculpture, sur Giuseppe Penone*, Minuit, 2000 (영어판: *Being a Skull: Site, Contact, Thought, Sculpture*, Univocal Publishing, 2016)[해골 되기: 장소, 접촉, 사유, 조각 – 페노네에 대하여]
19. *Devant le temps: Histoire de l'art et anachronisme des images*, Minuit, 2000[시간 앞에서: 미술사와 이미지의 시대착오]
20. *Génie du non-lieu: Air, poussiére, empreinte, hantise*, Minuit, 2001[비장소의 천재: 공기, 먼지, 각인, 유령]
21. *L'Homme qui marchait dans la couleur, sur James Turrell*, Minuit, 2001(영어판: *The Man Who Walked in Color*, Univocal Publishing, 2017)[색채 속을 걷는 사람: 터렐에 관해](한국어판: 이나라 역[2019], 『색채 속을 걷는 사람』, 현실문화A)
22. *L'Image survivante. Histoire de l'art et temps des fantômes selon Aby Warburg*, Minuit, 2002[잔존하는 이미지: 바르부르크의 미술사와 유령의 시간]
23. *Ninfa moderna: Essai sur le drapé tombé*, Gallimard, 2002[현대의 닌파: 떨어진 주름에 대한 에세이]
24. *Images malgré tout*, Minuit, 2004(영어판: *Images in Spite of All: Four Photographs from Auschwitz*, Univ. of Chicago Press, 2012)[그림에도 불구하고 이미지] (한국어판: 오윤성 역[2017], 『모든 것을 무릅쓴 이미지』, 레베카)
25. *Mouvements de l'air. Étienne-Jules Marey, photographe des fluides*(with Laurent Mannoni), Gallimard/Réunion des musées nationaux, 2004[공기의 움직임. 마레, 유체의 사진가]
26. *Gestes d'air et de pierre: Corps, parole, souffle*, image, Minuit, 2005[공기와 돌의 몸짓: 몸, 말, 호흡, 이미지]
27. *Le Danseur des solitudes, sur Israel Galván*, Minuit, 2006[고독의 댄서 갈반에 대하

여]
28. *Ex-voto. Image, organe, temps*, Bayard, 2006[봉헌물: 이미지, 기관, 시간]
29. *L'Image ouverte. Motifs de l'incarnation dans les arts visuels*, Gallimard, 2007[열린 이미지, 시각예술 속 육체 구현의 모티브]
30. *La Ressemblance par contact*, Minuit, 2008[접촉에 의한 유사성]
31. *L'oeil de l'histoire - Tome 1: Quand les images prennent position*, Minuit, 2009 (영어판: *The Eye of History: When Images Take Positions*, MIT Press, 2018)[역사의 눈 1권: 이미지의 위치가 정해졌을 때]
32. *Survivance des lucioles*, Minuit, 2009(영어판: *Survival of the Fireflies*, Univ. of Minnesota Press, 2018)[반딧불의 잔존](한국어판: 김홍기 역[2012], 『반딧불의 잔존: 이미지의 정치학』, 길)
33. *L'oeil de l'histoire - Tome 2: Remontages du temps subi*, Minuit, 2010[역사의 눈 2권: 겪어낸 시간의 재몽타주]
34. *L'oeil de l'Histoire - Tome 3: Atlas ou le gai savoir inquiet*, Minuit, 2011(영어판: *Atlas, or the Anxious Gay Science*, Univ. of Chicago Press, 2018)[역사의 눈 제3권: 아틀라스 또는 걱정스러운 즐거운 지식]
35. *Écorces*, Minuit, 2011(영어판: *Bark*, MIT Press, 2017)[나무껍질]
36. *L'oeil de l'histoire - Tome 4: Peuples exposés, peuples figurants*, Minuit, 2012 [역사의 눈 4권: 전시된 사람들, 형상화하는 사람들]
37. *Blancs soucis*, Minuit, 2013[하얀 걱정]
38. *Sur le fil*, Minuit, Minuit, 2013[실에 관해]
39. *L'Album de l'art à l'époque du 'Musée imaginaire'*, Hazan/Louvre éditions, 2013['상상의 미술관' 시대의 아트 앨범]
40. *Quelle émotion! Quelle émotion?* Bayard, Les petites conférences, 2013[어떤 감정! 어떤 감정?]
41. *Phalènes. Essais sur l'apparition, 2*, Minuit, 2013[나방, 유령에 관한 에세이, 2]
42. *Essayer voir*, Minuit, 2014[보려고 시도하기]
43. *Sentir le grisou*, Minuit, 2014[현기증을 느끼다]
44. *L'oeil de l'histoire - Tome 5: Passés cités par JLG*, Minuit, 2015[역사의 눈 5권: 장 뤽 고다르가 인용한 과거]
45. *Ninfa fluida. Essai sur le drapé-désir*, Gallimard, 2015[흐르는 님파, 욕망하는 주름에 관한 에세이]
46. *Sortir du noir*, Minuit, 2015[어둠에서 벗어나기](한국어판: 이나라 역[2016], 『어둠에서 벗어나기』, 만일)

47. *Uprising*, Gallimard, 2016[폭동]
48. *L'oeil de l'histoire – Tome 6: Peuples en larmes, peuples en armes*, Minuit, 2016[역사의 눈 6권: 눈물을 흘리는 사람들, 무장한 사람들]
49. *Ninfa profunda. Essai sur le drapé-tourmente*, Gallimard, 2017[깊은 닌파. 고통받는 주름에 관한 에세이]
50. *Passer quoi qu'il en coûte*(with Nikki Giannari), Minuit, 2017[무슨 수를 써서라도 지나가다]
51. *Aperçues*, Minuit, 2018[흘낏 보기]
52. *Ninfa dolorosa. Essai sur la mémoire d'un geste*, Gallimard, 2019[슬픔에 잠긴 닌파. 몸짓의 기억에 관한 에세이]
53. *Désirer, désobéir: Ce qui nous soulève, 1*, Minuit, 2019[욕망, 불복종: 우리를 일으킨 것 1]
54. *Pour commencer encore, dialogue avec Philippe Roux*, Argol, 2019[다시 시작하기 위하여. 루와의 대화]
55. *Éparses: Voyage dans les papiers du ghetto de Varsovie*, Minuit, 2020[흩어진: 바르샤바 게토의 신문을 통한 여행]
56. *Imaginer recommencer. Ce qui nous soulève, 2*, Minuit, 2021[다시 시작한다고 상상해보자. 무엇이 우리를 일으켜 세우는지]

■ 미주

1부

1 번역자 「서문」. Pliny the Elder, XXXV, p. 7~27을 참조하라.
2 J. von Schlosser, 1924b, p. 140~152, 221~232. G. Tanturli, 1976, p. 275~298. R. Krautheimer, 1929, p. 49~63. G. Tanturli, 1976, p. 275~298을 참조하라.
3 G. Vasari, 1550~1568, I, p. 41~64.
4 G. Didi-Huberman, 1990a, p. 65~103을 참조하라.
5 M. Foucault, 1966, p. 230.
6 C. Justi, 1898. W. Waeczoldt, 1921, I, p. 51~73. W. Ernst, 1984, p. 255~260. H. von Einem, 1986, p. 315~326. H. C. Seeba, 1986, p. 299~323. F. Haskell, 1991, p. 83~99. J.-R. Mantion, 1991, p. 195~216. A. Potts, 1994, p. 8 등. E. Décultot, 2000을 참조하라.
7 A. C. Quatremère de Quincy, 1796, p. 103
8 J. J. Winckelmann, 1764, I, p. XII~XXII. 여기서 빙켈만은 미학자들의 '일반적 추천사' 그리고 그보다 앞서 태어난 골동품 수집가들의 '이상하고 잘못된 근거'를 혹평한다. 골동품 수집가들의 관례와 막 시작되던 고고학과의 보다 복잡한 관계에 대해서는 A. Momigliano, 1950, p. 67~106. M. Kafer, 1986, p. 46~49. M. Fancelli, 1993. A. Schnapp, 1993, p. 313~333을 참조하라.
9 S. Howard, 1990, p. 162~174를 참조하라.
10 G. Morpurgo-Tagliabue, 1994, p. 77~92. M. Espagne, 1995, p. 143~158을 참조하라. 여기서 그는 이 미적 본질만큼 그것의 문학적·언어적 성질을 강조한다.
11 É. Pommier, 1994, p. 11 & p. 22.
12 A. Potts, 1994, p. 21~22, 31~32; Potts, 1982. 분할에 대한 또 다른 관점은 Davis, 1996. p. 257~265.
13 É. Pommier, 1994, p. 27~28을 참조하라.
14 J. J. Winckelmann, 1764, II, p. 515~516.
15 A. Potts, 1991, p. 11~12.

16 같은 저자, 1994, p. 8 & 50~54.
17 H. Vyverberg, 1958을 참조하라.
18 P.-T. Dechazelle, 1834를 참조하라.
19 H. Dilly, 1979, p. 80에서 재인용.
20 J. J. Winckelmann, 1764, I, p. XI~XII.
21 W. Lepenies, 1986, p. 221~237. É. Pommier, 1994, p. 14~15. B. Vouilloux, 1996, p. 384~397을 참조하라.
22 P. Aubenque, 1962, p. 460~476을 참조하라.
23 J. J. Winckelmann, 1764, I, p. XI.
24 É. Pommier, 1994, p. 12.
25 A. Potts, 1994, p. 33~46을 참조하라.
26 J. G. Herder, 1778, p. 37 & 42.
27 앞의 책, p. 42 & 47.
28 앞의 책, p. 48. 헤르더의 에세이에 관해서는 H. C. Seeba, 1985, p. 50~72, 빙켈만 학파의 역사 개념의 사변적 측면에 관해서는 H. C. Seeba, 1986, p. 299~323을 참조하라.
29 J. Erichsen, 1980. A. Potts, 1994, p. 145~181을 참조하라.
30 M. Embach, 1989, p. 97~113을 참조하라.
31 J. J. Winckelmann, 1764, I, p. 342~343.
32 같은 저자, 1755, p. 22~33.
33 앞의 책, p. 15~21. '좋은 취향'이라는 표현은 이 저서의 첫 줄에 등장한다.
34 앞의 책, p. 36.
35 같은 저자, 1764, I, p. 415~416. 텍스트의 나머지 부분(p. 416~434)은 '인물의 품위'(특히 무희들)와 '폭력적 열정'에 대한 비판에 할애되었다.
36 J. J. Winckelmann, 1764, II, p. 515~516.
37 A. Potts, 1991, p. 11~12.
38 M. Fried, 1986, p. 87~97.
39 J. J. Winckelmann, 1764, II, p. 516.
40 같은 저자, 1755, p. 16.
41 G. Didi-Huberman, 1990a, p. 89~94를 참조하라.
42 J. G. Herder, 1778, p. 42.
43 A. Warburg, 1906, p. 125-135.
44. Didi-Huberman, 1994, p. 405~432. 같은 저자, 1996c, p. 145~163. 같은 저자, 1998b, p. 7~20을 참조하라.
45 E. Cassirer, 1929a, p. 53~59. E. Panofsky, 1929, p. 248~251. W. Waetzold, 1930, p. 197~200.

46 W. S. Heckscher, 1967, p. 253~280. U. Kultennann, 1993, p. 211~216. G. Bazin, 1986, p. 215~216(650페이지의 책에서 바르부르크에 대한 내용은 40줄에 불과하다)을 참조하라. 바르부르크에 대한 이탈리아에서의 보다 호의적 비평에 대해서는 G. Agosti, 1985, p. 39~50을 참조하라.

47 G. Pasquali, 1930, p. 484

48 E. H. Gombrich, 1970, p. 8~10. F. Cernia Slovin, 1995가 쓴 보다 더 '개인적인' 평전은 그리 신뢰할 수 없다.

49 E. Wind, 1971, p. 106~113.

50 M. Warnke, 1994, p. 126을 참조하라.

51 F. Saxl, 1944, p. 325~338을 참조하라. 1932년에 전집을 처음 기획할 때 작슬은 도서관 카탈로그의 발행을 바르부르크의 별개 '작품'으로 생각했다.

52 E. H. Gombrich, 1970, p. 3.

53 A. Warburg, 1912, p. 178.

54 E. H. Gombrich, 1970, p. 67~68.

55 A. Warburg, 일기. 1906년 11월 24일(E. H. Gombrich, 1970. p. 14에서 재인용).

56 E. H. Gombrich, 1970, p. 16~17.

57 E. Panofsky, 1953, p. 321~346. C. Eisler, 1969, p. 544~629를 참조하라.

58 R. Klein, 1970, p. 224.

59 G. Agamben, 1984, p. 9~43.

60 G. Bing, 1960, p. 101. 같은 저자, 1965, p. 300. 같은 저자, 1966, p. IX-XXXI를 참조하라.

61 완전한 서지에 대해서는 D. Wuttke, 1998을 참조하라.

62 D. Wuttke, 1977. M. Warnke, 1980a, p. 113~186. C. H. Landauer, 1981, p. 67~71. H. Bredekamp, 1991, p. 1~6을 참조하라.

63 빙은 '바르부르크가 유산의 크기로 인해 가려져 있다'고 말한다. G. Bing, 1965, p. 300~301을 참조하라. G. Vesruti, 1994는 바르부르크학파의 '사회학'이 매우 설득력이 없음을 밝혀보려고 했었다.

64 C. Ginzburg, 1966, p. 39~96. E. Castelnuovo, 1977, p. 7~9. J. Bialostocki, 1981, p. 25~43. M. Podro, 1982, p. 158~168. P. Burke, 1991, p. 39~44를 참조하라.

65 G. Syamken, 1980, p. 15~26을 참조하라.

66 E. Pinto, 1987, p. 91~107. 같은 저자, 1990, p. 11-14를 참조하라. 바르부르크가 '눈길도 주지 않고 모더니티를 경쾌하게 스쳐지나갔다'고 저자는 덧붙인다(10페이지).

67 앞의 책, p. 12. 같은 저자, 1992, p. 27~42.

68 M. Iversen, 1991, p. 281~287. 같은 저자, 1993, p. 541~553을 참조하라.

69 E. H. Gombrich, 1970, p. VII(1986년판「서문」).

70 A. Warburg, 1888년 8월 3일의 편지(앞의 책, p. 39~40에서 재인용).

71 같은 저자, 1923b, p. 254.

72 같은 저자, 1903년 8월에 골드슈미트A. Goldschmidt에게 보낸 편지(앞의 책, p. 111 & 143에서 재인용).

73 A. M. Meyer, 1988, p. 445~452. R. Chernow, 1993, p. 60~61, 121~123, 194~195, 204~205, 286~288을 참조하라. B. Roeck, 1997. 바르부르크 가문의 역사에 대해서는 마찬가지로 D. Farrer, 1974. J. Attali, 1985 & Warburg, 1988을 참조하라.

74 E. H. Gombrich, 1970, p. 37~38 & 55~56을 참조하라.

75 앞의 책, p. 27~31.

76 앞의 책, p. 27 & 38~40.

77 H. Janitschek, 1877, 1879(여기서 후원의 조건이 연구된다. p. 1~27 & 73~99) 그리고 H. Janitschek, 1892를 참조하라.

78 A. Schmarsow, 1886, 1921 & 1923을 참조하라.

79 같은 저자, 1899, p. 57~79(『모방과 조형Mimik und Plastik』), 1907a, 1907b & 1929.

80 E. H. Gombrich, 1970, p. 55~56을 참조하라. 바르부르크의 지적 발전에 대한 곰브리치의 관점은 E. Wind, 1971, p. 112~113을 통해 비판받고 보충된다. 또 바르부르크에게 미친 딜타이의 영향에 대해서는 F. Gilbert, 1972, p. 381~391을 참조하라.

81 A. Warburg, 일기, 1897년 1월 12일(E. H. Gombrich, 1970, p. 95에서 재인용).

82 A. Warburg, 1912, p. 185(불어판, p. 215).

83 같은 쪽.

84 같은 저자, 1902a, p. 90. 같은 저자, 1907b, p. 137~163.

85 같은 저자, 1902a, p. 69.

86 Saxl, 1930b, p. 331~334. 같은 저자, 1944, p. 325~338. C. H. Landauer, 1984. S. Settis, 1985, p. 122~173. H. Dilly, 1991, p. 125~140. T. von Stockhausen, 1992. C. Brosius, 1993. M. Diers(eds), 1993. R. Drommert, 1995, p. 14~18. Mann, 1995, p. 210~227을 참조하라. 작슬이 한 중요한 역할에 대해서는 G. Bing, 1957, p. 1~46을 참조하라.

87 A. Blunt, 1938을 참조하라(페이지가 없다).

88 F. Saxl, 1923, p. 9~10.

89 S. Settis, 1985, p. 128~163. 분류의 진화 자체는 이미지Bild, 단어Wort, 행동Handlung 그리고 방향성Orientierung이라는 개념들 간의 순열로 드러난다.

90 M. Jesinghausen-Lausrer, 1985. D. Wuttke(ed), 1989를 참조하라.

91 E. Cassirer, 1929a, p. 54.

92 A. Warburg, 1923b, p. 254.

93 A. Warburg, 1923c. F. Saxl, 1929~1930, p. 325~330. A. Dal Lago, 1984, p. 67~91. C. Naber, 1988, p. 88~97. P. Burke, 1991, p. 39~44. K. Forster, 1991, p. 11~37. K. Forster, 1996, p. 5~24. S. Settis, 1993, p. 139~158. F. Janshen, 1993, p. 87~112,.S. Weigel, 1995, p. 135~153. P.-A. Michaud, 1998a, p. 169~223을 참조하라.
94 P.-A. Michaud, 1998a, 그림. 66, 68, 70, 80~83을 참조하라.
95 P. Burke, 1991, p. 41을 참조하라.
96 S. Weigel, 1995, p. 135~153을 참조하라.
97 A. Dal Lago, 1984, p. 84~86을 참조하라.
98 G. Bing, 1960, p. 106을 참조하라.
99 A. Dal Lago, 1984, p. 67~91. Y. Maikuma, 1985, p. 6~55. K. Forster, 1996, p. 5~24.
100 E. H. Gombrich, 1970, p. 28~30. M. M. Sassi, 1982, p. 65~91을 참조하라. 바르부르크는 1920년대까지 우제너를 계속 인용했다. A. Warburg, 1920, p. 268을 참조하라.
101 H. Usener, 1882, 1887, 1889, 1896, 1904, 1912~1913을 참조하라. 우제너에 관해서는 특히 R. Bodei, 1982, p. 23~42. A. Momigliano, 1982, p. 33~48; 같은 저자, 1984, p. 233~244를 참조하라.
102 '미술과 판타지의 심리학'에 대해서는 W. Wundt, 1908, p. 3~109를 참조하라. '이미지와 애니미즘'에 대해서는 W. Wundt, 1910, p. 78~321. C. M. Schneider, 1990을 참조하라.
103 '참여의 법칙'에 대해서는 L. Lévy-Bruhl, 1910, p. 68~110 & 352~422를 참조하라. '망자들의 잔존'에 대해서는 L. Lévy-Bruhl, 1922, p. 17~46을 참조하라. '원시 논리'에 대해서는 L. Lévy-Bruhl, 1927, p. 291~327을 참조하라.
104 특히 P. Francastel, 1945를 참조하라.
105 M. Mauss, 1898, 1900, 1904, 1905를 참조하라.
106 J.-P. Vernant, 1975, p. 5~34. M. Detienne, 1981. R. Di Donato, 1982, p. 213~228을 참조하라.
107 G. Didi-Huberman, 1998b, p. 7~10을 참조하라.
108 Le Goff, 1983, p. ii & xxvii을 참조하라. 블로크와 바르부르크의 유사점에 대해서는 U. Raulff, 1991a. p. 167~178을 참조하라.
109 J. Le Goff, 1985, p. I~XXI를 참조하라.
110 A. Warburg, 1901(E. H. Gombrich, 1970, p. 153에서 재인용).
111 바르부르크 저술의 이런 편재적 측면은 프랑스에서 간과되어왔다. 그림, 몸짓, 연극 표현 간의 관계에 관심이 있는 미술사학자들(P. Francastel, 1965, p. 201~281, 같은 저

자, 1967, p. 265~312. A. Chastel, 1987, p. 9~16을 참조하라)이나 몸짓의 병리적 문제에 대해 연구하는 기호학자이나 역사학자들(J. C. Schmitt 1990, A. J. Greimas and J. Fontanille 1991을 참조하라)이나 모두 마찬가지였다. 반면 하위징아Huizinga는 그런 측면을 무시하지 않았다(J. Huizinga, 1929, p. 17~76).

112 A. Warburg, 1920, p. 201. 바르부르크의 종교사 개요(E. H. Gombrich, 1970, p. 71~72에서 재인용). 종교사에 관한 〈바르부르크문화학도서관〉 출간물에 관해서는 R. Kany, 1989를 참조하라.

113 A. Warburg, 1902a, p. 65~102. G. Didi-Huberman, 1994, p. 383~432를 참조하라.

114 E. Wind, 1934, p. 5를 참조하라. 여기에서 이미 이 용어는 영어로 '번역할 수 없다'고 이미 알려져 있다. D. Wurtke, 1993, p. 1~30을 참조하라.

115 E. Wind, 1931, p. 25.

116 A. Warburg, 1932, II, p. 670~673을 참조하라(색인의 '고대의 잔존' 항목은 전체 볼륨 중에서 가장 길다). H. Meier, R. Newald & E. Wind, 1934를 참조하라.

117 G. Didi-Huberman, 1998c, p. 138~162를 참조하라.

118 J. von Schlosser, 1911, p. 10. A. Warburg, 1927a, p. 38 등을 참조하라

119 F. Saxl, 1929~1930, p. 326.

120 E. H. Gombrich, 1970, p. 16. K. W. Forster, 1996, p. 6, 바르부르크의 '인류학적 문화'에서 타일러의 영향을 가볍게 무시한다.

121 M. Panoff, 1996, p. 4363을 참조하라.

122 C. Lévi-Strauss, 1949, p. 3~33.

123 E. B. Tylor, 1871, I, p. 13 & 23~62

124 앞의 책, I, p. 143

125 앞의 책, I, p. 14~16. 같은 저자, 1881, p. 373~400을 참조하라. 여기서 타일러는 '전통tradition'과 '확산diffusion' 개념에 의문을 품는다. 1865년에 타일러가 제시한 잔존에 대한 첫 번째 명확한 정의는 다음과 같은 것이었다. "새롭게 변화된 사물의 단계들의 한 가운데 예전의 습관들이 서 있는 것standing over/superstitio." 같은 저자, 1865, p. 218.

126 같은 저자, 1861. 이 모든 주제의 목록이 두 열로 제시되었다, 앞의 책, p. 340~344.

127 앞의 책, p. 47~54, 85~89. 그와 같은 시대착오는 특히 저서의 삽화 체계에서 두드러진다(특히 110~111, 220~221, 236페이지를 참조하라).

128 같은 저자, 1871, I, p. 16.

129 G. Semper, 1878~1879의 현대적 저술을 참조하라.

130 E. B. Tylor, 1871, I, p. 64.

131 앞의 책, I, p. 63.

132 앞의 책, I, p. 63~100.
133 앞의 책, I, p. 64~65.
134 앞의 책, I, p. 101~144.
135 A. Warburg, 1912 & 1920.
136 E. B. Tylor, 1871, II, p. 1~327
137 앞의 책, I, p. 145~217.
138 앞의 책, I, p. 142. 같은 저자, 1874, p. 137~138을 참조하라.
139 같은 저자, 1869a, p. 83~93. 같은 저자, 1869b, p. 522~535. M. T. Hodgen, 1936, p. 67~107을 참조하라.
140 A. Warburg, 1920, p. 199~303.
141 사례에 대해서는 S. A. Cook, 1913, p. 375~412. A. Weigall, 1928. P. Saintyves, 1930. G. J. Laing, 1931을 참조하라. 타일러의 잔존에 대한 비판적 평가에 대해서는 M. T. Hodgen, 1936, p. 108~139를 참조하라.
142 사례에 대해서는 L. C. G. Clarke, 1934, p. 41~47. A. Leroi-Gourhan, 1943, p. 9~113을 참조하라.
143 M. T. Hodgen, 1936, p. 140~174를 참조하라.
144 M. Mauss, 1923~1924, p. 228~257.
145 앞의 책, p. 228
146 같은 저자, 1903, p. 372
147 같은 저자, 1913, p. 155
148 같은 저자, 1925, p. 522~523.
149 C. Lévi-Strauss, 1949, p. 6.
150 앞의 책, p. 7
151 앞의 책, p. 9 & 25.
152 앞의 책, p. 7 & 13~14.
153 같은 저자, 1952, 114~115. "원시인들은 우리가 흔히 간과하기도 하지만 더 이상 역사가 없는 민족이 아니다. …… 그런 민족의 역사가 우리에게 전혀 알려져 있지 않으며, 구술 전통과 고고학적 유물이 없거나 부족하기 때문에 역사에는 영원히 도달할 수 없다. 하지만 역사가 존재하지 않는다고 단정할 수는 없다."
154 E. B. Tylor, 1865, p. 150~190.
155 M. T. Hodgen, 1936, p. 36~66을 참조하라.
156 E. B. Tylor, 1871, I, p. VII~VIII(1873년의 「서문」). R. H. Lowie, 1937, p. 68~85를 참조하라.
157 M. T. Hodgen, 1936, p. 40 그리고 특히 J. Leopold, 1980, p. 49~50 등을 참조하라.

158 M. Panoff, 1996, p. 4364~4365를 참조하라.
159 E. H. Gombrich, 1970, p. 68, 168, 185, 321 등.
160 같은 저자, 1994b, p. 635~649.
161 G. Canguilhem, 1977, p. 106을 참조하라.
162 Tort, 1983, pp. 166~197(이 책에서 그는 생물학적 진화의 과학적 경로에서 스펜서주의 진화론의 이데올로기적 편향에 반대한다). 같은 저자, 1992, p. 13~46.
163 같은 저자, 1992, p. 13. "자연선택은 자연선택에 반대되는 문명을 선택한다." D. Becquemont, 1996, p. 4173~4175.
164 H. Spencer, 1873을 참조하라.
165 N. Eldredge & S. M. Stanley, 1984를 참조하라.
166 C. Devillers, 1996a, p. 1710~1713을 참조하라.
167 P Tort, 1996a, p. 1594~1597. 같은 저자, 1996b, p. 3677을 참조하라.
168 M. Delsol & J. Flatin, 1996, p. 1714~1717을 참조하라.
169 C. Devillers, 1996b, p. 2215~2217을 참조하라. 여기서 이시성의 사례로, 평생 생식할 수 있는 성체이자 올챙이인 멕시코 도롱뇽 아홀로틀Axolotl의 사례가 등장한다. 또 진화 과정에서 나타나는 차이의 리듬, 발달의 가속 또는 감속과 관련된 이야기가 나온다. 이 책에 따르면 그것은 각각 '유형성숙Neoteny', '조기생식Progenesis', '과형형성Peramorosis', '과형성Hypermorphosis' 등의 용어에 대응한다. 마찬가지로 K. J. McNamara, 1982, p. 130~142를 참조하라.
170 M. Delsol, 1996, p. 3042~3044를 참조하라.
171 A. Warburg, 1920, p. 253.
172 E. H. Gombrich, 1970, p. 68~71을 참조하라.
173 C. F Harrold, 1934, p. 151~179를 참조하라.
174 T. Carlyle, 1833~1834, p. 37~40. 이 책의 모토는 시간에 대한 괴테의 다음과 같은 유명한 문장이다. "시간은 나의 유산이며, 나의 영역은 시간이다die Zeit ist mein Vermächtnis, mein Acker ist die Zeit." 같은 저자, 1829, p. 56~82. 같은 저자, 1830, p. 83~95. 같은 저자, 1833, p. 167~176. A. J. La Valley, 1968, p. 183~235. J. D. Rosenberg, 1985를 참조하라.
175 W. Dilthey, 1890, p. 507~527.
176 F. Gilbert, 1972, p. 381~391을 참조하라. 바르부르크는 『젤러 기념문집 Festschrift Eduard Zeller』(1887)에서 비셔 및 우제너와 함께 딜타이를 읽을 수 있었다.
177 E. H. Gombrich, 1970, p. 309~311.
178 A. Warburg, 1893, p. 11~63.
179 J. Michelet, 1855, p. 34~35. L. Fèbvre, 1950, p. 717~729를 참조하라.
180 H. Thode, 1885. 독일에서의 르네상스 개념의 역사에 관해서는 J. Huizinga, 1920,

p. 243~287. R. Kaufmann, 1932. S. Vietta, 1994. W. K. Ferguson, 1948, p. 167~230. 같은 저자, 1963.
181 A. Warburg, 1932, II, p. 679(색인의 '부르크하르트' 항목).
182 같은 저자, 1902 a, p. 70~71.
183 앞의 책, p. 67.
184 앞의 책, p. 67. J. Burckhardt, 1874~1897을 참조하라.
185 H. Wölfflin, 1941, p. 175 & 189~200. 바르부르크와 뷜플린의 관계에 대해서는 M. Wamke, 1991, p. 79~86. A. Newneyer, 1971, p. 35.
186 A. Warburg, 1902b, p. 103을 참조하라. 바르부르크는 1892년 초에 보티첼리에 관한 저술을 '바젤의 대가maître de Bâle(부르크하르트)'에게 보냈는데, 그는 그것을 '아름다운 작업schöne Arbeit'이라고 불렀다. W. Kaegi, 1933, p. 283~293을 참조하라.
187 E. H. Gombrich, 1970, p. 145를 참조하라.
188 J. Buckhardt, 1860. W. Kaegi, 1956, p. 645~769. E. M. Janssen, 1970. A. Buck, 1987, p. 7~34. 같은 저자, 1989, p. 23~36. 같은 저자, 1990, p. 5~12. M. Ghelardi, 1991, p. XI~XXIV & 211~222. P. Ganz, 1994, p. 37~78을 참조하라.
189 H. Baron, 1960, p. 207~222. 같은 저자, 1960~1973, p. 155~181. A. Sapori, 1963, p. 363~376. R. Klein, 1970, p. 204~223을 참조하라.
190 P. O. Kristeller, 1961, p. 29. D. Hay, 1982, p. 1. G. Braden & W. Kerrigan, 1989, p. 3~35. F. Jaeger, 1994, p. 116~134를 참조하라.
191 W. Rehm, 1929, p. 296~328. G. Uekermann, 1985, p. 42~126. G. Goebel-Schilling, 1990, p. 78~88. J. B. Eulien, 1994를 참조하라.
192 J. Burckhardt, 1860, I, p. 197~245.
193 앞의 책, I, p. 228~245.
194 É. Gebhart, 1887, p. 66을 참조하라.
195 H. White, 1973, p. 230~244 & 263을 참조하라.
196 P. W. Krüger, 1930. A. Momigliano, 1955, p. 283~298. M. A. Holly, 1988, p. 47~73(1996[개정판], p. 29~63). J. Lefèbvre, 1989, p. 129~152. J. Nurdin, 1992, p. 129~135를 참조하라.
197 J. Burckhardt, 1865~1885, p. 2 & 5~6.
198 G. Didi-Huberman, 2000, p. 85~155를 참조하라.
199 J. Burckhardt, 1865~1885, p. 2.
200 같은 저자, 1860, III, p. 142~191.
201 R. Klein, 1970, p. 219.
202 J. Burckhardt, 1860, II, p. 11~169.
203 앞의 책, II, p. 11~12.

204 앞의 책, II, p. 13.
205 M. Ghelardi, 1991, p. 129에서 재인용.
206 J. Burckhardt, 1865~1885, p. 2.
207 M. Ghelardi, 1991, p. xvi에서 재인용.
208 G. Boehm, 1991, p. 73~81을 참조하라.
209 A. Warburg, 1920, p. 208~209.
210 같은 저자, 1906, p. 127.
211 같은 저자, 1902a, p. 74.
212 A. Dal Lago, 1984, p. 73~79를 참조하라. 여기서는 E. H. Gombrich, 1969, p. 24~59의 입장을 반박한다.
213 F. Saxl, 1920, p. 1~4. 같은 저자, 1922, p. 220~272.
214 J. Mesnil, 1926, p. 237.
215 F. Saxl, 1921~1932, 1922~1932년 사이에 '〈바르부르크도서관〉 연구Studien der Bibliothek Warburg'로 발행된 21권에 대해서도 언급해야 한다.
216 H. Meier, R. Newald & E. Wind, 1934.
217 W. Herbst, 1852.
218 E. H. Gombrich, 1970, p. 49~50을 참조하라(A. Springer, 1867. 바르부르크는 1886년에 간행된 2판을 읽었다). 뮌츠Eugène Müntz는 이렇게 언급한다. " …… 미술사의 거장, 라이프니치 대학교의 슈프링어 교수는 우리에게 중세를 통해 고대의 잔존을 보여준다"(이것이 잔존이 뜻하는 바이다). E. Müntz, 1887, p. 631.
219 G. Dehio, 1895. L. Friedländer, 1897, p. 210~240 & 370~401. E. Jaeschke, 1900. H. Semper, 1906. P. Cauer, 1911. R. W. Livingstone, 1912를 참조하라.
220 A. Warburg, 1926a. E. H. Gombrich, 1970, p. 238에서 재인용.
221 A. Warburg, 1912, p. 178(불어판, p. 205)을 참조하라.
222 J. Michelet, 1855, p. 36.
223 A. Warburg, 1920, p. 201.
224 A. Warburg, 1926a. E. H. Gombrich, 1970, p. 229~238에서 재인용.
225 같은 저자, 1912, p. 178~190.
226 같은 저자, 1932, II, p. 670~673(색인의 '고대', '잔존' 항목).
227 같은 저자, 1920, p. 259~260 & 267.
228 같은 저자, 1926a. E. H. Gombrich, 1970, p. 313~314에서 재인용.
229 같은 저자, 1914, p. 173.
230 같은 저자, 1893, p. 13.
231 같은 저자, 1920, p. 209.
232 같은 저자, 1912, p. 185(불어판, p. 215).

233 같은 저자, 1928~1929, p. 3.
234 Warburg, 남동생 막스에게 보내는 편지(1900년 6월 30일(E. H. Gombrich, 1970, p. 129에서 재인용).
235 G. Didi-Huberman, 1994, p. 383~432를 참조하라.
236 I. Ragusa, 1951. S. Contarini, 1992, p. 91을 참조하라. 여기서는 르네상스를 '무덤에 있는 요람son berceau dans une tombe'으로 표현하는 졸리André Jolies의 바르부르크적인 문구를 인용한다.
237 C. Darwin, 1859, p. 212~213.
238 J. von Schlosser, 1924a, p. 36.
239 G. Didi-Huberman, 1998c, p. 138~162를 참조하라
240 J. von Schlosser, 1911, p. 9~11 & 119~121.
241 앞의 책, p. 10. 같은 저자, 1894, p. 9~43.
242 E. Wind, 1934, p. VIII.
243 앞의 책, p. VII.
244 G. Bing, 1965, p. 301~302 & 310.
245 G. Didi-Huberman, 2000, p. 85~155를 참조하라.
246 E. H. Gombrich, 1970, p. 307~324.
247 앞의 책, p. 16. 같은 저자, 1994a, p. 48, '고대의 잔존이란 무엇을 의미하는가Was bedeutet das Nachleben der Antike?'라는 바르부르크주의자들의 질문은, '서양 문명에서 고대 문화의 요소의 지속적 부활을 어떻게 해석해야 하는가How are to interpret the continued revivals of elements of ancient culture in Western civilization?'라고도 번역되었다.
248 같은 저자, 1961, p. 122~128.
249 A. Goldschmidt, 1921~1922, p. 40~50.
250 J. Seznec, 1940, p. 9 & 11. 특히 F. von Bezold, 1922. A. Frey-Sallmann, 1931을 참조하라.
251 F. Saxl, 1947, p. 1~12. 같은 저자, 1948, p. 345~357. J. Bialostocki, 1965, p. 101~114를 참조하라.
252 R. Jullian, 1931, p. 131~140 & 217~228. W. S. Heckscher, 1937, p. 204~220. M. Greenhalgh, 1989. N. Gramaccini, 1996을 참조하라.
253 R. Newald, 1931, p. 1~144. 같은 저자, 1960. J. Adhémar, 1939. W. S. Heckscher, 1963을 참조하라.
254 F. Saxl, 1935, 1938, 1938~1939. K. Weirzmann, 1960, p. 45~68. 같은 저자, 1978, p. 71~85. H. Keller, 1970. J. Bialostocki, 1973, p. 7~32. P. C. Claussen, 1977, p. 11~27. R. Hammerstein, 1980을 참조하라.

255 O. lmmisch, 1919. A. von Salis, 1947. E. G. von Klemperer, 1980. H. Lloyd-Jones, 1982를 참조하라.

256 N. Dacos, 1973, p. 725~746. C. Cieri Via, 1986, p. 5~10. S. Howard, 1990. R. Recht, 1992를 참조하라.

257 E. H. Gombrich, 1970, p. 316~317.

258 E. Panofsky, 1921~1922, p. 201~254.

259 앞의 책, p. 202~204 & 230~231.

260 같은 저자, 1929, p. 250.

261 F. Saxl, 1920, p. 1~4. 같은 저자, 1922, p. 220~272를 참조하라. 이 두 논문 사이에서 rinascimento라는 용어는 이미 잔존Nachleben으로 대치되었다.

262 하지만 다음 논문들은 주목해보자. E. Panofsky & F. Saxl, 1926, p. 177~181. E. Panofsky, 1928, p. 31~34.

263 E. Panofsky & F. Saxl, 1933, p. 228.

264 앞의 책, p. 229.

265 앞의 책, p. 240 & 263~268. 그것은 A. Warburg, 1912, p. 182에서의 표현, 즉 '말하자면 중세는 여기서 실제로 형태적 충실함이 부족하지 않다'와는 반대된다.

266 E. Panofsky & F. Saxl, 1933, p. 268.

267 앞의 책, p. 276~278.

268 앞의 책, p. 235.

269 E. Panofsky, 1944, p. 201~236.

270 같은 저자, 1960, p. 42~113.

271 같은 저자, 1939, p. 26~54.

272 E. Panofsky, 1960, p. 8~9 & 31.

273 앞의 책, p. 104~108.

274 앞의 책, p. 53.

275 앞의 책, p. 113.

276 F. Saxl, 1936, p. 197~222를 참조하라.

277 E. Panofsky, 1931, p. 223 & 227.

278 앞의 책, p. 228~233.

279 A. Warburg, 1893, p. 33.

280 É. Gebhart, 1887, p. 4.

281 P. Burke, 1986, p. 187~196. S. K. Coha, 1995, p. 217~234를 참조하라.

282 J. Burckhardt, 1868~1871, p. 4(안인희 역[2008], p. 27 & 53을 참조하라).

283 K.Joël, 1918. K. Löwith, 1928, p. 9~38. 같은 저자, 1936, p. 39~361. A. Janner, 1948, p. 3~58. J. Ernst, 1954, p. 323~341. E. Heftrich, 1967. H. Fuhrr-

nann, 1991, p. 23~38. I. Siebert, 1991을 참조하라.
284 J. Burckhardt, 1868~1871, p. 5 & 66(안인희 역[2008], p. 28 & p. 109를 참조하라).
285 앞의 책, p. 6~7(안인희 역[2008], p. 29~30 & 37을 참조하라).
286 R. Winners, 1929, p. 33~48. J. Grosse, 1997을 참조하라.
287 앞의 책, p. 3(안인희 역[2008], p. 25를 참조하라).
288 앞의 책, p. 7(안인희 역[2008], p. 31을 참조하라).
289 같은 저자, 1818~1897, I, p. 208(프레제니우스Karl Fresenius에게 보내는 편지. 1842년 6월 19일).
290 M. Ghelardi, 1991, p. 115~125. Y. Boerlin-Brodbeck, 1994. W. Schlink, 1997, p. 21~53을 참조하라.
291 P. Lacoue-Labarthe, 1998, p. 5~9를 참조하라.
292 W. Kaegi, 1956, p. 49~152. K. Berger, 1960, p. 38~44. H. & H Schlaffer, 1975, p. 72~111. G. Boehm, 1991, p. 76~81. I. Siebert, 1991, p. 37~71 & 153~236. M. Sitt, 1992. 같은 저자, 1994, p. 227~242. J. R. Hinde, 1994, p. 119~123. 같은 저자, 1996, p. 107~123을 참조하라.
293 J. Burckhardt, 1818~1897, I, p. 204~209(1842년 6월 14일과 19일에 바이슐락 Willibald Beyschlag과 프레제니우스에게 보내는 편지).
294 같은 저자, II, p. 99(1844년 6월 10일에 샤우엔부르크Hermann Schauenburg에게 보내는 편지).
295 A. Warburg, 1929d를 참조하라.
296 J. Burckhardt, 1868~1871, p. 9(안인희 역[2008], p. 33을 참조하라).
297 앞의 책, p. 8(안인희 역[2008], p. 32를 참조하라).
298 앞의 책, 1865~1885, p. 70.
299 J. Burckhardt, 1865~1885, p. 60. H. Ritzenhofen, 1979. E. Schulin, 1994, p. 87~100을 참조하라.
300 앞의 책, p. 14(안인희 역[2008], p. 40을 참조하라).
301 앞의 책, p. 60(안인희 역[2008], p. 101을 참조하라).
302 앞의 책, p. 157~206 & 249~271(안인희 역[2008], 4부 13장, p. 243~293 & 14장 p. 294~314를 참조하라).
303 앞의 책, p. 26 & 170(안인희 역[2008], p. 55 & 264를 참조하라).
304 앞의 책, p. 3 & 5~6(안인희 역[2008], p. 25 & 28을 참조하라).
305 앞의 책, p. 68(안인희 역[2008], p. 112를 참조하라).
306 앞의 책, p. 25~26(안인희 역[2008], p. 55를 참조하라).
307 앞의 책, p. 2~3('비전체적 파괴'에 대한 논의).

308 앞의 책, p. 58(안인희 역[2008], p. 99를 참조하라).

2부

1 A. Warburg, 1927e, p. 86~89. 3월 30~7월 27일까지 진행된 이 세미나 참석자는 (시간순으로) 프렌켈L. Fraenckel, 슈베르트H. Schubert, 보이헬트L. Beuchelt, 루즈몽F. Rougemont, 하이덴라이히L. H. Heydenreich, 슈테르넬레K. Sternelle, 드로메르트R. Drommert 그리고 노이마이어A. Neumeyer였다.
2 앞의 책, p. 86.
3 J. Burckhardt, 1865~1885, p. 2.
4 A. Warburg, 1927e, p. 86.
5 J. F. J. Schmidt, 1879. F. de Montessus de Ballore, 1911, p. 33~65를 참조하라.
6 É.-J. Marey, 1878.
7 M. Frizot(ed), 1977. F. Dagognet, 1987. L. Mannoni, 1999를 참조하라.
8 W. S. Heckscher, 1967, p. 254~255.
9 P.-A. Michaud, 1998a, p. 86 & 88.
10 É. -J. Marey, 1868, p. v. 같은 저자, 1885. 같은 저자, 1894, p. v.
11 같은 저자, 1866, p. 3~10.
12 같은 저자, 1868, p. 81.
13 같은 저자, 1878, p. 1~46.
14 같은 저자, 1868, p. 105.
15 같은 저자, 1894, p. 4.
16 같은 저자, 1868, p. 106~202. 같은 저자, 1878, p. 107~240.
17 P. Régnard & P. Richer, 1878, p. 641~661. P. Richer, 1881, p. 537~658. G. Didi-Huberman, 1982, p. 84~112 & 173~183을 참조하라.
18 A. Warburg, 1927e, p. 86~87.
19 앞의 책, p. 87.
20 니체와 부르크하르트의 관계에 대해서는 K. Löwith, 1936, p. 44~90. A. von Martin, 1945. E. Salin, 1948. 같은 저자, 1959. C. Andler, 1958, I, p. 181~227, 327~362. C. P. Janz, 1978~1979, I, p. 285~290, 378~380. II, p. 39~41, 256~258, 335~337. III, p. 257~259, 419~429.
21 C. Andler, 1958, I, p. 181~183.
22 F Nietzsche, 1869~1872, p. 494~495(1870년 11월 6일에 칼 폰 게르스도르프Carl

von Gersdorff에게 보낸 편지).
23 J. Burckhardt, 1874~1886, p. 158~159, 187, 208~209, 211~212(1874년 2월 25일, 1879년 4월 5일, 1882년 9월 13일, 1886년 9월 26일에 니체에게 보낸 편지).
24 F. Nietzsche, 1889b, p. 139 & 150~152(1889년 1월 4일과 6일에 부르크하르트에게 보낸 편지).
25 A. Warburg, 1927e, p. 87.
26 C. Andler, 1958, II, p. 616~619. C. P. Janz, 1978~1979, III, p. 417~438을 참조하라. Otto Ludwig Binswanger(1852~1929년)는 예나대학교의 교수로 간질, 히스테리, '도덕적 정신착란', 정신병 환자들에 대한 치료법에 대해 썼다. O. L. Binswanger, 1886~1890, 1896 & 1899를 참조하라.
27 C. Andler, 1958, II, p. 613.
28 M. Diers, 1979, p. 5~14. J. L. Koerner, 1997, p. 30~38을 참조하라.
29 A. Artaud, 1948, p. 77, 84 & 88~89를 참조하라.
30 A. Warburg, 1927e, p. 87.
31 A Warburg, 1923b, p. 258. 같은 저자, 1927d, p. 282.
32 같은 저자, 일기 1895년 12월 5~8일(D. McEwan, 1998, p. 151에서 재인용).
33 K. W. Forster, 1995, p. 185~186을 참조하라.
34 F. Nietzsche, 1872~1874, p. 315(유고 XXVI, 12)(이상엽 역[2002], p. 216을 참조하라).
35 앞의 책, p. 315(이상엽 역[2002], p. 217을 참조하라).
36 앞의 책, p. 315~316(이상엽 역[2002], p. 217을 참조하라).
37 앞의 책, p. 317(이상엽 역[2002], p. 220을 참조하라).
38 앞의 책, p. 318(이상엽 역[2002], p. 221을 참조하라).
39 앞의 책, p. 349(유고 XXVIII, 1)(이상엽 역[2002], p. 267을 참조하라).
40 E. Cassirer, 1950, p. 342.
41 앞의 책, p. 344.
42 앞의 책, p. 350.
43 H. Baron, 1960, p. 209. 마찬가지로 B. T. Wilkins, 1959, p. 123~137을 참조하라.
44 E. H. Gombrich, 1969, p. 34~42.
45 같은 저자, 1970, p. 184~185. A. Warburg, 1895, p. 259~300을 참조하라. 막간극과 비극의 질문에 관해서는 A. M. Meyer, 1987, p. 171~188. H. Pfotenhauer, 1985, p. 298~313을 참조하라.
46 F. Nietzsche, 1872, p. 27(1886, 3판 「서문」). 니체와 철학적 패러다임에 관해서는 G. Tatar, 1989, p. 161~173. P. Wotling, 1995, p. 37~50, 독일에서의 니체의 유산에 관해서는 S. E. Aschheim, 1992, '철학자-예술가'인 바르부르크에 관해서는 M. Glas-

meier, 1994, p. 47~50. G. Zanetti, 1985, p. 173~188을 참조하라.
47 A. Warburg, 1907b, p. 137~163.
48 F. Nietzsche, 1887, p. 294~302.
49 같은 저자, 1869~1872, p. 308(유고 VII, 156)(최상욱 역[2001], p. 257을 참조하라).
50 A. Warburg, 1902a, p. 74.
51 F. Nietzsche, 1870, p. 66. 같은 저자, 1869~1872, p. 281~283, 308~309 & 311(유고, VII, 116~117, 152~154, 157 & 165).
52 A. Warburg, 1902a, p. 65~102. F. Nietzsche, 1869~1872, p. 283(유고 VII, 117): "예술작품과 개인은 세계가 발생되는 원과정의 반복이며, 말하자면 파도 위에 퍼지는 파문 같다"(최상욱 역[2001], p. 219를 참조하라).
53 F. Nietzsche, 1869~1872, p. 281(유고 VII, 116)(최상욱 역[2001], p. 217~218을 참조하라).
54 K. Marx, 1857, p. 265~266.
55 F. Nietzsche, 1869~1872, p. 312~313(유고 VII, 168~169)(최상욱 역[2001], p. 263을 참조하라).
56 앞의 책, p. 323(유고 VIII, 2)(최상욱 역[2001], p. 283을 참조하라).
57 같은 저자, 1872, p. 126(바르부르크가 사용한 판 p. 108, 〈바르부르크도서관〉 분류번호 AMH 700).
58 앞의 책, p. 131~132.
59 같은 저자, 1889a, p. 149~150.
60 앞의 책, p. 148~149(이 구절 뒤에 나오는 문장은 부르크하르트에 대한 새로운 추도사이다).
61 앞의 책, p. 151.
62 A. Warburg, 1887(E. H. Gombrich, 1970, p. 38에서 재인용).
63 F. Nietzsche, 1869~1872, p. 277(유고 VII, 91)(최상욱 역[2001], p. 210을 참조하라).
64 같은 저자, 1870, p. 56~64. 같은 저자, 1872, p. 41, 83, 114~115.
65 같은 저자, 1870, p. 57~60. 같은 저자, 1872, p. 41~44.
66 A. Warburg, 일기, 1905년 12월 9일(E. H. Gombrich, 1970, p. 185에서 재인용).
67 F. Nietzsche, 1872, p. 44~54(김남우 역[2014], pp. 47~70을 참조하라).
68 같은 저자, 1889a, p. 114.
69 A. Warburg, 1893, p. 21(불어판, p. 97).
70 같은 저자, 1906, p. 128(불어판, p. 164).
71 같은 저자, 1914, p. 173~176(불어판, p. 223).

72 F Nietzsche, 1872~1874, p. 181(유고 XIX, 33).
73 E. Cassirer, 1942, p. 195~223(그것은 대부분 G. Simmel, 1911, p. 177~215에 대한 언급이다).
74 앞의 책, p. 210~211.
75 앞의 책, p. 211.
76 F Nietzsche, 1872, p. 83.
77 같은 저자, 1869~1872, p. 166~167(유고 I, 33~34) 또는 여기서는 헤르커Herker의 저서를 참조하라(J. F C. Hecker, 원문. 1832. 〈바르부르크도서관〉에 있는 이 주제에 대한 장서 모음. 분류번호는 DCA와 DCH).
78 K. Löwith, 1935~1958, p. 133~149.
79 F. Nietzsche, 1888~1889, p. 186(유고 XV, 23).
80 같은 저자, 1878, p. 185~186. 같은 저자, 1888, p. 232. 니체와 르네상스에 대해서는 M. Hester, 1976, p. 71~88. V. Gerhardt, 1989, p. 93~116. L. Farulli, 1990, p. 54~70을 참조하라.
81 F. Nietzsche, 1872, p. 127~128.
82 앞의 책, p. 130.
83 A. Warburg, 1912, p. 185(불어판, p. 215).
84 F. Nietzsche, 1878, II, p. 30~31.
85 앞의 책, I, p. 322~323.
86 같은 저자, 1874, p. 93(1798년 12월 19일에 실러에게 보낸 괴테의 편지).
87 앞의 책, p. 93~97.
88 앞의 책, p. 98~99, 앞의 책, p. 103을 참조하라. "왜냐하면 너무 많은 역사가 흔들리면 생명이 퇴보하고, 그런 퇴보는 역사 자체를 위태롭게 만들기 때문이다."
89 G. Deleuze, 1962, p. 81(이경신 역[2001], pp. 125~126)을 참조하라.
90 앞의 책, p. 4, 7 & 45(이경신 역[2001], pp. 21~22, 25 & 87)을 참조하라.
91 F. Nietzsche, 1872~1874, p. 200(유고 XIX, 82).
92 앞의 책, p. 319(유고 XXVI, 14).
93 앞의 책, p. 430(유고 XXIX, 171).
94 앞의 책, p. 222(유고 XIX, 14).
95 같은 저자, 1874, p. 97.
96 첫 번째는 W. Müller-Lauter, 1978, p. 111~164에 의해 지지되었고, 두 번째는 P. Lacoue-Labarthe, 1986, p. 98~105에 의해 지지되었다. 니체 자신은 이렇게 썼다. "…… 유기체적인 것으로 또한 예술적인 것을 시작한다." F. Nietzsche, 1872~1874, p. 190(유고 XIX, 50). 니체적인 '조형적 힘'에 대해서는 G. Deleuze, 1962, p. 56~59. F. H. Robling, 1996, p. 87~98을 참조하라.

97 G. Deleuze, 1968a, p. 122 & 152(김상환 역[2004], p. 113, pp. 140~141)을 참조하라.
98 같은 저자, 1962, p. 57(이경신 역[2001], pp. 103~104)을 참조하라.
99 앞의 책, p. 58~59(이경신 역[2001], pp. 105~106)를 참조하라.
100 A. Warburg, 1923b, p. 250.
101 A. Warburg, 1920, p. 248(불어판, p. 275).
102 같은 저자, 1893, p. 11~64(불어판, p. 47~100). 같은 저자, 1900.
103 같은 저자, 1902a, p. 89~92(불어판, p. 124~127).
104 J. von Schlosser, 1911. G. Didi-Huberman, 1996a, p. 63~81. 같은 저자, 1998c, p. 138~162를 참조하라.
105 G. Deleuze, 1985를 참조하라. 여기서 조형성의 동기는 이렇게 다루어지지 않고, 다양체, 변신, '식탁보nappe' 등의 개념을 통해 제시된다.
106 A. Warburg, 1925를 참조하라.
107 A. Warburg, 1920, p. 248(불어판, p. 275).
108 같은 저자, 1927a, p. 12~19.
109 같은 저자, 1920, p. 209(불어판, p. 255).
110 G. Deleuze, 1962, p. 83~85 & 114~116을 참조하라.
111 J. Michelet, 1855, p. 34.
112 F. Nietzsche, 1874, p. 112. 마찬가지로 p. 114~127을 참조하라.
113 앞의 책, p. 141~152. 같은 저자, 1872~1874, p. 355~450(유고 XXIX, 1~232)을 참조하라.
114 같은 저자, 1889a, p. 92~93.
115 A. Warburg, 1902a, p. 73~74 & 91(불어판, p. 109 & 126).
116 F. Nietzsche, 1874, p. 131(그릴파르처Franz Grillparzer에서 재인용) & p. 133.
117 앞의 책, p. 136.
118 같은 저자, 1872~1874, p. 190(유고 XIX, 50).
119 같은 저자, 1874, p. 166. 같은 저자, 1872~1874, p. 403 & 421(유고 XXIX, 96 & 42).
120 F Nietzsche, 1874, p. 93~94.
121 앞의 책, p. 100.
122 앞의 책, p. 135.
123 G. Deleuze, 1962, p. 54~55(이경신 역[2001], p. 100)를 참조하라.
124 앞의 책, p. 33.
125 같은 저자, 1968a, p. 7~41.
126 P. Klossowski, 1969, p. 37~88 & 301~356.

127 K. Löwith, 1935~1958, p. 151~167 & 191~211을 참조하라.
128 G. Agamben, 1998, p. 78.
129 G. Deleuze, 1962, p. 3(이경신 역[2001], p. 18)을 참조하라.
130 F Nietzsche, 1887, p. 226~229.
131 H. Osthoff, 1899 & 1901을 참조하라.
132 M. Foucault, 1971, p. 147~148.
133 M. Foucault, 1971, p. 147~148.
134 앞의 책, p. 136~137 & 154.
135 F. Nietzsche, 1887, p. 275~277. 니체의 징후학적 패러다임에 대해서는 K. Löwith, 1935~1958, p. 11. G. Deleuze, 1962, p. 3, 48~50, 85~86. T. A. Long, 1989, p. 112~128. M. Vozza, 1990, p. 91~104. P. Wotling, 1995, p. 109~182(『징후로서의 문화La culture comme symptôme』)을 참조하라.
136 M. Foucault, 1971, p. 143.
137 앞의 책, p. 149.
138 앞의 책, p. 138~139 & 153.
139 S. Lash, 1984, p. 1~17. B. C. Sax, 1989, p. 769~781. J. Pizer, 1990, p. 462~478. T. H. Wilson, 1995, p. 157~170을 참조하라.
140 M. Foucault, 1971, p. 154.
141 W. Benjamin, 1928, p. 23~56.
142 A. Warburg, 1927a, p. 27.
143 같은 저자, 1888~1905, p. 92, 162 & 48.
144 같은 저자, 1927a, p. 9.
145 같은 저자, 1912, p. 185(불어판, p. 215).
146 같은 저자, 1927a, p. 55. 같은 저자, 1928a, p. 96 등.
147 같은 저자, 1927a, p. 44.
148 같은 저자, 1928a, p. 15.
149 F. Nietzsche, 1886, p. 41.
150 같은 저자, 1870, p. 68.
151 A. Warburg, 1927a, p. 3.
152 앞의 책, p. 20 & 74.
153 M. Warnke, 19806, p. 68~74를 참조하라.
154 A. Warburg, 1902a, p. 65~102(불어판, p. 101~135). 같은 저자, 1902b, p. 103~124(불어판, p. 137~157). 같은 저자, 1905a, p. 177~184. 같은 저자, 1907b, p. 137~163(불어판, p. 167~196).
155 E. H. Gombrich, 1970, p. 148~167.

156 A. -F. Rio, 1861~1867. I, p. 401(산타트리니타성당의 기를란다요의 프레스코화는 그런 의미로 분석되었다. p. 401~406).
157 J. A. Symonds, 1881, I, p. 234~328 & II, p. 488~532.
158 E. H. Gombrich, 1970, p. 168.
159 앞의 책, p. 184.
160 S. Freud, 1910, p. 47~60.
161 A. Warburg, 1903~1906(E. H. Gombrich, 1970, p. 147에서 재인용).
162 같은 저자, 1902a, p. 21.
163 같은 저자, 1902a, p. 74(불어판, p. 110).
164 같은 저자, 1920, p. 267(불어판, p. 285).
165 S. Freud, 1933, p. 110.
166 A. Warburg, 1920, p. 200(불어판, p. 247).
167 같은 저자, 1923b, p. 250.
168 같은 저자, 1920, p. 202(불어판, p. 250).
169 앞의 책, p. 202 & 267(불어판, p. 250 & 285). 바르부르크는 죽을 때까지 아폴론적인 것과 디오니소스적인 것이라는 니체적 양극성을 사용한다. 같은 저자, 1928~1929, p. 102(1929년 3월 17일로 기록된 메모)를 참조하라. "아폴론적인-디오니소스적인으로서의 고대의 양극성Das Doppelantlitz d[er] Ancike als Apollinisch-Dionysisch ......"
170 A. Warburg, 1920, p. 201 & 268(불어판, p. 249 & 286).
171 앞의 책, p. 251~259(불어판, p. 277~281).
172 앞의 책, p. 202~203(불어판, p. 250~251).
173 같은 저자, 1923b, p. 247~280.
174 같은 저자, 1926b, p. 565.
175 같은 저자, 일기, 1927~1928(E. H. Gombrich, 1970, p. 268에서 재인용). 바르부르크의 문장은 「역사적 시대구분에 대한 비판」이라는 주제로 이어진다.
176 앞의 책, p. 252.
177 같은 저자, 1929b, p. 171~173(불어판, p. 38~44).
178 같은 저자, 1926b, p. 565(그것은 이 논문의 마지막 두 단어이다. '그리고 회귀한다').
179 같은 저자, 1928a, p. 28.
180 J. W. Goethe, 1798, p. 170.
181 A. Warburg, 1888~1905.
182 같은 저자, 1928~1929, p. 43(1929년 3월 4일자 메모).
183 같은 저자, 1928b.

184 같은 저자, 1893, p. 13(불어판, p. 49, 수정).

185 앞의 책, p. 25(불어판, p. 62).

186 앞의 책, p. 31(불어판, p. 66).

187 같은 저자, 1906, p. 125(불어판, p. 161).

188 앞의 책, p. 125~130(불어판, p. 161~165, 수정).

189 같은 저자, 1914, p. 173~176(불어판, p. 232 & 234).

190 앞의 책, p. 173(불어판, p. 241~242).

191 H. Wölfflin, 1899, p. 231~335(여기서 그는 1893년의 바르부르크의 진술에 암묵적으로 반응하는 것 같다).

192 E. Panofsky, 1921~1922, p. 204, 209~210 & 228~231. 같은 저자, 1939, p. 13~15, 196.

193 E. H. Gombrich, 1961, p. 128. 같은 저자, 1964, p. 55. 같은 저자, 19666, p. 76.

194 같은 저자, 1972, p. 78~104.

195 같은 저자, 1970, p. 321.

196 A. Chastel, 1987, p. 9~16.

197 P. Francastel, 1965, p. 201~281. 같은 저자, 1967, p. 265~312.

198 특히 M. Wamke, 1980b, p. 61~68. M. Barasch, 1985, p. 119~127. P. Vuojala, 1997, p. 190~191(영문 요약). F. Bassan, 1998, p. 185~201을 참조하라.

199 C. Ginzburg, 1996, p. 38~39를 참조하라. 이에 대한 해석으로는 F.-R. Martin, 1998, p. 5~37. 또한 A. Haus, 1991, p. 1319~1339. I. Barta-Fliedl & C. Geissmar-Brandi(eds), 1992. 같은 저자 & N. Sato, 1999.

200 A. Warburg, 1927a, p. 21(1927년 6월의 메모)을 참조하라. "Dynamogramm= Pathosformel".

201 R. Kekulé von Stradonitz, 1883을 참조하라.

202 E. Cassirer, 1929a, p. 55.

203 G. Bing, 1960, p. 105~109. 같은 저자, 1965, p. 306~308을 참조하라.

204 G. Agamben, 1984, p. 11. S. Settis, 1981, p. XIX~XXIX. 같은 저자, 1997, p. 31~73를 참조하라.

205 A. Warburg, 1927a, p. 45(1927년 3월 23일 메모)를 참조하라.

206 같은 저자, 1923c, p. 37~42.

207 E. Cassirer, 1942, p. 211~212.

208 A. Warburg, 1893, p. 13(불어판, p. 49, 수정).

209 R. -M. Rilke, 1929, p. 69~70(『젊은 시인에게 보내는 편지』, 로마, 1903년 12월 23일에 카푸스Franz Xaver Kappus에게 보낸 편지).

210 우리는 뒤죽박죽이지만 최소한 레싱, 괴테, 헤켈, 다윈, 스펜서, 람프레히트, 분트, 슈마르조프, 비놀리, 우제너, 젬퍼 등을 인용할 수 있다.
211 Aristotle, *De anima*, II, 5, 417a, p. 97.
212 G. Deleuze, 1968b, p. 299~311.
213 G. Frege, 1892, p. 102~126. C. Imbert, 1992, p. 119~162 & 299~326을 참조하라.
214 E. Cassirer, 1923b, p. 94, 앞의 책. p. 113~139를 참조하라.
215 C. Justi, 1898. A. Schmarsow, 1907a를 참조하라.
216 A. Warburg, 1914, p. 173~176(불어판, p. 240~241). "단순함과 위대한 고요, 빙켈만은 죽을 만큼의 고통 속에서 경련을 일으키고 있는 라오콘에게서 그것을 인식하기까지 했다. …… 하지만 우리는 실제로 빙켈만의 개념과는 정반대되는 고대 세계의 개념이 15세기의 정신을 충족시킨다는 사실을 주장해야 한다."
217 같은 저자, 1889(E. H. Gombrich, 1970, p. 23~24 & 50~51에서 재인용).
218 W. Dilthey, 1877, p. 103~104.
219 G. E. Lessing, 1766, p. 51.
220 앞의 책, p. 55~56.
221 앞의 책, p. 95. 또한 p. 109, 115, 120을 참조하라.
222 A. Springer, 1848, p. 9.
223 S. Richter, 1992. S. Sertis, 1999를 참조하라.
224 F. Schiller, 1792b, p. 151.
225 앞의 책, p. 153. 〈라오콘〉 군상에 대한 인용은 p. 158~159.
226 G. W. F Hegel, 1807, II, p. 246~254. 또한 F Schiller, 1792a, p. 111~128 그리고 P. Szondi, 1974, p. 9~25의 분석.
227 J. W Goethe, 1798, p. 169~170.
228 앞의 책, p. 172. 괴테는 또 다른 사례를 제시하는데, 그것은 에우리디케Eurydice의 죽음으로, 거기서도 뱀이 등장한다.
229 앞의 책, p. 175.
230 앞의 책, p. 176.
231 앞의 책, p. 171.
232 앞의 책, p. 165.
233 F. Nietzsche, 1872, p. 29, 43~45, 69~70 등. 같은 저자, 1869~1872, p. 168, 319~322, 462(유고 I, 43; VII, 200~204 ; XVI, 13)을 참조하라.
234 같은 저자, 1870, p. 54 & 65~70.
235 G. Deleuze, 1962, p. 70~72. M. Djuric, 1989, p. 221~241(이경신 역[2001], p. 122~123. & 125)를 참조하라.

236 A. Riegl, 1893, p. 1~11.
237 F. Nietzsche, 1888~1889, p. 90(유고 XIV, 121).
238 도서관 분류기준 DAC.
239 J. J. Engel, 1785~1786, I, p. 51~52, 264~265, 294. II, 186~201 등.
240 A. de Jorio, 1832, p. v.
241 V. Requeno, 1784. 같은 저자, 1797, p. 40~42('고대의 몸짓에 관해Dell'antichità della chironomia')를 참조하라.
242 E. B. Tylor, 1871, I, p. 189 & 193~194.
243 W. Wundt, 1900, I, p. 43~257. 분트에 대한 분석은 바르부르크가 자세하게 읽은 중요한 논문에 기초한다. G. Mallery, 1879~1880, p. 263~552. 이 긴 논문에서 발췌한 내용은 독일어로 번역되었다(같은 저자, 1882).
244 A. Schmarsow, 1907b, p. 306~339 & 469~500을 참조하라.
245 W. Wundt, 1900, p. 143~199.
246 앞의 책, p. 158. G. Mallery, 1879~1880, p. 382 & 452를 참조하라.
247 W. Wundt, 1900, p. 238~253. 같은 저자, 1908, p. 138~176 & 486~548.
248 같은 저자, 1900, p. 253~257.
249 같은 저자, 1874, I, p. 21~301 & II, p. 475~500.
250 M. Espagne, 1998, p. 83. A. Arno. 같은 저자, 1980. R. Topel, 1982. C. M. Schneider, 1990을 참조하라.
251 W. Wundt, 1874, II, p. 1~16.
252 앞의 책, II, p. 216.
253 A. Schmarsow, 1886. 같은 저자, 1899, p. 57~79를 참조하라.
254 K. Lamprecht, 1896~1897, p. 75~150. 같은 저자, 1897, p. 880~900. 같은 저자, 1900. 같은 저자, 1905b, p. 51~76을 참조하라. 여기서 '감정적 특징' 또는 '정신적 힘seelischer Charakter, psychische Kraft' 그리고 진정한 '문화심리학'이라는 주장이 등장한다. 그러나 람프레히트가 '지배적인' 정신의 특징에 관심을 보인 곳에서 바르부르크는 잔존하는 특징에 초점을 둘 것이다. 바르부르크와 람프레히트의 관계에 대해서는 K. Brush, 2001, p. 65~92를 참조하라.
255 S. Levinstein, 1905. 이 책에서 람프레히트가 쓴 「서문」은 별도로 출판되었다. K. Lamprecht, 1905a, p. 457~469.
256 F. Boas, 1927, p. 17~63을 참조하라.
257 A. Warburg, 1923c, p. 53~54. 10년 전에 바르부르크가 람프레히트의 실험 규칙을 적용했다는 사실은 놀라울 것이다. 사실 그들의 공통된 자료는 미국의 교사 E. Barnes, 1895, p. 302~306의 논문이었다(그것의 선행연구는 C. Ricci, 1887이다). 나는 기디 Benedetta Cestelli Guidi에게서 이런 정확한 정보에 관해 도움을 받았다.

258 B. W. Dippie, 1992, p. 132~136을 참조하라.

259 H. W. Janson, 1946, p. 355~368. 더 최근에는 M. Muraro & D. Rosand, 1976, p. 114~115를 참조하라.

260 P. Camper, 1792. J. C. Lavater, 1782~1803. C. Bell, 1806.

261 A. Warburg, 일기, 1888(E. H. Gombrich, 1970, p. 72에서 재인용).

262 E. Wind, 1931, p. 31. F. Saxl, 1932, p. 13~15. G. Bing, 1965, p. 309~310을 참조하라.

263 E. H. Gombrich, 1966a, p. 119~120. 같은 저자, 1970, p. 307~324.

264 P. Mantegazza, 1885, p. 67~87.

265 W. Wundt, 1900, 1908 & 1910. L. Klages, 1923.

266 H. Liebschütz, 1971, p. 225~236. C. Schoell-Glass, 1998a. 같은 저자, 1998b, p. 107~128. 같은 저자, 1999, p. 218~230을 참조하라.

267 C. Darwin, 1872, p. 1(불어판, p. 1).

268 앞의 책, p. 12(불어판, p. 13).

269 앞의 책, p. 18(불어판, p. 19).

270 앞의 책, p. 14(불어판, p. 15).

271 앞의 책, p. 29(불어판, p. 30).

272 앞의 책, p. 28(불어판, p. 29).

273 앞의 책, p. 28(불어판, p. 29~30).

274 앞의 책, p. 349~350(불어판, p. 379~380).

275 앞의 책, p. 360~361(불어판, p. 392~393).

276 앞의 책, p. 347(불어판, p. 377).

277 C. Darwin, 1872, p. 365(불어판, p. 397~398).

278 G.-B. Duchenne de Boulogne, 1862, p. 109~125(Laocoon) & 169~188(Lady Macbeth).

279 C. Darwin, 1872, p. 355~356(불어판, p. 386~387).

280 A. Warburg, 1893, p. 13(불어판, p. 49)을 참조하라.

281 같은 저자, 1906, p. 126(불어판, p. 162). 같은 저자, 1928, 1929, p. 140(날짜가 없는 메모). '활기찬 논쟁/거울 속의 세상과 함께/고대의 표현적 각인'을 참조하라

282 같은 저자, 1929b, p. 171(불어판, p. 39~40).

283 E. Hering, 1870. S. Butler, 1880. R. W. Semon, 1904.

284 R. W. Semon, 1909, p. 137~143.

285 A. Springer, 1848, p. 9, E. von Hartmann, 1869~1871, I, p. 80~87 & 410~439. T. Vignoli, 1895, p. 315~338을 참조하라.

286 A. Warburg, 1893, p. 13(불어판, p. 49).

287 앞의 책, p. 62~63(불어판, p. 90~91).
288 같은 저자, 1914, p. 173~176(불어판, p. 230).
289 A. von Reumont, 1883, II, p. 161.
290 J. Burckhardt, 1855, II, p. 540. E. H. Gombrich, 1970, p. 179를 참조하라. 여기서는 인용 표시 없이 부르크하르트의 다음과 같은 문장이 인용되었다. "파토스가 나타날 때마다 고대의 형태로 나타났을 것이다."
291 F. Nietzsche, 1869~1872, p. 163(유고 I, 13).
292 A. Warburg, 1927a, p. 76(1927년 5월 7일 메모). 같은 저자, 1928a, p. 13(1928년 메모). 같은 저자, 1928~1929, p. 118~129(1929년 1월 22일부터 4월 15일까지 메모) & 131(1929년 1월 15일 메모).
293 마지막 사례는 설명이 좀 더 필요하다. 카스타뇨가 그린 〈다비드〉는 〈니오베 자식들의 군상〉에 있던 아이들의 교사(1583년에야 발견된 군상, 소위 피렌체의 니오베 자식들 Florentine Niobids의 한 인물, 우피치미술관 소장)를 근거로 그려진 것이 아니라 고졸리 Benozzo Gozzoli가 그린 아름다운 그림 속의 카발로Monte Cavallo의 디오스쿠리dioscuri를 근거로 그려진 것이라는 반대 의견이 있었다. 만약 그것이 철학적 엄밀성에 관한 것이라면, 유용하고 긍정적이라고 말할 수 있다. 하지만 만약 그것이 바르부르크의 파토스 형성에 대한 이론적 반대 의견이라면, 판타지적·실증주의적이라고 말할 수 있을 것이다. 왜냐하면 '직접적 자료'의 식별이 문제를 해결해주지는 않으며, 바르부르크가 말한 것처럼 문제 속의 '고전적 불안정성' 자체에서 무언가가 작용해 피해자(교사)와 영웅(디오스쿠리)에게서 찾을 수 있는 동일한 몸짓의 동적인 전도를 가져왔기 때문이다. 내가 여기서 언급하고 있는 반대 의견에 대해서는 Horster, 1980, p. 28, Nesslrath 1988, p. 197~198을 참조하라.
294 A. Warburg, 1888~1905, 1, p. 106(타자로 친 원고, p. 45) & II, p. 59(타자로 친 원고, p. 158).
295 같은 저자, 일기, 1929년 4월 3일(E. H. Gombrich, 1970, p. 303에서 재인용).
296 A. Warburg, 1902a, p. 74(불어판, p. 110).
297 같은 저자, 1905~1911.
298 같은 저자, 1893, p. 13(불어판, p. 49).
299 같은 저자, 1906~1907, p. 9. 같은 저자, 1927a, p. 40(1927년 5월 26일 메모) 등.
300 같은 저자, 1906, p. 130(불어판, p. 165).
301 H. Osthoff, 1899, p. 20~31.
302 A. Warburg, 1929b, p. 171(불어판, p. 39). 바르부르크가 오스토프의 언어학 이용을 활용하는 것에 관해서는 F. Saxl, 1932, p. 23(불어판, p. 141). O. Calabrese, 1984, p. 109~120. S. Caliandro, 1997, p. 91~93을 참조하라.

303 A. Warburg, 1928a, p. 32(1928년 메모).

304 S. Freud, 1910, p. 47~60.

305 E. R. Curtius, 1947, p. 5(바르부르크에게 헌정), 81("선한 신은 세부에 있다le Bon Dieu est dans les détails"), 145~146(보티첼리와 고대의 저자들). 같은 저자, 1950, p. 257~263을 참조하라. 파토스형성을 토포스(Topos, 공간 또는 상용되는 주제)로 활용하는 경향이 있는 쿠르티우스와 바르부르크의 관계에 대해서는 M. Warnke, 1980b, p. 61~68. D. Wuttke, 1986, p. 627~635를 참조하라. 바르부르크와 욜레스의 관계에 대해서는 A. Bodar, 1991, p. 5~18을 참조하라.

306 A. Warburg, 1902a, p. 69~70(불어판, p. 106).

307 S. Reinach, 1924, p. 64~79. M. Mauss, 1936, p. 363~386.

308 F. Nietzsche, 1870, p. 67.

309 A. Warburg, 1900 with A. Jolies. E. H. Gombrich, 1970, p. 105~127. A. Bodar, 1991, p. 5~18. S. Contarini, 1992, p. 87~93. S. Weigel, 2000, p. 65~103.

310 A. Warburg, 1893, p. 19(불어판, p. 56)를 참조하라.

311 앞의 책, p. 30~31 & 54~63(불어판, p. 65~66 & 83~91).

312 L. B. Alberti, 1435, p. 187~189, II, p. 45.

313 A. Warburg, 1907b, p. 147(불어판, p. 180).

314 같은 저자, 1927~1929, p. 84~89.

315 M. Emmanuel, 1896, p. V. 크로노그래피는 도판 II~V까지에 있다.

316 G. Brandstetter, 1995, p. 4. 3~315.

317 M. Emmanuel, 1896, p. 28~37 & 41~44.

318 앞의 책, p. 198.

319 앞의 책, p. 164~165.

320 앞의 책, p. 267~275.

321 앞의 책, p. 299~301.

322 앞의 책, p. 296.

323 A. Warburg, 1914, p. 173~176(불어판, p. 239).

324 같은 저자, 1900.(E. H. Gombrich, 1970, p. 120에서 재인용).

325 같은 저자, 1893, p. 41(불어판, p. 73). 같은 저자, 1906, p. 125~135(불어판, p. 159~165).

326 같은 저자, 1914, p. 173~176(불어판, p. 238~239). F. Antal & E. Wind, 1937, p. 70~73을 참조하라.

327 F. Nietzsche, 1872, p. 44(김남우 역[2014], p. 47).

328 A. Warburg, 1928~1929, p. 8 & 28(1928년 9월 2일자 메모, 1929년 5월 25일자 메모). 파토스형성의 '악마적' 특성에 대해서는 S. Radnóti, 1985, p. 91~102를 참조하라.

329 A. Warburg, 1929b, p. 171~172(불어판, p. 39~41).
330 F. Nietzsche, 1872, p. 44.
331 E. De Martino, 1958~(최근 판본에서는 신기하게도 제목에 이교적Pagano이라는 단어를 생략했다).

3부

1 이 제안은 다음과 같은 예비적 정교화를 통해 도출되었다. G. Didi-Huberman, 1982, p. 83~272. 같은 저자, 1985, p. 20~28 & 115~132. 같은 저자, 1990a, p. 195~218. 같은 저자, 1995a, p. 191~226. 같은 저자, 1995b, p. 165~383. 같은 저자, 1996c, p. 145~163을 참조하라.
2 A. Warburg, 1928a & 1928~1929.
3 E. H. Gombrich, 1970, p. 13. 같은 저자, 1966a, p. 119를 참조하라. 여기서 프로이트는 다만 바르부르크의 '정신적 자료'에서 빠져 있을 뿐이다.
4 B. Roeck, 1997, p. 102.
5 E. H. Gombrich, 1970, p. 31, 184 & 321~322.
6 W. Sauerlander, 1988, p. 10.
7 A. Warburg, 1893, p. 13(불어판, p. 49).
8 S. Freud, 1913a, p. 207~209. 같은 저자, 1913b & 1929.
9 T. Mann, 1929, p. 149. M. Ghelardi, 1998, p. 661을 참조하라.
10 E. H. Gombrich, 1970, p. 184.
11 앞의 책, p. 287.
12 앞의 책, p. 242.
13 F. Saxl, 1929~1930, p. 326.
14 같은 저자, 1947, p. 1~12.
15 A. Warburg, 1923b, p. 266 등을 참조하라.
16 K. Lamprecht, 1896~1897, p. 75~150. 같은 저자, 1897, p. 880~900. 같은 저자, 1900. 같은 저자, 1905b, p. 77~102 & 103~130. 같은 저자, 1912, p. 54~72를 참조하라.
17 G. Simmel, 1892~1907, p. 61~72 & 72~77. M. Bloch, 1941~1942, p. 188.
18 H. Janitschek, 1879.
19 이 두 가지 사례는 K. Lamprecht, 1882와 1905a에서 정확하게 연구되었다.

20 A. Warburg, 1893, p. 11~63(불어판, p. 47~100).
21 같은 저자, 1923b, p. 265.
22 같은 저자, 1906, p. 130(불어판, p. 165). 같은 저자, 1908, p. 451~454.
23 같은 저자, 1888~1905.
24 같은 저자, 1927a.
25 G. Bing, 1965, p. 309 & 310. U. Raulff, 1988a, p. 125~130을 참조하라.
26 A. Warburg, 1888년 8월 3일자 일기(H. Gombrich, 1970, p. 39~40에서 재인용).
27 같은 저자, 1923b, p. 254~255.
28 G. Bing, 1965, p. 303. E. H. Gombrich, 1970, p. 67 & 68 등을 참조하라.
29 J. Mesnil, 1926, p. 238.
30 E. H. Gombrich, 1966a, p. 119~120. 같은 저자, 1969, p. 47~49. 같은 저자, 1994b, p. 638 & 646~647.
31 E. Wind, 1971, p. 107을 참조하라.
32 E. Cassirer, 1922, p. 39~111. 같은 저자, 1923a, p. 7~37을 참조하라.
33 A. Warburg, 1893, p. 20~21(불어판, p. 58).
34 앞의 책, p. 36~53(불어판, p. 69~81).
35 같은 저자, 1914, p. 173~176(불어판, p. 224).
36 같은 저자, 1912, p. 173~198(불어판, p. 197~220). 같은 저자, 1920, p. 199~303(불어판, p. 245~294).
37 같은 저자, 1929b, p. 172(불어판, p. 41).
38 같은 저자, 일기, 1929년 4월 3일.(E. H. Gombrich, 1970, p. 303에서 재인용).
39 같은 저자, 단편, 1889년 3월 27일 앞의 책, p. 48, 재인용.
40 같은 저자, 우표, 앞의 책, p. 252, 재인용.
41 앞의 책, p. 251~252, 재인용. 같은 저자, 1927a, p. 14~16(1927년 3월 30과 31의 메모).
42 같은 저자, 1929b, p. 172(불어판, p. 40~41).
43 같은 저자, 1907b, p. 149(불어판, p. 183).
44 같은 저자, 1920, p. 244~255(불어판, p. 274~278).
45 앞의 책, p. 253(불어판, p. 277).
46 P-A. Michaud, 1998a. G. Didi-Huberman, 1998b, p. 7 & 20을 참조하라.
47 T. Meynert, 1884, p. 251~262. K. Jaspers, 1913, p. 227~273, E. Cassirer, 1929b, p. 233~312를 참조하라.
48 T. Ribot, 1881, p. 103~118.
49 같은 저자, 1914.
50 J.-M. Charcot & P. Richer, 1889. P. Richer, 1902.

51 S. Schade, 1993, p. 499~517.
52 앞의 책, p. 503. P. Richer, 1881, pl. v을 참조하라.
53 S. Schade, 1993, p. 499~501.
54 G. Didi-Huberman, 1998b, p. 7~20.
55 S. Schade, 1993, p. 502.
56 F. Nietzsche, 1872, p. 44~54(김남우 역[2014], p. 73~75). J.-M. Charcot & P. Richer, 1887, p. 28~38.
57 G. Didi-Huberman, 1982, p. 69~82. 같은 저자, 1991, p. 267~280을 참조하라.
58 같은 저자, 1984, p. 125~188.
59 A. Warburg, 1905~1911가 남긴 도표 참조(〈그림 47〉).
60 P. Richer, 1881, p. 89~116.
61 G. Didi-Huberman, 1991, p. 267~280을 참조하라.
62 P. Richer, 1881, p. 69. G. Didi-Huberman, 1982, p. 161~162, 246~272 등을 참조하라.
63 L. B. Ritvo, 1990, p. 264~273. P. Lacoste, 1994, p. 21~43을 참조하라
64 S. Freud, 1916~1917, p. 466. 같은 저자, 1926, p. 17을 참조하라.
65 같은 저자, 1908b, p. 155.
66 G. Didi-Huberman, 1982, p. 161~162. 같은 저자, 1995a, p. 200~202. 같은 저자, 1998a, p. 92~98을 참조하라.
67 P. Fédida, 1992, p. 246(또 일반적으로 p. 227~265).
68 J. W. Goethe, 1798, p. 165.
69 S. Freud, 1887~1902, p. 247(1899년 2월 19일에 플리스에게 보낸 편지).
70 같은 저자, 1908b, p. 154.
71 같은 저자, 1900, p. 484. 같은 저자, 1905, p. 38.
72 같은 저자, 1916~1917, p. 456.
73 앞의 책, p. 458.
74 같은 저자, 1900, p. 282.
75 G. Didi-Huberman, 1996c, p. 145~163을 참조하라.
76 A. Warburg, 1893, p. 54, 63(불어판, p. 83, 91). 같은 저자, 1902a, p. 76(불어판, p. 112).
77 J. W. Goethe, 1798, p. 168.
78 앞의 책, p. 169 & 174.
79 앞의 책, p. 173.
80 A. Warburg, 1902a, p. 74(불어판, p. 110).
81 F. Nietzsche, 1889a, p. 114.

82 E. Auerbach, 1938. G. Didi-Huberman, 1990b, p. 596~609를 참조하라.
83 A. Warburg, 1893, p. 11~63(불어판, p. 47~100).
84 S. Freud, 1905, p. 18~19.
85 A. Warburg, 1906, p. 130(불어판, p. 165) 같은 저자, 1929b, p. 173(불어판, p. 43~44).
86 R. Wittkower, 1977.
87 S. Freud, 1916, p. 237~238.
88 같은 저자, 1900, p. 461~462.
89 J. Lacan, 1966, p. 358, 372, 518, 689 등. 같은 저자, 1975, p. 3~20을 참조하라.
90 같은 저자, 1964, p. 16. 같은 저자, 1966, p. 280.
91 S. Freud, 1900, p. 453~467.
92 J. Lacan, 1957~1958, p. 475.
93 E. Hering, 1870. R. W. Semon, 1904 & 1909.
94 A. Warburg, 1888~1905.
95 같은 저자, 1928~1929, p. 116(1929년 3월 12일자 메모).
96 같은 저자, 1929b, p. 172(불어판, p. 40~41, 수정). 디오니소스의 행렬을 thiase, 그리스어로 thiasus 또는 thiasos라고 불렀다고 한다.
97 S. Freud, 1896b, p. 47~59.
98 같은 저자, 1895, p. 5 & 11.
99 앞의 책, p. 240~241.
100 같은 저자, 1887~1902, p. 154(1896년 12월 6일에 플리스에게 보낸 편지).
101 같은 저자, 1899, p. 113~132.
102 같은 저자, 1887~1902, p. 151~160(1896년 11월 2일과 12월 6일에 플리스에게 보낸 편지).
103 같은 저자, 1896a, p. 109~110. 같은 저자, 1896b, p. 57. 같은 저자, 1896c, p. 65.
104 같은 저자, 1887~1902, p. 154~156(1896년 12월 6일에 플리스에게 보낸 편지). 퓨에로스Fueros는 스페인 일부 지방에 남아 있던 아득한 옛날의 특권을 말한다.
105 같은 저자, 1896a, p. 90.
106 앞의 책, p. 108~109.
107 같은 저자, 1914, p. 108. 프로이트의 격정적 몸짓 이론과 기억 이론의 관련성에 대해서는 M. Maslyczyk, 1990, p. 1079~1091을 참조하라.
108 S. Freud, 1895, p. 233~238. 같은 저자, 1898, p. 99~107.
109 같은 저자, 1895, p. 4.
110 같은 저자, 1913a, p. 206.

111 앞의 책, p. 206~207.

112 J. Lacan, 1966, p. 259, 여기서 그는 역사의 패러다임(검열된 장), 기념비(히스테리 징후), 기록문서(어린 시절의 기억), 기호적 진화(의미의 보고), 전통과 전설(신화적 상상) 그리고 마지막으로 언제나 왜곡되고 변질되는 '흔적'을 통해 무의식적인 것을 분석하고자 했다.

113 A. Warburg, 1903.(E. H. Gombrich, 1970, p. 143에서 재인용).

114 같은 저자, 1900.

115 같은 저자, 1929년 4월 3일자 일기.(E. H. Gombrich, 1970, p. 303에서 재인용).

116 S. Freud, 1915.

117 같은 저자, 1920, p. 62(니체의 영원회귀와 관련해). 칸트 시대에 대한 프로이트의 비판에 대해서는 B. Chervet, 1997, p. 1689~1698. J. Press, 1997, p. 1707~1720을 참조하라.

118 S. Freud, 1938, p. 288.

119 E. Husserl, 1905, p. 41~43.

120 S. Freud, 1887~1902, p. 179(원고M, 1897).

121 후설과 프로이트의 시간 모델의 차이에 관해서는 J. Lagrange, 1988, p. 575~607. I. Darmann, 2000, p. 271~293을 참조하라.

122 P. Lacoste, 1989, p. 47~79. 같은 저자, 1990, p. 104~127을 참조하라.

123 J. Le Goff, 1988, p. 55 & 169 등을 참조하라.

124 S. Freud, 1933, p. 103.

125 G. Deleuze, 1968a, p. 128~135 & 142~144(김상환 역[2004], p. 235~239, 246~248을 참조하라)

126 앞의 책, p. 138 & 145(김상환 역[2004], p. 239 & 248을 참조하라)

127 A. Warburg, 1914, p. 173~176(불어판, p. 236).

128 S. Freud, 1920, p. 57~58.

129 같은 저자, 1913a, p. 205~207. 같은 저자, 1925, p. 119~124, 여기서 그는 '전의식-의식Pc-Cs 체계의 불연속적 작동 방식이 시간 표현이 출현한 근거가 되었다'고 말한다.

130 같은 저자, 1887~1902, p. 340~342 & 363~366(「과학적 심리학 초고」).

131 같은 저자, 1900, p. 415.

132 A. Warburg, 1902a, p. 65~102(불어판, p. 101~135).

133 S. Freud, 1887~1902, p. 9(원고 M, 1897).

134 J. Laplanche, 1981, p. 185~211. L. Flem, 1982, p. 71~93을 참조하라.

135 S. Freud, 1896a, p. 84(이 인용문은 「하박국Habaquq」 2장 11절에 나온다).

136 같은 저자, 1937b, p. 271.

137 앞의 책, p. 272.

138 1907년의 대칭 모델, 1915년 메타심리학의 포함 모델(넓은 의미에서 억압의 '세 번째

시간'으로 억압된 것의 회귀). 같은 저자, 1915, p. 45~63).
139 앞의 책, p. 52~53 & 56. 같은 저자, 1916~1917, p. 365~383.
140 J. Lacan, 1953~1954, p. 215.
141 S. Freud, 1939, p. 158 & 162.
142 앞의 책, p. 137.
143 앞의 책, p. 150~158.
144 앞의 책, p. 179. F. Saxl, 1931, 1935, 1941을 참조하라.
145 S. Freud, 1939, p. 188 & 198.
146 M. Moscovici, 1986, p. 353~385를 참조하라.
147 S. Freud, 1915, p. 52.
148 같은 저자, 1895, p. 2.
149 같은 저자, 1900, p. 456.
150 같은 저자, 1908a, p. 39.
151 같은 저자, 1896a, p. 87.
152 같은 저자, 1887~1902, p. 366(「과학적 심리학 초고」).
153 J. Lacan, 1953~1954, p. 19 & 180~182. 같은 저자, 1966, p. 197~213, 287~300, 808~809, 838~839 등을 참조하라.
154 A. Green, 1982, p. 225~253. P. Fédida, 1985, p. 23~45. J. Laplanche, 1992, p. 57~66을 참조하라.
155 A. Warburg, 1893, p. 29 & 48(불어판, 그림. 4 & 7).
156 J. Burckhardt, 1853. A. Riegl, 1901을 참조하라.
157 A. Warburg, 1926a.(E. H. Gombrich, 1970, p. 229~238에서 재인용). 같은 저자, 1929e.
158 같은 저자, 1923c, p. 15.
159 같은 저자, 1927e, p. 87(불어판, p. 21).
160 S. Freud, 1887~1902, p. 364~366(「과학적 심리학 초고」).
161 A. Warburg, 1893, p. 54~63(불어판, p. 83~91).
162 G. Bachelard, 1952, p. 111~112.
163 E. H. Gombrich, 1970, p. 261에서 재인용.
164 J.-L. Descamps & al., 1976, I, p. 438. J. Leclerc & J. Tarrete, 1988, p. 419를 참조하라.
165 J. W. Goethe, 1821, p. 196~203을 참조하라.
166 G. Cuvier, 1806, p. 411. 같은 저자, 1812, p. 32~33. H. Hölder, 1960, p. 359~430. B. Balan, 1979, p. 380~383. G. Laurent, 1987, p. 77~78을 참조하라. 층위의 중요성에 관심을 갖게 해준 코헨Claudine Cohen에게 감사드린다. A. d'Orbigny,

1849~1852, I, p. 85~92, 110~116, 125~157. 화석, 이미지, 각인의 관계에 관해서는 특히 C. Cohen, 1994, p. 66~86. C. Blanckaert, 1999, p. 85~101을 참조하라.

167 F. F. von Richthofen, 1886(분류기호 DLF 아래층의 일반인류학*Anthropologie generale*).

168 분류기호 DAA, DAC 그리고 DAD 아래층.

169 J.-L. A. de Quatrefages de Bréau, 1884.

170 M. Boule, 1921. G. H. Luquet, 1926을 참조하라.

171 E. Norden, 1924, p. 165에서도 이 표현을 사용하고 있다. 이 정보를 제공해준 리고타Christopher Ligota에게 감사드린다.

172 S. Freud, 1895, p. 25~28(J. Breuer와의 공저).

173 앞의 책, p. 161.

174 A. Warburg, 1927a, p. 37.

175 S. Freud, 1895, p. 161.

176 M. David-Ménard, 1994, p. 253을 참조하라.

177 C. Cyssau, 1995, p. 223 & 271~303.

178 A. d'Orbigny, 1849~1852, I, p. 27~34.

179 A. Warburg, 1900. A. Bodar, 1991, p. 5~18. S. Contarini, 1992, p. 87~93. S. Weigel, 2000, p. 65~103을 참조하라.

180 G. Brandstetter, 2000, p. 105~139를 참조하라.

181 J. L. Koerner, 1997, p. 36.

182 A. Warburg, 1900(E. H. Gombrich, 1970, p. 110에서 재인용).

183 H. Heine, 1853, p. 383~422.

184 앞의 책, p. 405~406.

185 H. Taine, 1866, II, p. 133.

186 D. Ghirlandaio, Visitation(1485~1490), Florence, Santa Maria Novella.

187 A. Warburg, 1900.(E. H. Gombrich, 1970, p. 107에서 재인용).

188 앞의 책, p. 107~108.

189 S. Settis, 1981, p. VII~XIX. G. Huber, 1993, p. 443~460을 참조하라.

190 M. Emmanuel, 1896, p. 48~51, 61, 103, 143, 216, 287, 300, 304 등. F. Weege, 1926, p. 56~98을 참조하라.

191 S. Freud, 1907, p. 144~146.

192 앞의 책, p. 34.

193 W. Granoff, 1976, p. 381~403.

194 J. -M. Rey, 1979, p. 147~184.

195 A. Warburg, 1929d.

196 S. Freud & al., 1906~1908, p. 283(1907년 12월 11일).
197 E. Jones, 1955, II, p. 362. J.-B. Pontalis, 1986, p. 217~228.
198 A. Warburg, 1927~1929, p. 20~27, 82~89 등.
199 앞의 책, p. 24~25.
200 앞의 책, p. 82~83.
201 앞의 책, p. 86~87.
202 G. Dumézil, 1975, p. 41.
203 A. D. Nock, 1961, p. 297~308. G. Becacci, 1971. M. C. Bandera Viani, 1984, p. 265~269. M. Halm-Tisserant & G. Siebert, 1997, p. 891~902. H. Zusanek, 1998을 참조하라.
204 A. Warburg, 1927~1929, p. 128~129. 같은 저자, 1929e.
205 E. H. Gombrich, 1970, p. 6을 참조하라.
206 H. Herter, 1937, col. 1553. F. Bassan, 1998, p. 185~201을 참조하라(불행히도 매우 기본적이다)
207 R. Calasso, 1994, p. 125~133을 참조하라.
208 S. Freud, 1919, p. 215, 222 & 252.
209 앞의 책, p. 239.
210 같은 저자, 1900, p. 464.
211 같은 저자, 1915, p. 131~132.
212 A. Warburg, 1902a, p. 69~70(불어판, p. 106).
213 S. Freud, 1915, p. 133. P. Fédida, 1995, p. 221~244. 같은 저자, 2000을 참조하라.
214 Freud 1915, p. 30~31. '용암의 연속적 분출'은 '충동의 발달 단계'에 해당된다. 프로이트는 같은 페이지에서 Trieberuption(충동의 분출)이라는 표현을 사용한다.
215 B. Cestelli Guidi & N, Mann (eds), 1998, p. 132~141을 참조하라.
216 A. Dorsey & H. R. Voth, 1902. H. R. Voth, 1903.
217 C. Naber, 1988, p. 88~97. U. Raulff, 1988b, p. 59~95를 참조하라.
218 A. Warburg, 1923c, p. 9~11. 바르부르크가 1890년 12월 29일에 사우스다코다 주의 운디드 니Wounded Knee에서 인디언 대학살이 벌어진 지 겨우 3년 뒤에 여행을 시작했음을 떠올려보자.
219 같은 저자, 1907년 5월 17일에 무니James Mooney에게 보낸 편지(P.-A. Michaud, 1998a/2004. p. 186~187에서 재인용).
220 Michaud, 1998a/2004, p. 187~189에 따르면 바르부르크는 1895년에 뉴멕시코의 인디언 부족에게 발생한 '기적'에 대한 기록[*St. Louis Globe-Democrat*, 1895년 12월 14일자 기사 — 옮긴이]을 갖고 있었다. 땅이 갈라지고 열리면서 오랫동안 보존되었던 신부

의 관이 다시 땅 위에 모습을 드러낼 수 있었다는 것이다[이 신부 이름은 스페인에서 태어나 코로나도Francisco Vázquez de Coronado 탐험대와 함께 북미를 탐험하다 미국에서 최초로 순교했다고 전해지는 성프란체스코수도회 선교사 파딜라Juan de Padilla, 1500~1542와 관련이 있다. 하지만 푸에블로 이슬레타Isleta 인디언 부족이 수호성인처럼 믿는 관 속의 신부는 파딜라의 이름을 딴 다른 신부이다. - 옮긴이)].

221 같은 저자, 1923c, p. 15.
222 같은 저자, 1923b, p. 256~257.
223 J. W. Fewkes, 1894, p. 77을 참조하라.
224 A. Warburg, 1923b, p. 271.
225 앞의 책, p. 259.
226 같은 저자, 1923c, p. 51~52.
227 C. Ginzburg, 1999, p. 127~147을 참조하라.
228 R. Di Donato, 1999, p. 41~56을 참조하라. 피렌체와 인디언의 비교는 P.-A. Michaud, 1998b/2004, p. 53~63. M. A. Katritzky, 2001, p. 209~258을 참조하라. 유대와 인디언의 비교는 M. P. Steinberg, 1995, p. 59~114를 참조하라(또한 이에 대한 비판은 J. L. Koerner, 1997, p. 30~38을 참조하라).
229 A. Warburg, 1923c, p. 40.
230 같은 저자, 1923b, p. 249(이 원고를 어떻게 읽어야 할지는 여전히 불확실한 채 남아 있다).
231 앞의 책, p. 258. 같은 저자, 1923c, p. 24 & 36.
232 같은 저자, 1923b, p. 266. 같은 저자, 1927d, p. 282.
233 Warburg 1887.
234 바르부르크는 오토 루드비히 빈스방거가 『전쟁의 정신적 효과』에 대해 쓴 책을 얻었다. O. L. Binswanger, 1914(분류번호 DII 70).
235 V. Nijinski, 1919. P. Ostwald, 1991, p. 249~298을 참조하라.
236 L. Binswanger & S. Freud, 1908~1938, p. 231~232(1921년 11월 8일에 프로이트에게 보낸 편지).
237 M. Diers, 1979, p. 5~14. K. Königseder, 1995, p. 89를 참조하라.
238 K. Königseder, 1995, p. 93~96.
239 M. P. Steinberg, 1995, p. 72~73. J. L. Koerner, 1997, p. 30.
240 U. Raulff, 1998, p. 64를 참조하라.
241 A. Warburg, 1923b, p. 251~23(슬라이드 목록).
242 L. Binswanger, 1925년 8월 14일에 바르부르크에게 보낸 편지(U. Raulff, 1991b, p. 60에서 재인용).
243 A. Warburg, 1923b. p. 249.

244 앞의 책, p. 249~250.
245 앞의 책, p. 258.
246 1923년 4월 26일에 바르부르크가 작슬에게 보낸 편지(U. Raulff 1998에서 재인용). 바르부르크는 최측근에 포함된 네 사람만 텍스트를 보도록 허가했다. 아내 마리, 아들 막스, 주치의 엠브덴Heinrich Embden 그리고 당시 『상징형식철학』을 연구 중이던 카시러가 그들이다.
247 각각 S. Settis, 1993, p. 139~158. M. P. Steinberg, 1995, p. 59~114를 참조하라.
248 A. Warburg, 1923b, p. 249, 255 & 260.
249 앞의 책, p. 257.
250 Raulff 1998, p. 74를 참조하라. 여기서 그는 바르부르크적 지식의 가장 기본적인 요소(잔존)와 뱀이 끊임없이 움직이고 형태를 바꾸는 자연적인 경향 간의 유사성을 매우 정확하게 지적했다.
251 K. Königseder, 1995, p. 77~81. A. Spagnolo-Stiff, 1999, p. 249~251을 참조하라.
252 A. Spagnolo-Stiff, 1999, p. 250~269를 참조하라
253 A. Warburg, 1920, p. 199~303(불어판, p. 245~294). M. Warnke, 1999. p. 41~45. D. McEwan, 2001, p. 93~120을 참조하라.
254 괴테, 『파우스트』, 2부 5막(Freud, 1901, p. 34의 권두 문장에서 재인용), 11410행(번역서 p. 547) [한밤중에 우수憂愁라는 이름의 여인이 집으로 스며들어와 파우스트의 마음을 흔들어 놓으려 하기 직전 장면에서 늙은 파우스트가 말하는 대사의 일부이다. − 옮긴이].
255 R. Chernow, 1993, p. 174~177. J. L. Koerner, 1997, p. 38을 참조하라.
256 R. Chernow, 1993, p. 204~206. J. L. Koerner, 1997, p. 30을 참조하라.
257 A. Warburg, 1923b, p. 260~261.
258 R. Chernow, 1993, p. 258을 참조하라([제자인] 하이제Carl Georg Heise가 방문했을 때 바르부르크는 이렇게 말했다. "사자가 으르렁거리는 소리를 들었나? 상상해 봐. 그게 바로 나였어!"). C. G. Heise, 1947, p. 42~50.
259 J. L. Koerner, 1997, p. 34를 참조하라. H. Prinzhorn, 1922를 참조하라.
260 앞의 책, p. 31.
261 L. Binswanger(K. Königseder, 1995, p. 84에서 재인용).
262 여전히 공개적으로 이용할 수 없는 이 문서들에 접근할 수 있도록 해준 〈바르부르크연구소〉의 만 소장에게 특별히 감사드린다.
263 A. Warburg, 1919~1924년 일기. 노트북 17, Hamburg: 1920, 마지막 장.
264 앞의 책, 노트북 29, Kreuzlingen, 1921, p. 2854.

265 앞의 책, 노트북 46 & 47, Kreuzlingen, 1922, p. 3466 & 4168.
266 앞의 책, 노트북 40, Kreuzlingen, 1921, p. 3312 등.
267 앞의 책, 노트북 50, Kreuzlingen, 1922. 특히 혼란스럽다.
268 앞의 책, 노트북 51, Kreuzlingen, 1922, p. 4563 등.
269 앞의 책, 노트북 39, Kreuzlingen, 1922, p. 3388 그리고 노트북 46, Kreuzlingen, 1922, p. 3970.
270 앞의 책, 노트북 33, Kreuzlingen, 1921, p. 3140과 3141 사이, p. 3167과 3168 사이.
271 J. Lacan, 1931, p. 365~382를 참조하라.
272 A. Warburg, 1919~1924년 일기. 노트북 38, Kreuzlingen, 1921, p. 3274; 노트북 39. Kreuzlingen, 1921, p. 32784, 3307; 노트북 40, Kreuzlingen, 1922, p. 3336; 노트북 41, Kreuzlingen, 1922, p. 3349; 노트북 42, Kreuzlingen, 1922, p. 3361, 3363; 노트북 43, Kreuzlingen, 1922, p. 3682; 노트북 44, Kreuzlingen, 1922, p. 3712, 3886, 3888 등.
273 K. Königseder, 1995, p. 82를 참조하라.
274 R. Chernow, 1993, p. 260을 참조하라.
275 K. Königseder, 1995, p. 89~91을 참조하라.
276 A. Warburg, 1902a, p. 74(불어판, p. 110). 같은 저자, 1906, p. 127(불어판, p. 163). 같은 저자, 1920, p. 208~209(불어판, p. 255)을 참조하라.
277 같은 저자, 1927e, p. 86~89(불어판, p. 21, 23)
278 L. Binswanger, 1956b, p. 268(이 부분에서 그는 존스Ernest Jones의 주장을 바로잡는다).
279 J. Roth, 1932, p. 228~229.
280 L. Binswanger, 1957, p. 251. L. Binswanger, 1992~1994년에 출판된 독일어 텍스트에서 재인용하고 있다.
281 같은 저자, 1936b, p. 193 & 200.
282 같은 저자, 1920, p. 123~154.
283 같은 저자, 1956b, p. 283~305.
284 앞의 책, p. 305~319(여기서 1912년에 프로이트가 크로이츠링엔을 방문한 사실이 언급된다).
285 앞의 책, p. 333 & 341.
286 앞의 책, p. 366. M. Schur, 1972, p. 315~320을 참조하라.
287 L. Binswanger, 1936a, p. 201~237. 같은 저자, 1957, p. 250.
288 같은 저자, 1958b, p. 247~263.
289 같은 저자, 1935, p. 131. 같은 저자, 1957, p. 241~243을 참조하라.
290 같은 저자, 1924년 8월 25일과 11월 24일에 바르부르크에게 보낸 편지(U. Raulff,

1991b, p. 56~57에서 재인용).
291 같은 저자, 1928(바르부르크의 1920년 텍스트는 24페이지에서 인용된다).
292 A. Warburg. 1925~1927년까지 루드비히 빈스방거에게 보낸 편지(U. Raulff, 1991b, p. 57~58과 64~67에서 재인용).
293 L. Binswanger, 1930, p. 208.
294 A. Warburg 1893, p. 62. G. Didi-Huberman, 1999, p. 27~31 & 86~99를 참조하라.
295 L. Binswanger, 1930, p. 199~225. F. Nietzsche, 1886, p. 106. 같은 저자, 1870. p. 49를 참조하라. "우리는 형상을 직접 이해하면서 즐겁게 꿈꾼다. 모든 형태가 우리에게 말을 건다."
296 M. Foucault, 1954. p. 68.
297 L. Binswanger, 1933a & 1965, p. 33~63.
298 A. Warburg, 1912, p. 173~198(불어판, p. 197~220). 같은 저자, 1920, p. 199~303(불어판, p. 245~294).
299 같은 저자, 1929년 4월 3일자 일기(E. H. Gombrich, 1970, p. 303에서 재인용). 바르부르크는 도서관의 작은 섹션을 정신분열증에 할애했다. 그것은 정신병리학, 정신분석학 그리고 천재의 심리학에 관한 책들 사이에 위치해 있다.
300 L. Binswanger, 1952, 1960 & 1965.
301 같은 저자, 1956b, p. 270. 같은 저자, 1957, p. 252.
302 같은 저자, 1924, p. 61~62(바르부르크는 아마도 이 텍스트를 크로이츠링엔에서 읽었을 것이다).
303 앞의 책, p. 63.
304 A. Warburg, 1893, p. 13(불어판, p. 49).
305 L. Binswanger, 1933b, p. 11, 29, 33, 77~79, 246~248 등.
306 앞의 책, p. 239(이 번역을 약간 수정했다).
307 M. Foucault, 1954, p. 67(강조는 Didi-Huberman의 추가). L. Binswanger, 1942를 참조하라.
308 L. Binswanger, 1933b, p. 217.
309 앞의 책, p. 172. '언어의 정신분열적 양식과 같은 것'에 관해 그리고 다른 여러 곳.
310 같은 저자, 1956a, p. 324~418. 빈스방거를 참조하라. 이전에는 C. Reboul-Lachaux, 1921.
311 A. Warburg, 1888~1905, p. 386(1899년 3월 29일자 메모) 등.
312 L. Binswanger, 1949, p. 17, 50. 그리고 다른 여러 곳.
313 J. Lacan, 1933, p. 68~69.
314 앞의 책, p. 68~69.

315 앞의 책, p. 69.
316 앞의 책, p. 69.
317 앞의 책, 이 진술은 좀 더 앞선 1932년에 편집증적 정신병에 관한 라캉의 박사학위 논문 및 Lacan, 1966, p. 6의 '양식[문체]은 바로 그 사람이다Le style, c'est l'homme'라는 진술 등과의 관련성 속에서 살펴보아야 한다. 오늘날에는 아마 페디다 저서에서 이 '징후의 양식학stylistique du symptome'에 대한 가장 깊은 통찰을 찾을 수 있을 것이다.
318 P.-A. Michaud, 1999, p. 49~50을 참조하라. 여기서 그는 바르부르크의 '지진학'과 호프만슈탈의 시학을 연결시키며, 그에 따라 (시적이든 학술적이든) 일반적으로 기록된 작품은 지진학적 '인상의 표면'으로 이해된다.
319 G. Didi-Huberman, 1998b, p. 7~20을 참조하라.
320 A. Warburg, 1923a(1923년 4월 26일에 15~19까지 번호를 매긴 다섯 페이지).
321 같은 저자, 1923b, p. 255.
322 앞의 책, p. 250.
323 F. Schlegel, 1798(P. Lacoue-Labarthe & J.-L. Nancy, 1978. p. 118에서 재인용).
324 S. Freud, 1937b, p. 280.
325 앞의 책, p. 277.
326 A. Warburg, 1923b, p. 264~266.
327 앞의 책, p. 264.
328 앞의 책, p. 275~276.
329 같은 저자, 1928~1929, p. 5(1928년 9월 28일자 메모).
330 같은 저자, 1929a, p. 6~7 & 14.
331 K. Clark, 1974, p. 189~190.
332 E. Cassiere, 1929a, p. 54~56.
333 A. Warburg, 1929 4월 3일자 일기(E. H. Gombrich, 1970, p. 303에서 재인용).
334 앞의 책, 1927~1928(E. H. Gombrich, 1970, p. 259에서 재인용). K. Hoffmann, 1992, p. 7~14를 참조하라.
335 H. Maldiney, 1991, p. 5 & 386~387. P. Fedida, 1992, p. 19~28을 참조하라. "아이스킬로스의 **파테이 마토스**는 비극의 영역에 뿌리를 둔 정신병리학적 요소를 지칭한다."
336 L. Binswanger, 1920, p. 123~154. 같은 저자, 1935, p. 119~147. 같은 저자, p. 115~120. 같은 저자, 1958a, p. 149~157을 참조하라.
337 같은 저자, 1926, p. 223~237(불어판, p. 155~172). 빈스방거는 1925년 12월 28일에 보낸 편지에서 이 텍스트를 인용한다(U. Raulff, 19916, p. 62에서 재인용). 별쇄본은 바르부르크에 의해서 코드 DAC 165으로 보관되었다.

338 K. Jaspers, 1913, p. 227.

339 L. Binswanger, 1926, p. 228~229(불어판, p. 161).

340 앞의 책, p. 229(불어판, p. 162).

341 H. Maldiney, 1961, p. 40(그리고 일반적으로 p. 27~86).

342 L. Binswanger, 1926, p. 223~225(불어판, p. 155~158).

343 앞의 책, p. 226(불어판, p. 158, 번역을 일부 수정했다).

344 앞의 책, p. 227~228(불어판, p. 160). 여기서는 그는 미켈란젤로가 만든 〈모세상〉에 대해 논한다.

345 같은 저자, 1945, p. 53~54. P. Fedida, 1970, p. 17을 참조하라. 여기서는 '이 접근 방식의 본질적 불완전성은 언젠가 무엇인가를 성취할 수 있는 유일한 기회이다'라고 쓰고 있다.

346 L. Binswanger, 1922, p. 79~117을 참조하라.

347 앞의 책, p. 81~82.

348 앞의 책, p. 81.

349 F. J. J. Buytendijk & H. Plessner, 1925~1926, p. 72~126(F. Saxl, 1932, p. 14에서 재인용). J. von Uexküll, 1934. E. Straus, 1935, p. 318~331을 참조하라.

350 E. Husserl, 1912~1928, p. 229~241.

351 E. Stein, 1917. M. Scheler, 1913 & 1923.

352 A. Warburg, 1893, p. 13(불어판, p. 49).

353 앞의 책, p. 27(불어판, p. 73).

354 같은 저자, 1888~1905.

355 앞의 책, II, p. 3(타자기로 친 원고, p. 124).

356 앞의 책, II, p. 3(타자기로 친 원고, p. 125).

357 같은 저자, 1903~1906(E. H. Gombrich, 1970, p. 157에서 재인용).

358 J. von Schlosser, 1908, p. 1~21.

359 A. Warburg, 1913(E. H. Gombrich, 1970, p. 202에서 재인용).

360 A. Schmarsow, 1893. 같은 저자, 1899, p. 57~79. 같은 저자, 1905, p. 136~137. 같은 저자, 1929, p. 209~230을 참조하라.

361 H. Siebeck, 1875를 참조하라. 이 책은 컴퓨터로 정리된 카탈로그에는 포함되지 않았지만 〈바르부르크도서관〉의 대출번호 CIH 1350에서 찾을 수 있다. 바르부르크는 특히 4장 '관계의 재현을 통한 통각Die Apperception durch Verhältniss-Vorstellungen'에 주석을 달았다. 시벡의 감정이입 이론은 한편으로는 꿈, 다른 한편으로는 음악에 대한 그의 관심과 관련시켜 고려해야 한다. Siebeck 1877, 1906을 참조하라.

362 H. Wölfflin, 1886, p. 30~31.

363 E. H. Gombrich, 1970, p. 96 & 143을 참조하라.

364 B. Berenson, 1896, p. 1~19. 같은 저자, 1948, p. 61, 226~227 등을 참조하라.
365 H. F. Mallgrave & E. Ikonomou, 1994, p. 1~85. A. Pinotti, 1997, p. 9~31을 참조하라.
366 Basch, 1896, p. 250.
367 같은 저자, 1921, p. 62 & 65.
368 W. Worringer, 1907, p. 42~43, 50~53, 77, 148~149 등
369 앞의 책, p. 42. 그 밖의 여러 곳.
370 A. Warburg, 1893, p. 13(불어판, p. 49). 같은 저자, 1923b, p. 275. 바르부르크에 미친 비셔의 영향은 다음에서 강조된다. E. Wind, 1971, p. 108~109. G. Carchia, 1984, p. 95~99. S. Ferretti, 1984, p. 15~24.
371 F. T. Vischer, 1846~1857. 그의 체계는 Vischer, 1861~1873에서 다시 채택되고 개정되었다.
372 R Vischer, 1879 & 1886을 참조하라.
373 J. Nigro Covre, 1977, p. 3~24. H. F. Mallgrave & E. Ikonomou, 1994, p. 17~18을 참조하라.
374 R. Vischer, 1873, p. 1~4(불어판, p. 93~95).
375 앞의 책, p. 10~11(불어판, p. 98~99).
376 앞의 책, p. 16(불어판, p. 102).
377 앞의 책, p. 5~6(불어판, p. 95~96).
378 앞의 책, p. 18~28(불어판, p. 102~109). 여기서 그는 감정이입의 네 가지 정도를 구별한다. 감정이입Einfühlung, 감정주목Anfühlung, 동감Nachfülung 그리고 즉각적 감정Zufühlung이 그것이다[영문 번역판(Vischer, 1994)에서는 각각 empathy, attentive feeling, responsive feeling, immediate feeling으로 번역되었다].
379 앞의 책, p. 20(불어판, p. 104).
380 A. Warburg, 1923b, p. 264~266.
381 R. Vischer, 1873, p. 19(불어판, p. 103).
382 앞의 책, p. 11(불어판, p. 99).
383 마치 최초의 명제의 대담성을 보상하듯 비셔는 고전적 미학에 더 부합하는 두 장으로 책을 마무리하는데, 여기서 '무의식'은 '이데아'에 자리를 내주며, 형태의 강화 과정은 '부속물'로 거부된다(우리가 알듯이, 바르부르크는 정반대 결론에 도달하게 된다), 앞의 책, p. 39~49(불어판, p. 115~122).
384 앞의 책, p. III~VIII(불어판, p. 89~93).
385 K. A. Scherner, 1861.
386 S. Freud, 1900, p. 80~83, 122, 197~199, 288, 299, 309, 345~346, 464~465 그리고 503. 셰르너는 또한 L. Binswanger, 1928, p. 51 & 63에서도 인용되었다.

387 R. Vischer, 1873, p. 13~17(불어판, p. 99~102).

388 앞의 책, p. 27(불어판, p. 108).

389 앞의 책, p. 22~23 & 30~33(불어판, p. 106 & 110~112).

390 W. R. Crozier & P. Greenhalgh, 1992, p. 83~87. S. Caliandro, 1999, p. 47~58을 참조하라.

391 R. Vischer, 1873, p. III~VIII(불어판, p. 89~93).

392 E. Kant, 1790, p. 174. G. W. F. Hegel, 1835~1842, I, p. 401 & 409 등을 참조하라.

393 F. T. Vischer, 1887, p. 420 & 456.

394 E. Wind, 1931, p. 26~27. E. H. Gombrich, 1970, p. 72~75. 여기서 그는 자연스럽게 반대입장을 취한다.

395 F. T. Vischer, 1887, p. 420.

396 앞의 책, p. 420~422.

397 앞의 책, p. 422~423.

398 앞의 책, p. 433.

399 A. Warburg, 1927~1929, p. 132~133(도판. 79). C. Schoell-Glass, 2001, p. 183~208을 참조하라.

400 F. T. Vischer, 1887, p. 433.

401 앞의 책, p. 426~434.

402 앞의 책, p. 433~456.

403 앞의 책, p. 428~429.

404 앞의 책, p. 446.

405 V. Basch, 1896, p. 285.

406 F. T. Vischer, 1887, p. 420. B. Buschendorf, 1998, p. 227~248을 참조하라.

407 E. H. Gombrich, 1970, p. 14, 75 & 149를 참조하라.

408 T. Carlyle, 1833~1834, p. 22(불어판, p. 42).

409 A. Warburg, 'Warburgismen' 86 folios.

410 T. Carlyle, 1833~1834, p. 24(불어판, p. 45~46)(박상익 역[2008], p. 72~73을 참조하라).

411 앞의 책, p. 4(불어판, p. 16).

412 앞의 책, p. 145(불어판, p. 210) 그리고 다른 여러 곳.

413 앞의 책, p. 51(불어판, p. 81) 이『부정 변증법』의 전제에 대해서는 W. Dilthey, 1890, p. 507~527. P. A. Dale, 1981, p. 293~312를 참조하라.

414 G. Didi-Huberman, 2000, p. 85~155를 참조하라.

415 A. Warburg, 1897, p. 569~577을 참조하라.

416 T. Carlyle, 1829, p. 56~82. 같은 저자, 1830, p. 83~95. 같은 저자, 1833, p. 167~176.
417 같은 저자, 1833~1834, p. 166(불어판, p. 240)(박상익 역[2008], p. 329를 참조하라).
418 앞의 책, p. 166(불어판, p. 240)(박상익 역[2008], p. 329를 참조하라).
419 앞의 책, p. 168(불어판, p. 242)(박상익 역[2008], p. 332~333을 참조하라).
420 앞의 책, p. 169(불어판, p. 243)(박상익 역[2008], p. 335를 참조하라).
421 앞의 책, p. 170~171(불어판, p. 244~246)(박상익 역[2008], p. 336~338을 참조하라).
422 C. Baudelaire, 1857, p. 329.
423 T. Vignoli, 1879. E. H. Gombrich, 1970, p. 68~71(A. Dal Lago, 1984, p. 80~81에서 재인용)을 참조하라.
424 M. M. Sassi, 1982, p. 83~85를 참조하라.
425 T. Vignoli, 1877, p. 42~68.
426 같은 저자, 1879, p. 63, 71~72, 76~77. 같은 저자, 1895, p. 165~206.
427 같은 저자, 1879, p. 18(여기서 그는 A. Espinas, 1877을 인용한다) & p. 22.
428 앞의 책, p. 7 & 11~14.
429 같은 저자, 1898, p. 19~44.
430 T. Vignoli, 1879, p. 210~286.
431 A. Warburg, 1923b, p. 261~262.
432 H. de Balzac, 1846(바르부르크는 1848년 독일어판을 갖고 있었다).
433 앞의 책, p. 335.
434 앞의 책, p. 273.
435 L. Binswanger, 1933b, p. 303~305를 참조하라.
436 L. Lévy-Bruhl, 1910, p. 204~422. 같은 저자, 1927, p. 291~327을 참조하라. '망자의 잔존La survie des morts'. 같은 저자, 1938.
437 A. Warburg, 1927a, p. 14(1927년 3월 31일자 메모).
438 L. Lévy-Bruhl, 1910, p. 1~4.
439 앞의 책, p. 76~77.
440 같은 저자, 1922, p. 17~46.
441 같은 저자, 1935, p. 37~39.
442 앞의 책, p. 1~12, 34~44, 200~224 등. 바르부르크가 죽고 10년 뒤 레비-브륄은 참여 개념에 대해 다시 작업하려고 했다. 결국 그가 가장 위대한 '원시적인 것의 일치'를 미학적 영역에서 찾으리라고 결정한 것은 우연이 아니다(같은 저자, 1938~1939를 참조하라).

443 A. Warburg, 1896~1901, p. 5.
444 앞의 책, p. 5, 30~31 & 33(1899년 12월 및 1900년 5월자 노트).
445 M. Bertozzi, 1985. K. Lippincott, 1991, p. 213~232. 같은 저자, 2001, p. 151~182. C. Fratucello & C. Knorr, 1998. M. Ghelardi, 1999, p. 7~23을 참조하라.
446 A. Warburg, 1920, p. 202(불어판, p. 250).
447 같은 저자, 1929년 4월 3일자 일기(E. H. Gombrich, 1970, p. 303에서 재인용). 같은 저자, 1928~1929, p. 12. '사투르누스Saturnus, 토성'(슬픔, 우울을 관장하는 별)이 규율하는 바르부르크의 『정신역사』에 대해서는 B. Roeck, 1996, p. 231~254를 참조하라.
448 A. Warburg, 1923b, p. 273.
449 앞의 책, p. 266, "프로이트의 『토템과 터부』를 보고 싶다."
450 앞의 책, p. 259. O. Rank, 1923의 저서가 갓 출간되었다.
451 S. Freud, 1913b, p. 204~211. 그리고 다른 여러 곳.
452 앞의 책, p. 215.
453 같은 저자, 1901, p. 408 & 416~421.
454 A. Warburg, 1923b, p. 249.
455 F. Saxl, 1923, p. 1~10. 사립도서관을 연구소로 탈바꿈시킨다는 아이디어는 1914년에 다시 제기되었다.
456 E. Cassirer, 1929a, p. 54.
457 앞의 책, p. 54~55.
458 같은 저자, 1923a, p. 11~39(불어판, p. 7~37).
459 S. Ferretti, 1984. M. Ferrari, 1986, p. 91~130. 같은 저자, 1988, p. 114~133. J. M. Krois, 1995, p. 11. H. Paetzold, 1995, p. 68~85를 참조하라.
460 M. Jesinghausen-Lauster, 1985. C. Naber, 1991, p. 393~406을 참조하라.
461 J. Grolle, 1994를 참조하라.
462 E. Cassirer, 1922, p. 39~139.
463 같은 저자, 1927, p. V-VIII(불어판에서는 안타깝게도 헌정사가 빠졌다).
464 J. M. Krois, 1995, p. 12.
465 D. Cohn, 1999, p. 5(강조는 저자). 바르부르크부터 파노프스키로 이어지는 '도상학적 프로그램'의 연속성이, 카시러에 의한 '상징형식'의 철학적 설명을 경유해, 이 주제에 대한 역사기록학적 접근법의 주류를 구성하고 있다. 이 입장은 주로 C. Ginzburg, 1966, p. 39~96. R. Klein, 1970, p. 224~225. G. C. Argan, 1975, p. 297~305. C. Eisler, 1985, p. 85~88. P. Schmidt, 1993. L. Secchi, 1996, p. 207~245 등에 의해 옹호되었다.
466 E. H. Gombrich, 1999, p. 268~282를 참조하라.
467 H. Damisch, 1992, p. 168을 참조하라. 여기서 바르부르크는 동시에 '구조적 미학'

의 선구자로 인정되면서도 '엄격한 진화론적·심리학적 접근' 때문에 자격을 상실한다.
468 A. Warburg, 1912, p. 185(불어판, p. 215).
469 G. J. Hoogewerff, 1931, p. 53~82.
470 W. S. Heckscher, 1967, p. 253~280. S. Trottein, 1983, p. 34~47을 참조하라.
471 E. 슈프린, 1927, p. 37~182. 같은 저자, 1932, p. 235 & 255. 같은 저자, 1939, p. 13~45. C. Cieri Via, 1994, p. 25~134를 참조하라.
472 F. Capeillères, 1995, p. 210~212 & 252를 참조하라. 카시러의 학술적 감사의 말에 바르부르크 이름이 빠진 사실은 이 점에서 중요하다. Cassirer, 1923b, p. 7~11.
473 F. Saxl, 1923, p. 1~10.
474 E. Cassirer, 1923a, p. 11(불어판, p. 9).
475 앞의 책, p. 11(불어판, p. 9).
476 앞의 책, p. 11~14(불어판, p. 9~11).
477 앞의 책, p. 15(불어판, p. 13).
478 앞의 책, 1923a, p. 14(불어판, p. 11~13). 같은 저자, 1923b, p. 36. 같은 저자, 1929b, p. 112를 참조하라.
479 같은 저자, 1923a, p. 27(불어판, p. 25).
480 같은 저자, 1938, p. 113~141.
481 같은 저자, 1944, p. 317.
482 같은 저자, 1910, p. 13~39. 같은 저자, 1923b, p. 20.
483 같은 저자, 1923b, p. 28.
484 앞의 책, p. 20~21 & 25.
485 같은 저자, 1929b, p. 13.
486. Capeillères, 1997b, p. 9~30을 참조하라.
487 E. Cassirer, 1923b, p. 53.
488 앞의 책, p. 34. '기능'의 통일성에 대한 비판을 보려면 G. Didi-Huberman, 1990a, p. 153~168. 같은 저자, 1996b, p. 59~86을 참조하라.
489 E. Cassirer, 1922, p. 90~91.
490 A. Warburg, 1920, p. 199~303(불어판, p. 245~294). 그것은 또한 〈바르부르크 도서관〉의 분류에서 점술과 수학 섹션(뿐만 아니라 점성술과 천문학 섹션)이 가깝게 붙어 있는 이유이다.
491 같은 저자, 1928~1929, p. 8(1929년 6월 21일자 메모).
492 Novalis, 1798~1799. G. W F. Hegel, 1830을 참조하라.
493 E. Cassirer, 1923a, p. 16~17(불어판, p. 14~15).
495. 같은 저자, 1929b, p. 211.
494 같은 저자, 1927.

495 같은 저자, 1929b, p. 211.

496 이 상승하는 시간적 순서의 반복적·자연발생적 특징을 지적하기로 하자. 카시러의 모든 모델은 동일한 방향으로 정향된다. 따라서 그가 '단순한 선'에 대해 말할 때 그것은 마치 미술이라는 유년기가 '다 자란' 과학보다 앞서는 것처럼 무엇보다 먼저 '표현적인 것'으로, 이어 (기하학적이거나 수학적인) '도식'으로 간주된다(앞의 책, p. 227을 참조하라). 그런 목적론적 구조는 Capeillères, 1997a, p. 150~152에서 인정되어 왔는데, 그는 전에는 그것을 거부했었다(Capeillères, 1995, p. 237).

497 E. Cassirer, 1923a, p. 27~39(불어판, p. 24~37).

498 같은 저자, 1929b, p. 125~312.

499 앞의 책, p. 92~93 & 111.

500 앞의 책, p. 29, 76~77, 82~90, 105, 108, 122~123.

501 앞의 책, p. 127.

502 같은 저자, 1923b, p. 49.

503 같은 저자, 1929b, p. 128~129 & 133.

504 앞의 책, p. 165~216.

505 J. M. Krois, 1995, p. 7에서 재인용.

506 E. Cassirer, 1924, p. 27~52.

507 같은 저자, 1923a, p. 23(불어판, p. 20).

508 같은 저자, 1923b, p. 30.

509 A. Warburg, 1901.

510 E. Cassirer, 1939, p. 152(빌플린의 범주에 대한 참고문헌). 같은 저자, 1944, p. 197~240(미술 또는 바르부르크에 대한 장은 단 한 번도 인용되지 않았다).

511 같은 저자, 1942~1943, p. 123~127. 같은 저자, 1943, p. 175~191.

512 같은 저자, 1929b, p. 233~312.

513 앞의 책, p. 237.

514 J. M. Krois, 1999, p. 532~539.

515 E. Cassirer, 1929b, p. 217~231.

516 앞의 책, p. 221~228.

517 앞의 책, p. 229.

518 앞의 책, p. 229.

519 앞의 책, p. 229~230.

520 앞의 책, p. 266(저자가 강조 추가).

521 J. M. Krois, 1988, p. 22. B. Naumann, 1999, p. 575~584.

522 그들의 카시러 이용에 대해서는 J. M. Krois, 1999, p. 539~540을 참조하라.

523 E. H. Gombrich, 1970, p. 285를 참조하라.

524 1929년까지 이 컬렉션은 약 25,000장의 사진을 모았다.
525 M. Foucault, 1969, p. 19.
526 A. Warburg, 1927~1929, p. 41, 63, 93 & 109(도판 24, 36, 50~51 & 59).
527 앞의 책, p. 83(도판 45).
528 앞의 책, p. 11, 25, 35 & 37(도판 B, 6, 22 & 23).
529 앞의 책, p. 73(도판 43).
530 앞의 책, p. 43 & 99(도판 25 & 54).
531 앞의 책, p. 21 & 23(도판 4 & 5).
532 앞의 책, p. 27(도판 7).
533 앞의 책, p. 29(도판 8).
534 앞의 책, p. 101, 129 & 133(도판 55, 77 & 79).
535 É. Mâle, 1894, p. 19. 부르크하르트는 당시 르네상스 연구를 위해 유리로 된 슬라이드 수집품을 모았다.
536 W. S. Heckscher, 1967, p. 267을 참조하라.
537 A. Warburg, 1923c, p. 9. 같은 저자, 1923b, p. 251~253 & 279~281(김남시 역[2021], 91페이지)을 참조하라. 가령 슬라이드를 구성하면서 바르부르크는 왈피와 〈라오콘〉의 살아 있는 뱀에 이어 아스클레피오스Asclepios(치료용 뱀)과 …… 크로이츠링엔의 두 이미지를 보여준다.
538 R. Recht, 1995, p. 31~59를 참조하라.
539 A. Warburg, 1926a(E. H. Gombrich, 1970, p. 229~238에서 재인용).
540 U. Fleckner, R. Galitz, C. Naber & H. Noldeke, 1993을 참조하라. 1924~1929년에 바르부르크는 〈므네모시네 아틀라스〉의 도판을 활용한 강의를 제외하고도 적어도 5개의 전시회를 조직했다. 이 정보에 대해 플렉크너Uwe Fleckner에게 감사드린다.
541 A. Warburg, 1932, I, p. v. 'Anlage der Gesamtausgabe'는 작슬의 표현이다.
542 F. Saxl, 1930a, p. 327~329. 같은 저자, 1930c, p. 313~315.
543 S. Füssel, 1979. D. Bauerle, 1988, p. 7~64. P. van Huisstede, 1995, p. 130~171. C. Schoell-Glass, 2001, p. 183~208을 참조하라.
544 E. Wind, 1931, p. 26. G. Agamben, 1984, p. 25~27. R. Kany, 1987, p. 129~186. M. Schuller, 1993, p. 149~160을 참조하라.
545 E. H. Gombrich, 1970, p. 285.
546 그에 따라 〈므네모시네 아틀라스〉의 현재 버전은, (아마도 잘못 붙여진) '완전판'이라는 이름이 붙은 세 개의 연속된 도판에 기초한다. 바르부르크 아카이브의 다른 사진들은 가능한 버전의 다양성을 입증한다(〈그림 44, 69, 86, 90〉). 1928년부터 기록된 '임시' 노트북은 마찬가지로 Sardo & al. 2000, p. 8~13에서 복제되었다.
547 A. Warburg, 1929년 10월 12일에 포슬러Karl Vossler에게 보낸 편지(Schoell-

Glass, 2001, p. 187에서 재인용).

548 같은 저자, 1920, p. 200(불어판, p. 247~248).

549 G. Agamben, 1984, p. 27.

550 D. Bauerle, 1988, p. 91~92, 103~113 등을 참조하라. I. Barta-Fliedl & C. Geissmar-Brandi, 1992, p. 165~170. I. Barta-Fliedl, C. Geissmar-Brandi & N. Sato, 1999, p. 179~253. B. Cestelli Guidi & F. Del Prete, 1999, p. 17~24.

551 A. Warburg, 1929b, p. 172(불어판, p. 41, 42, 수정).

552 같은 저자, 1905~1911.

553 M. Merleau-Ponty, 1960, p. 202.

554 E. Wind, 1935, p. 193~195. M. Friman, P Jansson & V. Souminen, 1995, p. 23~29를 참조하라.

555 M. Kemp, 1975, p. 5~25. P.-A. Michaud, 1999, p. 57을 참조하라.

556 E. H. Gombrich, 1970, p. 6 & 303~305.

557 A. Warburg, 1928~1929. p. 14(1929년 4월 8일자 노트). "2권의 텍스트. 약 2000장의 그림이 있는 아틀라스2 Bande Texte. Atlas mit etwa 2000 Abb."

558 같은 저자, 1927a, 1927~1928, 1928~1929.

559 같은 저자, 1928~1929. 몇몇은 P. van Huisstede, 1995, p. 151~152에 의해 기록되었다.

560 A. Warburg, 1927~1928.

561 같은 저자, 1929c, p. 26.

562 앞의 책, folio 11.

563 또한 A. Warburg, 1929g를 참조하라. 여기서 그런 특징들은 극단적 형태로 표시되고 있는데, 노트북이 거의 비어있기 때문이다.

564 C. Baudelaire, 1850~1865, p. 649~663. 보들레르는 『폭죽불꽃』이라는 제목을 포에게서 가져왔는데, 포는 이 단어를 『여백에 쓴 글*Marginalia*』(1844~1849)이라는 에세이 모음집에서 '폭죽처럼 치솟는'이라는 의미로 사용했다.

565 앞의 책, p. 667.

566 L. Binswanger, 1933b, p. 225~226.

567 앞의 책, p. 227.

568 앞의 책, p. 107~108.

569 앞의 책, p. 257~265.

570 앞의 책, p. 137 & 265~270.

571 앞의 책, p. 39~40.

572 앞의 책, p. 270~275 & 308.

573 앞의 책, p. 129.

574 앞의 책, p. 86~87, 127, 164~168, 174, 181~189, 202~203.
575 앞의 책, p. 240, 275 & 278.
576 앞의 책, p. 112~114, 121~122 & 243.
577 앞의 책, p. 303~304.
578 A. Warburg, 1927f, p. 1(불어판, p. 175).
579 앞의 책, p. 3(불어판, p. 176~177). 여기서 바르부르크는 젊고 이론적인 프로젝트인 '레싱에 대한 수정Korrektur an Lessing'을 이야기한다.
580 앞의 책, p. 12(불어판, p. 181).
581 앞의 책, p. 3(불어판, p. 176).
582 앞의 책, p. 5(불어판, p. 178~179).
583 G. Didi-Huberman, 1995b, p. 280~383. 같은 저자, 2000, p. 111~127을 참조하라.
584 A. Warburg, 1928~1929, p. 47, 97~98 & 116~117.
585 같은 저자, 1905~1911. 같은 저자, 1906~1907, p. 33.
586 같은 저자, 1929b, p. 172(불어판, p. 39).
587 같은 저자, 1928~1929, p. 14(1929년 4월 8일 노트).
588 앞의 책, p. 11 & 58(1929년 4월 19일 및 5월 5일 노트). 같은 저자, 1929f, p. 49.
589 같은 저자, 1927a, p. 9(1927년 5월 30일 노트). 같은 저자, 1928~1929, p. 70(1929년 3월 8일 노트). 1929a.
590 G.-B. Duchenne de Boulogne, 1862. D.-M. Bourneville & P. Régnard (eds), 1876~1880. C. Lombroso, 1878. 우리는 이미 샤르코의 임상 사진 도판Clinical table과 〈므네모시네 아틀라스〉의 비판적 도판이라고 말할 수 있는 것 간의 큰 차이점에 대해 언급했다.
591 A. Bastian, 1887(도판 25). Wundt, Lamprecht 등의 독일 인류학과의 관계에서 〈므네모시네 아틀라스〉의 교육적 측면에 대해서는 C. Brosius, 1997을 참조하라.
592 W. S. Heckscher, 1967, p. 268~273.
593 M. Warnke, 1980a, p. 158~164(다다이스트 콜라주collages dadaïstes). W. Hofmann, 1980, p. 65~69(레디-메이드 콜라주ready-made collage). R. Kany, 1985, p. 1279~1283(슈비터스Kurt Schwitters). K. Forster, 1991, p. 29~33(마이어Hannes Meyer, 슈비터스). M. Kemp, 1975 p. 5~25(초현실주의 몽타주montages surréalistes).
594 G. Agamben, 1992, p. 65. "〈므네모시네 아틀라스〉에서 각각의 이미지는 포토그램보다는 덜 자율적인 실제로 간주된다." P-A. Michaud, 1999, p. 45~52.
595 A. Warburg, 1924년 12월 31일에 잔Robert Zahn에게 보낸 편지.

596 B. Buchloh, 1999, p. 129. 이 텍스트에 포함된 적어도 세 가지 버전 중 이 버전을 인용한다.
597 앞의 책, p. 129~134.
598 A. Warburg, 1923c, p. 56.
599 같은 저자, 1902a, p. 69(불어판, p. 106).
600 B. Buchloh, 1999, p. 119, 122 & 124.
601 책의 표제어로 인용(앞의 책, p. 117).
602 G. Didi-Huberman, 1997, p. 16~21. 같은 저자, 2000, p. 156~260을 참조하라.
603 B. Buchloh, 1999, p. 122~134를 참조하라. 여기서 바르부르크에 대한 인용은 모두 더구나 간접인용이다.
604 W. S. Heckscher, 1967, p. 260. 사실 그것은 바르부르크가 키케로의 격언 중 하나를 차용한 것이다. "우리 생각은 무료Liberae sunt enim nostrae cogitationes."
605 A. Warburg, 1928~1929, p. 132(날짜가 없는 메모).
606 같은 저자, 1927~1929, p. 15~19 & 131~133(도판 1~2와 78~79).
607 M. Glashoff, A. Neumann & M. Deppner, 1987을 참조하라.
608 M. Kemp, 1975, p. 5~25. M. Jesinghausen-Lauster, 1985, p. 273~303. S. Weigel, 1992, p. 13~17. G. Didi-Huberman, 1995b, p. 280~383. 같은 저자, 2000, p. 85~155. M. Rampley, 1999, p. 94~117. 같은 저자, 2001, p. 121~149를 참조하라.
609 A. Warburg, 1888~1905, p. 42(1890년 9월 29일자 메모).
610 같은 저자, 1902a, p. 70~71(불어판, p. 106~107).
611 앞의 책, p. 72(불어판, p. 108).
612 앞의 책, p. 74(불어판, p. 110).
613 F. A. Yates, 1996을 참조하라. 틀림없이 가장 '바르부르크적인' 연구는 전후 기간에 런던에 있는 〈바르부르크연구소〉 후원으로 수행되었을 것이다.
614 A. Warburg, 1928년 9월 5일에 아들 막스에게 보낸 편지(M. Ghelardi, 2001, p. 184에서 재인용).
615 E. H. Gombrich, 1970, p. 13~14(각주). 그것이 플로베르의 말이라고 한 것은 D. Wuttke, 1977, p. 70에 의해 거부된다.
616 D. Wuttke, 1977, p. 70~74. M. M. Sassi, 1982, p. 86~91. 여기서 우제너의 다른 텍스트 그리고 '신은 개별적인 것에 머문다der Gott, der im Einzelding steckt'는 딜타이의 문구가 인용되었다. R. V. Cristaldi, 1980, p. 202~203. A. Parente, 1980, p. 203~205. S. Trottein, 1983, p. 34~35. R. Kany, 1985, p. 1265~1283. G. Mastroianni, 2000, p. 413~442를 참조하라.
617 H. J. Baden, 1962를 참조하라.
618 W S. Heckscher, 1967, p. 258~259. 같은 저자, 1974, p. 435~480.

619 A. Warburg, 1902a, p. 74~82(불어판, p. 110~117). 같은 저자, 1902b, p. 103~124(불어판, p. 137~157).

620 같은 저자, 1902b, p. 111(불어판, p. 145).

621 E. Castelnuovo, 1973, p. 42.

622 H. Damisch, 1971, p. 70~84 & 82~96(Freud, Morelli). C. Ginzburg, 1979, p. 139~180(Warburg, Freud, Morelli, Sherlock Holmes, Galton, Bertillon). D Arasse, 1992, p. 10(Warburg, Morelli)을 참조하라. 이 다양한 화해에 대한 비판은 G. Didi-Huberman, 1985, p. 28~62. 같은 저자, 1990a, p. 271~378. 같은 저자, 1998a, p. 76~98을 참조하라.

623 G. Didi-Huberman, 1996c, p. 145~163을 참조하라.

624 A. Warburg, 1902a, p. 66. "세상의 사물에 대해 무차별적이고 절대적으로, 즉 일반적인 규칙에 따라 이야기하는 것은 큰 실수이다. 거의 모든 것이 다양한 상황 때문에 차이와 예외에 속하기 때문에 같은 방법으로는 고칠 수 없다. 하지만 이 차이와 예외는 책에 쓰여 있지 않으며, 식별하는 능력은 가르쳐야만 한다È grande errore parlare delle cose del mondo indistintamente e assolutamente, e, per dire cosi, per regola; perché quasi tutte hanno distinzione ed eccezione per la varietà delle circumstanze, in le quali non si possono fermare con una medesima misura; e queste distinzioni e eccezioni non si trovano scritte in su libri, ma bisogna lo insegni la discrezione."

625 앞의 책, p. 69(불어판, p. 105).

626 같은 저자, 1893, p. 36~63(불어판, p. 69~91).

627 같은 저자, 1899a, 1905b, 1906~1907, 1907a, 1911, 1927c.

628 같은 저자, 1914, p. 173~176(불어판, p. 227). 같은 저자, 1899b, E. H. Gombrich, 1970, p. 103).

629 같은 저자, 1901(E. H. Gombrich, 1970, p. 94, 152~153, 184 & 276에서 재인용).

630 E. Wind, 1931, p. 34.

631 S. Freud, 1899, p. 113~132.

632 D. Wuttke, 1977, p. 68에서 재인용. "두 가지 모토: 1. 우리는 우리의 무지를 찾으며, 그것을 찾은 곳에서 그것에 부딪힌다. 2. 신은 세부에 머문다Zwei Wahlsprüche: 1. Wir suchen unsere lgnoranz auf und schlagen die, wo wir sie finden. 2. Der liebe Gott steckt im Detail."

633 A. Warburg, 1891~1892.

634 M. Warnke, 1980b, p. 53~61을 참조하라.

635 A. Warburg, 1912, p. 185(불어판, p. 215~216).

636 E. 슈프린, 1939, p. 26~28.

637 A. Warburg, 1900. 같은 저자, 1928~1929, p. 82.(E. H. Gombrich, 1970, p. 287에서 재인용). 바르부르크의 사유를 잘못 해석한 도상해석학의 유산에 대해서는 K. W. Forster, 1976, p. 169~176. G. Agamben, 1984, p. 27~35. G. Carchia, 1984, p. 105~108. M. A. Holly, 1993, p. 17~25. M. Warnke, 1994, p. 130~135. H. Bredekamp, 1995, p. 363~371. 참조.

638 A. Warburg, 1912, p. 185(불어판, p. 215). Auflösung이라는 독일어 단어는, 정확히, 묶인 것을 풀어내기, 해결하기, 얽힌 것을 풀기 등의 행위를 나타낸다.

639 M. Ghelardi, 1999, p. 12를 참조하라.

640 빙과 곰브리치가 1937년에 〈아틀라스〉 프로젝트를 재개했을 때 그것은 단지 하얀색 벽 위에 고립된(그리고 '꾸러미'가 아닌) 이미지들로만 구성되었다. A. Warburg, 1927~1929, p. XIII(도입부)을 참조하라.

641 D. Vertov, 1922, p. 18. 이 텍스트의 첫 번째 버전은 1919년판이다.

642 A. Warburg, 1928~1929, p. 135. 이 표현은 136~146페이지의 메모 제목으로 사용된다.

643 앞의 책, p. 137(1929년 4월 11일자 메모). '간격의 도상해석학. 인과관계의 발달심리학에 관한 자료Ikonologie des Zwischentaums. Material zu einer Entwicklungspsychologie der Ursachensetzung.'

644 같은 저자, 1918, p. 611~614.

645 W. Benjamin, 1927~1940, p. 561. 벤야민은 중간 영역Intermédiaire이라는 단어를 프랑스어로 쓰고 있다.

646 A. Warburg, 1912, p. 185(불어판, p. 215).

647 E. Wind, 1931, p. 29. 여기서는 바르부르크의 용어에 더 가까운 독일어 버전을 인용한다.

648 M. Praz, 1967.

649 A. Warburg, 1902a, p. 70(불어판, p. 106).

650 같은 저자, 일기, 1929(E. H. Gombrich, 1970, p. 253에서 재인용). 여기서 '간격의 도상해석학'은 '진동 현상의 발달심리학Entwicklungspsychologie des Pendelganges'과 명시적으로 연관된다.

651 같은 저자, 1923b, p. 273.

652 같은 저자, 1923c, p. 56.

653 T. Vignoli, 1895, p. 65~106. '조정된 일련의 정신적 행동의 몇몇 간격에 대해Intorno ad alcuni intervalli di una serie coordinata di atti psichici.'

654 S. Freud, 1926, p. 15. 1896년 4월 16일에 플리스에게 보낸 프로이트의 편지(P.-A. Michaud, 1999, p. 43에서 재인용). "우리의 왕국은 사이에 있는 왕국Zwi-

schenreich."

655 K. Herding, 1990, p. 27~37을 참조하라.
656 A. Warburg, 1929년 4월 3일자 일기(E. H. Gombrich, 1970, p. 303에서 재인용).
657 P. Fédida, 1991, p. 8.
658 같은 저자, 1969, p. 193.
659 P. Sauvanet, 2000, p. 113. 다음 페이지에서 저자는 나보코프V. Nabokov의 웅장한 문장을 인용한다. "아마 시간에 대한 감각을 암시할 수 있는 유일한 것은 리듬일 것이다. 반복되는 리듬의 박자가 아니라 두 박자 간의 심연, 검은 박자 간의 회색 심연. 부드러운 간격이 그것이다"[나보코프의 『아다Ada』]
660 L. Binswanger, 1924, p. 49~77. E. Minkowski, 1933, p. 22를 참조하라. 간격에 대한 정신분석학적 접근을 보려면 P. Fédida, 1977, p. 139~151. 같은 저자, 1978. J.-B. Pontalis, 1977을 참조하라. 순수한 현상학적 접근을 보려면 B. Kimura, 1988을 참조하라.
661 A. Warburg, 1895, p. 259~300. 같은 저자, 1929d.
662 K. Forster, 1999, p. 1을 참조하라.
663 A. Warburg, 1928~1929, p. 147~149 이하를 참조하라.
664 S. Freud, 1937a, p. 231~268.
665 W. Shakespeare, 1610, 1막 2장. 아리엘의 노래.
666 H. Arendt, 1968, p. 305~306(불어판, p. 51). 이 구절이 벤야민에게 헌정된 감탄할 만한 논문의 결론을 이루고 있는데, 그것은 또한 여러 바르부르크적 테마(수집품, 몽타주 등)을 포함하고 있다.
667 P. Fédida, 1995, p. 187~220.
668 A. Warburg, 1928~1929, p. 3(1929년 7월 2일자 메모).
669 F. Nietzsche, 1878, p. 71(고대의 잔존에 반영된 구절, 126절. 과거의 예술과 현재의 영혼).
670 S. Freud, 1896년 4월 26일에 플리스에게 보낸 편지(미발표)(M. Schur, 1972, p. 135에서 재인용).
671 A. Warburg, 1923년 12월 15일에 아내에게 보낸 편지(E. H. Gombrich, 1999, p. 281~282에서 재인용).
672 W. S. Heckscher, 1967, p. 264를 참조하라.
673 S. Freud, 1894년 1월 7일에 플리스에게 보낸 편지(M. Schur, 1972, p. 63에서 재인용).
674 같은 저자, 1939년 3월 5일에 츠바이크에게 보낸 편지(앞의 책, p. 613).
675 A. Warburg, 1929년 10월 26일자 일기(G. Bing, 1965, p. 304에서 재인용).
676 같은 저자, 1927b, p. 603.

677 앞의 책, p. 604.